长安学十年学术论著选集

编 委 会

编委会主任：李秉忠
编 委 会：黄留珠　贾二强　萧正洪
　　　　　　王　欣　王社教　冯立君
　　　　　　郭艳利　侯亚伟
总 主 编：萧正洪
副总主编：贾二强　石晓军

長安學 十年学术论著选集

总 主 编 ○ 萧正洪
副总主编 ○ 贾二强 石晓军

华夷会同
多元文化与民族融合

主编 ◇ 韩 香

陕西师范大学出版总社

图书代号　SK23N2100

图书在版编目（CIP）数据

华夷会同：多元文化与民族融合/韩香主编.—西安：陕西师范大学出版总社有限公司，2023.12
（长安学十年学术论著选集/萧正洪总主编）
ISBN 978-7-5695-3992-9

Ⅰ.①华… Ⅱ.①韩… Ⅲ.①长安（历史地名）—文化史—文集　Ⅳ.①K294.11-53

中国国家版本馆CIP数据核字（2023）第233537号

华夷会同——多元文化与民族融合
HUAYI HUITONG——DUOYUAN WENHUA YU MINZU RONGHE

韩　香　主编

出 版 人	刘东风
责任编辑	张旭升
责任校对	雷亚妮
装帧设计	飞铁广告
出版发行	陕西师范大学出版总社
	（西安市长安南路199号　邮编710062）
网　　址	http://www.snupg.com
印　　刷	中煤地西安地图制印有限公司
开　　本	787 mm×1092 mm　1/16
印　　张	25.5
插　　页	4
字　　数	455千
版　　次	2023年12月第1版
印　　次	2023年12月第1次印刷
书　　号	ISBN 978-7-5695-3992-9
定　　价	158.00元

读者购书、书店添货或发现印装质量问题，请与本公司营销部联系、调换。
电话：（029）85307864　85303629　传真：（029）85303879

总序

基于整体性思维的长安学研究：历史回顾与前景展望

贾二强　黄留珠　萧正洪

陕西师范大学国际长安学研究院（陕西省协同创新中心）至今年已经组建10年了。以此为契机，我们试图通过编辑一套学术回顾性文集，为学界反思相关学术发展的历程、推进未来的研究工作提供参照。文集分专题汇集特定领域内有代表性的论文（也有少量著作中的篇章）。选编工作得到了相当多学者的支持与鼓励，我们均深铭感，于此谨致谢忱。然而，因为眼界有限，很可能有遗珠之憾，为此亦深表歉意。

有一种看法，认为长安学的学术实践活动是从21世纪初开始的。但在我们看来，它很早就已经存在，只是人们一直没有清晰地将其作为一个具有相对独立性的学科或专门研究领域加以定义。黄留珠先生曾撰文，记述其源流，称2000年初，即有学者提出"长安学"研究的必要性。而2003年，荣新江教授撰《关于隋唐长安研究的几点思考》一文，指出，那个时候的一个遗憾，是并没有建立起像"敦煌学"那样的"长安学"来，但关于长安的资料的丰富性与内涵是不逊于敦煌的。其后，2005年左右，陕西省在省文史研究馆的牵头下，成立了长安学研究中心。至2013年，陕西师范大学组建了陕西省协同创新平台"国际长安学研究院"。

这一系列事件的发生表明，人们对于长安学作为一个学科或具有独立性的专门领域的认识，到21世纪初开始变得清晰了。这是长安学发展史上的重要标志，是一个理性认知新阶段到来的标志。严格说来，以长安研究的本体论，它并不是一种突然发生的创设，而是自中古甚至更早以来人们对于长安的兴趣、关注、记忆与反思在学术上的体现，且是经长期积累所形成的结果。这同敦煌学是有一些不同的。敦煌学以敦煌遗书为起始，而逐渐扩大到史事、语言文字、文学、石窟艺术、中西交通、壁画与乐舞、天文历法等诸方面。它是一个历史性悲剧之后的幸事。长安学则不是，它有着悠久的渊源和深厚的基础，因长安（包括咸阳等在内）作为统一王朝之都城而引发的关于政治制度、经济发展与文化建设的反思而产生，从一开始就同礼法制度等文明发展重大问题紧密关联。事实上，人们关注、研究长安，起源甚早，而历时甚长。我们完全可以写出一部以千年为时间单元、跨越不同历史时代的《长安学史》来。这是长安学的历史性特点。

在空间性方面，它也颇有特色。关于这一点，如我们曾经撰文所指出的那样，其以汉唐"长安"之名命名，研究对象虽以长安城、长安文化、长安文明为主，但却不完全局限于此，而扩展至建都关中地区的周秦汉唐等王朝的历史文化，另在地域上亦远远超出长安城的范围而扩大至整个关中以及更广泛的相关地区。尽管我们对长安学的空间边界问题还可商讨，但它一定是有明确范围与目标的。然而，长安的地理空间并不等同于关于长安的学术空间。简言之，长安学诚然是以古代长安为核心，以文化与文明为主体的研究，一些同古代长安相关的问题也应当包含在内，但其学术空间要大得多。其基本原则是：若有内在关系，罗马亦不为远；若无关系，比邻亦仅是参照。显然，它在学术空间边界上具有显著的开放性。

长安学的内涵也极为丰富。以地域为名的世界级学问皆有其特定意义与内涵。如埃及学，指关于古代埃及的语言、历史与文明的学问。它是从18世纪才开始发展起来的国际性古典文明研究。埃及学研究对象的时间范围是从公元前4500年到公元641年，所涉及的学科相当广泛，如考古、历史、艺术、哲学、医学、人类学、金石学、病理学、植物学和环境科学等，其研究方法，除了文献与语言文字分析外，还利用了现代测年技术、计算机分析、数据库建设甚至DNA分析等手段。长安学亦是如此。长安学具有学科群的意义，它要超出一般意义上的学科范畴。它综合了哲学、历史、考古、文学、宗教、地理、科学技术、文献研究等多个方面和多个层次，有着极为丰富的内涵。它既为我们研究人类文明的进步提供了一个不可或缺的样本，也提供了一个我们看世界、世界看我们的独特视角。

历史发展给我们提供了一个重要的机遇，也赋予我们重大的历史使命。我们现在的重要任务，是在新的历史条件下，以追求人类文明进步为基本价值观，对长安学作为具有独立性的学科和专门研究领域进行重新定义，并阐明其现代价值与意义。正是以此为基本宗旨，陕西师范大学联合校内外学术力量，组建了国际长安学研究院，此举得到陕西省教育厅的大力支持，并成为陕西省最早的协同创新中心之一。

历史上的长安研究，有官方叙述与私人撰述两类，但皆属于在传统的、旧的观念指导下对于长安的理解与解释，从形式上看，基本上是碎片化的。当下陕西师范大学和若干合作的大学、研究机构，共建国际长安学研究院，试图坚持科学与理性的原则，以系统化、整体性的思维，对历史发展中的某些重要问题提出基于历史事实的严谨而合理的解释。为实现这一目标，我们组建了学科咨询委员会、学术委员会、学术期刊编辑部、海外事务部、长安学理论研究中心、古都研究中心、长安与丝绸之路研究中心、长安文化遗产研发中心、数字长安新技术研发中心和长安文献整理与研究中心，以融合方式推进相关研究工作。

历史上的长安给我们留下了足够丰富的资料，能够让我们通过扎实的研究，总结文明进步的成就，特别是反思其中的曲折与艰辛。我们希望，长安学研究能够有助于社会进步，而不是相反。令当下人们的观念与感慨停留于帝制时代的荣耀，不是我们的追求。

为此，我们确定了建设工作的基本原则：历史起点、当代情怀、世界眼光。我们要使长安学成为具有世界性的学问，而不只是陕西的学问或中国的学问。长安学应当具有现代精神，应当是中华民族精神家园建设的重要组成部分。我们秉持这样的宗旨，并对此持有信心。我们将努力把国际长安学研究建设成一个开放的平台，联系各方学者和学有专长的同仁，为大家的研究工作提供便利与条件。

显然，长安学不是单纯基于现代城市空间的研究，而是以历史上的长安为核心，以探索中国历史渊源与文明发展的曲折历程为研究对象的独特领域和学科。以世界范围论，以地域为名且为国际学术界所公认的专门学问（学科）是不多的。比较著名的只有埃及学，而类似的希腊古典文明、罗马古典文明等，亦是某个地域引人注目、曾经深刻影响历史发展进程的重要的人类文化遗产，是特定地域优秀传统文化的标志性象征。

从学科属性上说，长安学既是古典的，也是现代的。长安的历史具有极为丰富的内涵，长安学则以独特的视角阐释中华民族优秀文化绵绵不绝的特性，因而不能简单化地以古代或近代等时间尺度加以定义。同时，如前所述，其学术空间边界具有显著的开放性，而不为特定地域所限。所以，我们在"历史起点、当代情怀、世界眼光"的建设原则中，特别重视世界眼光的目标定位。

世界眼光是我们将长安学命名为"国际长安学"的一个重要依据。其原因有二：一是历史上的长安具有世界上其他历史名城少见的国际性。从某种意义上说，长安从来不只是中国的长安，它也属于全世界。作为古都的长安，它曾经具有的以开放包容为特征的精神气质，乃是中华民族对于全世界文明进步的杰出贡献，而其历史的艰难曲折亦为人类发展提供了宝贵的借鉴。二是关于长安的研究从来具有国际性。在漫长的历史中，长安一直是外部世界关注的焦点。人们之所以对于长安有极大的兴趣，有着诸多的理由与原因。其中之一是它作为丝绸之路的东方起点，在东西方文明交往中具有最为突出的表征性。正因如此，并不是只有国人关注长安，它有着世界范围的学术文化吸引力。从某种意义上说，古代地中海沿岸及印欧大陆认识中国这个东方国度，正是从认识长安所在的地域开始，且在一个相当长的时段中，以长安为中心。而近数百年来，关于长安的研究著述不胜枚举，其中相当一部分出自海外人士之手。如此独特的性质与丰富的内涵决定了长安学研究必然要超越长安的空间范围。这个国际性是其原发的、内生的属性，并不是我们刻意赋予。正是基于这种思考，我们在英译"长安学"名称时，没有采用通常的做法将其译为the study of Chang'an，而是译为 Changanology，其用意就是从基础定义起，将其解释为一个内涵丰富且外延性显著的学术空间，而不为特定地域的边界所束缚。

长安学的主体内容当然是关于中国历史的，但它不能离开世界文明整体发展的视角。长安学研究包含了中国历史上政治、经济、社会、文化、民族与宗教信仰、地域关系、国际文化交流等各个方面。所以，长安学是中国史学科中的一个独特领域。它以长安为主题词和核心概念，将中国历史各个阶段和各个门类的研究综合在一起，试图提出关于中国历史发展的一种地域类型学解释。然而，当下学术发展的实际情形是，任何一个学科或专门研究领域，若不重视其外部性联系，将不会具有很强的解释力，即使它自身具有综合性的特征。基于单一的视角或特定区域的理解，不能解释文明发展的多元与多样性。中国地域辽阔，不同地区的发展本就存在着差异，遑论宏大的世界？以全球论，文明与文化发展的道路选择与存在形态具有极为丰富的多样性，所以，在研究长安的同时，也必须研究世界上其他文明之都。提供以长安为基础的具有典型意义的样本，将其同其他文明类型进行比较，必将极大地丰富我们关于世界文明发展的整体认识。在我们看来，长安学的价值只有置于世界文明发展的体系之中，方能得到充分的体现。

正是出于这样的认识，我们对国际长安学研究院的建设前景有一种期许：作为开放的平台，它将为中国以及海外相关专业人士提供共享的学术资料库，特别是创造相互交流的机会，为不同的思想与观点提供讨论的空间。我们特别期待将长安学研究的成果介绍给世界，将海外人士关于长安的研究与评论介绍给国人，也期待了解、学习世界其他地区文明与文化发展中的体验与思考，以在不同认知之间构建桥梁，以增进不同类型文明之间的相互理解与尊重。

序言

韩香

长安作为十三朝古都、首善之地，本身就是多元文化汇聚之地，其在汉唐时期又是丝绸之路的起点，具有国际性的影响。从民族关系上来讲，长安在历史上可以称得上华夷会同之所、蕃汉融合之地。

汉朝时期北方的匈奴，西边的氐羌以及西域诸族，南方的闽越，东北的乌桓、朝鲜、扶余、高丽等各族使臣、首领及商胡等来到长安，并开展各种政治、经济等方面的交流。西汉长安因各族使臣、封官爵者及商贾云集，甚至有专门供各族使臣居住的地方，称为"蛮夷邸"，并设有专门的译官、译长等，地点在西汉长安城内藁街。而随着汉朝与周边政治联系的加强，西汉长安与西域、南海诸国等也有了进一步的经济文化方面的交流，不但有西汉译使出使西域、南海诸国等，西域、南海诸国也遣使朝贡，民间商胡的往来更是频繁。长安的西域、南海特产和贡物，在皇帝宫中及上层贵族住宅中时有所见，而随着这些人员来往所带来的"胡风""胡俗"等，更是影响到了汉代衣食住行等社会生活的各个方面。因而可以说，汉帝国的强盛并不是在封闭圈子内突然崛起的孤立奇迹，而是吸纳周边民族和外来文化后的变化。所以汉代的历史不仅是汉族人创造的文明，也是各民族融汇"胡风"后共同创造的。[①]从某种程度上来说，是"胡风渐入"的结果。长安作为秦汉统一的多民族国家的政治中心，民族政策和措施的发布与执行即从此开始，因此长安也必然成为各族汇聚的一个中心，也自然成为经济与文化交流的中心。[②]

魏晋南北朝、隋唐中古之世，是中国历史上民族大迁徙、大融合的时期，周边

[①] 葛承雍：《汉帝国宏观历史下"胡风渐入"的微观变化》，见黎明钊编：《汉帝国的制度与社会秩序》，牛津大学出版社，2012年。

[②] 周伟洲：《长安成为各族政治、经济和文化的中心》，见黄留珠、贾二强主编：《长安学研究》（第3辑），科学出版社，2018年。

及国外许多民族大量迁入中国内地，与汉族杂居错处，逐渐汉化。这一时期的长安又是多元文化构成的多民族群体活动的地区。

魏晋南北朝时期，东西南北各地区民族迁徙流动频繁。魏晋十六国时期匈奴、鲜卑、羯、氐、羌等五胡纷纷南下并建立政权，关中等地各民族杂居聚居，相当活跃。如西晋时"西北诸郡，皆为戎居，内及京兆、魏郡、弘农，往往有之"[1]。以至于出现西晋名臣江统所言"关中之人，百万余口，率其少多，戎狄居半"[2]的局面。北朝时期又有柔然、高车、吐谷浑、西域诸族、契丹、室韦、库莫奚等活跃于北方并开始入徙中原，也有相当一部分人来到关中一带，使长安等地原有的各民族杂居的状况发生了新一轮的整合。这一时期民族之间的迁徙、杂居等促进了民族间的交往交流，他们之间的汉化、胡化又汉化等也进一步增强了民族间的相互融合，可以说北朝时期是以关中为中心的北方地区民族大融合的时期。

西安等地近些年陆续发现一批柔然王族墓志，如《蠕蠕公主闾氏墓志》《郁久闾伏仁墓志》等，可以看出东魏、隋代入居内地的柔然王族在政治上比较活跃，也开始与汉族和其他民族联姻，加速了汉化的进程。2015年，西安出土的《吐谷浑晖华公主墓志》等记述了北朝时期吐谷浑、柔然和西魏三个北方民族之间的依存关系以及他们在长安的活动；河南卫辉市发现的隋乞伏令和夫妇墓志反映出投归北朝的陇西鲜卑乞伏氏、柔然等民族，经过北朝数百年与内地汉族的杂居、交往已逐渐汉化。从两志中记其先世出自"夏后"，即华夏祖皇帝之苗裔，说明到北朝、隋初，入居内地的鲜卑、柔然等族已基本完成了汉化的过程，认同于汉族了。而以四海为家的中古商业民族粟特人，善于接受各种不同民族的文化，在他们的墓葬和图像当中，表现出包容、接受多元文化的胸怀与气魄。西安、太原等地发现的北周安伽墓、史君墓、隋虞弘墓等墓室图片上就描绘有不同民族相互交往及和睦相处的场景，展现了古代丝绸之路和谐、美好的一面。

有唐一代，是中国古代社会发展的繁盛时期，长期的政治统一，开明的民族政策和对外开放，使唐朝国力强大、经济繁荣、文化昌盛。周边突厥、回纥（回鹘）、吐蕃、渤海、南诏等各民族及政权的建立与发展，中原与周边联系的进一步加强，使各民族在大一统王朝内进一步融合，使唐王朝凝聚了极大的力量。唐王朝以博大的胸怀，大量接受外来文化，使之融汇到中华文化的整体当中。[3]唐代的都城

---

[1] 《资治通鉴》卷八一《晋纪三》"武帝太康元年"条，中华书局，1956年，第2575页。
[2] 《晋书》卷五六《江统传》，中华书局，1974年，第1533页。
[3] 荣新江：《唐代长安的多元文化》，见《从张骞到马可·波罗：丝绸之路十八讲》，江西人民出版社，2022年。

长安,不仅是全国的政治、经济和文化中心,而且呈现出"万国来朝岁""五服远朝王"的国际大都会的风貌[①],也呈现出"华夷会同,车书混一"[②]的局面。当时周边各民族如突厥、回纥、契丹、吐蕃、粟特、百济、新罗、高句丽等等都在此留下活动印迹。

近年来西安等地出土的漠北突厥、铁勒及回鹘各部入唐蕃将的墓志不少,例如回纥贵胄铎地直侍就是一例,还有东突厥王族阿史那摸末等,他们的墓志记载反映了其入降后唐朝对他们的安置管理情况,补正了漠北游牧民族突厥、铁勒、回纥贵族入唐为蕃将、多立战功的史实。而西安出土的回鹘葛啜王子汉文回鹘文双语墓志是我国迄今为止发现的唯一一块由汉文、鲁尼文双语书写的唐代石刻墓志,也为世界上首次发现的用这两种文字书写的地下墓志,填补了古突厥文字在东亚地区碑铭文献资料发现中的空白,对研究回纥与唐朝的关系、回鹘王国在漠北的历史具有重要意义。葛啜王子投唐后在长安的活动以及死后葬在长安,反映出回鹘内乱以及王室变更等史事,也说明了唐与回纥源远流长的特殊关系,显示出唐对回纥的优厚礼遇。而回纥米副侯墓志记载米公以摩尼师的身份出使唐朝,长期客居长安并终老于这里,这种情况此前史无所载、志无所记,诚可谓贵。其葬礼规格甚高,体现了唐政府给予回鹘摩尼教的优渥待遇,是回鹘与唐友好关系的具体体现。此志也恰好可以与《回鹘葛啜王子墓志》的记载形成映照。

唐与西域诸国的关系也达到一个新高度,有唐一代大量的西域、中西亚等地人循丝绸之路来到长安等地。西安等地发现的西域胡人《戎进墓志》和《戎谅墓志》所反映的戎氏家族入华四代的活动和汉化轨迹,就是一个典型的例证。近年西安出土的入唐葛逻禄贵族炽俟弘福和炽俟迆父子的墓志,表明炽俟氏家族已更深地融入唐朝之官僚系统,与原部族之隶属关系转弱,在家族生活上和仕途上都遵循儒家礼法,反映了炽俟氏家族著籍汉地后对汉文化圈之融入。这两方墓志也提供了西域胡人进入长安的过程以及在长安学习生活的典型例子。而对入华粟特胡人安金藏的个案考察更是揭示出西域胡人华化历程的复杂性,由此说明中亚胡人入居长安是一个逐步适应与融入的过程。

唐代与东北的新罗、百济、高句丽、奚等有着密切的政治来往。2005年西安出土的奚族质子热瓌的墓志,提供了古代北亚细亚奚族活动的新线索,揭示出唐朝

---

① 周伟洲:《万国来朝岁 五服远朝王——论大明宫在中外交往中的地位和作用》,《中国文化遗产》2009年第1期。

② 〔唐〕郑锡:《正月一日含元殿观百兽率舞赋》,见《全唐文》卷四五〇,中华书局,1983年,第4600—4601页。

与奚族的密切关系,填补了奚族质子缺载的空白。在西安、洛阳两地也出土发现不少百济、新罗、高句丽人的墓志等,表明当时有不少入唐百济化、高丽化汉人等,如入唐百济移民陈法子等。此外,高句丽高藏家族、泉男生家族,新罗人金日晟家族等入唐后,累授光禄寺卿之职,死后多葬于长安。可知唐代高句丽等移民最初都是安置在长安的,包括一些高句丽平民和高句丽奴婢。这些高句丽等移民墓志的发现出土,也为入唐高句丽、新罗等移民个案研究提供了翔实的史料,丰富了学界对七八世纪唐朝国家民族融合繁盛局面的看法。

唐高宗时期吐谷浑已为吐蕃所灭,余部多向东迁徙,亦有相当一批人来到长安,死后也多葬在长安。其王族等祖居之地发生了变迁,长安成为他们的归葬地甚至新的籍贯,反映了吐谷浑王族慕容氏家族对长安强烈的归属感。西安等地陆续出土发现的十多方吐谷浑墓志不仅反映了吐谷浑慕容氏家族活动重心从边疆转移到内地,更反映了族群从自我认同到华夏认同的变化。从唐代初期开始,吐蕃开始在青藏高原兴起并迅速发展,与唐朝产生了密切的政治联系。吐蕃通过"走出去"和"请进来"的方式,采取遣子入侍、和亲、战争、引入书籍等途径,源源不断地吸纳中原先进生产技术和文化,唐王朝则对中原文明的输出采取了积极、开放的政策,积极推出中原文明因素,促进了汉蕃文化的良性互动和吐蕃文明的形成。而对入唐吐蕃家族的细致梳理,可以使我们更加清楚地认识到来自青藏高原的吐蕃蕃将在长安的活动及融入。如入唐吐蕃将领论弓仁镇守朔方,外御突厥,内安降胡,战功显赫,成为开元时期著名蕃将,论氏家族"始大于中华"。其后代论惟贞、论惟贤、论惟明最后都定居在长安,与唐人婚姻,逐步脱离了银州的吐谷浑部落,汉化程度逐渐加深,这也是入唐吐蕃人融入华夏的一个典型个案。

唐与南海诸国等也展开频繁的通贡活动,不过多属于贸易交往的性质。无论是南海诸国的朝贡,或是唐朝之遣使南海诸国,均在政治、经济、文化等方面加强了双方的联系,对双方社会各方面产生了一定的影响。西安等地出土不少黑人形象遗迹,如昆仑奴和僧祇奴俑,这是长安与南海诸国交往密切的产物。长安甚至还有来自交趾一带的入仕者。如唐代宦官李克恭,其父、祖为交趾大族,其本人由交趾入长安,历仕七朝,从默默无闻的底层宦官跻身高层。这也是入唐蕃将融入华夏的又一个案。

总之,隋唐时期长安等地是胡汉互动与交融的集中体现地。不论是隋朝长江南北的统合,还是唐朝长城南北的兼跨,这种融结胡汉族群、中原草原为一体的决定力量，正是（关陇）统治集团主宰的王朝整体。[①]因而从民族关系与融合的角度认识长安，可以进一步凸显其作为都城所具有的多元性与交融性，对增进了解中华民族多元一体格局、共同体意识等也具有重要的学术价值。

本卷精选近十多年来中国民族史领域内专家的相关重要研究成果，集中反映汉唐时期长安在多民族交往交流交融关系中的地位与影响。选编过程中得到各位专家、学者的支持和帮助，在此深表感谢！因编者水平、眼界有限，在选编的过程中难免挂一漏万，为此也深表歉意！在本卷编纂过程中，西北大学文化遗产学院博士后吴正浩，陕西师范大学中国西部边疆研究院博士生王书琪、乔峤，硕士生李镕芸、孙梦钰、肖莹等在文本转换、文稿排版、文字校对等方面做了大量工作，陕西师范大学出版总社的编辑也付出了辛勤的努力，在此谨致谢忱！

[①] 李鸿宾：《唐朝胡汉互动与交融的三条线索——以墓志资料为中心》，《民族研究》2020年第1期。

目　　录

长安的多元文化与民族融合

长安成为各族政治、经济和文化的中心……………………周伟洲 / 003

万国来朝岁　五服远朝王
　　——论大明宫在中外交往中的地位和作用……………周伟洲 / 008

汉帝国宏观历史下"胡风渐入"的微观变化…………………葛承雍 / 015

唐代长安的多元文化……………………………………………荣新江 / 028

唐朝胡汉互动与交融的三条线索
　　——以墓志资料为中心……………………………………李鸿宾 / 054

长安与北方诸民族

新出土柔然王族墓志汇释………………………………………周伟洲 / 077

回纥贵胄，入唐蕃将
　　——唐《铎地直侍墓志》释解……………………………周伟洲 / 094

东突厥阿史那摸末墓志考述……………………………………葛承雍 / 105

《故回鹘葛啜王子墓志》之回鹘如尼文考释…………………张铁山 / 112

唐回鹘葛啜王子墓志反映的几个问题…………………………李宗俊 / 120

大唐西市博物馆藏《回鹘米副侯墓志》考释…………………杨富学 / 129

长安与西域诸民族

一个入华西域胡人家族的活动轨迹
　　——唐《戎进墓志》疏解…………………………………周伟洲 / 143

一个入华西域胡人家族的汉化轨迹
　　——唐《戎进墓志》《戎谅墓志》续解…………………周伟洲 / 150

四海为家
　　——粟特首领墓葬所见粟特人的多元文化⋯⋯⋯⋯⋯⋯⋯⋯⋯⋯⋯荣新江 / 156
唐炽俟迦墓志所见入唐葛逻禄人研究⋯⋯⋯⋯⋯⋯⋯⋯⋯⋯⋯⋯⋯陈　玮 / 165
安金藏事迹及其溯源
　　——粟特人华化历程的个案考察⋯⋯⋯⋯⋯⋯⋯⋯⋯⋯⋯⋯⋯么振华 / 180

长安与东北诸民族

西安唐代奚族质子热瓌墓志解读⋯⋯⋯⋯⋯⋯⋯⋯⋯⋯⋯⋯⋯⋯⋯葛承雍 / 197
入唐百济移民陈法子墓志关联问题考释⋯⋯⋯⋯⋯⋯⋯⋯⋯⋯⋯⋯拜根兴 / 204
入唐高句丽移民研究的现状及其问题⋯⋯⋯⋯⋯⋯⋯⋯⋯⋯⋯⋯⋯拜根兴 / 215
唐代新罗人金□晟墓志及相关问题研究⋯⋯⋯⋯⋯⋯⋯⋯⋯王连龙　丛思飞 / 239
入居唐朝内地高句丽遗民的迁徙与安置⋯⋯⋯⋯⋯⋯⋯⋯⋯⋯⋯⋯范恩实 / 249

长安与青藏高原诸民族

吐谷浑晖华公主墓志与北朝北方民族关系⋯⋯⋯⋯⋯⋯⋯⋯⋯⋯⋯周伟洲 / 273
乞伏令和夫妇墓志铭证补⋯⋯⋯⋯⋯⋯⋯⋯⋯⋯⋯⋯⋯⋯⋯⋯⋯周伟洲 / 283
祖居之地与华夏认同
　　——以唐代吐谷浑慕容氏家族墓志为中心⋯⋯⋯⋯⋯⋯⋯⋯⋯濮仲远 / 291
从遣子入侍看唐对吐蕃吸纳中原文明的争议⋯⋯⋯⋯⋯⋯⋯⋯⋯⋯黄辛建 / 303
入唐吐蕃论氏家族新探
　　——以《论惟贞墓志》为中心⋯⋯⋯⋯⋯⋯⋯⋯⋯⋯⋯⋯⋯沈　琛 / 312

长安与南方诸民族

西汉长安与南海诸国的交通及往来⋯⋯⋯⋯⋯⋯⋯⋯⋯⋯⋯⋯⋯⋯周伟洲 / 339
唐朝与南海诸国通贡关系研究⋯⋯⋯⋯⋯⋯⋯⋯⋯⋯⋯⋯⋯⋯⋯周伟洲 / 350
唐长安黑人来源寻踪⋯⋯⋯⋯⋯⋯⋯⋯⋯⋯⋯⋯⋯⋯⋯⋯⋯⋯⋯葛承雍 / 364
西安新出交趾人李克恭墓志及其所涉中晚唐政局⋯⋯⋯⋯⋯⋯杨富学　赵海燕 / 381

长安的多元文化与民族融合

长安成为各族政治、经济和文化的中心

周伟洲

长安是秦汉统一的多民族国家的政治中心,民族政策和措施的发布与执行即从此开始,因此长安也必然成为各族汇聚的一个中心。无论是各族领袖的朝见,使臣的往返,遣子弟入侍、宿卫、降附、封赐,以及贸易、谋生等,均汇集于长安。匈奴、氐、羌、西域诸胡如此,南方的闽越,东北的乌桓、朝鲜、夫余、高丽等族亦如此。如汉武帝建元四年(前137),南越王赵胡即立,遣子婴齐入长安宿卫。婴齐在长安娶邯郸人樛氏为妻,生子兴。十余年后,赵胡死,国人迎婴齐为南越王。婴齐上书,以樛氏为后,遣子次公入长安宿卫。到元鼎六年(前111)南越相吕齐举兵反汉,武帝遣大军灭南越,置南海(治番禺,今广东广州)、苍梧(治广信,今广西梧州)、郁林(治布山,今广西桂平西南)、合浦(治合浦,今广西合浦东北)、交趾(治赢喽,今越南河内)、九真(治胥冲,今越南清化西北)、日南(治西捲,今越南广治)、珠崖、儋耳(今海南岛)九郡。[①]

在《汉书·景武昭宣元成功臣表》中,记载降附或有功于汉朝而封侯者,就有匈奴、南越、瓯骆、东粤、朝鲜、东胡、小月氏等族的上层。

匈奴王、贵族降汉或有功封侯者有:"安陵侯于军""桓侯赐""酒侯陆彊""容城携侯徐卢""翕[易]侯仆阳""茨阳靖侯范代""翕侯邯郸"(以上为以匈奴王降封侯),"亚谷简侯卢它之"(以匈奴东胡王降封侯),"翕侯赵信"(以匈奴相国降封侯),"特辕侯乐"(以匈奴都尉降封侯),"亲阳侯月氏""若阳侯猛"(以匈奴相降封侯),"涉安侯於单"(以匈奴单于太子降封侯),"昌武侯赵安稽""下摩侯諠毒尼""煇渠慎侯应疕""臧马康侯雕廷年"(以上以匈奴王降封侯),"襄城侯桀龙"(以匈奴相国降封侯),"潦悼侯王援訾"(以匈奴赵王降封侯),"湿阴定侯昆邪"(以匈奴昆邪王降封侯),"河綦康侯鸟黎"(以匈奴右王与浑邪降封侯),"常乐侯稠雕"(以匈奴大当户与浑邪

[①] 《史记》卷一一三《南越列传》。

王降封侯），"杜侯复陆文"（以匈奴归义因敦王从骠骑将军击左王功封侯），"众利侯伊即轩"（以匈奴归义楼剸王从骠骑将军击左王功封侯），"湘成侯敞屠洛"（以匈奴符离王降封侯），"散侯董舍吾"（以匈奴都尉降封侯），"膫侯次公"（以匈奴归义王降封侯），"开陵侯成娩"（以故匈奴介和王击车师封侯），"秺敬侯金日䃅"（以揭发莽何罗反封侯），"归德靖侯先贤掸"（以匈奴单于从兄日逐王降封侯），"信成侯王定"（以乌桓屠耆单于子左大将军降封侯），"义阳侯厉温敦"（以匈奴谭连累单于率众降封侯）。

南越、东粤、瓯骆贵族降或有功封侯者有："术阳侯建德"（以南越王兄越高昌侯封侯），"膫侯毕取"（以南越将军降封侯），"安道侯揭阳阳定"（以南越揭阳令闻汉兵至降封侯），"随桃顷侯赵光"（以南越苍梧王闻汉兵至降封侯），"湘成侯监居翁"（以南越桂林监闻汉兵至降封侯），"外石侯吴阳"（以故东越衍侯佐繇王功封侯），"下郦侯左将黄同"（以故瓯骆左将斩西于王功封侯），"开陵侯建成"（以故东粤建成侯与繇王斩馀善功封侯），"临蔡侯孙都"（以南粤郎汉兵破南粤得吕嘉功封侯），"东城侯居股"（以故东越繇王斩东粤王馀善功封侯），"无锡侯多军"（以东粤将军汉兵至降封侯）。

朝鲜、小月氏贵族降或有功封侯者有："平州侯王唊"（以朝鲜将汉兵至降封侯），"获〔苴〕侯韩陶"（以朝鲜相将汉兵围降封侯），"澅清侯参"（以朝鲜尼谿相使人杀其王右渠降封侯），"几侯张路"（以朝鲜王子汉兵围降封侯），"涅阳康侯最"（以父朝鲜相路人汉兵至降封侯），"驱兹侯稽谷姑"（以小月氏右苴王将众降封侯），"瓡讘侯扞者"（以小月氏王将众千骑降封侯）。

以上各族王公贵族降汉或有功于汉而封侯的情况，不仅补充了汉朝与四夷之间关系的若干史实，而且因封侯而大多居于京师长安，虽有的食邑各地（除关内侯外），然也常到京师长安，或居住于长安。①

西汉长安，因各族使臣、封官爵者及商贾云集，甚至有专门供各使臣居住的地方，称为"蛮夷邸"，在汉长安城内藁街。②

由于各族人汇集长安，使之成为当时各民族经济文化交流的一个中心地。关于长安及附近汉族经济、文化及习俗，通过统治阶级的政策、法令及影响，传播和交流到周边各族的情况，因超出本文内容的范围，故不叙述。下面仅就各族的经济文化在京师长安交流的情况，作一简约的叙述。

---

① 《汉书》卷一七《景武昭宣元成功臣表第五》。
② 《汉书》卷七〇《陈汤传》；陈直：《三辅黄图校注》，陕西人民出版社，1985年，第154页。

在经济方面，秦汉与匈奴长期争战和交往，以游牧为生的匈奴的一些牲畜、异兽品种传入长安，如匈奴的奇畜"駒騟"（一种青色的骏马）、骆驼等，就在长安落户。西域著名的天马、汗血马（大宛马）等也引入长安。据说汉武帝因欲得大宛良马，而遣贰师将军李广利伐大宛。《太平御览》卷一九一引《三辅黄图》记：汉代未央宫"有金厩、路軨厩、果马厩、轭梁厩、骑马厩、大宛厩、胡河厩、駒騟厩，凡九厩，在城内"①。駒騟为匈奴奇畜，大宛马出自西域，果下马来自东北濊国。据有的学者研究，汉武帝之所以如此追求各族的良马，并非为了追求享乐，而是积极引进良马种，以繁殖马匹，对付北方游牧民族寇掠，在军事上有着十分重大的意义。②总之，周边各族良马种的引进，对于内地（包括陕西）养马事业的发展，以及反击匈奴的寇掠，均有一定的作用。

汉朝统治阶级还搜罗四周各族的奇珍异兽置于长安上林苑中，苑中置"兽圈九，彘圈一"，如虎圈、狮子圈等在建章宫。③又汉宣帝元康四年（前62），"九真献奇兽（麒麟）"。④汉成帝时（前32—前7），"交趾、越嶲献长鸣鸡，伺鸡晨，即下漏验之，晷刻无差"⑤。

各族的珍贵宝物，也集中于长安宫廷，如西域献"吉光裘"、身毒（印度）宝镜、连环羁（马具），闽越王献石蜜（野蜂蜜）等。《三辅黄图》记建章宫内有"奇华殿"，内"四海夷狄器服珍宝，火烷布、切玉刀、巨象、大雀、师子、宫（宛）马，充塞其中"。这一切正如汉代著名史学家班固在其《汉书·西域传下》中所说："遭值文、景玄默，养民五世，天下殷富，财力有余，士马强盛。故能睹犀布（象）、瑇瑁则建珠崖七郡，感枸酱、竹杖则开牂柯、越嶲，闻天马、蒲陶则通大宛、安息。自是之后，明珠、文甲、通犀、翠羽之珍盈于后宫，蒲梢、龙文、鱼目、汗血之马充于黄门，巨象、师子、猛犬、大雀之群食于外囿。殊方异物，四面而至。"此段所记汉武帝时，西汉国力强盛，平南越，开西南夷，通西域，于是各方的异物、特产，四面而至长安。内犀象、文甲、明珠、翠羽等，皆为南越及南海诸国之特产，其余则多为西域及北方民族之异物、特产，且广泛用于天子、贵戚的日常生活。

从西域等地传入内地（首先是陕西长安及附近）的各种农作物、果树等，不仅

---

① 陈直：《三辅黄图校注》，陕西人民出版社，1985年，第136页。
② 余嘉锡：《汉武伐大宛为改良马政考》，见《余嘉锡论学杂著》（上册），中华书局，1963年，第175—180页。
③ 陈直：《三辅黄图校注》，陕西人民出版社，1985年，第137—138页。
④ 《汉书》卷八《宣帝纪》及晋灼注。
⑤ 〔汉〕刘歆：《西京杂记译注》，上海三联书店，2013年，第240页。

成为内地人民生活的必需品,而且对于陕西等地的农业、工艺制造等方面都产生了很大的影响。自张骞出使西域后,汉使臣从西域传入了蒲陶(葡萄)、苜蓿。"于是天子始种苜蓿、蒲陶肥饶地。及天马多,外国使来众,则离宫别观旁尽种蒲萄、苜蓿极望。"①史载张骞出使西域,还传入安石榴、胡桃、黄兰、胡麻、胡豆(蚕豆)、大蒜等。②各种新的农作物和果树,均首先在长安及其附近种植,然后传播到各地。《西京杂记》载"上林名果异木"中,有"瀚海梨""胡桃""羌李""蛮李""蛮查""羌查""安石榴"等周边民族所种植的品种。《三辅黄图》说,上林苑中扶荔宫,是汉武帝元鼎六年,破南越后所建,宫以荔枝得名。"荔枝自交趾(今广西、越南北部)移植百株于庭,无一生者,连年犹移植不息。"③西域的酿酒方法也传入长安,据传乌孙国有"青田核","核大如六升瓠,室之以盛水,俄而成酒,味甚醇美。刘章得两核,集实客设之,常供二十人之饮","久置则苦不可饮,名曰青田酒"。④

周边民族使臣、商贾云集于长安,使长安又成为一个重要的商业中心。今西安和扶风姜塬村曾出土带有外国铭文的铅饼15枚,上铭文据考释,系传写失真的希腊字母,是安息"法拉克麦"钱币上的铭文。⑤这是由西域商人带至长安等的物品,证明当时各族在长安等地进行贸易的事实。

在文化方面,西域、南方等地少数民族乐舞首先传到京师长安。如流行于汉代长安等地的胡角、羌笛、筚篥、竖箜篌、琵琶等均原系西域和羌族的乐器。胡角,系"张博望(张骞)入西域,传其法于西京"。⑥《古今乐录》载:"横吹,胡乐也。张骞入西域,传其法于长安,唯得摩诃兜勒一曲,李延年因之更造新声二十八解,乘舆以为武乐,后汉以给边将,万人将军得之。"⑦横吹,对后世音乐影响甚大,隋唐时的"鼓吹"即源于此。⑧

在汉代宫廷中,还流行一种叫"巴渝舞"的舞蹈。据载,秦末刘邦为汉中王,发巴中夷人伐关中。三秦定,遣夷人还,免其人租赋。巴人其地有渝水,巴夷居

---

① 《史记》卷一二三《大宛列传》。
② 〔晋〕张华:《博物志》卷六,唐子恒点校,凤凰出版社,2017年。
③ 陈直:《三辅黄图校注》,陕西人民出版社,1985年,第75—76页。
④ 〔唐〕段成式:《酉阳杂俎》前集卷七《酒食》引《古今注》。
⑤ 罗西章:《扶风姜塬发现汉代外国铭文铅饼》,《考古》1976年第4期;考古研究所资料室:《西安汉城故址出土一批带铭文铅饼》,《考古》1977年第6期。
⑥ 〔元〕马端临:《文献通考》,中华书局,2011年,第4290页。
⑦ 《后汉书》卷四七《班超传》注引。
⑧ 周伟洲:《从郑仁泰墓出土的乐舞俑说唐代音乐和礼仪制度》,《文物》1980年第7期。

水左右,天性劲勇,俗喜歌舞。刘邦见其歌舞,说这是武王伐纣之歌,命乐人传习,故名之为"巴渝舞"。①此后,巴渝舞流传至隋唐,为清乐之一种。这一情况,也正如《后汉书·南蛮西南夷传》所说,汉时"夷歌巴舞殊音异节之技,列倡于外门"。

此外,西域等地的杂技、幻术也流传至长安。《史记·大宛列传》记:安息国曾"以大鸟卵及黎轩(今埃及亚历山大城)善眩人(魔术师)献于汉"。

到东汉时,印度的佛教传入中国内地,洛阳是东汉的政治中心,印度、西域传译佛法的僧人大都集中在洛阳。然而,佛教传播也当及于陕西长安等地。

原载《长安学研究》(第3辑),科学出版社,2018年
(周伟洲,西北大学中华民族史研究中心教授)

---

① 《后汉书》卷八六《南蛮西南夷列传》。

万国来朝岁　五服远朝王
——论大明宫在中外交往中的地位和作用

周伟洲

一

有唐一代，是中国古代社会发展的兴盛时期，长期的政治统一、开明的民族政策和对外开放，使唐朝国力强大，经济繁荣，文化昌盛，成为亚洲乃至当时世界之强国。其国都长安更是繁荣富庶，不仅是全国政治、经济和文化中心，而且呈现出国际大都会的风貌。唐朝京师长安的政治中心，即唐帝国的政治中枢，长时期又在长安的大明宫。从贞观八年（634）至乾宁三年（896），两百多年间，大明宫成为唐朝历代皇帝处理政务、朝会大典、颁发诏谕及接见外国贡使等的重要场所，其建筑之宏伟、壮丽，布局之严谨、巧妙，在长安宫城中超过太极宫和兴庆宫。

作为唐帝国政治中枢的大明宫有诸多政治功能，皇帝接见、宴请周边地区少数民族及国外一些民族首领或使臣，是其中重要的政治活动之一。中国古代传统的政治制度和民族观，将凡是周边地区少数民族及国外一些民族、国家，一律视为臣属于天朝的臣民，称为"四夷"；其国主、首领或派遣来的使臣至京师，则称为"朝贡"或"朝献"。这种政治观和制度源于先秦时期的"服事制"，也就是在王畿、诸侯国等华夏族之外，众多的周边民族或国家被名为"要服""荒服"，他们要向华夏天子每岁朝贡，承认天子的统治地位。①事实上，凡来朝贡、朝献的民族或国家，大部分的确在政治上不同程度是附属于当时中国封建王朝的，他们的朝贡有政治依附关系的性质。但是，也有一部分距中国遥远的外国遣使，他们与当时的中国封建王朝并没有政治上的臣属关系，其朝贡实质上属于一种贸易和文化交流的性质。

唐朝历太宗"贞观之治"和玄宗"开元之治"，国力昌盛，经济繁荣，吸引了周边民族及亚洲、欧洲等国纷纷与唐朝建立了友好关系，朝贡即最正式最重要的

---

① 关于服事制，参见周伟洲：《儒家思想与中国传统民族观》，《民族研究》1995年第6期。

交往之一，也是唐代中外关系的集中体现。据《唐六典》卷四主客郎中条记，与唐保持朝贡关系"有七十余蕃"。《册府元龟》卷九七〇至卷九七二《外臣部·朝贡》，详细记载了各国朝贡的情况。如至京师长安"朝贡"的外国，在今欧洲的有拂菻国（又称"大秦"），即当时欧洲强国东罗马帝国，从贞观十七年（643）至天宝元年（742），先后6次遣使朝贡，献方物。[①]在今西亚、中亚的波斯萨珊王朝（今伊朗等地），与唐关系更为密切，数遣使朝贡。高宗时，波斯渐为大食（阿拉伯）所侵，求援于唐，其王卑路斯逃至长安，但其余部仍旧与唐保持联系，"自开元十年（723）至天宝六载（747），凡十遣使来朝"。[②]至大历六年（771）前，仍朝贡不绝。[③]又有原波斯所属陀拔萨惮国（在今里海南岸）也遣使至唐朝贡。[④]此外，兴起于阿拉伯半岛的大食国，即阿拉伯帝国，唐代称之为白衣大食（倭马亚王朝，611—750）和黑衣大食（阿拔斯王朝，750—1258），曾派军助唐平安史之乱，总计文献所见，自永徽二年（651）起，大食共约有39次遣使入唐。

在今中亚地区，唐代有"昭武九姓"诸国，即康国、安国、曹国、米国、石国、何国、火寻国、史国、戊地国，他们与唐朝关系更为密切，据《册府元龟》卷九七二《外臣部·朝贡》记载，从贞观八年（634）至大历七年（772），九国遣使达60余次，其人入居长安者亦甚众。又居于中亚阿姆河南的吐火罗国、挹怛国（嚈哒）、谢颱国、帆延国，居于帕米尔高原的大小勃律国、识匿国、俱密国、护密国、骨咄等国，均时有遣使入唐朝贡。

在今南亚地区的印度，唐代以前分裂为东、西、南、北、中五天竺国，后中天竺并其余四国。但不久，又分裂。五国先后均有遣使入唐者。印度南的师子国（今斯里兰卡）及印度北边的罽宾国（今克什米尔），西边的尼婆罗国（今尼泊尔）等，也都不时遣使入唐朝贡。在今东南亚地区，唐代称为"南海"的诸国，见于记载的朝贡情况，有邻近唐安南都护府的林邑国（环王国，在今越南中南部）朝贡达35次，真腊国（今柬埔寨等地）共16次，诃陵国（阇婆，今印尼爪哇）共约13次、室利佛逝（今印尼苏门答腊占碑）共6次，堕和罗国（在今缅甸那沙林至泰国湄南河下游）4次，盘盘国（在今泰国万伦湾）4次，骠国（今缅甸北部）3次，陁洹国（在今马来半岛北部）3次，丹丹国（在今马来西亚吉兰丹）、参半国（在今老挝西北）

---

① 《旧唐书》卷一九八《西戎》"拂菻"条；《册府元龟》卷九七一《外臣部》"朝贡第四"条。
② 《旧唐书》卷一九八《西戎》"波斯"条。
③ 《册府元龟》卷九七二《外臣部》"朝贡第五"条。
④ 《新唐书》卷二二一《西域下》。

等2次。①

此外，唐朝东面的日本及朝鲜半岛的高丽、新罗、百济三国，与唐朝关系更为密切。其中，日本遣唐使和新罗遣使次数最多。

以上大致是属于中外关系范畴的外国朝贡情况，还有被唐朝同样视为"四夷"或荒服的周边的民族或政权，属中国古代民族关系的范畴，如东北的靺鞨、契丹、奚、霫、失韦、渤海；北方的铁勒诸族，东、西突厥、薛延陀、回鹘、黠戛斯、沙陀等；西北方的西域高昌、龟兹、焉耆、疏勒、于阗，以及吐谷浑、党项等；西南方的吐蕃、南诏等国。他们在唐代被统称为西域胡人或"蕃"，蕃主或其派遣使者赴京师长安朝贡，史籍记载颇多，不一一列举。

唐朝沿以前历代传统朝贡体制，设有专门接待朝贡蕃主、使臣的机构——鸿胪寺及尚书省礼部下属之"主客郎中"，并制定了有关朝贡的一系列制度，以及主要国使、蕃主住鸿胪客馆后，迎劳、宴请、接受表章等礼仪。②然而，其中最重要、最隆重的仪式，是唐朝皇帝亲自接见和宴请朝贡使臣、蕃主。这是集中体现唐帝国与朝贡诸国或民族政治关系的象征仪式。这种仪式进行的场所，即大明宫内的主殿含元殿，它与殿外的丹凤门一道为举行"外朝"的地方。每岁至元正、冬至，皇帝举行大朝会，各国使臣、蕃王也齐集含元殿，朝觐天子，盛况空前。唐朝诗人张莒《元日望含元殿御扇开合》（大历十三年吏部试）诗云："万国来朝岁，千年觐圣君。"③诗人崔立之《南至隔仗望含元殿香炉》诗亦云："千官望长至，万国拜含元。"④大诗人王维《和贾至舍人早朝大明宫之作》亦云："九天阊阖开宫殿，万国衣冠拜冕旒"。⑤"万国"是形容朝贡各国数量之多，朝贡蕃主及使臣"服其国服"，故有"万国衣冠"之说；冕旒，即皇帝所戴冠冕，此处指唐天子。正、冬含元殿大朝会，有诸蕃国各献方物，"列为庭实"；⑥往往还举行宴会，伴以乐舞百戏。郑锡撰《正月一日含元殿观百兽率舞赋》云："开彤庭执玉帛者万国，发金奏韵箫韶而九成。祥风应律，庆云夹日，华夷会同，车书混一。"⑦

除大明宫含元殿外，皇帝有时也在大明宫宣政殿、麟德殿、紫宸殿、延英殿

---

① 周伟洲：《唐朝与南海诸国通贡关系研究》，《中国史研究》2002年第3期。
② 〔唐〕杜佑：《通典》卷一三一引《开元礼纂》。
③ 《全唐诗》卷二八一。
④ 《全唐诗》卷三四七。
⑤ 《全唐诗》卷一二八。
⑥ 〔宋〕王溥：《唐会要》卷二四《受朝贺》记：建中二年正月朔，"御含元殿，四方贡献，列为庭实，复旧例也"。
⑦ 《全唐文》卷四〇五。

等处，接见或宴请朝贡诸国使臣、蕃王。如贞观二十年（646），唐太宗在大明宫芳兰殿（紫兰殿）宴请回纥等铁勒诸部首领[1]；至德元年（756），肃宗于宣政殿接见回纥叶护等[2]；唐德宗曾在大明宫延英殿接见过南诏王异牟寻子寻阁劝。[3]贞元十年（794）三月，德宗于麟德殿接见南诏使，"赐赉甚厚"。[4]唐代诗人宋若宪《奉和御制麟德殿宴百官》诗云："端拱承休命，时清荷圣皇。四聪闻受谏，五服远朝王。"[5]诗人卢纶《奉和圣制麟德殿宴百僚》诗也有"蛮夷陪作位，犀象舞成行"之句。[6]

总之，大明宫作为唐代的政治中枢，由皇帝接见、宴请朝贡诸国使臣、蕃主的大朝会隆重仪式，表明了大明宫在有唐一代中外关系和与周边民族关系中最高的、不可替代的地位和作用。

二

唐代外国及周边诸民族政权至唐京师长安的朝贡、朝献，主要是一种政治关系的体现，同时，也具有经济交往的性质和意义。朝贡诸国的朝贡使团往往带有一批"商胡"，在沿途及京师贸易，并向唐朝献其国特产、方物。诸朝贡国在大明宫含元殿等处朝见之时，各献方物。唐代大诗人白居易《新乐府辞九》就记述了贞元年间林邑（环王）献犀牛事，诗云："驯犀驯犀通天犀，躯貌骇人角骇鸡。海蛮闻有明天子，驱犀乘传来万里。一朝得谒大明宫，欢呼拜舞自论功。五年驯养始堪献，六译语言方得通。上嘉人兽俱来远，蛮馆四方犀入苑。"[7]

至于文献所记朝贡诸国所献方物就更多。欧洲拂菻国献赤玻璃、绿金精、底也伽（药物名）、狮子、羚羊等[8]。波斯国所献方物有玛瑙床、火毛绣舞筵、无孔真珠、琥珀、狮子、香药、犀牛、象等。大食国所献方物有狮子、良马、豹、金线织袍、毛锦、宝装玉、洒池瓶、龙脑香等。中亚昭武九姓国献方物中，有康国（今中亚撒马尔罕）献金桃、银桃、狮子、豹、毛锦、青黛、锁子甲、水精杯、玛瑙瓶、驼鸟卵、越诺布，安国献豹、马，米国献拓壁舞筵及鍮石，史国献葡萄酒等。印度

---

[1]《资治通鉴》卷一九八"贞观二十年八月戊寅"条。
[2]〔宋〕王溥：《唐会要》卷九八《回纥》。
[3]《全唐诗》卷四二六。
[4]〔宋〕王溥：《唐会要》卷九九《南诏蛮》。
[5]《全唐诗》卷七。
[6]《全唐诗》卷二七六。
[7]《全唐诗》卷四二六。
[8]《旧唐书》卷一九八《西戎》"拂菻"条。

五天竺国所贡方物有豹、五色鹦鹉、问日鸟、质汗等药、胡药等。罽宾国献方物有善马、波斯锦舞筵、红盐、黑盐、白戎盐、质汗、千金藤、瑠璃、金银等。狮子国贡方物有大珠、钿金、宝璎、象齿、白氎等。①泥婆罗国献波稜菜、浑提葱。②南海诸国贡方物则有驯象、镠锁、朝霞布、火珠、犀牛、象牙、珍珠、花氎、沉香、婆律膏、五色鹦鹉、玳瑁、频伽鸟等。③

唐周边民族和政权朝贡方物则更多,北方和西北游牧民族多贡马、牦牛等牲畜及畜产品,西南吐蕃、南诏多贡金银器皿、犀牛、马等。东北各族则贡名马、丰貂等。

唐朝皇帝对上述朝贡蕃主、使臣,往往敕封朝贡国蕃主或使臣以官爵名号,赏赐或回赠大量的金帛、服饰、财物等。《册府元龟》卷九七〇四至卷九七六《外臣部·褒异》有详细记载。如开元十三年(725)三月"丙午,大食遣其将苏黎等十二人来献方物,并授果毅,赐绯袍银带,放还蕃";同年七月,"波斯首领穆沙诺来朝,授折冲,留宿卫";"开元十五年二月,罗和异国大城主郎将波斯阿城来朝,赐帛百匹,放还蕃,因遣阿拔赟诏宣慰于佛逝国王,仍赐锦袍、钿带及薄寒马一匹"。④由此可知,唐代外国和周边民族政权遣使朝贡方物及唐朝回赐金帛,也带有经济贸易的性质,特别是距唐朝较远和未直接或间接管辖的诸外国的朝贡,其贸易的性质更为突出。朝贡方物和回赐金帛,虽然并非中西方经济贸易的主流和主要的途径和形式;但是,却是一种在政治关系之下的最高级的贸易形式。它不仅使唐朝从朝贡的各种珍奇、罕见的方物中,扩大了对世界各地的感性认识,丰富了内地稀有的动、植物品种,而且开启和扩大了中外民间经济交流的大门。而这一切大多是在唐京师长安的政治中枢大明宫内进行的,大明宫在中外经济交流、贸易的发展中的作用和地位也是无可替代的。

三

在中外文化交往方面,大明宫也有其特有的、突出的作用和地位。

首先应提到的是,在外国及周边民族政权朝贡所献方物中,除上述动、植物及各种异香名宝等物品外,还有乐人、幻人、奴婢等具有特殊技艺之人。如"十五年五月,康国献胡旋女子及豹,史国献胡旋女子及蒲萄酒……七月……史国王阿

---

① 《新唐书》卷二二一《西域下》"师子国"条。
② 〔宋〕王溥:《唐会要》卷一〇〇《泥婆罗国》。
③ 周伟洲:《唐朝与南海诸国通贡关系研究》,《中国史研究》2002年第3期。
④ 《册府元龟》卷九七五《外臣部》"褒异第二"条。

忽必多遣使献胡旋女子及豹……十七年正月，米国使献胡旋女子三人及豹、狮子各一"①。胡旋女子，即擅长胡旋舞的女子。众所周知，唐代开元、天宝年间，胡乐、胡舞大盛于宫廷及民间，胡旋舞即其中最流行的胡舞之一。据载，杨贵妃、安禄山均为胡旋舞之高手。②大诗人元稹有题为《胡旋女》诗，内云："天宝欲末胡欲乱，胡人献女能胡旋。旋得明主不觉迷，妖胡奄到长生殿。"③因此，中亚胡旋舞之所以能盛行于长安等地，与中亚诸国献胡旋女子有关。

又如南海诸国的室利佛逝国，开元十二年（724）七月，曾献杂乐人一部；诃陵国于咸通中（860—874）献女乐等。④特别是贞元十八年（802）骠国王子舒难陀来朝贡，"献其国乐十二曲与乐工三十五人"。⑤此即著名的"骠国乐"。大诗人白居易有《骠国乐》诗，内云："骠国乐，骠国乐，出自大海西南角。雍羌之子舒难陀，来献南音奉正朔……玉螺一吹椎髻耸，铜鼓一击文身踊。珠璎炫转星宿摇，花鬘斗薮龙蛇动。"⑥

以上是中亚、东南亚乐舞通过朝献形式，在大明宫内演释并传播于内地的情况。同时，在大明宫朝献时，唐朝宴请外国及周边民族政权首领、使臣，往往也有大型唐乐舞表演。如"开元八年九月。初。正冬朝会。宴见蕃国王。临轩。设乐悬"。⑦上引郑锡撰《正月一日含元殿观百兽率舞赋》亦云："开彤庭执玉帛者万国，发金奏韵箫韶而九成。"不仅如此，开元二年（714），玄宗在蓬莱宫侧东内宛还设置"内教坊"，教授男乐三百人，内有小部音声三十人，此即"宫内梨园"之一。⑧因此，大明宫也是中外音乐舞蹈交流的重要场所，虽在宫廷，然上行而下效，外国乐舞很快就传播于民间。

在外国及周边民族政权使臣和朝贡所献方物中，还有与外来宗教传播有关的内容。如欧洲的拂菻国（东罗马帝国，大秦）景教僧阿罗本于贞观九年（635）至长安，"帝使宰臣房公玄龄总仗西郊，宾迎入内"⑨，后景教（亦称聂斯托里教，基督

---

① 《册府元龟》卷九七一《外臣部》"朝贡第四"条。
② 〔宋〕乐史：《杨太真外传》，中华书局，1991年。
③ 《全唐诗》卷四一九。
④ 《册府元龟》卷九七一《外臣部》"朝贡第四"条；《新唐书》卷二二二《南蛮传》。
⑤ 《旧唐书》卷一三《德宗纪》。
⑥ 《全唐诗》卷四二六；周伟洲：《扶南乐与骠国乐》，《民族学通报》（第1辑），云南大学出版社，2001年。
⑦ 〔宋〕王溥：《唐会要》卷二四《受朝贺》。
⑧ 〔宋〕程大昌：《雍录》卷九《梨园》；参见周伟洲：《唐梨园新考》，《西北大学史学丛刊》（第1集），三秦出版社，1998年。
⑨ 《大秦景教流行中国碑》，现藏西安碑林。

教的一支）在长安大为流行，建大秦寺。又开元七年、天宝元年（742）拂菻国曾遣"大德僧"来朝贡。大德僧，又可译作总主教（Archbishop）[1]，即罗马基督教的主教。南亚印度五天竺国朝献时，其使臣也多有佛教高僧，如开元十七年（729）六月，"北天竺国三藏沙门僧密多献质汗药"；开元十九年十月，"中天竺国王伊沙伏磨遣其臣大德僧勃达信来朝，且献方物"等。[2]此"大德僧"，当指佛教高僧。此外，中亚昭武九姓国信奉祆教（拜火教），其使臣到长安大明宫朝献，对祆教在长安的传播也有一定的影响。

此外，外国及周边各族首领、使臣及贡献方物中，也带来了各自民族的衣、食、住、行等方面的风俗和一些科学技术，对中国内地也有一些影响。诸如良马的朝献，印度天文历法、药物的传入等。据史载，开元二十五年（737）"东天竺国三藏大德僧达摩战来献胡药、卑斯比支等及新咒法、梵本杂经论、持国论、占星记梵本诸方"。[3]罽宾国于"开元七年，遣使献天文及秘方奇药"。[4]

最后，还值得提及的是，大明宫内宣政殿前还设置了门下省、中书省和御史台等机构。在中书省属下设有"四方馆"，通事舍人主之，掌职是接待四方使客。[5]御史台也不时审理在长安居住胡人及其他民族的案件。即是说，大明宫内有些机构也有接待和管理外国和周边民族一些事务的职能。

综上所述，在有唐一代的中外交往中，大明宫无论在政治、经济，或是文化的交流中，均占有十分重要和无可替代的地位和作用。正如有学者所说：唐代的中外交往和丝绸之路的起点和中心在长安。而大明宫则是京师长安内的政治中枢及起点；西市是中外经济贸易中心和起点；而长安西面开远门，则是中外交往和丝绸之路行程的起点。

原载《中国文化遗产》2009年第1期

（周伟洲，西北大学中华民族史研究中心教授）

---

[1] 张星烺编注，朱杰勤校订：《中西交通史料汇编》（第1册），中华书局，2003年，第201—202页。
[2] 《册府元龟》卷九七一《外臣部》"朝贡第四"条。
[3] 《册府元龟》卷九七一《外臣部》"朝贡第四"条。
[4] 《新唐书》卷二二一《西域上》。
[5] 《资治通鉴》卷二〇六"神功元年六月甲午"条及胡注。

汉帝国宏观历史下"胡风渐入"的微观变化

葛承雍

春秋时代，中国将外族称为戎狄蛮夷，"胡"字在战国时代开始用来描述北疆民族，后来成为对北方游牧民族和北疆地域的笼统泛称。秦汉之际，"胡"一度成为匈奴的专称。但在张骞通西域之后，随着汉朝与周边民族的交流往来，原先笼罩在匈奴汗国下的各个民族浮出水面，汉人逐渐将"胡"加一方位名词，区别分成"东胡""北胡""西胡"[①]，东胡包括原来晋北的林胡、楼烦以及燕北的东胡、山戎之地。北胡主要指以匈奴为代表的北方游牧民族以及北狄系诸胡，而西胡则是指来自西域广袤地区的各国人。

《战国策·齐策五》第一次单独出现"胡人"两字："胡人袭燕、楼烦数县"。如果北方是胡人的先发地区，那么西北方就是胡人的后发地区。从体质人类学上说，东胡是东亚蒙古人种，北胡则属于北亚蒙古人种[②]，西胡明显属于欧罗巴人种。在内陆中原地区发现的胡人不同遗踪，以往被隐没在历史的暗处，但现在学术界已经开始找寻其身份的确证。[③]

[①] 王国维《观堂集林》卷一三《西胡考》（河北教育出版社，2003年，第307页）指出"汉人谓西域诸国为西胡，本对匈奴与东胡言之"。《史记·匈奴列传》谓"东胡强而月氏盛"。《史记·太史公自序》"直曲塞，广河南，破祁连，通西国，靡北胡"。《淮南子·要略》引高诱注"中国以鬼神之事曰忌，北胡、南越皆谓请龙"。《山海经·海内东经》记载"西胡白玉山在大夏东"。《后汉书·西域传》载"遨矣西胡，天之外区"。《说文解字·邑部》载"鄯善，西胡国也"。

[②] 孙机认为，根据南西伯利亚出土的黄金饰牌上的人像和蒙古国呼尼河沿岸出土的头骨资料，原始匈奴族很可能含有印欧人种的因素。见《汉代物质文化资料图说》（上海古籍出版社，2008年，第492页）。另参见潘其风：《从颅骨资料看匈奴的人种》，《中国考古学研究——夏鼐先生考古五十年纪念文集（二）》，科学出版社，1986年，第292—301页；朱泓：《内蒙古长城地带的古代种族》，《边疆考古研究》（第1辑），科学出版社，2002年，第301—313页。

[③] 陈健文：《试论中国早期"胡"概念之渊源》，见《欧亚学刊》（第6辑），中华书局，2007年；邢义田：《古代中国及欧亚文献、图像与考古资料中的"胡人"外貌》，《台湾大学美术史研究集刊》2000年第9期。

汉帝国的强盛并不是在封闭圈子内突然崛起的孤立奇迹，而是吸纳周边民族和外来文化后的变化，"胡"除了代表一群种族部落与地域概念外，还有着渐入汉地后对文化的影响，所以汉代的历史不仅是汉族人创造的文明，也是各民族融汇"胡风"后共同创造的。

一

汉代之前东西方交通线是游移不定的，游牧民族的流动性使得双方接触彰显不明，汉武帝时期张骞开通了西域之路，其目的是联合月支、合击匈奴、开拓西部以建立汉帝国的强大疆土，当时汉朝对西域的控制也是时断时续。但从此贯通了东西方物质与文化交流主渠道，延伸了原先就已存在的欧亚草原之路。

汉人以前对西方世界的想象大概不会超过《穆天子传》《山海经》内容范围，汉武帝时期认识到了位于葱岭以西的西域诸国，从《史记·大宛列传》看，中原汉地知道了大宛（费尔干纳周边地区）、大夏（巴克特里亚）、安息（帕提亚波斯）、条支（安条克）、身毒（印度）、大月支（阿姆河之北）、康居、乌孙、奄蔡、于阗等国家。张骞与胡奴甘父及副使对所到的畜牧"行国"和农耕"土著"有较详细记述。大宛"有城郭屋室，其属大小七十余城，众可数十万"；安息"城邑如大宛，其属大小数百城，地方数千里，最为大国"；大夏"有城屋，与大宛同俗。无大君长。往往城邑置小长……大夏民多，可百余万"。这些国家众多城邑正是亚历山大希腊化建城的特征，而它们的政治统治形式，也是实行希腊化王国的君主制。[①]汉人从此知道除了自己城邑外，西方诸国也建有众多的城市，这无疑开阔了汉人的视野。

随着汉朝对西域经营的展开，汉人对其认识也逐步加深，知道大宛、大夏、安息等属于经济大国，大月支、康国等属于兵强畜多的军事强国，西域诸国丰富的物产、奇货和手工业贡品引起了汉人的极大兴趣，双方的沟通自然得到了重视。为了扼住匈奴咽喉之地，元封三年（前108）汉军攻取了楼兰、姑师两地，太初三年（前102）李广利远征大宛，"西域震惧，多遣使来贡献，汉使西域者益得职"[②]。汉宣帝神爵三年（前59）西域都护府正式设置于乌垒城（今轮台县策大雅），标志着汉朝对西域的统辖完全确立。

张骞西使回国后，"后岁余，骞所遣使通大夏之属者皆颇与其人俱来，于是西北国始通于汉矣"。特别是西域"使者相望于道。诸使外国一辈大者数百，小者百

---

① 杨巨平：《亚历山大东征与丝绸之路》，《历史研究》2007年第4期。
② 《汉书》卷九六《西域传上》，中华书局，1962年，第3873页。

余人……汉率一岁中使多者十余，少者五六辈，远者八九岁，近者数岁而反"[①]。"西北外国使，更来更去"。他们大批到达长安，献礼谒见汉朝天子，使得官方往来由此拉开大幕。

《史记·大宛列传》说汉武帝"方数巡狩海上，乃悉从外国客，大都多人则过之，散财帛以赏赐，厚具以饶给之，以览示汉富厚焉。于是大角抵，出奇戏诸怪物，多聚观者，行赏赐，酒池肉林，令外国客遍观各仓库府藏之积，见汉之广大，倾骇之"。《三辅黄图校释》卷四又载："武帝初穿池得黑土。帝问东方朔，东方朔曰：西域胡人知。乃问胡人，胡人曰：劫烧之余灰也。"武帝故意向胡人面前显示汉朝的富裕，尽管有炫耀浮夸之风，但透露出对西域胡人的重视。由此可见，汉武帝身边的外国客多有西域胡人，他们随侍汉朝皇帝周围，对朝廷的影响无疑不容忽视。

令人瞩目的是，长安城里还有一批西域质子。《汉书·西域传》记载元封二年（前109）楼兰最先送王子到长安当人质，汉军进攻车师时（前99），"危须、尉犁、楼兰六国王子弟在京师者皆先归，发畜食迎汉使"。危须（今和硕县）、尉犁（库尔勒东北）、楼兰（若羌）皆为绿洲城国。此外，大宛王子、乌孙王子、康居王子、莎车王子等都在长安充当质子，他们带来的西域文化对汉朝廷有着深刻影响。

1990—1992年，甘肃敦煌悬泉遗址考古出土汉代简牍中，有许多条涉及西域诸国，包括楼兰（鄯善）、且末、精绝、于阗、莎车、龟兹、疏勒、车师、乌孙等24国，其中也有不属于西域都护管辖的中亚国家。例如康居，汉成帝阳朔四年（前21）简[②]：

阳朔四年四月庚寅朔戊戌　送康居王质子乘（传）……如律令

这条简印证了《汉书·西域传》中"至成帝时，康居遣子侍汉，贡献"的记载。地处中亚撒马尔罕的康居国，始终同汉朝保持着联系，但双方屡有冲突，汉朝认为康居态度桀骜骄慢。《汉书·陈汤传》记载汉元帝建昭三年（前36），西域都护甘延寿、陈汤远征中亚都赖水（今哈萨克斯坦江布尔城附近的塔拉斯河），擒杀北匈奴郅支单于，"斩郅支首及名王以下，宜悬头蒿街蛮夷邸，以示万里"。长安蒿街蛮夷邸是专门接待域外宾客的馆舍，这些馆舍为负责外交事务的典客、典属国、黄门等官吏服务，并设有专门的译官、译人，因此侨居蒿街的西域人较多，将郅支首级悬于蛮夷邸就是向他们警示宣威。

[①]《史记》卷一二三《大宛列传》，中华书局，1982年，第3170页。
[②] 张德芳：《悬泉汉简中若干西域资料考论》，见荣新江、李孝聪主编：《中外关系史：新史料与新问题》，科学出版社，2004年，第141页；殷晴：《悬泉汉简和西域史事》，见殷晴主编：《吐鲁番学新论》，新疆人民出版社，2006年，第61页。

甘露三年（前51）春，汉宣帝在甘泉宫诏见南匈奴呼韩邪单于，"上登长平，诏单于毋谒，其左右当户之群臣皆得列观，及蛮夷君长王侯数万，咸迎于渭桥下"①。可见西汉中期以后旅居或侨居长安的外来"蛮夷"人数相当大。敦煌悬泉汉简中还有宣帝时期一枚涉及质子和使者的木牍：

斗六升。二月甲午，以食质子一人，鄯善使者二人，且末使者二人，莎车使者二人，扜弥使者二人，皮山使者一人，疏勒使者二人，渠勒使者一人，精绝使者一人，使一人，拘弥使者一人。乙未，食渠勒副使二人，于阗副使二人，贵人三人，拘弥副使一人，贵人一人；（莎）车副使一人，贵人一人；皮山副使一人，贵人一人，精绝副使一人。乙未以食疏勒副使一人，贵三人。凡卅四人。②

由这枚汉简我们可知，悬泉置驿两天内共有九个西域国家的三十四人经过这里，尽管不知质子为哪国人，但是众多的使者、副使和贵人蜂拥在前往长安的道路上，可见当时西域诸国与汉的交往非常频繁，这与史书"走胡地、倘南越"的记载互为印证。特别是这些使节不是单靠质子朝觐效忠，而且大量"贵人"相伴，有着经济利益的驱动，打着"献物"旗号进行"贱市"目的，悬泉汉简记录"大宛贵人乌莫塞献驼他一匹"，"乌孙、莎车王使者四人，贵人十七，献驼佗六匹"，都是明证。因而质子东来"汉化"与贵人充溢"商化"都有着自己的利益需求。

汉成帝年间，康居国欲送质子到长安，《汉书·西域传》记载西域都护郭舜上书指责康居并不尊重汉朝权威，"其欲贾市为好，辞之诈也。匈奴百蛮大国，今事汉甚备，闻康居不拜，且使单有自下之意，宜归其侍子，绝勿复使，以章汉家不通无礼之国。敦煌、酒泉小郡及南道八国，给使者往来人马驴橐驼食，皆苦之"。但是中央朝廷还是接纳了康居质子，将康居作为"新通"国家给予优待，以维持西域的稳定局面。若说质子是汉朝与西域确定贡纳体系的特征，那么这种关系一直延续到东汉末年，袁宏《后汉纪》卷二三说公元172年，汉灵帝到京郊祭祀祖陵时，随从人员还有来自西域三十六国的质子。可见汉帝国对远疆的羁縻战略部署中，"羁服外域，东朝天子"，将西域诸国作为不可分割的控制部分。

从以上汉代对外政治格局来看，从汉初对付、反击匈奴"北胡"到武帝时转而变为羁縻西域"西胡"。比起匈奴统治下的暴敛苛求与财物勒索，西域诸国更愿归属汉朝，大量西域胡人进入中原汉土和长安，通过使节、质子、礼赠、贡献、册封

---

① 《汉书》卷九四《匈奴传下》，中华书局，1962年，第3798页。
② 张德芳：《悬泉汉简中有关西域精绝国的材料》，《丝绸之路》2009年第24期。

等方式，使各类胡人渐入长安政坛圈子，西域都护府的设立更确立了汉朝廷中央与西域的羁縻隶属关系，西域诸国愿意为中国使节和军队提供食物、牲畜、帐舍等。汉朝保护了西域摆脱匈奴或其他民族的侵扰，从而奠定了汉帝国强大的基础，其版图纳入了西域的经济（屯田）、军事（驻军）基地。这也是两汉时期胡风劲吹的前提。

二

汉武帝元狩四年（前119）张骞再度出使西域后，并不是一味建立政治联盟，他携带"牛羊以万数，金币帛直数千巨万"，对经济活动格外重视，注意到安息、大夏两地"有市"，"善贾市"；大夏都城蓝市城"有市贩贾诸物"，安息"以银为钱，钱如其王面，王死辄更钱，效王面焉"。这不仅证实了当时以巴克特里亚为中心连接中亚、西亚、南亚地区商贸网络的存在，而且介绍了这些地区流行的钱币。此后，除了大宛、安息、大月支、康居等一些大国与汉朝进行贸易往来外，西汉中后期，塔里木盆地边缘的绿洲城国纷纷前往中原进行通商经济活动。《汉书·西域传》首称疏勒（今喀什噶尔）其地"有市列"。这种贸易动向远远超出了汉朝与匈奴"北胡"的规模、种类和次数，绿洲定居民族的农业商业与草原游牧民族的狩猎畜牧，经济上具有较大差别，双方注入汉朝的活力也有所不同。

敦煌悬泉汉简中记录了西域各国与中原交往过程，其中就出现许多史书没有记载的国王使节、王公贵族往来内容：

1.楼兰王以下二百六十人，当东，传车马皆当柱，敦□。

2.……送精绝王诸国客凡四百七十人。

3.各有数，今使者王君将于阗王以下千七十四人，五月丙戌发禄福，度用庚寅到渊泉。

4.客大月氏、大宛、疏勒、于阗、莎车、渠勒、精绝、扜弥王使者十八人，贵人□人。

5.永光五年（前39）七月癸卯朔丁巳，使送于阗王诸国客，卫司马参，副卫候临，移敦煌太守……涉头、渊泉尽治所。

6.甘露元年（前53）二月丁酉朔己未，县泉厩佐富昌敢言之，爰书：使者段君所将疏勒王子橐驼三匹，其一匹黄，牝；二匹黄，乘，皆不能行，拔亟死，即与假佐开、御田遂陈。

7.甘露二年（前52）正月庚戌，敦煌大守千秋、库令贺兼行丞事，敢告酒泉大□罢军候丞赵千秋上书：送康居王使者二人、贵人十人、从者□

九匹、驴卅一匹、橐他廿五匹、牛一。戊申，入玉门关。已阁□。

8.传送康居诸国客，卫候臣弘、副□池阳令臣忠上书一封。黄龙元年□。

9.以食守属孟敞送自鄯善王副使者蘆匡等，再食，西。

10.出钱百六十，沽酒一石六斗。以食守属董并，叶贺所送沙车使者一人、罽宾使者二人、祭越使者一人，凡四人，人四食，食一斗。[1]

选择的这十条简牍，主要书写于宣帝到元帝、成帝期间，西域各国使团中包括有绿洲城邦的王公贵族，少的有几十人或几百人，多的竟达千人以上，成群结队进入中原。汉朝按照规定，对外来奉献使者免费招待，提供食宿或交通工具，故花费巨大。特别是打着使者旗号的康居胡商也乘机入境，据永光五年（前39）《康居王使者册》记载[2]，康居王使者杨佰刀、副使扁阗、苏薤王使者姑墨、副使沙囷以及贵人为匿等多次进入汉境贡献骆驼，敦煌所属关县提供食宿，但这次到达酒泉后，将骆驼交给当地官府，酒泉太守及属下不仅不按实际情况给所献骆驼评估论价，而且也不依照过去惯例供食，硬将值钱的白骆驼评估为不值钱的黄骆驼，肥骆驼说成是瘦骆驼。杨佰刀深感冤枉，上诉长安汉廷鸿胪署，中央移书敦煌太守追查详细报上，按律令处置。由这件简牍可知，当时打着正使、副使旗号的康居和苏薤胡人，实际上就是借"贡献"之名进行贸易的胡商，当商贩遇到压价收购时，敢于向汉朝政府告发，以求得中外贸易公平保护。

正是在这种西域对中国"纳贡"贸易交流的背景下，双方贸易蓬勃发展，"奉献者皆行贾贱人，欲通货市买，以献为名"[3]。一直到东汉仍"立屯田于膏腴之野，列邮置于要害之路。驰命走驿，不绝于时月；商胡贩客，日款于塞下"[4]。光武帝去世时，《东观汉记》卷十六说长安城"西域贾胡，供起帷帐设祭"，可见旅居长安的西域胡商肯定不少。

西域丰富的物产和精致的手工业制品远远高于"北胡"匈奴，匈奴的金银器制造技法和工艺多是从西域传入，例如常见的"胡人搏兽"题材明显引自大夏。在诺

---

[1] 甘肃省文物考古研究所：《敦煌悬泉汉简内容概述》，《文物》2000年第5期；甘肃省文物考古研究所：《敦煌悬泉汉简释文选》，《文物》2000年第5期。这些简牍考释资料汇编见胡平生、张德芳：《敦煌悬泉汉简释粹》，上海古籍出版社，2001年。

[2] 胡平生、张德芳：《敦煌悬泉汉简释粹》，上海古籍出版社，2001年，第118页，《康居王使者册》；郝树声、张德芳：《悬泉汉简研究》，甘肃文化出版社，2009年，第217页。有趣的是，汉简上还记录了许多西域使节、贵人、军将、侍从的名字，如"胡奴殊子""病籍子""少卿子""屈葴子""跗力子""驹多子""贝卿子"等，值得进一步研究。

[3] 《汉书》卷九六《西域传上》，中华书局，1962年，第3886页。

[4] 《后汉书》卷八八《西域传》，中华书局，1965年，第2931页。

音乌拉匈奴贵族墓中出土有来自罗马、波斯风格的随葬品，其毛织壁毯上刺绣有浓密胡须、蓝色瞳孔的西方人像，明显是西方外来作品。[①]匈奴的物品也有很大部分依靠西域诸国供应，《汉书·西域传》说"匈奴西边日逐王置僮仆都尉，使领西域，常居焉耆、危须、尉犁间，赋税诸国，取富给焉"。善于经商的西域胡人直接充当着匈奴与外界贸易中介的角色。东汉光武帝建武廿八年（52）北匈奴遣使携贡马、皮裘乞求和亲，"率西域诸国胡客与俱献见"[②]，可见匈奴依赖西域胡商给汉廷奉献见面礼。所以，我认为，进入汉地的一些西域胡人有可能是通过匈奴来的，汉匈之间兴贩流通不能忽视西域胡商的作用。

汉朝与匈奴经济往来中，汉朝付给匈奴大量丝绸、帛絮、粮食、酒以及其他物资，匈奴交换物匮乏，只有马羊牲畜和皮毛之类物品；匈奴又无自己货币，平时建仓存谷、穿井筑城都依赖于境内汉人劳动者，西汉后期匈奴内乱造成其经济穷困，时常靠寇盗劫掠救济补充。但汉朝与西域的交易就丰富多彩，有月支苏合香、于阗玉石、罽宾织物、珠玑、大秦珊瑚、琉璃、波斯鍮石、千涂国玉晶等。罽宾以金银为钱，"文为骑马，幕为人面"，安息也是以银为钱，"文独为王面，幕为富人面"，龟兹的冶炼铸造产品被称为"胡铁"，于阗发行的汉佉二体钱[③]在公元1世纪时非常流行。相比之下，汉人更看重"西胡"经济的发展，因为"西域殷富，多珍宝，诸国侍子及督使贾胡数遗馈奴婢、宛马、金银、香罽之属"[④]。中原达官贵族普遍以享用香料、石蜜、毛罽等西域商品为荣，不惜争相竞购奢侈品以满足穷奢极欲的生活。一般来说，匈奴自上而下好汉物，汉人则喜好西胡珍奇异物。所以，除了匈奴"胡骑"军事影响中原北方外，西域商贸胡风远远超过"北胡"匈奴的影响，带来了一系列"胡风渐入"的变化。

从家畜方面看，据《汉书·西域传》记载，汉武帝年间西域南海方物"明珠、文甲、通犀、翠羽之珍盈于后宫，蒲梢、龙文、鱼目、汗血之马充于黄门，巨象、师子、猛犬、大雀之群食于外囿。殊方异物，四面而至"。依照《史记·乐书》解释"汉武帝后伐大宛，得千里马，马名蒲梢"，实际上蒲梢、龙文、鱼目与汗血马

[①] Руденко.С.И., Культура Хуннов и Ноину-линские Курганы, 1962；鲁金科：《匈奴文化与诺音乌拉巨冢》，莫斯科-列宁格勒，1962年。本条资料承蒙马利清博士提供，特致谢忱。

[②]《后汉书》卷八九《南匈奴列传》，中华书局，1965年，第2946页。

[③] 孙机指出于阗汉佉二体钱上虽有汉篆文字，但它不是铸造或镌刻，而是打压成的，这是西域古币自希腊钱那里承袭来的传统。参见《汉代物质文化资料图说》，上海古籍出版社，2008年，第520页。

[④]《后汉书》卷五一《李恂传》，中华书局，1965年，第1683页。

一样均为来自西域的四种骏马名称。①《三辅黄图》卷三又说皇家收藏外国珍宝之地奇华殿"在建章宫旁。四海夷狄器服珍宝。火浣布、切玉刀，巨象、大雀、师子、宛马，充塞其中"。汉人知道了大宛出天马，鄯善国出骏马，蒲类国出好马，龟兹国出良马，"乌孙多马，其富人至有四五千匹马"②。西域马在中原掀起了一阵追求之风，人们津津乐道于"天马""龙马""西极马"，汉武帝亲作《天马歌》，这股胡风胡俗不可谓不烈。

从植物方面看，葡萄栽种技术首先通过西域传入中原汉地。《史记·大宛列传》中载："汉使取其实来，于是天子始种苜蓿、蒲陶肥饶地。及天马多，外国使来众，则离宫别观旁尽种蒲萄、苜蓿极望。"安息、大宛、焉耆的葡萄酒也风靡汉地，特别是伊吾、且末、于阗等国土地适合种植葡萄成为汉人知道的信息。大宛、罽宾有适合马驼嗜吃的苜蓿，也引入汉地种植。苁苇、胡桐、白草等原来中原不清楚的植物都进入了汉人眼中，西域各国盛产瓜果被列入"五果"记载进史书。

从走兽飞禽看，《史记》《汉书》《后汉书》都记载天竺即身毒国出产大象，其人"乘象以战"。乌弋山离国、条枝国、安息国均有狮子。大秦的玄熊（黑熊）、海贝、火浣布（石棉），罽宾的沐猴、封牛，条枝的犀牛、鸵鸟、孔雀，安息的鹫鸟（秃鹫）可以啖羊。《三辅黄图》卷三"宫"记汉长安城奇华宫附近兽圈有来自西域的狮子和鸵鸟。《后汉书·章帝纪》载章和元年（87）月支人曾将活狮子进贡中国，这可能是汉人连续见到狮子输入后的记录。

从矿产珠宝看，于阗的玉石、莎车的青玉、大秦的五彩玉、姑墨的雌黄、天竺的黑盐等都被汉人喜欢，尤其是王公贵族更喜爱奇珍异宝。《汉书·西域传》记载罽宾国有珠玉、珊瑚、琥珀和璧流离（青金石）。《后汉书·西域传》则记录大秦国有夜明珠、琥珀、夜光璧、青碧（孔雀石）、朱丹（朱砂）和出琉璃，天竺有瑇瑁，等等。当时运往汉地的西域商品则以宝石、香料、玻璃器、毛织品为主。一直到五胡十六国前凉张轨时，"西胡致金胡瓶，皆拂菻作，奇状，并人高，二枚"③。

此外，对毛皮、香料、织物、金属之类的物产也记载不少④，西汉时西域有三十六国，到西汉末分为五十五国，不管是位于昆仑山脉、葱岭深处还是位于沙漠边缘，他们都留下了许多历史遗痕。一个多世纪来，新疆楼兰、尼雅等地不断发现大量汉晋时

---

① 对"蒲梢"的语源研究，见芮传明：《古突厥碑铭研究》，上海古籍出版社，1998年，第150页。林梅村认为大宛"蒲梢"若与周穆王八骏"奔霄"联系，也许来自楼兰语词。
② 《史记》卷一二三《大宛列传》，中华书局，1982年，第3172页。
③ 崔鸿：《十六国春秋辑补》卷六七《前凉录一》，中华书局，2020年，第788页。
④ 余太山：《两汉魏晋南北朝正史西域传研究》，中华书局，2003年，第284—302页。

期的汉地丝绸织物、木胎漆器，著名的有"五星出东方利中国"锦、"延年益寿宜子孙"等汉文化实物，而具有明显西方风格的精纺毛织品、黄金和黄铜装饰品以及陶器等也陆续出现，吹竖笛半人半马怪像、希腊风之武士像、手捧丰饶角女神像、持双蛇杖赫尔密士像、人兽葡萄纹罽等毛锦彩缂图案更是引人注目，都是著名的西域特产标本，不再一一细列。①尽管有些西域诸国的物产还是传说，甚至是想象中的灵物与理想中的结果，但却极大地勾起了中原汉人的无限遐想，人们说的"甗甗""氍毹"等都是外来语。《说文解字·系部》："罽，西胡毳布也。"在西安汉长安城遗址等地发现圆形希腊铭文铜、铅饼，西安东汉墓中发现的裸体幼童带翼小铜人②，以及汉元帝渭陵寝殿遗址发现的西汉玉人骑翼马和带翼玉狮等③，都说明"胡风渐入"绝不是一句描绘虚词，而是作为一个社会新因素真实地进入中国，这是潜移默化的渗透与前所未有的思想变化。正如《汉书·西域传》说的"自宣、元后，单于称藩臣，西域服从。其土地山川、王侯户数、道里远近翔实矣"。有汉一代，汉帝国在与外来民族从对峙到交流过程中逐渐凸显出自信的大国思维，既吸收外来因素又坚持本位文化，改变狭隘，兼容并蓄，从而形成了一个新的包容格局。

三

在西域扩张之后，西汉帝国版图直抵葱岭（今帕米尔高原）以西，这样大大拓宽了汉人的眼界，见识了许多以前不知的西域文化，并使汉族儒士不同程度地对正统的华夷观产生了变化，不仅懂得了"以夷制夷"的战略，甚至认同和赞赏许多西域胡风，开阔了宽松的文化环境。

其一，石刻艺术。林梅村曾指出："秦石鼓等先秦石刻艺术可能借鉴了北方草原游牧人实施狩猎或战争巫术用的鹿石，只是用文字替代了动物纹和巫术符号。西汉石刻艺术仍受北方草原文化强烈影响，这在霍去病墓石雕群中表现得尤其明显。"④霍去病墓石人石兽的雕刻多以动物撕咬打斗为题材，渗透着草原文化气息，

---

① 新疆文物局等编，贾应逸等撰文，祁小山等摄影：《新疆文物古迹大观》，新疆美术摄影出版社，1999年；中国历史博物馆、新疆维吾尔自治区文物局编：《天山·古道·东西风：新疆丝绸之路文物特辑》，中国社会科学出版社，2002年；祁小山、王博：《丝绸之路·新疆古代文化》，新疆人民出版社，2008年。
② 张子波：《咸阳市新庄出土的四件汉代玉雕器》，《文物》1979年第2期。
③ 作铭：《外国字铭文的汉代（？）铜饼》，《考古》1961年第5期；雒忠如：《西安十里铺东汉墓清理简报》，《考古通讯》1957年第4期。
④ 林梅村：《古道西风：考古新发现所见中西文化交流》，生活·读书·新知三联书店，2000年，第156页。

或许就是来源于新疆阿尔泰山早期地面石人像的传播。从这时起中亚希腊化艺术也对汉朝石刻产生影响,最具特征的就是印度犍陀罗艺术。尼雅遗址出土过犍陀罗艺术风格的雕花家具和高坐具。

其二,音乐传播。据《西京杂记》卷三记载"戚夫人侍儿贾佩兰,后出为扶风人段儒妻……至七月七日,临百子池,作于阗乐"。说明"于阗乐"在西汉时期就传入中原汉廷,在宫内教坊演唱。汉代使用胡角乐器吹奏的著名《横吹曲》,也是从西域传入的《摩诃》《兜勒》,崔豹《古今注》说:"横吹,胡乐也。张博望入西域,传其法西京,唯得摩诃、兜勒二曲。李延年因胡曲更造新声二十八解,乘舆以为武乐。后汉以给边将,和帝时,万人将军用之"。"摩诃"译自印度梵语mahā(伟大的)。

其三,西域胡书。张骞出使回来报告安息文化时介绍"画革旁行以为书记",这是指用皮革作为书写的材料,即在山羊或绵羊皮上写字记录,这是希腊最早使用的一种羊皮纸,与埃及的纸草纸和中国的帛书简牍都不同,竹简木牍是上下竖写,西方文书是左右横写,张骞惊讶万分,因而所见所闻记录在案。《汉书·元帝纪》也说建昭四年(前38)正月,因为陈汤诛灭匈奴郅至单于,"群臣上寿置酒,以其图书示后宫贵人"[①]。颜师古曰:"或说非。"匈奴人无文字,缴获的郅至单于图书可能是康居人文书,有学者指出完全可能是粟特文书。[②]楼兰发现屯田的汉文木简,又出土不少涉及经济法律的佉卢文简牍,说明当时胡书与汉书同时通用的状况。

其四,百戏表演。汉代盛行的百戏包括角抵、杂耍、幻术、乐舞、寻橦、斗兽、马术等表演艺术,其中包含了许多外来艺术。《史记·大宛列传》记载汉武帝元封三年(前108),安息国"以大鸟卵及黎轩善眩人献于汉",索隐注"眩人变化奇幻,口中吹火,自缚自解。小颜亦以为今之吞刀吐火,植瓜种树,屠人截马之术皆是也"。《后汉书·西域传》鱼豢引《魏略》称"大秦国俗多奇幻,口中出火,自缚自解,跳十二丸,巧妙非常"。他们的吞刀吐火使汉人惊奇无比。其他如"安息五案"(叠案倒立),"大秦跳丸"(抛丸手技),"都卢缘橦"(高杆表演)均是西方传来的表演艺术。

其五,西域乐器。《汉书·郊祀志》上记载汉武帝时"嬖臣李延年以好音

[①] 《汉书》卷九《元帝纪》,中华书局,1962年,第295页;吕思勉:《匈奴文化索隐》,见林幹编:《匈奴史论文选集(1919—1979)》,中华书局,1983年,第176页。

[②] 林梅村:《古道西风:考古新发现所见中西文化交流》,生活·读书·新知三联书店,2000年,第181页。

见……益召歌儿，作二十五弦及空侯瑟自此起"。空侯即为"箜篌"，起源埃及，后从亚述传入波斯、印度和中亚。东汉应劭《风俗通》和《后汉书·五行志》都记述有箜篌。《旧唐书·音乐志》："竖箜篌，胡乐也，汉灵帝好之。体曲而长，二十有二弦，竖抱于怀，用两手齐奏，俗谓之擘箜篌。"新疆且末古墓地发掘出约相当于战国时代（前5—前4世纪）的两件古箜篌。表现音域广阔的琵琶起源于美索不达米亚，东汉时从西域传入中原，新疆尼雅汉代精绝国遗址出土过琵琶残件。

这些从西域传入中国的文化，无疑会熏染陶冶汉人，从而使汉人学习仿效其他民族稀奇新鲜的时髦文化，自然也使本身生活方式或风俗习惯出现变化。如果说上层统治者曾向往东方入海求仙寻找不死之药，转而寻求西域昆仑仙境中西王母的长生不老药（玉芝草），那么下层士民追求神话中的西王母疗饥救世则风靡一时，甚至引起社会骚动。《汉书·哀帝纪》记载建平四年（前3）"关东民传行西王母筹，经历郡国，西入关至京师。民又会聚祠西王母"。《汉书·五行志》说当时"京师郡国民聚会里巷阡陌，设祭，张博具，歌舞，祠西王母"。可以想见原来"安息长老传闻条支有弱水、西王母"①的神话，竟演变成长安和全国向往的求仙神异活动。山东、河南、四川、陕西等地汉代画像石、画像砖中留存有许多西王母"女神"形象，集中反映了西域文化的折射观照。

由于"汉发使十余辈至宛西诸外国，求奇物，因风览以伐宛之威德"②，汉代人们对"深眼多须髯"的西域胡人形象越来越习以为常，甚至能辨别出"乌孙民有塞种、大月氏种"③，清楚乌孙与别的西域胡人"青眼、赤须"容貌形状大异。当头戴毡帽、足穿短靴、身着毛皮的"西胡"屡屡出现在中国时，引起中原文人异样目光的审视。东汉繁钦《三胡赋》描写道：

莎车之胡，黄目深睛，员耳狭颐。

康居之胡，焦头折颊，高辅陷无，眼无黑眸，颊无余肉。

罽宾之胡，面象炙蝟，顶如持囊，隅目赤眦，洞頞仰鼻。④

这种对莎车、康居、罽宾"三胡"面目特征集中的扭曲丑化，很可能只是一种道听途说后的猜想，反映了汉人对西域胡人的惊奇，也或许是在经受了匈奴等异族一次次冲击后产生的怨愤厌恶情绪表现，有意如此描写罢了。实际上，东汉文人对西域女子描写就非常动人。《玉台新咏·杂曲歌辞》有东汉辛延年《羽林郎》诗：

---

① 《史记》卷一二三《大宛列传》，中华书局，1982年，第3163页。
② 《史记》卷一二三《大宛列传》，中华书局，1982年，第3179页。
③ 《汉书》卷九六《西域传下》，中华书局，1962年，第3901页。
④ 《太平御览》卷三八二，中华书局，1960年，第1764页。

"胡姬年十五，春日独当垆。长裾连理带，广袖合欢襦。头上蓝田玉，耳后大秦珠。两鬟何窈窕，一世良所无。"

在汉代中原地区艺术创作中，雕刻工匠往往将胡人形象纳入艺术表现。山东青州1980年出土高达3.05米汉代胡人石雕，头戴尖帽、深目高鼻、衣裤紧身，其形体之巨大实属罕见。[①]河南方城出土守门画像石上署有"胡奴门"三字。[②]湖南衡阳道子坪东汉墓出土两个牵马胡俑。[③]长沙马王堆三号汉墓遣策记载"胡骑二匹匹一人""胡人一人操弓矢"，说明墓主人有三个胡奴。[④]四川彭山550号崖墓出土一件胡人吹笛俑。[⑤]广东、广西等地还出土了许多胡人托盘或顶盘灯（简称胡人灯）[⑥]，至于汉代画像石中的胡人形象就更多了，阉牛、奏乐、吐火、骑马、驾车等形形色色，胡汉交战的画像也比比皆是，还写有"胡王"二字。最近汉阳陵出土陶仓上专门装饰有西域胡人头像，说明汉武帝之前西胡形象已经被长安工匠采用。这些令人眼花缭乱的西域胡人形象创作，都证明了"胡虏臣服、胡奴为仆"的主题，利用"胡风渐入"艺术微观变化来歌颂汉帝国大历史的胜利，陪衬汉朝统治者对千秋功业的向往理想。

值得注意的新题材是，在汉代铜器和石刻中时常出现羽人形象，1964年西安汉长安城遗址出土有胡人怪异相貌的铜羽人，肩膀后生翼，跪膝下垂羽[⑦]；洛阳也出土了类似的汉代铜羽人，肩生双翼，膝有垂羽，两耳大长，身体消瘦[⑧]。东西两京都用怪异胡人相貌来表明不同凡人的神明，这无疑是来自西方艺术的影响。再结合河北满城中山靖王墓出土有翼神兽及各地发现的汉代有翼神物，汉文化与波斯帕提亚文化交流的史实不容怀疑。

从上述历史文献与出土实物结合来看，汉帝国版图内西域文化盛行使得汉人受

---

① 郑岩：《汉代艺术中的胡人图像》，见中山大学艺术学研究中心编：《艺术史研究》（第1辑），中山大学出版社，1999年。

② 刘玉生：《浅谈"胡奴门"汉画像石》，见南阳汉代画像石学术讨论会办公室编：《汉代画像石研究》，文物出版社，1987年。

③ 湖南省博物馆：《湖南衡阳县道子坪东汉墓发掘简报》，《文物》1981年第12期。

④ 湖南省博物馆、中国科学院考古研究所：《长沙马王堆二、三号汉墓发掘简报》，《文物》1974年第7期。

⑤ 南京博物院编：《四川彭山汉代崖墓》，文物出版社，1991年。

⑥ 苏奎：《汉代胡人灯初探》，《四川大学学报》（哲学社会科学版）2004年增刊。又见薛勇编著《古灯》（陕西旅游出版社，2009年）中五件汉代釉陶胡人头顶灯实物。

⑦ 参见西安博物院编著《西安博物院》图录（世界图书出版公司，2007年，第100页）。战国时期楚墓就已出现漆羽人，2000年湖北荆州天星观二号墓出土，见2007年《中国考古新发现》图录（香港历史博物馆编印）。

⑧ 赵春青：《洛阳汉冢青铜羽人》，《文物天地》1993年第5期。

"胡风"熏染在所难免，甚至是几代人和多领域的复合变异过程。《后汉书·五行志》云："灵帝好胡服、胡帐、胡床、胡坐、胡饭、胡空侯、胡笛、胡舞，京都贵戚皆竞为之。"虽然汉灵帝"变易胡俗"的嗜好内容均是奢侈享受，但从当时"胡夷异种，跨蹈中国"可以看出，西域文化对于两汉以来的中原王朝产生了深层次的影响。尽管汉人时时想以自我文化优越感来体现对胡人异族的鄙视，但实际上作为新时尚的"胡风"影响远远超出了汉朝自身估计的范围。民族意识与国家意识在文化认同符号上并不相等，从政治外交、贸易交流到文化渗透均有导向变化，这就是历史的规律及趋向。

原载黎明钊编：《汉帝国的制度与社会秩序》，牛津大学出版社，2012年
（葛承雍，陕西师范大学人文科学高等研究院学术委员会主任、特聘教授，
中国文化遗产研究院教授）

唐代长安的多元文化

荣新江

进入唐代，民族进一步融合，疆域更为广阔，政治制度与思想文化的整合，使得唐王朝凝聚了极大的力量。生产发展，商业繁荣，文化昌盛，唐王朝以博大的胸怀，大量接受外来文化，使之融汇到中国文化的整体当中。从唐太宗到武则天，唐朝不仅直接而牢固地控制了塔里木盆地的西域绿洲诸王国，而且成为天山以北、葱岭以西广大区域内各个王国和部落的宗主国，中西往来更加畅通无阻，当时的文化交流也呈现出令人眼花缭乱的景象。西方的珍禽异兽、珠宝香料、玻璃器皿、金银货币纷纷传来；中亚、西亚的穿着、饮食等生活方式，音乐、舞蹈等文化娱乐活动都源源不断进入中原；佛教进一步盛行的同时，祆教也在民间广泛流行，摩尼教、景教以及新兴的伊斯兰教都在此时传入中国内地。唐朝的两京长安和洛阳，以及丝绸之路上的一些城市，如凉州、敦煌，纷纷呈现出国际都市的风貌。在吸收外来文化的同时，借助唐朝强大的政治力量，中原文明也传入西方，深浅不等地影响了西域各国。

我们以唐朝都城长安为例，来看中外文化交流的盛况。这座都城开创自隋开皇三年（583），虽然是以《周礼》的制度为基础建造的新都市，但新王朝的恢宏气度，给这座都市安排了广阔的居住空间，亦为随之而来的唐朝，提供了一个走向辉煌的舞台。

一、长安的外来胡人

公元618年唐朝建立后，长安既有王公、将相、贵族的高门深宅，也有靠典当才得度过年关的穷苦大众栖身的陋室小屋；这里既是不同种族、不同语言的民众从四面八方涌入的国际都会，也是各种宗教信徒传播教法、建立寺院的神圣道场；这里有各色商贩经营牟利的东市西市，也有科举考生借宿的旅店和寻欢的青楼。三百年的唐长安，是当时世界上屈指可数的大都会，吸引了东西南北各国、各族的精英分子来此施展才华、生活享乐。与此同时，东西方大量珍贵的物品也通过各种途径进入长安，使长安成为一座集聚了各种金银财宝的场所。长安，是当时世界上的一个金银之都，一个钱币之都，也是一个图籍之都，还是一个人才之都。

向达早在1933年发表的名著《唐代长安与西域文明》中，就依据传世史料和当时发现的碑志资料，论述了"流寓长安之西域人"，涉及从于阗、龟兹、疏勒、昭武九姓诸国及波斯来长安的人士。①1978年，谢海平的《唐代留华外国人生活考述》一书，从多个角度阐述蕃胡在唐生活情形，包括入住长安的胡人。②此外，还有很多文章涉及这一主题。目前我们可以更多地利用新出碑志、文书材料，来重新审视传统材料，给出新的解说。

唐朝时期，西北地区的游牧民族和西域各国的民众，以各种方式大量进入长安。粗略区分，大概有以下几种原因而入居长安。

1.质子与使臣

长安胡人的来历各异，有一些是唐朝宗属国派来未归而入仕唐朝的质子，也有一些是留居不归而成为长安人的西域国家的使者。关于质子制度，杨联陞有专文阐述。③我们可以举两个典型的例子。

《米继芬墓志》称："其先西域米国人也。代为君长，家不乏贤，祖讳伊□，任本国长史。父讳突骑施，远慕皇化，来于王庭。遐□（质）京师，永通国好。特承恩宠，累践班荣，历任辅国大将军行左领军卫大将军。公承袭质子，身处禁军。孝以敬亲，忠以奉国。"由此可知米继芬先人出自西域粟特的米国，为米国君长。其父名突骑施，可能是突厥化的粟特人，后入质唐朝，在京师历任辅国大将军，行左领军卫大将军。米继芬承袭为质子，在禁军中供职，任神策军将领，永贞元年（805）九月廿一日终于长安醴泉里私第，春秋九十二。其夫人也是米氏，应同出米国。米继芬有两个儿子：长子名国进，任右神威军散将、宁远将军，守京兆府崇仁府折冲都尉同正，仍为禁军将领；次子法名惠圆，是长安大秦寺的景教神职人员。④

---

① 向达：《唐代长安与西域文明》，生活·读书·新知三联书店，1957年，第4—33页。
② 谢海平：《唐代留华外国人生活考述》，台湾商务印书馆，1978年。
③ 参看Liean-sheng Yang, "Hostages in Chinese History", *Studies in Chinese Institutional History*, Harvard University Press, 1961, pp. 43-57；张荣芳译：《国史上的人质》，见杨联陞著：《国史探微》，联经出版事业公司，1983年，第109—126页。
④ 《米继芬墓志》，见吴钢主编：《全唐文补遗》（第3辑），三秦出版社，1996年，第143页；阎文儒：《唐米继芬墓志考释》，《西北民族研究》1989年第2期，第154—160页；葛承雍：《唐长安一个粟特人的景教家庭信仰》，《历史研究》2001年第3期，第181—186页。

《何文哲墓志》铭文："世为灵武人焉。……公本何国王丕之五代孙，前祖以永徽初款塞来质，附于王庭。"可知其先祖作为中亚粟特何国的王子，于高宗永徽初年（650）入质长安。其父何游仙曾任行灵州大都督府长史，所以后来著籍为灵武人，曾参与平定安史叛乱。何文哲后移居长安，住城西北角的义宁坊，自贞元以来一直在长安禁军中任职，屡立功勋，"策勋进封庐江郡开国公"，卒于文宗大和四年（830）。其长子公贲，也封"庐江郡开国公"①。

这些质子由于种种原因没有回到西域，而是留在长安，子子孙孙，繁衍下去。

至于西域各国出使唐朝不归者，也不在少数。《资治通鉴》卷二三二"德宗贞元三年（787）七月"条记：

> 初，河、陇既没于吐蕃，自天宝以来，安西、北庭奏事及西域使人在长安者，归路既绝，人马皆仰给于鸿胪，礼宾委府、县供之，于度支受直。度支不时付直，长安市肆不胜其弊。李泌知胡客留长安久者，或四十余年，皆有妻子，买田宅，举质取利，安居不欲归，命检括胡客有田宅者停其给。凡得四千人，将停其给。胡客皆诣政府诉之，泌曰："此皆从来宰相之过，岂有外国朝贡使者留京师数十年不听归乎！今当假道于回纥，或自海道各遣归国。有不愿归，当于鸿胪自陈，授以职位，给俸禄为唐臣。……岂可终身客死邪！"于是胡客无一人愿归者，泌皆分隶神策两军，王子、使者为散兵马使或押牙，余皆为卒，禁旅益壮。鸿胪所给胡客才十余人，岁省度支钱五十万缗；市人皆喜。②

由此可知，安史之乱后，吐蕃占领河西、陇右，许多西域使者滞留长安，有的是路阻而无法回国，有的显然是因为长安生活优渥而不想回去。按照唐朝的制度，他们一直得到中央官府或地方州县的供给，造成唐朝额外财政支出。有些胡客在长安已经四十余年，娶妻生子，购买田宅，有的还做高利贷生意，谋取利益，扰乱长安市肆。于是唐朝政府在贞元三年对西域使客做了一次清点，总共检括出四千人，原由鸿胪寺供给而在长安有田宅者停其供给，让这些不打算回国的使者分别隶属于神策两军，如果是王子、正式使臣者，就任命为散兵马使或押牙，其余一般使人皆为卒。这四千人是被唐朝检括出来的，肯定还有一些早就脱离使者身份而成为长安

---

① 《何文哲墓志》，见吴钢主编：《全唐文补遗》（第1辑），三秦出版社，1994年，第282—286页；卢兆荫：《何文哲墓志考释——兼谈隋唐时期在中国的中亚何国人》，《考古》1986年第9期，第841—848页；李鸿宾：《论唐代宫廷内外的胡人侍卫——从何文哲墓志铭谈起》，《中央民族大学学报》（哲学社会科学版）1996年第6期，第39—44页。

② 《资治通鉴》卷二三二，古典文学出版社，1956年，第7492—7493页。

居民者，说明数量不在少数。

从上述墓志、史籍可以知道，这些胡人成为长安的著籍百姓，有宅第，大多数在禁军中供职，也有的供职技术衙门或充任外来宗教的神职人员。

2.降众与俘虏

更大数量的入居长安胡人，是随着唐朝对漠北、西域的占领而来的投降部众和俘虏。

唐太宗贞观四年（630），唐朝成功破灭占据漠北的强大汗国——东突厥，颉利可汗率十万之众投降唐朝，史称"入居长安者近万家"[①]，可见规模之大。这些入居长安的人当中，不仅有突厥人，也有生活在突厥汗国内的其他民众，包括粟特胡人。我们举几个典型的例子。

李思摩，出自突厥阿史那氏的可汗家族，本名阿史那思摩。曾祖伊力（利）可汗，祖达拔可汗，父咄陆设。《旧唐书·突厥传》称："思摩者，颉利族人也。始毕、处罗以其貌似胡人，不类突厥，疑非阿史那族类，故历处罗、颉利世，常为夹毕（伽苾）特勒，终不得典兵为设。"[②]他虽然属于可汗家族，但他长的模样却不像突厥人，反倒像胡人，被怀疑不是阿史那种，处罗、颉利可汗均不让他典兵为设。贞观四年（630），阿史那思摩被俘入唐，进入长安，后蒙授右武卫大将军，检校屯营事，赐姓李。唐朝曾经派他去漠北召集突厥部落，但那里的突厥部落不听他指挥，他只能一个人又跑回长安，郁郁不得志。贞观二十一年（647）卒于居德里第，陪葬昭陵。[③]

安附国，"其先出自安息，以国为姓。有隋失驭中原，无何，突厥乘时，籍雄沙漠。侯祖乌唤，为颉利吐发。父胐汗，贞观初率所部五千余入朝，诏置维州，即以胐汗为刺史。……贞观四年，（附国）与父俱诣阙下，时年一十有八。太宗见而

[①] 〔宋〕王溥：《唐会要》卷七三，上海古籍出版社，1991年，第1557页。
[②] 《旧唐书》卷一九四上《突厥传》，中华书局，1975年，5163页。
[③] 《李思摩墓志》，见吴纲主编：《全唐文补遗》（第3辑），三秦出版社，1996年，第338—339页；岳绍辉：《唐〈李思摩墓志〉考析》，见西安碑林博物馆编：《碑林集刊》（第3辑），陕西人民美术出版社，1995年，第51—59页；〔日〕铃木宏节：《突厥阿史那思摩系谱考——突厥第一可汗国の可汗系谱と唐代オルドスの突厥集團》，《東洋学報》2005年第87卷第1号，第37—68页；艾冲：《唐太宗朝突厥族官员阿史那思摩生平初探——以〈李思摩墓志铭〉为中心》，《陕西师范大学继续教育学报》2007年第2期，第59—63页；尤李：《阿史那思摩家族考辨》，见达力扎布主编：《中国边疆民族研究》（第4辑），中央民族大学出版社，2011年，第13—34页。

异之,即擢为左领军府左郎将。"①这里说安附国先人出自安息,其实是"以古讽今"的写法,中古时期安息(波斯帕提亚王朝)早已不存,这里无疑是代指粟特的安国(布哈拉)。附国的祖父名颉利吐发,显然是入仕东突厥汗国的粟特人。贞观初,其父率所部五千余人归降唐朝,特设维州安置。安附国当时只有十八岁,随父入朝,唐太宗封他为左领军府左郎将,即禁军将领。"附国"这个名字,很可能就是他归降之时,需要著籍,故此取名"附国",即"附属大唐"的意思。

安菩,"其先安国大首领,破匈奴衙帐,百姓归□□国。首领同京官五品,封定远将军,首领如故。曾祖讳□钵达干,祖讳□系利□。君时逢北狄南下,奉敕遣征,二以当千,独扫蜂飞之众,领衙帐部落,献馘西京"。②安菩也源出中亚安国,但曾祖和祖父都是突厥化的名字,说明他们这个家族一直生活在突厥汗国内,后来随着东突厥汗国的破灭,他们也领自己的衙帐部落,归附唐朝。安菩在长安金城坊有宅子,后来担任六胡州大首领,他既是羁縻州的长官,又兼任京城禁卫军将领。麟德元年(664)卒于长安。其夫人姓何,是"何大将军之长女",封为"金山郡太夫人",应当是粟特何国的后裔。③他们的儿子叫安金藏,曾经救过相王(后来的睿宗)性命,故此在长安醴泉坊也有宅第。

630年和658年唐朝分别灭东、西突厥汗国,大量突厥、铁勒以及汗国境内的各种胡部首领纷纷投降或被俘,进入长安,随之而来的应当有一定的侍从,而他们留居长安,也一代一代生活下去。

3.流亡的王公贵族

在进入长安的西域胡人当中,还有一批属于流亡人员,最典型的例子是萨珊波斯的国王及随之而来的波斯贵族。

651年,在阿拉伯人(大食)的侵逼下,波斯萨珊国王伊嗣俟(Yazdgard Ⅲ)逃亡到呼罗珊,被一个磨坊主杀害,萨珊波斯实际上已经灭亡。伊嗣俟之子卑路斯(Peroz)逃到吐火罗地区,继续抵抗。到674年,卑路斯无法抵御大食的进攻,逃入

---

① 李至远:《唐维州刺史安侯神道碑》,见《全唐文》卷四三五,中华书局,1983年,第4434—4435页;向达:《唐代长安与西域文明》,生活·读书·新知三联书店,1957年,第18页。

② 吴钢主编:《全唐文补遗》(第4辑),三秦出版社,1997年,第402—403页。按:文字据图版改订,安菩曾祖和祖父的名字,原志有空字未刻,因补缺字符号。

③ 赵振华、朱亮:《安菩墓志初探》,《中原文物》1982年第3期,第37—38页;张广达:《唐代六胡州等地的昭武九姓》,《北京大学学报》(哲学社会科学版)1986年第2期,第72—73页。

长安。可以想象，有相当一批波斯贵族随之而来。卑路斯去世后，唐朝于仪凤三年（678）册立他留在长安的儿子泥涅师师（Narses）为波斯新王。调露元年（679），高宗任命裴行俭为"安抚大食使"，发波斯道行军，名义上是册送泥涅师师回国，但实际上唐军的主要目标是袭击反叛的西突厥余部与吐蕃联合的军事力量，所以裴行俭率军在碎叶（Ak-Beshim）擒获西突厥余部首领，平定叛乱后，即立碑纪功而返。[①]据吐鲁番哈拉和卓103号墓出土《唐某人自书历官状》，大概在680年，唐朝军队经护密到吐火罗，把泥涅师师护送到吐火罗地区。[②]泥涅师师在吐火罗地区与大食抗战二十多年，终于不敌，中宗景龙二年（708）逃归唐朝，被授予左威卫将军，在禁军中供职，不久病死于长安。波斯王父子二人的石像被立于高宗武则天乾陵的蕃长像中。

跟随波斯王流亡中国的波斯人，一定不在少数。在乾陵蕃长像卑路斯的后面，还有一位题名为"波斯大首领南昧"[③]，他应当是随波斯王一起流亡到中国的萨珊波斯的高级官员，是高宗武则天时期入华波斯人的大首领之一。另外，景云元年（710）四月一日，以九十五岁高龄卒于东都洛阳宅第的阿罗憾，最终结衔为"大唐波斯国大酋长、右屯卫将军、上柱国、金城郡开国公"[④]，是另一位在华波斯大首领。他大概在高宗显庆时（656—661）被"出使召来"，授予将军职衔，在宫城北门侍卫，后来在宣慰西域、建立天枢过程中都立有功勋。

正是因为进入长安、洛阳的波斯流亡人员多为贵族，所以长安民间的流行语中，有所谓"穷波斯"，是和"先生不识字"并列的"不相称"[⑤]语，表明长安的波斯人多为富人。

---

① 《旧唐书》卷八四《裴行俭传》，中华书局，1975年，第2802—2803页；《新唐书》卷二二一《西域传下》"波斯"条，中华书局，1975年，第6259页；姜伯勤：《吐鲁番文书所见的"波斯军"》，《中国史研究》1986年第1期，第128—135页。

② 荣新江：《吐鲁番文书〈唐某人自书历官状〉所记西域史事钩沉》，《西北史地》1987年第4期，第53—56页。

③ 陈国灿：《唐乾陵石人像及其衔名的研究》，见林幹编：《突厥与回纥历史论文集》（上），中华书局，1987年，第399—400页。

④ 《阿罗憾墓志》，见周绍良主编：《唐代墓志汇编》，上海古籍出版社，1992年，第1116页；A. Forte, "On the Identity of Aluohan（616—710）, A Persian Aristocrat at the Chinese Court", *La Persia e l'Asia Centrale da Alessandro al X Secolo*, Roma, 1996, pp. 187-197；马小鹤：《唐代波斯国大酋长阿罗憾墓志考》，见荣新江、李孝聪编：《中外关系史：新史料与新问题》，科学出版社，2004年，第99—127页。

⑤ 《义山杂纂》"不相称"条，见〔明〕陶宗仪等编：《说郛三种》（第6册），上海古籍出版社，1988年，第3543页。

4.商人

吐鲁番阿斯塔那29号墓出土《唐垂拱元年（685）康尾义罗施等请过所案卷》残存四个断片，内容是两组胡商申请过所时西州官府调查相关情况的案卷。[①]据文书可知，垂拱元年（685）有两个中亚商队从天山穿行，走出阿拉山口，进入吐鲁番盆地的西州，其中一拨是粟特商队，另一拨是吐火罗商队，他们带着家属，准备到长安去做生意。去长安必须经过玉门关、大散关等许多关口，需要有过所，因为每到一个关口要调查他们队伍里带的东西是否为合法所有，才能决定是否让他们过去。这两队人马在西州办好通行证，顺利前往长安。

敦煌写本P.3813《文明判集》第114—126行记载了一个已经在长安居住下来的胡商形象：

> 长安县人史婆陀，家兴贩，资财巨富，身有勋官骁骑尉，其园池屋宇、衣服器玩、家僮侍妾比侯王。有亲弟颉利，久已别居，家贫壁立，兄亦不分给。有邻人康莫鼻，借衣不得，告言违法式事。五服既陈，用别尊卑之叙；九章攸显，爰建上下之仪。婆陀阛阓商人，旗亭贾竖，族望卑贱，门地寒微。侮慢朝章，纵斯奢僭。遂使金玉磊砢，无惭梁、霍之家；绮縠缤纷，有逾田、窦之室。梅梁桂栋，架向浮空；绣栭雕楹，光霞烂目。歌姬舞女，纤罗袂以惊风；骑士游童，转金鞍而照日。[②]

这里的"长安县"指长安外郭城的西半边，其中的开远门、金光门到西市周边一带，正是粟特人的聚居区。这位史婆陀，名字大概音译自粟特文的βnt'kk，即"桨陀"，是"仆人"的意思，其人当出自粟特史国。其弟拥有突厥语名字"颉利"，这是受突厥影响极深的粟特人常用的做法，而康国出身的邻居名"莫鼻"，名字来自粟特文m'xβy'rt，意为"得自月神"[③]。"判集"一般是以构拟的人物来作为判案的对象，有时候也用已经发生过的真实事件中的人物。这篇判文中的人物虽然有构拟的成分，但三个人物形象代表着三种类型的长安粟特商人，同类案例在长安粟特人的聚集区中应当较多发生，所以才做成判集，供官员判案时使用。这里形象地说明了由商贩起家的史婆陀如何富有，而其弟又是如此贫寒，最后让邻人康莫鼻看不

---

① 唐长孺主编：《吐鲁番出土文书（三）》，文物出版社，1996年，第346—350页；程喜霖：《唐代过所研究》，中华书局，2000年，第246—258页。
② 刘俊文：《敦煌吐鲁番唐代法制文书考释》，中华书局，1989年，第444—445页。
③ 王丁：《中古碑志、写本中的汉胡语文札记（一）》，见罗丰主编：《丝绸之路上的考古、宗教与历史》，文物出版社，2011年，第242页。

下去，将史婆陀告上官府。由此可见长安粟特居民的不同生活状况，也说明他们集中居住的情形。

5. 贩运来的人口

粟特商人是丝绸之路上的"人口贩子"，从很早的时候就开始经营人口买卖，他们把中亚粟特地区、西域塔里木盆地周边绿洲王国、北方草原游牧民族地区的男女奴隶，倒卖到高昌、敦煌、长安、洛阳，甚至远到江南。

吐鲁番洋海出土过一件《阚氏高昌永康十二年闰月十四日张祖买奴券》，记录了当地一个有钱的官人张祖从康国来的粟特商人康阿丑那里，用行緤（流通的棉布）137匹买下名为"益富"的胡奴。这个应当是从中亚粟特地区来的"胡奴"，被取了个非常中国化的名字"益富"，是汉锦上的吉祥语词。这种采用中国人熟悉的吉祥、褒义、好听的名字来命名倒卖的男女奴隶，是粟特商人向汉人推销他们的人口商品的一种手段。吐鲁番出土的一些唐代契约上，还有粟特人倒卖的女婢名叫"绿珠""绿叶"等，其中"绿珠"是《世说新语》所记豪富的石崇家中"美而工笛"的女伎之名，这在唐人社会中是非常有名的，所以起这样好听的名字，显然是为了兜售他们的商品。

吐鲁番哈拉和卓99号墓出土有《北凉承平八年翟绍远买婢券》，卖主石阿奴很可能是来自粟特石国的粟特人。吐鲁番阿斯塔那古墓还发现过粟特文的《高昌延寿十六年买婢契》，记一个高昌汉人用银钱从一个康国人手中，买到一个突厥地区出生的曹国女婢。[①]到了唐朝时期，敦煌吐鲁番文书提供给我们粟特商人在市场上贩卖奴婢的更多事例。吐鲁番文书《唐开元十九年唐荣买婢市券》载："开元拾玖年贰月　日，得兴胡米禄山辞，今将婢失满儿年拾壹，于西州市出卖与京兆府金城县人唐荣，得练肆拾匹。"[②]这是米国的粟特商人把一个十一岁的女婢卖给汉人唐荣，据同出其他文书，这名女婢将随着她的主人从西州去往东南的福州。

敦煌也出土过类似的材料，如《唐天宝某年王修智卖胡奴契》（敦煌研究院收藏），是买卖胡奴时所订立的契约。画家张大千20世纪40年代在敦煌得到一件《唐沙州某市时价簿口马行时沽》的文书，登录着"蕃奴""蕃婢"，与马匹一起标价出

---

① ［日］吉田豊、［日］森安孝夫、新疆博物馆：《麹氏高昌国时代ソグド文女奴隷売買文書》，见《内陸アジア言語の研究》Ⅳ，1988年，第1—50页；Y. Yoshida, "Translation of the Contract for the Purchase of a Slave Girl found at Turfan and dated 639", *T'oung Pao*, LXXXIX/1-3, 2003, pp. 159-161。

② 唐长孺主编：《吐鲁番出土文书（肆）》，文物出版社，1996年，第264—265页。

售,这是因为在唐朝的市场上,人口和牲口都在市场中专门经营这两种商品的"口马行"来进行交易,这件文书就是沙州市场官员把口马行的外来奴婢和马匹的价格上报给上级官府的记录。① 这些吐鲁番、敦煌的情况,也是当年长安市场的写照。

6.转移籍贯

还有大批胡人已经进入唐朝境内,通过著籍长安的方式,成为长安的永久居民,最明显的例子是武威安氏家族。

武威安家大概北魏时从布哈拉移居凉州,他们"代居凉州,为萨宝"②,说明是率领族人而来的商队首领转变为聚落首领。③ 在隋末唐初的混乱政局中,这个家族的安兴贵、安修仁兄弟曾联手覆灭李轨建立的凉州政权,将河西拱手献给唐朝。武威安氏由此在唐朝获得显赫地位,兴贵、修仁皆封国公。安兴贵子安元寿在唐太宗、高宗对东西突厥的战争中屡立战功,位至右威卫将军,永淳二年(683)卒于东都,特令陪葬昭陵。④ 安兴贵曾孙安忠敬,开元十四年(726)卒于鄯州都督任上,次年归葬于凉州先茔。⑤ 这个家族中的许多人虽然出仕唐朝,但仍然维持着凉州的祖业,以凉州为发展基础。⑥

安史之乱爆发后,安忠敬子安重璋在李光弼麾下抗击叛军,乾元二年(759)在据守河阳之役中立功,迁泽州刺史。代宗即位,升任泽潞节度使、潞州大都督府长史兼御史大夫,加领陈、郑二州,迁兵部尚书。《旧唐书·李抱玉传》记:此时安重璋(李抱玉)"上言:'臣贯属凉州,本姓安氏,以禄山构祸,耻与同姓,去至德二年(757)五月,蒙恩赐姓李氏,今请割贯属京兆府长安县。'许之,因是举宗

---

① 朱雷:《敦煌所出〈唐沙州某市时价簿口马行时沽〉考》,见唐长孺主编:《敦煌吐鲁番文书初探》,武汉大学出版社,1983年,第500—518页。
② 〔唐〕林宝:《元和姓纂》卷四"安姓"下"姑臧凉州"条,中华书局,1994年,第500页。
③ 关于商队首领萨保转变为聚落首领的情形,参见荣新江:《萨保与萨薄:北朝隋唐胡人聚落首领问题的争论与辨析》,见叶奕良编:《伊朗学在中国论文集》(第3集),北京大学出版社,2003年,第128—143页。
④ 《安元寿墓志》,见吴钢主编:《全唐文补遗》(第1辑),三秦出版社,1994年,第67—69页;昭陵博物馆:《唐安元寿夫妇墓发掘简报》,《文物》1988年第12期,第37—49页;陈志谦:《安元寿及夫人翟氏墓志考述》,《文博》1989年第2期,第51—56页。
⑤ 〔唐〕张说:《河西节度副大使鄯州都督安公神道碑》,见《文苑英华》卷九一七,中华书局,1982年,第4828页。
⑥ 吴玉贵:《凉州粟特胡人安氏家族研究》,见荣新江主编:《唐研究》(第3卷),北京大学出版社,1997年,第295—338页。

并赐国姓"。[1]虽然在安禄山叛乱后,武威安氏并没有因为与之同姓而受到唐朝的猜忌,但安氏家族乘立功之机,请求改姓,被肃宗赐予与皇家相同的李姓,而且随后举族改变籍贯为京兆长安人。[2]这样,武威安氏一个大家族的人全部转为长安人了。

二、长安的胡人舶来品

从魏晋以来,有大量中亚的粟特商胡从西方向中国贩运高档商品,我们从敦煌发现的粟特文古信札和吐鲁番出土的《高昌王内藏奏得称价钱帐》上,得知他们经营的商品,前者计有金、麝香、胡椒、樟脑、大麻,后者计有金、银、丝、香料、郁金根、硇沙、铜、鍮石、药材、石蜜,这些物品也同样会由粟特商人贩运到长安的市场上来。

长安的西市是西域商胡往来最多的地方,其中有波斯邸,就是波斯人经营的商店;在西市附近的延寿坊有鬻金银珠玉者;[3]崇贤坊有胡人玉工米亮的宅第。[4]中国科学院考古研究所曾对西市做过部分发掘,出土有大量骨制的装饰品以及料珠、珍珠、玛瑙、水晶等制的装饰品,还有少许金饰品,部分展现了西市经营的商品。[5]长安东西两市以及其他地方的金银珠宝店和作坊,都是长安坊里人家购买金银、宝货的地方。纯金、纯银的器皿通过各种形式进入住在长安坊里的贵族、官人家中,在文献记载中就有金银铤、银平脱屏风、金饭罂、银淘盆、织银丝筐、织银笊篱、金铜铰具、银凿镂、银锁、金平脱饭罂、银平脱淘饭魁、金鞍花大银胡瓶、金花大银盘、金花银器、金碗、金钱等。[6]1972年西安何家村出土的窖藏中,也有银铤、银淘盆、银锁、金碗、金钱、金花银器等。

唐朝人有一种观念,认为"金银为食器可得不死"[7],或者说黄金为"食器则益

---

① 《旧唐书》卷一三二《李抱玉传》,中华书局,1975年,第3646页。
② 《资治通鉴》卷二二一"肃宗乾元二年四月戊申"条未记赐姓具体年代;《新唐书·李抱玉传》将赐姓与徙籍均系在至德二年,不如《旧唐书·李抱玉传》准确。
③ 程鸿诏:《唐两京城坊考校补记》据《集异记》补,见〔清〕徐松:《唐两京城坊考》,张穆校补,中华书局,1985年,第206—207页。
④ 〔清〕徐松:《唐两京城坊考》,张穆校补,中华书局,1985年,第111—112页。
⑤ 中国科学院考古研究所西安唐城发掘队:《唐代长安城考古纪略》,《考古》1963年第11期,第605—608页。
⑥ [日]加藤繁:《唐宋时代金银之研究》,中国联合准备银行,1944年;韩伟:《海内外唐代金银器萃编》,三秦出版社,1989年,第5—9页;齐东方:《唐代金银器研究》,中国社会科学出版社,1999年,第265—267页。
⑦ 《太平御览》卷八一二"珍宝部银"条,中华书局,1985年,第3608页。

寿"①，因此大量使用金银器来作饮食器皿。这当然是长安社会中富豪人家使用金银器的原因之一。何家村窖藏当中，就有大量用金银器制作的饮食器皿，有金碗、银碗、银盘、银碟、金杯、银杯等，形式众多，花纹繁复，工艺精湛。这些器皿有些花纹非常精美，好像是专供人观赏而非实用的。但也有素面大小银碗45个，素面大小银碟51个，这些显然是实用的物品，而且可以供相当多的人一起用餐。我们由此可以想象当年长安贵族家庭中"钟鸣鼎食"的样子。

汉代以来，中国传统用漆器、铜器、木器，甚至陶器做饮食器皿，唐朝贵族使用金银器显然是受到西方波斯、粟特文化的影响。在北周安伽墓围屏石榻的图像中，胡人手中所执酒器和摆放在各处的食器非常引人注目，因为材质有金银之分，这些器皿也被画成不同的黄金色和银灰色。如围屏正面第5幅的虎皮帐篷中，两个对坐宴饮者的中间，放置着一个盛水果的高圈足金盘。②右屏第2幅宴饮图的主客之间，也绘有同样形制和大小的高圈足金盘；而两人的榻前，则放置着一个同样形制的银盘。③在右屏第2幅宴饮图主客之间，还有一个大的金盘；在左屏第3幅帐内主客面前，也有这样一个贴金大盘，上面有各种饮食器皿④；与旁边的人物形象对比，它们的大小都应当在30厘米以上。已有学者注意到，考古发现的超过30厘米的大型银盘都是三足，其用途与一般的容器不同，是特别用于摆放唐朝宫廷下赐品或地方官吏进奉品的承托盘。⑤我们在安伽图像上看到的就是这种大型的金银盘，可能也是同样的功用。

西方传入中国的高足杯是胡人饮酒的主要酒器。安伽图像上常见到高足杯，围屏正面第6幅主人手上所持的一件比较清楚，呈金色。⑥这种高足杯也见于考古发现，如隋大业四年（608）李静训墓出土金、银高足杯各一件，西安沙坡村和何家村两处唐代窖藏中发现不止一件。高足杯影响到唐朝社会，一般唐人也普遍使用，还有不少用铜、锡、石、玻璃、陶瓷仿制的高足杯。⑦

何家村遗宝中有不少外来物品，或者是中外融于一体的金银制品，这些是唐

---

① 《旧唐书》卷一七四《李德裕传》，中华书局，1975年，第4518页。
② 陕西省考古研究所：《西安北周安伽墓》，文物出版社，2003年，第32页，图版58。
③ 陕西省考古研究所：《西安北周安伽墓》，文物出版社，2003年，第36页，图版71。
④ 陕西省考古研究所：《西安北周安伽墓》，文物出版社，2003年，第24页，图版34。
⑤ ［日］秋山进午：《正仓院金银花盘与唐代金花大银盘》，《美术史》2003年，第155号第30—47页。
⑥ 陕西省考古研究所：《西安北周安伽墓》，文物出版社，2003年，第33页，图版64。
⑦ 关于高足杯，参见齐东方：《唐代金银器研究》，中国社会科学出版社，1999年，第398—419页。

朝前期东西方交通发达的结果。长安居住着大量的外来商胡，而且人数在不断地增加，他们随时在向长安提供着这个城市所需的各种高档物品，比如各式各样的金银器和各种质地的宝石。何家村窖藏中的镶金兽首玛瑙杯，即西方非常流行的饮酒器——来通（Rhyton）；又如素面罐形银带把杯，应当是粟特的制品；凸纹玻璃杯，被认为是萨珊的产品[1]；还有鎏金舞马衔杯纹银壶等。这些可能都是商胡贩运来的舶来品。有些物品，虽然不是直接的输入品，但却是粟特或波斯工匠在中国制作的，还有中国工匠照舶来品仿制的物品。它们表现了盛唐时期中外物质文化交流给长安带来的异域文化精华。

粟特商人经营的物品，大到供宫廷贵族打猎使用的猎豹、供贵族官人驱使劳作的奴隶、唱歌跳舞的胡族童男童女、当垆的胡姬，小到精美的金银器皿、首饰、戒指、玻璃器皿等，大大丰富了长安市场的商品种类，也给中古中国的物质文化增添了色彩。美国汉学家薛爱华（E. H. Schafer）写了一本有名的书，叫《撒马尔罕的金桃——唐代的舶来品研究》[2]，把传入中国的异域物品（包括外来人口）分为十八个类别，分别是人、家畜、野兽、飞禽、毛皮羽毛、植物、木材、食物、香料、药物、纺织品、颜料、工业用矿石、宝石、金属制品、世俗器物、宗教器物、书籍，其中的很多物种，逐渐在中国生根开花，丰富了中国人民的物质生活。

隋唐时期的长安，聚集了来自四面八方的物质文化结晶，它所聚合的部分物质文化精品，又通过使者和僧侣，传播到新罗、日本等东亚国家的城市当中，影响着这些东亚都市物质文化的发展。日本正仓院所汇集的唐朝物品，就是长安物质文化东渐的一个最佳缩影。

三、长安的胡人乐舞

胡人带来的乐舞，让长安的唐人十分痴迷。

先说胡腾舞。胡腾舞的形象可以从北齐时的一些舞蹈图像中看到，如河南安阳范粹墓出土的黄釉瓷扁壶，考古报告称：壶上有一组乐舞图，乐舞人都是高鼻深目、身穿胡服的西域人。一男子立于莲花台上，头部扭向右方，右臂侧展，左臂下垂，下颌贴近左肩，左肩稍耸，足踏莲上，右足稍抬，正欲踏舞。[3]宁夏固原出土的

---

[1] 齐东方：《何家村遗宝与丝绸之路》，见陕西历史博物馆等编著：《花舞大唐春：何家村遗宝精粹》，文物出版社，2003年，第33—45页。

[2] E. H. Schafer, *The Golden Peaches of Samarkand: a study of Tang exotics*, Berkerley, Los Angeles, 1963.

[3] 河南省博物馆：《河南安阳北齐范粹墓发掘简报》，《文物》1972年第1期，第49页。

北齐绿釉扁壶上有一组七人乐舞图，中间一人头微仰，右臂弯曲举过头顶，左臂向后甩动，右脚后勾，左脚弯曲跃起，身躯扭动，于莲花座上翩翩起舞。两边舞伎双腿曲蹲，击掌按拍。左右四个乐伎，皆双腿跪踞在莲座上，分别倒弹琵琶、吹笛、击钹、拨弹箜篌。①图中人物都是深目高鼻的西域人，头戴蕃帽，身穿窄袖翻领胡服，足登靴。这些舞蹈形象，被学者认为是胡腾舞。②在新发现的安伽、史君、虞弘等人石屏、石椁图像上，也都有胡腾舞形象。③

到了唐朝，胡腾舞备受人们喜爱。唐人诗歌中有不少对胡腾舞的描述，如中唐士人刘言史《王中丞宅夜观舞胡腾》诗云：

  石国胡儿人见少，蹲舞尊前急如鸟。
  织成蕃帽虚顶尖，细氎胡衫双袖小。
  手中抛下蒲萄盏，西顾忽思乡路远。
  跳身转毂宝带鸣，弄脚缤纷锦靴软。
  四座无言皆瞪目，横笛琵琶偏头促。
  乱腾新毯雪朱毛，傍拂轻花下红烛。
  酒阑舞罢丝管绝，木槿花西见残月。④

另一位中唐士人、"大历十才子"之一的李端也写过一首《胡腾儿》，诗云：

  胡腾身是凉州儿，肌肤如玉鼻如锥。
  桐布轻衫前后卷，葡萄长带一边垂。
  帐前跪作本音语，拾襟搅袖为君舞。
  安西旧牧收泪看，洛下词人抄曲与。
  扬眉动目踏花毡，红汗交流珠帽偏。
  醉却东倾又西倒，双靴柔弱满灯前。
  环行急蹴皆应节，反手叉腰如却月。
  丝桐忽奏一曲终，呜呜画角城头发。
  胡腾儿，胡腾儿，故乡路断知不知。⑤

由此看来，胡腾舞自有其特点。这个舞蹈很可能来自石国，所谓"石国胡儿人见少"，"肌肤如玉鼻如锥"。胡腾舞者，大多为男子。表演时舞者戴虚顶的尖顶

---

① 马东海：《固原出土绿釉乐舞扁壶》，《文物》1988年第6期，第52页。
② 王克芬：《中国舞蹈史（隋、唐、五代部分）》，文化艺术出版社，1987年，第13—14页。
③ 张庆捷：《北朝隋唐粟特的"胡腾舞"》，见荣新江、华澜、张志清主编：《粟特人在中国——历史、考古、语言的新探索》，中华书局，2005年，第390—401页。
④ 《全唐诗》卷四六八，中华书局，1960年，第5324页。
⑤ 《全唐诗》卷二八四，中华书局，1960年，第3238页。

胡帽，身着细布窄袖胡衫，脚穿柔软华丽的锦靴，衣服上有长巾，大约舞时可以飘扬生姿。舞蹈开始时，似用胡语有一开场白，所谓"帐前跪作本音语，拾襟搅袖为君舞"，舞时以跳跃和急促多变的腾踏舞步为主，即"跳身转毂宝带鸣，弄脚缤纷锦靴软"，"醉却东倾又西倒，双靴柔弱满头前。环行急蹴皆应节，反手叉腰如却月"。舞者也都是在一毯子上舞蹈，即"乱腾新毯雪朱毛"，"扬眉动目踏花毡"。

以上唐人诗歌中对胡腾舞的描述，在唐代壁画中也留下了形象的材料。西安东郊唐苏思勖墓中，有一幅乐舞壁画，站在中间地毯上的舞蹈者，是一个深目高鼻、满脸胡须的胡人，头包白巾，身穿长袖衫，腰系黑带，脚穿黄靴。舞者高提右足，左手举至头上，像是一个跳起后刚落地的舞姿，很像唐诗中所描绘的胡腾舞。两旁是九个乐工和两个歌者担任伴奏伴唱。[1]

再看胡旋舞。开元十五年（727），康国就进献过胡旋女子[2]，可见胡旋舞来自粟特地区。《新唐书·礼乐志》说："胡旋舞，舞者立毡上，旋转如风。"[3]《乐府杂录》"俳优"条亦载："舞有《骨鹿舞》《胡旋舞》，俱于一小圆毯子上舞，纵横腾踏，两足终不离于毯子上，其妙如此也。"[4]有学者已经指出，此两处"毯"都应为"毡"之误写，即"舞筵"。[5]

中唐著名士诗白居易有《胡旋女》诗，对胡旋舞有详细的描述：

胡旋女，胡旋女，心应弦，手应鼓。弦鼓一声双袖举，回雪飘飘转蓬舞。

左旋右转不知疲，千匝万周无已时。人间物类无可比，奔车轮缓旋风迟。[6]

白居易的友人元稹也有《胡旋女》诗云：

天宝欲末胡欲乱，胡人献女能胡旋。旋得明王不觉迷，妖胡奄到长生殿。

胡旋之义世莫知，胡旋之容我能传。蓬断霜根羊角疾，竿戴朱盘火轮炫。

骊珠迸珥逐飞星，虹晕轻巾掣流电。潜鲸暗吸笡海波，回风乱舞当空霰。

万过其谁辨终始，四座安能分背面？[7]

由此看来，胡旋舞的表演者似乎都为女性，其衣着柔软贴身，腰间束有佩带，臂上披有丝巾。舞蹈的主要特点是以快速、轻盈的连续旋转动作为主。胡旋舞的具体形式，在敦煌莫高窟第220窟中得以保存。此窟为唐初开凿，北壁药师经变相的下方有四

---

[1] 王克芬：《中国舞蹈史（隋、唐、五代部分）》，文化艺术出版社，1987年，第13页。
[2] 《册府元龟》卷九七一《外臣部》"朝贡第四"条，凤凰出版社，2006年，第11239页。
[3] 《新唐书》卷二一《礼乐志》，中华书局，1975年，第470页。
[4] 〔唐〕段安节：《乐府杂录校注》，亓娟莉校注，上海古籍出版社，2015年，第72页。
[5] 常任侠：《丝绸之路与西域文化艺术》，上海文艺出版社，1981年，第166页。
[6] 《全唐诗》卷四二六，中华书局，1960年，第4692页。
[7] 《全唐诗》卷四一九，中华书局，1960年，第4618页。

个舞伎起舞，南壁西方净土变的乐舞图中另有两个舞伎，形态基本相似。舞者都为女性，头上或戴冠，或束高髻，上身多裸体或半裸，甚至裸腹，束腰，裸臂戴钏，颈着项圈，手握长巾，裸足，都舞于一小圆毯之上。正如元稹《胡旋女》诗中所说："柔软依身著佩带，徘徊绕指同环钏。"从壁画描写的长巾飞扬的状态来看，都有鲜明的旋转动作，从而动感极强，是胡旋舞的真实写照。

此外，宁夏盐池一何姓粟特人墓门上，各凿刻一舞蹈男子形象，右扇门上所刻男子头戴圆帽，身穿圆领窄袖紧身长裙，脚穿软靴；左扇门上所刻男子身着圆领窄长袍，帽靴与右扇门上舞者相同。两个舞者都单足立于小圆毯上，一脚腾起，扬臂挥帛，翩翩起舞。这也是胡旋舞的形象表现。①

胡旋舞在唐代曾经风行一时，人们对它的喜爱几乎到如醉如痴的地步。武则天的侄孙武延秀，因善唱突厥歌、作胡旋舞，而得到中宗与韦后之女安乐公主的垂青，得以尚主。②白居易《胡旋女》便云："天宝季年时欲变，臣妾人人学圜转。中有太真外禄山，二人最道能胡旋。"玄宗之爱妃杨玉环、节度使安禄山也都是舞胡旋舞的高手。③可见舞胡旋，的确为当时社会之风尚。

四、长安胡人的生活

入居长安的西域胡人，有的入仕为官，有的继续经商置业，他们既保持着一些胡人的文化面貌，也受到长安汉文化的影响。他们的生活样相，通过各种记录，展现在我们面前。

1.交游

胡人好动，进入长安之后，交游是他们生活的重要组成部分，以下举两个例证。

安令节，武威姑臧人。原本当为安国人，后魏入华，祖辈仕于京洛，后为幽州宜禄人。安令节没有任官，住在西市北边的醴泉坊，应当是有钱的商人。长安四年（704）终于私第。他的墓志是进士将仕郎荥阳郑休文的手笔，其中描述安令节的事迹云：

> 开北阮之居，接南邻之第。翟门引客，不空文举之座；孙馆延才，还置当时之驿。金鞍玉帖，连骑而不以骄人；画卯乳独，陈鼎而未为矜

---

① 罗丰：《胡汉之间："丝绸之路"与西北历史考古》，文物出版社，2004年，第280—298页。
② 《旧唐书》卷一八三《武承嗣传附子延秀传》，中华书局，1975年，第4733页。
③ 〔唐〕姚汝能：《安禄山事迹》，上海古籍出版社，1983年，第6页。

俗。……声高郡国，名动京师。①

这里用典故来夸耀安令节的交游，他像《世说新语·任诞》所说的阮仲容、道北的诸阮一样，所居宅第广阔，接南邻之第；其门庭如《史记·汲郑列传》所说的翟公之门，宾客阗门；"文举"是孔融的字，也是来自《世说新语》的故事，说客人不乏孔融这样的人物。其出入则金鞍玉帖，连骑而行，仗义疏财，纵千乘而犹轻，颇有侠士风格。郑休文赞颂他："于乡党而则恂恂，于富贵而不汲汲；谐大隐于朝市，笑独行于山林。"虽然安令节是没有官品的商人，但其家族富有，长安宾客愿与之交往，因此"声高郡国，名动京师"。安令节在长安居住，"处长安游侠之窟，深鄙末流；出京兆礼教之门，雅好儒业"。强调胡人出身的他渐染汉风，雅好儒业。这可以说是进入长安的粟特胡人的一个典型交游形态。他的儿子请荥阳大姓郑氏来撰写墓铭，也说明他与汉族士人有交往；而书写铭文的石抱璧，则又出自渤海，表明他交游的广泛。

唐史中的著名人物哥舒翰早年在长安的事迹，为我们提供了另一类胡人交游的情形。《旧唐书》卷一〇四《哥舒翰传》记：

> 哥舒翰，突骑施首领哥舒部落之裔也。蕃人多以部落称姓，因以为氏。祖沮，左清道率。父道元，安西副都护，世居安西。翰家富于财，倜傥任侠，好然诺，纵蒲酒。年四十，遭父丧，三年客居京师，为长安尉不礼，慨然发愤折节，仗剑之河西。……翰母尉迟氏，于阗之族也。②

《新唐书》卷一三五《哥舒翰传》大同小异：

> 哥舒翰，其先盖突骑施酋长哥舒部之裔。父道元，为安西都护将军、赤水军使，故仍世居安西。翰少补效毂（谷）府果毅，家富于财，任侠重然诺，纵蒲酒长安市。年四十余，遭父丧，不归。不为长安尉所礼，慨然发愤，游河西，事节度使王倕。……翰母，于阗王女也。③

哥舒翰是突骑施属下哥舒部人，其祖父任清道率，是唐朝太子东宫的属官，掌内外昼夜巡警，可知是入唐的武职军将。父哥舒道元曾任唐安西节度副使，娶于阗王女，世居安西。这里的"安西"是泛称，具体应当就是安西节度副使常驻的于阗。④哥舒翰是突厥、伊朗种的混血儿，青少年时代成长于西域地区，所以"倜傥任

---

① 吴钢主编：《全唐文补遗》（第3辑），三秦出版社，1996年，第36—37页。
② 《旧唐书》卷一〇四《哥舒翰传》，中华书局，1975年，第3211—3213页。
③ 《新唐书》卷一三五《哥舒翰传》，中华书局，1975年，第4569—4571页。
④ 荣新江：《于阗在唐朝安西四镇中的地位》，《西域研究》1992年第3期，第56—64页。

侠，好然诺，纵蒱酒"，颇有胡人的风貌。后来在沙州（敦煌）效谷府任折冲府的果毅都尉，遭父丧应当解官，所以客居长安三年，离开长安时四十三岁。据《唐方镇年表》，王倕任河西节度使在开元二十九年（741）到天宝二年（743）①，哥舒翰在长安的时间当在738—743年前后。哥舒翰生长在西域边地，任侠好酒，必然在长安惹是生非，所以不为负责治安的长安县尉所礼遇，于是仗剑出游河西。

幸运的是我们现在可以读到一条有关哥舒翰在长安交游的记录。《通幽录》（一作《幽明记》）云：

> 哥舒翰少时，有志气，居长安崇仁里，交游豪侠。宅新书坊。尝有爱妾曰裴六娘者，容范旷代，善歌舞，舒翰甚嬖之。②

这里说哥舒翰交游豪侠，与新旧《唐书》记其"任侠"相符，说明他在长安时与豪侠颇多交往。长安的豪侠是一种特殊的身份，李德裕《豪侠论》总结说："夫侠者，盖非常之人也。虽以然诺许人，必以节义为本。义非侠不立，侠非义不成。"③豪侠往往仗义疏财，一诺千金，唐人传奇中有不少记载。④我们曾经排列过哥舒翰所住的新昌坊居民，在安史之乱之前基本上是贫民的居所，吐鲁番出土的一批当铺的记录证明高宗时该坊以贫民居多。安史之乱后，这里才成为文人官僚争先移居之地，像白居易就购得此坊住宅，因为这里处于高坡，水质较好，而又有青龙寺和竹林等人文和自然景致，加上北面去大明宫朝参不算太远，而南面则是文人们喜欢的乐游原和曲江池。⑤哥舒翰在开元末、天宝初于此坊居住时，应当还较少有官僚居住在此，这里可能是游侠聚会之地。

因为与于阗相邻的疏勒国人入唐时都以"裴"为姓，所以我推测这位哥舒翰的爱妾裴六娘是疏勒人，出身王室或达官贵人之家，与哥舒翰在西域时恐怕早已相识。她所居住的崇仁坊，则是京城中最为繁华的地方。《长安志》卷八崇仁坊："北街当皇城之景风门，与尚书省选院最相近，又与东市相连。按选人京城无第宅者，多停憩此。因是工贾辐凑，遂倾两市，昼夜喧呼，灯火不绝，京中诸坊，莫之

---

① 吴廷燮：《唐方镇年表》，中华书局，1980年，第1221页。
② 张国风会校：《太平广记会校》，北京燕山出版社，2011年，第14册，第6017页。《通幽录》原书已佚。
③ 〔唐〕李德裕撰，傅璇琮、周建国校笺：《李德裕文集校笺》，河北教育出版社，2000年，第660页。
④ 葛承雍：《唐京的恶少流氓与豪雄武侠》，见史念海主编：《唐史论丛》（第7辑），陕西师范大学出版社，1998年，第208—214页。
⑤ 王静：《唐代长安新昌坊的变迁——长安社会史研究之一》，见荣新江主编：《唐研究》（第7卷），北京大学出版社，2001年，第229—248页。

与比。"①这里位于太极宫、兴庆宫、大明宫中间地带，与东市相邻，不论上朝、与官人交往还是生活，都最为便利，因此也是各地方节度使进奏院集中之地，还是科举考生最喜欢租赁的地方，因为每年尚书省选院就是在这个坊里放榜。哥舒翰要找裴六娘恋爱，应当是去崇仁坊相会，这里有宝刹寺、资圣寺和长宁公主宅改建的景龙观可供相会、游玩。可以想见，除了游侠之外，哥舒翰也在长安度过美好的青春时光。

2. 学习

近年发现的炽俟弘福和炽俟迪父子两人的墓志②，加上吐鲁番新出文书，给我们提供了一个西域胡人进入长安的过程以及在长安学习生活的典型例子。

炽俟（Čigil），又称职乙，是漠北铁勒、突厥系统的哥逻禄（葛逻禄）下属的一个部落，主要活动于东、西突厥之间的金山（今新疆阿尔泰山）地区。高宗显庆二年（657）十一月，唐朝彻底击败西突厥汗国，在天山南北、葱岭东西设置羁縻州府，哥逻禄三部"以谋落部为阴山都督府，炽俟部为大漠都督府，踏实力部为玄池都督府，即用其酋长为都督"③，地点在庭州以北、金山西面的额尔齐斯河畔。

炽俟弘福祖父名步失，应是显庆五年（660）后世袭的大漠州都督。志称其"统林胡而莫犯，司禁旅而踰肃"，说他既任大漠州都督，又进入京师长安在禁卫军中守职，后被授予"右骁卫大将军、天山郡开国公"。吐鲁番新出《唐龙朔二年、三年西州都督府案卷为安稽哥逻禄部落事》记，龙朔元年（661）金山西麓的哥逻禄步失达官部落一千帐流落到庭州附近处月部的金满州辖境，唐西州派人到金满州安排哥逻禄部落返回大漠都督府居地。④炽俟步失应当就是龙朔二年（662）前后的炽俟部首领、大漠州都督。龙朔二年、三年文书说哥逻禄步失达官部落的一些首领入京未回，即指炽俟步失入朝。

炽俟弘福父炽俟力，"为本郡太守"，即大漠州都督。《炽俟迪墓志》也说：

---

① 〔宋〕宋敏求：《长安志》卷三，辛德勇、郎洁点校，三秦出版社，2013年，第275页。
② 《炽俟弘福墓志》，见吴钢主编：《全唐文补遗》（第2辑），三秦出版社，1995年，第22页；周绍良、赵超主编：《唐代墓志汇编续集》，上海古籍出版社，2001年，第551—552页；葛承雍：《西安出土西突厥三姓葛逻禄炽俟弘福墓志释证》，见荣新江、李孝聪主编：《中外关系史：新史料与新问题》，科学出版社，2004年，第449—456页；《炽俟迪墓志》，见西安市长安博物馆编：《长安新出墓志》，文物出版社，2011年，第188—189页。
③ 《新唐书》卷二一七下《葛逻禄传》，中华书局，1975年，第6143页。
④ 荣新江：《新出吐鲁番文书所见唐龙朔年间哥逻禄部落破散问题》，见沈卫荣主编：《西域历史语言研究集刊》（第1辑），科学出版社，2007年，第12—44页。

"祖力，云麾将军、左武卫中郎将，兼本郡太守。奉承世官，分理郡国。出则捍城御侮，入则捧日戴天。"一方面任京师禁军将领，另一方面仍兼大漠州都督。炽俟力很可能是随其父一起入朝，留在京师，但兼任大漠州都督，这显然是唐朝中央控制地方游牧部落的一种手段。

炽俟弘福年轻时以武功见长，曾参加唐朝对十姓（西突厥）部落的讨伐，因功等特授游击将军。后为河南桃林府长上果毅都尉，又除左骁卫郎将。万岁登封元年（696），进云麾将军、左威卫将军、上柱国。大概在圣历元年（698）奉诏充天兵行军副大使兼招慰三姓葛逻禄使，出使西域，在处理与突骑施乌质勒关系时遭人谗言，贬为蕲川府折冲，仍为黎州和集镇副。更为不幸的是，神龙二年（706）十二月廿九日在路途中构疾，卒于剑州剑门县之旅舍，年五十三。炽俟弘福显然已经不再兼大漠州都督，而是在唐朝境内担任武职军将。

炽俟弘福诸子均入仕唐朝，除个别为折冲府官外，都在京师禁军中任职。炽俟汕万岁通天中（696—697）特受游击将军、左威卫翊府右郎将。开元中（约727年）迁左骁卫中郎，以其母丧去仕。开元二十五年（737）服阕，改任右武卫中郎。天宝十一载（752）四月十七日卒于义宁坊，年六十九。

《炽俟汕墓志》有一段特别的记载：

圣历载，诏许当下之日成均读书，又令博士就宅教示。俾游贵国庠，从师私第。

虽然炽俟汕一直担任京师十六卫的军事将领，但唐朝有意要用儒家的教育，改造这些漠北的胡人将领，这是显而易见的。有趣的是，圣历年间（698—700），朝廷不仅让他到国学去读书，而是派博士到炽俟汕的宅第里加以辅导。[①]从墓志所说"效职而玄通周慎，出言而暗合诗书"来看，似乎颇有成效。这些游牧出身的人本来以武艺见长，所以先后任左骁卫中郎、右武卫中郎，都是禁军武官，但他们也逐渐知书达理，变成文武双全的人了。

西安出土的《康文通墓志》，又为我们补充了一个例证：

周故处士康君墓志铭

君讳文通，字懿，青州高密郡人也。祖和，随上柱国。父鸾，唐朝散大夫。奕叶豪门，蝉联望族。雄才硕量，地灵光陆海之城；祖德家风，天爵盛三秦之国。大夫则高名籍甚，誉重西都；柱国则英略冠时，气凌南楚。公方流有玉，圆折有珠。豫章七年，梢浮云而笼白日；天马千里，游

---

① 陈玮认为此时炽俟汕在洛阳，见陈玮：《唐炽俟汕墓志所见入唐葛逻禄人研究》，《中国边疆史地研究》2018年第2期，第64—65页。

阛阓而观玉台。修身践言，非礼不动。温厚谦让，唯义而行。于是晦迹丘园，留心坟籍。以为於陵子仲，辞禄而灌园；汉阴丈人，忘机而抱瓮。白珪无玷，庶几三怀之言；黄金满籯，不如一经之业。讲习诗礼，敦劝子孙。松乔之术未成，灵化之期俄远。春秋年七十九，万岁通天元年七月十日，终于安邑里之私第。粤以大周神功元年岁次丁酉十月甲子朔廿二日乙酉，葬于京兆万年县龙首乡界之礼也。

康文通从姓氏来说，远源当出自西域康国，但其祖上早已进入中国，并著籍为青州高密人了，这从"文通"这样地道的汉名也可以看出来。他的祖、父的官位不高，且都不是职事官。至少在其祖、父时，其家已经迁居长安，即"天爵盛三秦之国"，"誉重西都"。康文通本人是个"处士"，没有任何官职，但他墓葬是大型斜坡前后室砖墓，墓室虽然被盗，但随葬品却十分丰富，出土有制作精美的描金彩绘三彩天王俑、武士俑、镇墓兽，体型高大，绚丽多彩。[①]他应当和安令节一样，从事商业而致富。墓志称颂他"晦迹丘园，留心坟籍"，故此可以"修身践言，非礼不动，温厚谦让，唯义而行"，而且还"讲习诗礼，敦劝子孙"，俨然就是一位与中国士大夫相同的知书达理之士。他最后以七十九岁高龄，万岁通天元年（696）卒于长安安邑坊，他所居住的地方也不是粟特商人较多聚集的坊里。

不论是被动接受，还是主动吸收，进入长安的西域胡人中，有不少逐渐走向儒家经典的学习，并以传统中国诗书礼乐规范个人行为，逐渐变成地地道道的中国人了。

3.经营园林

在北朝末期到隋朝的一些粟特胡人首领墓葬中，如579年入葬的同州萨保安伽的石屏、580年的凉州萨保史君的石椁上，都有描绘他们在世时生活场景的画面，如宴饮图、狩猎图、出行图、乐舞图等。[②]其中位于中间位置的最主要的画面，往往描绘主人夫妇在歇山顶的中国房屋中宴饮，而门前是小桥流水的中国式庭院，可见这些胡人首领对于中国园林式住宅的喜爱。

入唐以后粟特人的情形如何？如上引P.3813《文明判集》所述长安人史婆陀"其园池屋宇、衣服器玩、家僮侍妾比侯王，梅梁桂栋，架向浮空；绣栭雕楹，光霞烂

---

① 西安市文物保护考古所：《唐康文通墓发掘简报》，《文物》2004年第1期，第29—30页，图30。
② 陕西省考古研究所编著：《西安北周安伽墓》，文物出版社，2003年；西安市文物保护考古研究院编著，杨军凯著：《北周史君墓》，文物出版社，2014年；荣新江：《有关北周同州萨保安伽墓的几个问题》，见张庆捷李书吉、李纲主编：《4—6世纪的北中国与欧亚大陆》，科学出版社，2006年，第126—139页。

目"，正是把"园池"作为其富有的首要标识。我们在其他史料中也可以找到两个很好的例子。

杜甫有诗《陪郑广文游何将军山林十首》，郑广文即郑虔。天宝九载（750）设立广文馆，以郑虔为博士，故称"郑广文"[1]。一般据这个时间和杜甫此后进出长安的时间，认为这组诗作于天宝十二载（753）[2]。山林的主人何将军，杜诗注释者一般都说"未详何人"[3]，不过他们的关注点在何将军的山林，而不是何将军本身。张永禄《唐代长安辞典》指为"何昌期，天宝时名将"[4]。西安市地方志馆等编《西安通览》称："唐天宝年间，名将何昌期在上塔坡建别墅，名何将军山林，为长安城南名胜。"[5]但何昌期是岭南阳山人，天宝十四载（755）才应征入郭子仪朔方军，在平定安禄山叛乱中立功，升为千牛卫上将军，封宁国伯。[6]而杜甫的诗作于天宝十二载，其时何昌期还没有入郭子仪部下，也不是将军，所以说何昌期为杜诗中的"何将军"恐怕是基于名人效应的杜撰。

我以为"何将军"当原出粟特的何国，又称屈霜你伽、贵霜匿（Kushānika），在撒马尔罕西北约75公里处。杜甫这组诗的第三首开头说："万里戎王子，何年别月支？"一般认为这里的戎王子是一种花草或草药，或指为"独活，一名护羌使者"[7]，与诗意从万里之外而来相符，但迄今没有人找到"戎王子"这种草药。我想这里的"戎王子"是双关语，一方面是说一种异域的花草，同时也喻指人，就是从月氏之地来的胡王之子，在唐朝就是质子。"月支"即"月氏"，北朝隋唐入华粟特胡人声称他们原本是随着月氏人迁徙到西域去的，如《北史·西域传》康国条说："其王本姓温，月氏人也，旧居祁连山北昭武城，因被匈奴所破，西逾葱岭，

---

[1] 〔宋〕王溥：《唐会要》卷六六"广文馆"条，中华书局，1960年，第1375页。

[2] 谢思炜《杜甫集校注》（上海古籍出版社，2016年，第1458页）引黄鹤注："天宝九载秋七月置广文馆，以此诗第四首及后诗第五首考之，是官未定时游此，当在天宝十二载（753）作。"参见陶敏、傅璇琮：《唐五代文学编年史·初盛唐卷》，辽海出版社，1998年，第887页。

[3] 萧涤非主编：《杜甫全集校注》，人民文学出版社，2014年，第356页。

[4] 张永禄：《唐代长安辞典》，陕西人民出版社，1990年，第213页。

[5] 西安市地方志馆、西安市档案局编：《西安通览》，陕西人民出版社，1993年，第879页。

[6] 何昌期的材料不多，事迹见明人黄佐：《广州人物传》，广东高等教育出版社，1991年，第42页；阳山县地方志编纂委员会编：《阳山县志》，中华书局，2003年，第1181页。

[7] 谢思炜《杜甫集校注》引《九家》赵注："戎王子，说者以为花名，义固然也。"《朱子语类》卷一四〇："此中尝有一人，在都下见一蜀人遍铺买戎王子，皆无。曰是蜀中一药，为《本草》不曾收，今遂无人蓄。方晓杜诗所言。"《太平御览》卷九九二："《本草经》曰：独活，一名护羌使者，味苦平，生益州，久服轻身。"

遂有国。枝庶各分王，故康国左右诸国并以昭武为姓，示不忘本也。"①又云："米国、史国、曹国、何国、小安国、那色波国、乌那曷国、穆国皆附之。"②虽然这不一定是历史真相，但隋唐时入华胡人是这样看的，所以杜诗所谓离开月氏的戎王子，应当就是粟特何国的王子了。上面提到的安菩，"夫人何氏，其先何大将军之长女，封金山郡太夫人"。这是一位入华的何将军，但因其女儿已经在长安四年（704）去世，所以应当不会是杜诗中的何将军。杜诗的何将军与此何大将军是否有关尚无法确定，但其为何国王子应当是没有问题的。③

杜甫《陪郑广文游何将军山林十首》对于这所山林别业做了详尽的描述：

之一：不识南塘路，今知第五桥。名园依绿水，野竹上青霄。
　　　谷口旧相得，濠梁同见招。平生为幽兴，未惜马蹄遥。

之二：百顷风潭上，千重夏木清。卑枝低结子，接叶暗巢莺。
　　　鲜鲫银丝脍，香芹碧涧羹。翻疑柁楼底，晚饭越中行。

之三：万里戎王子，何年别月支？异花开绝域，滋蔓匝清池。
　　　汉使徒空到，神农竟不知。露翻兼雨打，开坼日离披。

之四：旁舍连高竹，疏篱带晚花。碾涡深没马，藤蔓曲藏蛇。
　　　词赋工无益，山林迹未赊。尽捻书籍卖，来问尔东家。

之五：剩水沧江破，残山碣石开。绿垂风折笋，红绽雨肥梅。
　　　银甲弹筝用，金鱼换酒来。兴移无洒扫，随意坐莓苔。

之六：风磴吹阴雪，云门吼瀑泉。酒醒思卧簟，衣冷欲装绵。
　　　野老来看客，河鱼不取钱。只疑淳朴处，自有一山川。

之七：棘树寒云色，茵蔯春藕香。脆添生菜美，阴益食单凉。
　　　野鹤清晨出，山精白日藏。石林蟠水府，百里独苍苍。

之八：忆过杨柳渚，走马定昆池。醉把青荷叶，狂遗白接䍦。
　　　刺船思郢客，解水乞吴儿。坐对秦山晚，江湖兴颇随。

之九：床上书连屋，阶前树拂云。将军不好武，稚子总能文。
　　　醒酒微风入，听诗静夜分。绨衣挂萝薜，凉月白纷纷。

之十：幽意忽不惬，归期无奈何。出门流水注，回首白云多。

---

① 《北史》卷九七，中华书局，1974年，第3222页。
② 《北史》卷九七，中华书局，1974年，第3234页。
③ 刘永连：《浅探西域文化在唐人园林、庭院中的流痕》，见杜文玉主编：《唐史论丛》（第11辑），三秦出版社，2008年，第185页。

自笑灯前舞，谁怜醉后歌。只应与朋好，风雨亦来过。①

关于组诗的整体脉络，谢思炜《校注》引张谦益《茧斋诗谈》卷四云："《游何将军山林》合十首看，章法不必死相承接，却一句少不得。其一是远看。其二入门细看，并及林下供给。其三单摘一花，为其异种也。其四又转入园内之书舍。其五前状其假山池沼之森蔚，后叙其好客治具之高雅。其六酒后起立，随意登临，即一磴一泉亦堪赏心。其七前叙物产之美，后极形势之大。其八借定昆池以拟何氏之池，因及刺船解水之嬉。其九单赞助人之贤，若非地主好士，文人不能久留。此为十首之心。其十一折忽局外，身去而心犹系，便伏重过之根。此一题数首之定式也。"可见杜诗整体的构架和何将军山林的大致情况。

杜甫又有《重过何氏五首》，据文章时令景物考证，撰于天宝十三载（754）春。② 诗云：

之一：问讯东桥竹，将军有报书。倒衣还命驾，高枕乃吾庐。
花妥莺捎蝶，溪喧獭趁鱼。重来休沐地，真作野人居。

之二：山雨尊仍在，沙沈榻未移。犬迎曾宿客，鸦护落巢儿。
云薄翠微寺，天清黄子陂。向来幽兴极，步屣过东篱。

之三：落日平台上，春风啜茗时。石阑斜点笔，桐叶坐题诗。
翡翠鸣衣桁，蜻蜓立钓丝。自今幽兴熟，来往亦无期。

之四：颇怪朝参懒，应耽野趣长。雨抛金锁甲，苔卧绿沉枪。
手自移蒲柳，家才足稻粱。看君用幽意，白日到羲皇。

之五：到此应常宿，相留可判年。蹉跎暮容色，怅望好林泉。
何日沾微禄，归山买薄田？斯游恐不遂，把酒意茫然。③

可惜这座山林大概经过安史之乱而被毁，园林所在之地，正好是唐朝军队收复长安过程中与叛军激战的场所，因此推想在此期间受到毁坏，在中晚唐的文献中没有再见到记载。北宋张礼元祐元年（1086）游历京兆城南，在所撰《游城南记》记云："览韩、郑郊居，至韦曲，扣尧夫门，上逍遥公读书台，寻所谓何将军山林，而不可见。因思唐人之居城南者，往往旧迹湮没，无所考求，岂胜遗恨哉！"说山林已不可见。张礼自注引杜诗提到的地名，说道："今第五桥在韦曲之西，与沈家

---

① 《全唐诗》卷二二四，中华书局，1960年，第2397—2398页。
② 谢思炜《杜甫集校注》："黄鹤注：前诗云'千重夏木清'，言夏初景物，今诗云'春风啜茗时'，则是春作，当是天宝十三载（754）春也。"参见陶敏、傅璇琮：《唐五代文学编年史·初盛唐卷》，辽海出版社，2012年，第902页。
③ 《全唐诗》卷二二四，中华书局，1960年，第2398—2399页。

桥相近。定昆池在韦曲之北，杨柳渚今不可考。南塘，许浑诗云'背岭枕南塘'，其亦在韦曲之左右乎？"①到了元朝李好文撰《长安志图》，卷中称："韩庄者，在韦曲之东，退之与孟郊赋诗又并其子读书之所也。郑庄又在其东南，郑十八虔之居也。曰塔坡者，以有浮屠故名，在韦曲西，何将军之山林也。"②指何将军山林在塔坡。元人骆天骧《类编长安志》卷九记："何将军山林，今谓之塔坡。少陵原乃樊川之北原，自司马村起，至此而尽，其高三百尺，在杜城之东，韦曲之西。山林久废，上有寺，浮图亦废，俗呼为塔坡。"③《杜甫全集校注》云："今西安市长安区东南五里，有地名双竹村，由此溯樊川东南行，过申家桥，有一地名何家营，相传即为何将军山林故址。"④这已经是相传云云了。史念海、曹尔琴在注《游城南记》时，考证第五桥为永安渠桥，渠水经今甫张村西，又东北流经第五桥，桥在今西五桥村东；定昆池在今河池寨，面积数里；南塘当在今韦曲南。⑤由此可以大致推出何将军山林位置，即长安城南明德门外樊川北原距明德门大约30里的韦曲西边。⑥这里是唐长安城中达官贵族园林别业集中之地，即"京郊之形胜也"⑦。何将军在此地置业山林，可见其有雄厚的经济实力和广泛的人脉关系。

结合杜甫两组诗的内容，李令福撰写了《唐长安城南郊何将军的园林要素及布局》，对于山林中的房屋建筑及器物，如书房、水磨、演武场、钓鱼台、碧筒饮；山林中的山水，如皂河、清明渠、风潭、假山、瀑泉、石林水府；山林中的动植物，如鱼、鸟、犬、蜻蜓、蝴蝶、水獭、竹林、泡桐、水芹、独活、红梅、荷花、棘树、茵陈蒿、女萝、薜荔、蒲柳、水稻；食物，如脍鲜鲫、香芹羹、茵陈、春藕、茶；以及鼓乐等，都做了分类的阐述。他从杜甫的仔细描述中，分析出何将军

---

① 〔宋〕张礼：《游城南记校注》，史念海、曹尔琴校注，三秦出版社，2003年，第111—112页。
② 〔元〕李好文：《长安志图》，辛德勇、郎洁点校，三秦出版社，2013年，第56页。
③ 〔元〕骆天骧：《类编长安志》，黄永年点校，三秦出版社，2006年，第258页。
④ 萧涤非主编：《杜甫全集校注》，人民文学出版社，2013年，第356页。
⑤ 〔宋〕张礼：《游城南记校注》，史念海、曹尔琴校注，三秦出版社，2003年，第116—119页。
⑥ 李令福：《唐长安城南郊何将军山林的园林要素及布局》，见黄留珠、贾二强主编：《长安学研究》（第4辑），科学出版社，2019年，第238页。
⑦ 〔唐〕宋之问：《春游宴兵部韦员外韦曲庄序》，《全唐文》卷二四一，中华书局，1983年，第2437页。〔日〕妹尾達彦：《唐代長安近郊の官人別荘》，见唐代史研究会编：《中国都市の歴史的性格》，刀水書房，1988年，第125—136页；李浩：《唐代园林别业考论》，西北大学出版社，1996年，第151—196页。

山林的整体布局和细部雕琢。[1]由此我们可以详细得知粟特胡人将军是如何按照中原园林格局，巧妙利用城南的山势、水渠，来构建自己的园林。而院内景致的经营，书房、武场的安排，都透露出主人文武双全，并借助园林接近自然的文化情调。何将军山林可以说是代表西域胡人在长安文化转型的一组建筑。

同样的情形还可以举于阗王尉迟胜的例子，《旧唐书》卷一四四《尉迟胜传》记：

> 尉迟胜，本于阗王珪之长子，少嗣位。天宝中来朝，献名马、美玉，玄宗嘉之，妻以宗室女，授右威卫将军、毗沙府都督还国。与安西节度使高仙芝同击破萨毗播仙，以功加银青光禄大夫、鸿胪卿，改光禄卿，皆同正。至德初，闻安禄山反，胜乃命弟曜行国事，自率兵五千赴难。国人留胜，以少女为质而后行。肃宗待之甚厚，授特进，兼殿中监。广德中，拜骠骑大将军、毗沙府都督、于阗王，令还国。胜固请留宿卫，加开府仪同三司，封武都王，实封百户。胜请以本国王授曜，诏从之。胜乃于京师修行里盛饰林亭，以待宾客，好事者多访之。[2]

据《册府元龟》卷九六二《外臣部·贤行门》"尉迟胜，于阗质子也"[3]，可知他也曾以质子身份在长安居住，但年少的时候就回国继承王位。天宝时还曾亲来朝献，并娶李唐宗室女为妻。安禄山叛乱后，他率五千兵到中原赴难勤王，战后却不回国，请留宿卫，但唐朝仍让他"权知本国事"[4]。广德二年（764），代宗遣胜还国，他干脆把本国王位让给弟弟尉迟曜[5]，仍然留在长安。他在长安修行坊里大造林亭，以待宾客。《新唐书》卷一一〇《尉迟胜传》此处称："胜既留，乃穿筑池观，厚宾客，士大夫多从之游。"[6]表明其林亭是人工穿筑，有池塘，有楼观，与之交游者多为京城士大夫。修行坊在长安城东南，看似比较偏远，但这里东面是乐游原，南面是曲江池，西南面晋昌坊有大慈恩寺，再南是杏园，而且地势高敞，水渠流畅，是城内十分理想的筑造园林之处。这一带文人官僚最为集中，所以也是与士大夫交游的最好地域。

---

[1] 李令福：《唐长安城南郊何将军山林的园林要素及布局》，见黄留珠、贾二强主编：《长安学研究》（第4辑），科学出版社，2019年，第239—250页；李令福：《唐长安城郊园林文化研究》，科学出版社，2017年，第232—246页；李令福：《西安学与中国古都学论集》，中国社会科学出版社，2020年，第156—168页。

[2] 《旧唐书》卷一四四《尉迟胜传》，中华书局，1975年，第3924—3925页。

[3] 《册府元龟》卷九六二，凤凰出版社，2006年，第11153页。

[4] 《资治通鉴》卷二二一"乾元三年正月"条，中华书局，1956年，第7090页。

[5] 《旧唐书》卷一四四和《新唐书》卷一一〇《尉迟胜传》均记为"广德中"，《通鉴》卷二二三系在"广德二年"（中华书局，1975年，第7171页）。

[6] 《新唐书》卷一一〇《尉迟胜传》，中华书局，1975年，第4127—4128页。

《旧唐书》卷一四四《尉迟胜传》记："贞元初，曜遣使上疏，称：'有国以来，代嫡承嗣，兄胜既让国，请传胜子锐。'上乃以锐为检校光禄卿兼毗沙府长史还，固辞，且言曰：'曜久行国事，人皆悦服。锐生于京华，不习国俗，不可遣往。'因授韶王谘议。兄弟让国，人多称之。"[1]所谓"兄弟让国"，显然是汉族士大夫对于尉迟胜这位胡人国王的夸奖，把他标榜为儒家道德观念的高尚人士。看来，尉迟胜在长安置园林与士大夫交游，取得了成效。他的儿子也生长在长安，到贞元十年（794），尉迟胜去世，年六十四，赠凉州都督，子尉迟锐嗣位。[2]

至此，我们可以看出西域胡人是如何逐渐融入长安社会的，他们在学习和交往接受中国传统儒家的价值观念，他们通过园林的优雅生活，与唐朝士大夫交游，最后完全融入唐朝长安上流社会。这些典型的案例，也为我们观察长安社会在安史之乱后的逐渐转型，提供了一个视角，他们作为长安城中特异的一类人物，是推进长安城丰富多元的文化生活的一股强劲动力。

原载荣新江：《从张骞到马可·波罗：丝绸之路十八讲》，江西人民出版社，2022年
（荣新江，北京大学博雅讲席教授，北京大学历史学系暨中国古代史研究中心教授）

---

[1] 《旧唐书》卷一四四《尉迟胜传》，中华书局，1975年，第3924—3925页；《新唐书》卷一一〇《尉迟胜传》，中华书局，1975年，第4127—4128页；《资治通鉴》卷二三二系在贞元元年（785）年末，中华书局，1956年，第7467页。

[2] 《旧唐书》卷一四四《尉迟胜传》，中华书局，1975年，第3925页。

唐朝胡汉互动与交融的三条线索
——以墓志资料为中心

李鸿宾

一、弁言

有关唐朝时期胡人族属与文化的认同及其转型，是我近年关注的焦点之一。[①] 胡人原有的族性与文化在步入陌生的汉地后与周围世界发生接触或碰撞，这并非由其主观意志所能决定，更多地受制于周围环境的影响。当两个（或多个）群体相互交织的时候，群体之间及其携带的不同文化如何相处，是协调、冲撞抑或并存、共融，就成为他们之间不可回避或必须给予解决的问题。本文选择的高车·拓跋族系、吐谷浑王族和粟特等三个人群（包括个体），只是那些走向唐朝控制范围内的部分外来者，我将其划为"三条线索"，旨在呈现他们族属、文化在维系与变通中展开的博弈，并通过揭橥这些"外来者"抟成"本土人"的具体情形，探求这些互动依托的"场域"，尤其"互动"与"场域"之间存在着何种关联。

顺便一说，外来者进入汉地后引生的族群性的群体或个体的交往互动，因时因地而有多方面、多层位和多角度的表现，其中国家（政府）介入主导的官方和私人游散般的行为无疑是分辨这种现象的两个较佳的尺度。本文选择的"三条线索"即贯通这种现象而以前者为主，此处略及，意在强调本文的限制性选择并非有意遮盖唐朝多种族群分合互动的繁杂景象。

二、第一条线索：高车·拓跋人的南下

这条线索，我选择了《是云俨墓志》《贺拔定妃墓志》《贺拔亮墓志》与《贺拔亮夫人张氏墓志》作典型分析。它们均系我当初参与大唐西市博物馆馆藏墓志整

[①] 集中的研究成果可参见李鸿宾：《唐朝的北方边地与民族》，宁夏人民出版社，2011年；李鸿宾：《墓志所见唐朝的胡汉关系与文化认同问题》，中华书局，2019年。

理工作中的偶然所获。①巧合的是，这四合墓志的主人以及其中涉及的人物彼此存在着程度不等的关联。该博物馆藏墓志虽多系收购，鱼龙混杂且真假难辨，但就此四合墓志而言，其内容之衔接并于文献有征，亦非一般造假所能为。②

《是云俱墓志》与《贺拔定妃墓志》之志主系夫妇。"是云氏"后改为"是氏"，应属魏孝文帝改姓族之所为。③同时，它又是北魏拓跋珪建国后"散诸部落，始同为编民"的进一步举措。④其族属尚难定夺，但墓志中"受氏于有魏太武皇帝"一句，表明非拓跋之属殆无疑义。又其祖源表述时有"分源弱水"⑤"分居若（弱）水"一说。⑥《贺拔亮墓志》同样有"弱水降贤"的描写。⑦揆诸典籍，《资治通鉴》记载北魏攻伐柔然之时，其中一支曾西行逐邪山途经"弱水"，这个"弱水"位居草原的纵深之地⑧，与拓跋自大兴安岭南下西进所经路途当为重合⑨，表明"弱水"系拓跋人迁徙途中的一个突出标识⑩。如此看来，既有别于拓跋人又受氏于魏太

---

① 胡戟、荣新江主编：《大唐西市博物馆藏墓志》，北京大学出版社，2012年，第14—15、22—23、86—87、98—99页。

② 李鸿宾：《北周是云俱及夫人贺拔定妃墓志考释》，见吕建中、胡戟主编：《大唐西市博物馆藏墓志研究续一》（上册），陕西师范大学出版总社，2013年，第39—53页；李鸿宾：《唐贺拔亮家族汉化取径之研究——〈唐贺拔亮墓志〉诸问题》，见荣新江主编：《唐研究》（第17卷），北京大学出版社，2011年，第455—480页；李鸿宾：《唐贺拔亮张氏联姻反映的文化认同与士族相貌——以〈唐贺拔亮君夫人张氏墓志〉为中心》，见李鸿宾主编：《中古墓志胡汉问题研究》，宁夏人民出版社，2013年，第130—145页；李鸿宾：《唐贺拔亮家族文化转型的旨向——以墓志铭资料为核心》，见东岳书院编：《礼与中国文化：第五届"东岳论坛"礼仪中国学术研讨会论文集》，中国社会科学出版社，2012年，第70—80页。

③ 《魏书》卷一一三《官氏志》，中华书局，1974年，第3009页。

④ 《魏书》卷一一三《官氏志》，中华书局，1974年，第3014页；田余庆：《拓跋史探》，生活·读书·新知三联书店，2003年，第62—91页。

⑤ 《是云俱墓志》，见胡戟、荣新江主编：《大唐西市博物馆藏墓志》，北京大学出版社，2012年，第14—15页。

⑥ 《贺拔定妃墓志》，见胡戟、荣新江主编：《大唐西市博物馆藏墓志》，北京大学出版社，2012年，第22—23页。

⑦ 《贺拔亮墓志》，见胡戟、荣新江主编：《大唐西市博物馆藏墓志》，北京大学出版社，2012年，第86—87页。

⑧ 《资治通鉴》卷一二一"宋文帝元嘉六年四月至七月"条，中华书局，1956年，第3811页。

⑨ 田余庆：《拓跋史探》，生活·读书·新知三联书店，2003年，第147页；曹永年：《拓跋鲜卑南迁匈奴故地时间和契机考》，《内蒙古社会科学》1987年第4期。

⑩ "弱水"的文献记载并非一处，其他与此无关者已排除。参见李鸿宾《唐贺拔亮家族汉化取径之研究——〈唐贺拔亮墓志〉诸问题》［荣新江主编：《唐研究》（第17卷），北京大学出版社，2011年，第457—459页］。又，佐川英治认为它即西拉木伦河，但未确证。参见［日］佐川英治著、付晨晨译《北魏道武帝的"解散部族"与高车部族的羁縻政策》［荣新江主编：《唐研究》（第24卷），北京大学出版社，2019年，第14页］。

武皇帝的这个"是云"家族，很可能与源于高车的贺拔亮家族一样（详后），在拓跋人步入草原之前就已活跃于此，"弱水"似有包括高车在内的游牧群体地缘象征的意涵。换言之，《是云偘墓志》中"弱水"一词，似其祖源之标识，他们应当属于高车那种草原人群的一支。

"高车"一词是汉人对草原那些"乘高车，逐水草"①人群的描述，直视其"车轮高大，辐数至多"②，系属外在现象之观察。③这些人群的早期大体处于无集中首领、各部落聚集的状态，与其他部族纵贯于草原各处。④当鲜卑拓跋势力步入其地后，就意味着他们与高车这些"坐地户"开始接触、交往乃至征战、再聚合，这亦成为《魏书》《北史》之《高车传》的一项内容。⑤至于是云偘家族隶属高车哪一部落已无从稽考，他们与北魏保持什么关系亦无从得知。不过孝文帝在位期间，高车十余万落曾在阿伏至罗、穷奇等率领下周旋于柔然、嚈哒与北魏之间⑥，"或来奔附，或投蠕蠕"⑦，是云偘家族是否受此类事变的影响转投北魏不好遽以定论。按墓志记载，是云偘之祖是云敦正巧在孝文帝当政时出任内三郎、大宁郡守等朝官，至少表明该家族选择了跟从北魏，这一点是分明的。此后，是云偘之父是云宝累拜使持节、大将军、大都督、凉州刺史等，应当是是云敦奠基的后续表现；他于北魏灭亡后归入东魏，旋转投西魏，墓志采用"门列邓骘之仪，阁崇羊祜之府"⑧予以形容，说明该家族到他这一辈又走进了陈寅恪归结的西魏北周关陇集团的行列。⑨

《贺拔定妃墓志》的价值表现在它提供了一个南下北族与中原士族婚宦结合的典型案例。贺拔定妃的伯父贺拔岳于文献有征，系北魏末期之名将，曾受朝廷嘱托西进

---

① 《北史》卷九八《高车传》，中华书局，1974年，第3273页。
② 《魏书》卷一〇三《高车传》，中华书局，1974年，第2308页。
③ Edwin G. Pulleyblank, "The 'High Cart': A Turkish Speaking People Before the Türks", *Asia Major* 3, No. 1, London, 1990, pp. 21-26；周伟洲：《敕勒与柔然》，广西师范大学出版社，2006年，第3—9页。
④ 护雅夫：《〈魏书·高车传〉笺注》，见［日］内田吟风等：《北方民族史与蒙古史译文集》，余大钧译，云南人民出版社，2003年，第68—78页。
⑤ 《魏书》卷一〇三《高车传》，中华书局，1974年，第2307—2312页；《北史》卷九八《高车传》，中华书局，1974年，第3270—3275页。
⑥ 周伟洲：《敕勒与柔然》，广西师范大学出版社，2006年，第37—45页。
⑦ 《魏书》卷一〇三《高车传》，中华书局，1974年，第2310页。
⑧ 《是云偘墓志》，见胡戟、荣新江主编：《大唐西市博物馆藏墓志》，北京大学出版社，2012年，第14—15页。
⑨ 陈寅恪：《唐代政治史述论稿》，上海古籍出版社，1982年，第15页；张伟国：《关陇武将与周隋政权》，中山大学出版社，1993年，第26—72页。

经营关中，但他旋被侯莫陈悦袭杀[1]，其属部转由宇文泰重整旗鼓。墓志说她是朔州（治善阳，今山西朔州）人，这与贺拔岳之兄贺拔胜所载颇为一致。后者"神武尖山人也。其先与魏氏同出阴山。……祖尔头，骁勇绝伦，以良家子镇武川，因家焉"[2]，到贺拔胜这一代转以朔州为籍[3]。志文又说贺拔定妃"年始龆龀，降嫔适于使持节、开府仪同三司、洞城公侃为妻"[4]，证明二者之婚媾，例属军功勋贵彼此的撮合。

第三方《贺拔亮墓志》关键的地方有两处。

一是对其族属做进一步的认定。墓志开篇称"在昔轩丘诞圣，弱水降贤。……世号大人，奄荒朔代。至于翼魏图南，定鼎伊洛，冠冕郁以相趋，复为河南著姓"[5]，这里的"弱水"如前所述，是其家族活动草原的印记，也是拓跋部经行其地出兵征服的场所。"世号大人，奄荒朔代"确证志主家世并非鲜卑拓跋之本系，而是与其凝结在一起的草原部落。[6]"翼魏图南，定鼎伊洛"与"河南著姓"是该家族顺随孝文帝迁都洛阳实行汉化举措的反映。[7]这一系列行为若与《元和姓纂》所载比证[8]，贺拔氏族属之所系，姚薇元秉持草原高车种类的推定仍为可取的首选[9]。

二是这方墓志的核心仍聚焦于该家族的婚宦旨意。贺拔亮曾祖贺拔台、祖父贺拔颎均任职北魏，父贺拔威仕任北周，任职从刺史到大将军不等；贺拔亮本人初仕于隋，任职唐数州刺史。墓志对其祖上出仕时间无详载，贺拔台仕职推测似在孝文帝太和年间。[10]这与《是云侃墓志》《贺拔定妃墓志》前后照应，表明他们之起家

---

[1]《周书》卷一四《贺拔胜附弟岳传》，中华书局，1971年，第222—225页。正文原述贺拔岳受托、他与贺拔胜之兄长排行有误，经博士生胡献漳同学提示而订正。

[2]《周书》卷一四《贺拔胜传》，中华书局，1971年，第215页。

[3]《贺拔昌墓志》，见韩理洲等辑：《全北齐北周文补遗》，三秦出版社，2008年，第59页。

[4]《贺拔定妃墓志》，见胡戟、荣新江主编：《大唐西市博物馆藏墓志》，北京大学出版社，2012年，第22—23页。

[5]《贺拔亮墓志》，见胡戟、荣新江主编：《大唐西市博物馆藏墓志》，北京大学出版社，2012年，第86—87页。

[6] 吕思勉：《拓跋氏先世考》，见《吕思勉读史札记》，上海古籍出版社，1982年，第809—810页。

[7] 万绳楠整理：《陈寅恪魏晋南北朝史讲演录》，黄山书社，1987年，第254—267页；马长寿：《乌桓与鲜卑》，广西师范大学出版社，2006年，第66—71页；何德章：《论北魏孝文帝迁都事件》，见《魏晋南北朝史丛稿》，商务印书馆，2010年，第1—25页。

[8]〔唐〕林宝：《元和姓纂》卷九"贺拔"条岑仲勉校记，中华书局，1994年，第1314—1316页。

[9] 姚薇元：《北朝胡姓考》（修订本），中华书局，2007年，第125—128页。

[10] 李鸿宾：《唐贺拔亮家族汉化取径之研究——〈唐贺拔亮墓志〉诸问题》，见荣新江主编：《唐研究》（第17卷），北京大学出版社，2011年，第463页。

兴盛，应与孝文帝政治存在着密切关联，"仕宦"成为他们从草原到中原转变的支轴，其家世族属与文化的转型亦伴随其中，以贺拔亮与汉地张氏的婚媾尤为凸显。这就涉及第四方《张氏墓志》。

虽然冒名大族、伪劣充斥是普遍现象①，但单就张氏的祖、父仕职周、隋而论，其家族尚不至于如同一般民户②，张氏与贺拔亮之婚媾似可列属大户之间的结合。值得指出的是，贺拔亮一女又与南朝旧姓即齐梁帝室的兰陵萧氏联姻成双。③这透露出该家族在北族勋贵、中原旧族婚姻之基础上，再现华胄高门之攀附，颇有代北豪强向士族晋身努力的势头。④看来是云偏、贺拔亮这几支高车家族，自与拓跋魏政权结合之后，就随其南下步入中原，其婚宦与中原"正统"贴合之趋向彰显至明。应当说，这种转型除了该家族自擅之外，被鲜卑拓跋裹挟南下汉地生发转型的激荡亦是强劲的牵引。陈寅恪将此视作种族与文化的替换而以文化的变迁为其特质⑤，唐长孺将其归结为封建国家替代部落制的结构性转型所致⑥。二人着眼点虽有差别，但以线性进化论作依托的寓意十分明显。⑦在此背景下，贺拔亮家族的转化以三条相互交织的线索（高车、拓跋魏、中原汉地）分作四个阶段予以呈现。就地缘角度讲，他们从草原南下代北再转向关中，完成了草原—中原的转换；就时间维度论，其家族经历了拓跋征服或收编之前的高车部，再归转并任职北魏，又西迁步入关陇集团与衍

---

① 郭锋：《唐代氏族个案研究——以吴郡、清河、范阳、敦煌张氏为中心》，厦门大学出版社，1999年，第196、199—200页。
② 〔宋〕邓名世撰，王力平点校：《古今姓氏书辩证》卷一三"张"氏条引孔至《姓氏杂录》，江西人民出版社，2006年，第195页。
③ 《贺拔亮夫人张氏墓志》，见胡戟、荣新江主编：《大唐西市博物馆藏墓志》，北京大学出版社，2012年，第98—99页；毛汉光：《隋唐政权中的兰陵萧氏》，见《中国中古社会史论》，上海书店出版社，2002年版，第405—425页。
④ 朱大渭：《代北豪强酋帅崛起述论》，见《六朝史论》，中华书局，1998年，第216—245页。
⑤ 陈寅恪：《唐代政治史述论稿》，上海古籍出版社，1982年，第17页。
⑥ 唐长孺：《拓跋国家的建立及其封建化》，见《魏晋南北朝史论丛》，生活·读书·新知三联书店，1955年，第193—249页；唐长孺：《拓跋族的汉化过程》，见《魏晋南北朝史论丛续编》，生活·读书·新知三联书店，1959年，第132—154页。
⑦ 侯旭东：《告别线性历史观（代序）》，见《宠：信-任型君臣关系与西汉历史的展开》，北京师范大学出版社，2018年，第1—16页。

化为隋唐统治阶层的四个阶段。[1]伴随地缘、阶段转变的，正是其家世族属文化自高车到拓跋，再到汉地身份的确立。决定族属文化发生位移的关键，是他们参与的政治活动，而与关陇集团共命运无疑是其家族遽升的标志。换句话说，族属文化的转变包裹于政治活动之中，这是我们理解是云俱、贺拔亮家族变迁的基本动因[2]；说到底，它是一种政治文化行为。

究竟是什么促使他们选择汉化而非保持固有族属文化呢？在一个汉人主导的社会中，外来族群和个体若要生存，他们的族性、文化与主体社会关系如何处理，就是一个不可回避的问题。借用恩格斯（Friedrich Engels）那段著名的论述，即落后势力一旦征服先进地区之后，反过来会被先进文化征服。[3]但这是就其最终结果着眼的。一个以少数群体建立统治进而控制多数"异己"民众的王朝，如何维系统治族群的地位和文化属性，又达到与所控制的社会协调共进的目标，始终是统治集团的刻意追求。就拓跋魏这一个案而论，他们进入汉地之后因应中原主体文化的态势，相当明显，以孝文帝的全面改制为高潮而展现，与此后北族辽金元等王朝兼纳南北之中试图保持自身主体角色有诸多差别。[4]北魏南下入主中原，被魏特夫（Karl A. Wittfogel）视作"渗透"性的推进[5]，一旦与汉人世界接触，就宣告了一个王朝之内胡汉关系调整时代的到来。在胡汉人数无法均衡即汉系占主体的形势下，多数的主体趋势对少数的牵制乃至驱动，常常迫使少数采取措施给予回应。按照萧启庆的解释，倘若少数处于统治地位，他们就能依靠政治权力保持，然而一旦权力消解或丧

---

[1] 按照陈寅恪的解释，唐初延续了关陇集团主导的政治，武则天上台则出现了新的变化。这已成为这段政治演进的主流叙述。参见陈寅恪《唐代政治史述论稿》（上海古籍出版社，1982年，第18—19页）。张耐冬新作以李渊太原起兵及其政治运作为核心，针对"关陇集团"与"李武韦杨婚姻集团"转替之模式予以辩证，多所甄别。参见张耐冬《太原功臣与唐初政治》（中国社会科学出版社，2018年）。

[2] ［美］班茂燊（Marc S. Abramson）：《唐代中国的族群认同》，耿协峰译，人民出版社，2016年，第178—209页。

[3] ［德］恩格斯：《反杜林论》，见《马克思恩格斯选集》（第3卷），人民出版社，1972年，第222页。

[4] Denis Sinor, ed., *The Cambridge History of Early Inner Asia Cambridge*, NY: Cambridge University Press, 1990, pp. 400-423；［德］傅海波（Herbert Franke）、［英］崔瑞德（Denis Twitchett）编：《剑桥中国辽西夏金元史（907—1368年）》，史卫民等译，中国社会科学出版社，1998年，"导言"第2—3页。

[5] ［美］魏特夫：《中国社会史——辽（907—1125）：总论》，见王承礼主编：《辽金契丹女真史译文集》（第1集），吉林文史出版社，1990年，第42—44页。

失,他们的位置也就难以保存了。①北魏积极主动南下吸纳中原文化,使它在胡汉结合的途径中规避了不少磨难,开辟了一条南北融合的新路子,如同谷川道雄归纳的隋唐帝国形成之道那样。②贺拔亮家族仕途表达的汉化与族属的转化,映现了那个时代北方草原与中原汉地王朝架构变迁的旨向。顺便一说,作为高车族群,即使到了北魏中后时期,他们亦驰骋草原游荡于诸种势力之间,甚至自立政权。跟随北魏统治者固然踏入了主流社会,但这毕竟只是他们选择中的一项。那些滞留草原与柔然、嚈哒纵横的高车人,因记载缺失而淡出中原人的视线,但并不等于他们的历史缺场。是云偘、贺拔亮这几支高车家族于诸种政治的角逐中所作的选择,应当是他们审时度势、顺应时代潮流的精准判断,他们与王朝主体密切结合以获得自身的发展,主动性表现得十分明显。由此看来,所谓胡系成员步入汉地中原世界,其族性与文化是否保存还是转换,端赖内外因素的相互激荡。以仕任朝官为旨归、家族命运以此作依托、族性与文化的变迁亦依此而定的贺拔亮家族,为我们提供的只是政治宦达决定族属文化走向的一个范例。③

三、第二条线索:吐谷浑的内地化

吐谷浑人与唐朝的交集应以其王族避难于汉地为典型。与跟随北魏南下入主中原的是云偘、贺拔亮家族不同,这条线索反映的是中原周边那些弱小势力因诸种缘故进入汉地后进而改变原有族属文化的现象。有关吐谷浑被吐蕃兼并后其王族在诺曷钵的率领下投奔唐朝一事,人所皆知,非本文主旨(但它却构成了讨论的前提)④,这里只选择若干王族成员墓志做案例,试图揭示他们在朝廷的羁控下其族属文化的转型生成并持续纳入汉人世界的具体经历。其中慕容曦光等人王爵到官职的转授,颇有考索价值。据《慕容曦光墓志》和《武氏夫人墓志》记

---

① 萧启庆:《论元代蒙古色目人的汉化与士人化》,见汪荣祖、林冠群主编:《胡人汉化与汉人胡化》,台湾中正大学台湾人文研究中心,2006年,第175—218页。
② [日]谷川道雄著,李济沧译:《隋唐帝国形成史论》,上海古籍出版社,2004年,第1—16页。阎步克从王朝主体性的角度对此也有论述,参见阎步克:《波峰与波谷:秦汉魏晋南北朝的政治文明》(第2版),北京大学出版社,2009年,第186—213页。
③ 逯耀东:《拓跋氏与中原士族的婚姻关系》,见《从平城到洛阳——拓跋魏文化转变的历程》,中华书局,2006年,第181—255页;Jennifer Holmgren, "The Making of an Elite: Local Politics and Social Relations in Northeastern China during the Fifth Century AD", "The Harem in Northern Wei Politics, 398-498 AD", in Marriage, *Kinship and Power in Northern China*, Hampshire, UK: Variorum, 1995, pp. 1–79, 71–96。
④ 《旧唐书》卷一九八《西戎传·吐谷浑》,中华书局,1975年,第5300页;《新唐书》卷二二一上《西域传·吐谷浑》,中华书局,1975年,第6227页。

载，慕容曦光与武氏之夫妻关系，经前人辨识殆无疑义。[1]慕容曦光与文献中的慕容曦皓之关系，早年夏鼐推定为兄弟，亦获得曦皓墓志的证实。[2]其王族世系大致为诺曷钵→慕容忠→慕容宣超（赵）→慕容曦光→慕容兆之序列，曦光之弟曦皓以下则为慕容崇、慕容信、慕容岗、慕容述、慕容近、慕容迥、慕容遨、慕容遂等。[3]《新唐书》记述吐谷浑被朝廷安置于羁縻府州仅限于关内、陇右二道的三州[4]，王族与属下先置于凉州（治姑臧，今甘肃武威）界内，旋经鄯州（治湟水，今青海乐都）再至灵州（治回乐，今宁夏吴忠西）境内，专设安乐州[5]，唐廷任命诺曷钵为刺史，将王族纳入朝廷的职任序列予以掌控，这与安置突厥降户异曲同工。[6]

吐谷浑内迁是周边诸势力进入汉地的一个组成部分，其内迁的缘由虽复杂多变，但不可否认，它是在隋唐统一王朝的牵引下形成的。倘若与此前相比，东汉解体后周边那些民（部）族于中原内外建立政权，表明的是他们自主性意识的强化[7]，那么超越这种强化的是中华一体性的诉求，在那个特定时代则以"胡""汉"两种意识的张力表现出来。然而无论"胡汉分治"还是"华夷融合"，展现出来的都是周边民族势力积极而主动的"介入"。揆诸于此，吐谷浑王族的走向汉地，则是中原王朝裹挟周边势力的诸种举措之产物，其动力源自后者的强势超越。诚如我们看到的那样，唐廷在稳固中原核心区之后，依托其实力，以征服东西突厥为鹄的，进

---

[1] 夏鼐：《武威唐代吐谷浑慕容氏墓志》，《考古学论文集》，科学出版社，1961年，第95—116页；周伟洲：《吐谷浑资料辑录》（增订本），商务印书馆，2017年，第72—74页。

[2] 《唐故大同军使云麾将军左武卫大将军宁朔县开国伯慕容（曦皓）公墓志铭》，见吴钢主编：《全唐文补遗》（第2辑），三秦出版社，1995年，第28页。

[3] 李鸿宾：《慕容曦光夫妇墓志铭反映的若干问题》，《唐史论丛》（第14辑），陕西师范大学出版总社，2012年，第136—157页。

[4] 《新唐书》卷四三下《地理志七下》，中华书局，1975年，第1125、1134页；周伟洲：《吐谷浑史》，青海人民出版社，1992年，第157—166页。

[5] 安乐州治今宁夏中卫鸣沙乡，后在其东又设长乐州以处之，地在今宁夏同心韦州乡境。参见周伟洲：《吐谷浑史》，广西师范大学出版社，2006年，第157—158页。

[6] 吴玉贵：《突厥汗国与隋唐关系史研究》，中国社会科学出版社，1998年，第227—272页。

[7] 有关中原周边民族或胡系势力走上建国道路的动力，是一个颇能引起人们兴致的话题，不少学者认可他们政权的建设与中原王朝的典范影响有密切关联，巴菲尔德（Thomas Barfield）为此提出了"互动模式"的说法。参见巴菲尔德：《危险的边疆：游牧帝国与中国》，袁剑译，江苏人民出版社2011年版，第2、106—165页；王明珂：《游牧者的抉择：面对汉帝国的北亚游牧部族》，广西师范大学出版社，2008年，第100、148—149页。

而构建了一个跨越长城东西南北、集皇帝·天可汗为一体的巨型王朝。①周边势力或被武力征服、或主动降附，相继进入唐朝的羁控之内。②唐廷亦采取多种方法对待，譬如将羁縻府州制度化以处置突厥降户、尊其上层于长安，就是一项显例。③诺曷钵属下吐谷浑的主动投附亦是此种形势的一个表现，正因为主导权掌控于唐廷，这些入投的吐谷浑人之命运受朝廷的支配就势所必然。当朝廷讨论如何安处这些外来者之时，郭元振在他的奏疏中强调"因其所投之地而便居之，其情易安。因数州而磔裂之，则其势自分"④，便成为一个有效的对待方法（这与对待突厥的办法有别），这也是《新唐书》吐谷浑属州如此稀寥的缘由。⑤具体到其王族，如上所述，我们看到的首先是有一个自西（凉州）向东（灵州）转移的安置趋势。为什么会有这样的趋势？从事后的线索看，唐廷将他们部署在灵州界内，显然是利用他们加强对河套的防护。那里既是关中北部的要害，也是草原势力南下的必经之路⑥，素有"北大门"之称⑦。此后，该处安乐州就成为吐谷浑王族的居住家园，凉州则衍变为他们的郡（地）望寄托，这在弘化公主墓、慕容忠"归葬于凉州城南之山岗"、忠之妻金城县主"合葬于凉州南阳晖谷北岗"等一系列王族成员的记载中均有明确的反映。⑧

应当说，唐宗室与吐谷浑王族保持联姻，是中原王朝与外族"和亲关系"的延续。⑨在统计的13人中，其王族成员与唐联姻者8人，包括唐宗室女4人、武氏女2人、官员女和大族女各1人。唐宗室女出嫁者均系吐谷浑王位继承人，如慕容曦光迎

---

① 李鸿宾：《中华正朔与内亚边疆：兼论唐朝北部长城地带的意涵》，《学术月刊》2017年第2期；朱振宏：《大唐世界与"皇帝·天可汗"之研究》，花木兰文化出版社，2009年，第81—123页。

② 吴松弟：《中国移民史·隋唐五代时期》，福建人民出版社，1997年，第11—135页。

③ 吴玉贵：《突厥汗国与隋唐关系史研究》，中国社会科学出版社，1998年，第227—272页；李鸿宾：《唐朝朔方军研究——兼论唐廷与西北诸族的关系及其演变》，吉林人民出版社，2000年，第14—20页。

④ 〔唐〕杜佑：《通典》卷一九〇《边防六·西戎二·吐谷浑》，中华书局，1988年，第5167页；苏航：《唐代北方内附蕃部研究》，博士学位论文，北京大学，2006年，第83—84页。

⑤ 吐谷浑人进入唐朝控制的案例，参见王民信：《唐代吐谷浑余绪考》，《大陆杂志》1958年第16卷第7、8期；艾冲：《论唐代前期"河曲"地域各民族人口的数量与分布》，《民族研究》2003年第2期。

⑥ 李鸿宾：《河套区域在唐朝前后期的战略地位及其转变》，《山西大学学报》（哲学社会科学版）2019年第3期。

⑦ 《旧唐书》卷一二〇《郭子仪传》，中华书局，1975年，第3464页。

⑧ 夏鼐：《考古学论文集：外一种》，河北教育出版社，2000年，第95—96、113—114页；周伟洲：《吐谷浑资料辑录》（增订本），商务印书馆，2017年，第62—75页；周伟洲：《西北民族史研究》，中州古籍出版社，1994年，第460—464页。

⑨ 靳翠萍：《唐与吐谷浑和亲关系始末考》，《敦煌学辑刊》1998年第1期。

娶的武氏即为武则天宗室之女。对这些王族而言，与唐廷宗室联姻以保持自身地位虽乃万全之策，但主动权并非操之其手。从联姻动向看，唐廷出嫁者的地位逐渐降低，表明吐谷浑王族在唐朝棋盘中的位置亦呈下滑趋势。[1]与此并行的，则是其王族成员不断被纳入朝官序列以为所用，突出地表现为他们充任部落首领和入仕朝官这两种途径。前者当以慕容曦光、曦皓和慕容明"兼知部落使""押蕃浑使"和"押浑副使"为典型。[2]曦光以王位继承人身份"知部落使"，慕容明以曦光族兄充任"押浑副使"，这正副职位与他们的地位遥相呼应。曦皓充任的"押蕃浑使"虽属正职，但他并非文献记载的王位继承人[3]，所任"押蕃浑使"似与"知部落使"有所差别。

从本质上讲，这些管理部落的使职都是朝廷用以安置蕃部头领的举措，通过他们掌管蕃族（部）自身事务，如同《唐大诏令集》所说"今诸蕃归降，色类非一，在蕃者则汉官押领，入附者或边陲安置"。[4]《唐会要》载："诸蕃使、都府管羁縻州，……应须朝贺……，每年一蕃令一人入朝。"[5]这表明诸蕃使与羁縻府州密切相关。羁縻府州的都督、刺史多由部落酋长充任，与正州正县相比，具有自我管理的决定权。从慕容曦光等人充任的部落使性质看，它们与羁縻府州的都督、刺史还是两码事。这类蕃部职务最早似出现于高宗仪凤年间（676—679）[6]，晚于羁縻府州的设置，但二者联系又十分密切。灵州的吐谷浑人尚保持原有的生活方式，曦光的"知部落使"、曦皓的"押蕃浑使"和慕容明的"押浑副使"分别对应不同的蕃属部落似可为证。

---

[1] 直到德宗贞元时期（785—805）慕容复死后封王遂止。参见杜林渊：《从出土墓志谈唐与吐谷浑的和亲关系》，《考古》2002年第8期。

[2] 夏鼐：《武威唐代吐谷浑慕容氏墓志》，《考古学论文集》，科学出版社，1961年，第115页；周伟洲：《吐谷浑资料辑录》（增订本），商务印书馆，2017年，第71—73页。

[3] 《旧唐书》卷一九八《西戎传·吐谷浑》，中华书局，1975年，第5301页；《新唐书》卷二二一《西域传上·吐谷浑》，中华书局，1975年，第6227—6228页；孙瑜：《唐慕容曦皓墓志考释》，《山西师范大学学报》（社会科学版）2010年第3期。

[4] 〔宋〕宋敏求编：《唐大诏令集》卷一〇七《诫励诸军州牧将诏》，学林出版社，1992年，第507页；〔唐〕李肇、〔唐〕赵璘：《唐国史补·因话录》，上海古籍出版社，1957年，第53页。

[5] 〔宋〕王溥：《唐会要》卷二四《诸侯入朝》，中华书局，1955年，第459页。

[6] 〔日〕村井恭子：《押蕃使の設置について——唐玄宗期における対異民族政策の転換》，《東洋学報》2003年第84卷第4号，第421—452页；〔日〕村井恭子：《东亚国际关系中的唐朝北边政策研究》，博士学位论文，北京师范大学，2008年，第8—13页。黎虎认为始于睿宗景云二年（711），参见黎虎：《唐代的押蕃使》，《文史》2002年第2期，第115—130页。

吐谷浑王族成员一身二任，朝官与部落职属并行①，这固然是羁縻府州时代行政、蕃务二分的体现，然而正是纳入行政系统的这种职任，在其变化中强化了国家属性而消解了藩属特质。具体到这些王族成员，他们的蕃部职务就是通过羁縻府州被节度使体系整合替代而逐渐丧失的。②按慕容曦光墓志，他入仕朔方军后，曾参与镇压六胡州康待宾的叛乱③，"领所部兵马，摧破凶胡"④，由此升至朔方节度副使，与节度使李祎、牛仙客等共事。⑤曦光征讨康待宾等九姓胡叛乱，他率领的军队就是本部落成员，时直朔方军从行军、镇军向节度使转变的关键阶段。⑥这表明，随着吐谷浑羁縻州被纳入朔方节度使的系统，其王族成员的职任亦被朝官体系吸纳和替换。⑦我们看到，开元十六年（728）朔方节度使兼检校浑部落使、二十年（732）增领押诸蕃部落使⑧，就意味着部族首领或王族充任的"押使"诸职均被吸纳到节度使的掌控之内，这就剥夺了蕃部首领的直接控制权。慕容曦光、曦皓充任的兼知部落使、押蕃浑使同样如此，他们虽仍统领不同的蕃部，但其职权则出自节度使而非以往朝廷授予的那种"自立"，二者性质之不同显而易见。⑨

如此看来，曦光、曦皓、慕容明墓志铭文的意义，在某种程度上揭示了唐朝前期羁縻府州向中后期节度使转变的真谛。这种转变，涉及唐朝管理蕃部的行政手段如何被节度使制度替代的具体步骤，其背后隐藏的是朝廷控制周边外族势力方式的变迁，说到底，是对胡系势力的制度性设计。何以如此呢？如上所言，部落使、押蕃浑使这类职务本质上是唐廷宰制外来部落的一种手段，它是羁縻府州体系的衍

---

① 苏航：《唐代北方内附蕃部研究》，博士学位论文，北京大学，2006年，第83—89页。
② 张国刚：《唐代的蕃部与蕃兵》，见《唐代政治制度研究论集》，台湾文津出版社，1994年，第105页；苏航：《唐代北方内附蕃部研究》，博士学位论文，北京大学，2006年，第96页；[日]村井恭子：《东亚国际关系中的唐朝北边政策研究》，博士学位论文，北京师范大学，2008年，第20—21页。
③ 有关该事件的文献整理，可参阅吴玉贵：《突厥第二汗国汉文史料编年辑考》（下册），中华书局，2009年，第1075—1088页。
④ 《大唐慕容府君（曦光）墓志铭》，见周伟洲：《吐谷浑资料辑录》（增订本），商务印书馆，2017年，第73页。
⑤ 李鸿宾：《唐朝朔方军研究——兼论唐廷与西北诸族的关系及其演变》，吉林人民出版社，2000年，第362页。
⑥ 镇压康待宾叛乱的行为又直接促成了朔方节度使的确立。参见李鸿宾：《唐朝朔方军研究——兼论唐廷与西北诸族的关系及其演变》，吉林人民出版社，2000年，第103—109页。
⑦ 王永兴：《论唐代前期河西节度》，见《唐代前期西北军事研究》，中国社会科学出版社，1994年，第1—47页。
⑧ 吴廷燮：《唐方镇年表》，中华书局，1980年，第129—130页。
⑨ 黎虎：《唐代的押蕃使》，《文史》2002年第2期，第115—130页。

生。羁縻府州出现于高祖时期，太宗朝形成了制度性规范，这与东西突厥降服后大规模的安置密切相关①，是"以夷制夷"②思路的展现。然而随着这些降户的不断出事甚至造反，唐朝也不断地调整措施给予补救，直至采用军队镇压，都护府、行军这套军事职能较强的应对方式就随着形势的邅变，逐步衍化成为驻守边地节度使的体制；羁縻府州这类偏向行政管理的机构连同其蕃部职掌亦随之而被纳入节度使的系统之内。究其原因，诚如唐长孺所言，这是唐朝攻防形势转化的结果③，也就是由"内重外轻"变成了"外重内轻"④。溯本追源，这种局势之抟成，乃是唐廷与周边势力博弈的产物。胡汉关系的变化决定了朝廷处置办法的改变，部落使、押藩浑使就是为应对这种形势在制度上做出的调整。吐谷浑王族成员亦在官职的转替中改变了身份，当他们并入朝官系属之时，就意味着外蕃身份的丧失，他们与朝廷宗室保持的那种"和亲关系"也就寿终正寝了。

四、第三条线索：粟特人在汉地的生存方式

与上述两条线索不同的是，粟特人所在的西域内陆与汉地悬隔千山万水，他们的东迁既没有草原人的规模性南下，也缺少政权攻灭中的奔荡，商人、使者、僧侣诸种身份烘托的他们，步入汉地呈现的是一个持续的过程，丝绸之路的兴衰，与他们有千丝万缕的关联。⑤我们这里关注的是他们步入内地后生活的某些选择，这成为本文分析的第三条线索。

作为前后零散而持续、多渠道进入汉地的粟特人，若要为他们寻觅一个广为含括的方式，并非切合实际。有鉴于此，本文聚焦于长安（洛阳）内地与河套两个特

---

① 刘统：《唐代羁縻府州研究》，西北大学出版社，1998年，第8—30页；李鸿宾：《唐朝朔方军研究——兼论唐廷与西北诸族的关系及其演变》，吉林人民出版社，2000年，第14—37页。
② 康乐：《唐代前期的边防》，硕士学位论文，台湾大学，1976年，第40—46页。
③ 唐长孺：《唐代军事制度之演变》，见《山居存稿续编》，中华书局，2011年，第329—336页；唐长孺：《魏晋南北朝隋唐史三论——中国封建社会的形成和前期的变化》，中华书局，2011年，第413—422页。
④ 雷家骥：《从战略发展看唐朝节度体制的创建》，见唐代学会编：《唐代研究论丛》（第4辑），新文丰出版股份有限公司，1992年，第253—318页；孟彦弘：《唐前期的兵制与边防》，见荣新江主编：《唐研究》（第1卷），北京大学出版社，1995年，第245—276页。
⑤ [法]魏义天（Étienne de La Vaissière）：《粟特商人史》，王睿译，广西师范大学出版社，2012年，"序"第1—5页。

定地区①，通过内地核心区安菩、何文哲和"边州"②六胡州聚集的分析，试图分辨这些粟特人及后裔在汉地的生活及其旨向。③

安菩一例，对认识那些进入朝廷仕职者的道路具有典型意义。④有迹象表明，这一家族及属部应于贞观四年（630）唐征服东突厥之际南下进入内地⑤，如同墓志所说"其先安国大首领，破匈奴衙帐，百姓归中国"⑥。作为首领的安菩，他被任命六胡州大首领⑦之时，亦宅于都城长安。唐廷对东突厥降户的安置，将其上层安排于长安授予职位⑧，属下民众分布于灵州（治回乐，今宁夏吴忠西）至幽州（治蓟县，

---

① 有关粟特及后裔活跃于长安的研究，参见向达：《唐代长安与西域文明》，生活·读书·新知三联书店，1957年，第1—116页；韩香：《隋唐长安与中亚文明》，中国社会科学出版社，2006年；毕波：《中古中国的粟特胡人：以长安为中心》，中国人民大学出版社，2011年。有关六胡州的研究，参见[日]小野川秀美：《河曲六州胡の沿革》，《東亞人文學報》1942年卷1—4号；[英]Edwin G. Pulleyblank, "A Sogdian Colony in Inner Mongolia", T'oung Pao, No.41, Livr. 4/5, 1952, pp. 317-356；[日]森部豊：《ソグド人の東方活動と東ユーラシア世界の歴史的展開》，日本関西大学出版部，2010年，第99—110页。

② 有关"边州"，参见《唐六典》卷三《尚书户部》，中华书局，1992年，第73页；《唐律疏议》卷二八《捕亡》"诸在官无故亡者"条，中华书局，1983年，第537页。

③ 张广达：《从"安史之乱"到"澶渊之盟"：唐宋变革之际的中原和北方》，见黄宽重主编：《基调与变奏：七至二十世纪的中国》（第3册），鸿柏印刷公司，2008年，第1—20页。

④ 沈睿文：《重读安菩墓》，《故宫博物院院刊》2009年第4期；李鸿宾：《安菩墓志铭再考——一个胡人家族入居内地的案例分析》，见杜文玉主编：《唐史论丛》（第12辑），三秦出版社，2010年，第160—181页。

⑤ 张广达：《唐代六胡州等地的昭武九姓》，见《西域史地丛稿初编》，上海古籍出版社，1995年，第249—279页。

⑥ 洛阳市文物工作队：《洛阳龙门唐安菩夫妇墓》，《中原文物》1982年第3期；赵振华、朱亮：《安菩墓志初探》，《中原文物》1982年第3期。

⑦ 胡人之任职"大首领"，意在管理同类属下。从粟特人东迁开始，他们落居某地时就采取此类办法治理，参见Jonathan Karam Skaff, "The Sogdian Trade Diaspora in East Turkestan During the Seventh and Eighth Centuries", JESHO, No.46（4），Leiden：Koninklijke Brill NV, 2003, pp. 475-515. 安菩六胡州大首领之举措，应系这种办法的沿承，但它已纳入了羁縻府州序列。

⑧ 《资治通鉴》卷一九三"唐太宗贞观四年五月丁丑"条，中华书局，1956年，第6076页。

今北京城南）间长城沿线之羁縻府州①，以其贵族首领为都督刺史予以管理②，安菩的任职即属其例。与前文所述吐谷浑王族走上朝廷官职道路进而丧失旧有地位相呼应，安菩所任"大首领"之六胡州的变迁，亦体现在高宗调露元年（679）粟特系首领被朝廷官员的替换③，这突出表明了唐廷将六胡州转往正州的意向。另一个值得我们注意的现象，是安菩的儿子安金藏，他的事迹在唐朝文献的描述中，丝毫没有粟特族属的痕迹，尤其他以长安为籍，且成为候侍宫廷的成员，都在宣示他忠诚李唐皇室的正面形象。④与此映照的何文哲，他是仕职唐朝世代久远的外族内地化的另一显例。⑤墓志除了其先人源自中亚何国王子系属之外，通篇累牍地叙述其家族仕宦，更以何文哲仕职长安宫廷神策军之情形，譬如参与宫廷斗争、保护皇帝的"英雄壮举"为突出。⑥在这份3400余字的墓志里，家族的祖源只不过是一个追忆而已。

安菩、何文哲案例的意义在于它呈现了那些进入汉地之后的粟特人如何适应主流文化的步骤和过程，与之成对照的是河套边地的六胡州。它位于灵州南界⑦，粟特人为主体⑧，他们与安菩等上层分居南北两处，发展路径亦判然有别。羁縻州虽为朝廷所宽待，但"编户齐民"亦成为朝廷追求的旨向，"兰池胡久从编附，皆是淳柔百姓，乃同华夏四（之）人"即可证明。⑨此前契丹李尽忠等曾举兵反叛，武则天下

---

① 吴玉贵：《突厥汗国与隋唐关系史研究》，中国社会科学出版社，1998年，第207—272页；[日]石见清裕：《唐代北方问题与国际秩序》，胡鸿译，复旦大学出版社，2019年，第83—111页。

② 马驰：《试论唐代蕃州的管理体制》，见唐代学会编：《第三届中国唐代文化学术研讨会论文集》，台湾政治大学中国文学系，1997年，第365—396页；刘统：《唐代羁縻府州研究》，西北大学出版社，1998年，第8—55页。

③ 张广达：《唐代六胡州等地的昭武九姓》，见《西域史地丛稿初编》，上海古籍出版社，1995年，第249—279页。

④ 《旧唐书》卷一八七上《忠义传上·安金藏》，中华书局，1975年，第4885—4886页；《新唐书》卷一九一《忠义传上·安金藏》，中华书局，1975年，第5506—5507页。

⑤ 卢兆荫：《何文哲墓志考释——兼谈隋唐时期在中国的中亚何国人》，《考古》1986年第9期；李鸿宾：《论唐代宫廷内外的胡人侍卫——从何文哲墓志谈起》，《中央民族大学学报》（哲学社会科学版）1996年第6期。

⑥ 李鸿宾：《何文哲墓志铭再考——兼论粟特人汉化问题》，见《唐朝的北方边地与民族》，宁夏人民出版社，2011年，第305—368页。

⑦ [唐]李吉甫：《元和郡县图志》卷四《新宥州》，贺次君点校，中华书局，1983年，第106页。

⑧ 艾冲：《论唐代前期"河曲"地域各民族人口的数量与分布》，《民族研究》2003年第2期。

⑨ 《册府元龟》卷九八六《外臣部·征讨五》"开元九年"条，中华书局，1960年，第11584页。

令征讨，"大发河东道及六胡州……精兵，悉赴营州"①，连同上文慕容曦光率领六胡州征讨康待宾之叛乱，表明这里的百姓参与朝廷的军事行动似属应尽之义务，而其前提则是具备了"编户齐民"之资格。然而，由于开元九年（721）六胡州爆发了由康待宾等人率领的叛乱②，朝廷遂将他们迁居江淮内地以图分化，但没能持久，旋后又于故地设置宥州重新安置。③这一系列的变化，充分展现了朝廷突破羁縻办法将其转为正州给予直接控属的意图。这一地域处在农耕游牧的交接地带，亦是唐朝都城所在关中的屏障，战略制衡点意义之突出，不言而喻。④正因如此，突厥复国后，六胡州遂成为其争夺的一个焦点。譬如默啜曾向唐廷"奏请六胡州及单于都护府之地"即为明证⑤，突厥碑铭的记载同样表现出后突厥对六胡州的重视⑥。安禄山发动叛乱，亦积极招纳六胡州同族，有为数不少者受此影响而参与。⑦应该说明，安史之乱是六胡州粟特人动向分化的一个标识：在前期，他们虽因时局动荡、多种势力交接而上下颠簸，但毕竟处于唐朝的控制下，以羁縻府州的形式存在；在后期，他们则抛离六胡州辗转他处，或混迹于北方称雄的沙陀人中间转为属部⑧，或奔投河朔依违于诸镇之中⑨。

内地核心区与六胡州边地这两条路径，预示着粟特人文化转型与族属认同出

---

① 〔唐〕陈子昂：《陈子昂集》卷八《杂著·上军国机要事》，徐鹏校点，中华书局，1960年，第179页。

② 周伟洲将此事定性为他们反朝廷剥削和压迫的抗争，这意味着他们已成为唐朝的百姓了。参见周伟洲：《唐代六胡州与"康待宾之乱"》，《民族研究》1988年第3期。

③ 〔唐〕李吉甫：《元和郡县图志》卷四《新宥州》，贺次君点校，中华书局，1983年，第106页；穆渭生：《唐代宥州变迁的军事地理考察》，《中国历史地理论丛》2003年第3期。

④ 李鸿宾：《河套区域在唐朝前后期的战略地位及其转变》，《山西大学学报》（哲学社会科学版）2019年第3期。

⑤ 《旧唐书》卷一八五上《良吏传上·田归道》，中华书局，1975年，第4794页。

⑥ 耿世民：《古代突厥文碑铭研究》，中央民族大学出版社，2005年，第129、159页；芮传明：《古突厥碑铭研究》，上海古籍出版社，1998年，第224、263页。

⑦ 《资治通鉴》卷二一八"唐肃宗至德元载七月"条、卷二二〇"唐肃宗至德二载十二月"条，中华书局，1956年，第6986、7047页。

⑧ 徐庭云：《沙陀与昭武九姓》，见蔡美彪编：《庆祝王锺翰先生八十寿辰学术论文集》，辽宁大学出版社，1993年，第335—346页；蔡家艺：《沙陀族历史杂探》，《民族研究》2001年第1期；〔日〕森部豊：《ソグド人の東方活動と東ユーラシア世界の歴史的展開》，日本関西大学出版部，第98—110页。

⑨ 马驰：《唐幽州境侨治羁縻州与藩镇割据》，见荣新江主编：《唐研究》（第4卷），北京大学出版社，1998年，第199—213页；〔日〕森部豊：《唐后期至五代的粟特武人》，温晋根译，见《法国汉学》丛书编委会编：《粟特人在中国：历史、考古、语言的新探索》（《法国汉学》第10辑），中华书局，2005年，第226—234页。

现了差异。如上所言，两个不对等的文化碰撞之后，弱势一方趋近强者似乎不可避免，然而接触碰撞之中的纷繁复杂对粟特人的转型与认同也产生了不一的影响。安菩墓志表明，同一族属的粟特人，上层家族与六胡州部落民差异悬殊：前者走上了仕宦道路，以朝官和六胡州首领的身份与朝廷融结一体，其子安金藏落籍长安跨入宫内权贵门槛，浸透了主流风习，倘若不做仔细分辨，旧族遗痕难以窥探。何文哲一家更是久染汉风，他置身宫廷政治之中，与朝廷扭结一起，粟特之源更为淡漠。这一前一后的案例，大体反映出入居汉地仕宦朝廷的粟特人其文化与族性转换的轨迹。那么，这种情形是他们的意愿还是形势的迫求？应当是二者的结合。安菩、何文哲既然步入朝官行列，势必按其规则行事，忠君诚奉是其核心规范。长安乃中原文化政治之本，他们生活的一切均建基于此，惟其紧系朝根，才能获得生存的保障，他们的价值取向和文化认同遂相伴而生。说到底，族性是由文化特质而非"生物体"自身所决定[①]，不论是跨越族系通婚，还是社会场景转变催动文化之转移，都是一个动态的过程。变化而非恒常，才是族属、文化的特质所在，这是我们理解安菩、何文哲诸人文化选择与族属认同的重要依托。

同理，六胡州粟特人的族属文化转移则受制于当地的社会环境，或者说是他们适应那种环境的结果。与长安所处中原主位文化不同的是，边地所在的六胡州因遭受多方势力的牵引，生活于其地的民众的文化和族性亦面临多样化的选择。尤为突出的是，复辟的突厥后汗国对此造成的冲击。突厥将六胡州作为争夺的对象而与唐廷纵横捭阖，由此产生的刺激使当地民众首鼠两端以自保，几成常相；叛乱后的安禄山同样关注这里，将其并入己方与朝廷抗衡。这种唐朝内地难以存在的现象为什么在边地却很突出？我们提出了一个王朝内外二重构造的说法给予解释。这种说法认为，唐朝在地缘上有中原核心区和周边外围区两个层面，与之对应的民众群体也有汉人居中、非汉（胡）人环绕四周的"配置"。它们之间既相对又配合，形成了互动与变化的态势。当王朝实力强劲并稳定中原之后，它就向周边拓展，进而构成内外兼统的局面；然而当它的实力下降或衰微之时，周边外围的人群亦突破羁控而自行独立。通常情况下，中原的汉人群体处于比较稳定的状态，周边外围人群则变化无常；他们所在的地区亦表现为中原"恒定"而周围变动，外围界线模糊不一。[②]

---

① ［美］司马少林（马歇尔·萨林斯，Marshall Sahlins）：《亲属关系是什么，不是什么》，陈波译，商务印书馆，2018年，第3—54页。
② 李鸿宾：《唐朝北部疆域的变迁——兼论疆域问题的本质与属性》，《中国边疆史地研究》2014年第2期；李鸿宾：《唐朝前期的南北兼跨及其限域》，《中国边疆史地研究》2016年第2期；王义康：《唐代的化内与化外》，《历史研究》2014年第5期。

就此而论，处于周边地带的六胡州，聚多重势力于一地，民众受多方势力拉动和驱使，变化无常或惟"利"是求，就成了他们的因应之道[①]，其认同旨向就非恒一而是多变，如同拉铁摩尔（Owen Lattimore）描述变动区民众受外界强力拉动，谁的力量强就跟谁走的那样。[②]安史乱后，唐朝主体社会一改华夷兼容的态度，排胡风气渐盛[③]，受到挤压的粟特人面临新的选择[④]，要么滞留中原改变属性成为汉人，要么远走他处另觅生路。深处中原核心区谙熟汉文化的粟特上层，延续此前道路成为他们自保的惯常做法，六胡州百姓则各奔东西，如上文所说投向河朔节镇或转入沙陀，是他们诸多选择中的两条道路。

五、决定性要素：族属文化的维系与转变

正如本文开头所说，上述三条线索只是我们解释唐朝胡汉关系众多面相中的某些选择或尝试，它并非这种关系的整体揭示，至于论说能否成立，也可以再讨论。值得说明的是，这种胡汉关系在什么场景下呈现、它又受什么因素制约或影响。为此，我们试作以下几点论述。

第一，我们首先看到，这几条线索都是围绕人群彼此的关系而展开的。这里的人群因其文化和认同差异而有所谓的"胡汉"之别，过去那个时代虽没有现代社会界定的"民族"概念[⑤]，但作为特定的、彼此各自认同的差异性群体之存在，则无可否认。[⑥]本文涉及的高车·拓跋、吐谷浑和粟特这些人群，在以二十四史为核心的传统汉籍里，一向被归属为"蛮夷戎狄"，这是汉人从自身角度对那些"异己者"的界定，只不过这种界定充满了自署礼法文风的中原人将自己与那些"异己者"置诸

---

① 李鸿宾：《交叉区民众心态之研讨——以唐朝长城区域为例》，见邢广程主编：《中国边疆学》（第3辑），社会科学文献出版社，2014年，第200—219页。

② ［美］拉铁摩尔：《中国的亚洲内陆边疆》，唐晓峰译，江苏人民出版社，2010年，第340页。

③ 傅乐成：《唐代夷夏观念之演变》，见《汉唐史论集》，联经出版事业公司，1995年，第209—226页；李鸿宾：《唐朝中央集权与民族关系——以北方区域为线索》，民族出版社，2003年，第141—161页。

④ 荣新江：《安史之乱后粟特胡人的动向》，见纪宗安、汤开建主编：《暨南史学》（第2辑），暨南大学出版社，2003年，第102—123页。

⑤ ［英］埃里克·霍布斯鲍姆（Eric J. Hobsbawm）：《民族与民族主义》，李金梅译，上海人民出版社，2000年，第1—16页。按照本尼迪克特·安德森（Benedict Anderson）的观点，"民族"是现代社会想象的产物，见［美］本尼迪克特·安德森：《想象的共同体：民族主义的起源与散布》（增订本），吴叡人译，上海人民出版社，2016年，第1—10页。

⑥ Azar Gat with Alexander Yakobson, *Nation: The Long History and Deep Roots of Political Ethnicity and Nationalism*, New York: Cambridge University press, 2013.

彼此"高下"的价值判断、具有强烈的"差序"意识而已。①然而更关键的问题则是，这些有差异的群体被置放在同一个王朝或帝国这一政治体的框架之内，或者被其裹挟，于是异质性群体与王朝政治就产生了联动。二者的关系虽复杂多变，但人群关系受王朝政治的支配②，则是本文试图解释的主题，由此也构成了我们理解唐朝胡汉关系的一个核心支点。

第二，既然人群的关系与政治体的建构密切结合并受后者支配，那么，政治体的型变必然会影响受它制约的人群关系。如果说3世纪前期至6世纪后期那段历史有什么特殊意义的话，那就是一统化王朝的消解，给予了中原内外诸种势力重新更张建立各自政权之机会，尤其那些胡系政权的建构。确立一个少数"胡人"统治集团（包括其族裔属下）对众多汉人社会施行有效的控制，就成为他们安身立命的基础，"胡汉双规制（或分制）"遂成为这些政权得以立国的选项。③在这种体制下，人数居少的胡人因控制政权而成为王朝的主宰，"异己"的众多汉人则成为他们统辖的客体对象。以制度建构的差异适应不同人群的诉求，是这种体制的核心要旨；也正是在少数控制多数的局面中，"胡人"优先的身份政治得以确认和存在。当然，历史的复杂和动态的发展，使得这种"胡汉"关系在那广袤的汉系世界中通常以胡系政权如何恰切地适应中原的法统成为文献表述的主旨④，但不可否认的是，只要政权掌握在"胡人"之手，其身份政治的"优势"就有存在的制度性依赖，尽管其人数寡少无多。

一旦这种"少-多""胡汉"双轨制政权被中原一统化王朝替代，胡人的政治优势就大打折扣，甚至被消解。反过来，当作为主宰的中原王朝再度涉及胡汉关系之时，主动权就从胡系集团转归中原（汉系）集团之手，胡汉关系的主轴也从"胡"转

---

① 例如《旧唐书》使臣就说："禹画九州，周分六服，断长补短，止方七千，国赋之所均，王教之所备，此谓华夏者也。以圆盖方舆之广，广谷大川之多，民生其间，胡可胜道，此谓蕃国者也。"《旧唐书》卷一九七《南蛮传·西南蛮》，中华书局，1975年，第5286页。参见［美］班茂燊：《唐代中国的族群认同》，耿协峰译，人民出版社，2016年，第40—75页。

② 族性认同受政治支配，可参见帕特里克·格里（Patrick J. Geary）：《中世纪早期欧洲族群认同的情境性建构》，刘寅、于子轩译，见［美］帕特里克·格里罗新主编：《历史、记忆与书写》，北京大学出版社，2018年，第92—94页。

③ 雷家骥：《从汉匈关系的演变略论刘渊屠各集团复国的问题：兼论其一国两制的构想》，《东吴文史学报》1990年第8期，第47—91页；雷家骥：《汉赵国策及其一国两制下的单于体制》，《中正大学学报》1992年第3卷第1期，第51—96页；雷家骥：《后赵的文化适应及其两制统治》，《中正大学学报》1994年第5卷第1期，第173—235页。

④ 刘学铫：《五胡史论》，南天书局有限公司，2001年，第292—306页。

向了"汉"。正是在这种转型之下，才出现了前述那三条线索的现象。

第三，如同人们熟知的那样，唐朝与多族群关联之密切，是建基于此前周边那些民族、部族势力介入中原内外，通过组建政权而形成的互动之上，或者说这是东汉解体之后内地、周边各势力纵横捭阖的博弈结果。东汉以及之前的秦与西汉王朝，均以中原为核心腹地向周边推进，构成了圈层式的发展布局。在这种同心圆的拓展中，周边族群不断被纳入王朝的统辖下从而变成了王朝的组成部分；然而一旦王朝解体，它又为那些族群乃至新崛起的势力提供了活动空间，这些势力效法王朝或受其启发相继走上了各自政权的建设道路，进而形成了东汉解体至隋唐再兴之间东亚大陆的政治主潮。[①]正因为这样，中原王朝一旦再度成为一个整体进行经略，即它内部的整合与外部的拓进成为朝廷强盛不可或缺的手段之时，周边那些桀骜不驯的势力如何被收编修整，就成为王朝合法地位确立的目标了。这一整合发轫于隋而鼎盛于唐。唐朝周边四维的推进构拟囊括中原–草原异质型一体化王朝帝国的意义[②]，就在于众多"异己"势力的再度"介入"，不过此时的他们已成为王朝"规范"下的实施对象了。

第四，正是在这种格局下，我们看到的这三条线索的人群（个体）步入中原后与"主流社会"的相适应构成了他们生活的主要图景。掌控主导权的中原王朝，内生着将外来者改造成与己同属"种类"的责任。[③]在这种主辅分明的形势下，以中原为旨归的文化凝聚，就成为"异己者"脱去旧服换上新装的必由之路，"汉化"一词，不论遭受多少质疑或非难，仍被视为这种进路成功与否的标识。直观而言，处在强弱迥然状态下的这些群体和个人，其族属、文化面临的，与其说是如何维系，不如说是保持多久的问题。是云偘、贺拔亮家族自从跨上拓跋政权这辆大车，其族属文化就与它牵连一体而奔向中原，他们与汉地大户的联姻，也顺着那个时代的政治节拍而脉动[④]，在攀附主流的"强烈自觉"中得以转型。

吐谷浑王族成员族性文化的维系与转变走的是另一条道路。当这支国破家亡的群体踏入唐境之时，乞求朝廷的应然之举就为他们的转轨铺平了道路。唐朝对他们

[①] ［日］堀敏一：《東アジア世界の形成—中国と周辺国家》，汲古書院，2006年，第95—271页；［日］谷川道雄著，李凭译：《魏晋南北朝隋唐史的基本问题总论》，［日］谷川道雄主编：《魏晋南北朝隋唐史学的基本问题》，中华书局，2010年，第5、15—19页。

[②] 李鸿宾：《唐朝前期的南北兼跨及其限域》《中华正朔与内亚边疆：兼论唐朝北部长城地带的意涵》，见李鸿宾：《疆域·权力·人群：隋唐史诸题专论》，人民出版社，2020年；姚大力：《中国历史上的两种国家建构模式》，见《追寻"我们"的根源：中国历史上的民族与国家意识》，生活·读书·新知三联书店，2018年，第141—160页。

[③] 汪晖：《现代中国思想的兴起·上卷第二部·帝国与国家》，生活·读书·新知三联书店，2008年，第616—619页。

[④] 罗文星：《拓跋政权赐妻婚姻的研究》，《中正历史学刊》2005年第18期，第1—32页。

的"优待"建基于对外来人处置这一框架,亦赋予了他们防御草原势力的角色。如果说是云偘、贺拔亮家族的中原化是他们挤入主流、积极参与的结果的话,那么吐谷浑王族则以投奔唐廷的"异己"而为唐王朝所塑造,唐廷先以"和亲"将他们纳入宗藩,又转授职官加以收编,他们身份与文化的转型顺此而生发,显然,王朝强势的主掌凸显了吐谷浑王族的无奈——虽然不乏有其审时度势的机智"配合"。

至于"散杂"的粟特群体和个人,他们的转型依随形势而上下不一,尤其表现在地域差异导致的迥别之上。安菩、何文哲这些人以仕职的方式将自己与朝廷政治捆绑在一起,其文化属性由此与汉地结合,这至少成为上层人物通常采用的法则。他们转迁的目的旨在提升自己及后裔的社会地位,族属文化变迁的背后隐藏的是利益考量。那些散杂或蛰居在六胡州这类地区的"边缘人",他们的命运与这一多方势力角逐而揣摩不定的场所结合在一起,他们的族属文化与认同也随着那里形势的变化或固持或转折,多样性的背后浸透的是他们为求得生存而展开的"拼搏"。要言之,场域的差异与外来者族性之认同,无论是在外在的文化刺激中还是内存的思想张力下,二者之因果性关联,展露无遗。

第五,由此可证,在主掌形势的中原王朝格局下,胡系群体一旦步入其中谋求生存之道,保持旧俗还是迎合主流,就成为他们面临的紧迫问题。如同上文所说,他们文化属性的转变与其说是人群之间的互动和博弈,不如说是人群与王朝国家的交相呼应。换言之,人群文化属性的转移在很大程度上被国家政治体操控,这才是它的真实含义。当胡系人群建立政权统辖多数族群之时,他们更关注的是怎么维系法统,其族性文化的保持多依赖于权力的把握;然而一旦政权消散或被中原汉系统一王朝替代之后,胡系族属文化面临的就是能否维系以及维系多久的问题了。这就是前文萧启庆所谓族性意识、认同维系与政权建构二者之间密切关联的展现。在唐朝的语境下,中原内外众多胡汉大小政权纵横捭阖的散乱纷争之所以能被归结为一体,决定聚合而非分散的动力就来自唐朝;北方草原连同周边异域之能与中原抟合为一处,其动力也源自一统化的国家。不论是隋朝长江南北的统合,还是唐朝长城南北的兼跨,这种融结胡汉族群、中原草原为一体的决定力量,正是(关陇)统治集团主宰的王朝整体。换言之,只有王朝国家的介入,才有唐朝胡汉的抟成,这也是本文选择三条线索给予讨论的历史场景。

原载《民族研究》2020年第1期

(李鸿宾,中央民族大学历史文化学院教授)

长安与北方诸民族

新出土柔然王族墓志汇释

周伟洲

公元3世纪末至6世纪中，继匈奴、鲜卑之后，雄踞于北方蒙古草原的是柔然。中国史籍又称柔然为蝚蠕、蠕蠕、茹茹、芮芮（南朝史籍称呼）等。①关于柔然及其所建政权（又称"柔然汗国"）的历史，过去中外学界均有研究。其中如中国社会科学院历史研究所编纂组（韩荫晟）编《柔然资料辑录》（中华书局，1962年）、周伟洲撰《敕勒与柔然》（上海人民出版社，1983年），以及冯家昇、林幹、曹永年、余太山、周建奇等国内学者均有关于柔然的一系列论文。②国外学者如日本白鸟库吉《东胡民族考》（方壮猷译，商务印书馆，1934年）、内田吟风《北亚细亚史研究——鲜卑柔然突厥篇》（同明舍，1975年）等。然而，自20世纪80年代以来，国内考古文物学界又发掘和发现了一批有关柔然的珍贵资料，尤以柔然王族相关的墓志的出土，引起国内学者的关注。笔者不揣冒昧，试图将20世纪80年代以来，新出土或发现的有关柔然的墓志加以梳理和考释，供学界讨论、批评。

在20世纪80年代之前，有关柔然王族郁久闾氏墓志只见有三方，即《闾伯昇暨妻元仲英墓志》（伯昇卒葬于东魏兴和二年）、《赫连子悦妻闾炫墓志》（炫卒于东魏武定元年，北齐河清三年迁葬）、《郁久闾伏仁墓志》（砖质，郁久闾伏仁卒于隋开皇元年，八年葬）。③下面就新出土的柔然王族墓志，按墓主下葬年代为序，分释如下：

---

① 关于柔然名号的考证，参见周伟洲：《敕勒与柔然》，上海人民出版社，1983年，第81—88页；周伟洲：《敕勒与柔然》，广西师范大学出版社，2006年，第69—75页。

② 达力扎布主编：《中国民族史研究30年》，中央民族大学出版社，2010年，第203—205页。此不赘举。

③ 三方墓志见赵万里：《汉魏南北朝墓志集释》，科学出版社，1956年，图版551、345、599。又上引《柔然资料辑录》，见赵超：《汉魏南北朝墓志汇编》，天津古籍出版社，1992年，均有著录。

一、《夏州闾史君墓志》

此志现藏于希望之星书法馆,王连龙编著《新见北朝墓志集释》[①]收录。为讨论方便,现参酌墓志拓本(图1),标点录文如下:

> 夏州闾史君墓志(横书志上方,下文称《郁久闾肱墓志》)
>
> 郁久闾肱(?)者,茹茹国人也。伯父大比,茹茹国主。父讳琼,字处什璝,远慕圣化,丹诚归国。初至之日,造次未立,蒙赐青州历城,官口八十人,库帛一千匹,田地屋宅,悉蒙悉给。又以邻国子弟,封爵河间王,授职东宫度卢、殿中尚书、内行阿干、太仆卿,后除使持节、平北将军、云州刺史。息肱,仰承父祖之资,蒙袭父王品,至高祖孝文皇帝例改封为益都侯,除伏波将军、代名太守。在任公勤,民心愿乐。宜享遐寿,为国之干,何鄙不幸,早辞明世以去。正始四年岁在人卯(丁亥)十月甲子朔十日癸酉薨于家馆。时朝以肱父祖世为国主,诚心归服,及抚(下删空一字,应为"代")名郡,清勤著称,掌德录勤,蒙赠持节都督夏州诸军事、冠军将军、夏州刺史。其为人也,凤禀端巍之姿,长怀韶亮之气。天聪慧颖,生而知之,神悟幽通,不教而达。又恭俭节用,清心洁行,善与人交,言而有信。薨背之日,时朝叹惜,行路增酸。又德器宽美,不可具载,为略申之耳。其辞曰:
>
> 赫矣贵胄,世踵贤明。诞生懿哲,朗悟通灵。不教而达,不肃而成。恭俭节用,禀性忠贞。惟德可遵,有道可庆。历任朝(下似阙一字),匡辅时政。清勤著称,芳音早令。行为时表,流风垂咏。岳茂良才,永抚无疆。一朝殒世,痛惜三良。岂伊酸楚,于何不藏。玉折兰摧,奄就夜光。君子百行,君实兼有。军国两须,非子谁取。宜任梁栋,荷重是负。使终名绩,千载不朽。
>
> 兴和三年岁在辛酉七月辛未朔十二日壬午刊记。

此志首题横书于志上方,与一般北朝墓志首行题铭竖写于前不同,甚为少见。志文开首云"郁久闾肱者,茹茹国人"。郁久闾为柔然王族姓,《北史》卷九八《蠕蠕传》云:"蠕蠕姓郁久闾氏。始神元(拓跋鲜卑神元帝)之末,掠骑有得一奴……其主字之曰木骨闾。木骨闾者,首秃也。木骨闾与郁久闾声相近,故后子孙因以为氏。"肱,为其名,按志拓本原字为月字边似为"右"或"各",因字不清,暂仍以"肱"名之。

[①] 王连龙:《新见北朝墓志集释》,中国书籍出版社,2012年。

图1 《郁久闾肱墓志》拓本

志文接着记:"伯父大比,茹茹国主。父讳琼,字处什瓌,远慕圣化,丹诚归国。初至之日,造次未立,蒙赐青州历城,官口八十人,库帛一千匹,田地屋宅,悉蒙爻给。又以邻国子弟,封爵河间王,授职东宫度卢、殿中尚书、内行阿干、太仆卿,后除使持节、平北将军、云州刺史。"内云其父琼,始投归北魏,赏赐甚丰,又因为柔然王族子弟,封爵"河间王"。据《北史》卷八〇《闾毗传》云:"闾毗,代人,蠕蠕主大檀之亲属,太武帝时自其国来降。毗即恭皇后之兄也。后生文成(帝)。"故其为外戚,满门显贵,"自余子弟赐爵为王者二人,公五人,侯六人,子三人,同时受拜……"笔者撰《敕勒与柔然》一书,引《魏书》卷五《高宗纪》考出闾毗子弟赐王者两人,其中一人即兴安二年(453)三月壬午,"安丰公闾虎皮进爵为河间王"。[①]如此,志主肱父琼即封为河间王之"闾虎皮"之别名,其可能是闾毗之另一弟,或族弟。[②]其伯父大比,即柔然可汗大檀。如此,闾毗也可能系柔然可汗大檀之另一弟(或族弟),与投北魏的大檀另一从弟"悦伐大

---

① 周伟洲:《敕勒与柔然》,广西师范大学出版社,2006年,第153页。
② 《魏书》卷七上《高祖纪》:"延兴二年(472年)九月,河间王闾虎皮坐贪残赐死。"但对其子"河间王"爵似影响不大,只是太和改制时,由"王"爵降至"侯"爵。

那"(《魏书》卷三〇《闾大肥传》之闾大肥)①为兄弟行。大檀时,柔然王族降魏者甚众,系与北魏太武帝于神䴥二年(429)大举伐柔然,入漠北,降众万数有关。②志称其父授职中的"东宫(太子宫内)都卢""内行阿干(鲜卑语'兄'之意)"等,应为北魏太和改制前所杂原拓跋鲜卑官职名。

志文下云:"息(子)肱,仰承父祖之资,蒙袭父王品,至高祖孝文皇帝例改封为益都侯,除伏波将军、代名太守。"此记琼子(息)肱,承袭父"河间王"爵位,但到魏孝文帝太和年间改官制③,降为益都侯、伏波将军(第五品上),任代名郡太守。代名郡(治今内蒙古杭锦旗一带),属夏州[太和十一年(487)改统万镇置,治今陕西靖边白城子]。④

据志云,肱于"正始四年岁在人卯(丁亥)十月甲子朔十日癸酉薨于家馆。时朝以肱父祖世为国主,诚心归服,及抚(下删空一字,应为'代')名郡,清勤著称,掌德录勤,蒙赠持都督夏州诸军事、冠军将军、夏州刺史"。即肱卒于北魏正始四年(507),北魏朝廷追赠为持节都督夏州诸军事、冠军将军(从第三品)、夏州刺史,志首题之"闾史君",当从夏州刺史而名"史君"矣。而志最后又云东魏"兴和三年岁在辛酉七月辛未朔十二日壬午刊记"。即在志主肱去世34年之后,方刻此墓志,可能才改葬。原因不明。

二、《征虏将军兖州高平太守闾公墓志》

此志出土地及时间不详(按志文应出土于河北邺城遗址西南),见赵文成、赵君平编《秦晋豫新出墓志搜佚续编》图99⑤。

现据此志拓本(图2),录文标点如下:

征虏将军兖州高平太守闾公墓志(下文称《闾详墓志》)

公讳详,字洪庆,河南洛阳人也。苗裔轩皇,繁伦代北,公即北国主之六世孙也。高祖阿弗,率部来延,光仪朝政,锡爵高昌王,仕至司徒公。曾祖懃,袭王爵司空公。祖齐州,器羽淹润,领袖一时。父仪同,风物严凝,峻峙当世。公禀藉纯粹,早怀精亮,志尚清高,体度闲寂,虚想御物,眷恋崇仁,融道德以立行,敷礼乐以为情,储孝友于胸中,聚和顺

---

① 姚薇元:《北朝胡姓考》(修订本),中华书局,2007年,第284—285页。
② 《魏书》卷一〇三《蠕蠕传》。
③ 《魏书》卷一一三《官氏志》。
④ 《魏书》卷一〇六下《地形志》"夏州"条。
⑤ 赵文成、赵君平编:《秦晋豫新出墓志搜佚续编》,国家图书馆出版社,2015年。

于身外，闾里钦其仁，朋侪慕其德。起家南青州录事参军，转太傅府外兵参军。后除兖州长史，重迁征虏将军、中散大夫，复除兖州高平太守。公文武兼禅（擅），雅于从政，爰自振衣，任迳（经）出处，声名藉甚，所在流誉。彼仓不吊，歼良已及。武定二年七月寝疾，春秋五十三，薨于第。粤以其年十月廿二日，葬于邺城西南十五里。谷岸倪（倘）移，金石可久，敬镌芳尘，用播不朽。其词曰：

猗与君公，克绍前修。青徽内发，温恭外流。容类春夏，猛裂高秋。宦迳（经）振响，旷迩非仇。郁为世范，方寄梁舟。略途未及，忽履深幽。长川杳邈，风树凄流。泉扃一奄，名识虚游。

武定二年十月廿二日

图 2 《闾详墓志》拓本

据志文，闾详虽籍贯已改为"河南洛阳人"，追溯其祖为轩辕黄帝，说明此时已渐汉化。但实际上，其祖先为"北国主（柔然汗国）之六世孙也"。其主六世孙不知从何算起？志云其"高祖阿弗，率部来廷，光仪朝政，锡爵高昌王，仕至司徒公。曾祖懃，袭王爵司空公。祖齐州，器羽淹润，领袖一时。父仪同，风物严凝，峻峙当世"。此族世系竟然与上引《闾伯昇暨妻元仲英墓志》所记基本相同："公讳伯昇，字洪达，河南洛阳人也……高祖即茹茹主之第二子，率部归化，锡爵高昌王，仕至司徒公。曾祖袭王爵司空公，赠司徒。祖齐州……父仪同，器业渊长，郁为时望。"间详志补充了其高祖、曾祖名。显然，间伯昇与间详为兄弟行，而两人字一曰洪达、一曰洪庆，也可证此。据间详志可知其生于太和十六年（492），而间伯昇志记其卒于兴和二年（540），比详早卒四年，但未记其时年龄，故其出生年月不知。但从其名为"伯昇"推断，伯昇当为兄，详为弟。详最后官职为兖州高平太守，高平郡治高平，今山东枣庄西。

国内有学者研究上引《间伯昇暨妻元仲英墓志》时，考证伯昇高祖即《魏书》卷三〇《间大肥传》之间大肥，但大肥传中，所记其名、生平及官爵，无一处与之相合。如从间详志知其（包括伯昇）高祖名"阿弗"，而大肥又名"悦伐大那"；大肥本传中记其死后"追赠中山王"，上引其孙女《赫连子悦妻间炫墓志》记为"老生王"，而伯昇、详志中其高祖封爵为"高昌王"；大肥本传中更无封其或子弟为"司徒公""司空公"等三公高位的记载。因此，伯昇高祖即间大肥的结论难以成立。柔然投魏王族甚多，除上述间毗、间大肥两支外，想必封王侯者还很多。正如北魏名臣崔浩所说："蠕蠕子弟来降，贵者尚公主，贱者将军大夫，居满朝列。"[1]仅封王侯者，除上引之外，还见有朔方王郁久闾乞列归（柔然可汗吴提兄）、安丰公间根[2]，又兴安元年（452）十二月甲子"濮阳公间若文进爵为王"，和平三年（462）十二月戊午"零陵王间拔蔑"等[3]。

三、《魏故齐献武高王间夫人墓志》

此志出土于河北磁县，现藏正定一位收藏家所办博物馆内。罗新先生曾撰《茹茹公主》[4]一文，对此志有著录及详细的研讨。现将志文录如下：

> 魏故齐献武高王间夫人墓志（下文称《蠕蠕公主间氏墓志》）
>
> 夫人姓间，茹茹主第二女也。塞外诸国，唯此为大，既丰沮泽之产，实同娇子之彊。世约和亲，恒为与国，奇畜衔尾，侍子盈朝，甘泉之烽未动，龙城之使屡降。及国胜兵焚，来控天邑，渭桥成列，上林自归。重起韩昌之骑，还由鸡鹿之道，胜兵控弦，十不遗一，雄图武略，复振北土，

---

[1] 《魏书》卷三五《崔浩传》。
[2] 《魏书》卷四下《世祖纪》"太平真君二年三月辛亥"条、"太平真君七年五月癸亥"条。
[3] 《魏书》卷五《高宗纪第五》。
[4] 罗新：《茹茹公主》，《文景》2011年第4期。

薰街无阕,辖轩继路。夫人体识和明,姿制柔婉,闲淑之誉,有闻中国。齐献武王敷至德于戎华,立大功于天地,弼成五服,光于四海,方一此车书,同兹声教,驱百两于王庭,鸣双雁于塞表。遂以婚姻之故,来就我居,推信让以和同列,率柔谦以事君子。虽风马未及,礼俗多殊,而水清易变,丝洁宜染,习以生常,无俟终日。至于环佩进止,具体庶姬,刀尺罗纨,同夫三世,非法不动,率礼无违。宜其永年,以信天道,忽焉已及,何验高明。春秋一十有九,以武定六年四月十三日,薨于并州王宫,其年五月卅日,窆于齐王陵之北一里。有诏葬以妃礼,虑员方有易,陵谷代徙,羡余美无传,式流于此。铭曰:

天池交闭,祸难方延。救焚援溺,非圣伊贤。德之所备,功亦至焉。柔远能迩,礼洽化迁。彼美淑令,时惟妙年。有行去国,言告移天。音容外理,柔和内宣。生之不吊,忽若吹烟。翠羽将灭,铭华暂鲜。我行其野,归于墓田。松风已急,陇月徒县。哀凝迥隧,歌绕空山。来宾讵久,莶珍方旋。齐女思北,秦姬望西。灯火且焰,香烬余燃。嗟哉白日,永秘重泉。

据此志,茹茹(柔然)主第二女闾氏卒葬于东魏武定六年(548)四月,志首题"魏故文献武高王",即已于武定五年(547)正月去世之东魏相国高欢,正月五日东魏孝静帝下诏,追赠其"假黄钺、使持节、相国、都督中外诸军事、齐王玺绂……兼备九锡殊礼,谥献武王"[1]。故志首题有"故"及"文献武高王"之称。

下嫁高欢的"茹茹主"第二女闾氏,即柔然复兴后可汗阿那瓌第二女闾氏(郁久闾氏),"号曰蠕蠕公主"[2]。关于阿那瓌嫁女与东魏高欢一事,《北史》卷一四《后妃传下》所记"蠕蠕公主郁久闾氏""齐武明皇后娄氏"及《北史》卷九八《蠕蠕传》等,均有记载。上引罗新《茹茹公主》一文,有更为详细、生动之论述,故不赘述。

此志文主要以汉代汉匈关系之典故及一般墓志所记,多为对茹茹、蠕蠕公主、高欢等溢美之词,而于新史实补证则不多。仅如上引罗新文所说,补充了蠕蠕公主为茹茹主(阿那瓌可汗)之第二女,以及公主卒于东魏武定六年四月十三日,年十九岁。然而,此志的出土,补证了东魏高欢迎柔然阿那瓌可汗第二女的历史事实;且志称公主为"闾氏",说明北魏孝文帝太和年改胡姓为汉姓后,有部分柔然郁久闾氏改为闾氏的事实。《魏书·百官志》中所列胡姓改汉姓名中,无"郁久闾

---

[1] 《北齐书》卷二《神武下》。
[2] 《北史》卷一四《蠕蠕公主郁久闾氏》。

氏，后改闾氏"之记载。

四、《魏开府仪同长广郡开国高公妻茹茹公主闾氏墓志铭》

此志系1978年河北磁县文化馆等在磁县南大冢营村北墓葬出土。现藏邯郸博物馆。此墓发掘及出土文物（包括墓志）情况，首刊于1984年第4期《文物》杂志上，题为《河北磁县东魏茹茹公主墓发掘简报》。此后，又有多种论著收录此墓志。如赵超《汉魏南北朝墓志汇编》①上引罗新《茹茹公主》一文，也引述此墓志等。

现参酌墓志拓本（图3），将志文转录如下：

  魏开府仪同长广郡开国高公妻茹茹公主闾氏铭（志盖，下文称《茹茹公主闾叱地连墓志》）

  魏骠骑大将军、开府仪同三司、长广郡开国公高公妻茹茹闾氏墓志铭

  公主讳叱地连，茹茹主之孙，谙罗臣可汗之女也。源远广远，世绪绵长，雄朔野而扬声，跨列代而称盛。良以布濩前书，备诸历史矣。公主体弈叶之休征，禀中和之淑气，光仪婉嫕，性识闲敏，四德纯备，六行聿修，声穆闺闱，誉流邦族。若其尊重师傅，访问诗史，先人后己，履信思顺。庶姬以为模楷，众媛之所仪形。皇魏道映寰中，霸君威棱宇县，朔南被教，邀外来庭。茹主钦挹风猷，思结姻好，乃归女请和，作嫔公子。亦既来仪，载闲礼度，徽音岁茂，盛德日新。方享遐期，永结难老，与善徒言，消亡奄及。以武定八年四月七日薨于晋阳，时年十三，即其年岁次庚午五月己酉朔十三日辛酉葬于釜水阴，齐献武王之茔内。天子下诏曰：长广郡开国公妻邻和公主，奄至丧逝，良用嗟伤。既门勋世德，光被朔野，送终之礼，宜优常数。可敕并州造辒辌车，备依常式，礼也。乃铭石壤阴，永传余烈。其词曰：

  祁山发祉，蒙野效灵。雄图不兢，世载民英。於惟淑女，膺庆挺生。德兼柔慎，质俪倾城。皇德远临，霸功遐震。紫塞纳款，丹邀思顺。有美来仪，作嫔世胄。惠问外扬，贞情内峻。思媚诸姑，言齿同列。斜帏有序，大小胥悦。方享遐期，仪范当世。如何不吊，兰摧玉折。卜云其吉，将空玄宫。荣哀总备，礼数兼崇。轻辌转毂，飞旐从风。清晖永谢，彤管无穷。

自1984年上述《河北磁县东魏茹茹公主墓发掘简报》发表之后，笔者即在1985

---

① 赵超：《汉魏南北朝墓志汇编》，天津古籍出版社，1992年，第382—383页。

年《文物》第5期上发表《河北磁县出土有关柔然、吐谷浑等族文物考释》一文，首先对茹茹公主墓出土文物进行考释，指出柔然与东、西魏和亲共五次。首先是柔然与西魏的通婚。西魏大统初，文帝"以孝武时舍人元翌女称为化政公主，妻阿那瓌兄弟塔寒"。① 后文帝又自纳阿那瓌长女为后，阿那瓌长女于大统四年（538）至长安完婚。② 东魏见西魏与柔然和好，对己不利，即遣使柔然通好。兴和三年（541），东魏以常山王骘妹乐安公主，改封兰陵郡长公主，妻柔然阿那瓌子奄罗辰，高欢亲送公主于楼烦之北。③ 兴和四年（542），阿那瓌以孙女邻和公主嫁高欢第九子高湛。武定四年（546），阿那瓌又将爱女蠕蠕公主嫁与高欢。④ 磁县茹茹公主墓的墓主即兴和四年嫁与高湛的茹茹邻和公主。

图3 《茹茹公主闾叱地连墓志》拓片

又考释墓志称"茹茹公主闾氏"，"公主讳叱地连，茹茹主之孙谙罗臣可汗之女也"。知茹茹邻和公主名闾叱地连。闾氏，为柔然王族"闾久郁氏"的简称，改闾氏大致是在太和十九年（495）诏令后⑤。墓志云茹茹公主"系茹茹主之孙"，此茹茹主即指阿那瓌可汗；其父"谙罗臣"，即《北史》所记之阿那瓌子"奄罗辰"，盖译音无定字之故，称其为"可汗"，系志铭撰者对其之尊称。当时柔然可汗为其父阿那瓌，奄罗辰未见有此号。志称茹茹公主死于武定八年（550）四月七日，时年十三，则五岁作嫔于高湛（时年八岁）。这些资料，均可补史之阙。

从茹茹公主墓出土的大量陶俑、陶禽畜来看，基本上与东魏宗室及汉族高级官吏墓内陶俑种类组合、服饰相似，且有继承关系。又该墓室北壁壁画有女子七人，"居中一人比较丰满，头戴峨冠，右手举手版作吩咐之状，当是茹茹邻和公主

---

① 《北史》卷九八《蠕蠕传》。
② 《北史》卷一三《文帝悼皇后郁久闾氏传》。
③ 《北史》卷九八《蠕蠕传》。
④ 《北史》卷九八《蠕蠕传》。
⑤ 姚薇元：《北朝胡姓考》，科学出版社，1958年，第266页。

的形象"①。从壁画中公主的服饰上看，基本上是北朝汉族贵族妇女的装饰。以上这些事实说明，五岁作嫔于东魏高湛的茹茹公主，采取了汉族的习俗、服饰。这种情况，不禁使人想起在武定四年柔然蠕蠕公主适东魏高欢的情况，史称"公主性严毅，一生不肯华言"，即其至东魏后不肯讲汉语。高欢死后，其子高澄从柔然"国法""蒸公主"，生一女。②而茹茹公主因年幼，故其到东魏后，迅速汉化是很自然的事。

五、《大隋柱国、齐州刺史、西河公乞伏令和夫人郁久闾氏墓志》

此志系2006年8月至10月，四川大学考古学系及河南新乡县文物局、卫辉市文物局等发掘位于卫辉市唐庄镇大司马村北的隋代乞伏令和夫妻墓时出土。2015年，由四川大学考古学系及河南省文物局南水北调文物保护办公室署名的发掘简报《河南卫辉市大司马村隋唐乞伏令和夫妇墓》（以下简称《简报》），正式在《考古》杂志2015年第2期上发表。笔者于2015年撰《乞伏令和夫妇墓志证补》一文，发表《西北民族论丛》③上。

据上引发掘《简报》记："郁久闾氏墓志出土时盖、石分离，志盖出自墓室中部偏北处，志石出自墓室南部……志石保存较完整。青石质……边长69厘米、厚11厘米。志文阴刻楷书29行，满行28字，共804字。"现参酌墓志拓本（图4），录文如下：

大隋西河国夫人墓铭（志盖，篆书，下文称《郁久闾募满墓志》）

大隋柱国、齐州刺史、西河公乞伏令和夫人郁久闾氏墓志

夫人讳募满，字思盈。其先夏后之苗裔，天人之后也。昔禹子好田，来降丰草，乌丸善骑，校搏长山。黄云启霸者之符，白雪开帝皇之业，圣人继作芳门，郁起崇基，共琨闻争，高鸿源与，海滨等溎，金科玉牒，难得而详。祖远，遗济生民，侔高伊吕。父伏真，功盖天下，位隆周邻。夫人禀质上玄，资灵秀岳，德冠生短，理穷系象。弱笋就傅，章台（？）之业早传，出教公官，戚里之丰先达。周姬下嫁，唐女嫔娥，诗美萧邑，书陈赫弈。母仪淑慎，妇德幽闲，服澣濯之，衣躬酒挺之事，夫人丰调高奇，志局淹远，龟策无得并其明，琴瑟不可齐其韶；亭亭似月，嗟棒药之非工，婉婉如神，叹投壶之未巧。克柔克令，言告言归，思媚诸姑，实贻嫔则，外姻毕穆，内

---

① 磁县文化馆：《河北磁县东魏茹茹公主墓发掘简报》，《文物》1984年第4期。
② 《北史》卷一四《蠕蠕公主郁久闾氏传》。
③ 周伟洲主编：《西北民族论丛》（第13辑），社会科学文献出版社，2016年。

政事修，国有彝章，宜从训典。齐天统五年授幽州范阳郡君。武平七年，又授宜民王妃。遣超返代，世多命赏，作合于君，自家刑国。开皇元年令旨：主馈作俪，仪刑闺阃，从爵有章，用光柔范，授柱国、西河国夫人。汉封慎氏，未见（？）荣，魏锡卞君，曾无优礼，岂若宠荣三代，贻范百王，逖彼前修，未有如斯之盛者也。夫人业隆家庆，德协闺帷，居蒲则忧，再盈便惧，绮罗弗玩，珠玉不宝，故能构千寻于畴昔，垂万叶于后昆。西河公体道要真，操征索隐，网罗卿相，驱驰列辟，恒以伉俪之重，相敬如宾。家室好仇，非礼不动，庶鸡鸣有作，卷耳聿制，甘与同梦，志期偕老。宁知芳兰，始馥遇秋，风以振条，逸翮方申，忽淹穷而坠羽，朝华不艳，晨露先晞，景命不遐，处从物故。以开皇八年二月薨于卫州汲县兴让里，时年五十二。于时日月韬光，风云改色，邑有散笄，隣不相杵，无劳陟岘。自有堕泪之夫，讵假河梁，已见沾缨之客，诸居骤从，逝川不住，祖载有期。宅兆将及，以开皇九年岁次己酉十月辛酉朔十三日癸酉，窆于汲县西北廿里開村北壹伯步。王帐长埋，金屏永閟，玄旌抗节，服马悲鸣。共天长地久，访龟筮而可识，古往今来，讨芳碑而犹记。其铭曰（下略）

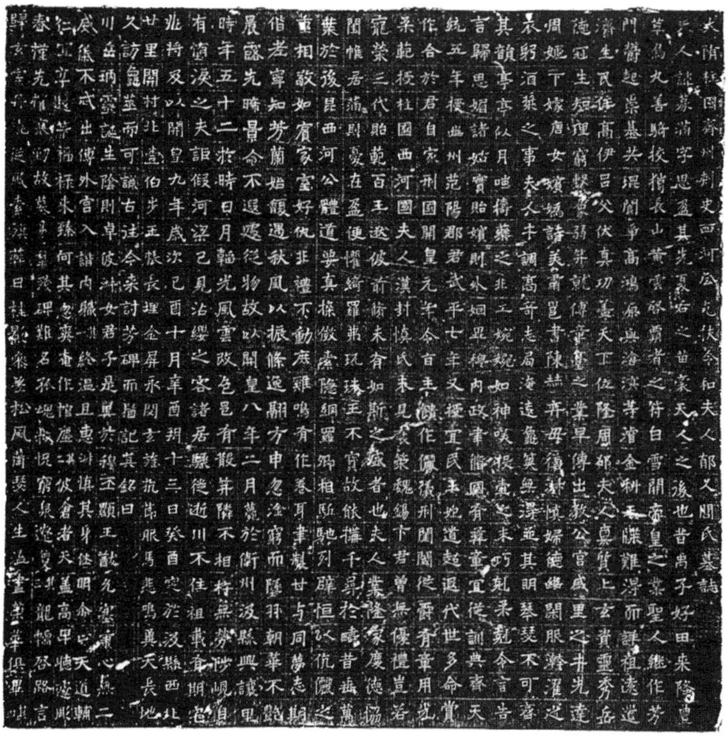

图4 《郁久间募满墓志》拓片

（出自四川大学考古系、河南省文物局南水北调文物保护办公室：《河南卫辉市大司马村隋唐乞挟令和夫妇墓》，《考古》2015年2期，第67页）

《乞伏令和夫妇墓志证补》一文在讨论乞伏令和的族属及家世、墓志与传相互证补之后，对乞伏令和妻郁久闾募满墓志作了考释，故不赘述。①

六、《隋故大将军九陇公郁久闾公墓志》

此志系2005年西安市长安区出土，现存陕西省考古研究院。上引王其祎、周晓薇编著《隋代墓志铭汇考（2）》第63—68页②载有志拓本、录文及附考。现参酌拓本（图5）及录文，再录如下：

隋大将军郁久闾公铭（志盖，篆书，下文称《郁久闾可婆头墓志》）

隋故大将军九陇公郁久闾公墓志铭

公讳可婆头，京兆长安人。其先出自卫国楚公子闾之后，导若水而开源，跻轩台而启构，丽天形于星月，镇地象于山河，皆备尽缣缃，可略而言也。自秦失其鹿，汉道未昌，中源榛梗，九州幅裂。显考避乱，渐跨北垂，明德重光，世君沙漠。茹茹主莫容可汗，则公之曾祖乌稽可汗。祖贺根，吐豆弗、俟利弗。父臣民，吐豆弗，并王子王孙，世官世禄，信义行于殊域，威恩被其区宇。公挺鸾凤之姿，挟金虎之气，远同韩、白，暗合孙、吴。年十七，袭爵为吐豆弗，归齐，蒙授使持节、沙州诸军事、沙州刺史，大贤真备身，正都督，食平寇县干，寻加伏波将军、假仪同三司。突厥寇扰，公手枭元恶，勋授仪同三司、安德县开国公，邑五百户，赐物一千假（段）。三齐妖孽，四履横流，公六奇暂陈（阵），一鼓而灭，还拜左卫大将军。入周例授上开府、九陇郡开国公，寻加大将军。大隋肇历，除北道行军元帅。开皇五年，授长州诸军事、长州刺史。十年，拜北道行军元帅。方欲刻石燕然，勒兵姑衍，斩温禹而爨鼓，尸日遂以染锷；而与善无征，报施多爽，以二月廿二日遘疾，薨于邠州邸舍，春秋六十有二。魏丧郭嘉，晋亡羊祜，方之哀悼，未足相踰。粤以开皇十二年正月廿六日迁葬于京兆之高阳原，礼也。灵轜戒路，旌斾启涂（途），百辟对而伤嗟，三军闻而掩泪。贻诸不朽，须勒泉阴，铭曰：（下略）

对照王其祎、周晓薇编著《隋代墓志铭汇考（2）》第66—67页"附考"及隋《郁久闾伏仁墓志》之校释，并对志中官爵、地名进行考释，多有新见。

此志所记可婆头之先祖"卫国楚公子闾之后"，因秦汉时避乱，入北垂建茹茹国云云，纯因其族至隋已汉化，将其先祖伪托于华夏"卫国楚公子闾后"，故不可

---

① 周伟洲：《乞伏令和夫妇墓志的证补》，《西北民族论丛》2016年第1期。
② 王其祎、周晓薇编著：《隋代墓志铭汇考（2）》，线装书局，2007年，第63—68页。

信据。茹茹主莫容可汗及可婆头曾祖乌稽可汗，已不可考。其祖贺根、父臣民，当为柔然可汗一族，姓郁久闾氏，所任吐豆弗、俟利弗，为柔然官号。吐豆弗，又译作吐豆发，即"吐屯"（突厥文碑作tudun），官号加"弗（发）"构成，位在吐屯之上；俟利弗，又译作俟利发、俟力发、俟匿伐、希利发等，即"俟利"（突厥文碑作eltäbir），官号加"弗（发）"构成，位在俟利之上。两官职一般由柔然王族子弟担任。[1]"弗、发"是因古唇音无清浊之分，故译名时通用。此词在古突厥文碑文中作"bäg"或"put"，过去学者译作"匐"或"伯克"。[2]

图5 《郁久闾可婆头墓志》拓本
[出自王其祎、周晓薇编著：《隋代墓志汇考（2）》，线装书局，2007年，第64页]

据志文，可婆头祖贺根及父臣明大致生活在北魏末至东魏时漠北柔然，至可婆头十七岁时，"袭爵为吐豆弗，归齐"，即大致在东魏武定三年（545）或其后投北齐，多有战功，加官进爵。后又"入周"，即为北周官吏，"例授上开府、九陇郡开国公，寻加大将军"。志文仅记至隋代可婆头任职而未记其爵位，从志首题看，隋朝保留了其在周的官爵"大将军、九陇公"。可婆头开皇五年（585）所任之"长州刺

---

[1] 周伟洲：《敕勒与柔然》，广西师范大学出版社，2006年，第138—140页。
[2] 罗新：《柔然官号续考》，《中华文史论丛》2007年第1期；韩儒林：《突厥官号研究》，《华西协和大学中国文化研究所集刊》1940年第1卷第1号。

史",据《隋书》卷二九《地理志上》朔方郡属"长泽县"下注云"……又有后魏大安郡,及置长州……大业三年州废"。时长州治今陕西靖边西北、内蒙古。开皇十年(590)改任"北道行军总管",同年二月卒于豳州(治今陕西彬州)邸舍。[①]开皇十二年(592)正月,迁葬于京师长安之"高阳原"(今陕西西安长安区南)。而上引隋《郁久闾伏仁墓志》云其卒于开皇元年(581),六年(587)"葬于长安城西六里杜村西"。

七、《大唐故河南郁久闾府君墓志》

此志出土于陕西西安长安区,拓本藏西安碑林博物馆。志图、文均见赵力光主编《西安碑林博物馆新藏墓志续编》[②],为讨论方便,参酌拓本(图6)及原录文,再录如下:

> 大唐故河南郁久闾府君墓志(下文称《郁久闾浩墓志》)
>
> 君讳浩,字乘潮。河南洛阳人也。曾祖志,太宗文皇帝进马,累迁左右羽林军将军、代州都督。祖基,云麾将军、左卫勋二府中郎将、右领军将军。考延,蜀州参军、洺州司法、朝散大夫、邠王法曹、郯王属,俄迁本府咨议,又除齐州长史、上柱国、沅陵县开国伯。君即长史公之次子。妣吴兴沈氏,余杭令克明之甥也。君孝尊百行,学赡三冬,弱冠之初,才参入仕,星火再变,便有秀终,华而不实,远近伤痛。春秋廿五,唐开元十六年四月九日遘疾,卒于万年县昭国里之私第。即以其年五月六日迁厝于凤栖原,礼也。未婚无嗣。兄滔、弟泌、冽等,哀痛伤悼,五情分裂。青春陌上,徒想鸰原之难,黄垆宅中,无复陟岗之望。乃刊石彰德,寄芳泉扃。
>
> 东北一里,代州都督茔。次西北百步,右领军将军茔。茔后,齐州长史茔。君茔前,堂叔夷州刺史茔。

志文记其籍贯为"河南洛阳人",与上述柔然王族改籍贯同。又志首从其曾祖开始记其先世:"曾祖志,太宗文皇帝进马"。进马为唐殿中省尚乘局官名,六员,正七品下。[③]即是说,郁久闾浩曾祖早在唐太宗时,已迁至京师长安居

[①] 据《元和郡县图志》卷三"邠州"条记:"文帝大统十四年复于今理置南豳州,废帝除'南'字。隋大业二年省入宁州。"墓志撰于开皇十二年,故有"豳州"。可婆头卒时任"北道行军元帅",故卒于途中"邸舍",或曰此地为北道行军元帅理所。

[②] 赵力光主编:《西安碑林博物馆新藏墓志续编》(上),陕西师范大学出版总社,2014年。

[③] 《大唐六典》卷一一《殿中省尚乘局》记:"进马,掌大陈设戎服执鞭,后立仗马之左,视马进退。"

住,任殿中省尚乘局进马官。以后浩之祖、父又在外地为官;其父延,官至齐州刺史(从三品)、上柱国(正二品勋)、沅陵县开国伯(正四品爵),已入唐高官之列。志称浩为延次子,其母吴兴沈氏,为南方汉族士家。浩卒时未婚,且卒于"万年县昭国里之私第"。因而,可以认为,浩一族已有几代人定居长安,并有私舍。

浩卒葬于开元十六年(728),窆于长安凤栖原。与一般墓志不同的是,志铭最后,还记述其曾祖(代州都督)、祖(右领军将军)、父(齐州刺史)三代及其堂叔师(夷州刺史)的茔地(墓地),均在一里范围之内,可视为这一支居长安的柔然王族郁久闾氏的家族墓地。总之,从此方墓志可看到这一支几代居于长安的柔然王族的生活轨迹,以及汉化之轨迹。因此,国内有学者认为,从墓志反映出的籍贯、名字、任职、婚姻、埋葬习俗、家族墓地等因素综合分析,同时对照先前西安出土的《郁久闾伏仁墓志》的内容,可以清晰地发现,墓志中的柔然王族后裔的汉化速度加快等变化轨迹。[1]

图 6 《郁久闾浩墓志》拓片
[出自《西安碑林博物馆新藏墓志续编》(上),陕西师范大学出版社,2014年,第273页]

---

[1] 李举纲:《西安新见柔然王族郁久闾氏后裔墓志》,《文物报》2007年8月25日。

八、结语

在汇释上述已知出土或发现有关柔然王族墓志后，笔者对之做进一步分析、总结和研讨。

第一，从已知十方柔然王族郁久闾氏或闾氏墓志主（包括20世纪出土的三方墓志）下葬年代，即大致为墓志书写的年代，做一统计：撰于东魏的最多，共五方（《闾伯昇墓志》《闾肱墓志》《闾详墓志》《蠕蠕公主闾氏墓志》《茹茹公主闾叱地连墓志》）、北齐一方（《闾炫墓志》）、隋代三方（《郁久闾伏仁墓志》《郁久闾募满墓志》《郁久闾可婆头墓志》）、唐代一方（《郁久闾浩墓志》）。仅从此十方柔然王族墓志可看出，东魏、隋代入居内地柔然王族在当时政治舞台上较为活跃。然而，从文献上看，入居内地柔然王族在北魏时更为活跃和繁盛，可是截至目前还未见这一时期墓志出土，只有期待今后的发现。

第二，仅从此十方柔然王族墓地卒葬地（大致相当其居地）分析，墓主葬于东魏都城邺城（今河北磁县南）附近就有墓志四方（《闾伯昇墓志》《闾详墓志》《蠕蠕公主闾氏墓志》《茹茹公主闾叱地连墓志》），隋唐京师长安有三方（《郁久闾伏仁墓志》《郁久闾可婆头墓志》《郁久闾浩墓志》），林虑郡（治今河南林县）一方（《闾肱墓志》），汲郡（治今河南卫辉）一方（《郁久闾募满墓志》），不明葬地一方（《闾肱墓志》）。由此也可大致了解东魏至隋唐柔然王族迁徙、分居的情况。当然，这仅是据十方墓志的资料得出的结论，只能作一参考。

第三，上述新出土有关柔然的墓志补证了在东、西魏"竞结阿那瓌为婚好"①的史实。史籍共计柔然阿那瓌可汗与东魏和亲三次，除东魏以常山王妹改称兰陵郡长公主嫁阿那瓌子庵罗辰外，东魏长广公高湛娶阿那瓌孙女邻和公主，有《茹茹公主闾叱地连墓志》可证；高欢迎娶阿那瓌第二女，则有《蠕蠕公主闾氏墓志》可证。三次和亲，就有两次出土墓志相补证。

值得注意的是，从文献及墓志已知柔然阿那瓌可汗长女（魏悼后）、第二女（蠕蠕公主闾氏）、孙女（邻和公主）下嫁至西魏、东魏后，均在十余岁时早夭。除史称魏悼后死于难产外，余早夭原因不明。是与漠北迁居内地宫廷水土不服、环境改变有关，抑或因孤独、空虚的心理所导致？因史、志阙载不得而知。

第四，上述墓志记有柔然王族婚姻情况：与拓跋鲜卑结姻的有闾伯昇妻元仲英、魏文帝元宝炬娶阿那瓌长女（魏悼后），与乞伏鲜卑结姻的有乞伏令和娶郁久

---

① 《北史》卷九八《蠕蠕传》。

间募满，与铁弗匈奴赫连氏结姻的有赫连子悦妻郁炫，与鲜卑化汉族高氏结姻的有高湛娶郁久闾叱地连、高欢娶阿那瓌长女，与汉族结姻的有郁久闾浩父延妻吴兴沈氏等。事实上，文献记载北魏时柔然王族与北魏拓跋鲜卑王室联姻甚多，这种情况延续到东、西魏时。而后，从上述墓志反映出柔然王族不仅随拓跋鲜卑一起汉化，并开始与汉族和其他民族联姻，逐渐加速汉化的进程。

第五，有一个疑问提出供讨论，即上述所有墓志均为柔然王族的姓氏郁久闾氏或闾氏，而未见改姓"茹茹氏"或"茹氏"的一方墓志。柔然人有部分随其所改国号，姓"茹茹氏"或"茹氏"者。唐林宝撰《元和姓纂》卷八"九御""茹氏"条云"蠕蠕入中国亦为茹氏，音去声"①；同书卷二"九鱼""茹茹氏"条"其生蠕，茹茹种类，为突厥所破，归中国。后魏蔚州刺史高平公茹茹敦（恩）、周宁州刺史洋公，生师宝、海宾（宝？）。师宝，隋□骑大将军、安次公，生盛寿。海宾，唐屯卫大将军"②。又见于记载的，如上引隋《郁久闾伏仁墓志》云"本姓茹茹"；《隋书》卷四五《庶人谅传》记有"大将军茹茹天保"；唐《文苑英华》卷九九《唐忠武将军茹义忠碑》（天宝七载立）云"茹茹之部，名王盛族……自拓跋宇文降为著姓焉，则公之先也。公讳义忠，今为雁门人矣"。

由于茹氏族源甚多，仅北方少数族中就有"普陋茹氏，后改为茹氏"③。因而，文献及出土墓志很少见有姓茹茹或茹氏柔然王公贵族的记载。由此，笔者作一大胆推测：柔然王族郁久闾氏或闾氏视本族为贵胄，不愿轻易改动自己之高贵姓氏；而对一般柔然贵族或民众则多改如国号"茹茹氏"或"茹氏"。上述郁久闾伏仁原姓茹茹，又改回郁久闾姓即一例。事实上，柔然一般贵族或民众改茹茹姓者应是很多的，文献及出土墓志一般为柔然高官王公书记，柔然一般贵族或民众自然见之不多。近现代在今山西、河南一带的茹姓，溯其祖源，多来自入内地汉化之柔然族。今山西五台山下有"茹家庄"，如果进行调查研究，此地居民远祖可追溯到柔然。

又，入居内地的柔然人还有改姓为"柔氏"者。20世纪80年代《敕勒与柔然》一书出版后，新疆有一柔姓的先生来函，云其家乡原在山西，老辈讲其柔姓源自北方柔然，后改姓柔氏。至今国内柔姓者不少，通过调查，想必有收获。

原载周伟洲：《新出土中古有关胡族文物研究》，社科文献出版社，2016年

（周伟洲，西北大学中华民族史研究中心教授）

---

① 〔唐〕林宝：《元和姓纂》，中华书局，1994年，第1206页。
② 〔唐〕林宝：《元和姓纂》，中华书局，1994年，第225页。
③ 《魏书》卷一一三《官氏志》。

回纥贵胄，入唐蕃将
——唐《铎地直侍墓志》释解

周伟洲

一

2012年10月西安碑林博物馆入藏唐代铎地直侍墓志一合，志石高、宽均69.5厘米，厚13.5厘米，盖高68.5厘米、宽68.4厘米、厚15厘米，"志文33行，满行33字，楷书。盖题9字，3行，阳文篆书"[1]。由于此墓志系"入藏"而并非发掘出土，故在赵力光主编的《西安碑林博物馆新藏墓志续编》一书中，记其志"出土时地：西安长安区郭杜镇出土"。志盖篆书"大唐故铎地府君墓志"九字。墓志铭文，据志图及赵力光主编书之录文，重录如下（图1）：

大唐故冠军大将军行左领军卫将军使持节诸军事兼仙萼州刺史上柱国蹲林郡开国公左羽林军上下铎地府君墓志铭并序

公讳直侍，字米施，安北仙萼人也。发源碛石，初得姓于轩辕，擢本青冥，既分宗于夏禹。征诸乹（乾）象，悬列宿于髦头；考乃坤维，作封疆于戴斗。据三川之设险，限区域以称尊。熊熊贵风，代有光矣。祖都结，三边望族，九姓高苗。时北蕃颉利可汗稽首渭桥，称臣魏阙。胡马不敢南牧，国家无复北虞。公实筹之，到今为赉。忠既闻上，官而宠能。特授骠骑大将军，行右威卫大将军。父聿，袭右威卫大将军，仙萼州刺史。公即骠骑大将军之嫡孙，仙萼使君之爱子也。珠明璧润，山幽海阔。忠为代业，勇则家风。鸾凤之雏，五光十色。骐骥之足，一日千里。频清远寇，累著殊勋。寻丁太府君忧，柴毁叅威，动过典礼，泣血绝浆，几云灭性。服阕，制授云麾将军、使持节仙萼州刺史。俄迁右威卫将军，统押部落。锵金在位，人钦去病之才；衣锦还乡，众识买臣之达。

---

[1] 赵力光主编：《西安碑林博物馆新藏墓志续编》（上），陕西师范大学出版，2014年，第261页。

调露岁,单于史伏念怠弃三正,咸侮五行,豕食未夷,蝟毛斯起。虽螗蜋之斧,难以抗其犇车;而精卫之心,自谓填于苍海。公愿凭庙算,远静边尘。期系颈于长绳,不论勋于大树。且国有兵甲,以威不庭;国有坛场,以拜飞将。乃凿门授律,昼阃分威,傣之以貔虎熊黑,假之以旄旌斧钺。方将破虏幕,慴虏神,勒兵卅万,斩首数千级,彼则巢穴俱尽,我其矢石无伤。功已既于燕山,泥且封于函谷。诏锡紫袍钿带、杂彩千匹、金银器皿五十事、细马六匹,令于太平公主宅安置。又赠甲第一区。每日降使存问,便留宿卫,令在左羽林供奉。骅骝在厩,珠玉满堂,方营甲乙之居,仍假平阳之馆。骆驿中使,每降丝纶。堂皇近抠,傍求柱石。天授二年二月四日,制迁冠军大将军。万岁通天元年七月五日,制以公久在沙场,勤劳颇甚,益勋上柱国,封蹛林郡开国公,食邑二千户。长安二年五月十二日,敕以公多年侍奉,功勋偏深,改授右领军卫将军。天下归美,朝端指能。故出入五代将卅年,曾无豪发之瑕,以辱业山之泽。方期永待轩禁,多享岁年,仁而速亡,天则何祐,春秋六十有五,开元十一年六月十二日遘疾薨于私第。宸旒结思,朝野相悲。主上惜其忠贞,愍其穷匮。格式之外,特见矜量。赐物一百段,米粟二百石。葬日官借幔幕手力,以宠存没。有子曰瑜,行同曾闵,孝达灵祇。即以其年十一月廿八日窆于长安高阳原之礼也。直望秦山,对百重之岩岫;斜临魏阙,抵十二之通衢。晚云自飞,寒月空挂。仍恐墓移樗里,代变桑田,祈我为文,式旌不朽。铭曰:

山之精,水之灵。人之杰兮,国之祯。出则定祸乱,入则事公卿。皎皎令范,蒸蒸孝声。齐肩兮卫霍,接武兮良平。九万风搏,三千水击;令问令望,如金如锡。寒尘不起,关候空隙;图影灵台,纪功燕石。曰仁者寿,彼苍者天。有此洪懿,宜其永年。神无友善,祸敢欺贤。彼穹苍其可讯,吾欲考夫幽玄。郁郁高原,垒垒古冢。人烟朝莫接,鬼火夜想恐。累土屹成坟,纤豪尽余拱。傥吾道之无谬,庶斯文之可奉。

开元十一年十一月廿八日建[①]

[①] 赵力光主编:《西安碑林博物馆新藏墓志续编》(上),陕西师范大学出版总社,2014年,第263—264页。

图1 《铎地直侍墓志》拓本

二

在释解《铎地直侍墓志》之前,有关墓主铎地直侍的姓氏"铎地氏"的来源,即其族属,是一个首先必须解决的问题。据墓志开首记:"公讳直侍,字米施,安北仙萼人也。发源积石,初得姓于轩辕,擢本青冥,既分宗于夏禹。"内云铎地氏源于轩辕黄帝,宗于夏禹,显然是入唐的北方游牧民族贵族逐渐汉化后,也追溯其源于黄帝后裔。汉代司马迁撰《史记》卷一一〇《匈奴列传》云匈奴"其先祖夏后氏之苗裔也,曰淳维"。大量出土的北朝至唐代的入华的北方游牧民族贵族墓志铭中,也多有类似上述的记载①,故不可信据。

但志云其为"安北仙萼人",则为探索其族属提供了线索。安北,为当时唐于北边所设置的"安北都护府";仙萼,即安北都护府属下的"仙萼州"。墓志记,直侍父聿曾任"仙萼州刺史",直侍本人也曾"使持节、仙萼州刺史"。《新唐书》卷四三下《地理志》记唐安北都护府下辖的"回纥州十八、府九"下有"仙萼州",下注"初隶瀚海都护,后来属"。我国著名学者岑仲勉认为,上总称"回纥

---

① 如原为铁勒葛逻禄部之一炽俟部的《炽俟弘福墓志》云:"公讳弘福,字延庆,阴山人也。其先夏后氏之苗裔。"参见吴钢主编:《全唐文补遗》(第2辑),三秦出版社,1995年,第22页。

州十八、府九"不确,应称为"铁勒州",因其内铁勒诸部所置府、州甚多。① 然而,如果从《新唐书》撰者以回纥汗国建立前后,铁勒诸部已并入回纥为其"外九姓"而言,上述统记为回纥府、州,也无不可。问题是"仙萼州"是否是在回纥部内所设置,即是说,铎地氏族属是否是回纥?

仙萼州设置年代不详,按唐贞观二十年(646)唐攻灭漠北薛延陀汗国,漠北以回纥为首的铁勒诸部降唐,称唐太宗为"天可汗"。次年一月,唐于漠北铁勒诸部设"六府七州",内于回纥部置瀚海都督府,而七州之内无"仙萼州"。同年四月,置燕然都护府,"以扬州司马李素立为都护,瀚海等六都督、皋兰等七州并隶焉"。② 从贞观二十三年至高宗永徽元年(649—650),唐朝遣右骁卫中郎将高侃发回纥、仆骨等兵击灭突厥车鼻可汗后,"于是突厥尽为封臣矣"③。据《唐会要》卷七三《单于都护府》记:

> 永徽元年九月八日,右骁卫中郎将高侃,执车鼻可汗献于武德殿,处其余众于郁督军山④,分其地置单于、瀚海⑤二都护府。单于领狼山、云中、桑乾三都督府,苏农等十四州,瀚海领金微、新黎七都督府,仙萼、贺兰等八州,各以首领为都督、刺史。

此为有关仙萼州的首次记录,据此可知,仙萼州的设置时间大致是在永徽元年前后,初属燕然都护府。龙朔三年(663)二月十五日,唐朝又"移燕然都护府于回纥部落,仍改名瀚海都护府。其旧瀚海都督府移置云中古城,改名云中都护府。仍以碛为界,碛北诸蕃州悉隶瀚海,碛南并隶云中"⑥。此时,改隶在回纥部所置的瀚海都护府的仙萼州当在碛北(漠北)。墓志记直侍父垾任仙萼州刺史,也当在永徽元年前后。到"总章二年八月二十八日,改瀚海都护府为安北都护府"⑦。以后,安北都护府(或有时称"安北大都护府")一直存在于唐开元、天宝年间,故墓志云直侍为"安北仙萼人也"。

仙萼州设于漠北何地?为漠北何族居地?出土于今蒙古色楞格河南新乌苏湖附近

---

① 岑仲勉:《突厥集史》(下),中华书局,1958年,第1069页。
② 〔宋〕王溥:《唐会要》卷七三《单于都护府》,内详记"六府七州"名;《资治通鉴》卷一九八"唐贞观二十一年正月"条。
③ 《新唐书》卷二一五上《突厥传上》。
④ 今蒙古杭爱山东段。
⑤ 〔宋〕王溥:《唐会要》及《新唐书·突厥传》将燕然都护府误为瀚海都督府。瀚海都护府之设应在高宗龙朔三年二月(《唐会要》卷七三《单于都护府》)。说见上引岑仲勉:《突厥集史》(下),中华书局,1958年,第1069页。
⑥ 〔宋〕王溥:《唐会要》卷七三《单于都护府》。
⑦ 〔宋〕王溥:《唐会要》卷七三《单于都护府》。

的古突厥文《回纥英武威远毗伽可汗碑》（又名《磨延啜碑》）北面第2—3行记：

>他们（指回纥）的国家，他们自己（家乡的？）河流便是仙娥河（Sälängä），他们的人民……古代即游牧而生活在那里……残留在此河流而被控治的人民，有九姓回鹘（OnUyghur）与九姓乌古斯（Toquz Oghuz）等已经有百年了。与……在嗢昆河（今蒙古鄂尔浑河）……①

又《新唐书》卷四十三下《地理志》引贾耽"边州入四夷道"中第四条"中受降城入回鹘道"中记，由中受降城（今内蒙古河套北乌梁素海东约四百里）向北到回鹘衙帐（在今蒙古鄂尔浑河哈刺和林），"北六七百里至仙娥河，河北岸有富贵城"。

上引资料所记之"仙娥河"，中外学者一般认为，即指今蒙古色楞格河上游，又名娑陵水，是铁勒诸部中回纥各部原居地。仙娥河，唐宋文献也写作"仙萼河"②，又作"鲜崿河"③。显然，仙萼州是设置在回纥诸部原居地仙娥河一带。谭其骧主编的《中国历史地图集》第五册"隋唐五代十国时期"第42—43幅《关内道北部图》，即将仙萼州标于仙娥（萼）河流域。④墓志记铎地直侍及其父聿均先后任仙萼州刺史，直侍还"统押部落"。因此，铎地氏一族之族属，应原是漠北回纥部酋之一，当无可疑。

然而，在《新唐书》卷二一七《回鹘传上》、《唐会要》卷九八《回纥》等文献中，只见回纥有"内九姓"，即药罗葛、胡咄葛、㖿罗勿、貊歌息纥、阿勿嘀、葛萨、斛嗢素、药勿葛、奚邪勿，内药罗葛为回纥可汗一族姓氏；又有"外九族"，即回纥、仆骨、浑、拔野古、同罗、思结、契苾、阿布思、骨仑屋骨（葛逻禄）等。其中没有一姓（部）能与"铎地氏"相勘同。而在唐宋史籍及各种出土碑铭、文书之中，也未见有"铎地氏"的记录。这颇令人费解。

在古突厥文《阙特勤碑》东面第13—14行记："达到七百人之后，（我父可汗，指后突厥汗国第一位可汗骨咄禄）遵照祖先规章，组织和号令曾经沦为奴婢，曾经丧失突厥体制的人们，他还组织起突利（tölis或tölïs）部人和达头（tardus或

---

① 王静如：《突厥文回纥英武威远毗伽可汗碑译释》，《辅仁学志》1938年12月第7卷第1、2期合刊。此引文系作者1982年复校文，见林幹编：《突厥与回纥历史论文选集》，中华书局，1987年，第704页。

② 如《资治通鉴》卷二〇〇"唐龙朔二年三月"条记：唐郑仁泰进攻反叛的铁勒诸部时，"倍道赴之，遂逾大碛，至仙萼河，不见虏，粮尽而还"。

③ 《册府元龟》卷九八五《外臣部·征讨四》。

④ 谭其骧主编：《中国历史地图集》（第5册），中国地图出版社，1982年，第42—43幅。

tarduš）部人，封赐一名叶护一名设。"①操突厥语族的北方游牧民族的制度也多与突厥相同。如《新唐书》卷二一七《回鹘传下·薛延陀传》记，薛延陀夷男建政权后，有"胜兵二十万，以二子大度设、突利失分将之，号南北部"。"大度设"，即相当上述突厥"祖先规章"之"达度（设）"，"突利失"，即突利（tölis）。②原属"铁勒"之一部的回纥也同样有此制。上引古突厥文《回纥英武威远毗伽可汗碑》东面第7行，记毗伽可汗击败达靼（Tatar）后，赐其二子以叶护及设（săd），并给以达头设（tardus）及突利失（tölis）之名号。③

古突厥文"tölis"，欧洲汉学家多以为系"铁勒"之译名，中国学者岑仲勉、王静如、芮传明等，则认为应译作"突利"或"突利失"，为突厥民族东、西或南北行政区之官名。此说极是。④又1972年英国学者G.克劳森（G.Clauson）之《十三世纪前突厥语词源学辞典》（*An Etymological Dictionary of Pre-Thriteenth-Century Turkish*）一书，在突厥部落中，也提到tölis，说"东边的突利失begs（tölis begs）"⑤。"Begs"一词，中国学者一般译作"匐"或"伯克"，与以上译注突厥碑文及文献所记"叶护"不同，应以后者为确。

"tölis"可译作"突利"，是否也可译作"铎地"？按"铎地"中古音可读作"dak dīa"，"突利"中古音可读作"duət līēt"⑥，大体音近，且古译音无定字。如此，是否可以将古突厥文之"tölis"译作"突利"或"铎地"。也就是说，原属回纥部中的"铎地氏"一族，应原为回纥汗国建立前后，以可汗子弟分为达头与突利两部中的突利部首领（叶护）；在入唐后，改以突利之官号为其姓氏，且为避原回纥的官称，译作"铎地"。漠北铁勒诸部也有以官号为姓氏者，如官号"俟斤"，后改姓为"奇斤氏"或"异奇斤氏"等。如此，则铎地氏应原为回纥可汗一族药罗葛氏，只是入唐后，以官号"突利"改译为"铎地"为氏。这仅是一种较为合理的推

---

① 芮传明：《古突厥碑铭研究》（增订本），商务印书馆，2017年，第180页，第211页注20。

② 王静如：《突厥文回纥英武威远毗伽可汗碑译释》，见林幹编：《突厥与回纥历史论文选集》，中华书局，1987年，第704页。

③ 王静如：《突厥文回纥英武威远毗伽可汗碑译释》，见林幹编：《突厥与回纥历史论文选集》，第685页。

④ 王静如：《突厥文回纥英武威远毗伽可汗碑译释》，见林幹编：《突厥与回纥历史论文选集》，第685—686页；芮传明：《古突厥碑铭研究》（增订本），商务印书馆，2017年，第180、211页。

⑤ G.Clauson, *An Etymological Dictionary of Pre-Thirteenth-Century Turkish*, Oxford, 1972, p.867.

⑥ 郭锡良：《汉字古音手册》（增订本），商务印书馆，2014年，第52、126、133、166页。

测，待今后有更重要的事实来佐证。

三

在释解了"铎地氏"原为漠北回纥部族，且为该部可汗子弟分治两部中的"突利"首领（叶护），后以"突利"官号为姓氏、译作"铎地"之后，再来分析、考释墓志内容，就有的放矢、顺达多矣。

墓志云："据三川之设险，限区域以称尊。熊熊贵风，代有光矣。祖都结，三边望族，九姓高苗。时北蕃颉利可汗稽首渭桥，称臣魏阙。胡马不敢南牧，国家无复北虞。公实筹之，到今为赉。忠既闻上，官而宠能。特授骠骑大将军，行右威卫大将军。"此云漠北回纥部原据仙萼河一带，设险自立，从北魏袁纥、隋代韦纥，到隋末并部分铁勒，称回纥①，可以说是"熊熊贵风，代有光矣"。志文云直侍祖都结系"三边望族，九姓（回纥九姓）高苗"，也符合其在回纥部的身份和地位。志文所记之"时北蕃颉利可汗稽首渭桥，称臣魏阙"，是指贞观三年至四年（629—630），漠北薛延陀、回纥等助唐灭东突厥汗国，东突厥可汗颉利被擒，送至京师长安。志文记直侍祖都结在灭东突厥中的功绩云"胡马不敢南牧，国家无复北虞。公实筹之，到今为赉"，显然有溢美、夸大之处。而唐"特授骠骑大将军，行右威卫大将军"之衔，分别为从一品、正三品之高位②，也恐非事实，或为后来之追授。

墓志接着记直侍父聿"袭右威卫大将军、仙萼州刺史"。如上述，聿任仙萼州刺史是在唐永徽元年前后。按，贞观二十一年至二十二年（647—648），漠北铁勒回纥等部助唐击灭薛延陀汗国，铁勒诸部纷纷附唐，回纥部首领吐迷度及铁勒诸部酋长入京师长安朝见。于是唐于漠北铁勒诸部地置"六府七州"，封回纥吐迷度为怀化大将军、瀚海都督，"然（吐迷度）私自号可汗，署官吏，壹似突厥，有外宰相六、内宰相三，又有都督、将军、司马之号"③，或其"官号皆如突厥故事"④。回纥部按突厥遗制，分达头与突利两行政区，可能也始于吐迷度时。就在贞观二十二年，唐于漠北所设"六府七州"，又多有增设，如此年三月，析分回纥部的瀚海都督府内的"内九姓"之一的掘罗勿部署烛龙州，以俱罗勃（掘罗勿之异译）为刺史。⑤而仙萼州的增设，或也在此前后。

---

① 回纥早期历史，见《旧唐书》卷一九五《回纥传》和《新唐书》卷二一七《回鹘传上》等。
② 〔唐〕杜佑：《通典》卷四〇《职官二二》。
③ 《新唐书》卷二一七《回鹘传上》。
④ 《资治通鉴》卷一九八"唐贞观二十二年正月"条。
⑤ 《新唐书》卷四三下《地理志》；《资治通鉴》卷一九八"唐贞观二十二年三月"条。

志云直侍系"骠骑大将军（都结）之嫡孙，仙萼使君（聿）之爱子也"。志文以下，均为对直侍勇承家风、忠于唐朝、"频清远寇，累著殊勋"等溢美之辞。后又记其父卒（丁忧），忧伤过度，"泣血绝浆，几云灭性"。"服阕（三年丧事毕），制授云麾将军、使持节仙萼州刺史。俄迁右威卫将军，统押部落。锵金在位，人钦去病之才；衣锦还乡，众识买臣之达"。志文撰者以内地汉族丧葬礼仪，记录直侍丧父事，可能有些牵强。唐以其为云麾将军（从三品）、使持节仙萼州刺史，后又迁其为"右威卫将军"，均基本合乎其身份和官职。志文后又以汉代霍去病、朱买臣典故，对其加以赞誉。直侍父卒至其迁任右威卫将军，约在唐高宗永徽元年（650）至调露元年（679）。

志下又称："调露岁，单于史伏念怠弃三正，威侮五行，豕食未夷，蜩毛斯起。虽螗螂之斧，难以抗其辁车；而精卫之心，自谓填于苍海。"此云调露元年十月（679）原东突厥汗国贵族、唐单于大都护府阿史德温傅、奉职二部起兵反唐，立阿史那泥熟匐为可汗，率众数十万，败大都护府长史萧嗣业。唐以礼部尚书裴行俭为定襄道行军大总管，率各路军约三十万，于次年三月行俭擒奉职，泥熟匐为其下所杀，行俭引军还。而阿史德温博又与原颉利可汗从兄子阿史那伏念联兵反唐。时在调露二年（680年，此年八月二十三日改元永隆）四月之后，阿史那伏念即墓志所记之"史伏念"。林宝撰《元和姓纂》卷五记突厥"阿史那氏"，"开元（中）改为史，并具史注"。①墓志撰于开元十一年（723），故"阿史那伏念"，作"史伏念"。至永隆二年（681年，此年九月或云十月改元开耀）初，伏念自称可汗，与温博合兵，势力复振。唐仍以裴行俭为定襄道大总管，右威卫将军曹怀舜、幽州都督李文暕为副，率兵对之。曹怀舜轻敌冒进，为伏念击溃，后免死，流岭南。行俭则行反间之计，使伏念与温傅互相猜贰。伏念走金牙山（突厥牙帐，在今蒙古杭爱山东麓），失其妻子，又引兵北走。同年闰七月，伏念遂执温傅降于行俭，后伏念、温傅送于京师，斩于东市。以上即调露元年至开耀元年，突厥各部，包括阿史那伏念反唐事件之始末。两《唐书》之《突厥传》和《资治通鉴》卷二〇二等唐宋史籍，均有较为详细的记述。然而，上述史籍并未有漠北回纥诸部助唐平定突厥伏念等的明确记载。

墓志云："公愿凭庙算，远静边尘。期系颈于长绳，不论勋于大树。且国有兵甲，以威不庭。国有坛场，以拜飞将。乃凿门授律，昼阃分威，俾之以貔虎熊罴，假之以旌旄斧钺。方将破虏幕，慴虏神，勒兵卌万，斩首数千级，彼则巢穴俱尽，

---

① 〔唐〕林宝：《元和姓纂》，中华书局，1994年，第574页。

我其矢石无伤。功已既于燕山，泥且封于函谷。"似乎墓主直侍在平定阿史那伏念过程中立有大功，然诸书不见有记载，仅在两《唐书》的《裴行俭传》《裴炎传》中，似乎还可找到一些答案。原来伏念擒温傅降，行俭许伏念以不死，但"侍中裴炎害行俭之功，上言：'伏念为总管程务挺、张虔勖子营逼逐，又碛北回纥等同向南逼之，窘急而降。'①由是行俭之功不录，斩伏念及温傅于都市。"内"碛北回纥等同向南逼之"，其实也是伏念败亡的原因之一。

志前"公愿凭庙算，远静边尘。期系颈于长绳，不论勋于大树"，是说作为回纥部酋的直侍，在突厥伏念反唐时，保持中立，不与突厥一起反唐，静候唐朝的决断，不出兵助唐，以观时变。志下记"且国有兵甲，以威不庭。国有坛场，以拜飞将。乃凿门授律，昼阃分威，俾之以貔虎熊罴，假之以旄旌斧钺"是讲唐自拜飞将（指裴行俭），遣大军进攻伏念。志后一段"方将破虏幕，憎虏神，勒兵卌万，斩首数千级，彼则巢穴俱尽，我其矢石无伤。功已既于燕山，泥且封于函谷"是云直侍勒兵于碛北（仙萼州一带），以逼伏念，并防止其北逃，其功在于燕山，似用泥封于函谷（关口）。

正因有此功劳，故唐朝对直侍厚加赏赐，并允其入朝京师，如志文云："诏锡紫袍钿带、杂彩千匹、金银器皿五十事、细马六匹，令于太平公主宅安置。又赠甲第一区。"直侍因平突厥伏念之功，而入朝京师长安的具体情况不明。其到长安，先于太平公主宅安置。按，太平公主在长安旧宅，据宋代宋敏求《长安志》记载，共三处：一在兴宁坊西南隅，"开府仪同三司姚元崇宅。其东本太平公主宅"，下注曰"后赐安西都护郭虔瓘"。另一处在醴泉坊"东南隅，太平公主宅"，后注"公主死后没官，为陕王府"。再一处在兴道坊，"西南隅，至德女冠观。太平公主宅"，下注"没官后赐散骑常侍李令问居之"。②直侍入唐京师长安后安置的"太平公主宅"，显然是到开元时才赐予时任安西副大都护郭虔瓘的兴宁坊太平公主宅。后唐朝又赐直侍甲第一区，可惜志未记此甲第在长安何坊地。

入唐后的直侍甚得朝廷之信任和重视，连连加官进爵。如志云："每日降使存问，便留宿卫，令在左羽林供奉。骅骝在厩，珠玉满堂，方营甲乙之居，仍假平阳之馆，骆驿中使，每降丝纶。堂皇近抠，傍求柱石。天授二年二月四日，制迁冠军

---

① 《旧唐书》卷八四《裴行俭传》，《新唐书》卷一〇八《裴行俭传》、卷一一七《裴炎传》等，均有类似记载。
② 〔宋〕宋敏求：《长安志》，辛德勇、郎洁点校，三秦出版社，2013年，第257、304、337页。《长安志》卷八记平康坊万安观下注有上述兴宁坊相同文字，故一般论者也以平康坊有太平公主宅；但仔细推敲，可能系误置兴宁坊上述一段文字于此，故不取。

大将军。万岁通天元年七月五日，制以公久在沙场，勤劳颇甚，益勋上柱国，封蹛林郡开国公，食邑二千户。长安二年五月十二日，敕以公多年侍奉，功勋偏深，改授右领军卫将军。天下归美，朝端指能。故出入五代将卅年，曾无豪发之瑕，以辱业山之泽。"初留其宿卫，在左羽林供奉，"左羽林"，即左、右羽林卫之一，龙朔二年（662）置，有大将军、将军及众多属官、禁军，"掌统领北衙禁兵之法令，而督摄左右厢飞骑之仪仗，以统诸曹之职。若大朝会，则率其仪仗以周卫、阶陛。若大驾行幸，则夹驰道而为内仗"[1]。因左、右羽林卫为禁军，有上、下轮番之制，而唐初信任入唐蕃将，多在羽林上、下轮番，故直侍墓志首有"左羽林军上下"[2]之职名。

武周天授二年（691），制迁其为冠军大将军（从二品）；万岁通天元年（697），"以公（直侍）久在沙场，勤劳颇甚"，加封其官爵为上柱国（正二品）、蹛林郡开国公（正二品）[3]，食邑二千户。长安二年（702）又改授右领军卫将军（正三品）。志文又云其"出入五代将卅年"，一直忠于唐朝，无丝毫瑕疵，所谓"五代"可能指直侍祖、父及其子、孙，从其祖投归唐朝，到开元年确已有四十余年。

志文称，直侍于开元十一年（723）六月十二日因病卒于私第，时年六十有五，则其生于显庆四年（659）。皇上"惜其忠贞"，在葬礼格式之外，"赐物一百段，米粟二百石。葬日官借幔幕手力，以宠存没"。志还记其有子，名瑜；同年十一月廿八日，葬于"长安高阳原"。此地系西魏、北周及隋唐时期贵戚、达官死葬之地[4]，即今西安市长安区郭杜一带。此地如志所记："直望秦山（秦岭），对百重之岩岫；斜临魏阙（指长安宫廷），抵十二之通衢。"

《新唐书》卷一一〇《诸夷蕃将传》，记载了约二十位"四夷"入唐蕃将的史实。内记北方突厥及铁勒部入唐蕃将仅史大奈、阿史那社尔、阿史那忠、执失思力、契苾何力及其子明等六人。事实上，远非如此，仅贞观四年（630）东突厥汗国灭亡后，太宗"擢酋豪为将军、郎将者五百人，奉朝请者且百员，入长安自籍者

---

[1] 《唐六典》卷二五"左右羽林军"条。
[2] "左羽林军上下"职，又见《唐故薛突利施匐阿施夫人墓志铭》首行："十二姓阿史那叶护可寒、顺化王男、左羽林军上下、左金吾卫大将军阿史那从政，番名药贺得勤夫人薛突利施匐阿施……"参见吴钢主编：《全唐文补遗》（第3辑），三秦出版社，1995年，第565页。
[3] 唐曾于铁勒思结别部置"蹛林州"，而未设有"蹛林郡"。此云蹛林郡开国公，系开国郡公前郡名，并非确指。
[4] 周伟洲：《陕西北周墓葬墓主死葬地考》，《中国历史地理论丛》1995年第1期；陕西省考古研究院编：《长安高阳原新出土隋唐墓志》，文物出版社，2016年。

数千户"①。而近数十年出土的漠北突厥、铁勒及回纥各部贵族入唐为蕃将的墓志为数也甚多，回纥贵胄铎地直侍墓志就是一例。这些墓志铭文，不仅补证了漠北游牧民族突厥、铁勒、回纥贵族入唐为蕃将、多立战功的史实，而且对于研究和认识唐代北方游牧民族与内地农耕民族的关系及多民族统一的中国历史，均有重要的价值。

原载大唐西市博物馆编：《西市文博》（第1辑），西北大学出版社，2018年

（周伟洲，西北大学中华民族史研究中心教授）

---

① 《新唐书》卷二一五《突厥传上》。

东突厥阿史那摸末墓志考述

葛承雍

勃兴于公元6世纪中叶的突厥人雄霸于中亚和东亚的北部地区，建立的庞大汗国连续征服了漠北和西域，但游牧政权的汗位嬗递矛盾与内部动荡很快使突厥汗国分裂成为两大部分，即占有广大西域地区的西突厥和统辖漠北草原地区的东突厥。6、7世纪之交，东突厥对隋、唐两朝历史进程有着重大而深远的影响，其中东突厥阿史那氏作为显赫的核心种姓，世袭可汗，故备受学术界的瞩目，特别是随着阿史那氏家族成员的墓志不断出土发现，更成为人们研究的一个热点。

近年来在西安地区出土的隋唐墓志中，东突厥阿史那氏的墓志较为集中，其中阿史那摸末的墓志（图1）是一方非常重要的墓志，现收藏于西安市文物考古研究所，录文已刊布。[①]

这方墓志长58厘米，宽60厘米，高12厘米。志石完整无损，字迹清晰，阴文楷书，分20行，共405字。志石四周线刻榻座孔内十二生肖图，虎、兔、龙、马、羊、狗等均为奔跑动态状，并都有高低远山作背景，表现了草原丘陵风光特色。其中龙作虎豹行走状，猪则似狼疾奔形象，反映出游牧民族对十二属相的独特理解，也说明7世纪初突厥人借鉴中原十二生肖纪年后仍保有自己图腾崇拜的遗痕[②]，值得重视与研究。

---

① 吴钢主编：《全唐文补遗》（第3辑），三秦出版社，1996年，第345页。录文有错讹，如将"东岳告成"讹为"东丘告诚"，"质易"为"贸易"，"聚仰"为"擎仰"等。

② 路易·巴赞：《突厥人和十二生肖历法》，耿昇译，见《突厥历法研究》，中华书局，1998年，第167页；蔡鸿生：《突厥年代学中的十二生肖》，见《唐代九姓胡与突厥文化》，中华书局，1998年，第164页。夏州（陕西靖边统万城）出土的几方隋唐之际突厥墓志，十二生肖图上均不线刻猪，现藏陕西榆林文管会文物库房。

图 1　西安出土东突厥阿史那摸末墓志

碑志全文按原竖行顺序排列标点如下：

故右屯卫将军阿史那公墓志之铭

公讳摸末，漠北人也，盖大禹之后焉。夏政陵夷，世居荒服，奄宅金微之地，傍羁珠阙之民，距月支以开疆，指天行以分域。曾祖阿波设，祖启民可汗，父啜罗可汗。可汗者，则古之单于也。公禀庐山之逸气，韫昂宿之雄芒，抗节与寒松比贞，致果共晨风竞爽；英略远震，才武绝伦；夷落仰其指麾，名王耸其威烈。既而皇唐驭宇，至德遐通，公乃觇风以来仪，逾沙漠而款塞，爰降纶玺，用奖忠诚，即授上大将军，寻迁右屯卫将军。肃奉宸居，典司禁旅，绩随事显，忠以行彰；虽复由余入秦，日䃅在汉，永言前载，亦何以加。兹方将东岳告成，庶陪礼于日观，不图西光遽谢，奄游神于夜台，春秋卌三，以贞观廿三年二月十六日薨于宣阳之里第。呜呼哀哉！夫人李氏，平夷县主，先以贞观九年正月八日薨于宣阳里，粵以

大唐贞观廿三年岁次己酉三月乙巳朔十七日辛酉

同葬于万年龙首乡。礼也。恐日月逾迈，海田质易，庶徽

风之永传，勒妙词于兹石。铭曰：

弈弈重基，英英雄俊，革心仰泽，回首思顺，位总爪牙，名

超廉蔺，鸿私庶答，隟光何迅。其一灼灼夫人，显显令德。左

右君子，系仰中国。宠命载加，荣声充塞，刊兹懿范，畅于无极。

阿史那摸末，就是自隋朝末年以来久居河套的东突厥处罗可汗之子郁射设（又译为奥射设）[①]，《旧唐书》《新唐书》中《突厥传》皆有记载，岑仲勉、吴玉贵等先生均有论述[②]，只是此墓志没有被人专门研究。

从墓志追溯阿史那摸末世系来看，其曾祖父为阿波设，而没有尊称为阿波可汗，这是很蹊跷的，我怀疑阿波设可能与阿波可汗（大逻便）不是同一人，否则赞美和夸耀祖先丰功伟绩及血统纯正的墓志文不会不提其称衔，因为"可汗"是突厥部落中最高领袖的称号，而"设"乃是握有兵权的高级官员，"可汗"往往由"设"中选拔提升。所以，阿波设能否比定阿波可汗还值得进一步探讨。[③]突厥汗谱的传承比较复杂，由于突厥不实行父死子继，往往兄终弟继或兄弟皆为大小可汗，仅史书记载的突厥汗国第一代谱系就有五支大小可汗，子孙繁衍、分支众多、交错更迭、名难稽考。目前学术界也没有统一的意见。[④]

阿史那摸末的祖父启民可汗（阿史那染干），一说为沙钵略可汗（摄图）儿子，另一说为莫何可汗（处罗侯）之子，而墓志上又冒出一个阿波设，孰是孰非难以断定。启民可汗事迹史书记载较多，原号突利可汗（小可汗），与都蓝可汗（雍虞闾）分统北方诸部。隋开皇十七年（597），突利遣使至隋求婚，隋文帝嫁以宗室女安义公主，赏赐优厚，引起都蓝忌恨，遂与西突厥达头可汗（玷厥）结盟共攻突利，开皇十九年（599）突利败后逃入长安，被隋立为意利珍豆启民可汗（意为"意智健"）。并于朔州筑大利城以居之。这年安义公主死，复妻以隋宗室女义成公主。不久，启民又迁往黄河之南夏、胜二州之间（今内蒙古河套南）。都蓝死后，

---

① 《旧唐书·突厥传》作"奥射设"，《新唐书·突厥传》作"奥射设""郁射设"同用，应是同名异译。

② 吴玉贵：《突厥汗国与隋唐关系史研究》，中国社会科学出版社，1998年，第202页；岑仲勉：《突厥集史》（下册），中华书局，1958年，第609页。

③ 关于阿波可汗世系研究，见王环：《阿波可汗是西突厥汗国的创始者》，《历史研究》1982年第2期。不同商榷，见段连勤：《关于西突厥与西突厥汗国早期历史的几个问题》，《新疆社会科学》1984年第1期。

④ 薛宗正：《突厥史》，中国社会科学出版社，1992年，第177、265页。

达头又逃往吐谷浑，启民在隋的帮助下收其余众，成为统领东突厥的大可汗。大业三年（607）隋炀帝北巡至榆林（今内蒙古托克托西南），启民率部落酋长三千余人朝于行宫、贡献名马。大业五年（609），启民又朝于东都，次年卒。①

启民可汗有四个儿子，长子始毕可汗咄吉世，次子处罗可汗俟利弗设，三子颉利可汗莫贺咄设，四子叱吉设。②其中处罗可汗（本名奚纯）即墓志上所载的"啜罗可汗"，"处罗""啜罗""吐罗"均为同名异译。启民死后，始毕可汗立，仍妻义成公主，并于大业十一年（615）围攻隋炀帝于雁北，后又屡寇北方城邑，隋末割据势力薛举、王世充、刘武周、梁师都、窦建德等纷纷交结始毕以为后援，奉突厥为主。唐武德二年（619）始毕死，处罗可汗立，第二年其弟颉利可汗又立，这是东突厥最为强盛的时期，一再侵扰唐朝边境，一度深入到长安附近。

处罗可汗继位后，复妻隋义成公主。义成公主在东突厥地位较高，她又策动处罗从窦建德处迎回了隋炀帝萧皇后及南阳公主，册立隋齐王暕的遗腹子杨政道为隋王，内地士民没入突厥者，"处罗悉以配之，有众万人。置百官，皆依隋制，居于定襄"③（今内蒙古和林格尔北）。处罗与王世充、梁师都等关系密切，在复隋的旗号下纠集北方割据力量与新建的唐朝抗衡，派兵分路南下侵掠，但昙花一现，正准备与唐大规模战争时，却于武德三年（620）末病死，在位不到两年。处罗死因有两说：一是"处罗久疾痹，隋义成公主有五石，饵之，俄而处罗发疽死"④；二是被唐朝使节郑元璹下毒致死⑤。

处罗可汗有两个儿子，长子阿史那摸末，次子阿史那社尔。处罗去世后，义成公主以突厥可贺敦的身份废除其长子阿史那摸末的继承权。《旧唐书·突厥传》记载："其子奥射设丑弱，废不立之，遂立处罗之弟咄苾，是为颉利可汗。"即另物色处罗的弟弟咄苾（莫贺咄设）入继大统作为强有力的接班人，并按突厥婚姻传统习惯，义成公主再次嫁给颉利可汗。这次汗位的嬗递继承，无疑造成阿史那摸末与其叔叔颉利可汗以后的矛盾与疏离。

根据墓志记载推算，阿史那摸末在武德三年（620）时仅13岁，义成公主以他"丑弱"不立大可汗位也是情理之事，毕竟他还是个少年，无力亲政，但主要因素恐怕还是嫌他天资不够聪颖，难成一代枭雄。按照阿史那王族血统子弟世袭官位的

---

① 吴玉贵考证启民可汗卒于大业七年（611），参见《突厥可许与隋唐关系史研究》，中国社会科学出版社，1998年，第176页。
② 《隋书·裴矩传》记载隋朝以宗女嫁始毕可汗弟叱吉设，拜为南面可汗。
③ 《资治通鉴》卷一八八"武德三年二月"条，中华书局，1956年，第5878页。
④ 《太平御览》卷七四三《疾病部·六痹》，中华书局，1960年，第3299页。
⑤ 《资治通鉴》卷一八九"武德四年四月戊申"条，中华书局，1956年，第5912页。

传统,"丑弱"的阿史那摸末还是担任典兵统军的"设",并由分领的部落酋长辅佐协助其掌管军队。《通典·突厥传》上记载:"别部领兵者谓之'设'。"这说明"设"的特殊地位,不仅由可汗直系亲属任职,而且是"别部领兵"的统帅。据蔡鸿生教授研究,突厥汗庭在"设"的人选上,坚持"系谱"和"血统"两大原则,表现极端的排外性,血统有嫌疑者不得为"设",恰恰反映了这一职位的重要性。[1]突厥汗国的特点之一就是历代可汗皆出自阿史那氏一门,一切显爵悉由阿史那氏垄断,异姓突厥不许染指,突厥第一汗国(552—630)时期,号称"设"者十六人,出身阿史那氏的占十二人,所以护雅夫认为突厥汗国实乃"阿史那氏的家产国家"[2]。

对阿史那摸末早期的活动,史书语焉不详,墓志也阙而不载,但从《新唐书·突厥传》和《册府元龟》卷九九〇《外臣部备御》看,武德元年(618)他就率部落万余人入居河南五原诸地,直接控制着以夏州(今陕西靖边东北)为中心的关内道北部,这里是由河套地区南下长安的战略通道。武德三年(620)处罗可汗准备以幽、并、延、原四州为四道大举南下时,其中延州路就以阿史那摸末和梁师都的军队为主力,这说明他尽管年龄很小却久居河套地区,11岁就担任军事行政长官了,号称"郁射设"。其弟阿史那社尔也是11岁拜"拓设"。

颉利可汗继位后,郁射设与其部落一直驻牧于河套内的五原等地,武德五年(622)梁师都派遣其弟梁洛儿联络郁射设引突厥数万骑围攻灵州,被唐军灵州总管李道宗击败,并被逐出五原。据吴玉贵教授研究,在颉利可汗统治时期,郁射设很少见于记载,颉利发动的与唐期几次战役,郁射设都没有配合行动,这就是叔侄争国所造成的。[3]郁射设控制的夏州等地突厥军队一直是在独自活动,不仅不配合颉利南下,还曾与唐朝有过临时结盟关系。郁射设与颉利的裂痕使他不服从大可汗的号令。最晚到武德九年(626),郁射设又回到了河套地区,史载"会突厥郁射设将数万骑屯河南,入塞,围乌城"[4]。郁射设入屯河套(河南)之后包围的"乌城"即在夏州朔方县境内。但在唐军的进攻压力之下,气势乏振、实力日衰的郁射设不得不承认颉利的可汗地位,并配合颉利一起南下高陵(今西安高陵区),发动了威胁长安的渭桥之役。

渭桥之役中,郁射设与颉利仍然相互猜忌,所以唐太宗说突厥"众虽多而不整,君臣之志,惟贿是求";"可汗独在水西,达官皆来谒我"。说明阿史那王族内部矛盾已经完全表面化了。此后,郁射设与颉利的矛盾冲突继续激化。贞观二年

---

[1] 蔡鸿生:《唐代九姓胡与突厥文化》,中华书局,1998年,第116页。
[2] [日]护雅夫:《古代突厥史研究甲编》,山川出版社,1967年,第334页。
[3] 吴玉贵:《突厥汗国与隋唐关系史研究》,中国社会科学出版社,1998年,第203—204页。
[4] 《资治通鉴》卷一九一"武德九年六月"条,中华书局,1956年,第6007页。

（628），唐朝在攻取夏州梁师都之前，以刘兰为侨置夏州都督府长史，"时突厥携离，有郁射设阿史那摸末率其部落，入居河南。（刘）兰纵反间以离其部落，颉利果疑摸末；摸末惧，而颉利又遣兵追之，兰率众逆击，败之"[①]。据此可知，颉利自继位以来，就与原来的汗位继承人郁射设阿史那摸末关系一直紧张，以至双方八九年时间里相互脱离，自成体系。

贞观三年（629）九月，郁射设属下郁孤尼等九俟斤向唐夏州都督窦静投降，郁射设阿史那摸末失去臂助，十二月庚寅（630年1月12日），本人也率部降唐，即墓志上所说的"既而皇唐驭宇，至德遐通，公乃觇风以来仪，逾沙漠而款塞，爰降纶玺，用奖忠诚，即授上大将军，寻迁右屯卫将军"。

阿史那摸末的弟弟阿史那社尔也因讨击薛延陀、回纥等部失败离开东突厥故地，于贞观二年率余众辗转到达西域可汗浮图城（今新疆吉木莎尔），乘西突厥内讧奇取其地之半，自称都布可汗。贞观十年（636）归唐授左骁卫大将军。这都说明东突厥自武德末年内乱开始以后，阿史那王族四分五裂，诸部做鸟兽散，王族成员纷纷脱离汗国投奔唐朝已成趋势。唐朝招降纳叛给予厚赏，凡降唐的突厥首领"皆授中郎将，布列朝廷，五品以上百余人，殆与朝士相半，因而入居长安者近万家"[②]，从而给唐朝创造了稳定的周边环境。

墓志称赞阿史那摸末在长安被授右屯卫将军后"肃奉宸居，典司禁旅；绩随事显，忠以行彰"。但与其他投降入唐的突厥汗国王族成员相比，并没有得到唐朝廷格外信任与优宠，如突利可汗阿史那什钵苾封北平郡王，阿史那苏尼失封怀德郡王，阿史那思摩封怀化郡王，连俘虏的颉利可汗阿史那咄苾死后都赠归义王，虽然这是唐朝"假以贤王之号"的安置措施，却始终没给阿史那摸末封王。与其他一些降唐突厥酋长继续统领旧部为羁縻都督相比，阿史那摸末也没有再返其旧地安抚余部，所谓右屯卫将军的"宿卫"，实是充当人质，保证突厥各部顺服不再反叛。其郁射部在贞观二十三年（649）被重新安置为郁射州，隶属定襄都督府[③]，这已是他入唐20年后的事情了。

按照唐朝对突厥首领降唐后"配妻以宗室之女"的措施，阿史那摸末也娶"夫人李氏，平夷县主"，但此夫人于贞观九年（635）正月就去世了。与其弟阿史那社尔娶皇姊衡阳长公主相比，他受赏的等级也是比较低的。与颉利入长安后"不室处，常设穹庐庭中"相比，阿史那摸末则居住于长安宣阳里舍第，大概很难保留突厥的居住习俗了。据墓

---

① 《旧唐书》卷六九《薛万彻传附刘兰传》，中华书局，1975年，第2524页。
② 《资治通鉴》卷一九三"贞观四年五月丁丑"条，中华书局，1956年，第6078页。
③ 〔宋〕王溥：《唐会要》卷七三《单于都护府》，中华书局，1960年，第1558页。

志记载："兹方将东岳告成，庶陪礼于日观，不图西光遽谢，奄游神于夜台。"这是指贞观二十一年（647）正月唐太宗诏命以第二年二月封禅东岳泰山，阿史那摸末作为四夷宾服的首领陪同前往，不想他已身染沉疴、病入膏肓，于贞观二十三年（649）二月去世，终年43岁，并与十余年前已去世妻子平夷县主李氏合葬于长安万年县龙首乡。

树碑立传的墓志没有记载阿史那摸末的后代，但据出土的《阿史那勿施墓志》叙述可知，其曾祖染干，北蕃单于启民可汗；祖奚纯，单于处罗可汗；"父摸末，单于郁射设，即处罗可汗嫡子也。唐初，所部万余家归附，处部河南之地，以灵州为境，授右屯卫大将军。太宗敕书慰问曰：突厥郁射设，可怜公主是朕亲旧，情同一家。随曰：初婚之时，在朕家内成礼，朕亦亲见。追忆此事，无时暂忘"①。这方墓志不仅追溯其家族谱系，而且披露了阿史那摸末与平夷县主李氏在唐太宗家内结婚成亲的往事，足证李世民对突厥降唐首领安置的用心和重视，弥补了史书记载的短缺。摸末的儿子勿施以郎将起家，曾任右屯卫翊府右郎将，娶妻赵氏。神龙元年（705）死于洛阳新安里，终年62岁。摸末的孙子阿史那哲（自奴）也以郎将起家，东征契丹等反叛，授左骁卫翊府中郎将、上柱国，仍充幽州北道经略军副使，开元十年（722）69岁时死于洛阳"宿卫"任上。②阿史那摸末、阿史那勿施、阿史那哲祖孙三代都葬于长安延兴门外五里的龙首原上，并按汉族葬俗形成了一个家族墓地。至于阿史那哲的儿子们在墓志上还列有名字③，只是均消失沉匿，无法考据，阿史那氏汗系后裔衰微中绝已是必然趋势。

东突厥金戈铁马称霸东亚曾达八九十年，对隋唐时期中国北方政治、军事格局及民族关系有着密切影响，理清东突厥阿史那王族汗系的历史线索，有助于我们更全面地认识当时东亚地区各民族雄强赢弱的兴衰与历史作用。而阿史那摸末的墓志恰恰提供了东突厥一支王族世谱和汗国内部矛盾、分裂的证据，以及其覆灭入降后唐朝安置他们的国策和措施，值得海内外学术界重视和探讨。

原载《中国边疆史地研究》2003年第1期
（葛承雍，陕西师范大学人文科学高等研究院学术委员会主任、特聘教授，中国文化遗产研究院教授）

---

① 《大唐故右屯卫翊府右郎将阿史那勿施墓志》，见吴钢主编：《全唐文补遗》（第2辑），三秦出版社，1995年，第455页。此墓志1954年出土于西安东郊沙坡村，现藏西安碑林博物馆。

② 《大唐故武将军行左骁卫翊府中郎将阿史那哲墓志》，见吴钢主编：《全唐文补遗》（第5辑），三秦出版社，1998年，第338页。该墓志现藏西安碑林博物馆。

③ 阿史那哲的五个儿子名字为大臣、彦臣、帝臣、名臣、谏臣等。

《故回鹘葛啜王子墓志》之突厥如尼文考释*

张铁山

本文研究的这块墓志，2013年初发现于西安市（据介绍是在唐长安城明德门附近的一处唐代墓地出土），后由西安大唐西市博物馆收购并收藏。墓志由志盖和志文两部分组成，志文石刻呈方形，宽39厘米，高39.8厘米，厚5厘米；志盖石刻宽39厘米，长38.5厘米，厚3.5厘米。志盖上面和四边斜面刻有花纹。志盖和志文上的文字保存基本完整，清晰可读。从志文的布局看，汉文在右，占据着主要位置，而突厥如尼文在左，仅占边缘部分。

图1 《故回鹘葛啜王子墓志》拓片

可能是先写就汉文，后补写突厥如尼文（图1）。现将墓志的汉文抄录如下：

志盖：故回鹘葛啜王子墓志

志文：

1. 故回鹘葛啜王子守左领军卫将军
2. 墓志并序
3. 给事郎守秘书省著作郎赐绯鱼袋崔述撰
4. 回鹘葛啜王子，则可汗之诸孙，
5. 我国家讨平逆臣禄山之乱也，王子父车毗尸

---

* 本文在2013年6月20—22日在乌鲁木齐召开的"隋唐时期的新疆"学术研讨会上宣读过。会后，本人利用暑假时间赴西安对墓志进行了详细的考察，对原墓志有了更新的认识。在对墓志考察过程中，得到了西安大唐西市博物馆胡戟教授的大力帮助，在此表示衷心感谢。

6. 特勤实统戎左右有功焉，故接待（？）之优，宠锡之

7. 厚，殊于他国。王子以去年五月来

8. 朝，秩班禁卫，宾籍鸿胪。方宜享兹荣耀，光于蕃

9. 部，奈何不淑，以贞元十一年五月廿日遘疾云

10. 殂，享年二十。以其年六月七日葬于长安县张

11. 杜原，兄王子阿波啜与诸部之属衔哀奉丧。送

12. 终之饰，则有

13. 诏所司备仪焉。礼无其阙。呜呼，修短命也，死者

14. 生之终，乃刻石志墓云：

15. 蕃之王子兮，气雄雄。生言始兮，

16. 死言终。魂神异兮，丘墓同。

从墓志的汉文记载可知，回鹘王子葛啜的家族参与平叛安禄山之乱有功，受到唐王朝"殊于他国"的礼遇。葛啜王子于贞元十年（794）五月来朝，在长安鸿胪寺"享兹荣耀，光于蕃部"，受到礼遇；贞元十一年（795）五月二十日病逝于长安，也受到高级别的葬礼，"礼无其阙"；同年六月七日葬于长安县张杜原，享年二十。

在墓志的汉文之后，刻有突厥如尼文17行，从右往左横写，文末有一氏族标记。下面对墓志的突厥如尼文按行切分，并进行换写、转写、汉译和考释。

一、突厥文原文、换写、转写及说明

（1）[1]

b^1u　$km\eta$
bu　k(i)m(i)ŋ

第二词的第一个字母破损，仅余该字母的下半部分，似可释读为k。

（2）

t^2is^2r　b^2zg^2k
tis(ä)r　b(ä)zg(ä)k

第二词的第二字母破损，仅剩其左半边，似可释读为z。

（3）

$y^1\gamma^1l^1q^1r^1 . q^1an^1$
y(a)γl(a)q(a)r . qan

（4）

$at^1ï$　$čb^1š^1$
atï　č(a)b(ï)š .

---

[1] 前面的数字表示突厥如尼文原文的行数。

（5）

t²ig²n oγl¹ï
tig(i)n oγlï

（6）

q¹an¹ . t¹ut¹uq
qan . tutuq

（7）

at¹ïs¹ï .
atïsï .

（8）

b²ög²ü : b²il²
bögü : bil-

第二个词的第二个字母模糊不清，但根据上下文，可释读为i。

（9）

g²ä : t²ŋr²i
gä : t(ä)ŋri

（10）

q¹an¹ in²is²i
qan inisi

第二个词字母模糊不清，但可判断为五个字母，且可释读。

（11）

q¹r¹ï čor¹
q(a)rï čor

（12）

tig²n² . s¹ïn¹ï
tig(i)n . sïnï

（13）

y¹oγï : t¹b¹γč
yoγï : t(a)bγ(a)č

（14）

q¹n¹ . y¹oγl¹d¹ï
q(a)n . yoγl(a)dï .

（15）

l¹γzïn1 . y¹ïl .
l(a)γzïn . yïl.

（16）

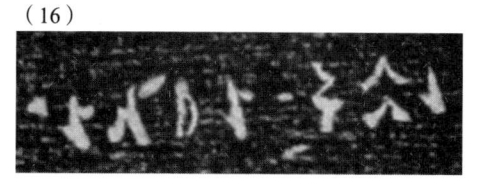

l¹t¹nč . ay¹q¹a .
(a)lt(ï)nč . ayqa .

氏族标记：

（17）

y¹ït¹ï : y¹ŋiq¹a
yiti : y(a)ŋiqa .

二、突厥如尼文原文汉译及考释

以上对墓志的突厥如尼文按行进行了切分、换写、转写，由此可得出该墓志突厥如尼文的全文如下：

(1)bu kimiŋ (2)tisär (,) bäzgäk(3) yaγlaqar qan (4) atï(,) čabïš (5) tigin oγlï(,) (6) qan tutuq (7) atïsï(,) (8) bögü bil-(9) gä t(ä)ŋri (10) qan inisi (11) qarï čor (12) tigin sïnï (13) yoγï . tabγač (14) qan yoγladï . (15) laγzïn yïl (16) (a)lt(ï)nč ayqa (17) yiti : yaŋiqa(.)

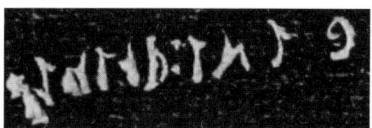

"这是谁的（墓葬）？得了疟疾的药罗葛汗之名门、车毗尸特勤之子、汗都督之侄、睿智聪明的天可汗（或译：牟羽毗伽登里可汗）之弟葛啜特勤之墓葬。唐朝可汗（皇帝）吊唁了。猪年六月七日。"

kimiŋ：意为"谁的"，由kim（谁）缀接iŋ（领属格）构成。

bäzgäk：该词来源于动词bäz-"打颤、发抖"。麻赫穆德·喀什噶里《突厥语大词典》记有该词，举例är tumlïγdïn bäzdi"他因遇冷（发疟子似地）打颤"，[1]并专门列有词条bäzgäk"疟疾、打摆子"。[2]疟疾是疟原虫寄生于人体所引起的传染病。经疟蚊叮咬或输入带疟原虫者的血液而感染。本病主要表现为周期性规律发作，全身发冷、发热、多汗，长期多次发作后，可引起贫血和脾肿大。该病大都于夏秋季节

---

[1] 麻赫穆德·喀什噶里：《突厥语大词典（汉文版）》（第二卷），民族出版社，2002年，第7页。

[2] 麻赫穆德·喀什噶里：《突厥语大词典（汉文版）》（第二卷），民族出版社，2002年，第298页。

流行，死亡率极高。

该墓志汉文记载，回鹘葛啜王子于贞元十年（794）五月来朝（长安），贞元十一年（795）五月廿日"遘疾云殂"。至于得了什么"疾"，语焉不详。但突厥如尼文记载详细，是得了疟疾（bäzgäk）而亡的，正可补汉文记载之不足。

yaγlaqar qan：此词在《苏吉碑》第1行中曾出现，为"药罗葛汗"。药罗葛为回鹘"内九姓"的核心。回鹘自骨力裴罗建国（744），至汗国破灭（840）历时一个世纪，共传可汗十三位，其中药罗葛氏六位。[①] 该墓志主人葛啜王子也是出身于药罗葛这一回鹘可汗氏族。

atï："（他的）名门"，由at"名字、名声"缀接ï（第三人称领属附加成分）构成，其结构与后面的"xxx之子""xxx之侄""xxx之弟"相同。

该词的解读对墓志的汉文中"回鹘葛啜王子，则可汗之诸孙"句子的理解亦有帮助。汉文的"诸孙"，原义不清。葛啜王子一人怎能称"诸孙"？此处"诸孙"意为"后代"。

čabïš tigin：回鹘王子葛啜之父的名字，墓志汉文写作"车毗尸特勤"。该名词亦可作职官名称，意为"侍从官"。

atïsï：由atï"侄子"+sï（第三人称附件成分）构成。

bögü bilgä t(ä)ŋri qan inisi：bögü意为"睿智的"，汉语音译为"牟羽"。bilgä：意为"英明的"，汉语音译为"毗伽"。亦可作官名。t(ä)ŋri意为"天"，汉语音译"登里"。前此可意译为"睿智聪明的天可汗"，亦可音译为"牟羽毗伽登里可汗"。inisi：由ini"弟"缀接si（第三人称领属附件成分）构成。

qarï čor tigin：墓志主人回鹘葛啜王子之名。

sïnï yoγï：其中sïnï由sïn"墓葬"+ï（第三人称附加成分）构成；yoγï由yoγ"葬礼"+ï（第三人称附件成分）构成。

tabγač qan："唐朝皇帝"。国内外学界有关tabγač一词的语源和所指，多有论述。此处显然是指唐朝。

laγzïn yïl：意为"猪年"。贞元十一年为乙亥，即猪年，与墓志汉文吻合。

墓志最后的氏族标记与西乃乌苏碑（又称"磨延啜碑"）上的氏族标记相近。西乃乌苏碑为芬兰学者兰司铁在今蒙古国北部色楞格河及西乃乌苏湖附近发现。碑约建于759年，共存突厥文50行，内容主要记述回鹘第二代可汗药罗葛磨延啜（也称英武威远毗伽可汗或葛勒可汗，747—759）的生平事迹。这也进一步印证了墓志主

[①] 林幹、高自厚：《回纥史》，内蒙古人民出版社，1994年，第49页。

人葛啜王子出身于药罗葛回鹘可汗氏族。请看该墓志最后面的氏族标记（图2）与西乃乌苏碑上的氏族标记（图3）的对照：

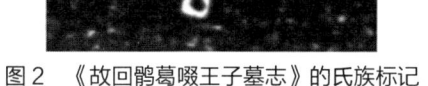

图2 《故回鹘葛啜王子墓志》的氏族标记　　图3 西乃乌苏碑上的氏族标记

从墓志突厥如尼文的考释，并与汉文对照，可得出如下认识：

（1）该墓志主人为回鹘葛啜王子（qarï čor tigin）。葛啜王子于贞元十年（794）五月来朝（长安），因得疟疾，卒于唐贞元十一年（795）五月二十日，葬于长安县张杜原，享年二十。据此推算，他应生于唐代宗大历十一年（776）。

（2）葛啜王子在长安期间，因其父车毗尸特勤讨平安史之乱有功，"故接待之优，龙锡之厚，特殊于他国"，而且居住在鸿胪寺（接待少数民族的地方），"享兹荣耀，光于蕃部"，受到了唐朝的厚待。葛啜王子病逝后，其"兄王子阿波啜与诸部之属，衔哀奉丧，送终之饰，则有诏所司备仪焉，礼无其阙"，并且唐朝皇帝（唐德宗）亲临吊唁。

（3）葛啜王子出身于药罗葛回鹘可汗氏族（yaɣlaqar），其父čabïš tigin（车毗尸特勤），其叔qan tutuq（汗都督），其兄bögü bilgä t(ä)ŋri qan（牟羽毗伽登里可汗）。

为了弄清葛啜王子的世袭关系，根据汉文史籍、突厥文碑铭的记载及各国学者的考证，将漠北回鹘汗国的可汗谱系列表如下：

位次	在位年代	尊号、封号及册封年代	姓名
1	742—747	Qutluɣ bilgä kül qaɣan：骨咄禄毗伽阙可汗；册封：怀仁可汗（744）	Qutluɣ boyla：骨力裴罗
2	747—759	Täŋridä bolmïš el etmiš bilgä qaɣan：登里罗没蜜施颉德蜜施毗伽可汗，Qarlïɣ qaɣan：葛勒可汗；册封：英武威远毗伽可汗（758）	Bayan čor：磨延啜
3	759—780	Ay täŋridä bolmïš el etmiš alp külüg bilgä qaɣan：爱登里罗没蜜施颉咄登蜜施合俱禄毗伽可汗，Täŋri qaɣan：登里可汗，Bögü qaɣan：牟羽可汗；册封：英义建功可汗（763）	Erkin bögü：移地健牟羽

《故回鹘葛啜王子墓志》之突厥如尼文考释 | 117

续表

位次	在位年代	尊号、封号及册封年代	姓名
4	780—789	Alp qutluɣ bilgä qaɣan：合骨咄禄毗伽可汗；册封：武义成功可汗（780），长寿天亲可汗（788）	Tun baɣa tarqan：顿莫贺达干
5	789—790	Täŋridä bolmïš külüg bilgä qaɣan：登里罗没蜜施俱禄毗伽可汗；册封：忠贞可汗（789）	Talas：多逻斯
6	790—795	Qutluɣ bilgä qaɣan：咄禄毗伽可汗；册封：奉诚可汗（790）	A čor：阿啜
7	795—805	Täŋridä uluɣ bolmïš alp qutluɣ külüg bilgä qaɣan：登里罗羽禄没蜜施合多禄胡禄毗伽可汗；册封：怀信可汗（795）	Qutluɣ：骨咄禄
8	805—808	Täŋridä alp külüg bilgä qaɣan：腾里野合俱禄毗伽可汗；册封：？（805）	Külüg bilgä：俱禄毗伽
9	808—821	Täŋridä qut bolmïš alp bilgä qaɣan：登里罗没蜜施合毗伽可汗；册封：保义可汗（808）	？
10	821—824	Täŋridä uluɣ bolmïš alp küčlüg bilgä qaɣan：登里罗羽禄没蜜施合句主禄毗伽可汗；册封：崇德可汗（821）	？
11	824—832	Ay täŋridä qut bolmïš alp bilgä qaɣan：爱登里罗没蜜施合毗伽可汗；册封：昭礼可汗（825）	Qasar tigin：葛萨特勤
12	832—839	Ay täŋridä qut bolmïš alp küčlüg bilgä qaɣan：爱登里罗没蜜施合句主禄毗伽可汗；册封：彰信可汗（833）	Kül tigin：胡特勤
13	839—840	？	Qasar tigin：馺特勤

葛啜王子出身于药罗葛氏族，符合这一条件的仅有前6位。唐贞元十一年（795）第六位可汗阿啜死后，因无子，国人立其相骨咄禄为可汗，是为第七位可汗。虽然骨咄禄本硤跌氏，而不是药罗葛氏，但他仍冒姓药罗葛氏，并将自天亲可汗（顿莫贺）以上的子孙，凡属幼稚者，一概送往唐朝，药罗葛氏从此绝统。[①]

另外，葛啜王子之父车毗尸特勤曾参与平定安史之乱，符合这一条件者，仅剩牟羽可汗时期的车鼻施将军。牟羽可汗为磨延啜次子移地健，于唐肃宗乾元二年（759）磨延啜死后嗣为登里可汗。《旧唐书·回纥传》载："（乾元二年）夏四月，回纥毗伽阙可汗死，长子叶护先被杀，乃立其少子（移地健）登里可汗。"[②] 牟羽可汗的历史功绩在于协助唐朝打败安史叛军，收复东京（洛阳），使唐朝取得平叛的重大胜利。《旧唐书·回纥传》载："（肃宗至德二年）十月，广平王、副元帅郭子仪领回纥兵马，与贼战于陕西。初次于曲沃，叶护使其将军车鼻施吐拨裴罗

---

① 林幹、高自厚：《回纥史》，内蒙古人民出版社，1994年，第44—45页。
② 《旧唐书》卷一九五《回纥传》，中华书局，1975年，第5201页。

等旁南山而东，遇贼伏兵于谷中，尽殪之。子仪至新店，遇贼战，军却数里，回纥望见，逾山西岭上曳白旗而趋击之，直出其后，贼众大败。"① 这里的"车鼻施"将军应是葛啜王子的父亲车毗尸特勤了。特勤一般为可汗之子弟。若此，葛啜王子的父亲有可能是牟羽可汗之弟。

葛啜王子应是在骨咄禄可汗将自天亲可汗以上的子孙送往唐朝的过程中，于贞元十年（794）五月来长安的。

（4）墓盖汉文称"回鹘"，即葛啜王子于贞元十一年（795）六月七日下葬时已有此称谓。关于回纥改名回鹘，史书记载多有不同。《旧唐书》《旧五代史》等说在唐元和四年（809），《新唐书》等说在唐贞元四年（788），《唐会要》《册府元龟》等又说在唐贞元五年（789）。该墓志的发现，若用排除法，至少可以排除《旧唐书》和《旧五代史》载元和四年改称回鹘之说。

（5）对比该墓志的汉文与突厥如尼文可以看出，突厥如尼文虽记述简短，但对葛啜王子世袭的记载则更为详尽，可弥补汉文的记载。另外，因突厥如尼文是音素文字，其记音更为准确，这对于还原墓志中的人名有极大的帮助。

参考文献：

1. 麻赫穆德·喀什噶里. 突厥语大词典（汉文版）：第2卷[M]. 北京：民族出版社，2002.

2. 耿世民. 古代突厥文碑铭研究[M]. 中央民族大学出版社，2005.

3. 冯志文，吴平凡. 回鹘史编年[M]. 新疆大学出版社，1992.

4. 林幹，高自厚. 回纥史[M]. 内蒙古人民出版社，1994.

5. 罗新. 中古北族名号研究[M]. 北京大学出版社，2009.

6. 芮传明. 古突厥碑铭研究[M]. 上海古籍出版社，1998.

7. MEHMET ÖLMEZ. Orhon-Uygur Hanliği Dömeni, Moğolistan'daki Eski Türk Yazıtları, Metin-çeviri-sözlük[M]. Turkey: Ankara, 2012.

8. ERHAN AYDIN. Orhon Yazıtları (Köl Tegin, Bilge Kağan, Tonyukuk, Ongi, Küli çor)[M]. Kömen Yayınları, 2012.

原载《西域研究》2013年第4期

（张铁山，中央民族大学中国少数民族语言文学学院教授）

---

① 《旧唐书》卷一九五《回纥传》，中华书局，1975年，第5199页。

唐回鹘葛啜王子墓志反映的几个问题

李宗俊

最近，来自土耳其、芬兰、中国等国的八位考古学家会聚西安大唐西市博物馆，对在西安新发现并被该馆收藏的一块唐代回鹘王子墓志，进行仔细辨识、研究后确认，这块墓志是唐代回鹘王子葛啜的墓志。对此，《中国社会科学报》、《新疆日报》、中国新闻网等纷纷做了报道。这是我国迄今为止发现的唯一一块由汉文、鲁尼文（Rune）双语书写的唐代石刻墓志，也为世界上首次发现的用这两种文字书写的地下墓志，填补了古突厥文字在东亚地区碑铭文献资料发现中的空白，对研究回纥（回鹘）与唐朝的关系、回纥汗国在漠北的历史具有重要意义，尤其对于史书反映的回纥内讧与王室重大变更等史事都有印证和补正的作用。这块石刻墓志，发现于西安市唐长安城明德门附近的一处唐代墓地里，呈正方形，边长约40厘米，由墓盖和墓志两部分组成，保存完整，文字清晰。墓盖上书"故回鹘葛啜王子墓志"数字；志文右边是汉字，左边为鲁尼文字母刻写的古突厥文。汉文部分标题为，"故回鹘葛啜王子守左领军卫将军墓志并序"。撰者为"给事郎守秘书省著作郎赐绯鱼袋崔述"。（图1）本文拟对该墓志所涉几个问题予以考释探讨，敬请方家指正。此将墓志汉文正文部分录文如下：

> 回鹘葛啜王子，则可汗之诸孙。我国家讨平逆臣禄山之乱也，王子父车毗尸特勤实统戎左右，有功焉。故接待之优宠，锡之厚，殊于他国。王子以去年五月来朝，秩班禁卫，宾籍鸿胪。方宜享兹荣耀，光于蕃部，奈何不淑，以贞元十一年五月廿日遘疾亡殂，享年二十。以其年六月七日葬于长安县张杜原。兄王子阿波啜与诸部之属，衔哀奉丧。送终之饰，则有诏所司备仪焉，礼无其阙。呜呼！修短命也，死者生之终。乃刻石志墓云：蕃之王子兮，气雄雄；生言始兮，死言终；魂神异兮，丘墓同。

图1　回鹘王子葛啜墓志

一、碑文出现的鲁尼文文献价值

墓志右边是汉字，左边为鲁尼文字母刻写的古突厥文。鲁尼文，又称如尼文或卢恩文，是一类已灭绝的文字，在中世纪的欧洲用来书写某些北欧日耳曼语族的语言，特别在北欧斯堪的纳维亚半岛与不列颠岛屿通用。在我国古代北方突厥汗国（552—745）和回鹘汗国（745—840）时期突厥语族诸民族曾使用这一种文字。大约从9世纪以后这种文字逐渐被废弃。其后为了翻译摩尼教经文，在借助粟特文的基础上，回鹘抄经师们又创造了一种新的文字体系，即通常所说的回鹘文。前者在外形上同古代北欧的鲁尼文很相似，所以学术界又称其为古代突厥鲁尼文（Runic Script）。又因为用这种文字刻成的主要碑铭是在蒙古国鄂尔浑（Orkhon）河流域发现，所以也称鄂尔浑突厥文（Orkhon Turkic Script），语言称鄂尔浑突厥语（Orkhon Turkic）。另外，这种文字也在叶尼塞（Yenisey）河流域发现，所以也称叶尼塞文[1]。

自17世纪起，欧洲不断有人在西伯利亚等地注意到刻有这种文字的石壁或碑铭。1889年，俄国考古学会东西伯利亚分会组织的以雅德林采夫（N.M.Yadrintsev）为首的考古队在今蒙古国的土拉河、鄂尔浑河一带考察时，在和硕柴达木（Koshotsaidam）湖畔发现了轰动全世界学术界的《阙特勤碑》和《毗伽可汗碑》。1891

---

[1] 耿世民：《古代突厥文碑铭研究》，中央民族大学出版社，2005年，第23页。

年，俄国科学院考古队又在蒙古国翁金（Ongin）河畔又发现了所谓《翁金碑》。之后，鲁尼文石刻铭在内陆亚洲、中亚等地有广泛发现。这些碑铭，往往为同时用鲁尼文突厥文和汉文书写的双语碑。20世纪初，随着敦煌藏经洞的发现，又出土了用这种文字书写的突厥文写本，更加丰富了鲁尼文突厥文献。但此前在我国境内尚无完整的鲁尼文突厥碑铭发现。

在这些碑铭被发现期间，丹麦著名语言学家汤姆森（V.Thomsen）与俄国拉德罗夫二人同时在积极从事碑文文字的解读工作，并于1893年成功解读。从此，学术界开始对这批鲁尼文突厥碑铭进行真正意义上的研究，一百多年来，已经取得了丰硕成果。岑仲勉、韩儒林、耿世民、林幹等前辈学者从20世纪以来，结合汉文文献在突厥碑铭的研究中亦取得了可喜成绩。这些研究大大丰富和推进了突厥与回鹘史的研究。

有必要指出的是，在迄今发现的用鲁尼文写成、属于回鹘（回纥）汗国的文献保存下来的不多，主要的碑铭如《回纥英武威远毗伽可汗（749—759年）碑》（也称《葛勒可汗碑》或《磨延碑》）、《九姓回鹘爱登里啰汩没密施合毗伽可汗圣文神武碑》（又称《哈拉巴喇哈逊碑》）、《苏吉碑》、《塔里亚特（Taryat）碑》（又称《铁尔痕（Terkhin）碑》或《磨延啜第二碑》）、《铁兹（Tez）碑》（又称《牟羽可汗碑》）等。加之，这些碑铭多暴露于外，经过千百年的风化侵蚀和人为破坏，多已不复完整，而这块珍贵的回鹘葛啜王子墓志，文字清晰，志文完整，不仅是我国迄今为止发现的唯一一块唐代汉文、鲁尼文双语石刻墓志，也为世界上首次发现用这两种文字合璧书写的地下墓志，为学术界提供了新资料，填补了古突厥文字在东亚地区碑铭文献资料发现的空白，对研究这种文字或研究回鹘人当时使用这种文字的情况具有重要意义。

二、墓主人身世及其反映的唐与回鹘关系

首先，墓志标题对墓主身份交代得很清楚，为回鹘王子，名葛啜。此"葛"是否为回鹘王室"药罗葛氏"的简称不得而知，但"啜"往往被用在突厥与回鹘王子名或官号中，韩儒林先生曾就突厥或回纥官号中多出现此字的现象指出："其职司虽不得详，但据突厥东五部有五'啜'推之，其地位当亦为一部之长"[①]。其次，墓主逝世前官衔为唐守左领军卫将军，为唐代府兵制下各卫大将军中正三品的武官，官阶很高，地位显赫，而且以外宾的身份籍隶于唐朝中央政府负责外宾事务的鸿胪

[①] 韩儒林：《突厥官号考释》，见《穹庐集——元史及西北民族史研究》，上海人民出版社，1982年，第322页。

寺，所谓"秩班禁卫，宾籍鸿胪"。再者，正文开头第二句"则可汗之诸孙"，该句更加清楚地点明了其为回纥王室成员的身份，至于是哪个可汗的孙子，没有明确交代。但接下来一句，又进一步点名了其在唐之所以受到如此恩宠、礼遇的一关键因素，即其父在安史之乱中，曾统戎回鹘军队助唐平叛，为唐朝建立过丰功伟绩。因碑文"父"字前二字缺损，按照后一字残留笔画与文义推断，应该是"王子"二字，即"王子父车毗尸特勤"，其父为助唐平定安史之乱的回鹘王子车毗尸特勤。"特勤"为突厥语王子的意思，为可汗王子的专称。此需赘述一点的是，学术界对史书中出现的此二字究竟是"特勤"还是"特勒"曾争论了很久。司马光《资治通鉴》记载突厥土门可汗时期曰："土门自号伊利可汗，号其妻为可贺敦，子弟谓之特勒。"继之《考异》曰："诸书或作特勤。今从刘昫《旧唐书》及宋祁《新唐书》。"①受司马温公此误导，自此史书往往将"特勤"误书为"特勒"。直到后来经过元朝耶律铸及清代学者钱大昕，以及近代学者韩儒林等人的前后勘误，方刊正为"特勤"，非"特勒"。而此碑的发现，就更加印证前代学者的刊正是正确的。

那么，其父车毗尸特勤在史籍中有无记载呢？唐朝自安史之乱爆发以后，面对气焰嚣张的叛军，唐朝廷不得不向多年的外交盟友回纥求助。至德二年（757）和宝应元年（762）唐朝曾两次向回纥求援。两次均得到回纥的响应。而且回纥骑兵两次南下，都是在唐军与叛军长期僵持的形势下投入战斗并很快扭转了战局。唐收复两京和消灭叛军主力，回纥骑兵都发挥了关键性的作用，为唐与回纥间那种多年患难与共的盟友关系及藩属关系留下了极其光彩的一页。但这两次回纥兵的统帅，似乎皆与车毗尸特勤的名号不符。前一次，史书记载，唐朝派遣皇室成员敦煌郡王李承寀等出使求援，经双方很快交涉后，"怀仁可汗遣其子叶护及将军帝德等将精兵四千余人来至凤翔；上引见叶护，宴劳赐赉，惟其所欲。丁亥，元帅广平王俶将朔方等军及回纥、西域之众十五万，号二十万，发凤翔。俶见叶护，约为兄弟，叶护大喜，谓俶为兄。回纥至扶风，郭子仪留宴三日。叶护曰：'国家有急，远来相助，何以食为！'宴毕，即行"②。此后，史书多处记载到这位回纥怀仁可汗的长子叶护，但遗憾的是始终没提及其具体的名号。至于这"叶护"的称号，韩儒林先生考得："乃一部族中之分部部长也。"③杨圣敏先生进一步考得："回纥可

---

① 《资治通鉴》卷一六四"元帝承圣元年"条，中华书局，1956年，第5078页。
② 《资治通鉴》卷二二〇"肃宗至德二年"条，中华书局，1956年，第7032—7033页。
③ 韩儒林：《突厥官号考释》，见《穹庐集——元史及西北民族史研究》，上海人民出版社，1982年，第319页。

汗、可敦之下，官爵最高者为叶护……叶护常以太子或可汗家族的近亲为之。"[①]其实，回纥官号多沿袭突厥制度，《北史·突厥传》记载突厥："大官有叶护，次设，次特勤，次俟利发，次吐屯发，及余小官，凡二十八等，皆世为之。"[②]由此，葛啜王子的父亲车毗尸特勤官号与"叶护"不合，而且其墓志也并没强调其父是否为回纥太子这一重要身份，所以，其父应该不是这次平叛的回纥主帅叶护。

回纥帮助唐朝平叛的第二次，为代宗宝应元年（762），是在安史之乱的余孽史朝义攻陷唐朝东都，且叛军事先通好回纥，在欲离间回纥反唐的关键时刻。唐代宗遣中使刘清潭出使回纥求援，经过仆固怀恩的交涉，回纥为唐出兵，但这次是由回纥登里可汗率领十万大军。这次回纥大军与唐将仆固怀恩等率领的联军于横水大败叛军，进而二次收复东都。史书对此次回纥的援唐记载亦非常明确，说明葛啜王子的父亲车毗尸特勤亦非二次助唐平叛的回纥军统帅。

但史书记载了两次随回纥大军前来的一回纥将军，第一次，史书记载："初，（回纥大军）次于曲沃，叶护使其将军车鼻施吐拨裴罗等旁南山而东，遇贼伏兵于谷中，尽殪之。"[③]第二次，史书记载，当回纥登里可汗率领的大军前来，唐代宗任命当时任元帅的雍王李适前去接应，可汗要求雍王于帐前跪拜施礼，但雍王及其随从认为回纥是受唐朝册封的藩国，执意不施大礼拜见，"回纥宰相及车鼻将军庭诘曰……"[④]随后，以回纥车鼻将军惩罚了雍王随从作罢，但回纥仍然尽力帮助唐朝平定了叛乱。此车鼻将军应该是前一个车鼻施吐拨裴罗将军的省称，"吐拨"应为监察官"吐屯发"的促读，而"裴罗"也是对王子的称号或官号。葛啜王子的父亲车毗尸特勤应该是两次都参加了回纥帮助唐朝平定叛乱的战争。

由此，葛啜王子的父亲车毗尸特勤应为当年以一王子的身份参加回纥军助唐平叛的重要将领。正是因为葛啜王子的父亲车毗尸特勤曾参与或率领回纥军助唐平定了安史之乱，为大唐王朝的再造立下了卓越功勋，所以，唐朝对其来唐的子孙接待优渥，皇帝对他们赏赐优厚，官高爵显，无比荣耀，显然令其他外国王子大臣无以为比。正如其墓志云："王子父车毗尸特勤实统戎左右，有功焉。故接待之优宠，锡之厚，殊于他国……方宜享兹荣耀，光于蕃部……"至年仅二十岁的葛啜王子病逝以后，唐朝德宗皇帝又颁诏以厚礼送葬，墓志称："送终之饰，则有诏所司备仪焉，礼无其阙。"

---

① 杨圣敏：《回纥史》，广西师范大学出版社，2008年，第76页。
② 《北史》卷九九《突厥传》，中华书局，1974年，第3287—3288页。
③ 《旧唐书》卷一九五《回纥传》，中华书局，1975年，第5199页。
④ 《旧唐书》卷一九五《回纥传》，中华书局，1975年，第5203页。

其实，唐朝对回鹘葛啜王子的这种优待，正是唐与回纥昔日密切关系的真实反映。反观唐与回纥的友好关系，可谓源远流长，关系特殊。早在贞观初年，在唐王朝出兵突厥，解除威胁北方的突厥之患之际，世居漠北的回纥、薛延陀等诸铁勒部族就给予了积极的军事配合。贞观二十年（646），唐朝出兵攻打薛延陀，随即薛延陀政权灭亡，漠北回纥等十一部首领随即向唐朝贡，并在太宗车驾巡幸灵州之际，铁勒诸部又遣使至灵州，上尊唐太宗为"天可汗"。随即，在回纥等部的请求之下，唐于漠北回纥等部设置瀚海等六都督府、七州，设置燕然都护府统一管理和实行羁縻统治，又于漠北与长安之间修筑"参天可汗道"，以加强联系。随后，在回纥内讧首领吐迷度被杀以后，燕然副都护元礼臣设计擒拿凶手乌纥，扶持吐迷度之子婆闰继其父位，从此以回纥为核心的铁勒诸部更加效忠于唐王朝，唐王朝设在漠北的燕然都护府也因之而维持了近四十年的统治。自此，在唐朝平定突厥余部及西突厥阿史那贺鲁的反叛中，以及在唐朝出兵高丽的战争当中，回纥铁骑往往成为唐军出征所仰仗的主力，其首领婆闰因战功卓著而被唐加授右卫大将军之职，后又加为右卫大将军兼瀚海都督。因此，回纥民族曾为唐朝统一的多民族国家的形成立下汗马功劳。在武则天当政的一段时间，因后东突厥汗国的复国，回纥等九姓铁勒诸部再次遭到突厥攻击或役使，这时期大批的回纥等铁勒诸部纷纷南下归附唐朝，被唐朝安置在东起蔚州（今山西灵丘）、西至甘州（今甘肃张掖）的长城沿线。

天宝初年，后东突厥汗国最终在唐朝与回纥的夹击下灭亡。天宝二年（743），回纥俘虏突厥乌苏可汗，次年八月，传首京师，唐为此封回纥酋长骨力裴罗为奉义王。不久，骨力裴罗又联合葛逻禄，攻杀拔悉密可汗，自立为骨咄禄毗伽阙可汗，并随即遣使长安请求唐朝册封。天宝四年（745），骨力裴罗击杀突厥白眉可汗，传首京师，唐玄宗册拜他为怀仁可汗。回纥在得到唐王朝的支持以后，向南居突厥故地，立牙帐于乌德犍山（今蒙古国杭爱山），成为漠北霸主。

正是因为唐朝与回纥的友好关系源远流长，彼此在内政外交上积极配合，所以，在安史之乱发生，唐王朝出现危亡的生死关头，回纥可汗在叛乱发生后的第二年率先遣使唐朝，请求出兵助国讨贼。最终唐王朝两次求援，依靠回纥的铁骑，平定了叛乱，保存了社稷江山。此后，回纥在帮助唐朝抵御吐蕃的进攻，维护唐朝在西域、中亚的羁縻统治方面均发挥了关键作用。而在这中间，唐王朝对回纥的礼遇和赏赐也是空前绝后，其中先后将包括仆固怀恩二女在内的七位公主嫁给回纥可汗，即宁国公主、小宁国公主、崇徽公主、咸安公主、太和公主、仆固怀恩另一女光钦可敦等。其中三位是皇帝的亲女，可见唐朝对于与回纥关系的重视。唐朝与回纥之间的这种友好关系也成了中国历史上中原王朝与周边民族政权之间最为持久的同盟关系和宗藩关系。

三、墓主投唐反映的回鹘内讧及王室变更等史事

如前所述，回鹘葛啜王子的这方墓志，对于探明发生在贞元十年（794）前后的一次回纥内讧及王室的重大变更事件都有印证和补正的作用。

史书记载，回纥姓药罗葛氏，居薛延陀北娑陵水上，唐初，回纥等六部在郁督军山者，东属始毕可汗。其部人"有时健俟斤者，众始推为君长"。时健俟斤的儿子曰菩萨，"材勇有谋"，时健俟斤死后，其子被部人立为酋长。贞观初年，突厥颉利可汗政乱，于是役属于突厥政权的薛延陀、回纥、拔野古等纷纷叛离，颉利可汗遣其兄子欲谷设将十万骑兵征讨，"回纥酋长菩萨将五千骑，与战于马鬣山，大破之。欲谷设走，菩萨追至天山，部众多为所虏，回纥由是大振"①。此后，回纥又与薛延陀结盟，菩萨号"活颉利发（大颉利发），树牙独乐水上"②。可见，药罗葛氏应为回纥本部最初的共同姓氏或部号，而菩萨父子实为回纥药罗葛氏族世袭诸部首领的开始。只是后来，随着回纥势力的发展，尤其在唐支持下回纥王国政权建立以后，回纥政权不断兼并铁勒各部，成为所谓回纥别部，于是回纥内部加入了其他姓氏。

那么，回纥药罗葛氏世袭诸部首领的地位是什么时候被代替的呢？史书似乎没有明确记载。但史书有关记述，也为我们提供了一条重要线索。其中记载，回纥王国至贞元十一年（795），奉诚可汗卒，因无子，"国人立其相骨咄禄为可汗"。对于骨咄禄其人，史书均记他"本姓跌跌氏，辩慧有勇略，自天亲时典兵马用事，大臣诸酋长皆畏服之。既为可汗，冒姓药罗葛氏，遣使来告丧。自天亲可汗以上子孙幼稚者，皆内之阙庭"③。由此说明，世袭回纥诸部首领的药罗葛氏，至奉诚可汗卒后，因其无子嗣，所以汗位被本姓跌跌氏的大相骨咄禄篡立。而且在骨咄禄篡立汗位以后，"冒姓药罗葛氏"，且及时遣使唐朝来通报奉诚可汗已卒的消息，但不知为何还将原可汗子孙"幼稚者，皆内之阙庭"。《新唐书·回纥传》记，在骨咄禄篡立汗位以后，"以药罗葛氏世有功，不敢自名其族，而尽取可汗子孙内之朝廷"。这里的记载似乎都十分平静，但细细玩味，便不难发现，在平静的记述背后所掩盖着的那一场并不平静的内讧。因奉诚可汗卒

---

① 《资治通鉴》卷一九二"太宗贞观元年"条，中华书局，1956年，第6045—6046页。
② 《新唐书》卷二一七《回鹘传》，中华书局，1975年，第6112页。
③ 《资治通鉴》卷二三五"德宗贞元十一年"条，中华书局，1956年，第7568页。

后，可汗家族的子弟显然还有很多，骨咄禄为何不选而立之呢？而且为何要将原可汗子孙全部送到唐朝来呢？其实正说明其汗位来路不明，很可能是经历了一场血腥的政变得来的。而且很有可能奉诚可汗的薨逝就与之有关。再从其及时向唐朝廷告哀报丧来看，应该是为取得唐政府的支持和正式册封而来。对于当时的唐政府来说，可能因安史之乱以来国势日衰，加之藩镇叛乱与吐蕃的连年战争，显然已经无力干涉发生在回纥内部的这场内讧，只好审时度势地默认或与之达成某种政治交易后作罢。但值得称道的是，唐政府因为顾念回纥可汗王室药罗葛氏昔日在平定安史之乱之际给予的军事援助之功，所以将政变中幸存下来的王室年轻和年幼的成员全部接来，并给予他们优厚的政治待遇，让他们政治避难。这种情况，今由回鹘葛啜王子的这方墓志得到了很好的印证。从这方墓志得知，同时来唐的除葛啜王子外，尚有其兄阿波啜王子及与王室关系密切的诸部跟随者。另外，由这方墓志可驳正史书的一点是，史书将这次回纥可汗变更，王室子孙来唐避难的时间记为贞元十一年，但从该墓志得知，应该是贞元十年五月以前就已经发生，因葛啜王子是从贞元十年五月来唐的，贞元十一年五月已经病逝，说明史书对此的记载有滞后的现象。

最后，该墓志就回纥改称回鹘的时间问题亦有补证史书的作用。此问题，因史书记载有三种说法，后世多有争议。《旧唐书》《旧五代史》等记为唐宪宗元和四年（809）改；《新唐书》记在唐德宗贞元四年（788）；《唐会要》《册府元龟》等又记为唐德宗贞元五年（789）改。至司马光等纂修《资治通鉴》时采用了《新唐书》的说法，其中记：唐德宗贞元初年，唐与回纥再次和亲，唐德宗许降咸安公主给回纥合骨咄禄可汗。贞元四年，可汗遣其妹及大臣等一千多人来迎娶可敦，"冬，十月，戊子，回纥至长安，可汗仍表请改回纥为回鹘；许之"。继之，司马温公在《资治通鉴考异》中罗列了以上史书记载的三种不同，并进而考证曰："《邠侯家传》：四年七月，可汗上表请改'纥'字为'鹘'，与李繁《北荒君长录》及《新回鹘传》同。按李泌明年春薨，若明年七月方改，《家传》不应言之。今从《家传》《君长录》《新书》。"[①]依据葛啜王子墓志，显然至迟在德宗贞元十一年回纥就已称回鹘，《旧唐书》等记为唐宪宗元和四年的记载显然失实。说明回纥改称回鹘的时间就在德宗贞元年间，具体应该是贞元四年十月回纥迎婚使到达长安之际便上表请改，德宗当时已经允诺，具体颁发诏书一定是该年十一月唐朝颁诏以刑部尚书关播为送咸安公主兼册回鹘可汗使的同时，而这一诏书到达回纥的时

[①] 《资治通鉴》卷二三三"德宗贞元四年"条，中华书局，1956年，第7515页。

间应该已为贞元五年，所以唐朝方面的改称从贞元四年十一月已经开始，而漠北回纥自己改称回鹘已到贞元五年。

原载《唐史论丛》（第17辑），陕西师范大学出版总社，2014年

（李宗俊，陕西师范大学历史文化学院教授）

大唐西市博物馆藏《回鹘米副侯墓志》考释

杨富学

一、墓志概况与录文

2013年8月，"中国敦煌吐鲁番学会成立三十周年国际学术研讨会"在北京召开，胡戟提交《西迁前的回鹘与唐的关系》一文，利用西安大唐西市博物馆收藏的两方唐代墓志以探讨唐与回鹘之间的密切关系。发覆创新，颇受关注。[①]

胡戟文章中提到的两方墓志，第一方为《石解墓志》，其中记载有"贞元七年（791）夏鸿胪卿庾侹充册回鹘公主使"之事；第二方为《回鹘葛啜王子墓志》，志文记载了贞元十年（794）回鹘葛啜王子入唐，一年后在长安去世一事。两方墓志虽然内容都比较简略，但对相关研究有其特殊价值，颇值得关注。

其一，两方墓志都为唐与回鹘关系史的研究提供了重要的实物证据，非常难得。对此，前贤已多有发覆[②]，兹不复赘。

其二，《回鹘葛啜王子墓志》在志文左侧靠近志石左端处刻有17行突厥如尼文，是目前所知仅有的一方唐代汉文、突厥如尼文双语石刻墓志，对于研究回鹘与唐朝的关系、回鹘历史文化具有重要意义，故而特别引人注目，不少学者投入研究。[③]

---

① 胡戟：《西迁前的回鹘与唐的关系》，中国敦煌吐鲁番学会成立三十周年国际学术研讨会（北京，2013年8月）提交论文。

② 罗新：《大唐西市博物馆汉文鲁尼文双语回鹘王子葛啜墓志简介》，见吕建中、胡戟主编：《大唐西市博物馆藏墓志研究续一》，陕西师范大学出版总社，2013年，第1—4页；李宗俊：《唐回鹘葛啜王子墓志反映的几个问题》，见杜文玉主编：《唐史论丛》（第17辑），陕西师范大学出版总社，2014年，第253—261页。

③ 其中比较重要者有张铁山：《〈故回鹘葛啜王子墓志〉之突厥如尼文考释》，《西域研究》2013年第4期；白玉冬：《回鹘王子葛啜墓志鲁尼文志文再释读》，《蒙古史研究》2013年第11辑，第45—52页；芮跋辞、吴国圣：《西安新发现唐代葛啜王子古突厥鲁尼文墓志之释读研究》，见荣新江主编：《唐研究》（第19卷），北京大学出版社，2013年，第425—442页；成吉思：《〈葛啜墓志〉突厥文铭文的解读》，见荣新江主编：《唐研究》（第19卷），第443—446页。

其三，墓志的发现，为确定"回纥"改名为"回鹘"之具体时间提供了强有力的证据。关于这一问题，史乘有三种不同的记载。《旧唐书》《旧五代史》等记为唐宪宗元和四年（809）；《新唐书》记在唐德宗贞元四年；《唐会要》《册府元龟》等又记为唐德宗贞元五年（789）。至司马光等纂修《资治通鉴》时采用了《新唐书》的说法，定在贞元四年（788），而将其他两种说法放在《通鉴考异》中，并做了如下考证：

> 《邺侯家传》：四年七月，可汗上表请改"纥"字为"鹘"，与李繁《北荒君长录》及《新回鹘传》同。按李泌明年春薨，若明年七月方改，《家传》不应言之。今从《家传》《君长录》《新书》。①

司马光的主张，始终未能成为学界通识。20世纪80年代，刘美崧撰文指出回纥更名回鹘是在元和四年，而非贞元四年。②后宋肃瀛进一步考证认为元和四年改名"是完全可靠的，不容怀疑的"。③

然揆诸《石解墓志》，其中有言："贞元七年（791）夏，鸿胪卿庾俚充册回鹘公主使，奏公为副，授监察御史里行，加章服。"④而《回鹘葛啜王子墓志》刻写于贞元十二（796）年，志文题作"故回鹘葛啜王子守左领军卫将军墓志并序"。正文则有"回鹘葛啜王子，则可汗之诸孙"之语。这些记载表明，至迟在德宗贞元七年以前，回纥就已经改称回鹘了，元和四年说是难以成立的。

贞元四年说与五年说仅有一年之差，依理度之，前者所见应为贞元四年十月回纥上表请求改名的时间，后者所记当为贞元五年德宗诏敕颁行回鹘的时间。

是见，胡戟揭橥的上述两方墓志对回鹘史研究具有相当重要的价值。在大作末尾，胡戟又捎带提及西安大唐西市博物馆新入藏的另一方唐代墓志——《回鹘米副侯墓志》，引起了笔者极大的兴趣。由于此志汉文水平较差，文字有缺漏，水锈严重，虽经处理，字迹仍然模糊不清，不易释读，胡戟为慎重起见，仅摘录了其中的个别文句。鉴于墓志所述摩尼教内容的重要，为对其进行透彻研究，笔者二度亲赴西安对墓志进行了细致的考察。尽管经多方努力，仍有个别字未能确定，所幸志文内容已大体完备。⑤

---

① 《资治通鉴》卷二三三"德宗贞元四年"条，中华书局，1956年，第7515页。
② 刘美崧：《回纥更名回鹘考》，《江西师范学院学报》1980年第1期，第77—81页。
③ 宋肃瀛：《回纥改名"回鹘"的史籍与事实考》，《民族研究》1995年第6期，第84页。
④ 胡戟、荣新江主编：《大唐西市博物馆藏墓志》，北京大学出版社，2012年，第755页。
⑤ 对该墓志的考察与研究，均得到大唐西市博物馆胡戟先生的大力支持，在此表示衷心感谢。

志石为青石质，正方形，边长46厘米，厚8厘米。志盖为盝顶，无题额，通体饰卷草花纹。志文首题《唐故回鹘云麾将军试左金吾卫大将军米副侯墓志记》，楷书，全文18行，满行19字，共321字。录文如下：

1. 唐故回鹘云麾将军试左金吾卫大将军米副侯
2. 墓志记
3. 盖闻四海枯渴之想，目①月有亏盈之时，五山尚有
4. 崩摧，人命刹那，焉能久住？光同尘内，花出淤泥。处
5. 俗时流，依师暮（慕）道，是我清净光明大师之也。净惠
6. 严洁，虚堂听而不掇，是我大哉之严师，唯米公年
7. 七十有三。住于唐国，奉于诏命，遂和而相滋。客（？）
8. 从远蕃，质子传息。身虽蕃目，内典是常。间里之间，
9. 敬奉如严师也。内外传则，共守典章，规门肃仪，示
10. 以训而不暇。四息二女，传孝道于盈街，处众推管。
11. 赞好能述，满路长月；诚次月晏，进直推亮。居家侍
12. 奉，曾参之不及；女事罗门，街公贵之不失。苍旻何
13. 负，忽降疾兮，寻师百度，恁（荏）苒难痊，转归宇。是日也，
14. 择兆良晨，安于邦国，迁布政乡静安里，庚于上
15. 地，施设千功，鸣沙氏之对棺，连玉堂而杳真，握于
16. 丈余，广施妙矣。亲戚同悲。长庆癸卯十二月十六
17. 日。奉敕京兆府长安、万年两县，官供棺僎、輀□（车），
18. 设馔列于街，给仰街事，女（安）能不嗟兮？故隽（镌）记矣。

墓志出土地不详，但虑及葛啜王子墓志发现于西安市唐长安城德明门附近的一处唐代墓地中，易言之，这里有可能为唐代回鹘人的墓地。若然，则回鹘米副侯墓志出土于该墓地，亦未可知。

该墓志尽管文字不多，但内容丰富，对研究回鹘宗教、回鹘与粟特关系，乃至唐与回鹘之关系等，都有极其重要的学术价值。故不惮其烦，兹予考述。

二、墓主身份为回鹘摩尼师说

志文第5—6行称墓主的身份为"清净光明大师"。该师"净惠严洁，虚堂听而不掇，是我大哉之严师"。尽管墓主来自胡人，却对"内典"非常了解，此即志

---

① "目"，观字形或可读作"日"字，但前句"闻"为动词，只有读作"目"，后句才能与前句形成对仗，应以"目"为是。

文"身虽蕃目,内典是常"之所谓也。志文又继续写道,大师"内外传则,共守典章,规门肃仪,甘以训而不暇",同样说的是他对戒律的坚守和对经典的谙熟。职是之故而受到众人的尊崇,以致"闾里之间,敬奉如严师也"。下文又有"寻师[①]百度"之语。这些都说明,此人的身份为宗教法师和高僧无疑。

那么,此人应为何种宗教之法师呢?胡戟接受张广达的意见,推测为摩尼教,[②]甚是。惜未做深入探究。

首先看"清净光明大师"。"清净光明"者,多见于敦煌本摩尼教文献,如中国国家图书馆藏摩尼教文献宇字56（BD00256）《波斯教残经》第135—137行云:"《宁万经》云:'若电那勿具善法者,清净光明,大力智惠,皆备在身。即是新人,功德具足。'"[③]第203—204行亦云:"第一日者,即是惠明;十二时者,即是胜相十二大王,以像清净光明世界无上记验。"[④]

敦煌写本S.2659摩尼教《下部赞》第146行:"清净光明大力惠,我今至心普称叹。慈父明子净法风,并及一切善法相。"[⑤]第151行:"清净光明力智惠,慈父明子净法风。微妙相心念思意,夷数电明广大心。"[⑥]在近期新发现的霞浦本摩尼教文献《摩尼光佛》中,同样出现有"清净光明,大力智惠"之语（第32页第1—2行,总248—249行）。[⑦]

不唯古代写本,在福建泉州等地发现的摩尼教石刻中,亦不乏"清净光明"之语,如泉州晋江华表山草庵遗址有"劝念　清净光明　大力智慧　无上至真　摩尼

---

① 这里的"师",也有可能为医师或治病的法师,未敢遽断。
② 胡戟:《西迁前的回鹘与唐的关系》,中国敦煌吐鲁番学会成立三十周年国际学术研讨会（北京,2013年8月）提交论文。
③ 中国国家图书馆编:《国家图书馆藏敦煌遗书》（第4册）,北京图书馆出版社,2005年,第361页;林悟殊:《摩尼教及其东渐·附录》,中华书局,1987年,第219页;芮传明:《东方摩尼教研究》,上海人民出版社,2009年,第370页。
④ 中国国家图书馆编:《国家图书馆藏敦煌遗书》（第4册）,北京图书馆出版社,2005年,第362页;林悟殊:《摩尼教及其东渐》,中华书局,1987年,第224页;芮传明:《东方摩尼教研究》,上海人民出版社,2009年,第372页。
⑤ 中国社会科学院历史研究所等编:《英藏敦煌文献（汉文佛经以外部分）》（第4卷）,四川人民出版社,1991年,第147页;林悟殊:《摩尼教及其东渐》,中华书局,1987年,第245页;芮传明:《东方摩尼教研究》,上海人民出版社,2009年,第398页。
⑥ 中国社会科学院历史研究所等编:《英藏敦煌文献（汉文佛经以外部分）》（第4卷）,四川人民出版社,1991年,第148页;林悟殊:《摩尼教及其东渐》,中华书局,1987年,第245页;芮传明:《东方摩尼教研究》,上海人民出版社,2009年,第398页。
⑦ 杨富学、包朗:《霞浦摩尼教新文献〈摩尼光佛〉校注》,见马明达、纪宗安主编:《暨南史学》（第9辑）,广西师范大学出版社,2014年。

光佛"题刻。① 与之大体相同的十六字偈语又见于莆田涵江的一块断碑上。② 近期，在霞浦盐田乡飞路塔的塔前，也发现有"清净光明，大力智惠"题刻。③

可以看出，在摩尼教文献中，"清净光明"四字常常连在一起出现，在不少情况下又与"大力智惠"并用。而《下部赞》中的"清净光明大力惠"与"清净光明力智惠"无疑应是"清净光明，大力智惠"之省，削足适履，意在适应七言诗形式的要求。④

清净、光明、大力、智惠这些字眼，在儒释道文献中比比皆是，但都分开单独使用。将其连为一体者，则惟摩尼教而已，其意在于表明伟大圣父——摩尼的四个方面：神圣、光明、大力、智慧。⑤ 需提醒注意的是，"神圣"二字在汉文中却变成了"清净"。何以如此？吉田丰给出了这样的解释：汉文的"清净"直接来自粟特语动词'wswc（清净），而粟特语词又来自叙利亚语qdš（神圣）。⑥ 是证，汉语之"清净"当来自粟特语，而非摩尼教圣典的原始语叙利亚语。这一事实有利于证明笔者所持福建摩尼教来自回鹘而非经由海路直接取法西亚的观点。⑦

尤有进者，在吐鲁番出土回鹘文文献T.M.417中可见有körtlä küsänčig, adinčïγ

---

① 吴文良：《泉州宗教石刻》，科学出版社，1957年，第44页，图105；怀华：《福建晋江华表山摩尼教遗址》，《文物参考资料》1958年第4期，第28页；Peter Bryder, "Cao'an Revisited", A. von Tongreloo-S. Giversen ed., Manichaica Selecta. *Studies Presented to Profesor Julien Ries on the Occasion of His Seventieth Birthday*, Louvain, 1991, pp. 35-42。

② 陈长城：《莆田涵江发现摩尼教碑刻》，《海交史研究》1988年第2期，第117—118页；Lin Wushu, "On the Spreading of Manichaeism in Fujian, China", G. Wiessner-H.J. Klimkeit eds., *Studia Manichaica. II. Internationaler Kongreß zum Manichäismus*, 6-10. August 1989 St.Augustin/Bonn, Wiesbaden: Otto Harrassovitz 1992, pp. 342-355。

③ 陈进国、林鋆：《明教的新发现——福建霞浦县摩尼教史迹辨析》，见李少文主编：《不止于艺：中央美院"艺文课堂"名家讲演录》，北京大学出版社，2010年，第377页。

④ 林悟殊：《福建明教十六字偈考释》，见《中古三夷教辩证》，中华书局，2005年，第8页。

⑤ Peter Bryder, *The Chinese Transformation of Manichaeism: A Study of Chinese Manichaean Terminology*, Löberöd, 1985, pp. 13-14, 61-62, 81-83; Samuel N. C. Lieu, *Manichaeism in the Later Roman Empire and Medieval China: An Historical Survey*, Manchester, 1992, pp. 254, 257; A. van Tongerloo, "The Father of Greatness", H. Preißler-H. Seiwert eds., *Gnosisforschung und Religionsgeschichte. Festschrift für Kurt Rudolph zum 65. Geburtstag*, Marburg, 1994, pp. 338-339.

⑥ Yoshida Yutaka, "Review to Peter Bryder, The Chinese Transformation of Manichaeism: A Study of Chinese Manichaean Terminology", *Bulletin of the School of Oriental and African Studies*, Vol. 50, No. 2, 1987.

⑦ 杨富学：《回鹘摩尼僧开教福建及相关问题考》，《西域研究》2013年第4期。

yaruq，alp ärdämlig，bädük küčlüg之语。[1]茨默睿智地指出，该语所含四个词汇，正是回鹘摩尼教徒对圣父四个方面，即神圣、光明、大力、智慧的称颂。有意思的是，回鹘语使用的körtlä küsänčig，其字面意思为"美丽的"，"合意的、希望的、理想的"，更接近"清净"而非"神圣"。[2]说明回鹘语如同汉语一样，直接来自粟特语。是故，该语可对译作"清净光明，大力智惠"。

上述诸证，都指向一个结论，即回鹘米副侯墓志中的"清净光明大师"非回鹘摩尼教大师莫属。志文第5行出现的"净惠"，抑或可视作"清净""智惠"甚或"清净光明，大力智惠"之省语。

三、墓主为回鹘化粟特人说

墓志主人为米姓，首题中已有明确标示，志文又有"唯米公年七十有三。住于唐国，奉于诏命，遂和而相滋。客（？）从远蕃，质子传息。身虽蕃目，内典是常"诸语。由其中的米姓观之，此回鹘摩尼师应为来自米国的粟特人无疑。

米国（Maymurgh）位处中亚，首府为钵息德城，很可能就是今天塔吉克斯坦境内的片治肯特，系昭武九姓中的一个小国。《大唐西域记》卷一写作"弭秣贺国"。[3]中古时期，中原地区所见安姓、康姓、米姓几乎为昭武九姓所专有，而安氏与米氏尤为独特，因为这两个姓氏此前均不见于华夏，是最明显的粟特胡人姓氏。米姓人氏史书记载甚少，"其中最驰名者，首推宪宗穆宗二代之名歌手米嘉荣"[4]。其名见于段安节《乐府杂录》，唐代大诗人刘禹锡撰有《与歌者米嘉荣》诗。[5]米嘉荣之子米和长于琵琶，《乐府杂录》"琵琶"条云："咸通中，即有米和即嘉荣子也，申旋尤妙。"[6]在西安碑林博物馆保存有《米继芬墓志》（又作《米萨宝墓

---

[1] A. von Le Coq, "Türkische Manichaica aus Chotscho. Ⅲ", *Abhandlungen der Preussischen Akademie der Wissenschaften*, phil.-hist. Kl., Nr. 2, 1922, Nr. 15, S. 35.

[2] Moriyasu Takao, "On the Uigur čxšapt ay and the Spreading of Manichaeism into South China", R. E. Emmerick（ed.）, *Studia Manichaica. IV. Internationaler Kongress zum Manichäismus*, Berlin, 14.-18. Juli 1997, Berlin, 2000, p. 434.

[3] 〔唐〕玄奘、辩机著，季羡林等校注：《大唐西域记校注》，中华书局，1985年，第89页。

[4] 〔日〕桑原骘藏：《隋唐时代西域人华化考》，何健民编译，新文丰出版公司，1979年，第81页。

[5]《全唐诗》卷三六五，中华书局，1960年，第4116页。

[6] 〔唐〕段安节：《乐府杂录》，罗济平校点，辽宁教育出版社，1998年，第32页。

志》），系永贞元年（805）之物，1955年出土于西安西郊三桥①，其中有言："公讳继芬，字继芬，其先西域米国人也，代为君长，家不乏贤……夫人米氏，痛移夫之终，恨居孀之苦。公有二男，长曰国进，任右神威军散将，宁远将军，守京兆府崇仁府折冲都尉同正。幼曰僧思圆，住大秦寺。"②据《米继芬墓志》之记载，学者推断其当为中原粟特家族信仰景教的一个典型例证。③

米继芬，据考，其中的"芬"字，是粟特语人名之常用词尾，有"荣幸、运气"之意。④"芬"作为粟特最通行的男名之一，复现率很高，有时又作"忿""盆"，其意一也，如石演芬，见于《新唐书·石演芬传》⑤；石宁芬，见于《唐石崇俊墓志》⑥；石失芬、安胡数芬、唐羯师忿、何伏帝忿、石勃帝芬，均见于敦煌写本P.3559《从化乡天宝十载（751）前后差科簿》⑦；康失芬，见于吐鲁番文书73TAM509：8/1（a），8/2（a）《唐宝应元年（762）六月康失芬行车伤人案卷》⑧；曹莫盆，见于吐鲁番文书65TAM42：80《唐西州高昌县授田簿》⑨和64TAM35：47《唐神龙三年（707）高昌县崇化乡点籍样》⑩等等。是故，可以推定，上述诸米姓人物皆为粟特人无疑。⑪

---

① 墓志拓片见高峡主编：《西安碑林全集》（9函84卷），广东经济出版社，1999年，第3334—3338页；陈长安主编：《隋唐五代墓志汇编（陕西卷）》（第1册），天津古籍出版社，1991年，第25页；周绍良、赵超主编：《唐代墓志汇编续集》，上海古籍出版社，2001年，第796页。

② 阎文儒：《唐米继芬墓志考释》，《西北民族研究》1989年第2期，第154页；葛承雍：《唐代长安一个粟特家庭的景教信仰》，《历史研究》2001年第3期（又收入《唐韵胡音与外来文明》，中华书局，2006年，第232—233页）。

③ 葛承雍：《唐代长安一个粟特家庭的景教信仰》，《历史研究》2001年第3期（又收入《唐韵胡音与外来文明》，中华书局，2006年，第239页）。

④ W. B. Henning, *Sogdica. James G. Forlong Fund*, Vol. XXI, London：The Royal Asiatic Society, 1940, p. 6.

⑤ 《新唐书》卷一九三《石演芬传》，中华书局，1975年，第5555页。

⑥ 向达：《唐代长安与西域文明》，生活·读书·新知三联书店，1957年，第21页。

⑦ 唐耕耦、陆宏基编：《敦煌社会经济文献真迹释录》（第1辑），北京图书馆出版社，1986年，第208—261页。［日］池田温：《八世纪中叶敦煌的粟特人聚落》，辛德勇译，见刘俊文主编：《日本学者研究中国史论著选译》第9卷《民族交通》，中华书局，1993年。

⑧ 武汉大学历史系、新疆维吾尔自治区博物馆、国家文物局古文献研究室编：《吐鲁番出土文书》（第9册），文物出版社，1990年，第130—132页。

⑨ 武汉大学历史系、新疆维吾尔自治区博物馆、国家文物局古文献研究室编：《吐鲁番出土文书》（第6册），文物出版社，1990年，第266页。

⑩ 武汉大学历史系、新疆维吾尔自治区博物馆、国家文物局古文献研究室编：《吐鲁番出土文书》（第7册），文物出版社，1990年，第475页。

⑪ 蔡鸿生：《唐代九姓胡与突厥文化》，中华书局，1998年，第39—40页。

与之可相互印证的还有另外三方米姓墓志。其一为《米氏女墓志铭》,惜仅存"米氏九娘□,其先盖□□郡人也"寥寥数字①;其二为2002年于河北省大名县发现的《米文辩墓志铭》,内容丰富,对研究魏博镇粟特人集团的存在,提供了新证据②。尤其重要的是第三方,即西安出土的天宝三载(744)米国大首领米萨宝墓志。志文称:"公讳萨宝,米国人也。"③"萨宝"又作"萨薄",乃梵语sārthavāha的音译,为"队商首领"之意。林悟殊指出:"迄今所出土的墓志所提到的萨宝都是九姓胡,即粟特人。"④

上述事实可以证明,大凡米姓者,皆出自昭武九姓,即中亚粟特人。《回鹘米副侯墓志》中的米公,显然同为粟特人无疑。然而,其头衔却被冠作"回鹘云麾将军试左金吾卫大将军",说明该米姓粟特人,经过融合与同化,已变成回鹘大家庭之一员了。无独有偶,近似的情况还见于以下记载:其一,唐德宗建中初年(780),遣源休出使回纥,回纥可汗遂"遣散支将军康赤心等随休来朝"。⑤其二,五代后唐明宗应顺元年(934)闰正月,"瓜州入贡牙将唐进、沙州入贡梁行通、回鹘朝贡安摩诃等辞,各赐锦袍银带物有差"。⑥其中的康赤心、安摩诃,同样都为粟特人,其身份也都是回鹘使者。与米副侯颇有一些相类之处。米副侯作为回鹘摩尼教高僧,以使者身份客居于唐都长安,这是史书未见记载的逸事。这一碑刻的发现,填补了回鹘摩尼教史与唐、回鹘关系史上的一个空白点。

四、米公之使唐与唐回关系

志文载"清净光明大师"亡于"长庆癸卯十二月十六"。按,长庆为唐穆宗年号,时当821—824年,癸卯为823年。米公享年七十有三,则应生于天宝十年。其青壮年时代,正是摩尼教炽盛之时。

志文载米公"住于唐国,奉于诏命,遂和而相滋"。说明该摩尼师是以回鹘使者的身份入住于唐都长安的。尤其是志文所言"质子传息"一事,史书未载,但可与前文所引《回鹘葛啜王子墓志》的记载相印证。

如学界所周知,回鹘接受摩尼教并以之为国教,始自763年;回鹘文《牟羽可汗

---

① 周绍良主编:《唐代墓志汇编》,上海古籍出版社,1992年,第2244页。
② 孙继民、李伦、马小青:《新出唐米文辩墓志铭试释》,《文物》2004年第2期。
③ 向达:《唐代长安与西域文明》,生活·读书·新知三联书店,1957年,第92页。
④ 林悟殊:《火祆教在唐代中国社会地位之考察》,见蔡鸿生主编:《澳门史与中西交通研究——戴裔煊教授九十华诞纪念文集》,广东高等教育出版社,1998年,第183页。
⑤ 《旧唐书》卷一二七《源休传》,中华书局,1975年,第3575页。
⑥ 《册府元龟》卷九七六《外臣部·褒异三》,中华书局,1960年,第11469页。

入教记》和汉文《九姓回鹘可汗碑》对此都有比较详尽的记载。当时，来自粟特的摩尼师极受牟羽可汗的信任，重用有加，"常与摩尼议政"①。久而久之，回鹘摩尼僧竟发展至能左右国家政局的地步，以至于形成"可汗常与［之］共国"②的局面。

牟羽可汗曾"令明教僧进法于唐"③，经常派遣摩尼僧充当使节，出使唐朝，"无论来朝，无论去国，非摩尼不成行"④。元和八年，唐与回鹘和亲，双方都相当重视，其中有八位回鹘摩尼僧，皆充任回鹘可汗派往唐朝请婚的使者。⑤长庆元年（821）"五月，回鹘宰相、都督、公主、摩尼等五百七十三人入朝迎公主，于鸿胪寺安置"⑥。

上述摩尼僧的活动都有外交使节的官方性质，明显摩尼教被赋予了国教地位。⑦而唐朝为了维护与回鹘的友好关系，对这些摩尼师格外重视，充分关照，以至于回鹘摩尼教在两京形成了相当大的势力，"其在京师也，瑶祠云构，甲第棋布，栋宇轮奂，衣冠缟素……蝎蠹上国，百有余年"⑧。

及至漠北回鹘汗国灭亡，部众西迁之后，甘州以摩尼僧为使者的传统仍然得到延续。史载：应顺元年正月，"赐回鹘入朝摩尼八人物有差。闰正月，瓜州入贡牙将唐进、沙州入贡梁行通、回鹘朝贡安摩诃等辞，各赐锦袍银带物有差"⑨。

从志文看，米公以摩尼师的身份出使唐朝，长期客居长安并终老于那里，这种情况此前史无记载，志所记孤此一例，诚可谓贵。作为使者和大将军，这位米姓回鹘摩尼师于长庆三年（823）亡故后，唐政府为他隆重安排了后事，葬之于布政乡静安里，"庚于上地，施设千功"，又"敕京兆府长安、万年两县，官供棺偰、软口（车），设馔列于街，给仰街事"。葬礼规格甚高，体现了唐政府对回鹘摩尼教的

---

① 〔唐〕李肇：《唐国史补》（卷下），上海古籍出版社，1979年，第66页。
② 《资治通鉴》卷二三七《唐纪五三》胡三省注，中华书局，1956年，第7638页；《新唐书》卷二一七上《回鹘传上》，中华书局，1975年，第6126页。
③ 《资治通鉴》卷二三七《唐纪五三》胡三省注引《唐书会要》，中华书局，1956年，第7638页。
④ 陈垣：《摩尼教入中国考》，《国学季刊》1923年第1卷第2号；陈垣：《陈垣学术论文集》（第1集），中华书局，1980年，第339页。
⑤ 《旧唐书》卷一九五《回纥传》，中华书局，1975年，第5210—5211页。
⑥ 《旧唐书》卷一九五《回纥传》，中华书局，1975年，第5211页。
⑦ 葛承雍：《唐两京摩尼教寺院探察》，见饶宗颐主编：《华学》（第8辑），紫禁城出版社，2006年，第338页；葛承雍：《唐韵胡音与外来文明》，中华书局，2006年，第278页。
⑧ 〔唐〕李德裕撰，傅璇琮、周建国校笺：《李德裕文集校笺》卷二《幽州纪圣功碑铭并序》，河北教育出版社，2000年，第11页。
⑨ 《册府元龟》卷九七六《外臣部·褒异三》，中华书局，1960年，第11469页。

优渥，是回鹘与唐友好关系的具体体现。此状恰可与《回鹘葛啜王子墓志》的记载形成呼应。

陈垣曾言："回鹘在唐之盛衰，即摩尼在唐之盛衰。"[①]一语破的，点明了二者关系实质问题之所在，此诚不移之高论也。

唐与回鹘关系密切，尤其是安史之乱发生后，回鹘应唐朝之邀，出兵助战，帮助唐朝收复长安、洛阳两京，进而为唐朝平定安史之乱建立了殊勋。前引《回鹘葛啜王子墓志》有言："回鹘葛啜王子，则可汗之诸孙。我国家讨平逆臣禄山之乱也，王子父毗尸特勤（或作'勒'）实统戎左右有功焉。故接待之优，宠锡之厚，殊于他国。"[②]通过一方墓志，间接表达出唐政府对回鹘汗国出兵助战的感恩之情和特殊待遇。这些举措都可看作是对二者密切关系的真实写照。

五、米公之俗家生活及摩尼教与景教之别

回鹘摩尼师出使唐朝者不少，但不闻哪位高僧常驻于唐都长安，如果说有，米公为其唯一。志文记载，米公"住于唐国"，生有"四息二女"，即四男二女，其中一女嫁于罗门。从中不难看出，回鹘摩尼僧是可以有家室的，可娶妻生子，与唐代已经汉化的景教僧颇有不同。

2006年5月，洛阳隋唐故城东郊出土了一件珍贵的唐代景教石刻，系八面体石灰岩棱柱，其中第5面第2行至第8面刻《大秦景教宣元至本经幢记》（简称《幢记》）一篇，尾题如下文字：

> 大秦寺寺主法和玄应俗姓米、威仪大德玄庆俗姓米、九阶大德志通俗姓康……检校莹及庄家人昌儿。故题记之。
>
> 其大和三年二月十六日壬寅迁举大事。[③]

三位大秦寺领导者中，两位俗姓米（法和玄应和玄庆），一位俗姓康，此外还有一个定居于洛阳的安国景教僧家庭，见于《幢记》第13行："亡妣安国安氏太夫

---

① 陈垣：《摩尼教入中国考》，《国学季刊》1923年第1卷第2号；陈垣：《陈垣学术论文集》（第1集），中华书局，1980年，第339页。

② 李宗俊：《唐回鹘葛啜王子墓志反映的几个问题》，见杜文玉主编：《唐史论丛》（第17辑），陕西师范大学出版总社，2014年，第253页；胡戟：《西迁前的回鹘与唐的关系》，中国敦煌吐鲁番学会成立三十周年国际学术研讨会（北京，2013年8月）提交论文。

③ 张乃翥：《跋河南洛阳新出土的一件唐代景教石刻》，《西域研究》2007年第1期；罗炤：《洛阳新出土〈大秦景教宣元至本经及幢记〉石幢的几个问题》，《文物》2007年第6期；殷小平、林悟殊：《〈幢记〉若干问题考释——唐代洛阳景教经幢研究之二》，《中华文史论丛》2008年第2期。

人神道及亡师伯和口……"这些姓氏的集中出现,表明该幢应为粟特景教徒所立。可印证韦述《两京新记》卷三①、王溥《唐会要》卷四十九②和元《河南志》卷一③有关唐时洛阳修善坊有景教"波斯胡寺"记载的可靠。米姓景教徒的存在,恰与葛承雍先生揭示的西安所出《米继芬墓志》所述之米姓景教家庭相表里。

《幢记》提到大秦寺寺主法和玄应时,称其俗姓米,提到威仪大德玄庆时,言其俗姓米,提及九阶大德志通时,言其俗姓康。既言俗姓,也就意味着他们一旦出家,就像佛教徒那样舍俗姓。④佛教流行中国之初,受戒体例未备,故早期僧侣没有法号,如"中国出家人中真正沙门的第一人"朱士行即是如此。⑤东晋时期,高僧道安为增进佛僧的认同意识,首倡以"释"为姓,得到响应,"遂为永式"。⑥兹后汉僧皆舍俗姓。景教僧之舍俗姓,显然是受汉传佛教影响。米公作为回鹘摩尼教高僧,尽管常驻长安,但摩尼教并无舍俗姓之说,故不仅未舍姓,而且儿女成群。

同为外来宗教,景教和摩尼教何以会有如此巨大的差异呢?

景教之入唐,约始于唐太宗贞观九年(635),由于受到唐初统治者的支持,发展很快,迄高宗时,已是"法流十道……寺满百城"⑦了。贞观十二年(638),唐太宗颁诏,称景教"济物利人,宜行天下",于是,命"所司即于义宁坊建寺一所,度僧廿一人"。⑧易言之,景教不仅被允准在唐朝境内传播,而且还受到唐政府的恩遇,助其建立寺庙,尤有进者,景教可以度华人为僧,这是摩尼教流播唐境以来始终不曾享有的恩惠。摩尼教入华始于武则天延载元年(694),但不久便遭到禁断。玄宗开元二十年(732)七月颁敕称:"未摩尼法,本是邪见,妄称佛教,诳惑黎元,宜严加禁断。以其西胡等即是乡法,当身自行,不须科罪者。"⑨虽然允许外

---

① 〔唐〕韦述:《校正两京新记》,陈子怡校正,西京筹备委员会,1936年,第13页。
② 〔宋〕王溥:《唐会要》卷四九《大秦寺》,上海古籍出版社,2006年,第1012页。
③ 〔清〕徐松:《河南志》卷一,高敏点校,中华书局,1994年,第12页。
④ 殷小平、林悟殊:《〈幢记〉若干问题考释——唐代洛阳景教经幢研究之二》,《中华文史论丛》2008年第2期。
⑤ 劳政武:《佛教戒律学》,宗教文化出版社,2001年,第63页。
⑥ 〔梁〕释慧皎:《高僧传》卷三《义解》,中华书局,1992年,第181页。相关研究参见白化文:《僧人姓"释"》,《文史知识》1998年第2期。
⑦ 《大秦景教流行中国碑》,见〔日〕佐伯好郎:《景教研究》,东方文化学院,1938年,第598页;朱谦之:《中国景教——中国古代基督教研究》,东方出版社,1993年,第224页。
⑧ 〔宋〕王溥:《唐会要》卷四九《大秦寺》,上海古籍出版社,2006年,第1012页。
⑨ 〔唐〕杜佑:《通典》卷四〇,中华书局,2003年,第1103页注文。赞宁《大宋僧史略》卷下同载,但称颁敕时间为"八月十五日",见《大正藏》卷五四,No.2126,第253页。

来的胡人可以信奉摩尼教，但杜绝华人皈依之。景教有华人加入，逐步华化，受汉传佛教影响而渐次形成舍俗姓的传统；而摩尼教因无华人加入，便更多地保存了原始特色，故而未能形成舍俗姓的传统。就这一点而言，米副侯墓志为摩尼教史及其历史传统的研究，提供了新的资料。

原载《民族研究》2015年第2期
（杨富学，敦煌研究院人文研究部部长、研究员）

长安与西域诸民族

一个入华西域胡人家族的活动轨迹
——唐《戎进墓志》疏解

周伟洲

一

近得见坊间唐《戎进墓志》及志盖拓片，因涉及西域胡人事，引起笔者的注意和兴趣，故愿对之作一疏解，以求正于方家。墓志及盖原出土地不明。志盖四周刻卷叶纹饰，正中篆书"大唐象州桂林县令故戎明府之墓志铭"十六字（图1）。墓志已断裂为二（图2、图3）。

据志拓片，志文共27行，满行27字。现将整合后志文，录文如下：

1.大唐雍州万年县乐游乡、象州桂林县令故戎明府之墓志铭并序

2.君讳进，字僧伽，上源西域人也。其先善邻天竺，奉佛日而高明。次归中

3.国，戴道光而普照。遂能祗承鉴悟，妙理精微，积福余庆，安堵京邑。祖勖，

4.才行兼修，忠孝俱赡。梁始兴王辟为中兵谘议参军，允武允文，匡机济

5.务。父和，谦让有恒，动静谐礼，魏任齐府功曹，出典入仪，铨衡称首，固知

6.籍善，凭恩挺生，贤哲者矣。类荆山之垒璧，若淮海之联玑。器重当年，名

7.隆往岁。公荷兹遗体，诚孝始终。出处相时，恬密贞慎，居家久治，术等陶

8.朱，供承积代，生涂丰给。乡党布恂恂之德，闺门扇穆穆之风，昆季成花

9.萼之晖，子孙致丝桐之韵。期果张范，契洽雷陈，嘿而行之，谅非虚论，加

图1 戎进墓志盖拓片

图2 戎进墓志拓片前半部分　　　　图3 戎进墓志拓片后半部分

10.以崇敬三宝,恭顺两仪,沐浴道德之源,饮漱法流之粹,二乘释教谛听,

11.谛行六波罗蜜,备承备奉,慈识坚正,是曰生知,终日不言,言必有中。贞

12.观元年春,谓子孙曰:吾太公之年已至,文王之世又逢,恨无吕尚之宏

13.才,助弘尧政,空知击壤(?),前歌后儛。其夏,乃蒙恩逮,振擢耆年大使,

14.宣授今荣,尝思结草。以四年岁次庚寅二月丁酉朔十七日癸丑终于

15. 京第，春秋八十有四。玄唱法音，词在心目，乘福而往，必与理会。去此五

16. 浊，亦复何有，俗恨谘禀，未究奄致，缅然故当，骸没魂升，悲诸肉眼者耳！

17. 长子任居校尉，景行有闻，便沾奏举。及诸弟等号咷蹢躅，荼毒难服，低

18. 泪变寒松，泣生冬笋，以古方今，无以加也。极援晦朔，请法延僧，读诵之

19. 音，晨夕无辍。内外眷属，并同斋戒，梵响闻于震极，香气彻于云霞。枕伏

20. 土草，不尝盐酪，亲宾视而哽恸，行路闻以感切。安厝据礼，卜兆有期。以

21. 三月景寅朔七日壬申窆于义善乡之原。公康日遵义善之心，故坟于

22. 义善之地。盖闻东海迁革，水或为桑，虑人世参差，勒英芳于金石。铭曰：

23. 神理所通，拔群独悟，绍明法意，知新蕴故。信施无寻，经行高步，缠忽捐

24. 背，空留雅度。淑人云亡，悽断行路，龙轜按轨，飞旐前驱。铿锵宝铎，萧索

25. 春衢，魂升骸逝，示有归无。维奉正法，存没同枢，德养耆龄，道资身世。寂

26. 城为乐，俗徒潸涕，棺椁重敛，衣衾叠蔽。簠簋□设，珍羞莫祭，亲戚嫈离，

27. 宗姻言记。日月惨悴，风云晻翳，心识常开，泉扃永闭。呜呼哀哉！

二

据志载，墓主戎进"以四年岁次庚寅二月丁酉朔十七日癸丑终于京第，春秋八十有四"。此文前有"贞观元年春，谓子孙曰……"句，故志云之"四年"，当为唐贞观四年（630），岁在庚寅。葬于同年三月（见志文）。即是说，此志约撰于唐贞观四年。弄清此事，再疏释此志则有了时空的准绳。

志首题"大唐雍州万年县乐游乡、象州桂林县令故戎明府之墓志铭并序"，内"雍州万年县乐游乡"，为墓主戎进之生前居地，或也可称之为其"郡望"。据

一个入华西域胡人家族的活动轨迹 | 145

《旧唐书》卷三八《地理志一》京兆府条记，唐武德元年改隋京兆郡为雍州，武周"天授元年（690）改雍州为京兆郡，其年复旧"。至"开元元年（713），改雍州为京兆府"。贞观四年时，自当为"雍州万年县"，而非京兆府万年县。乐游乡，为唐万年县所属乡之一，地当在万年县之乐游原。唐高祖李渊撰《旌表孝友诏》记："雍州万年县乐游乡民王世贵孝性自天……"①地在今西安市区东南、曲江以北。

"象州桂林县令故戎明府"中"象州桂林县令"，为墓主生前曾任之官职名。象州（治今广西罗秀附近），《新唐书》卷四三上《地理志》"象州"条，记其所属县有三，内武仙县下注云："乾封元年（666）省桂林县入焉。"则贞观四年此武仙县为桂林县，志所记为当时县名。"戎明府"之"明府"，又作"明府君"，唐以前多为对郡守、郡太守之尊称，至唐代则为县令俗称。墓主戎进即曾为县令，故称其为"戎明府"。然而，从志全文看，均未涉及戎进任象州桂林县令事，故颇疑其并未赴任。

志文首二行记："君讳进，字僧伽，上源西域人也。其先善邻天竺，奉佛日而高明。次归中国，戴道光而普照。遂能祇承鉴悟，妙理精微，积福余庆，安堵京邑。"戎进字之"僧伽"，原为梵文Samgha，意为"和合""众"，指佛教四人以上的出家人结合在一起，即"僧团"之意，后来此词也泛指僧人。戎进取此名，说明其是笃信佛教之人，如志所云，因"其先善邻天竺，奉佛日而高明"。

志称其原为"上源西域人"，即唐代的西域胡人，"上源西域"指西域何地？志云"其先善邻天竺"，则上源西域当可指今中亚阿姆河中下游、帕米尔高原及今新疆南部地区，特别是帕米尔高原及其周围地区。"上源"可能指帕米尔高原为西域山结和诸河流发源之地。按，唐代文献及出土碑志记载入华西域胡人姓氏甚多，如车师的车氏、月氏之支氏、龟兹的白（帛）氏、焉耆的龙氏、疏勒之裴氏、于阗之尉迟氏，还有昭武九姓诸姓氏，等等，然而未见有西域胡人姓戎氏者。而志称戎进祖先"次归中国"，即迁徙至内地，"安堵京邑"，最后定居于唐京师长安之万年县。戎姓，可能是其族迁入内地后所改之姓氏。原为何姓氏，又何时改为戎氏？志未记，已不可考。

戎进一族何时、由何路迁入内地，又如何最后定居于唐京师长安？这一系列问题志文均未记述。笔者只能根据志文所记其他方面内容，作一钩沉。

---

① 武伯纶：《唐万年、长安县乡里考》，《考古学报》1963年第2期。

志文记贞观元年（627）春，戎进"谓子孙曰：吾太公之年已至，文王之世又逢，恨无吕尚（姜子牙、太公）之宏才……"即志主谓子孙云，其生逢如周文王之盛世（指唐朝），恨自己无姜太公之宏才以辅政。志未记其家族何时迁入内地，仅记其祖在南朝梁做官为吏之事。文云："祖勰，才行兼修，忠孝俱赡。梁始兴王辟为中兵谘议参军，允武允文，匡机济务。父和，谦让有恒，动静谐礼，魏任齐府功曹，出典入仪，铨衡称首，因知籍善，凭恩挺生，贤哲者矣。类荆山之垒璧，若淮海之联玑。器重当年，名隆往岁。"

其祖勰曾任梁始兴王之中兵谘议参军。据《梁书》卷二二《太祖五王·始兴忠武王传》记，梁始兴王萧憺，于梁天监元年（502）任"使持节、都督荆、湘、益、南、北秦六州诸军事，荆州刺史"时，封始兴郡王；七年（508）冬，"以本号还朝"；八年（509）秋，出任"使持节、散骑常侍、都督南兖、北兖、徐、青、冀五州诸军事、镇北将军、南兖州刺史"；九年（510）春，"迁都督益、宁、南梁、南、北秦、沙六州诸军事、镇西将军、益州刺史"；十四年（515），"迁都督荆、湘、雍、宁、南梁、南、北秦七州诸军事、镇右将军、荆州刺史"；十八年（579）入朝，普通三年（522）十一月薨，"时年四十五"。则戎进祖勰，任梁始兴王府属吏，当在天监元年（502）至普通三年（522）约二十年间。其所任"中兵谘议参军"，为两晋南北朝诸公、军府僚属之一，掌本府中兵曹事务，兼备参谋谘议。戎勰即梁始兴王憺军府中的中兵谘议参军。而始兴王憺出任都督诸州军事，驻守在梁的北边，荆州治今湖北江陵，南兖州治今江苏扬州，益州治今四川成都，即其主要任职于今长江中下游一带，特别是江汉地区。由此似可推断戎进一族至少在其祖勰时，由西域迁入内地，初居于今长江中下游地区。

如果上述推论成立，则上源西域人戎氏一族是在南朝齐或梁初时，由吐谷浑控制下的"河南道"（学者又称之为"青海路"），即今青海之地，沿岷江而下至成都，再由长江而下至江汉，迁入长江中下游地区。南北朝时，因北魏于太延五年（439）灭据有河西走廊的北凉，致使西域使臣、商人及往来的佛教僧人等，欲与南朝诸政权交往，多阻于北朝所据之河西走廊，而多改由"河南道"入建康等地。[①]戎进祖由西域迁徙至南朝长江中下游地区，也当经由此道。

志文接着记墓主"父和，谦让有恒，动静谐礼，魏任齐府功曹，出典入仪，铨衡称首，固知籍善，凭恩挺生，贤哲者矣"。内云戎和"魏任齐府功曹"，即戎和从南朝梁又迁徙到北朝"魏"。此"魏"应指东魏，"齐府"，似指东魏所封高欢

[①] 周伟洲：《古青海路考》，《西北大学学报》1982年第1期；唐长孺：《南北朝期间西域与南朝的陆路交通》，见《魏晋南北朝史论拾遗》，中华书局，1983年。

及其子高洋之"齐王"王府。①也就是在高欢、高洋封齐王期间，即梁太清二年至三年（548—549）。此时，梁朝发生了"侯景之乱"，北临东魏诸州官吏多有降入东魏之举。②戎进父和或许正是在此期间，举家北投东魏，任齐王府之功曹，即王府属吏，职掌吏事或主选举。也就在太清三年，东魏高澄被杀，其弟高洋封齐王，于次年（550）禅代东魏，建立北齐政权。戎氏一族后在北齐政权内做官为吏，任何职，居何处，因志未记，不得而知。此后，至少在北齐武平元年（北周建德六年，577），北周武帝灭北齐后，戎氏一族才得以定居于北周京师长安，"安堵京邑"，历隋朝而至唐朝。

三

志文以下记墓主事迹，从"公荷兹遗体，诚孝始终"至"终日不言，言必有中"一大段文字，均系记戎进品德、行事，多为溢美之词。但可注意之处系志云，其承继汉魏以来儒家传统伦理孝悌之道，所谓"乡党布恂恂之德，闺门扇穆穆之风，昆季成花萼之晖，子孙致丝桐之韵"。这说明戎氏一族四代在内地生活，做官为吏，已深染华风，逐渐汉化了。而同时，仍然笃信佛教，如志文云："加以崇敬三宝，恭顺两仪，沐浴道德之源，饮漱法流之粹，二乘释教谛听，谛行六波罗蜜，备承备奉，慈识坚正，是曰生知"。

志文下又记贞观元年春，戎进"谓子孙曰：……其夏，乃蒙恩逮，振擢耆年大使，宣授今荣，尝思结草。以四年岁次庚寅二月丁酉朔十七日癸丑终于京第，春秋八十有四"。内纪其年（贞观元年）夏，朝廷恩擢其为"耆年大使"。此可能非一般的职官或使职，只是对老年长寿之人的名誉称号而已。因据志文，过了四年（贞观四年），戎进终于京第（雍州京师万年县乐游乡，在唐京师长安外廓城东南升平、新昌诸坊内），时年八十四。则其恩擢为"耆年大使"，正好八十岁，已到耄耋之年，故有上述推论。

志文以下文多系记戎进卒后，子弟、亲属伤心、悲悼之情，内记有其"长子任居校尉"，"诸弟等号咷躃踊"，说明戎氏为一大家族。其长子所任"校尉"一职，一般指唐诸折冲府下设团之长官，位次都尉。志又记，"以三月景寅朔七日壬申窆于义善乡之原。公康日遵义善之心，故坟于义善之地"。即是说，贞观四年三月七日，因戎进生前"遵义善之心"，故葬于"义善乡之原"。武伯纶撰《唐万年、长安县乡里考》一文，引陕西省博物馆藏乾符三年《汉州刺史李推贤墓志》

---

① 《北齐书》卷二《神武帝纪下》、卷四《文宣帝纪》，中华书局，1972年，第24、44页。
② 《梁书》卷五六《侯景传》，中华书局，1973年，第851页。

云，"葬于万年县义善乡大仟村凤栖原"，大仟村在曲江池西南原上。又引宋敏求《长安志》卷一一云，"义善寺在县南十五里，贞观十九年建"。寺以乡名，应即其地。[①]如此，则戎进所葬之地义善乡，仍属唐万年县，地在今西安曲江西南长安区韦曲一带。这也应是其墓志出土之地。

唐戎进墓志记述了上源西域胡人戎氏一族四代（祖、父、戎进、子），从西域经河南道入南朝，后又北徙入北朝，最后定居隋唐京师长安；其族四代先后仕于梁、东魏、北齐、北周、隋、唐六朝，逐渐汉化。这一入华西域胡人的事迹，具有一定的代表性，反映了中古中国周边民族迁徙与融合的历史事实。遗憾的是，由于墓志文过于简约，故仅能钩沉至此。

原载《西域研究》2018年第3期
（周伟洲，西北大学中华民族史研究中心教授）

[①] 武伯纶：《唐万年、长安县乡里考》，《考古学报》1963年第2期。

一个入华西域胡人家族的汉化轨迹
——唐《戎进墓志》《戎谅墓志》续解

周伟洲

一

笔者曾撰《一个入华西域胡人家族的活动轨迹——唐〈戎进墓志〉疏解》一文，发表在2018年第3期的《西域研究》上。文中据今西安长安区出土唐《戎进墓志》（简称《进志》），钩沉原为"上源西域"胡人的戎氏家族，于南朝刘宋、南齐时，经"河南道"迁徙于长江中下游一带，仕于梁朝。后又北迁至东魏为吏，经梁、东魏、北齐、北周、隋、唐等六朝，最后定居唐京师长安万年县乐游乡。展现出一个入华西域胡人家族的活动轨迹。最近，又从坊间购得唐戎进子《戎谅墓志》（简称《谅志》）拓片一合，志文对源于"上源西域人"的戎氏一族入华活动及汉化轨迹多有增补和阐释，故作戎氏两志续解，进一步疏证戎氏汉化之轨迹。

新见唐《戎谅墓志》志盖正中篆书"大唐故朝请大夫戎君墓志铭"12字（图1）。志文共23行，满行24字（图2），释文如下：

1.大唐故朝请大夫戎府君墓志

2.君讳谅，字善明，恒州灵寿人也。自齐运不昌，鼎新周室，迁虞事

3.夏，因住长安焉。祖和，父僧伽，并养志丘园，高尚不仕。君禀性聪

4.慧（？），清雅弘畅，谈义典坟，博览经藉（籍）。至于玉谍（牒）石渠之史，莫不研

5.精；龙宫香阁之文，尽穷根本。虽负其材而不用，穷其妙而无施，

6.所谓淮海嵩华，不可窥量者也。君内孝外忠，出于天性，四知之

7.慎，特异恒论。父母之丧，殆将殒命，泣血举音，杖而能起。瞩随（隋）季

8.道□，人思逐鹿，君识机知变，早逮（建）鸿勋。

9.太武嘉其至诚，擢以显职，特授朝请大夫，仍令细从。君性爱山

10.水，不以荣位在怀，遂沉身陋巷，自娱而已。昔绮、角四皓，汉祖名

图1　戎谅墓志盖拓片

图2　戎谅墓志拓片

11.而不来；巢、许二生，唐帝邀而不就；以今方古，代有人焉。君降山

12.岳之灵，怀万顷之度，四海之内，每事恂恂，不以富而易交，不以

13.贵而骄□。惟忠奉国，惟孝奉亲，自可用保无疆（彊），享兹余庆。如何

14.遘疾，淹□长往，以永徽六年六月六日薨于私第，春秋六十。即

15.以其月廿二日迁殡瘗于万年县少陵之平原，礼也。呜呼哀哉！

16.孝子师□、师彦等悲过庭之绝问，贯切心髓；痛陟岵之瞻望，肝

17.□□溃；孤茕之恸，永隔于荒陇。冈（罔）极之恩，长垂于天地，所以勒

18.铭于泉户。惧陵谷之迁移，刊石记功，齐日月之终始。呜呼哀哉！

19.乃为铭曰：

一个入华西域胡人家族的汉化轨迹 | 151

20. 立德为忠，立言唯直；事君尽节，事亲竭力。哲人云亡，如何不寒；
21. 悾悾□子，攀号冈（罔）极。否泰更升，阴阳递易；悲哉坟陇，去留永隔。
22. 风卷虚帐，□生庑席；九泉之户，空存铭石。存没俄顷，风光儵兮；
23. 身归幽壤，言耳犹闻。悲摧松槚，恸遏愁云；魂兮何往，千载孤坟。

二

《谅志》开首记："君讳谅，字善明，恒州灵寿人也。自齐运不昌，鼎新周室，迁虞事夏，因住长安焉。祖和，父僧伽，并养志丘园，高尚不仕。"按，《进志》云其名"讳进，字僧伽"，"父和……"，则确知戎谅为戎进（字僧伽）子，戎和孙。《进志》记其唐贞观四年（630）卒后，"长子任居校尉……及诸弟等号咷擗踊"，故戎谅非进之长子，而系戎进任都尉长子之"诸弟"之一。《谅志》云其祖和、父僧伽，"并养志丘园，高尚不仕"，然据《进志》，戎和曾"魏（东魏）任齐府功曹"，父僧伽系唐初"象州桂林县令"，据笔者推测后者可能未赴任。两者均官职较微，且两人均淡泊仕途，故云其"养志丘园，高尚不仕"亦基本符合事实。

值得注意的是，《谅志》改其父志所记籍贯"上源西域人也"为"恒州灵寿人也"。按，北魏、东魏、北齐均曾设置恒州，所辖地区不尽相同，但辖有灵寿的恒州，则为北周武帝宣政元年（578）正月分定州常山郡置①，治安乐垒（今河北石家庄东北），下领常山郡、蒲吾郡，而蒲吾郡治所即灵寿（今河北灵寿）。②《隋书》卷三〇《地理志中》恒山郡下云"后周置恒州"，统县有灵寿，下注云："后周置蒲吾郡，开皇初郡废。"《谅志》为何改其族籍贯"上源西域人也"为"恒州灵寿人也"？此事又隐含或说明了哪些问题？笔者认为：

其一，说明笔者前撰写的《一个入华西域胡人家族的活动轨迹——唐〈戎进墓志〉疏解》一文中，钩沉戎氏一族在戎和时，由长江中下游南朝梁北迁至北方东魏，任齐府功曹，后历北齐，至北周灭北齐，又投归北周为吏，"至少在北齐武平元年（北周建德六年，577），北周武帝灭北齐后，戎氏一族才得以定居于北周京师长安，'安堵京邑'……"是可信的。而《谅志》则明确记其族："自齐运不昌，鼎新周室，迁虞事夏，因住长安焉。"很可能是该戎氏一族在北齐时曾因致仕，迁居于恒州灵寿县，后投归北周之后，"因住长安"，故《谅志》记其为"恒州灵寿人"。

其二，更为重要的是，《谅志》对籍贯的改动，说明原为上源西域胡人的戎氏

---

① 《周书》卷六《武帝纪下》"恒州"作"恆州"。
② 王仲荦：《北周地理志》（下），中华书局，2007年，第991—994页。

一族入华经四代至戎谅时，已逐渐融入汉族，基本完成了其华化（汉化）的过程，故改其籍贯为恒州灵寿人。又，在戎谅父戎进的志文中，有多处记述戎进一族信奉佛教，如"其先善邻天竺，奉佛日而高明"。戎进学习、继承汉魏以来儒家伦理孝悌之道，渐染华风，但仍笃信佛教。如志文所说："加以崇敬三宝，恭顺两仪，沐浴道德之源，饮漱法流之粹，二乘释教谛听，谛行六波罗蜜，备承备奉，慈识坚正，是曰生知，终日不言，言必有中。"而《谅志》却只字未提谅信佛事，而是用了较多的文字，记述戎谅对传统的汉文化的研习和传承。

《谅志》云："君禀性聪慧（？），清雅弘畅，谈义典坟，博览经藉（籍）。至于玉谍（牒）石渠之史，莫不研精；龙宫香阁之文，尽穷根本。虽负其材而不用，穷其妙而无施，所谓淮海嵩华，不可窥量者也。"此段言戎谅研习传统汉文经籍，涉猎广泛，多有心得。虽有夸大溢美之嫌，但也反映其受传统汉文化影响之深，俨然一汉族士人矣。不仅如此，志文还记戎谅身体力行，实践传统汉族儒家忠孝思想，云"君内孝外忠，出于天性，四知之慎，特异恒论。父母之丧，殆将殒命，泣血举音……"；"君降山岳之灵，怀万顷之度，四海之内，每事恂恂，不以富而易交，不以贵而骄口。惟忠奉国，惟孝奉亲，自可用保无彊（疆），享兹余庆"。

可能因戎进一族入唐后仍为富有的一大家族，在当地有一定的影响，加之戎谅本人又"识机知变，早逮（建）鸿勋"，即其在隋末天下大乱时归属唐朝。故如志文所记："太武嘉其至诚，擢以显职，特授朝请大夫，仍令细从。"太武，指唐高祖李渊，其于唐贞观九年（635）崩后，"谥曰太武"[①]。特授之"朝请大夫"一职，系文散官，隋代始置，"取汉将军公卿年高德重者，以列侯就第特进奉朝请之义"，正五品，唐因之，从五品。[②]按，《谅志》云其"以永徽六年（655）六月六日薨于私第，春秋六十。"则其生于隋开皇十六年（596），至唐高祖武德年间（618—626）被擢为朝请大夫，约二十二至三十岁。唐代文散官是仅有官名而无固定职事的官，与职事官相对而言，仅加于文武有德声者，并不理事。戎谅未有职事官名，故其朝请大夫散官，为不理事之官也。

这也正好与戎氏一族淡泊仕途、"高尚不仕"之志趣相合，戎谅更甚之。如志文所云："君性爱山水，不以荣位在怀，遂沉身陋巷，自娱而已。昔绮、角四皓，汉祖名而不来；巢、许二生，唐帝邀而不就；以今方古，代有人焉。"文中引汉初"商山四皓"（秦末汉初隐居商山的四位八十余岁贤者东园公、角里先生、绮里季、夏黄公）为汉高祖刘邦敦聘不至的典故，以及相传唐帝尧欲让君位于隐士巢

[①] 《新唐书》卷一《高祖纪》。
[②] 〔唐〕杜佑：《通典》卷三四《职官一六》、卷四〇《职官二二》。

父、许由遭拒的典故。这从另一个方面，释解了原为上源西域胡人的戎氏一族，至入华四代的戎谅时已基本汉化的事实。

戎谅于唐永徽六年六月六日病卒长安私第，"即以其月廿三日迁殡瘗于万年县少陵之平原"。按，戎谅父进于贞观六年三月"窆于义善乡之原"，即万年县义善乡，地在今西安曲江西南长安区韦曲一带。①而其子戎谅与其父虽均葬于雍州（后改为京兆府）万年县，但一在义善乡，一在少陵原。据宋代宋敏求《长安志》卷一一《少陵原》记："少陵原。在县南四十里。南接终南，北至浐水，西屈由六十里，入长安县界，即汉鸿固原也。宣帝许后葬于此，俗号少陵原。"唐颜师古注《外戚传》称"即今之所谓小陵者，去杜陵十八里"②。少陵原在今西安长安区大兆一带，即在义善乡之南。此地是北朝至隋唐时期许多王公贵族的墓葬区，见于记载和发掘的墓葬甚多。《谅志》还记其有子两人，名"师□、师彦"，以及两人因父卒而悲痛之情。

三

从出土的唐代戎进、戎谅父子的墓志，可以较为清晰地看到西域胡人入华后的活动和汉化的轨迹。约在南朝宋、齐之时，戎进祖戎勗由今新疆帕米尔高原一带（上源西域），经"河南道"（青海路）迁至今长江中下游地区，在南朝梁始兴王萧憺府下任中兵谘议参军。后又在约梁太清二年至三年（548—548），戎进父戎和又北迁到东魏任齐府功曹，历北齐。后北周灭北齐，戎氏一族转投北周，居长安；其间可能曾任职恒州灵寿，后又回住长安。历隋至唐初，戎进八十岁时，唐朝恩擢其为"耆年大使"。

在戎氏一族入华活动轨迹中，已显露其族汉化之轨迹。特别是到戎氏第四代戎琼时，其族已基本汉化，逐渐融入汉族。如《戎谅墓志》中，改其族籍贯为"恒州灵寿人"。此一改动，并非如北魏孝文帝之改鲜卑籍贯为"河南洛阳人"，或西魏、北周之改北族贵族籍贯为"京兆长安人"，而是戎氏自愿的改动，表示其忘却或有意改变其西域胡人的身份，力求与汉族一致。又如志文所记戎琼如何研习传统汉族典籍，并实践汉族儒家忠孝思想，有淡泊仕途、高尚不仕之志趣；志文也再未提及其及父辈崇信佛教事，俨然为一汉族士大夫。这一切，生动具体地勾画出原西域胡人戎氏一族的汉化轨迹。魏晋南北朝、隋唐中古之世，是中国历史上民族大迁

---

① 周伟洲：《一个入华西域胡人家族的活动轨迹——唐〈戎进墓志〉疏解》，《西域研究》2018年第3期。

② 〔宋〕宋敏求：《长安志》，辛德勇、郎洁点校，三秦出版社，2013年，第361页。

徙、大融合的时期，四周及国外许多民族大量迁入中国内地，与汉族杂居错处，逐渐汉化。出土的《戎进墓志》和《戎谅墓志》反映戎氏家族入华的活动和汉化轨迹，就是一个典型的例证。

原载《西域研究》2019年第2期

（周伟洲，西北大学中华民族史研究中心教授）

四 海 为 家

——粟特首领墓葬所见粟特人的多元文化

荣新江

粟特人是生活在中亚阿姆河和锡尔河之间的泽拉夫珊河流域的古代民族，操属于印欧语系伊朗语族中的一种东伊朗语——粟特语（Sogdian），他们分散生活在一些绿洲上，独立成为若干绿洲王国，如以撒马尔干为中心的康国，以布哈拉为中心的安国，以塔什干为中心的石国，等等，在中国史籍中还有史、何、米、曹、穆、毕等国。这些国家的人来华后，往往就用自己国家的名字为姓，汉文史籍中统称之为"昭武九姓"，或"九姓胡"。

粟特人是一个商业民族，在公元3至8世纪，他们大批东来贩易，在丝绸之路沿线建立了一系列的殖民聚落，由于粟特本土后来受到阿拉伯势力的侵袭，大批粟特人就在西域（今新疆）和中原地区居留下来，有的继续经商，有的则入仕中央或各级地方政府。粟特人的大量入华，不仅带来了丰富多彩的商品，也带来了他们自身的音乐舞蹈等文化，还传播了起源于西亚的祆教、摩尼教和景教。

过去百年来，学者们已经从汉文史籍、敦煌吐鲁番文书、石刻碑志、突厥碑铭等资料中，辑录出大量的有关粟特人的资料，对于粟特人的迁徙及其文化的传播，都做了详细的研究，如伯希和对罗布泊地区粟特聚落的研究[1]，向达对长安胡化的研究[2]，陈寅恪对河北安禄山胡人集团的研究[3]，蒲立本（E. G. Pulleyblank）对六胡州

---

[1] P. Pelliot, "Le 'Cha tcheou tou tou fou t'ou king' et la colonie sogdienne de la région du Lob nor", *JA*, 11 serie 7, 1916, pp. 111-123；冯承钧：《西域南海史地考证译丛七编》，中华书局，1957年，第25—29页。

[2] 向达：《唐代长安与西域文明》，《燕京学报》1930年专号2；向达：《唐代长安与西域文明》，生活·读书·新知三联书店，1957年。

[3] 陈寅恪：《唐代政治史述论稿》，上海古籍出版社，1982年。

粟特人的研究①，池田温对敦煌从化乡粟特聚落的研究②，姜伯勤对吐鲁番粟特聚落和商人的研究③，等等，已经揭示了入华粟特人的种族特征和文化面貌。以敦煌的粟特聚落为例，由于我们拥有大量相关的文书，所以对于8世纪中叶敦煌的粟特聚落，有着较其他地方更为深入的认识。这个聚落位于敦煌城东一里的地方，已经被唐朝沙州地方政府编为敦煌县十三乡之一的从化乡，乡里的粟特人主要从事与商业有关的事业，而不是农业，在他们居住的范围内有他们信奉的祆神神祠。

不过，文献记载总是有不够细致的地方，使得一些问题一直没有明确的答案。近年来，陆续发现的一些粟特入华首领墓葬和一些与粟特相关的图像资料，为我们进一步认识入华粟特人的文化面貌提供了生动形象的材料，也解答了一些文献中一直不够明了的问题。

1999年7月，山西太原发现隋开皇十二年（592）虞弘墓，墓主出身鱼国，任职柔然，曾出使波斯、吐谷浑，后出使北齐，因而羁留中原王朝，北齐灭后，入北周，任并、代、介三州"检校萨保府"官员，其石椁内外壁刻有非常精美的浅浮雕。④2000年5月，陕西西安发现北周大象元年（579）去世的同州萨保安伽墓，出土有安伽的墓志和一套完整的围屏石榻，围屏上刻画着十二幅贴金彩绘的图像。⑤2003年6—8月，西安安伽墓附近又发现和安伽同年去世的凉州萨保史君墓，墓中出土浮雕石椁和汉文与粟特文合璧的双语铭文。⑥这一系列惊人的发现，以其中石榻围屏或石椁上的波斯、粟特等伊朗系的文化色彩而备受瞩目。而且，这些发现也帮助学者们判断出1971年山东益都发现的北齐武平四年（573）的石棺石屏⑦，1982年甘肃天水发现的北周末或隋代的石棺石屏⑧，20世纪初河南安阳出土而流散海外的粟特石棺围屏⑨，20世纪90年代初日本美秀（Miho）美术馆购藏的传山西（或陕西）出土的一

---

① E. G. Pulleyblank, "A Sogdian Colony in Inner Mongolia", T'oung Pao, 41, 1952, pp. 317–356.
② ［日］池田温：《八世纪中叶敦煌的粟特人聚落》，辛德勇译，见刘俊文主编：《日本学者研究中国史论著选译》（第9卷），中华书局，1993年，第140—220页。
③ 姜伯勤：《敦煌吐鲁番文书与丝绸之路》，文物出版社，1994年。
④ 山西省考古研究所：《太原隋代虞弘墓清理简报》，《文物》2001年第1期，第27—52页。
⑤ 陕西省考古研究所：《西安北郊北周安伽墓发掘简报》，《考古与文物》2000年第6期，第28—35页；陕西省考古研究所：《西安发现的北周安伽墓》，《文物》2001年第1期，第4—26页；陕西省考古研究所编著：《西安北周安伽墓》，文物出版社，2003年。
⑥ 杨军凯：《入华粟特聚落首领墓葬的新发现——北周凉州萨保史君墓石椁图像初释》，见荣新江、张志清编：《从撒马尔干到长安》，北京图书馆出版社，2004年4月，第17—26页。
⑦ 夏名采：《益都北齐石室墓线刻画像》，《文物》1985年第10期，第49—54页；夏名采：《青州傅家北齐画像石补遗》，《文物》2001年第10期，第49—54页。
⑧ 天水市博物馆：《天水市发现隋唐屏风石棺床墓》，《考古》1992年第1期，第46—54页。
⑨ G. Scaglia, "Central Asians on a Northern Ch'i Gate Shrine", Artibus Asiae, XXI, 1958, pp. 9–28.

套北朝后期石棺围屏[1]，都是属于同一文化系统影响下的图像。

这些石棺床围屏或石椁四壁上的图像细部虽然各不相同，但构图形式却常常两两对应，似乎遵循着一些共同的母题，但又各自都有各自的侧重与发挥。从图像的内容和艺术风格来看，虞弘的图像具有比较明显的波斯风，而其他的图像，特别是安伽、史君的图像，粟特的风格最为明显。安伽出自粟特安国，史君出自粟特史国，虞弘虽然出自鱼国，但他是中央政府委派的管理河东地区胡人聚落的官员，因此，我们一般统称这些石棺或石椁上的图像为"粟特石棺床图像"。但这主要是就图像的主体而言，我们并不否认在这些图像上也包含其他的文化因素。

正是由于虞弘、安伽和史君墓的伊朗、粟特系统的图像是首次由考古学者科学地发掘出来，其图像的完整性不仅此前出土物无法比拟，就连中亚的粟特本土也很少见，因此，引起了一股研究粟特图像以及连带的祆教图像的热潮，也吸引了一些多年在粟特本土考古的西方学者的重视和参与。但是，这种研究趋向并不是说这些墓葬所表现的文化特征只是粟特或伊朗系统的文化。姜伯勤《西安北周萨宝安伽墓图像研究》一文的副题，就是"北周安伽墓画像石图像所见伊兰文化、突厥文化及其与中原文化的互动与交融"[2]，尽管他的文章主体是论证有关粟特和突厥的图像，但他显然对安伽图像的多元文化特色有清楚的认识。笔者《安伽石屏的图像程序：一个萨保的日常生活画卷》一文，主要是利用安伽图像讨论粟特聚落中粟特人的日常生活，文章最后也说道："安伽正处在北朝末年萨保从聚落首领演变为政府官员的时代，因此他的墓葬既保留了浓厚的祆教信仰和粟特生活气息，也受到所在地中国传统文化的强烈影响，而作为粟特石棺图像的共同艺术特征，安伽墓的图像从狩猎主题到突厥形象，都深深打上了北方游牧民族的烙印。"[3]如果我们从整体上考察墓葬、石棺或石椁本身及其图像所绘制的内容，就会发现这些粟特聚落首领的墓葬展现了一种多元文化特征，这正和粟特作为一个商业民族的本性相符，他们以"四海为家"，善于接受各种不同民族的文化，并表现在他们的墓葬和图像当中。以下就以安伽墓为例，参照其他同类资料，略加申说。

---

[1] A. L. Juliano and J. A. Lerner, "Cultural Crossroads: Central Asian and Chinese Entertainers on the Miho Funerary Couch", *Orientations*, Oct. 1997, pp. 72-78; idem., "The Miho Couch Revisited in Light of Recent discoveries", *Orientations*, Oct. 2001, pp. 54-61.

[2] 饶宗颐主编：《华学》（第5辑），中山大学出版社，2001年，第14—37页；姜伯勤：《中国祆教艺术史研究》，生活·读书·新知三联书店，2004年，第95—120页。

[3] Rong Xinjiang, "The Illustrative Sequence on An Jia's Screen: A Depiction of the Daily Life of a Sabao", *Orientations*, February 2003, pp. 32-35.

一、粟特文化

安伽是从凉州武威迁到关中的安国粟特人，他最后的官称是同州（今陕西大荔）萨保，即同州地区胡人聚落的首领。在安伽围屏的几乎每一幅图像上，都有一个头戴毡帽的中心人物，表现的应当就是粟特聚落首领的形象。从人种上来看，这组图像上的人物可以分为短发的粟特人和长发的突厥人。在已经发现的所有粟特系统的石棺床图像中，安伽墓是最具粟特生活气息的一组，因此，我们认为安伽墓图像最能反映粟特胡人在自己聚落中的日常生活形态。

安伽墓图像上所反映的入华粟特人的日常生活场景有：萨保夫妇在中国式庭园内宴饮（图1）[①]；萨保在葡萄园与其他胡人一起宴饮，并观赏舞蹈（图2）[②]；萨保率胡人造访突厥部落，在毡帐内外宴饮（图3）[③]；萨保率众出行，外出经商（图4）[④]；萨保在聚落中招待来访的突厥首领，一起观赏胡人跳舞（图5）[⑤]。在虞弘墓石雕和天水发现的石棺石屏上，还有粟特胡人酿酒的图像（图6）[⑥]。这些生活场景可以说是粟特民族文化中最具特色的部分的真实再现。他们作为一个商业民族，在丝绸之路上往来贸易，和突厥首领交往，在聚落中居住着中国式的房屋，享受着他们劳动的所得，观赏着自己喜爱的歌舞。

我们看到大多数安伽图像上胡人的穿戴，多是紧口窄袖的长袍，有的是圆领，有的则是翻领，脚蹬皮靴。他们所用的器皿，是一些金银制作的酒具和食具，有些完全可以和出土的粟特金银器相吻合。[⑦]他们表演的是粟特人最擅长的胡腾舞，汉文史籍中关于安禄山跳舞的描述以及宁夏盐池胡人墓石门上的胡人跳舞的图像，都可以和安伽图像相互印证。[⑧]至于安伽的宗教信仰，从安伽墓门上方所雕刻的拜火祭坛来看，他一定是信奉源出波斯的琐罗亚斯德教（中国称祆教、拜火教）的，这也是粟特人的主要宗教信仰。

---

① 陕西省考古研究所编著：《西安北周安伽墓》，文物出版社，2003年，图版52。
② 陕西省考古研究所编著：《西安北周安伽墓》，文物出版社，2003年，图版44上半部分。
③ 陕西省考古研究所编著：《西安北周安伽墓》，文物出版社，2003年，图版57。
④ 陕西省考古研究所编著：《西安北周安伽墓》，文物出版社，2003年，图版73上半部分。
⑤ 陕西省考古研究所编著：《西安北周安伽墓》，文物出版社，2003年，图版38。
⑥ 陕西省考古研究所编著：《太原隋代虞弘墓清理简报》，《文物》2001年第1期，第35页，图16。
⑦ 荣新江：《金樽美酒醉他乡——从安伽墓看粟特物质文化的东渐》，《文物天地》2005年第1期，第88—91页。
⑧ 张庆捷：《北朝隋唐粟特的"胡腾舞"》，"粟特人在中国"国际学术讨论会提交论文（北京，中国国家图书馆，2004年4月23—25日）。

图1 萨保夫妇在中国式庭院内宴饮

图2 萨保在葡萄园宴饮、赏舞

图3 萨保造访突厥部落并在毡帐宴饮

图4 萨保率众外出经商

图5 萨保招待突厥首领并一起观赏乐舞

图6 粟特胡人酿酒图（虞弘墓石雕）

160 | 华夷会同——多元文化与民族融合

二、波斯文化

粟特人在宗教、文化方面深受处于其西方的波斯的文化影响，粟特文化是属于以波斯文化为中心的伊朗文化范畴之内的。在安伽墓的图像当中，我们可以看到比较典型的波斯文化特征，即萨保骑马猎狮图（图7）[①]。这幅图像与安伽围屏的其他图像有相当大的区别，就是它并非写实的场景，人和狮子距离非常接近，不可能是现实生活的写照，而是来自一个图像主题，即波斯国王猎狮图，这种图像在萨珊波斯的银盘上常常可以看到。在虞弘墓的图像上，也有类似的骑象或骑驼猎狮图。

另外，安伽墓围屏图像上的一些装饰花纹，比如萨保和突厥首领举行会盟仪式的方形帐篷（图8）[②]，顶部是用流行于萨珊波斯的日月形纹样装饰，周边是一圈联珠纹，这里两位首领所坐地毯的边缘，和安伽夫妇家居宴饮图、招待突厥首领观赏乐舞图中的地毯一样，都是用萨珊波斯流行起来的联珠纹装饰的。还有粟特胡人和突厥人一起狩猎的图像上，下面一位上身穿虎皮衣服的人，头后有飘带，这也是波斯王常见的配饰。这些波斯风格的装饰或主题，如同粟特信仰的波斯琐罗亚斯德教一样，早在粟特本土就被吸收了的波斯文化，并由粟特人带到中国，我们也可以说它们是波斯文化的粟特变种。

图7 萨保骑马猎狮图　　图8 萨保和突厥首领在方形帐篷会盟图

三、北方草原游牧文化

在安伽墓围屏图像上，一个非常显著的特征是，粟特胡人常常和披发的突厥人在一起，这是史君、益都、天水等图像上少见的，但是日本美秀美术馆藏品上的图

[①] 陕西省考古研究所编著：《西安北周安伽墓》，文物出版社，2003年，图版49。
[②] 陕西省考古研究所编著：《西安北周安伽墓》，文物出版社，2003年，图版56。

像，披发突厥人或嚈哒人也不时出现。不论是从北疆散布的突厥石人像的背面，还是从撒马尔干粟特壁画所绘制的突厥使者像上，以及从最近在昭陵北司马门新发现的突厥君长石像的背后[1]，都可以看到突厥人留着的长长的披发，因此，安伽墓图像上的披发形象毫无疑义是表现突厥人的。

虽然这些有突厥人的图像主要仍然表现的是粟特人的生活，但也透露出一些突厥人的文化特征以及粟特人受突厥文化影响的方面。比如会盟，是北方游牧民族常常采取的一种与其他民族或政权交往的形式，我们在安伽墓和美秀美术馆的图像上都能看到这种粟特人和突厥人或其他游牧民族会盟的图像，表明粟特人接受了游牧民族的这种方式。其实，粟特诸王国在相当长的时间里是北方游牧汗国的附属国，粟特人的东来贩易，也是受到北方游牧民族，如柔然、嚈哒、突厥、回鹘等汗国的保护，因此，他们之间的会盟恐怕是一个经常举行的仪式。

安伽图像上胡人与突厥一同狩猎的图像[2]，在美秀美术馆、史君等图像上也有类似的场景。狩猎是北方游牧民族的拿手好戏，属于绿洲城邦国家的粟特人应当是从其北方游牧主人那里学来的狩猎技艺，史君图像上狩猎的主人（萨保）后面，有披发突厥左手架着猎鹰相随。在粟特人枯燥紧张的行旅生活中，与突厥人共同打猎，既是一种调剂和放松，又可以为双方的合作奠定良好的基础。按照我对安伽围屏图像程序的解说，在两幅粟特人与突厥人一起狩猎图的后面，是一幅粟特萨保和突厥首领在虎皮帐篷内的宴饮图[3]，他们大概就是一边吃着刚刚共同猎获的野味，一边大口喝酒，观赏着帐前的乐舞。画面上的两位首领除了商谈下次的继续合作外，一定也在津津乐道着打猎时的紧张刺激吧。狩猎成为粟特首领图像上必备的主题，恐怕是粟特人受到突厥文化强烈影响的结果。

此外，突厥文化对粟特的影响，还可以从美秀美术馆收藏的丧葬图中看到。在主持丧葬的祆教祭司后面，有一些送葬的人正在持刀剺面，说明这种突厥的葬俗也被粟特人接受。《隋书》卷八三《康国传》说粟特"婚姻丧制，与突厥同"，大概就是这个意思。

其实，在粟特人大量进入塔里木盆地、高昌、河西走廊和中原的同时，也有大量粟特人进入北方游牧汗国的领地，而且宗教文化略高一筹的粟特人，成为突厥、回鹘汗国汗廷的文职人员，也是这些王国对外交往、与周边贸易的操纵者。在粟特

---

[1] 张建林：《陕西礼泉唐太宗昭陵北司马门遗址》，见国家文物局主编：《2003中国重要考古发现》，文物出版社，2004年，第145页下图。
[2] 陕西省考古研究所编著：《西安北周安伽墓》，文物出版社，2003年，图版67。
[3] 陕西省考古研究所编著：《西安北周安伽墓》，文物出版社，2003年，图版70。

人把自己的宗教信仰、语言文字介绍给突厥、回鹘人的同时,他们也接受了游牧民族的婚姻、狩猎、会盟、丧葬等文化的影响,在唐朝时,突厥、回鹘部落中就有一些突厥化的粟特人,比如后来投降唐朝的六胡州大首领安菩和天宝时进入河北的康阿义屈达干,而且有些人的名字已经突厥化。

四、中国文化

目前考古发掘所见到的安伽、史君等墓葬,一个最明显的特征是,这些粟特首领并没有按照祆教的丧葬习俗,把尸体运送到葬尸台(dakhma)上,由狗或猛禽食掉尸肉,把剩下的骨骸埋入"骨瓮"(Ossuary),[①]而是采用了中国传统的土葬方式,挖掘带有斜坡墓道的土洞墓穴,中间放置石棺床或者石椁。虽然在石棺床或者石椁中似乎都没有发现木棺,表明这些北朝后期的粟特人还没有彻底地接受中国传统的丧葬方式,但他们所挖掘的墓室,他们所使用的石棺或石椁的形制,都完全是的中国传统的丧葬方式。不论是围屏式的石棺床,还是歇山顶式的石椁,从北魏到隋唐,一直都是中原地区流行的葬具。

其实,进入中原地区的粟特胡人首领,往往都是喜好中国文化而乐不思蜀的。我们可以看出,他们一定对中国式的庭园非常喜好,在安伽、史君、天水等图像的中间位置,都刻画的是萨保和他的夫人在中国式的亭子里宴饮。安伽、史君、天水的图像上还刻画了小桥流水[②],一派中国式的田园风光。《安令节墓志》说到这位唐朝前期住在长安的粟特墓主人时,盛赞其家族富有,像《世说新语·任诞》所说的阮仲容、道北的诸阮一样;所居宅第广阔,接南邻之第;其门庭如《史记·汲郑列传》所说的翟公之门,宾客阗门;其出入则金鞍玉帖,连骑而行,他还仗义疏财,纵千乘而犹轻,颇有侠士风格。因此,"声高郡国,名动京师"[③]。安令节在长安居住,渐染汉风,而且"雅好儒业",是已经部分汉化的粟特人,但从他的富有来看,恐怕他住在长安西市附近的醴泉坊,仍然操着粟特人的本行。从图像上看,那些进入中国城市的粟特首领,必然要在中国式的建筑中居住下来,他们自然而然地也就会从建筑这样外在的物质文化开始,慢慢接受中国文化本质的一些东西。

服饰是一个更容易改变的文化因子,特别是女子的服饰往往是一个民族接受

---

① 关于祆教的葬俗,参看F. Grenet,*Les pratiques funeraires dans l'Asie centrale sedentaire de la conquete grecque a l'islamisation*,Paris: Editions du CNRS,1984;蔡鸿生:《唐代九姓胡与突厥文化》,中华书局,1998年,第25—26页;张广达:《祆教对唐代中国之影响三例》,见《法国汉学》(第1辑),清华大学,1996年,143—145页。
② 陕西省考古研究所编著:《西安北周安伽墓》,文物出版社,2003年,图版53。
③ 吴钢主编:《全唐文补遗》(第3辑),三秦出版社,1996年,第36页。

其他文化的先驱行为。有意思的是，安伽墓所有的男性都是穿着胡服，而所有的女性却几乎都穿着典型的中国式服装，即窄袖束胸间色长裙。由于穿的是中国式的服装，所以不仔细辨识，很容易把安伽图像上的女性看作中国人，安伽夫妇家居宴饮图上站在亭子外面的两个侍女，就和同时代中国的女性装束没有两样，可见粟特女性对于中国服饰文化的接受走在了男子的前面。

以上以粟特首领萨保安伽墓为主，讨论了其墓葬和图像反映的四种文化的各种表现形式。其实，处在中亚丝绸之路贸易中转站位置的粟特诸国，对于各种外来文化一直是兼容并蓄的。在康国首府撒马尔干的遗址阿夫拉西阿卜（Afrasiab）发掘的第23号遗址第1号房间（编号R23/1）内，就发现了绘制非常精美的各国使者壁画，他们出现在表现7世纪中叶康国国王拂呼缦（Vargoman）即位的场景中。[1]《新唐书》卷二二一《西域传》称粟特王国之一的何国"城左有重楼，北绘中华古帝，东突厥、婆罗门、西波斯、拂菻等君王"，这些都反映了粟特人善于接受各种文化的丝路民族特征。虞弘石椁图像上有三幅猎狮图，表现的应当也是各种不同民族首领的形象。[2]这种构图的用意，其实就是表现萨保府的胡人不仅由各国来的胡人所构成，而且也接受各种各样的文化。因此，入华粟特首领的图像，同样表现了粟特人对各种文化的吸收。

粟特商人的足迹，走遍了东西丝绸之路，他们四海为家，吸收了各种文化因素。在作为他们葬具的图像上，也表现出他们包容多元文化的胸怀和气魄。安伽墓图像上那种不同民族间和睦相处的场景，展现了古代丝绸之路美好的一面。它们留给我们的粟特商队首领萨保的印象，比中国历史典籍中所描绘的胡人首领安禄山的形象，要更加真实、更加光彩夺目。

原载荣新江：《中古中国与粟特文明》，生活·读书·新知三联书店，2014年
（荣新江，北京大学博雅讲席教授，北京大学历史学系暨中国古代史研究中心教授）

---

[1] A. M. Belenitskii and B. I. Marshak, "The Paintings of Sogdiana", G. Azarpay, *Sogdian painting. The Pictorial epic in Oriental Art*, with Contributions by A. M. Belenitskii, B. I. Maršak, and M. J. Dresden, Los Angeles, London: University of California Press Berkeley, 1981; M. Mode, *Sogdien und die Herrscher der Welt. Türken, Sasaniden und Chinesen in Historiengemälden des 7. Jahrhunderts n. Chr. Aus Alt-Samarqand [= Europäische Hochschulschriften. Reihe XXVII. Kunstgeschichte, Bd. 162]*, Frankfurt a.M.（u.a.），1993.

[2] B. I. Marshak, "La thèmatique sogdienne dans l'art de la Chine de la seconde moitié du VIe siècle", *Académie des Inscriptions & Belles-Lettres, Comptes rendus des seances de l'annee 2001 janvier-mars*, Paris, 2001, p.256。不过这些图像的细节比定尚需研究。

唐炽俟汕墓志所见入唐葛逻禄人研究

陈 玮

居于唐代北庭西北、金山以西的葛逻禄作为备载《唐六典》七十余蕃中的首蕃，在7世纪先后臣服于西突厥汗国与唐王朝，西突厥汗国与后西突厥两厢汗国均以其为属部，唐王朝则以其为羁縻府州，因此葛逻禄受到突厥文化和唐王朝汉文化的交互影响。在突厥、突骑施等游牧帝国相继衰微后，葛逻禄在西域的政治舞台上扮演了主要角色，对西域的政治走向具有举足轻重的影响。唐廷与内亚的政治互动使大量北方游牧民族人士聚居于首都长安，他们留下的石刻遗存在21世纪多有发现，反映入唐葛逻禄人史事的《唐游击将军右武卫中郎将炽俟汕墓志铭》即于2007年出土，现藏西安市长安区博物馆。墓志志盖已失，志石完整。志石为方形，边长52厘米。志文27行，满行27字。[1]该方墓志为罕见的入唐葛逻禄人墓志，以往唐史载籍中对定居中原的葛逻禄人记载缺失，因此《炽俟汕墓志》具有较高的史料价值，不仅补史之缺，葛逻禄人定居中原后的生活面貌也赖以重现。炽俟汕之父炽俟弘福之墓志于20世纪90年代出土，现藏西安市文物考古研究所，葛承雍先生已对其进行了详细研究。[2]荣新江先生曾引用《炽俟汕墓志》讨论了新出吐鲁番文书所见唐龙朔年间哥逻禄部落破散问题，[3]但对于墓志的详细考释未及展开。笔者不避揣陋，在参考两位先生大作的基础上，将《长安新出墓志》所收录的该方墓志志文迻录并讨论如下，敬祈方家指正。

---

[1] 西安市长安博物馆编：《长安新出墓志》，文物出版社，2011年，第188页。
[2] 葛承雍：《西安出土西突厥三姓葛逻禄炽俟弘福墓志释证》，见荣新江、李孝聪主编：《中外关系史：新史料与新问题》，科学出版社，2004年，第449—455页；葛承雍：《唐韵胡音与外来文明》，中华书局，2006年，第130—139页。
[3] 荣新江：《新出吐鲁番文书所见唐龙朔年间哥逻禄部落破散问题》，见沈卫荣主编：《西域历史语言研究集刊》（第1辑），科学出版社，2007年，第13—44页；荣新江、李肖、孟宪实主编：《新获吐鲁番出土文献研究论集》，中国人民大学出版社，2010年，第433—465页。

故游击将军右武卫中郎将炽俟公墓志铭并序

京兆进士米士炎撰

公讳汕，字伏护，阴山人也。发源本于夏后，奕叶联于魏朝。累生名王，代有属国，入为冠族，道乎远哉。曾祖步失，右骁卫将军兼大漠州都督、天山郡开国公。外绾穹庐之长，内参禁臠之任。服勤无歝，授寄方殷。祖力，云麾将军、左武卫中郎将兼本郡太守。奉承世官，分理郡国。出则扞城御侮，入则捧日戴天。昭考弘福，云麾将军、左威卫大将军兼知天兵军副大使、招慰葛禄使。生金星而武，擅玉帐而雄。推毂而宠崇九天，坐帷而谋远千里。勋绩之大，国史存焉。公即大将军之元子。岐嶷独秀，清明在躬。外庄而宽仁，内淑而刚简。先朝以将门子，万岁通天中，特受游击将军、左威卫翊府右郎将，从班次也。圣历载，诏许当下之日成均读书，又令博士就宅教示。俾游贵国庠，从师师第。始谈高而成蒉，终覆篑而为山。以开元中，迁左骁卫中郎。无何，以太夫人之丧，去仕。以开元廿五年服缺，换右武卫中郎将。效职而玄通周慎，出言而暗合诗书。廊庑识承官之材，朝廷闻到都之誉。从龙广殿，珥鹨太街，有足雄也。虽事经累圣，禄终眉寿，而过乏秋毫，爱流冬日。高门纳驷，既守俭而安，长剑□君，亦不威而肃。呜呼！岂期杖期云及，而逝者如斯。以天宝十一载四月十七日，寝疾终于京义宁里之私室，时春秋六十有九。公尝产分疎属，食待嘉宾。友睦弟兄，惠优孺独。其养也以色，其丧也以哀。从政不颇，率身有礼。固足冠君子之列，符古人之志。夫人康氏，琴瑟之友，金玉其相。蕣花早凋，藁瘗郊外。即以天宝十三载五月廿五日，祔葬于长安高阳原，礼也。有子凤，泣血在疚，羸容过戚。尝议发挥先志，光启大人。仆忝升堂之交，敢违刻石之请。铭曰：

玄冥封域，乌丸苗裔。向化称臣，策名谒帝。纠纠龙骧，副临节制。昂昂武贲，式司羽卫。报国忠公，承家继世。上天不吊，哲人云亡。合祔元吉，终然允臧。鸾昔孤瘗，剑今双藏。寘铭翠石，颂德玄堂。右原□上，松柏苍苍。

一、墓志所见入唐葛逻禄人之仕宦

根据志文，志主炽俟汕于唐玄宗天宝十一载（752）去世，享年69岁，则其当生于唐中宗弘道元年（683）。炽俟汕之姓氏来源于部族名，内田吟风先生据《隋书·铁勒传》所记"伊吾以西，焉耆之北，傍白山，则有契弊、薄落职、乙咥、苏婆、那曷、乌讙、纥骨、也咥、於尼讙等，胜兵可二万"①，认为："中国人在隋代就已经知道了构成葛逻禄三姓中的Bulāq族（葛逻禄之一姓，唐书写作谋落）与Čigil（葛逻禄之一姓，唐书写作炽俟）游牧于哈密以西、焉耆以北的天山北麓了。之所以这样说，是因为薄落、职乙是Bulāq、Čigil的汉字音译名。"②王静如认为回纥毗迦可汗碑中的突厥文Čigil即炽俟。③王治来则指出"炽俟（Chigil）一名常见于波斯诗中，在喀什噶里《突厥语大辞典》中亦曾提及之"④。《世界境遇志》云炽俟"本来属于葛逻禄"。⑤《新唐书·葛逻禄传》记"葛逻禄本突厥诸族，在北庭西北、金山之西，跨仆固振水，包多怛岭，与车鼻部接。有三族：一谋落，或为谋剌；二炽俟，或为婆匐；三踏实力"⑥。可见炽俟迦出身于葛逻禄中的炽俟部。

志文称炽俟迦为阴山人，唐代内附北族人士之墓志多称志主为阴山人，如《阿史那思摩墓志》云其为"阴山人也"。⑦阿史那思摩之妻《延陀氏墓志》云延陀氏为"阴山人也"。⑧《阿史那感德墓志》云其为"长城阴山人也"。⑨契苾何力第六女《契苾夫人墓志》云契苾氏"本阴山贵族"。⑩契苾何力孙女《契苾夫人墓志》云契苾氏"其先阴山人也"。⑪《执失奉节墓志》云其为"漠北阴山人也"。⑫《俾失十囊墓志》记其为"阴山人也"。⑬《李光颜碑》记其家族"因部为姓，号阿跌氏，阴山贵种，奕代勋华"。⑭吐谷浑可汗诺遏钵之子《慕容忠墓志》记慕容忠为"阴山人也"。⑮慕容忠之子《慕容宜昌墓志》亦记慕容宜昌为"阴山人也"。⑯《李过折墓志》云"其先阴山王之贵种，即虏族也"。⑰《罗甗生墓志》记其为"阴山人

---

① 《隋书》卷八四《铁勒传》。
② ［日］内田吟凤：《初期葛逻禄史之研究》，陈俊谋译，《民族译丛》1981年第6期。
③ 王静如：《突厥文回纥英武威远毗伽可汗碑译释》，见《王静如民族研究论集》，民族出版社，1998年，第65页。
④ 佚名：《世界境域志》，王治来译，上海古籍出版社，2010年，第79页。
⑤ 佚名：《世界境域志》，王治来译，上海古籍出版社，2010年，第79页。
⑥ 《新唐书》卷二一七下《葛逻禄传》。
⑦ 吴钢主编：《全唐文补遗》（第3辑），三秦出版社，1996年，第338页。
⑧ 吴钢主编：《全唐文补遗》（第3辑），三秦出版社，1996年，第339页。
⑨ 吴钢主编：《全唐文补遗》（第8辑），三秦出版社，2005年，第302页。
⑩ 吴钢主编：《全唐文补遗》（第2辑），1996年，第442页。
⑪ 吴钢主编：《全唐文补遗》（第7辑），三秦出版社，2000年，第350页。
⑫ 吴钢主编：《全唐文补遗》（第3辑），三秦出版社，1996年，第362页。
⑬ 吴钢主编：《全唐文补遗》（第5辑），三秦出版社，1998年，第368页。
⑭ 陈尚君辑校：《全唐文补编》，中华书局，2005年，第890页。
⑮ 吴钢主编：《全唐文补遗》（第3辑），三秦出版社，1996年，第510页。
⑯ 吴钢主编：《全唐文补遗》（第8辑），三秦出版社，2005年，第344页。
⑰ 吴钢主编：《全唐文补遗》（第8辑），三秦出版社，2005年，第75页。

也"。①炽俟迦之父《炽俟弘福墓志》亦称炽俟弘福为"阴山人也"。②

阴山向为游牧民族与农耕民族之传统分界线，上述北族人士墓志将阴山作为志主之地望，说明阴山已经成为中古时期北族之血缘及文化符号，《李过折墓志》在谈到李过折"其先阴山王之贵种"后又补充一句"即虏族也"，即突出了阴山作为划分北族与汉族的地理边界的标识作用。上述北族人士中，阿史那氏诸人及执失奉节、俾失十囊为突厥人，延陀氏为薛延陀人，契苾氏姑侄及李光颜为铁勒人，慕容忠、慕容宜昌为吐谷浑人，李过折为契丹人，罗甑生族属待考，或为吐火罗人③，炽俟弘福、炽俟迦父子为葛逻禄人。这些北族人士的墓志中，以突厥人《阿史那思摩墓志》镌刻时间最早，一般情况下墓志的纸质文本会有所流传，而薛延陀、铁勒、契丹、葛逻禄都曾为突厥属部，因此此四族人士之墓志行文措辞仿效已流播之突厥人墓志文，受其影响是很自然的。另外，刻于开元二十四年（736）的《炽俟弘福墓志》称"其先夏（后）氏之苗裔"。④本文所讨论之刻于天宝十三载（754）的《炽俟迦墓志》云其"发源本于夏后"。刻于贞观二十三年（649）的《阿史那摸末墓志》云其"盖大禹之后焉"。⑤刻于显庆三年（658）的《执失奉节墓志》铭辞曰："原夫伊始，惟夏有作。马降乾河，龟浮坤洛。锡珪胙土，幽陵是讬。"⑥刻于开元十一年（723）的《执失善光墓志》云其"原夫传芳夏裔"。⑦刻于同年的《阿史那哲墓志》云其为"夏禹之苗"。⑧刻于开元十二年（724）的《阿史那毗特迦特勤墓志》记"其先夏后氏之苗裔"。⑨可见后刻的《炽俟弘福墓志》《炽俟迦墓志》在追溯祖先源流时明显受到了入唐突厥人的影响。

从志文来看，炽俟迦的曾祖炽俟步失为唐右骁卫将军兼大漠州都督，封爵为天山郡开国公。右骁卫为中央禁军南衙十六卫之一，《通典》云左右骁卫有"大将军

---

① 吴钢主编：《全唐文补遗》（第2辑），三秦出版社，1996年，第274页。
② 葛承雍：《西安出土西突厥三姓葛逻禄炽俟弘福墓志释证》，见荣新江、李孝聪主编：《中外关系史：新史料与新问题》，科学出版社，2004年，第452页。
③ 〔清〕徐松撰，李健超增订：《增订唐两京城坊考》卷四，三秦出版社，2006年，第355页。
④ 葛承雍：《西安出土西突厥三姓葛逻禄炽俟弘福墓志释证》，见荣新江、李孝聪主编：《中外关系史：新史料与新问题》，科学出版社，2004年，第452页。
⑤ 葛承雍：《东突厥阿史那摸末墓志考述》，《中国边疆史地研究》2003年第1期。
⑥ 吴钢主编：《全唐文补遗》（第3辑），三秦出版社，1996年，第363页。
⑦ 吴钢主编：《全唐文补遗》（第2辑），1996年，第452页。
⑧ 吴钢主编：《全唐文补遗》（第5辑），三秦出版社，1998年，第338页。
⑨ 吴钢主编：《全唐文补遗》（第3辑），三秦出版社，1996年，第59页。

各一人，所掌与左右卫同，将军各二人以副之"①。《旧唐书·职官志》云骁卫将军为从三品。其职"掌如左、右卫。大朝会在正殿之前，则以黄旗队及胡禄队坐于东西廊下。若御坐正殿，则以其队仗次立左、右卫下"②。炽俟步失所兼任之大漠州都督府为"杂戎胡部落，寄于北庭府界内，无州县户口，随地治畜牧"③的羁縻州。显庆二年（657）十一月唐廷在平定西突厥阿史那贺鲁叛乱后，在西突厥诸部及其属部所分布之地广设羁縻州。葛逻禄作为西突厥之属部也不例外，《新唐书·地理志》云："阴山州都督府，显庆三年分葛逻禄三部置三府，以谋落部置。大漠州都督府以葛逻禄炽俟部置。玄池州都督府以葛逻禄踏实部置。金附州都督府析大漠州置。"④大漠州都督由炽俟部首领担任，《唐会要·葛逻禄国》云："显庆二年，置阴山、大漠、玄池三都督府，以其首领为都督。"⑤据葛承雍考证，炽俟步失之父娑匐颉利发为大漠州首任都督。⑥据罗新研究，娑匐"是由一个官号（娑、设）加上一个官称（匐、墨、卑）联合构成的一组政治名号"⑦，长期存在于突厥政治体系中。颉利发（eltäbär）亦为突厥官称，据《周书》所记突厥官制，颉利发位于叶护、设、特勤之下，为突厥第四等高官。吴玉贵指出："颉利发是突厥汗国常见的官职，在汉文史籍中又有俟利伐、希利发、俟利发、俟列发等不同的译法。"⑧芮传明认为颉利发为颉利吐发之省称。⑨罗新则认为："俟利发、颉利发、俟利伐、俟力发、俟匿发，还有高昌麴斌造寺碑里的希利发等等，对应的都是同一个柔然、突厥政治体中的某一个专有制度名号。"⑩娑匐与颉利发可并连在一起作为官称，《新唐书》即云突厥属部仆骨部酋长为"娑匐俟利发歌滥拔延"。⑪因此，炽俟步失之父娑匐颉利发无疑是采用了自己为西突厥官属时的官称作为己名。唐廷平定阿史那贺鲁之乱前后的葛逻禄颉利发，除炽俟步失之父外还有获剌，史载左卫大将军程知节曾"与贺鲁所部歌逻禄获剌颉发及处月预支俟斤等战于榆幕谷，大破之，斩首千余级，获驼马

---

① 〔唐〕杜佑：《通典》卷二八《职官十·武官上·左右骁卫》，中华书局，1988年，第786页。
② 《旧唐书》卷四四《职官三》。
③ 《旧唐书》卷四十《地理三》。
④ 《新唐书》卷四十三下《地理志》。
⑤ 〔宋〕王溥：《唐会要》，上海古籍出版社，2006年，第2124页。
⑥ 葛承雍：《西安出土西突厥三姓葛逻禄炽俟弘福墓志释证》，见荣新江、李孝聪主编：《中外关系史：新史料与新问题》，科学出版社，2004年，第453页。
⑦ 罗新：《中古北族名号研究》，北京大学出版社，2009年，第139页。
⑧ 吴玉贵：《突厥汗国与隋唐关系史研究》，中国社会科学出版社，1998年，第50页。
⑨ 参见芮传明：《古突厥碑铭研究》，上海古籍出版社，1998年，第213页。
⑩ 罗新：《中古北族名号研究》，北京大学出版社，2009年，第137页。
⑪ 《新唐书》卷二一七下《回鹘传下附仆骨》。

牛羊万计"。①此外突厥文《毗迦可汗碑》亦记有后突厥汗国时有"（葛逻禄）颉利发被消灭，其弟（逃到）一城堡"②。

炽俟步失之封爵"天山郡开国公"为开国郡公，据《新唐书·百官志》为正二品，食邑二千户。唐代大臣"凡所封邑，必取得姓之地"。③炽俟步失所属部落于北庭驻牧，因此其封爵以天山郡冠之。马驰曾将唐代蕃将分为入朝蕃将和在蕃蕃将。④从志文称炽俟步失"外绾穹庐之长，内参禁脔之任"来看，炽俟步失既管辖本部事务，又入朝宿卫，具有在蕃和入朝的双重身份。吴玉贵指出纳质制度为唐初安置突厥降部的基本政策之一，突厥属部酋领契苾何力内附后，其部落置于凉州，其本人入京担任左领军将军就属于入京充质的性质。⑤炽俟步失入朝担任右骁卫将军无疑也属于这种性质。

志文又叙炽俟迦祖父炽俟力任云麾将军、左武卫中郎将。云麾将军据《新唐书·百官志》为从三品上武散官。左武卫为中央禁军南衙十六卫之一，位次左右骁卫。十六卫皆领府兵，其中内府府兵隶于各卫之中郎将府，左右武卫即设有左右翊中郎将府，其"翊府中郎将各一人，正四品下"。⑥志文云炽俟力"兼本郡太守"即指炽俟力兼任大漠州都督府都督。大漠州都督见于史乘和金石类文字的尚有朱斯和昆职。开元四年（716）七月，唐玄宗赐降附突厥等书中谈到"三姓葛逻禄大漠都督特进朱斯"。⑦乾陵六十一藩王像中有一像题名为"右金吾卫大将军兼大漠都督三姓咽面叶护昆职"。⑧叶护（yabghu）为突厥官称，至天宝年间叶护已成为三姓葛逻禄共主，《新唐书·葛逻禄传》云回纥汗国兴起后，葛逻禄"在金山、北庭者自立叶护"⑨。《安禄山事迹》云阿布思"败后，投于葛逻禄，叶护规惧不敢受，擒之送于北庭"⑩。《册府元龟》记天宝十三载"五月壬寅，帝以葛逻禄叶护有擒阿布思之功，

---

① 《旧唐书》卷四《高宗纪上》。
② 《毗伽可汗碑》，见耿世民：《古代突厥文碑铭研究》，中央民族大学出版社，2005年，第164页。
③ 李涪：《刊误》卷下《封爵》，中华书局，2012年，第242页。
④ 马驰：《唐代蕃将》，三秦出版社，2011年，第5页。
⑤ 吴玉贵：《突厥汗国与隋唐关系史研究》，中国社会科学出版社，1998年，第241页。
⑥ 《唐六典》卷二四，中华书局，1992年，第621页。
⑦ 《册府元龟》卷九九二《外臣部三七·备御五》，凤凰出版社，2006年，第11488页。
⑧ 陈国灿：《唐乾陵石人像及其衔名的研究》，见《陈国灿吐鲁番敦煌出土文献史事论集》，上海古籍出版社，2012年，第169页。
⑨ 《新唐书》卷二一七下《回鹘传下附葛逻禄》。
⑩ 〔唐〕姚汝能：《安禄山事迹》（卷上），中华书局，2006年，第85页。

特降玺书"①。值得注意的是唐玄宗赐葛逻禄叶护顿毗迦书中提到其天宝十三载以前俸禄"并令京军给付"②，顿毗迦应带有禁军将衔。乾陵石人像中的大漠都督三姓咽面叶护昆职即为右金吾卫大将军。天宝五载（746）遣使入贡的三姓葛逻禄（üčqarluq）苾迦叶护顿阿波移健啜也被拜为"左武卫大将军员外置"。③

志文云炽俟辿之父炽俟弘福为云麾将军、左威卫大将军兼知天兵军副大使、招慰葛禄使。左威卫亦为中央禁军南衙十六卫之一，位次左右武卫。左威卫大将军据《旧唐书·职官志》为正三品。知天兵军副大使据《炽俟弘福墓志》为"天兵行军副大使"④。天兵军为防御后突厥汗国而设，《通典》云天兵军位于"太原府城内，圣历二年置，管兵二万人，马五千五百匹"⑤。《唐会要·节度使》云："天兵军，圣历二年四月置。大足元年五月十八日废。长安元年八月，又置。景云元年，又废。开元五年六月二十四日，张嘉贞又置。十一年三月四日，改为太原已北诸军节度使。"⑥《炽俟弘福墓志》称炽俟弘福为天兵行军副大使，唐代行军一般冠以道名，炽俟弘福所任天兵行军副大使应为天兵道行军副大使之省称。天兵道行军最早见于圣历元年（698），该年"武太后令司农卿武重规为天兵中道大总管，右武威卫将军沙吒忠义为天兵西道总管，幽州都督张仁亶为天兵东道总管，率兵三十万击之；左羽林卫大将军阎敬容为天兵西道后军总管，统兵十五万以为后援"。⑦天兵道行军又见于长安元年（701），该年八月"突厥默啜寇边，命安北大都护相王为天兵道元帅，统诸军击之，未行而虏退"。⑧吴玉贵以为"以相王为天兵道元帅击突厥，炽俟弘福任天兵道行军副大使应在此时"⑨。

志文云炽俟弘福为招慰葛禄使，即《炽俟弘福墓志》所称之"招慰三姓葛逻禄使"。⑩以蕃将出使本蕃或蕃域为唐廷使用蕃将的一大特点，仅在处理西域蕃部事务上唐廷就曾以阿史那献"充安抚招慰十姓大使"。⑪以阿史那忠"为西域道安抚大使

---

① 《册府元龟》卷九七五《外臣部二十·褒异二》，凤凰出版社，2006年，第11290页。
② 《册府元龟》卷九七五《外臣部二十·褒异二》，凤凰出版社，2006年，第11290页。
③ 《册府元龟》卷九七五《外臣部二十·褒异二》，凤凰出版社，2006年，第11289页。
④ 葛承雍：《西安出土西突厥三姓葛逻禄炽俟弘福墓志释证》，见荣新江、李孝聪主编：《中外关系史：新史料与新问题》，科学出版社，2004年，第452页。
⑤ 〔唐〕杜佑：《通典》卷一七二《州郡二·序目下》，中华书局，1988年，第4481页。
⑥ 〔宋〕王溥：《唐会要》（下册），上海古籍出版社，2006年，第1687页。
⑦ 〔唐〕杜佑：《通典》卷一九八《边防一四·突厥中》，中华书局，1988年，第5436页。
⑧ 《资治通鉴》卷二〇七"武后长安二年八月"条。
⑨ 吴玉贵：《突厥第二汗国汉文史料编年辑考》（中册），中华书局，2009年，第786页。
⑩ 《旧唐书》卷四《高宗纪上》。
⑪ 《旧唐书》卷一九四下《突厥传下》。

兼行军大总管"。①苏定方率军攻击阿史那贺鲁时，唐廷"诏右屯卫大将军阿史那弥射、左屯卫大将军阿史那步真为流沙道安抚大使，分出金山道"。②关于炽俟弘福招慰葛逻禄的背景，葛承雍以为与后突厥向西域扩张有关③，但是《炽俟弘福墓志》全文并未云及后突厥，反而谈到炽俟弘福在葛逻禄时，"时突骑施怀贰，乌质勒不诚，公密探其旨，且献其状"④，可见炽俟弘福招慰葛逻禄应与突骑施有某种联系。圣历年间，突骑施势力大增，乌质勒"移衙于碎叶，则天授以瑶池都督"⑤。但久视元年（700），唐廷以西突厥阿史那斛瑟罗"为平西军大总管，镇碎叶"⑥。突骑施与西突厥围绕碎叶控制权产生矛盾，以至于长安三年（703）七月，"突骑施酋长乌质勒与西突厥诸部相攻，安西道绝"⑦。《旧唐书·唐休璟传》亦云"长安中，西突厥乌质勒与诸番不和，举兵相持。安西道绝"⑧。与乌质勒不和之诸番即西突厥及其属部，而葛逻禄向为西突厥属部。垂拱以来，唐廷在西域倚重阿史那斛瑟罗等西突厥贵族，旨在以其统摄西突厥及其属部，遂与谋求霸权之新兴突骑施产生冲突，双方矛盾激化于久视元年唐廷任命阿史那斛瑟罗镇守碎叶，但之前就存在深刻矛盾。双方的冲突一直持续到开元年间，史载开元五年（717）五月，由于突骑施"阴有窥边之志"，西突厥阿史那献"欲发葛逻禄兵击之"。⑨该年七月，突骑施兵围拨换城及石国后，"葛逻禄等志欲讨除"。⑩可见西突厥、葛逻禄与突骑施的矛盾绵延历久，炽俟弘福于701年招慰葛逻禄正是在双方矛盾于703年爆发前的一次居中调节。

从志文来看，炽俟迊由于为将家出身，在万岁通天年间被除授游击将军、左威卫翊府右郎将。游击将军据《新唐书·百官志》为从五品下武散官，左威卫翊府右郎将据《旧唐书·职官志》为正五品上。开元年间，炽俟迊自左威卫翊府右郎将升为正四品下左骁卫中郎将，后因其母逝世而去仕，开元二十五年（737）服缺又任

---

① 吴钢主编：《全唐文补遗》（第1辑），三秦出版社，1994年，第50页。
② 《新唐书》卷二一五《突厥传下》。
③ 葛承雍：《西安出土西突厥三姓葛逻禄炽俟弘福墓志释证》，见荣新江、李孝聪主编：《中外关系史：新史料与新问题》，科学出版社，2004年，第454页。
④ 葛承雍：《西安出土西突厥三姓葛逻禄炽俟弘福墓志释证》，见荣新江、李孝聪主编：《中外关系史：新史料与新问题》，科学出版社，2004年，第452页。
⑤ 《册府元龟》卷九六七《外臣部·继袭二》，凤凰出版社，2006年，第11200页。
⑥ 《资治通鉴》卷二〇六"武后久视元年腊月"条。
⑦ 《资治通鉴》卷二〇七"武后长安三年七月庚戌"条。
⑧ 《旧唐书》卷九三《唐休璟传》。
⑨ 《资治通鉴》卷二一一"玄宗开元五年五月"条。
⑩ 《册府元龟》卷九九二《外臣部·备御五》，凤凰出版社，2006年，第11488页。

右武卫中郎将。右武卫与左威卫、左骁卫同属南衙十六卫,《唐六典》云左右卫有"亲府、勋一府、勋二府、翊一府、翊二府等五府中郎将各一人,正四品下"[1]。炽俟辿终官于此,其逝世后墓志所镌刻的天宝十三载已是安史之乱的前夜。

二、墓志所见入唐葛逻禄人之居地、婚姻、汉化

根据志文,炽俟辿于天宝十一载逝世于长安义宁里私第。义宁里为长安街西坊里,长安街西有许多突厥人定居,如义宁里正南的居德里有阿史那思摩宅[2],怀德坊有右贤王墨特勤宅[3],义宁里东南的醴泉坊有右卫大将军雁门郡开国公俾失十囊宅[4],布政坊有左金吾大将军阿史那从政及夫人薛突利施匐阿施宅[5]、金河郡夫人阿史那氏宅[6]以及左神武卫大将军、河间郡王舍利澄宅[7]。义宁里的突厥人宅第则有啜禄夫人郑实活宅。[8]毕波曾指出:"这些进入长安的突厥人所生活的坊里有一个共同之处,就是都分布在西市周边,这似乎表明,在突厥降众当时进入长安后,可能有相当一部分中高级降将是被安排在西市附近诸坊。"[9]炽俟辿先祖为长期附属于西突厥的葛逻禄人,其私宅置于义宁里或受同族聚居风气影响。另外,炽俟辿葬地为高阳原,突厥人执失奉节殁后于显庆三年(658)也葬于高阳原。

有唐一代,蕃将在初投附朝廷效力时,多被赐予宅第。以突厥而言,颉利可汗授右卫大将军时被"赐以田宅"[10],阿史那忠被"赐以甲第"[11],车鼻可汗官拜左武

---

[1]《唐六典》卷二四,中华书局,1992年,第618页。

[2]《李思摩墓志》,见吴钢主编:《全唐文补遗》(第3辑),三秦出版社,1996年,第339页。

[3]《贤力毗伽公主墓志》,见周绍良主编:《唐代墓志汇编》,上海古籍出版社,1992年,第1280页。

[4]《俾失十囊墓志》,见吴钢主编:《全唐文补遗》(第5辑),三秦出版社,1998年,第368页。

[5]《薛突利施匐阿施墓志》,见吴钢主编:《全唐文补遗》(第2辑),三秦出版社,1996年,第565页。

[6]《金河郡夫人阿史那氏墓志》,见吴钢主编:《全唐文补遗》(第5辑),三秦出版社,1998年,第407页。

[7]〔清〕徐松撰,李健超增订:《增订唐两京城坊考》卷四,三秦出版社,2006年,第194页。

[8]《啜禄夫人郑氏墓志》,见吴钢主编:《全唐文补遗》(第4辑),三秦出版社,1997年,第439页。

[9] 毕波:《中古中国的粟特胡人——以长安为中心》,中国人民大学出版社,2011年,第213页。

[10]〔唐〕杜佑:《通典》卷一九七《边防一三·突厥上》,中华书局,1988年,第5412页。

[11] 吴钢主编:《全唐文补遗》(第1辑),三秦出版社,1994年,第50页。

卫将军后，被"赐宅于长安"①，后突厥可汗默啜之婿火拔颉利发石阿失毕投奔唐朝后，被"赐宅一区"②。俾失裴罗支阙俟斤投效唐廷后被"赐甲第一区"。③炽俟迦之私宅应为其曾祖炽俟步失入唐宿卫时所赐。关于葛逻禄首领入京居住，新出吐鲁番文书曾记龙朔二年（662）有葛逻禄大漠都督府下首领"并已入京去住"④。荣新江认为"炽俟步失应当就是大漠都督府入朝的首领之一"⑤。

葛逻禄人在安史之乱前作为使节曾多次前往长安。《唐会要》云东突厥车鼻可汗败亡后，"葛逻禄、谋剌婆、蕮踏实力三部落并诣阙朝见"。⑥乾封元年（666），唐高宗在泰山封禅时，"狼山都督葛逻禄社利等首领三十余人，并扈从至岳下，勒名于封禅之碑"⑦。《唐会要》又记葛逻禄"其在金山及北庭管内者。别立叶护。每岁朝贡"⑧。据《册府元龟》，开元三年（715）正月，"突厥葛逻禄下领裴达干来降，授果毅兼葛州长史，借紫金鱼袋，放还蕃"⑨。《资治通鉴考异》引《实录》云"突厥葛逻禄下首领裴罗达干来降"⑩。开元十六年（728）九月，"突厥大首领葛逻禄伊难如裴等来朝，并授中郎将，赐紫袍、银钿带，放还蕃"⑪。天宝四载（745）九月，"九姓使回纥大首领顿啜罗达、三哥哥逻禄使首领件并来朝"⑫。天宝五载（746）十月，"三葛逻禄苾迦叶护顿阿波移健啜遣使朝贡"⑬。天宝十一载三月，"三葛逻禄使来朝"⑭。十一月三姓葛逻禄再次"遣使来朝"⑮。天宝十二载（753）四月，"三葛逻禄遣使来朝，凡一百三十人，分为四队相继而

---

① 《旧唐书》卷一九四上《突厥传上》。
② 《旧唐书》卷一九四上《突厥传上》。
③ 《俾失十囊墓志》，见吴钢主编：《全唐文补遗》（第5辑），三秦出版社，1998年，第368页。
④ 《唐龙朔二、三年（六六二、六六三）西州都督府案卷为安稽哥逻禄部落事》，见荣新江、李肖、孟宪实主编：《新获吐鲁番出土文献》（下册），中华书局，2008年，第323页。
⑤ 荣新江：《新出吐鲁番文书所见唐龙朔年间哥逻禄部落破散问题》，见沈卫荣主编：《西域历史语言研究集刊》（第1辑），科学出版社，2007年，第43页。
⑥ 〔宋〕王溥：《唐会要》卷一〇〇《葛逻禄国》，上海古籍出版社，2006年，第2124页。
⑦ 《旧唐书》卷一九四上《突厥传上》。
⑧ 〔宋〕王溥：《唐会要》卷一〇〇《葛逻禄国》，上海古籍出版社，2006年，第2124页。
⑨ 《册府元龟》卷九七四《外臣部·褒异》，凤凰出版社，2006年，第11276页。
⑩ 《资治通鉴》卷二一一"玄宗开元三年二月"条。
⑪ 《册府元龟》卷九七五《外臣部·褒异二》，凤凰出版社，2006年，第11284页。
⑫ 《册府元龟》卷九七一《外臣部·朝贡四》，凤凰出版社，2006年，第11243页。
⑬ 《册府元龟》卷九七五《外臣部·褒异二》，凤凰出版社，2006年，第11289页。
⑭ 《册府元龟》卷九七五《外臣部·朝贡四》，凤凰出版社，2006年，第11244页。
⑮ 《册府元龟》卷九七一《外臣部·朝贡四》，凤凰出版社，2006年，第11244页。

入，各受官赏，恣其请求，皆令满望"。①天宝十二载十二月，"葛逻禄及石国遣献方物"②。但长期居于长安的葛逻禄人仅见入唐充质、担任禁军将领的炽俟步失、炽俟力、炽俟弘福、炽俟迦一家。据《炽俟弘福墓志》，炽俟迦还有弟炽俟璟、炽俟温、炽俟珊、炽俟震。开元二十四年（736）时，炽俟璟为正五品上右领军卫翊府右郎将，炽俟温封爵为从五品上常乐县开国男，炽俟珊为右威卫果毅都尉，炽俟震为明威府别将。《炽俟迦墓志》云其曾"尝产分疎属，食待嘉宾。友睦弟兄，惠优孀独"。所谓疎属可能为新出吐鲁番文书所记龙朔二年（662）入京的其他葛逻禄首领。炽俟迦与兄弟友爱，惠养其兄弟之遗孀，很可能炽俟氏家族累世同居。

志文所云炽俟迦之母太夫人即《炽俟弘福墓志》所记炽俟弘福之妻燕郡夫人沙陀氏。《唐会要》云外命妇之封"三品已上母、妻为郡夫人"。③炽俟弘福任正三品左威卫大将军，因此其妻被封郡夫人。《唐会要》又云官员之母被封夫人后，"其母邑号。皆加'太'字"④。因此志文云炽俟迦之母为太夫人。沙陀氏以部为氏，当为西突厥别部沙陀人。从出土墓志来看，有沙陀人结姻于突厥人，如西突厥阿史那斛瑟罗之孙阿史那氏"年十有七，归于沙陀氏"。⑤另外《册府元龟》记开元十六年（728）三月，"金蒲州都督沙陀辅国之母鼠尼施氏封为鄯国夫人"。⑥鼠尼施氏当出于西突厥部落鼠尼施部。而沙陀人与葛逻禄人历史上长期为西突厥统辖，其驻牧地相邻，同处突厥文化圈，双方结为姻好也是很自然的。

炽俟迦之妻据志文为粟特康氏。突厥人与粟特人联姻在突厥文化圈中蔚为风行，无论是突厥汗国的突厥人还是入唐突厥人都存在与粟特人交互通婚的现象。如康阿义屈达干第二子康没野波有"妻阿史那氏"⑦；出自武威安氏的李元谅，其妻为"河南阿史那氏"⑧；安禄山之母为突厥"阿史德氏，亦突厥巫师"⑨。《安禄山事迹》云史思明为"营州杂种胡也"⑩。《新唐书》则记史思明为"宁夷州突厥

---

① 《册府元龟》卷九七一《外臣部·朝贡四》，凤凰出版社，2006年，第11245页。
② 《册府元龟》卷九七一《外臣部·朝贡四》，凤凰出版社，2006年，第11245页。
③ 〔宋〕王溥：《唐会要》卷二六《命妇朝皇后》，上海古籍出版社，2006年，第574页。
④ 〔宋〕王溥：《唐会要》卷二六《命妇朝皇后》，上海古籍出版社，2006年，第574页。
⑤ 周绍良主编：《唐代墓志汇编》，上海古籍出版社，1992年，第1223页。
⑥ 《册府元龟》卷九七五《外臣部·褒异二》，凤凰出版社，2006年，第11284页。
⑦ 吴钢主编：《全唐文补遗》（第3辑），三秦出版社，1996年，第3474页。
⑧ 吴钢主编：《全唐文补遗》（第2辑），三秦出版社，1996年，第129页。
⑨ 《旧唐书》卷二〇〇《安禄山传》。
⑩ 〔唐〕姚汝能：《安禄山事迹》（卷上），中华书局，2006年，第42页。

种"①。可见史思明为粟特突厥混血。哥舒翰为"突骑施首领哥舒部落之裔也"②。安禄山称哥舒翰"父突厥，母胡"③。作为西突厥属部的突骑施人被安禄山指为突厥人，可见突厥文化圈中族群认识之趋同。同样作为西突厥属部的葛逻禄人，炽俟迤娶妻粟特康氏也应是受此种风气之影响。

炽俟迤娶妻粟特康氏还在于其在长安之居住环境。炽俟迤私宅所在之义宁里属于长安街西粟特胡人聚居区，毗邻西市。毕波先生指出"唐代长安的粟特人主要居住在两市附近，特别是西市周边诸坊。围绕两市，分别形成了以西市为中心的街西胡人聚居区和以东市为中心的街东胡人聚居区"④。义宁里就有粟特何国王何不五世孙何文哲私宅⑤，景教大秦寺也位于此里，其寺内有粟特米国人僧思圆⑥。为炽俟迤撰写墓志的京兆进士米士炎，其名还见于《唐故云麾将军右龙武军将军同正员庐江县开国伯上柱国何公墓志铭并序》，该墓志志主何公夫人为"酒泉安氏"⑦，可见何公本人亦为粟特人，而米士炎则也应出自粟特米国，在《炽俟迤墓志》中他自述与炽俟氏家族为"升堂之交"，为炽俟迤之子炽俟凤礼请撰写墓志，可见炽俟氏家族与粟特文士交往密切，炽俟迤娶康氏为妻也就不难理解了。

从志文来看，炽俟迤于圣历年间被诏许于成均学习。成均即国子监，《旧唐书·职官志》云国子监于"龙朔曰大司成，光宅曰成均，神龙复为国子监也"⑧。《唐会要》亦云国子监于"光宅元年，改为成均监"⑨。武则天于圣历元年至圣历二年（699）均在神都洛阳，因此炽俟迤是于洛阳之国子监学习。洛阳国子监于龙朔二年设立，《通典》云："龙朔二年，东都置国子监，丞、主簿、录事各一员，四门博士、助教、四门生三百员，俊士二百员。"⑩《唐会要》云东都国子监为"龙朔二年正月十八日置，学官学生，分于两教授"⑪。

---

① 《新唐书》卷二二五上《史思明传》。
② 《旧唐书》卷一〇四《哥舒翰传》。
③ 《新唐书》卷一三五《哥舒翰传》。
④ 毕波：《中古中国的粟特胡人——以长安为中心》，中国人民大学出版社，2011年，第209页。
⑤ 《何文哲墓志》，见吴钢主编：《全唐文补遗》（第1辑），三秦出版社，1994年，第285页。
⑥ 葛承雍：《唐代长安一个粟特家庭的景教信仰》，《历史研究》2001年第3期。
⑦ 周绍良、赵超主编：《唐代墓志汇编续集》，上海古籍出版社，2001年，第650页。
⑧ 《旧唐书》卷四四《职官志》。
⑨ 〔宋〕王溥：《唐会要》，上海古籍出版社，2006年，第1368页。
⑩ 〔唐〕杜佑：《通典》卷二八《职官十·武官上·左右骁卫》，中华书局，1988年，第1468页。
⑪ 〔宋〕王溥：《唐会要》，上海古籍出版社，2006年，第1368页。

炽俟迪进入国子监学习前，由于武则天"自称制以来，多以武氏诸王及驸马都尉为成均祭酒，博士、助教亦多非儒士。又因郊丘，明堂，拜洛，封嵩，取弘文国子生为斋郎，因得选补。由是学生不复习业，二十年间，学校殆废"①。圣历二年十月，凤阁舍人韦嗣立上疏力谏武则天"广开庠序。大敦学校。三馆生徒。即令追集。王公已下子弟。不容别求仕进。皆入国学"②。从炽俟迪被诏许于成均学习来看，武则天采纳了韦嗣立的进谏，炽俟迪进入神都国子监学习应在圣历二年。志文云炽俟迪在国子监游学期间，朝廷令博士于炽俟迪私宅教授，可见炽俟氏家族在洛阳也有宅第，炽俟迪还从学于博士宅第。据《唐六典》载，国子监设正五品上国子博士二人，"掌教文武官三品已上及国公子孙、从二品已上曾孙之为生者"③，炽俟迪之父炽俟迪弘福为正三品左威卫大将军，因此他得以受教于国子博士。国子博士所领生徒修习之经典包括《周礼》《仪礼》《礼记》《毛诗》《左传》《孝经》《论语》《尚书》《春秋公羊传》《春秋谷梁传》《周易》。诸生"习经有暇者，命习隶书并《国语》《说文》《字林》《三苍》《尔雅》"④。炽俟迪在国子监学习时已为左威卫翊府右郎将，并非普通的国子监学生，但从志文称赞其"效职而玄通周慎，出言而暗合诗书"来看，他对儒家经典十分熟悉，其应在随国子博士学习期间广阅国子监学生所修习之经典。志文称其以母丧而去仕，而又"产分疎属，食待嘉宾。友睦弟兄，惠优孀独。其养也以色，其丧也以哀。从政不颇，率身有礼"，赞扬其为君子，称道其善行"符古人之志"，说明炽俟迪受儒家礼法影响极深，无论在家中还是在仕途上都仿效先贤。

炽俟迪身为禁军将领而受教于国子博士。早在贞观年间，国子博士就曾教授禁军将士。《通典》云其时"其屯营飞骑，亦给博士，授以经业"⑤。贞观年间，禁军将领常何曾教授蕃将阅读儒家经典，敦煌文书P.2640号《常何墓碑》云："时有诸蕃酋帅与公并为将军，公乃授以《孝经》，令知君父之义。事闻朝听，特见嗟称。"⑥入唐突厥人及突厥属部人，其子孙大都览阅儒家经史、娴习文艺，如颉利可汗曾孙阿史那感德，自幼好学不倦，被赞为"子政则流略兼通，蔓倩则经史足用。词峰耸

---

① 《资治通鉴》卷二〇六"圣历二年十月"条。
② 〔宋〕王溥：《唐会要》，上海古籍出版社，2006年，第740页。
③ 《唐六典》卷二四，中华书局，1992年，第559页。
④ 《唐六典》卷二四，中华书局，1992年，第559页。
⑤ 〔唐〕杜佑：《通典》卷二八《职官十·武官上·左右骁卫》，中华书局，1988年，第1467—1468页。
⑥ 上海古籍出版社、法国国家图书馆编：《法藏敦煌西域文献》（第17册），上海古籍出版社，2001年，第56页。

迥，仰之弥高；学海浮云，酌而不竭"①。阿史那感德还时常赏景作诗，其墓志称其"雅好博古……每以青春花柳，紫陌烟光，临曲池以赋诗，对层峦而命赏"②。阿史那忠之子"太仆卿暕等，门绪高华，风仪秀逸。天资孝友，习兼文艺"③。契苾何力曾孙契苾尚宾"习君子之风；弱冠纵才，有词人之德。历览前史，文章日新"④。哥舒翰本人"好读《左氏春秋传》及《汉书》"⑤，曾引经据典对安禄山云："古人云，野狐向窟嗥，不祥，以其忘本也。"⑥其孙七人"俱以儒闻。峘，茂才高第，有节概。崿、嶷、屺皆明经擢第"⑦。其中，哥舒峘还撰有《唐故博陵崔府君墓志铭并序》。⑧炽俟迅作为蕃将在国子监学习，并以儒家行为规范修身处事正是这种入唐北族人士汉化的显著代表。

三、结语

综上所述，炽俟迅出身于入唐定居的葛逻禄贵族家庭，其高祖为西突厥汗国治下葛逻禄部首领，以西突厥官称娑匐颉利发作为己名，投效唐朝后被任为首任大漠州都督府都督；其曾祖炽俟步失入朝充质，在任南衙禁军高级将领的同时兼任大漠州都督；其祖炽俟力亦任职于南衙禁军并袭任大漠州都督。炽俟步失、炽俟力既为在朝蕃将又为在蕃蕃将的任官模式显示了炽俟氏家族入唐后，唐廷对葛逻禄武力之重视及在处理边疆事务上对其家族之倚重。自炽俟迅之父炽俟弘福开始，炽俟氏家族不再世袭大漠州都督，这一方面或许是由于葛逻禄内部各支贵族的权力嬗替所致，或许是由于唐廷的行政运作，但另一方面亦表明炽俟氏家族已更深地融入唐朝之官僚系统，与原部族之隶属关系转弱。炽俟弘福官拜南衙禁军正三品左威卫大将军，使炽俟氏家族在唐朝的仕宦之途达到了巅峰，其平生事迹亦为唐国史所载，表明了朝廷对其之重视，亦使炽俟氏家族对唐朝的政治认同感大为增加。炽俟弘福任招慰葛禄使为炽俟氏家族最后一次返回故族，其使命在于调解西突厥属部与新兴突骑施之间的矛盾，反映了武周时代西域的紧张局势。炽俟迅以父荫迈入仕途，其与诸弟大都任职于南衙禁军，炽俟氏家族堪称南衙禁军蕃将世家。炽俟迅、炽俟弘福

---

① 吴钢主编：《全唐文补遗》（第8辑），三秦出版社，2005年，第302页。
② 吴钢主编：《全唐文补遗》（第8辑），三秦出版社，2005年，第302页。
③ 吴钢主编：《全唐文补遗》（第1辑），三秦出版社，1994年，第51页。
④ 吴钢主编：《全唐文补遗》（第8辑），三秦出版社，2005年，第28页。
⑤ 《旧唐书》卷一〇四《哥舒翰传》。
⑥ 《旧唐书》卷一〇四《哥舒翰传》。
⑦ 《新唐书》卷一三五《哥舒翰传》。
⑧ 周绍良、赵超主编：《唐代墓志汇编》，上海古籍出版社，1992年，第819页。

二人之墓志对本家族族源的描述采纳了汉地对突厥族源的描述模式，显示了葛逻禄人对突厥血缘的趋同认识，表明突厥人对葛逻禄人之深刻影响。炽俟氏家族在长安和东都均有宅第，其中在长安之宅第为炽俟步失入朝后朝廷所赐，在东都之宅第或为炽俟弘福在武周时代所购置。长安宅第地处长安街西突厥、粟特胡人聚居区，炽俟氏家族出身西突厥属部，与突厥人风气相类，唐廷赐宅时应有这一考虑。炽俟氏家族由于身处长安突厥、粟特文化圈，其婚姻、交游多与突厥属部及粟特人相关，如炽俟弘福娶沙陀氏，炽俟迦娶康氏，炽俟迦之子炽俟凤与粟特文人米士炎交好，以至于礼请米士炎为其父母撰写合葬墓志。炽俟氏家族虽自炽俟步失时即定居于长安，但其家族之汉化直至炽俟迦时始表现突出。武周圣历二年，武则天采纳韦嗣立谏议，广开学校，敦崇儒学，因此炽俟迦得以门荫进入神都国子监学习，其学习被国子博士直接指导，学习地点包括国子监、炽俟氏家族私宅、国子博士宅第。在国子监的学习使炽俟迦谙熟儒家经典，在家族生活上和仕途上都遵循儒家礼法，被米士炎称为君子，反映了炽俟氏家族著籍汉地后对汉文化圈之融入。

原载《中国边疆史地研究》2018年第2期
（陈玮，陕西师范大学历史文化学院副教授）

安金藏事迹及其溯源
——粟特人华化历程的个案考察

么振华

两《唐书·忠义传》所收入的传主中有两名胡人，一为朔方节度使李怀光养子石演芬，一为京兆长安人安金藏。史书明确记载石演芬出身于西域胡族，事迹亦简单，兴元元年（784），右武锋都将石演芬使门客密疏李怀光与谋乱的朱泚联合，怀有二心，将之上报奉天行在的唐德宗，请罢怀光都统之权。因门客泄密于李怀光之子，三月，石演芬以忠于李唐为李怀光所杀。[1]其人其事史载事实清楚，兹不必论。所可议者为安金藏，两《唐书·忠义传》载其剖腹以保皇嗣李旦、为亡母造石坟石塔的忠孝之举[2]，但对其安国粟特人的出身只字未提。若不细究，很容易误以为安金藏是符合中国传统道德标准的土生土长的中国人。幸运的是，安金藏之父安菩墓志的出土，让史载安金藏的忠孝之行背后所掩饰的身份背景被揭出。正史有意掩饰是出于何种原因呢？

粟特人是操粟特语的中亚人，擅长经商，安姓粟特人来自以布哈拉为中心的安国。自安菩墓志问世以来，学界一直对其嗣子安金藏多所关注。[3]学者多留意于对安菩墓志所展现的史料价值之分析[4]、安菩一家的宗教信仰问题[5]，医学上对安金藏剖

---

[1] 《新唐书》卷七《德宗本纪》，中华书局，1975年，第191页；《资治通鉴》卷二三〇"唐德宗兴元元年三月"条，中华书局，2011年，第7526页。

[2] 姜伯勤《中国祆教艺术史研究》将安金藏为亡母营石坟与安菩墓石棺床联系起来予以肯定，并指出粟特人用石棺床、石椁的风俗，很可能是中亚富人"累石为藏"传统的延续。参见罗丰：《北周史君墓出土的拜占庭金币仿制品分析》，《文物》2005年3期，第63页。

[3] 国内外学界对安金藏的相关研究，可参见李锦绣：《"乐工"还是"乐匠"——安金藏研究》，《晋阳学刊》2015年3期，第37—38页。

[4] 赵振华、朱亮：《安菩墓志初探》，《中原文物》1982年3期；李鸿宾：《安菩墓志铭再考——一个胡人家族入居内地的案例分析》，见杜文玉主编：《唐史论丛》（第12辑），三秦出版社，2010年。

[5] 沈睿文：《重读安菩墓志》，《故宫博物院院刊》2009年4期。

腹的疗治[1]，也有学者对正史所载安金藏的职业身份提出了怀疑。关于安金藏及其家族的"华化"或者"汉化"程度[2]，有学者认为，从安菩墓志来看，其家已经完全汉化了[3]，李鸿宾则提出，安菩夫妇所在的洛阳是汉文化的核心之地，墓葬虽有粟特本族初始文化的痕迹，但整体上已倾向汉化，未完全汉化，尚处于汉化的过程中。笔者非常认同李文这一观点，惜其文未有进一步展开，对安金藏家族的华化历程的复杂性似乎仍有未阐之剩意。本文主旨在于通过对安金藏事迹的研读与溯源，指出两《唐书·安金藏传》所载其忠孝行为与中国本土忠孝行为的差异与背离之处，对正史掩饰安金藏出身的原因进行解释。

一、剖腹鸣冤保皇嗣

包括正史与《大唐新语》等笔记小说在内的传世文献，都记录有武周时期太常工人安金藏剖腹以保皇嗣李旦的忠烈事迹。据两《唐书·忠义传》，安金藏系京兆长安人，初隶太常工籍。[4]天授元年（690），武则天建周称帝后，立李旦为皇嗣，忠心于李唐的官员常有谒见皇嗣者。为防范与杜绝李旦结党影响大周政权的巩固，武则天使用特殊手段、法外用刑，长寿二年（693）一月，少府监裴匪躬、内侍监门卫大将军范云仙以私谒皇嗣而遭腰斩；三月，左卫员外大将军阿史那元庆、白润府果毅薛大信亦以同样罪名被腰斩。[5]酷吏来俊臣于洛阳牧院按范云仙案时，"云仙亦

---

[1] 参见日本学者冈野诚《唐代における法制史と医学史の交错》（明治大学《法律论丛》2000年第73卷2、3号）。此文由翁育瑄翻译，介绍到国内，题为《唐代法制史与医学史的交汇》，收入张国刚主编：《中国社会历史评论》（第3卷），中华书局，2001年，第212—215页。

[2] 关于对学界"华化""汉化"问题同异的探讨，参见王睿《唐代粟特人华化问题述论》（社会科学文献出版社，2016年，第35—60、203—212页）。本文中的华化指的是"中国化"，很多时候与"汉化"可以通用，但"汉化"也有汉族化之意，为避免歧义，这里运用"华化"一词，偶尔也运用"汉化"一词。

[3] 赵振华、朱亮《洛阳唐安菩墓的一批与农牧业有关的文物》（《农业考古》1984年1期，第262页）指出从安菩墓中主要随葬品的种类和数量来看，与同时期、同身份的汉人墓葬无异，其生活习尚和埋葬风俗，显然已完全汉化。蔡鸿生《专门史与通识》一文认为，从安菩墓志所载其家世看不出任何祆教的痕迹。从家庭与信仰来看，安氏家族进入六胡州时已经突厥化、汉化了。参见陈春生主编《学理与方法——蔡鸿生先生执教中山大学五十周年纪念文集》（香港博士苑出版社，2007年，第4—6页）。李锦绣《"乐工"还是"乐匠"——安金藏研究》（《晋阳学刊》2015年3期，第40页），提到"安金藏以忠孝者闻，华化甚深"。

[4] 《旧唐书》卷一八七上《忠义上·安金藏传》，中华书局，1975年，第4885页；《新唐书》卷一九一《忠义上·安金藏传》，中华书局，1975年，第5506页。

[5] 《新唐书》卷四《则天顺圣武皇后本纪》，中华书局，1975年，第93页；《新唐书》卷七六《后妃上·高宗武皇后传》，中华书局，1975年，第3482页。

言历事先朝，称所司冤苦，俊臣命截去其舌。士庶破胆，无敢言者"[1]。前后三月，四人被法外用刑。睿宗并非糊涂之辈。[2]武则天以久已废弃的腰斩酷刑对待与皇嗣交往的官员，主要是威慑内外公卿，断绝他们与李旦联系交往的可能性，以断绝后患。此杀一儆百之举震慑力极大，令公卿对皇嗣退避三舍，只有"工优给使"得侍左右。在这种危急情势之下，有人诬告皇嗣李旦潜有异谋，来俊臣受命审理此案。[3]凭借武则天的宠信，来俊臣"乃有异图，常自比石勒，欲告皇嗣及庐陵王与南北衙谋反，因得骋志"。[4]李旦"左右不胜楚毒，皆欲自诬"，处境凶险，唯太常寺乐工安金藏大呼谓俊臣曰："公既不信金藏言，请剖心以明皇嗣不反。"[5]遂"引佩刀自剖其胸，五藏并出，流血被地，因气绝而仆"[6]。武则天闻而大惊，"舆致禁中，命高医内肠，褫桑堵䋈之，阅夕而苏"。并在探视后"即诏停狱"，睿宗转危为安。[7]应当指出，李旦府属似乎并非安金藏一人为粟特人，至少还有"安国相王府东阁祭酒康子元"，他曾为虞部郎中右监门卫中郎将杜昭烈撰写墓志铭。[8]安国相王府正是李旦的府属。神龙元年（705）正月，中宗即位。赦天下，相王加号安国相王，拜太尉、同凤阁鸾台三品。[9]但关键时刻站出来者为安金藏，这与当时"公卿已下，并不得见之（李旦），唯金藏等工人得在左右"[10]有关。

安金藏剖腹鸣冤在当时引起轰动，可谓惊人之举。关于其剖腹的原因，学界对此有所探讨。雷闻《割耳劙面与刺心剖腹——从敦煌158窟北壁涅槃变王子举哀图说起》分析了唐代社会的割耳劙面与刺心剖腹风俗，指出刺心剖腹作为一种自杀

---

[1] 《旧唐书》卷一八六上《酷吏上·来俊臣传》，中华书局，1975年，第4840页。
[2] 陈雅君：《唐睿宗历史形象的虚实探讨》，硕士学位论文，台湾师范大学，2015年，第57页。该文对睿宗历史形象进行研究，认为："从睿宗在诛二张的神龙政变中积极参与，可以观察到他本人并非谦让、懦弱，而是果决、睿智，对政治积极参与。……他与玄宗的政治竞争上充分说明，睿宗对于政治是富于权谋与精明干练，长期处于宫廷斗争与政变中，使其能敏锐观察政治情势并伺机而动。"
[3] 《旧唐书》卷一八六上《酷吏上·来俊臣传》，中华书局，1975年，第4838页。
[4] 《新唐书》卷二〇九《酷吏·来俊臣传》，中华书局，1975年，第5907页。
[5] 〔唐〕刘肃：《大唐新语》卷五《忠烈第九》，许德楠、李鼎霞点校，中华书局，1984年，第73页。
[6] 《旧唐书》卷一八七上《忠义上·安金藏传》，中华书局，1975年，第4885页。
[7] 《新唐书》卷一九一《忠义上·安金藏传》，中华书局，1975年，第5506页。
[8] 《大唐虞部郎中右监门卫中郎将上柱国赠曹州诸军事曹州刺史杜府君（昭烈）墓志铭一首并序》，见周绍良主编：《唐代墓志汇编》，上海古籍出版社，1992年，第1110页。
[9] 《资治通鉴》卷二〇七"唐中宗神龙元年正月"条，中华书局，2011年，第6698页。
[10] 《旧唐书》卷一八七上《忠义上·安金藏传》，中华书局，1975年，第4885页；《新唐书》卷一九一《忠义上·安金藏传》，中华书局，1975年，第5506页。

方式虽在西汉以后很少被人采用，但到隋唐时期此风又盛。文章特别关注到粟特人安金藏剖腹之例，认为其剖腹与隋唐时期大量来华的粟特人所传之袄教法术有关。并推测：即使武则天没有令医者给安金藏疗伤，恐亦无性命之虞，因为刺心剖腹本就是粟特人的拿手好戏。①对于这一推测，笔者不敢苟同。检该文搜辑的隋唐自刺及企图自刺的十三例事件的主角，仅安金藏为粟特人。而且，其所引《朝野佥载》卷三所载河南府立德坊及南市、西坊胡袄神庙的旁证②，明确记载洛阳袄庙中是袄主一人以刀刺腹。个人倾向于认为，多数粟特人均会此幻术的可能性并不大，即实际情况更可能是粟特人中的多数并不会此幻术。在没有直接证据表明包括安金藏在内的粟特人均具有剖腹后能旋即复原之袄教法术的情况下，并不能推出安金藏剖腹为李旦鸣冤，是源于其具有袄教法术的结论。李锦绣则认为，安金藏并非乐工，而是医匠，正是因此身份，才能剖腹而重生，并得以寿终。③该观点据元稹所作《论教本书》，指出了安金藏敢于剖腹鸣冤的一种可能性，别具新意。对于此观点，笔者怀有疑问：假设安金藏为医匠，为何两《唐书·安金藏传》均只提及其为太常工人？仅据《论教本书》能否得出安金藏为医匠的结论？他是否会预估到武则天会在第一时间遣高明的医师对其加以抢救？外科医生不能自救，若错过了抢救时间，剖腹者必死无疑。若安金藏果为医匠，笔者倾向于认为他是怀着必死之心力保皇嗣的。

值得庆幸的是，安金藏的惊人举动使武则天下诏停推此狱，李旦岌岌可危的皇嗣之位借以安稳，当时"朝廷士大夫翕然称其谊，自以为弗及也"④。朝廷士大夫对安金藏忠义之举的纷纷称颂，这恰说明安金藏之前并未有过以刀刺腹的幻术表演，更大的可能是他不会刺腹之幻术。而且，据安菩墓志，身为安国大首领的安金藏祖父就已率部从突厥归顺唐朝，封定远将军，父亲安菩（601—664）复为唐朝的六胡州首领，卒于长安。而安金藏开元二十年（732）仍然健在，并被封代国公，其后以寿终⑤，很可能卒于开元后期，卒时年龄至少八十岁。据此推算，安金藏约出生于唐高宗永徽年

---

① 雷闻：《割耳劓面与刺心剖腹——从敦煌158窟北壁涅槃变王子举哀图说起》，《中国典籍与文化》2003年第4期。
② "河南府立德坊及南市西坊皆有胡袄神庙。每岁商胡祈福，烹猪羊，琵琶鼓笛，酣歌醉舞。酹神之后，募一胡为袄主，看者施钱并与之。其袄主取一横刀，利同霜雪，吹毛不过，以刀刺腹，刃出于背，仍乱扰肠肚流血。食顷，喷水咒之，平复如故。此盖西域之幻法也。"参见〔唐〕张鷟：《朝野佥载》卷三，赵守俨点校，中华书局，1979年，第64—65页。
③ 李锦绣：《"乐工"还是"乐匠"——安金藏研究》，《晋阳学刊》2015年3期，第43页。
④ 《新唐书》卷一九一《忠义上·安金藏传》，中华书局，1975年，第5506页。
⑤ 《旧唐书》卷一八七上《忠义上·安金藏传》，中华书局，1975年，第4885页。

间（650—655），在其出生时，就已身处唐朝。若其曾有过刺腹类表演，不会不为人所知。同时，如果安金藏是医匠，其在朝廷士大夫之间引发的轰动效应是否还能倒逼武则天敛手？这是值得怀疑的。因此，笔者认为安金藏之所以敢于为皇嗣李旦剖腹鸣冤，更多源于对主人的忠心和对唐朝的忠诚。

在武周施行酷吏政治进行恐怖统治时期，皇嗣李旦亦不能幸免，被来俊臣诬告潜有异谋。①当时，武则天在世诸子女中，庐陵王李显、皇嗣李旦性格均不似母亲，太平公主则"方额广颐，多阴谋，后常谓'类我'"。即使面相智慧颇肖其母，武则天在世时，"主（指太平公主）内与谋，外检畏，终后世无它誉"。②谋反指谋危社稷，意图或实施谋害皇帝之生命及谋夺帝位之行为，依律共犯者皆斩。③结合李旦性格及当时酷吏横行的情势，其谋反的可能性微乎其微。所谓"异谋"，很可能仅是对武则天建立大周不满，或私下议论母亲行事之是非的"大不敬"之举。最终，因来俊臣诬告皇嗣的行径危及诸武的共同利益，诸武联合"共证其罪"，四十七岁的来俊臣被问斩于西市，家属亦遭籍没。④

景云年间，皇嗣李旦即位为睿宗之初，便迁安金藏为右武卫中郎将。⑤值得注意的是，开元二十年（732）三月，唐玄宗又特封安金藏代国公，并于东岳泰山、西岳华山立碑，以铭其功。⑥此制保留于《册府元龟》中：

> 开元二十年三月，以右骁卫将军同正员安金藏忠节见于先朝，特封为代国王，仍于东岳、西岳等镌碑勒其名。制曰："义不辞难，忠为令德，保祐君主，安固邦家，则必荷宠光之休，膺土宇之锡。安金藏忠义奉国，精诚事君，往属酷吏肆凶，潜行谋构，当疑惧之际，激忠烈之诚，突刃刻心，保明先圣，见危授命，沮奸邪之慝，转祸存福，获明夷之贞。虽鸣玉衔珠，已备于休命，而畴庸疏爵，未洽于殊荣，宜锡宠于珪组，兼勒名于金石。"⑦

时隔三十多年之后，唐睿宗之子玄宗李隆基对安金藏之忠义再次加以表彰，这

---

① 中宗神龙年间，李旦身份为安国相王，其地位仍不稳定。据《唐会要》卷六二《御史台下·谏诤》，神龙三年（707）七月，皇太子李重俊率羽林将军杀静德郡王、太子宾客武三思和安乐公主驸马武崇训父子。八月，安乐公主及宗楚客兄弟等人"共诬构安国相王、镇国太平公主，与太子连谋举兵，请收制狱"。参见〔宋〕王溥：《唐会要》，中华书局，1955年，第1076页。
② 《新唐书》卷八三《诸帝公主·太平公主传》，中华书局，1975年，第3650页。
③ 刘俊文笺解：《唐律疏议笺解》卷一《名例律》，中华书局，1996年，第89页。
④ 《新唐书》卷二〇九《酷吏·来俊臣传》，中华书局，1975年，第5907页。
⑤ 《新唐书》卷一九一《忠义上·安金藏传》，中华书局，1975年，第5506页。
⑥ 《资治通鉴》卷二一三"唐玄宗开元二十年三月"条，中华书局，2011年，第6916页。
⑦ 《册府元龟》卷一三九《帝王部·旌表第三》，中华书局，1960年，第1679—1680页。

显然并不寻常。此举当具有某种政治背景,以此作为榜样,激励将士忠心于朝廷。安氏后以寿终,赠兵部尚书,谥号忠,配飨睿宗庙廷,无论生前身后,都获得了远超太常工人的荣耀。

一位普通的太常工人忠心护主,以剖腹明李旦之清白不反,事情似乎仅止于此。学界更多的是关注当时对其剖腹的医治方法,即以桑白皮为线缝合伤口[①],而这种中国本土罕见的剖腹鸣冤的方式,似乎较少为人所关注。[②]众所周知,中国人奉行的孝道是《孝经》中孔子所云:"身体发肤,受之父母,不敢毁伤,孝之始也。"[③]利州刺史崔玄藉次子崔歆(655—679)七岁时,因"戏而伤手",便"甚有忧色",父亲问起原因,敛容答以孝经之语,因有神童之号。[④]由此可知,古人对自己的身体发肤非常重视,不敢有所损伤。显然,剖腹行为是有违儒家孝道伦理的。在唐朝,自安金藏剖腹之后,以自残这种极端方式鸣冤者渐多,尤以割耳为常见[⑤],除胡人[⑥]外,汉人亦参与其中。如来俊臣进位司仆少卿后,欲于武则天赐其十名司农寺官户奴婢中求面首而不得,闻吐蕃酋阿史那斛瑟罗有婢善歌舞,令其党告以谋反而求其婢。诸蕃长数十人"割耳剺面讼冤",阿史那斛瑟罗得以免除族诛之刑。来俊臣又诬司刑史樊戬,使其以谋反之罪被诛。樊戬之子诉冤阙下,有司无敢治,"因自刳腹"。但依然没能挽救其父,甚至秋官侍郎刘如璿仅因为之流涕就险些被处绞

---

① [日]冈野诚:《唐代法制史与医学史的交汇》,翁育瑄译,见张国刚主编:《中国社会历史评论》(第3卷),中华书局,2001年,第214页。该文以太常寺工安金藏剖腹证明睿宗清白等三例,指出了从法制史的角度来探讨医学史的可能性。

② 雷闻:《割耳剺面与刺心剖腹——从敦煌158窟北壁涅槃变王子举哀图说起》,《中国典籍与文化》2003年第4期。文中注意到此问题,但因写作重点与写作角度的问题,其关注点在于剖腹与祆教法术的关系。

③ 胡平生译注:《孝经译注·开宗明义章第一》,中华书局,1999年,第1页。

④ 《唐故至孝右率府翊卫清河崔君(歆)墓志铭并序》,见周绍良主编:《唐代墓志汇编》"圣历013",上海古籍出版社,1992年,第933页。志载:"君讳歆,字仲俊,清河东武城人也。……大周银青光禄大夫利州刺史清河公玄藉之第二子也。……君含淳粹之懿德,体明晤之上才,孩孺在辰,神情有异。期岁丧母,便悲伤思慕,见于颜色。七岁读《孝经》《论语》《毛诗》《礼记》,尝侍省在蔚州,戏而伤手,甚有忧色。清河府君怪而问之,乃敛容对曰:'《孝经》云:身体发肤,受之父母,不敢毁伤。是以忧惧。'时通人韩俭、长史丘贞观在座,以为古之神童无以加也。"

⑤ 雷闻:《割耳剺面与刺心剖腹——从敦煌158窟北壁涅槃变王子举哀图说起》,文章指出:割耳剺面原是北方欧亚草原各游牧民族中盛行的丧葬习俗,除蔡鸿生所云在西域文化史上用于表现送别的悲伤和讼冤的悲愤之外,在唐后期还用之于请愿行动中。

⑥ 史载唐太宗时期已有胡人割耳之举。《旧唐书》卷一〇九《契苾何力传》载:贞观十六年,铁勒别部酋长之后、临洮县主婿契苾何力受诏觐其母兼巡抚其部落,其部落之人皆愿从薛延陀,契苾何力"割左耳以明志不夺"(中华书局,1975年,第3292页)。

刑。①开元十四年（726），宰臣张说被崔隐甫、宇文融及李林甫构陷下狱，其兄左庶子张光诣朝堂割耳称冤。②大历时期（766—779），左龙武军大将军知军事陈守礼为吏所谗毁，本军元从军王罗俊等一千余人诣阙自刵，申理大将军功，为其鸣冤。③卫州人崔宁，儒家子，历事崔圆、裴冕。裴冕遭流谤，朝廷将遣使推按，崔宁部下截耳称冤，中使奏之。④综合来看，以自残方式鸣冤并非源自中国本土文化，本土唐人极少此举。追踪溯源，安金藏采取剖腹鸣冤的方式，与其西域安国粟特人的特殊身份是有关的，并非源于当时传统的中国文化。但两《唐书》作者在安金藏传中，对此采取了无视与忽略的态度。

二、孝行感动皇帝

如前所述，学界对史载安金藏的剖腹行为多所关注，而对正史中其另一重要行为的孝行却无意地予以忽略。两《唐书·忠义传》对安金藏丁母忧之孝行及由此引发的灵异现象均有记述，为方便比较，我们将其列作如下表格：

表1　不同文献所载安金藏丁母忧之孝行及灵异现象比较表

文献出处	安葬地点	埋葬地点	灵迹现象	旌表门闾
《旧唐书·安金藏传》	都南阙口之北	庐于墓侧，躬造石坟石塔，昼夜不息	原上旧无水，忽有涌泉自出。又有李树盛冬开花，犬鹿相狎	本道使卢怀慎上闻，敕旌表其门
《新唐书·安金藏传》	南阙口	营石坟，昼夜不息	地本印燥，泉忽涌流庐之侧，李冬有华，犬鹿相扰	本道使卢怀慎上其事，诏表阙于间

---

① 《新唐书》卷二〇九《酷吏·来俊臣传》，中华书局，1975年，第5907页；《旧唐书》卷一八六上《酷吏上·来俊臣传》，中华书局，1975年，第4840页。"官户无面首"，令人费解，从上下文来看，或谓色艺俱佳之意。来俊臣被赐奴婢时官职，《新唐书》卷二〇九《酷吏·来俊臣传》作司仆少卿，《旧唐书》卷一八六上《酷吏上·来俊臣传》作司农少卿。据《唐六典》卷一七《太仆寺》，太仆寺，光宅元年改为司仆寺，神龙元年复故。设少卿二人，从四品上，辅太仆卿掌邦国厩牧、车舆之政令（中华书局，1992年，第478—479页）。据《唐六典》卷一九《司农寺》，司农寺设少卿二人，从四品上，辅司农卿掌邦国仓储委积之政令（中华书局，1992年，第523页）。

② 《旧唐书》卷九七《张说传》，中华书局，1975年，第3055页。

③ 《大唐陈氏先君（守礼）元从宝应功臣奉天定难功臣开府仪同三司试太子宾客前左龙武军大将军知军事淮阳郡开国公墓志铭并序》，见胡戟、荣新江主编：《大唐西市博物馆藏墓志》，北京大学出版社，2012年，第668页。

④ 《旧唐书》卷一一七《崔宁传》，中华书局，1975年，第3398页。

续表

文献出处	安葬地点	埋葬地点	灵迹现象	旌表门闾
《安菩墓志》	洛城南敬善东，去伊水二里山麓	独守母坟，爱尽生前，敬移殁后	天玄地厚，感动明祇	敕赐孝门，以标今古。孝旌闾闬，万代称传

对比安菩墓志与两《唐书·安金藏传》所载安金藏在母亡守孝时的表现，两《唐书》均强调其为亡母昼夜躬造石坟，母亲所葬的地点在洛阳城南阙口之处；其孝行产生枯水涌泉自出、李树盛冬开花、犬鹿相狎三种灵异现象①，因此被旌表门闾。安菩墓志则强调安金藏对母亲感情的深厚，"毁不自灭，独守母坟"，并提及其孝行"感动明祇，敕赐孝门，以标今古"。母亲安葬后五年，其将父亲安菩的灵柩迁至洛阳，将父母合葬。很明显，正史将安金藏列入忠义列传，对其孝行的描述更符合传统的中国孝道写法，安菩墓志则明显对此着墨不多，但写明了其父原卒葬地均在长安，四十年后，母亲卒后殡于洛阳龙门敬善寺之东，又五年后金藏将父母合葬于洛阳。另外，两《唐书》和安菩墓志对安金藏母亲的卒年记载有差异，两《唐书·安金藏传》记载其母亡于神龙初，而安菩墓志记载亡于长安四年（704）初，虽仅相差一年，但后者无疑应更准确。此已经前人指出。②

安金藏孝行产生的三种灵异现象中，李树盛冬开花，可能与时令一时转暖有关，而枯水涌泉和犬鹿相狎，沈睿文认为并不能将其视作普通的因孝感所产生的异象来看待。他指出《旧唐书·安金藏传》安菩夫妇合葬仪的记载"犬鹿相狎"，是指在他们下葬过程中，使用了祆教的犬视仪式和对鹿战神的祭祀仪式，而枯水涌泉的灵异，亦与祆教教义相吻合。③本道采访使卢怀慎④将此事上奏朝廷，当然，是作

---

① 王睿《唐代粟特人华化问题述论》（社会科学文献出版社，2016年，第112—117页）认为这些灵异现象为虚写，三种异象的出现皆为反常偶发之象，三象共出而得见，只能于臆想中求，是为旌表传统封建孝义而形成的一套约定俗成的通辞。但个人认为其关于此的论证并不十分有力，个人还是倾向于这些灵异现象具有写实性。

② 李鸿宾《安菩墓志铭再考——一个胡人家族入居内地的案例分析》[《唐史论丛》（第12辑），三秦出版社，2010年，第171页]中指出何氏死亡时间当以墓志为准。

③ 沈睿文：《重读安菩墓》，《故宫博物院院刊》2009年第4期，第12、14页。

④ 关于卢怀慎的头衔，新旧《唐书·安金藏传》均作"本道使"，分见二书中华书局，1975年版，第5506、第4885页。唯《太平御览》卷九六八《果部五·李》引《唐新语》作"采访使"（中华书局，1960年，第4294页）。《大唐新语》卷五《忠烈第九》仅记其职衔为"使"（中华书局，1984年，第74页）。李鸿宾《安菩墓志铭再考——一个胡人家族入居内地的案例分析》认为卢怀慎神龙初年所任的官职为监察御史、侍御史、右御史台中丞，似有不妥。

为普通孝感行为来上报的，唐中宗下诏旌表其门闾。敦煌斯坦因文书一三四四号载《开元户部格》残卷，其中录证圣元年（695）四月九日敕文：

> 敕：孝义之家，事须旌表。苟有虚滥，不可哀称。其孝必须生前纯至，色养过人，殁后孝思，哀毁逾礼。神明通感，贤愚共伤；其义必须累代同居，一门邕穆，尊卑有序，财食无私，远近钦永，州闾推伏。州县亲加案验，知状迹殊尤，使覆同者，准令申奏。得其旌表者，孝门复终孝子之身，义门复终旌表时同籍人身。仍令所管长官以下及乡村等，每加访察。其孝义人，如中间有声实乖违，不依格文者，随事举正。若容隐不言，或检覆失实，并妄有申请者，里正、村正、坊正及同检人等，各决杖六十，所由官与下考。①

据此，安金藏的孝行至少要满足三个条件，才能得以旌表门闾，一是"生前纯至，色养过人"，二是"殁后孝思，哀毁逾礼"，三是"神明通感，贤愚共伤"。此后，可以孝子知名当世。而安菩墓志铭文云："君贤国宝，妻美金山。孝旌闾闬，万代称传。"②可与此相印证。景云中唐睿宗初即位，便对忠心救护自己的安金藏加以褒赠，累迁其为右武卫中郎将（正四品下），安金藏的身份从乐工骤升至中郎将，可谓平步青云。也正因为安金藏忠孝可表，标榜以孝治天下的唐玄宗即位后，对保护其父有功的安氏又大加表彰，赠其官右骁卫将军（从三品），并令史官编次其事。这应该就是安金藏事迹载于正史而得以流传的原因。

《旧唐书·安金藏传》记载，安金藏将亡母安葬于"都南阙口之北，庐于墓侧，躬造石坟石塔，昼夜不息"。③其中的石坟石塔字眼引起了笔者的注意，尤其是石塔。可以明确，安金藏对其母的安葬方式为石塔葬，并且是花费很长时间亲手所建，非常虔诚。前人已经注意到这是不同于中原普遍木棺土葬的安葬方式，但未进一步细究。东都留守、平章事杜鸿渐卒于大历四年（769），史载其"休致后病，令僧剃顶发"，及卒，遗命其子"依胡法塔葬，不为封树"，他这种在死后"冀类缁流"的遗言，为物议所哂。④这也是同僚对其以非中国化的方式埋葬的一种不解。德宗之子肃王详建中三年（782）薨时年仅四岁，史载其性"聪惠"，德宗"尤怜之，追念不已，不令起坟墓，诏如西域法，议层砖造塔"。而时为礼仪使判官、司门郎

---

① 斯坦因文书一三四四号《开元户部格》，见《英藏敦煌文献》（第2卷），四川人民出版社，1990年，第269页。
② 周绍良主编：《唐代墓志汇编》，上海古籍出版社，1992年，第1104—1105页。
③ 《旧唐书》卷一八七上《忠义上·安金藏传》，中华书局，1975年，第4885页。
④ 《旧唐书》卷一〇六《杜鸿渐传》，中华书局，1975年，第3284页。

中的李岩则上言对此加以批驳："坟墓之义，经典有常，自古至今，无闻异制。层砖起塔，始于天竺，名曰'浮图'，行之中华，窃恐非礼。"他认为本国不宜实行源于国外的塔葬，并提出帝王之子更宜依本国的坟墓之法安葬："况肃王天属，名位尊崇，丧葬之仪，存乎简册，举而不法，垂训非轻。伏请准令造坟，庶遵典礼。"①其意见为德宗所采纳。对于安金藏与儒家传统治国理念相符的忠孝行为，正史中予以大写特写，却将由其粟特人身份引发的剖腹鸣冤方式、石坟石塔葬式，隐没于其忠孝行为背后，竭力使之混同于中国传统的忠孝行为。这样的书写方法，容易导致后人忽略和混淆安金藏的身份。实际上，这种安葬方式显然与安氏的粟特人身份有关。

正史虽将安金藏列入忠义列传中，却未有对其家庭的信息说明。而其家庭信息则正可以解释安金藏采用剖腹鸣冤的方式，并非因其为医匠，他为亡母进行石塔葬也非因母亲生前为佛教徒。若非仔细琢磨，这一点很容易被大家当作寻常史料加以忽略。而其父安菩的墓志，表明了安金藏安国后裔的身世，而且可以与其传记相互印证。安菩墓志盖书"大唐定远将军安君志"，首题《唐故陆胡州大安君墓志》，正文略有删减，见下：

> 君讳菩，字萨。其先安国大首领。破匈奴卫帐，百姓归中囗国。首领同京官五品，封定远将军，首领如故。曾祖讳钵达干。祖讳系利。君时逢北狄南下，奉敕遄征，一以当千，独扫蜂飞之众，领衔帐部落，献馘西京。不谓石火电辉，风烛难住，粤以麟德元年十一月七日卒于长安金城坊之私第，春秋六十有四。以其年十二月十一日旋窆于龙首原南平郊礼也。夫人何氏，其先何大将军之长女，封金山郡大夫人，以长安四年正月廿日寝疾，卒于惠和坊之私第，春秋八十有三。以其年二月一日，殡于洛城南敬善东，去伊水二里山麓礼也。孤子金藏，痛贯深慈，膝下难舍，毁不自灭，独守母坟，爱尽生前，敬移殁后，天玄地厚，感动明祇，敕则孝门，以标今古。……粤以景龙三年九月十四日，于长安龙首原南启发先灵，以其年十月廿六日于洛州大葬，礼也。嗣子游骑将军胡子、金刚……悲复悲而肠断。②

据此，将安金藏家族世系表列于本部分之后。安菩高祖钵达干、曾祖系利，名字均突厥化，可能为突厥武官。而其曾祖以突厥官名达干为名，很可能是因为他是突厥化极深、且深受突厥可汗信任的突厥部粟特人。③在这样的家庭环境下，系利之

---

① 《旧唐书》卷一五〇《德宗诸子·肃王详传》，中华书局，1975年，第4044页。
② 周绍良主编：《唐代墓志汇编》，上海古籍出版社，1992年，第1104—1105页。
③ 王睿：《唐代粟特人华化问题述论》，社会科学文献出版社，2016年，第120—121页。

子即安金藏祖父上升到安国大首领的位置①，并成功自突厥率领所部归顺唐朝，被封为定远将军（正五品上，武散官）；金藏之父安菩（601—664）复为六胡州首领，当为突厥化粟特人。唐高宗麟德元年（664），安菩六十四岁，卒于长安金城坊私第，葬于长安龙首原南平郊。此后，其妻何大将军长女、金山郡大夫人（三品以上母妻，为郡夫人）何氏（622—704）寡居四十年，于武周长安四年（704）正月廿日八十三岁时，病逝于洛阳东南惠和坊私第，二月一日殡于洛城南去伊水二里山麓的敬善寺东。这说明当时何氏随其子安金藏居住于洛阳，而安金藏虽已落籍长安，但最终选择按当时唐代风气，将父母合葬于洛阳。母亲何氏病逝后，安金藏"痛贯深慈，膝下难舍，毁不自灭，独守母坟，爱尽生前，敬移殁后，天玄地厚，感动明祇，敕则孝门，以标今古"。安菩墓志所载安金藏的在世时间及孝行事迹，与传世文献所载均十分吻合。并且，还记载了唐中宗景龙三年（709）九月十四日，安金藏于长安龙首原南启父亲灵柩迁往洛阳，于其年十月廿六日与母亲合葬，这是安氏家族华化的表现之一。

除此，安菩墓志还透露出，除安金藏之外，安菩还有二子游骑将军安胡子和安金刚。安金藏兄弟三人之名迥然有别于其安国本土之命名，有学者指出，这说明了安菩的后代开始华化，努力适应唐朝的社会风俗和习惯。②其实，史云：康国"尚浮屠法，祠祆神"③。而且，旅居中国的粟特人并非仅信仰祆教，还信仰在粟特本土即有的摩尼教、景教和佛教，甚至中国的禅宗。④这说明其国人尚佛与信仰祆教是并行不悖的。⑤安国粟特人当也具有尚浮屠的类似风俗。因此，我们不能因粟特人有尚佛表现便推论其已完全汉化。安菩墓志对安金藏的家庭出身予以揭示，表明了安金藏安国后裔的身世，一方面可以与正史相印证，另一方面也帮助我们揭开了其剖腹鸣

---

① 张广达：《唐代六胡州等地的昭武九姓》（《北京大学学报》1986年第2期，第72页），认为安菩墓志中的"其先"，指安菩之父、安金藏祖父。
② 赵振华、朱亮《安菩墓志初探》（《中原文物》1982年3期，第40页）云："据安菩及子金藏，嗣子金刚等名字来看，安氏一家依照唐时信佛人之习惯，起了与佛教有关的名字。"李鸿宾《安菩墓志铭再考——一个胡人家族入居内地的案例分析》［《唐史论丛》（第12辑），三秦出版社，2010年，第162—163页］指出从安菩之子胡子、金刚，特别是金藏的名称取向看，安菩一族数代名字之变化，可以看出其家族汉化的趋势是比较明显的。
③ 《新唐书》卷二二〇下《西域下·康国》，中华书局，1975年，第6244页。
④ 毕波：《信仰的万花筒———粟特的人的东渐与宗教信仰的转换》，见荣新江、张志清编：《从撒马尔罕到长安——粟特人在中国的文化遗迹》，北京图书馆出版社，2004年，第49—56页。
⑤ 沈睿文：《重读安菩墓》，《故宫博物院院刊》2009年第4期，第19页。文章说：由安菩的名、字及其子安金藏、安胡子、安金刚等名字，并不能断言安菩一家已信仰佛教。这一说法本身是有问题的。

冤之忠义、躬造石坟石塔之孝行的根源所在。

表2 安金藏家族世系表

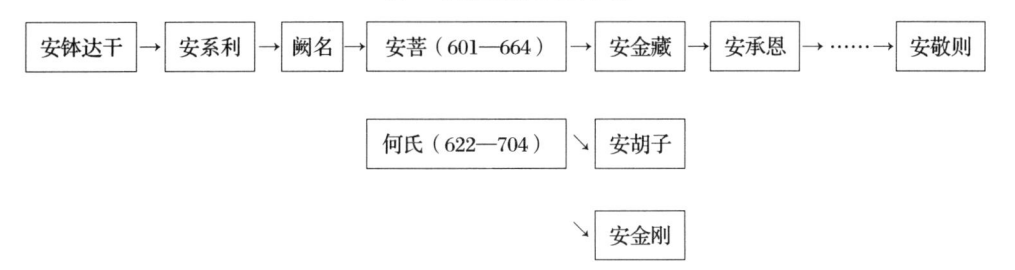

安钵达干 → 安系利 → 阙名 → 安菩（601—664） → 安金藏 → 安承恩 → …… → 安敬则

何氏（622—704） ↘ 安胡子

↘ 安金刚

三、忠孝护家有渊源

玄宗即位后，"追思金藏忠节"，拜其为右骁卫将军（从三品）。开元二十年（732），安金藏仍然健在，封爵代国公（从一品），其后以寿终。[①]其人死后几十年，获赠兵部尚书（正三品），谥号忠，但仍然护佑其子孙，其子安承恩同时被任命为庐州长史（从五品上）。安金藏获赠兵部尚书和安承恩被任命为庐州长史的时间，据《新唐书·安金藏传》是在代宗大历中（766—779），而据《旧唐书·德宗本纪上》，是在唐德宗建中三年（782）三月。[②]中和年间（881—885），僖宗又擢其远孙敬则为太子右谕德（正四品下）。可以说，安金藏家族于其祖父一辈率部归降唐朝，父辈复为六胡州首领，因安金藏的忠孝义行，其父母得以于洛阳合葬，并且一直带给安氏家族以荣耀。

同为粟特安氏，安金藏家族与安禄山（本姓康）家族所走道路完全不同。安金藏因忠孝两全，生前已至三品高官，死后更获赠兵部尚书；而安禄山出身于粟特突厥杂种胡，深受玄宗宠信，官至范阳、平卢、河东三镇节度使，但仍心怀野心，天宝末发动叛乱，走向唐朝廷的对立面。安史之乱引起唐朝廷对包括安氏家族在内的粟特人采取排斥态度。[③]唐肃宗甚至以安禄山为国仇而"恶闻其姓"，凡京师坊里有"安"字者，悉加改易。[④]唐初有功于收复河西的凉州（甘肃武威）安兴贵、安修仁后裔李抱玉（704—777）及其从父弟李抱真（733—794）就在肃宗即位初上言"臣贯属凉州，本姓安氏，以禄山构祸，耻与同姓"，遂于至德二年（757）五月"蒙恩

[①] 《旧唐书》卷一八七上《忠义上·安金藏传》，中华书局，1975年，第4885页。
[②] 《旧唐书》卷一二《德宗本纪上》，中华书局，1975年，第332页。
[③] 荣新江《安史之乱后粟特胡人的动向》认为，安史之乱平定后，唐朝统辖区出现了一种排斥胡化的思潮。出于自身生存发展考虑，粟特人一方面用改变姓氏、郡望等方法主动变胡为汉，另一方面不少人迁徙到原安史叛军的大本营，即早已胡化的河北地区。参见荣新江：《中古中国与粟特文明》，生活·读书·新知三联书店，2014年，第113页。
[④] 《新唐书》卷二二五上《逆臣上·安禄山传》，中华书局，1975年，第6424页。

赐姓李氏",割贯京兆府长安县。李抱玉"举宗并赐国姓"。①

正是受益于安金藏的忠心护主之举,安金藏及其后裔在长时间内一直得到唐朝廷的信任,受这股强大排斥的影响较小。但即便如此,两《唐书·安金藏传》对安金藏粟特人的出身及家世背景丝毫未有提及,仅云其为京兆长安人,即安金藏已附籍长安,而其父安菩正卒于长安金城坊私第,两者一致。显而易见,正史有意隐藏安金藏的粟特人出身。

这种隐匿粟特人出身的做法,多发生于安史之乱以后。荣新江指出,安史之乱之前,大多数粟特人对于自身的来历并不讳言,也不愿割舍,而安史之乱后,生活在中原的大多数粟特人的墓志有个明显的变化,即讳言出身,他们力图用改变自己出身和郡望的做法,来与胡人划清界限。②这一做法在不断出土的唐人墓志中得到印证。粟特人已经成了唐朝廷及唐人的隐痛,不想被提及,而很多时候,粟特人自己也因官方对昭武九姓粟特胡人的忌讳而不再提及出身,并加以掩饰。他们直接以中国地名为籍贯,例如出身于灵州(今宁夏吴忠北)的突厥降胡康日知,自称会稽康氏③,一些粟特人还在墓志中将自己家族的粟特出身写得十分隐晦不明。正是在此历史背景下,两《唐书·安金藏传》丝毫不提及安金藏的粟特出身,将之混同于中国本土人士。而安菩与其妻何氏的合葬墓志《唐故陆胡州大安君墓志》,立于唐中宗景龙三年(709)九月,时距安史之乱的发生尚远,朝廷对胡人将领仍十分重视,并不存在对粟特人的顾忌,因此能够直接将其出身和盘托出,这才使我们对其身份有了清晰的了解。

综上所述,安金藏主要生活于武周至玄宗开元年间,以忠孝闻名,其忠孝之行不仅惠及自身,亦给其家族带来莫大荣耀。但是,安金藏看似符合中国统治者需要的忠孝行为,细究起来,却根源于其粟特人身份。这里还可举若干学界研究成果作为旁证。安菩卒地长安西北隅金城坊,正是旅居长安的中亚诸国人及其后裔的聚居之地,而安金藏所居醴泉坊,立有祆祠,更是粟特人聚居和信仰的中心。④显然,相较散居者而言,聚族而居的胡人更易保存自己的传统习俗和固有文化,民族特性不

---

① 《旧唐书》卷一三二《李抱玉传》,中华书局,1975年,第3646页。
② 荣新江:《安史之乱后粟特胡人的动向》,见《中古中国与粟特文明》,生活·读书·新知三联书店,2014年,第96页。
③ 程越:《从石刻史料看入华粟特人的汉化》,《史学月刊》1994年1期,第23页。
④ 韩香:《唐代长安中亚人的聚居及汉化》,《民族研究》2000年第3期,第65页;后收入韩香:《隋唐长安与中亚文明》,中国社会科学出版社,2006年。

易丧失。[①]而且，沈睿文指出，从安菩夫妇二人在墓室中头向皆朝南，可以判断安菩家族的祆教信仰。[②]李鸿宾也指出墓室西棺床上死者右手中握有一枚东罗马金币，当是安菩夫妇源自粟特族属的某种纪念和追忆。[③]罗丰则认为手握外国金银币、不使用棺木而钟爱石制品的葬俗，是源自祆教信仰。[④]以上这些可以说明安氏家族在安金藏这一代并未完全汉化。可以说，虽然安氏家族从安菩这一代已经开始汉化，安金藏这一代汉化更深，但仍然保留有原来粟特胡人的一些印记，正史和墓志的写法很容易让我们忽略此点。

综合而言，中古时期粟特人数量众多，他们逐渐融入当时的社会。就安金藏家族而言，由安菩之曾祖钵达干、祖父系利，到其三子安金藏、安胡子和安金刚，再到安金藏之子安承恩、远孙安敬则，命名从突厥化到中国化，特别是后者，已经完全看不出粟特人的丝毫痕迹。不同粟特家族的华化进程各有特点，安金藏家族作为较早为官、居住于长安的粟特人，汉化程度在入华粟特人中相对较高。尽管如此，两《唐书·忠义传》所载安金藏剖腹义保皇嗣、为亡母"躬造石坟石塔"的忠孝之举，仍与中国本土忠孝行为存在差异与背离之处，且正史对其粟特人的出身亦有意遮掩。从中可见粟特人的中国化道路并非一蹴而就，而是一个逐步适应与融入的过程，这有助于我们加深对粟特人华化进程复杂性的理解。

原载《兰州学刊》2018年第8期

（么振华，兰州大学历史文化学院副教授）

---

① 李鸿宾：《论唐代宫廷内外的胡人侍卫——从何文哲墓志谈起》，《中央民族大学学报》1996年6期，第42—43页。
② 沈睿文：《重读安菩墓》，《故宫博物院院刊》2009年第4期。
③ 李鸿宾：《安菩墓志铭再考——一个胡人家族入居内地的案例分析》，见杜文玉主编：《唐史论丛》（第12辑），三秦出版社，2010年，第168页。
④ 罗丰：《北周史君墓出土的拜占庭金币仿制品析》，《文物》2005年3期。

长安与东北诸民族

西安唐代奚族质子热瓌墓志解读

葛承雍

在古代阿尔泰语系民族中，奚族是一个最终消逝在历史烟尘里的民族，然而遥远的历史留痕时常会跨越时空突然出现在后人面前。2005年8—9月在西安市西南郊西三环北石桥村发掘的唐墓中，除出土一批陶俑等文物外，其中发现的《大唐故奚质子右威卫将军热瓌墓志铭》[①]是一方学术研究价值很高的墓志，提供了古代北亚细亚奚族活动的新线索，也是考古首次发现盛唐墓志中署名奚质子的刻石。

感谢西安文物保护考古研究院主持唐墓工地发掘的考古工作者张小莉，她邀请笔者观察了这方珍稀墓志，并赐赠墓志拓片，为我们解读提供了第一手资料。

一、填补了奚族质子缺载的空白

这合墓志分上下两方，上方墓盖用篆书镌刻有"大唐故奚质子右威卫将军热瓌墓志铭"16字，篆刻圆头起笔而尖头落笔，秀丽规整（图1）。下方墓志内容有15行共255字，楷书疏朗平正，苍劲大方，不失为盛唐书法优秀作品。墓志上盖侧边刻有忍冬卷草花纹，墓志下侧四周则刻有16个壶门式大翻卷花装饰图案（图2）。

墓志中有个别字漫漶不清，但不影响整体通读，原文标点后如下：

大唐故奚质子、右威卫将军、员外置宿卫、右羽林

军上下，热瓌と

原夫轩丘有子，朔垂分王，代雄辽碣，厥胤繁昌。候

月开弦，空闻故事，占风入觐，已契前修，故能钦

我皇明，归诚　　紫阙。遽参衣缨之列，早渐华

质之风，沐浴　　圣恩，亦已旧矣，金日䃅之内

侍，方藉宠私；呼韩耶之远归，如何沦谢；呜呼哀哉，

[①] 本文对出土热瓌墓志的考释，一直在等待该墓考古发掘简报的整理中，此次与简报一同刊发，特此说明。

以开元十八年七月五日遘疾终于醴泉里第，享
年廿六，即以其年七月廿日迁窆于昆明原，礼也。
蚁幕象车，咽箫茄而不进；牛冈马鬣，思松楸而已
行。永眷芳猷，理存刊勒。词臣衔命，乃作铭云：
轩后之胤，称雄塞壖，巍巍碣石，森森辽川，藉彼灵
秀，诞兹忠贤，弃矛甲于天外，为爪牙于　阙
前，始披诚于丹棘，俄促寿于黄泉，故国悠尔新坟
峭然，想音容于拱木，刻贞石于荒埏。

图1　奚质子墓志盖　　　　　图2　奚质子拓墓志片

　　这方目前所仅见唐代奚族质子的墓志，首先引人注目的是，墓盖上明确刻有墓主人热瓌名字，但墓志中头行热瓌之后有"丫"，究竟是碑别字还是使用了奚族人名，一直未解。

　　我们在研讨时，有人怀疑此字采用了契丹小字石刻中契丹人名字的写法，通常包括小名和第二名，全称时则第二名在前，小名在后。在奚族历史上，一直存在着不为人所知晓借用契丹风俗命名的过程，奚人很可能使用契丹人的命名习俗，即热瓌（字）在前，小名"丫"（孩子名）在后，这种附加名字是后世辽契丹人墓志常见的。[①]但也有学者指出，契丹文字是公元920年其建国后借助汉字结构才推出新文字符号，唐代不可能存在契丹文字，盛唐开元时期奚族更是根本不可能借助其他民族

---

① 刘浦江：《契丹名字研究——文化人类学视野下的父子连名制》，见《松漠之间——辽金契丹女真史研究》，中华书局，2008年，第122页。

文字。①

诸说纷纭中，有人判断"热瓌"是姓，"丫"是名字，可难以定谳。还有人认为"丫"是奚族族徽，或与《唐会要》卷七二《诸蕃马印》相同，其中"奚马，好筋节，胜契丹马，余并与契丹同，今饶乐都督北，印Z"②。也有人推测墓盖上为了排列整齐，将热瓌名字后的"と"字省去也是可理解的，此类省字现象在墓志盖上比较普遍。至于墓志中"と"很有可能是"墓志铭"三字的省略符号，暂且存疑聊备一说。

令人疑惑的是，汉文墓志中刻写"と"文字符号，这是否为汉文化氛围笼罩下保留着的本民族的题名？质子合璧式姓名带着奚部落的标记，或是一种身份尊称或荣宠称谓的标识。是否双语制或是双名制都还需要学术界进一步探讨。

从墓志记载来看，奚质子热瓌住在长安城内紧靠西市的醴泉里③，这里是外来侨民与各族移民最集中居住的坊里之一，醴泉坊内有波斯胡寺、祆祠以及醴泉寺、妙胜尼寺等佛寺和三洞女冠观等道观，可谓是各种宗教、民族汇聚的地方。唐朝廷将热瓌未安置四方馆居住而分流在此寓居，或许是为了便于鸿胪寺统一注籍宿卫的管理。按照唐朝对质子授职规定，热瓌只是右威卫将军、员外置宿卫，可能宿卫时间短，还没有升迁更高实职。

唐代盛行以"留宿卫"名义纳蕃质子，周边国家"选其酋首，遣居宿卫"较多，但唐朝廷"辨其嫡庶、辨其等位"，授予不同散官虚职，热瓌的官职就是虚衔散职。

至于墓志中采用唐朝对外来民族惯用的招降纳叛的金日䃅、呼韩邪之类典故用词，不再一一对应解释。例如常用的牛冈马鬣典故中"臘"字，就是马行的意思。④

二、墓志所反映的奚与唐朝关系

奚族是4世纪起就在蒙古高原东部地区出现的一个民族，北魏时称库莫奚，隋代开始略称为奚，和契丹同出于东胡。据史书记载，奚是一个农业社会与游牧社会的复合体，部落统治集团始终保持着车马为家的游牧生活方式。《隋书》记录奚人"逐水草畜牧，居毡庐，环车为营"。奚族活动居住在饶乐水（今内蒙古西拉木伦

---

① 感谢中国社会科学院民族学与人类学研究所契丹史专家刘凤翥先生提出指导意见。
② 〔宋〕王溥：《唐会要》卷七十二《诸蕃马印》，中华书局，1960年，第1305—1308页。
③ 〔清〕徐松撰，李健超增订：《增订唐两京城坊考》卷四，三秦出版社，2006年，第227—230页。
④ 《中华大字典》引《玉篇》，中华书局，1978年，第282页。

河）流域，东与契丹为邻，西接突厥大漠，南至大凌河，北至大兴安岭，分为五大部落，"五部奚"分别是"辱纥主""莫贺弗""契个""木昆""室得"，每部首领称"俟斤"。

贞观二十二年（648）契丹帅窟哥、奚帅可度者带领自己部落内属，唐朝以契丹部为松漠府，以窟哥为都督；以奚部为饶乐府，以可度者为都督。为了便于羁縻控制这两个部族，以其首领为都督，赐姓李，专门设置东夷校尉官进行监管，从此确定了藩属关系的建立。

奚族部落酋长以"奚王"相称，奚人虽与契丹共同附于唐，但往往反戈无常，背弃信义，武周万岁通天元年（696）与契丹一起背叛唐朝投靠突厥。景龙三年（709）奚犯塞州县抢掠而去，第二年奚首领李大酺又遣使贡方物。奚的扰动经常引起东北亚的连锁反应，羯胡、突厥、契丹为了称霸北方都与其连环互动，迫使唐认真对待东北边患。

开元三年（715），奚王李大酺入朝，唐廷封之饶乐郡王，复为饶乐都督，隶属营州都督府，并以唐宗室甥女辛氏为固安公主嫁之。开元八年（720），李大酺与契丹战死。其弟鲁苏继位袭爵饶乐都督。开元十年（722）四月，"以契丹首领松漠都督李郁干为松漠郡王，奚首领、饶乐都督李鲁苏为饶乐郡王，各赐物一千匹，银器七十事，及锦袍、细带等"①。由都督提升为郡王，这是对契丹和奚的笼络策略，表现了唐朝对质子来去自由的"诚顺德厚"。

综合《资治通鉴》《册府元龟》《唐大诏令集》等史书记载，按照时间排列奚族与唐朝关系，可见奚族历史与中原汉族紧密相连。

开元十年（722）七月甲戌，奚遣其兄奴默俱及耸鏁高来朝，皆授将军，赐紫袍留宿卫。开元十二年（724）二月，奚遣大首领李奚奴等十人来贺正作庆。五月饶乐府奚遣使献麝香，并授折冲，放还蕃。开元十四年（726），正月，饶乐王李鲁苏为奉诚王，以宗室故成安公主之女韦氏为东光公主，妻鲁苏。②同时，奚御史郡王父李缀进位右武卫员外大将军，赐紫袍，放还蕃，并陪祭泰山大典。六月，奚遣使阿布高来朝，授中郎将，赐紫袍放还蕃。

开元十六年（728）二月，"奚质子、右令军卫将军李加越卒，制赠左骁卫大将军，官造灵辇，给运还奚"③。同年八月，奚大首领特没于来朝，授中郎将，赐紫袍金带，放还蕃。十月，奚首领李窟何来朝，授左威卫将军，赐紫袍、金带，放还蕃。

---

① 《册府元龟》卷九六四《外臣部·册封二》，中华书局，1960年，第11345页。
② 《资治通鉴》卷二一三"开元十四年"条，中华书局，1956年，第6770页。
③ 《册府元龟》卷九七五《外臣部·褒异二》，中华书局，1960年，第11450页。

开元十八年（730）五月，契丹衙官突可干杀其主李邵固，率部落投降突厥，并胁迫奚部落亦随之叛变。奚王李鲁苏来奔，其妻东光公主韦氏则投奔平卢军。当时左丞相张说就预言"奚、契丹必叛"。但是同年十一月，史书又记载"契丹、奚遣使来朝献方物，赐帛放还蕃"①。这条史料所说契丹可能是五部奚之一，因为唐朝派遣单于大都护忠王李浚领河北道行军元帅，以御史大夫李朝隐、京兆尹裴伷先为副手，帅十八总管讨伐奚、契丹。开元十九年（731）八月，幽州前线抓获叛奚"寿斤"来献，这个寿斤"放命不恭"却被唐玄宗以只是"胁从""悔过"为由免死，目的仍是让奚就范，化干戈为玉帛。

唐朝为了鼓励奚和契丹"输诚保塞""柔远恩睦"，不惜赐名赐物、授官加封，下嫁宗女、许婚怀柔，奚与契丹也不断派送质子，请官、请婚、请赐物。根据史书记载当时质子变换非常频繁，符合要求者被留宿卫，未批准者被放还蕃，几乎二三年就轮换一次。真是"秋山既罢复来此，往返岁岁如旋蓬；弯弓射猎本天性，拱手朝会愁心胸"②。

在这一时期，奚族入贡人物屡屡见于史书，但未发现墓志主人热瓌的名字。特别是唐朝赐李姓给予众多奚族上层人物，但热瓌无李姓赐名，间接说明热瓌"蕃望不大"，不是当时有功勋的奚族重要人物子弟。由于奚所属五大部落并不统一，与唐朝的关系也背附不常，因此热瓌究竟是哪一个部落派送的质子并不清楚，墓志无载或漏阙。当时入唐质子在身份称谓、留居年限、封授职位等方面都有等次区分，开元十六年奚质子、右令军卫将军李加越死后不仅制赠左骁卫大将军，还"官造灵轝，给运还奚"。26岁的热瓌似乎没有这么高的待遇，这也证明他在唐朝廷眼中可能地位不高。

三、奚族质子揭示的历史意义

质子就是寄送人质，目的是增加彼此信任、约束对方，其实却是双方互不信任的表现。质子有时成为民族或国家和好的代表，有时成为双方讨价还价的筹码，有时又成为双方反目的牺牲品。尽管有时双方都口口声声讲诚信，但只不过是为了掩饰暗地里的财富攫取与利益争夺。

奚族和契丹搅浑在一起，变化无常，双方攻伐蚕食，争斗不断，一会臣服突厥，一会又臣服唐朝，在唐人眼中留有"背恩之贼""狡诈奸猾"的印象，被称为"林胡边患、东胡余孽"。开元十三年（725）唐玄宗大驾东巡封禅，曾派中书直

---

① 《册府元龟》卷九七五《外臣部·褒异二》，中华书局，1960年，第11452页。
② 〔宋〕苏辙：《虏帐》，《栾城集》卷一六，《四部丛刊》缩印本，第196页。

省袁振摄鸿胪卿赴突厥谕旨以告其意。突厥小杀（可汗）就说"吐蕃狗种，奚、契丹，本突厥奴也，皆得尚主。突厥前后求婚都不许，何也？且吾亦知入蕃公主皆非天子女，今岂问真伪！但屡请不获，愧见诸蕃耳"①。这说明当时唐朝为了让东北安定，屡屡嫁女与奚、契丹和亲，引起突厥的不满，认为这些突厥的"旧奴"都能合婚和亲，也说明在突厥眼中奚、契丹地位很低。

唐朝对奚与契丹是"以番制番""以狄克狄"，不仅软硬兼施采取两手策略，也利用降奚攻击契丹，安禄山正是依靠袭击奚族成名，后收养奚壮士名为"曳落河"，成为反叛主力。唐对奚和契丹质子这类"信用抵押物"自然也是恩威并重，开元十年唐玄宗敕令："今外蕃侍子久在京师，虽威惠之，及自远毕归，而羁旅之志，重迁斯在，宜命所司勘会诸蕃充职宿卫子弟等，放还归国，契丹及奚斤通质子并即停追，前令还蕃首领等至幽州且住，交替者即旋去。"②

这里讲的奚"斤通"质子，史载不明。当时一面放还"充职宿卫"质子，一面频繁轮换交替质子，人数众多京城接待不便，统统在幽州居住。这种方式下，天宝二载（743）"奚刺史达利胡等一百八十人并来朝多册勋"。至德年间（756—758）之后更为普遍，河北虽为藩镇占据，奚每年常遣数百人至幽州，其中只选三五十人至长安朝贡，其余就在幽州进行贸易交流。

唐玄宗开元十二年《止和蕃公主入朝制》专门针对奚和契丹发布细致的招抚政策，赏赐绢布给各个部落。③唐朝为了消弭边患，先后有三位"公主"封号女子嫁给奚王，故对质子与和蕃公主都有具体政策保护。

奚由五大部落组成，内部纷争不断，又与契丹矛盾丛生，部分奚族曾苦于契丹压迫而西迁，分为东奚、西奚，但"奚持两端"是其特点，在唐与契丹的夹缝中左右逢源。开元二十年（732）正月，奚归义王遣其首领细苏来朝，授将军称号放还蕃。同月，奚又遣使贺正，并授郎将。由此可见，奚一个月内派遣不同人物来朝，极有可能就是"五部奚"中不同部落派出的入贡使节。因为此后同年三月，唐军大破叛奚及契丹于幽州之北，并将"两蕃背恩叛虏"押至长安告功于祖庙，证明来朝遣使的奚与被打败俘虏的奚不是一个部落。在唐军的积极反击下，"奚酋李诗琐高帅五千余帐来降"④，这应是又一个部落，唐朝赐他爵位充归义州都督，徙其部落置幽州境内。十月，奚首领铺都来朝，授官赐帛放还蕃。开元二十一年（733）四月，

---

① 《资治通鉴》卷二一二"开元十三年"条，中华书局，1956年，第6765页。
② 《册府元龟》卷一七〇《帝王部·来远》，中华书局，1956年，第2054页。
③ 《唐大诏令集》卷四二《和蕃》，中华书局，1959年，第205页。
④ 《资治通鉴》卷二一三"开元二十年"条，中华书局，1960年，第6797页。

奚首领属鹋来朝，授官位留宿卫。这些史料均证明奚族内不同部落纷纷归降唐朝的历史过程，这也是奚与唐关系最为密切的黄金时代。

值得回味的是，奚与契丹互为表里，号称"两番"，既是政治联合伙伴，又是民族同化对象。有学者认为奚族与萧族同源同流属于同一民族，奚族主体即辽代后族萧氏家族，辽皇族耶律氏与后族萧氏并称于政坛，是契丹与奚缔结婚约长期维持的结果。[1]只是奚的崛起与契丹互有消长，唐朝东北边疆防务中对奚的重视，也是当时北狄诸族相继渗透融入东北、华北、漠北的必然结果。

唐朝后期，奚族五部名曰"遥里""伯德""奥里""梅只""楚里"，与唐前期的"五部奚"名称不一样了，随着奚族逐步被纳入契丹族或慢慢同化于汉族、突厥之中，这种原来约定俗成的名称变化也是多种多样的。有从中国之俗赐姓，有从契丹其号改姓，总之"等以徽称，加以美号，质于隋唐，文于故俗"[2]。

由于热瓌墓发现时已被破坏严重，墙上壁画脱落无存，墓室内虽有风帽俑、幞头俑、侍女俑以及家畜动物俑等，但未见有关奚民族的文化印迹。与2001年西安发现的契丹王李过折墓相比[3]，其墓中棺床四周置放有12个祭祀铁牛，显示了契丹的图腾崇拜。而热瓌墓却没有这些参照物，因而没有增添新的物证理据。但将奚族、契丹"两番"放在一起考量，更应引起人们的关注、思考。

现存有关的奚文物很稀少，这次发现的奚质子热瓌墓志无疑值得我们珍视与研究。他不是一种个人记忆，而是一种民族历史积淀的公共记忆，尽管奚族已经在历史进程中消失，但是这方墓志很好地揭示了盛唐时期奚与中原的密切关系。

原载《考古》2014年第10期

（葛承雍，陕西师范大学人文科学高等研究院学术委员会主任、特聘教授，中国文化遗产研究院教授）

---

[1] 陈永志：《奚族为辽之萧族论》，见《契丹史若干问题研究》，文物出版社，2011年，第44—49页。
[2] 《辽史》卷七一《后妃列传第一》，中华书局，1974年，第1198页。
[3] 葛承雍：《考古新发现唐长安一方契丹王墓志的解读》，《考古》2003年第9期。

入唐百济移民陈法子墓志关联问题考释

拜根兴

迄今为止，在西安、洛阳两地出土发现的入唐百济移民墓志石刻，计有扶余隆、黑齿常之、黑齿俊父子，难元庆，勿部珣，唐嗣虢王妃扶余氏，祢寔进、祢素士、祢仁秀、祢军，一文郎将妻扶余氏等，共11件。对此，中韩考古、历史学者做过许多有益的探索①，笔者此前亦曾做过一定的考察②，基本厘清了与入唐百济移民关联的诸多问题。然而，随着西安、洛阳城市建设的不断推进，新的百济移民墓志仍不时面世。胡戟、荣新江主编的《大唐西市博物馆藏墓志》一书中，收录公布的《大周故明威将军守右卫龙亭府折冲都尉陈府君墓志铭并序》就是一例。这方墓志的公之于世，为学术界提供了入唐百济移民新的人物样本，弥足珍贵。特别是墓志涉及的几个百济地方行政地名、百济灭亡前的职官等问题，值得探讨。本稿试作考察，以就教于诸师友方家！

一、入唐百济移民陈法子墓志

首先，依据胡戟、荣新江主编的《大唐西市博物馆藏墓志》所言，陈法子墓志2007年入藏西安大唐西市博物馆，但墓志何时出土、出土于何地则无从知晓。不过，从志文提供的信息获知，陈法子唐载初元年（689）二月十三日死于洛阳县毓财

---

① 董延寿、赵振华：《洛阳鲁山西安出土的唐代百济人墓志探索》，《东北史地》2007年第2期；姜清波：《入唐三韩人研究》，暨南大学出版社，2010年；葛继勇：《关于祢军墓志的备忘录》，日本专修大学《东亚世界史研究年报》2012年第6号。李文基、李道学、金荣官等学者也撰写过关于黑齿常之、扶余王妃、祢氏家族墓志等方面的论文，刊载于韩国《韩国学报》《百济研究》《新罗史学报》《韩国古代史研究》等学术杂志上。

② 拜根兴：《唐代高丽百济移民研究——以西安洛阳出土墓志为中心》，中国社会科学出版社，2012年。

里[①]自宅，武周天授二年（691）三月二十六日葬于洛阳邙山之原。就是说，陈法子墓志出土地应该是在洛阳；至于墓志何时出土，按照墓志入藏博物馆时间界限，当然应在2007年之前。另外，墓志是以何种形式出土，亦是一个谜！因并非正规的考古发掘，极可能是于洛阳当地城市基本建设过程中发现的，也不排除盗墓者盗掘后流入文物市场或者为私人收藏。不论如何，陈法子墓志能为大唐西市博物馆收藏，应该是一个不错的归宿。同时，查阅现存中外史书记载，有关入唐百济移民史料中还未见有陈法子其人的任何信息，也就是说，陈法子应是入唐百济移民新的人物样本。墓志中显示的有关信息，无疑为入唐百济移民关联问题研究提供了新的资料。

其次，入唐百济移民除了唐嗣虢王李邕妃扶余氏[②]，祢氏家族祢素士、祢仁秀墓志是经过正规考古发掘清理，勿部珣功德碑、一文郎将妻扶余氏本身就是地上石刻文物之外，现存其他百济移民墓志均是被盗掘后才得以面世。入唐高丽移民墓志的出土也存在同样的问题，而相关唐人墓志亦不容乐观。

再次，依据陈法子墓志解题，墓志高45厘米，宽45厘米，厚10厘米，铭文24行，行25字，楷书，四侧十二生肖。篆顶盖，盖高44厘米，宽44厘米，厚11厘米，铭文3行，行3字，阴刻篆书，四周云纹，四杀四神纹饰。墓主陈法子载初元年二月去世，时年76岁，以此推算，其出生年当为615年，即隋炀帝大业十一年。同时，志文中使用了武则天新造字"年、月、日、授、天、地、载、初、正"等[③]，但有些文字，例如"人"字，志文中并未使用新造字，具体原因有待考察。

同时，志文对陈法子入唐后的经历，也有较为详细的记载，不妨摘录如下：

显庆五年，担当百济禀达郡司军、恩率，投诚唐军，时年四十六岁。

显庆六年二月十六日，制授游击将军，右骁卫政教府右果毅都尉。

乾封二年，除右卫大平府右果毅都尉。

总章二年，改授宁远将军，右卫龙亭府折冲都尉。

---

① 东都洛阳毓财里，位于洛阳东城之东第五南北街，从南数第一坊。坊内有大云寺，又有秘书监常山县公马怀素宅第。李健超教授依据现存唐代墓志，补全增订了坊内大量的私人住宅。参见〔清〕徐松撰，李健超增订：《增订唐两京城坊考》，三秦出版社，2006年，第427—428页。百济移民陈法子入唐后即定居洛阳，成为洛阳人，毓财里私第应该就是陈法子入唐后三十余年的住宅。

② 陕西省考古研究院编著：《唐嗣虢王李邕墓发掘报告》，科学出版社，2012年。

③ 关于武则天造字，可参考以下论文，董作宾、王恒余：《唐武后改字考》，见《故院长胡适先生纪念论文集》（下），"中央研究院"历史语言研究所，1963年；施安昌：《从院藏拓本探讨武则天造字》《关于武则天造字的误识与结构》，见陈大远、郭兴富主编：《龙龛道场铭》，香港三味出版社，1993年；王维坤：《武则天造字的分期》，《文博》1998年第4期；卢善焕：《关于武则天造字的几个问题》，《文史知识》2011年第11期。

咸亨元年，加阶定远将军。

文明元年，又加明威将军，职事依旧。

唐载初元年二月十三日，终于洛阳县毓财里之私第，春秋七十有六。

大周天授二年岁次辛卯三月壬申朔廿六日丁酉，卜宅于邙山之原，礼也。

墓志铭没有提及志文的作者，从陈法子最终所任官职，即"明威将军，右卫龙亭府折冲都尉"，以及"嗣子神山府果毅龙英，痛风枝之不驻，顾烟隧而长怀。爰托微衷，式旌幽壤"句，似志文为陈法子的儿子陈龙英延请有关人士撰写，至于志文撰写者和作为百济移民的陈法子生前是否认识，在当时的影响如何，因没有资料说明，故无从探讨。

二、墓志涉及地名关联问题考释

1.陈法子的先祖问题

依据《大周故明威将军守右卫龙亭府折冲都尉陈府君墓志铭并序》记载，陈法子其人：

> 字士平，熊津西部人也。昔者承天握镜，箫韶闻仪凤之功；列地分珪，卜兆盛鸣凤之繇。其后连横纵辩，念旧本于思秦；韫智标奇，谋新工于事楚。瑰姿伟望，代有其人。远祖以衰汉末年，越鲸津而避地；胤绪以依韩导日，托熊浦而为家。虹玉移居，仍存于重价；骊珍从握，不昧于殊辉。

可以看出，陈法子其人出自百济熊津西部，与现存入唐百济人祢寔进、祢军家族人士[①]出自同一地域。而黑齿常之父子志文中言及黑齿氏出自"百济西部"，应该是另有所指。另外，百济灭亡之前，熊津曾作为百济的都城，成为百济历史发展中的一个重要阶段；而百济灭亡之后，唐朝在百济故地设立熊津、马韩、东明、金连、德安五个都督府，管辖境内三十七州，志文中所及"熊津西部"当是熊津都督府辖下位于西方之地域。当然，也有一种可能，就是唐朝虽然设立上述五个都督府，但其实只是一种形式，其行政组织除过都督府建置之外，地方上仍沿袭此前百济的组织形式，即在都督府下仍按照"左右中上下"五方或"东西南北中"五部排列，陈法子家族正好处于熊津都督府西方或西部而已。为什么如此？因为依据现存中、韩、日三国文献及考古资料记载，事实上熊津都督府存在时间并不长，治所迁

[①] 祢寔进墓志称其为"百济熊川人"，祢军墓志记其为"熊津嵎夷人"。

转及位置也存在疑问①，而且都督府成立之后一直处于与百济复兴军的包围和反包围之中，其内部建置除过都督府之外，下辖机构以及基层组织或许只是一种规划或者想法而已，实际运行可能还是依托原百济已有的组织框架和形式。

其次，经过无数的日日夜夜和长路漫漫颠沛流离，陈法子家族最终定居百济熊津邻江海之地方。志文载曰："远祖以衰汉末年，越鲸津而避地；胤绪以依韩导日，托熊浦而为家。"就是说，陈法子的祖先并非百济当地土著，而是来自百济之外的中原大陆，其时间在东汉末年。②众所周知，东汉末年天下大乱，百姓四处逃窜，躲避战争戕害，一些人特别是和辽东、朝鲜半岛毗邻地区的百姓，纷纷越海前往，形成中国历史上大陆百姓移民的高潮之一。这一时期濒海地域乃至中原百姓移居辽东及朝鲜半岛，中国史书多有记载。如：

> 魏管宁年十六丧父，中表愍其孤贫，咸共赙赠，悉辞不受。汉末避地辽东，中国少安，客人皆还，惟宁晏然若将终焉。黄初四年，诏公卿举独行君子，司徒华歆荐宁。文帝徵宁，遂将家属浮海还郡，公孙恭送之南郊，加赠服物。自宁之东也，公孙度、康、恭前后所资，皆受而藏诸。既已西渡，尽封还之。③

当然，这一时期前往辽东和朝鲜半岛的绝不止管宁一家或一族，韩国史书《三国史记》中也有一些记载，对此，韩昇在发表的论文中有较为详细的探讨④，在此不赘。另据史料记载："桓、灵之末，韩濊强盛，郡县不能制，民多流入韩国。建安中，公孙康分屯有县以南荒地为带方郡，遣公孙模、张敞等收集遗民，兴兵伐韩濊，旧民稍出，是后倭韩遂属带方。"⑤有学者认为这里主要是说乐浪郡的百姓逃离乐浪，前往朝鲜半岛南部的事情，这种看法确实道出了事情的原委。⑥

至于陈法子的先祖是从何路径到达百济？途中是有过停留，还是直接到达百济辖境？因没有具体史料说明，不得而知。另外，史载百济"五方各有方领一人，方佐贰

---

① ［韩］金周成：《熊津都督府的地理位置及其性质》，韩国国立忠南大学百济研究所编：《百济研究》2012年总第56辑。
② 陈法子墓志撰成于7世纪末，而志文中谈及公元2世纪的事情，其中是否有攀附或者伪托情况，在此存疑。因为从现存墓志资料看，周边民族、国家出身人士中确实有伪托出身，攀附名人者。
③ 《册府元龟》卷八〇五《总录部·高洁》，凤凰出版社，2006年，第9358页。
④ 韩昇：《魏晋动乱与朝鲜的中国移民》，见北京大学韩国学研究中心编：《韩国学论文集》（总第8辑），民族出版社，2000年，第33—41页。
⑤ 《三国志》卷三〇《魏书·倭传》，中华书局，1985年，第851页。
⑥ 林坚：《朝鲜半岛的中国移民历史考察》，《延边大学学报》（社会科学版）2009年第2期。

之。方有十郡，郡有将。其人杂有新罗、高丽、倭等，亦有中国人"①。可见，不同时期移居百济的中国人可能并不少。但无论如何，东汉末年天下大乱之时陈氏家族逃亡朝鲜半岛，并定居于当地是事实，这不仅开启了陈氏家族在朝鲜半岛百济的生活历程，而且见证了中原或朝鲜半岛周边地区汉人移居朝鲜半岛的事实。

无疑，经过数百年时间的推移，陈法子家族入乡随俗，确已百济化，成为百济化的汉人。志文中"胤绪以依韩导日，托熊浦而为家。虹玉移居，仍存于重价；骊珍从握，不昧于殊辉"亦可说明这一点。另据笔者考察，7世纪中叶入唐的高丽移民中，不少是秦汉时代从中原迁入辽东或朝鲜半岛的，数百年过后，这些已高丽化的汉人再次迁移至中原。②历史时期中原百姓因战乱举族移居周边地域，数百年后其裔重新进入中原，成为中原百姓的一分子，如何界定他们的族属？对此应该予以缜密的考察。显然，陈法子家族也应归入移居中原的百济化汉人之列。

2. 陈法子及其先辈所任的官职

有关陈法子及其祖辈在百济担当的官职，上述志文载云：

> 曾祖春，本邦太学正，恩率。祖德止，麻连大郡将，达率。父微之，马徒郡参司军，德率。并英灵杰出，雄略该通。麾管一方，绩宣于字育；抚绥五部，业劭于盱谣。君清识迈于觿年，雅道彰于卯日。析薪流誉，良冶传芳。解褐，除既母郡佐官，历稟达郡将，俄转司军，恩率。

从转引志文可以看出，陈法子曾祖名陈春，祖父名陈德止，父亲名陈微之。为更深入探讨陈法子墓志涉及的问题，有必要对其先辈担当的百济官职予以考察。

其一，陈法子的曾祖父陈春担任百济"太学正"，至少说明6世纪中叶百济中央已设置太学。陈法子死于690年，享年76岁。一般来说，古人计算年龄多为虚岁，如此推算陈法子应生于615年，即隋大业十一年。另外，依据20年一代人的通常算例，陈法子的曾祖大概出生于6世纪中期。也就是说，在6世纪中叶前后，百济已设立太学。事实上，据《日本书纪》记载，百济官方5世纪初曾派遣博士王仁携带《论语》《千字文》前往倭国。③有学者结合《三国史记》的记载，认为百济设立学校当在4世纪中后期，即百济近肖古王时代（346—375）。④至于百济中央何时设立太学，未

---

① 《隋书》卷八一《百济传》，中华书局，1975年，第1818页。
② 拜根兴：《入唐高丽移民墓志及其史料价值》，《陕西师范大学学报》（哲学社会科学版）2013年第2期。
③ ［日］舍人亲王：《日本书纪》卷一〇，日本"国史大系"本。
④ 高明士：《天下秩序与文化圈的探索——以东亚古代的政治与教育为中心》，上海古籍出版社，2008年，第230—231页。

见史书明确记载。陈春担当太学正，证明至少在6世纪中叶百济已设置太学，培养贵族子弟。当然，和中原王朝的国子学系统水准相比，可能百济乃至朝鲜半岛其他政权的同类设置还有待提高。出于国家发展的需要，贞观年间百济、新罗、高丽曾派遣贵族子弟入唐国子学学习。尽管如此，陈春出任"太学正"，可能与他的祖先出自中原移民并素有学养有关，也可能和其本人的其他品质有关。

其二，陈法子的先辈均曾担当百济地方重要官职。陈春官拜恩率，陈德止为麻连大郡将，二品达率，陈微之为马徒郡参司马，四品德率；陈法子本人亦曾任既母郡佐官、禀达郡郡将。关于百济的职官制度，现存史料有较详细记载。据《北史》卷九四载："百济官有十六品：左平五人，一品；达率三十人，二品；恩率，三品；德率，四品；杅率，五品；奈率，六品。以上冠饰银华。将德，七品，紫带。施率，八品，皂带。"《隋书》卷八一有类似的记载。《三国史记》则转述了上述两书的记录①，阐述百济中央及地方行政建制及职官制度的真实情况。百济移民著名人物黑齿常之就曾"为百济达率，兼风达郡将，犹唐刺史云"②。可见，从6世纪中叶，陈法子的先祖就担当百济地方行政主要官职，属于世代官宦家庭出身的百济化汉族人士。

3.陈法子入唐后担当官职

陈法子墓志文载其"六年二月十六日，制授游击将军，右骁卫政教府右果毅都尉。乾封二年，除右卫大平府右果毅都尉。总章二年，改授宁远将军，右卫龙亭府折冲都尉。咸亨元年，加阶定远将军。文明元年，又加明威将军，职事依旧"。首先，上述"六年二月十六日"当为显庆六年（661）。据史料记载，高宗显庆六年"二月，乙未晦，改元"③。查阅王双怀、贾云主编《二十五史干支通检》，知显庆六年二月晦日即三十日④，唐高宗在这一天改元龙朔，故二月十六日仍在显庆年号之内，故应记为显庆六年。其次，张沛将"政教府"划为河南道河南府，应没有问题，只是未见征引出土墓志或其他文献史料，而且其所在具体位置并不清楚。⑤除陈法子墓志之外，新出版的《洛阳出土鸳鸯志辑录》亦收录《唐故宣节校尉守

---

① ［高丽］金富轼：《三国史记》卷四〇《杂志·职官下》，韩国乙酉文化社，1997年，第340页。
② ［高丽］金富轼：《三国史记》卷四四《黑齿常之传》，韩国乙酉文化社，1997年，第402页。
③ 《资治通鉴》卷二〇〇"高宗显庆六年二月"条，中华书局，1956年，第6323页。
④ 王双怀、贾云主编：《二十五史干支通检》（上册），三秦出版社，2011年，第429页。
⑤ 张沛：《唐折冲府汇考》，三秦出版社，2003年，第349页。

右骁卫河南府政教府折冲都尉张府君（质）墓铭并序》，可见政教府在当时有相当的影响。"大平府"位于唐河东道绛州辖内，即今山西省襄汾县西北古城。"龙亭府"，张沛将其划为河东道河中府①，限于资料没有界定具体地点，亦未见征引出土墓志。墓主陈法子的嗣子陈龙英，任神山府果毅都尉，而"神山府"则有两种说法：其一在河东道晋州辖内，属左卫管辖；其二在今山西省浮山县南东郭，属于左金吾卫管辖。最后，从志文看，陈法子入唐后，先后在右骁卫、右卫辖区内任中层武官，即五品或六品果毅都尉②，同时还官拜游击将军、宁远将军、定远将军、明威将军等武散官。和黑齿常之、扶余隆以及祢寔进等入唐百济上层移民人物相比，陈法子只是担当一般中层武官，并驻守京师以外地域，其重要性显然不能和上述诸人同日而语。

三、百济麻连大郡、马徒郡、既母郡、禀达郡郡名考

陈法子墓志撰写于7世纪末，并且从此深埋地下，无人知晓。在武周政权改朝换代的特殊时期，陈法子儿子陈龙英身为中下级武官，如果其子仕途没有更大的发展，其家族事迹、祖先任官地点等能够流传下来，应该说是一件非常不容易的事情。

新罗景德王在位期间（743—765）曾对统一新罗地方州郡名称和辖区作过大的改动，高丽初期也有相应的措施，朝鲜半岛政权千余年来行政区划亦多有变迁。再加上朝鲜半岛语言和汉字语音转换③、汉字传抄过程中也可能出现差异，故《三国史记》卷三六《杂志·地理三》记载的百济故地熊州所在的十三郡、全州所在的十郡、武州所在的十五郡的沿革变迁、所辖地域等，均未见提及陈法子墓志所记四个郡名称亦不奇怪。而几乎同时期出现的《翰苑》一书，现在可以看到辑佚本④，只是

---

① 郭茂育、赵水淼编：《洛阳出土鸳鸯志辑录》，北京图书馆出版社，2012年，第268—269页。

② 据史料记载，"诸府，折冲都尉各一人。……。左、右果毅都尉各一人"，其中左右果毅都尉"上府从五品下，中府正六品上，下府从六品下"。参见《唐六典》卷二五，中华书局，2005年，第644页。

③ 北宋崇宁二年（1103）"奉使高丽国信书状官"孙穆撰写《鸡林类事》一书。此书现存一卷，其中用汉字记载了高丽当时人的语言，其中大多和今天的韩语发音相似或相同，当然也有不同之处。虽然该书记载的是11世纪朝鲜半岛的语言，但在朝鲜半岛相对闭塞，后来号称"隐士之国"环境下，朝鲜半岛语言的变化似应不会太大。参见〔元〕陶宗仪：《说郛》卷五五，转引自杨渭生等编著：《十至十四世纪中韩关系史料汇编》，学苑出版社，1999年。

④ 〔唐〕张楚金：《翰苑》，〔日〕竹内理三校订、解说，大宰府天满宫文化研究所藏，弘文馆1977年影印版。

有关百济的记述没有涉及地方行政区划名称，特别是没有发现陈法子墓志中出现的四个郡名。稍晚出现的《日本书纪》在叙述百济与倭国往来事件中，也间有百济音译地名出现，但并未查阅到和上述四个郡名发音相近或相似的地名；日本学者此前所做研究中亦未见提及。[1]

查阅朝鲜初郑麟趾等编撰《高丽史》卷五六《地理志》、卢思慎等编《新增东国舆地胜览》等书，亦未见任何收获。事实上，高丽、朝鲜时代编撰的史书，由于各种原因没有记载，或者以其他方式反映此前已有相关郡名应也是可能的事情。如此，作为百济地方上存在过的四个郡名，如果排除特别的意想不到的原因致使其毁灭不存之外，其蛛丝马迹或许还能找到一些。爬梳现存史料，应该是我们试图解决这一问题的重要途径之一。

（1）麻连大郡。陈法子的祖父曾担当麻连大郡郡将，时间约在6世纪80年代。然而，查阅现存中、韩、日三国史料，未见百济有"麻连大郡"的任何记载，亦未见与"麻连大郡"相同或发音相近的古地名。是百济后期废弃或合并了这一地方建置？还是新罗吞并百济故地之后"麻连大郡"建置就不复存在？似乎难以找到更为满意的答案。但无论如何，墓志为学界提供了百济地方行政区划中的一个新的州郡名称，是进一步探讨百济地方行政建置的最新史料。期待有更多的文献或墓志碑刻史料出现，使这一问题得到更加令人信服的解释。

（2）马徒郡。按《三国史记》卷三六《杂志·地理三》载："任实郡，本百济郡。景德王改州郡名，及今并因之。领县二，马灵县，本百济马突县，景德王改名，今因之。青雄县，本百济居斯勿县，景德王改名，今巨宁县。"上述任实郡为百济末期所设郡[2]，依据上述推证，陈法子的父亲陈微之担当官职之时，当在6世纪末，此时百济或许曾设立马徒郡，后合并至任实郡内，成为任实郡辖内一县；又由于汉字传写过程中对同音字的不同理解和传写差异，将"马徒"写为"马突"。如果这种推论可以成立的话，陈法子墓志对于进一步探讨百济地方郡县的变迁可提供重要依据。

（3）既母郡。《三国史记》卷三七《杂志·地理四》载百济"鲁山州六县"，其中有"支牟县"，这里的"支牟县"，是否就是陈法子墓志中所记曾经出任的"既母郡佐官"所在郡？因没有更确切的史料比证，在此只好存疑。不过，从韩语发音看，其语音确实有相通之处。

（4）禀达郡。《新唐书》卷一一〇《黑齿常之传》载黑齿常之"为百济达率兼风达郡将，犹唐刺史云"；《三国史记》卷三六《杂志·地理》亦载有"风达

---

[1]　[日]鲇贝房之进：《〈日本书纪〉朝鲜地名考》，日本国书刊行会，1972年。
[2]　[韩]权相老：《韩国地名沿革事典》，韩国梨花文化出版社，1994年，第230页。

郡"。笔者认为这里的"风达"应该是"禀达"转音传写之误。为什么如此？其一，韩国语（朝鲜语）中没有F、V音节，虽然古朝鲜语和今天的朝鲜语存在一定的差异，但在基本音节上变化应该不大，可能在韩、汉语转音传写过程中，就将"禀达"写为"风达"。其二，无论是欧阳修编纂《新唐书》涉及黑齿常之生平事迹，还是金富轼修撰《三国史记》追述百济地方行政机构名称，其时间均晚于陈法子志文数百年，陈法子志文中的写法应该比较接近事实真相。可以看出，陈法子和黑齿常之均担任过禀达郡或者风达郡郡将。黑齿常之永昌元年（689）含冤而死，享年60岁，其出生当是630年；如上文所述，陈法子载初元年二月去世，时年76岁，以此推算，其出生年当为615年。也就是说，陈法子长黑齿常之15岁。如此推算，陈法子担当禀达郡或风达郡郡将的时间应在黑齿常之之前。有学者认为百济"伐首只县"即为"夫首只县"，如果急读的话就是"风达"，位于今韩国忠清南道唐津①，此无疑可作为一家之言，但作为坚实的历史研究，仍需要查找史料予以进一步论证。

四、百济灭亡与陈法子的入唐经纬

公元660年，位于朝鲜半岛西南部的百济，在与唐朝以及同处朝鲜半岛的新罗、高丽错综复杂的较量之中，成为新罗联合唐朝进攻的对象。②而就在唐罗联军包围百济都城泗沘城之后，百济军队连战连败，百济王扶余义慈看大势已去，"遂与太子孝走北鄙"③；王次子扶余泰自立为王，结果引起更大的变故，百济防线全面崩溃，王子泰、隆等纷纷投降。百济王扶余义慈的随从大将祢植（祢寔进）更是临阵倒戈，将百济王献于唐朝统帅苏定方将军④，百济战事随之结束。

这一阶段，因百济内部矛盾重重，面对唐罗联军的强力进攻，其权力机关内部分化严重。除力战捐躯的阶伯将军外，王室人员"率先垂范"出城投降唐军，国王禁卫军倒戈，一般军将投诚者当不在少数。现在了解到的就有黑齿常之、沙吒忠义以及祢军、祢寔进家族等。处于百济权力中心之外，"解褐，除既母郡佐官，历禀达郡将，俄转司军，恩率。居检察之务，洁拟壶冰；当藻鉴之司，明逾镜水"，即

---

① 赵智滨：《唐朝在百济故地初设行政建置考略》，《中国历史地理论丛》2012年第2期。
② 拜根兴：《七世纪中叶唐与新罗关系研究》，中国社会科学出版社2003年版。
③ ［高丽］金富轼：《三国史记》卷二八《百济本纪·义慈王》，韩国乙酉文化社，1997年，第117页。
④ 拜根兴：《百济遗民〈祢寔进墓志铭〉关联问题考释》，《东北史地》2008年第2期；拜根兴：《唐代百济移民祢氏家族墓志相关问题研究》，《当代韩国》2012年第2期。

担当中层地方官的陈法子,相信也和官任百济地方的黑齿常之一样,"因机一变,请吏明时","达变因机,革心回面",选择投诚唐罗联军之道路,只是没有像黑齿常之那样反复而已。

据《三国史记》卷二八载,"定方以王及太子孝,王子泰、隆、演及大臣将士八十八人,百姓一万二千八百七人送京师";《大唐平百济国碑铭》载,"其王扶余义慈及太子隆,自外王余孝一十三人,并大首领大佐平沙咤千福、国辩成以下七百余人,既入重闱,并就擒获,舍之马革,载以牛车,仁荐司勋,式献清庙,仍变斯犷俗"。[1]至于上述史料中提及的"八十八人",或者"七百人"中是否包括陈法子其人,因没有史料记载,难以作出明确的判定,但从陈法子所任官职以及入唐后"恩奖稠迭,仍加赏慰。从其所好,隶此神州"看,其应该是在灭亡百济过程中建有一定的功勋,故而和被俘的其他人还是有一定差别的。当然,与祢氏家族诸人受到唐朝大力推崇奖拔相比,饱经风霜、熟谙人生流离的陈法子似并没有受到特别的重视,因为入唐大半年之后,他才被"制授游击将军、右骁卫政教府右果毅都尉",随后一直担当军队中层武官,直到年老离世。

尽管如此,在百济灭亡前夕,已年满46岁的百济地方官员陈法子,偏离了他已厌烦或者失去信心的生活轨迹,选择了一条陌生而崭新的求生之路,进而使得此后的生活出现翻天覆地的变化。至于他的选择是否正确,相信不管是正面还是负面,任何评价都显得无足轻重、自以为是。而摆在我们面前的这篇感情充沛、记载翔实的墓志文字,反映的就是历史,刻画出陈氏家族数百年乱世中挣扎奋斗的轨迹以及墓主陈法子本人逆境中求生以及其一生一世的荣辱和牵挂。[2]

志文中除追溯陈法子父、祖官任及生活轨迹之外,对陈法子入唐后家族繁衍并没有过多的着墨。如同祢寔进家族入唐一样,可能陈法子也是扶老携幼入唐,只是限于墓志撰写,或者一些不可言传的缘由,志文中并没有对其家族人员做过多的涉及,这是可以理解的。志文中只是提及陈法子嗣子,此时已官任五品武官神山府果毅都尉的陈龙英,按照当时的情况,如果没有在战场中建立重大功勋的话,比照一般武官任职年限,其年龄当在30岁以上。假如这种推定可以成立,陈龙英有可能出生于百济。也就是说,当时入唐的百济中层官员,特别是在战争中做出一定贡献的

---

[1] [韩]许兴植编著:《韩国金石全文》(古代),韩国亚细亚文化社,1984年;拜根兴:《〈大唐平百济国碑铭〉关联问题考释》,见杜文玉主编:《唐史论丛》(第8辑),三秦出版社,2006年;[韩]金荣官:《〈大唐平百济国碑铭〉的考察》,《历史讲坛》(总第66辑),2013年。

[2]《陈法子墓志铭》文中有"久客无归,异邦有寓。瞻言孤陇,恒凄苦雾"字样,可见年老的陈法子还时常回忆起在百济的生活场景,并期待能够回到生他养他的遥远异邦故乡。

军将,他们可能获得唐朝将帅的首肯,允许这些人携带家眷入唐,这当然是一种优待,也可看作一种奖赏和勉励。

陈法子在现在已知的入唐百济移民群体中,应该是最长寿的一位。而就在他去世的前一年,叱咤风云、享誉海内外的入唐百济移民,官拜三品的左武威卫大将军、神武道经略大使黑齿常之将军,死于酷吏无端罗织陷害的淫威之下。[①]这宗家喻户晓、声震东都洛阳的大事件,相信将不久于人世的陈法子应该知晓了解。处于酷吏罗织罪名血雨腥风的日子里,陈法子的寿终正寝,无疑也是一件值得庆幸的事情。

原载《史学集刊》2014年第3期

(拜根兴,陕西师范大学历史文化学院教授)

[①] 拜根兴:《入乡随俗:墓志所载入唐百济遗民的生活轨迹——兼论百济遗民遗迹》,《陕西师范大学学报》(哲学社会科学版)2009年第4期。

入唐高句丽移民研究的现状及其问题

拜根兴

2006年，笔者发表《高句丽、百济遗民关联问题研究的现状与展望》[①]一文，总结当时所见中、日、韩学界有关入唐高句丽百济遗民的数量、去向、生活状况等研究，展望研究愿景。转眼十余年已过，其间有关入唐高句丽移民研究无论从新史料的公布、新观点的提出，以及更多学者参与和大量成果的产出，都令人高兴和鼓舞。虽然此前有学者对国内2010年以来高句丽研究做过总体综述[②]，韩国学者尹龙九亦有相应的考察[③]，但针对学界的入唐高句丽移民[④]研究本身，以及涉及的诸多具体问题，似仍有必要再做总结和评议。鉴于此，本稿专对2006年之后中、韩学界有关入唐高句丽移民研究试做评述，并提出自己的看法，以就教于诸师友方家。

一、高句丽末代王室与泉氏家族研究

1.高句丽末代王高藏研究

关于高藏其人事迹，两《唐书·高丽传》、《三国史记》卷二十二《高句丽本纪·宝藏王》等均有记载，具体来说，高藏668年被俘入唐，先在洛阳，后入京师长安，677年被任命为朝鲜郡王，前往辽东，负责管理当地高句丽移民事宜。高藏到

---

① 拜根兴：《高句丽、百济遗民关联问题研究的现状与展望》，《中国历史地理论丛》2006年第2期。
② 范恩实：《2010年以来国内学界高句丽史研究综述》，《东北史地》2014年第4期。
③ ［韩］尹龙九：《中国出土高句丽百济遗民墓志铭的研究动向》，《韩国古代史研究》2014年第75辑。
④ 此前学界延续韩国学者的观点，一般称作"高句丽遗民"，中央民族大学蒙曼女士亦提出"徙民"概念，参见蒙曼《唐朝军事系统中的朝鲜半岛徙民》［《中央民族大学学报》（哲学社会科学版）2007年第2期］。鉴于现存隋唐史料对朝鲜半岛政权的记载，以及唐朝统一的多民族国家的形成及周边民族入唐的诸多共同点，笔者将其称作"高句丽移民"，具体参见拜根兴《唐代高句丽百济移民研究——以西安洛阳出土墓志为中心》（中国社会科学出版社，2012年，第4页）。本文基于学术研究规范，统称为"高句丽移民"。

达之后，很快联合当地的靺鞨人，迫不及待地发动针对唐朝的叛乱。据现有史料记载，似唐朝对其行动早有预料，故调动各方军力。这次未遂叛乱很快被平定，高藏本人遂被流放至剑南道辖下的邛州，永淳初年死于邛州。唐高宗追赠其为卫尉卿，下令归葬高藏于京师长安灞东，赐以葬地，树碑立传，以示优待。

有关高藏的年龄问题，上述史书没有具体表述，难得其实。对此，学者们查找相关史料，纠谬推证多有发明。笔者依据《全唐文》卷七《封高丽王嗣子藏诏》中"器怀韶敏，识宇详正。早习礼教，德义有闻。肇承藩业，诚款先著"记载，认为高藏之所以被泉盖苏文推上高句丽王宝座，可能和高藏个人性格有关。诏书文字可看出高藏继立当时并非弱冠孩童，进而推证高藏642年被立为高句丽王时的年龄"应在20岁上下"，以此类推，高藏668年入唐时年龄当在40岁以上，其死亡时年龄当在60岁左右。①苗威以泉盖苏文642年"选立的新君年龄不会太大"为出发点，推论高藏继立年龄不会超过15岁；高藏外孙泉毖708年出生，祖孙间80岁年龄差异也算合理等理由，进而确定高藏出生时间当在公元627年，当然，高藏死亡时年龄也就是54岁了。②可备一说。孙炜冉同意笔者所说"泉盖苏文，是因看中其不热衷权力好控制的性格，或者是其在王权旁落的情形下具有城府高深隐忍不发的性格"，并以高藏两个儿子出使唐朝，唐太宗诏书两个缘由，认为高藏继立时年龄应在25岁左右，即出生应在武德元年（618）左右。③从史料排比以及史料蕴含的史实看，孙炜冉的论述较为客观。也就是说，高藏永淳初年死亡时已年过花甲了。和孙炜冉发表论文几乎同时，林泽杰则是依据新出土入唐高句丽移民墓志史料，寻找新的切入口，提出高藏出生应在武德元年左右，在辽东联合靺鞨密谋叛乱时年龄已近60岁。④也就是说，孙炜冉、林泽杰两人不约而同发表的论文中，对高藏生年及年龄持有相似或相近的看法，甚是难得！

与此相关联，对高藏的性格到底是不热衷权力好控制，还是具有城府高深隐忍不发的品性，抑或根本没有受到什么影响，一直发挥着王权赋予的权力和作用，笔者、孙炜冉、林泽杰显然主张前者，而冯立君专文探讨高藏"政不由己"及入唐

---

① 拜根兴：《追踪高句丽末代王高藏冢墓所在——兼论高藏入唐后的生活》，见成建正主编：《陕西历史博物馆刊》（第15辑），三秦出版社，2008年；[韩]林起焕：《高句丽王陵研究》，韩国东北亚历史财团，2009年；拜根兴：《唐代高句丽百济移民研究——以西安洛阳出土墓志为中心》，中国社会科学出版社，2012年，第184—185页。
② 苗威：《高句丽移民研究》，吉林大学出版社，2011年，第157页。
③ 孙炜冉：《高句丽末王高藏入唐行迹考》，《中华文化论坛》2016年第7期。
④ 林泽杰：《高藏入唐前后相关史事考——以入唐高句丽人墓志为中心》，《学问》2016年第3期。

轨迹诸问题。冯氏依据现存文献史料,找出泉盖苏文集权时期,高句丽王高藏并非"政不由己""素受胁制"的蛛丝马迹,得出高藏"可以有效支配盖苏文"等结论,即阐发论证现存六种史料记载,进而得出自己的观点。具体来说,他"针对此说提出六种不同的反面例证,意在说明高藏并非'政不由己',同时阐释唐高宗这一与事实不符的判断之历史原因,并通过探讨高藏的入唐政治经历,对这一问题所涉细节再进行补充,以勾勒一幅与以往大为不同的高藏肖像"①。应该说,这种探索很有开拓创新之意涵,对一些问题的最终解决似亦有帮助,但在论证过程中,应注意史料的诠释度、史料本身的意涵,以及现存史料间的相互联系。冯氏对高藏入唐后唐廷的对应处理措施的解释可备一家之言。

高藏在辽东密谋叛乱涉及问题。对于高藏受唐朝指派,到达辽东不久就密谋发动叛乱败露,此前黄约瑟、姜清波、牛致功、苗威,以及笔者均有所涉及,一般认为高藏密谋叛乱败露和泉男生其人关系密切。也有见解认为,因泉男生在高藏密谋败露后才到辽东缘故,故其与泉男生应无关系。而唐朝在辽东培植新的势力,进而成为高藏密谋败露的主要原因。对此,孙炜冉则有新的解释,他认为"正是因为高藏与泉男生宿怨颇深,所以在辽东期间难免彼此不睦、各怀心事,而在处理辽东问题上泉男生的价值显然高过高藏,所以高藏才成功被泉男生构陷,这是两者的政治价值决定的,而并不是唐朝不清楚高藏没有谋叛的事实,并且还彰显了唐朝宽宥的政治处理方式"②。

近年来学界对高句丽末代王高藏涉及的年龄、在位期间的政治动向、入唐后的行迹等问题的探讨,对于厘清高句丽灭亡前后诸多问题具有指导意义。因为作为高句丽末代王,他的性格走向及政治趋向,决定高句丽末期国运轨迹,直接影响高句丽和中原王朝关系。很显然,这些问题的讨论仍然局限在史料的辨证和诠释上,而针对这一问题,史料辩证仍然是历史学者必须遵循的法宝,而新的资料的发现和运用,依然是解决该问题的关键。

2.高德武与高仇须的身份认定

高德武为高藏之子,在《新唐书》《资治通鉴》《册府元龟》《三国史记》等史书中均有记载。高仇须其人不见上述史书,只是在陈子昂为建安王武攸宜所写《为建安王贺破贼表》《为建安王与辽东书》,李峤《为纳言姚璹贺破契丹表》中

---

① 冯立君:《从国王到囚徒:论高句丽王高藏"政不由己"及其入唐轨迹》,见纪宗安、马建春主编:《暨南史学》(第11辑),广西师范大学出版社,2015年。
② 孙炜冉:《高句丽末王高藏入唐行迹考》,《中华文化论坛》2016年第7期。

出现的人物。两个人物在武周统治时期各有迹可循，史料记载清晰明确。

应该说，最早提起高仇须其人者为著名学者岑仲勉，他在《陈子昂及其文集之事迹》中首次提到高仇须。认为"高宗末招还高藏后，高丽事如何处置，均甚缺略，观此文，则知武后通天中辽东尚是高氏为都督，犹奉唐命，可稍弥其缺矣"①。此后韩国学者卢泰敦在《高句丽遗民史研究——以辽东、唐内地及突厥地区的遗民集团为中心》一文中指出唐高宗末至武周时期，在辽东地域出现朝鲜郡王、安东都护府羁縻体系相互协力并相互监督的治理方式，而亲唐的辽东州都督高仇须，就是这种体制中脱颖而出的人物。与此同时，卢氏依据上述陈子昂所撰的两篇表文，认为武氏家族曾嫁女与高仇须的父亲，其中可能与解决高藏谋反事件中高氏所建立的功勋有关，故而才有表文中出现"贤甥"之文字表现。②已故著名东亚史学者黄约瑟亦依据岑著脉络，认为唐高宗末期曾奉行和亲政策，嫁武氏家族女到辽东，即武周家族女曾与高句丽移民首领通婚。③笔者认同卢泰敦、黄约瑟两位的看法，认为从高藏谋反到被流放邛州，随后唐朝将和蕃公主嫁与高仇须的父亲，从高仇须的父亲担当辽东州都督这件事看，可能唐朝在处理高藏谋反事件中，高仇须父亲扮演的角色甚为关键。其一，唐朝没有将皇后一族的女子（和蕃公主）嫁与高句丽王高藏的子孙，也没有顾及投诚唐朝、对唐朝忠心耿耿的泉氏家族，而选择了高仇须的父亲，可预见的原因不外乎以下几点：要么高仇须父亲可能作为高句丽王室近支、高藏身边人物，以实际行动效忠唐朝，在辽东高句丽人中有一定的影响力，唐朝因此选择他接替高藏担任辽东州都督；要么他在挫败高藏密谋反叛阴谋中起到特殊作用，唐朝用下嫁和蕃公主、授予辽东州都督官职奖励他。笔者以为后者可能性较大。其二，唐朝仍然没有放弃利用高句丽王室安抚高句丽人的策略，史载此后武周政权曾任命高藏的孙子高宝元、儿子高德武为朝鲜郡王，前往辽东，安辑辽东高句丽移民。但另一方面，唐朝从辽东高句丽王室之外或者王室近支的实力派中培植代理人，不失时机地将这些人推至前台，下嫁和蕃公主，利用其和皇后武氏家族的姻亲关系，也应是采取的必要措施之一。此后，高仇须率领麾下兵士为武周政权英勇作

---

① 岑仲勉：《陈子昂及其文集之事迹·辽东都督高仇须》，《辅仁学志》1946年第14卷1、2合集；岑仲勉：《岑仲勉史学论文集》，中华书局，2004年，第15—16页。
② ［韩］卢泰敦：《高句丽遗民史研究——以辽东、唐内地及突厥地区的遗民集团为中心》，见韩佑劢博士停年纪念委员会编：《韩佑劢博士停年纪念史学论丛》，知识产业社，1981年。
③ 黄约瑟：《武则天与朝鲜半岛政局》，见林天蔚、黄约瑟主编：《古代中韩日关系研究》，香港大学亚洲研究中心，1987年；刘健明编：《黄约瑟隋唐史论集》，中华书局，1997年。

战，以少胜多剿灭契丹叛军，说明唐朝在辽东一带奉行的双管齐下策略颇具成效。另外，高宝元、高德武赴辽东统摄高句丽旧户的同时，依附武周的高句丽移民高仇须势力的存在，成为武周朝廷制衡辽东高句丽王室势力策略的着眼点。697年，高宝元没有按计划赴辽东，一年后派其父辈高德武成行，其中高仇须因素应当引起研究者注意。[①]

有关高仇须其人的解读，学界有将其与高德武二者合一的看法。最早提及高德武、高仇须为一人者为程妮娜。她在《唐代安东都护府研究》一文中直接认为高仇须与高德武实为一人，即将《唐会要》卷七三《安东都护府》条中提到的高德武改为高仇须[②]，辽东州都督和安东都督因此合一等同，此似略显随意。苗威在《高句丽移民研究》一书中，在程教授已有立论的前提下，连缀二者疑似同一人的各种"证据"[③]，具体论述推定高仇须、高德武为同一人。如上所述，现存唐宋史料中，似未发现任何可确定高德武和高仇须为同一人的记载，辽东州都督与安东都督两个实体合二为一缺乏史料依据，故这种推定只是建立在学者依据相关史料推论的基础之上，有的论述或许还需进一步推敲。孙炜冉认同这种推定[④]，冯立君在最新发表的论文中质疑这一观点[⑤]。无论如何，从现存史料状况看，将高德武、高仇须推定为同一人论据仍显薄弱，故虽可作为一家之言，但还需更有力的史料证据证实才是。

3.泉氏家族关联问题

有关泉男生、泉男产、泉献诚、泉毖墓志及泉氏家族研究，此前杜文玉、姜清波、连劭名及笔者等学者曾做过一定的研究，苗威发表《泉男生及其后代移民唐朝述论》《泉男生移民唐朝史事疏正》[⑥]两篇论文，进一步探讨泉氏家族涉及的问题。

前篇首先探讨泉男生、泉献诚父子移民唐朝的时代背景，即爬梳6世纪末、7世纪中叶朝鲜半岛三国复杂多变的交往史，唐朝介入朝鲜半岛后政策变化，高句丽内政危机等；其次，通过出土墓志，论述泉男生、泉献诚、泉毖等入唐后事迹；最后，分析泉男生父子入唐受到礼遇的原因。作者认为在唐朝开放的民族政策和用人

---

① 拜根兴：《岑仲勉教授对石刻碑志等史料的考释——以唐与朝鲜半岛关联石刻等史料为中心》，《史学集刊》2017年第5期。
② 程妮娜：《唐代安东都护府研究》，《社会科学辑刊》2005年第6期。
③ 苗威：《高句丽移民研究》，吉林大学出版社，2011年，第164—168页。
④ 孙炜冉：《高句丽末王高藏入唐行迹考》，《中华文化论坛》2016年第7期。
⑤ 冯立君：《高句丽泉氏与唐朝的政治关系》，《社会科学战线》2018年第8期。
⑥ 苗威：《泉男生及其后代移民唐朝述论》，《东北史地》2011年第3期；苗威：《泉男生移民唐朝史事疏正》，《北华大学学报》（社会科学版）2011年第5期。

政策之下，对于蕃将，唐廷大胆任用并非特例，而泉氏父子个人良好的能力和对唐廷忠诚为这种礼遇提供了保证。作者考察泉男生等人墓志中自我认知的变化，为高句丽移民有关问题的理性思考提供了依据；指出应客观评价泉氏父子入唐事件，并通过分析《三国史记》作者金富轼对泉男生入唐的见解，认为高句丽是割据于中国东北的地方政权。后篇以泉男生墓志为中心，对泉男生其人展开个案研究。全文分泉男生入唐前史事考释、泉男生移民唐朝、泉男生在唐的主要活动、对泉男生入唐的评价四部分。因论文选题和前者有重叠，论述中亦有重复内容出现。虽则如此，作者在现有研究的基础上，通过专题论证和个案研究，基本厘清泉男生入唐关联史事，特别是将泉男生入唐放在当时唐与朝鲜半岛关系的大背景之下讨论，最终得出客观真实结论，实属难得。

金荣官、曹凡焕《对高句丽泉男生墓志铭的解读和研究》①一文：首先阐明该文的撰写是基于韩国学界对泉男生等高句丽移民墓志绝少关注利用的缘故；其次论文着重论述泉男生墓志发现境遇、时间以及志文书法等要素，指出学界的基本研究动向，即根据墓志拓片整理出自己认为正确的志文录文。如上所述，有关泉男生墓志研究论文已经有很多，其中学界对重复研究或者自说自话已习以为常。这篇论文的最大优点就是整理出泉男生墓志研究学术史，即从1920年日本学者内藤湖南第一篇论文开始，注释中详细列出各个时期有关该墓志铭的著录、研究论文信息，这一点恰恰为现有研究所缺少。通过阅读该论文，迄今为止中、韩、日学界有关入唐高句丽移民泉男生及泉氏家族研究尽在其中。而对如泉男生墓志史料学术史的探讨，应该引起国内研究者的重视。葛继勇也有《从高句丽百济人墓志看高句丽末期的对外关系》②一文，涉及上述泉氏家族人物及其他高句丽移民墓志，探讨高句丽末期与唐交涉事宜。

除此之外，郑元洙发表《泉男生权利的丧失背景及其出走》③，从泉氏兄弟权力争执和泉男生权力丧失并于其后出走两个方面，探讨高句丽末年泉氏家族内部争执的原因背景，以及泉男生选择投唐的原因。冯立君《高句丽泉氏与唐朝的政治关系》一文，则探讨高句丽泉氏由反唐到投唐、亲唐的政治抉择与7世纪中叶唐与高句丽政治关系的演变，认为泉盖苏文残暴、桀骜不驯形象是唐朝与新罗史籍刻意塑造

---

① ［韩］金荣官、曹凡焕：《对高句丽泉男生墓志铭的解读与研究》，《韩国古代史探究》2016年第22辑。
② 葛继勇：《从高句丽百济人墓志看高句丽末期对外关系》，《东洋学》2015年第58辑。
③ ［韩］郑元洙：《泉男生权力的丧失背景及其出走》，《韩国古代史研究》2014年第75辑。

的,而泉男生最终投唐,固然与高句丽内政逼迫有关,但唐朝廷的外在拉动亦至关重要;泉献诚丧命于武周酷吏淫威之下,但死后官方使其沉冤昭雪。泉氏族人的际遇代表部分高句丽人的入唐发展轨迹,折射出帝国辽东统治貌似紊乱,实则成功促使高句丽人如同诸多内徙非汉人一样逐步"内蕃化"的现实。[1]上述两篇论文均是探讨泉氏家族涉及问题,但后者立论高深,诠释考辨现有文献及墓志史料,提出新的见解,对泉氏家族入唐后诸多史实的解析,对包括入唐高句丽人在内的周边内附民族"内蕃化"之见解因此和盘托出。

二、入唐高句丽移民的总体探讨

有关入唐高句丽移民墓志研究,最早可追溯到1937年著名金石学家罗振玉编集《唐代海东藩阀志存》一书,学界由此知晓出土于洛阳的高句丽移民泉男生、高慈、泉献诚、泉男产、泉毖、高震墓志。20世纪90年代之后,随着洛阳、西安两地城市建设的加快,两地出土大量中古时期墓志,新的入唐高句丽移民墓志的出现因此也不时搅动着学界的神经,给人无限的忧虑和惊喜。孙炜冉以《高句丽入唐移民与仕唐蕃将研究现状及其学术价值》为题,梳理国内学界对该问题的研究历程,论证其学术价值和进一步研究的可行性及现实问题、学术前景等,并指出研究中需要注意研究对象和方法,倡导加强与国外学术界的交流,提高研究的客观性和信凭性,促进学术研究走向深入。[2]

1. 移民(遗民)的迁徙与安置

关于入唐高句丽移民的迁徙、安置问题,唐史史料本身及韩国史书《三国史记》的记载各有所本,存在差异,范恩实依据现存史料和出土墓志,在现有研究基础上做了深入的探讨,得出许多可自圆其说的结论。[3]首先,范氏认为李敬家族从未进入高句丽治下,唐太宗优待赵郡李氏,与高句丽没有关系;豆善富家族入唐时间为高宗总章年间,并非唐太宗亲征的贞观年间,进而纠正了笔者此前的看法。其次,通过大量的史料比正,认同总章元年(668)、二年(669)唐朝两次迁徙高句丽人入唐。前者内迁高句丽人分别是高句丽王室,随泉男生降唐者,其他助唐立功者,一般高句丽上层贵族人物,充作奴婢奴隶的高句丽人等。

---

[1] 冯立君:《高句丽泉氏与唐朝的政治关系》,《社会科学战线》2018年第8期。
[2] 孙炜冉:《高句丽入唐移民与仕唐蕃将研究现状及其学术价值》,《博物馆研究》2017年第4期。
[3] 范恩实:《入居唐朝内地高句丽遗民的迁徙与安置》,《社会科学战线》2017年第5期。

范氏采用《通典》所载内迁高句丽人口28200户的记载，考察贞观十九年（645）唐朝迁徙辽东高句丽治下百姓入唐的史实，并提及其余两次小规模的迁徙。最后，讨论高句丽移民的安置问题。其一，安置于京师长安的高句丽贵族，以及因唐周交替缘故死于神都洛阳，但应了解其最初的居住地当为长安。其二，长安地区的高丽平民和高句丽奴婢。其三，担任折冲府武官的高句丽移民中层。其四，分散安置在其他州郡的高句丽人。论文对国内学界研究动态了解颇详，对现存文献及墓志史料的分析解读亦甚为精到，不足之处在于缺少对韩国学界现有研究的了解。

2.移民遗迹、遗物的现状及其分布

有关入唐高句丽移民遗物遗迹的地理分布，此前学者很少关注。笔者对此有所关注和探讨。论文分遗迹分布、遗物分布两项。其中遗迹涉及分布于西安城南的高丽曲、西安东郊高句丽末代王高藏墓地、章怀太子墓出土的《客使图》壁画，洛阳孟津县高句丽移民泉氏家族墓地，以及史料记载散布洛阳、西安的高句丽移民住宅地等，对其中如高丽曲的位置等问题，作者也有商榷和辨证。遗物主要是指自20世纪初发现的高句丽移民墓志等。论文考察发现于洛阳北邙山一带的高句丽移民墓志。计有泉男生、泉献诚墓志墓碑，泉男产、泉毖墓志，高玄、高震、高慈、高性文墓志，高钦德、高远望父子墓志，高德、王景曜墓志，李怀、豆善富墓志。分布于洛阳周边地区的高句丽移民墓志有高足酉墓志、高震女儿高氏墓志。分布于西安周围地区的有高木卢墓志，以及在作者看来属于唐朝建立之前进入中原的高句丽移民后裔李仁德、似先义逸墓志。同时，作者认为上述17方墓志可分为三种情况，即高句丽灭亡前后入唐的第一代、第二代高句丽移民墓志，入唐高句丽移民第三代之后移民后裔墓志，高句丽化的汉人在高句丽灭亡前后回到中原人士后裔墓志。对于这些墓志收藏地点，作者也有清晰的辨别和分析。[①]有关高句丽移民遗迹遗物的现状和分布，相信随着考古发掘或者其他相关渠道的披露，其内容会不断地丰富，可资探讨的问题会更多，参与讨论的学者的看法也会更加多样化。

李文基发表《从墓志看在唐高句丽遗民祖先意识的变化》，即依据出土高句丽移民墓志，提出入唐高句丽遗民祖先意识的变化问题。[②]在此基础上，李成制《高句

---

① 拜根兴：《在唐高句丽遗民遗物、遗迹的现状及其分布》，《中国历史地理论丛》2009年第1期。
② ［韩］李文基：《从墓志看在唐高句丽遗民祖先意识的变化》，《大丘史学》2010年第100辑。

丽百济遗民墓志的出自记录及其蕴含的意义》一文，探讨唐人墓志制作过程和资料的性质，墓志的记载方式和移民的出生地，遗民墓志的家系和伪托现象等问题。[1]作者认为移民志文撰作的方式及最终成文镌刻，具体到墓主的出身系谱，除过已有的格式和有选择的采用墓主行状履历，再加上唐廷对墓主的评价等之外，志文中高句丽移民的整体性和自我意识几乎很难看到。作者还对比泉男生、高足酉、黑齿常之志文，探讨志文对墓主出自记录的差异，认为志文一般按照"都督府+地域"记载墓主的出自，这种方式在入唐突厥人墓志中亦得到确认。作者提到入唐高句丽移民对自己出生地及先祖的伪冒假托现象，认为这可能是异民族入唐为生存而采取的一种自保行为。

3.移民墓葬及其墓志的史料价值

应当说，由于入唐高句丽移民墓葬和墓志在整体唐人墓葬中所占份额偏少，学界重视的程度相对不高，对其整体研究也相对滞后。鉴于此，笔者发表论文讨论这一问题[2]，即论证入唐高句丽人墓葬及墓志的总体状况。认为这些墓葬分布于唐两京所在地区，其他地域至今还没有明确的发现报道；墓葬均未经正规的考古发掘，现在看到的均是盗掘或者盗掘后考古部门的清理而已，故而对墓葬中除过墓志之外的其他要素缺乏了解，当然对墓葬整体的解读也就很难触及；移民墓志数量不断增多，即从20世纪30年代罗振玉搜集的7方墓志，到20世纪90年代的9方，以及现在的28方之多；墓葬呈现家族式埋葬特点，即同一地点发现父子两人墓葬。

对于移民墓志涉及的其他问题，笔者也有论述。认为从墓志记载墓主籍贯看，虽然多记载来自辽东或朝鲜半岛，但具体表述则有差异；志文中有思念故乡的内容，反映第一代移民有别于常人的矛盾心情，可能其他高句丽移民终老之前也有同样的心情，只是志文中没有涉及而已，对此不必过分诠释，也不能视而不见。涉及墓主生前的身份，以及某些不便言明的东西，如高足酉、高铙苗、高牟志文全然不涉及墓主入唐之前事迹，显然是和其在唐丽交战当时投诚唐军有关，撰述者应当是唐朝门下省著作局专门人员；李他仁志文撰述者可能是和其交往颇深的高句丽化的汉人，其亦应是随从李他仁一起投诚唐朝者；泉氏父子兄弟志文撰述者要么为当朝著名人士，要么为子嗣至亲，其与当时唐人丧葬礼俗时尚没有什么差别，显示高句

---

[1] ［韩］李成制：《高句丽百济遗民墓志的出自记录及其蕴含的意义》，《韩国古代史研究》2014年第75辑。

[2] 拜根兴：《入唐高丽移民墓葬及其墓志的史料价值》，见金健人主编：《韩国研究》（第12辑），浙江大学出版社，2014年。

丽移民逐渐融入唐人大家庭的客观事实。作者还将当时可看到的21方墓志墓主分为四个层次，即高藏为首的高句丽王室成员，泉男生家族及迫于时势投诚唐廷者，高足酉、高牟、高铙苗等志愿投诚唐朝者，以及高句丽化汉人群体。有关入唐高句丽移民墓志的史料价值，笔者认为高句丽移民墓志作为唐人墓志中的一个方面，彰显了现存唐人墓志墓主身份的多样性，引证、补充了现有史料的不足，为探讨唐朝多民族统一国家形成提供了鲜活的史料，丰富了学界对7、8世纪唐朝国家民族融合繁盛局面的看法。墓志中出现现存文献资料中完全缺如的人物，如高性文、高慈父子，高足酉、高玄，高句丽王室后裔高震及其女儿高氏，李他仁及其儿孙后裔，等等。这些在文献史料中不曾出现的人物，其入唐后发挥各自能力，成为捍卫唐朝边疆安宁的忠诚卫士，他们中的一些人为国捐躯，在开放包容国策背景之下，政府毫无差别、理所当然地褒奖追赠，多民族统一国家应有的气度和对有功国家英雄的缅怀跃然纸上。而文献中已有人物，志文则增添了全新的内容，丰富拓宽了研究者的视野，泉男生、泉献诚父子墓志，高铙苗、高牟墓志就是如此。这些高句丽移民墓志，也为入唐高句丽移民个案研究提供了翔实的史料。论文还谈到应以更宽阔的国际化视野，以及学术研究的客观性原则，或者说从史源学角度，认识高句丽移民墓志史料价值。

余昊奎、拜根兴共同署名的《通过遗民墓志铭看唐朝的东方政策及高句丽遗民的动向》[①]，利用近年来公布的高句丽移民墓志，探讨7世纪八九十年代唐廷东方政策的变化，以及入唐高句丽移民关联问题。其探讨的角度和视野颇为独特，对一些问题的看法也有相当的深度。金英心《从遗民墓志看高句丽百济的官制》[②]一文，即以已公布的高句丽百济移民墓志为中心，探讨高句丽、百济官制。

总之，从不同的角度，或宏观或微观，对入唐高句丽移民墓葬、墓志涉及问题，唐廷移民政策变化及移民自身的反应，特别是对入唐高句丽移民墓志的史料价值的探索，应该引起学界的重视。

4.移民唐朝的高句丽俘虏及支配层的文献及墓志

郑炳俊的论文，着重探讨高句丽移民入唐后担当重任，为唐及武周捍御边疆、

---

① ［韩］余昊奎、拜根兴：《通过遗民墓志铭看唐朝的东方政策及高句丽遗民的动向》，《东洋学》2017年第69辑。
② ［韩］金英心：《从遗民墓志看高句丽百济的官制》，《韩国古代史研究》2014年第75辑。

东征西讨，形成唐军中所谓的高句丽人军事集团问题。①金秀镇发表《对移住唐朝的高句丽俘虏和支配层文献和墓志铭的记录》论文。②首先通过列表形式，重新整理史书出现的入唐高句丽俘虏和高句丽上层资料，统计各个时期入唐高句丽人数字、重要人物等，涉及韩、中、日学界已有研究动向。其次讨论墓志铭所见入唐第一代高句丽移民的整体性问题，仍然以列表形式，详细列出现存墓志中固有的各种要素，一目了然，而学界对墓志铭的研究成果也依据墓志别列表展示。论文逐一论述高句丽移民第一代入唐经纬，涉及冒姓问题、高句丽灭亡之前中上层艰难选择、高句丽灭亡之际的叛徒背信者等；第二代以后整体性的消退和融入唐人共同体趋势，并详细列出个别文献资料提及、墓志铭中有明确家系的高文协、李乙孙、李尊武、弗德、冉有、高廉、泉玄隐、泉玄逸、泉玄静、高帝臣、高鞠仁、高崇德、高履生、泉光富等38人，这种统计在其他论著中似还未看到。该论文对探讨入唐高句丽移民关联问题可提供新的视角，其中对已有研究的评述，有理有据，有助于论述的展开。另外，金秀镇博士学位论文《唐两京高句丽遗民研究》，以"高句丽遗民的向背与入唐"，"墓志铭反映的高句丽遗民的出身意识"，"高句丽遗民的出仕方式和位像"三个章节，探讨在两京的高句丽移民涉及的诸多问题。③

5.移民研究的几部专著

有关高句丽移民研究专著，现在知道的有姜清波《入唐三韩人研究》、苗威《高句丽移民研究》、笔者《唐代高丽百济移民研究——以西安洛阳出土墓志为中心》。三部专著各有长短和特色，姜清波书之外，其余两部专著均有多篇书评发表，为中外学界所了解。当然，作为书评，其中也不同程度指出两部著作各自存在问题。④在此，笔者对于书评作者的言论不予置评，只是简单阐明自己的看法。姜清

---

① ［韩］郑炳俊：《唐朝·高句丽人军事集团》，《东北亚历史论丛》2008年第24辑。
② ［韩］金秀镇：《对移住唐朝的高句丽俘虏和支配层文献和墓志铭的记录》，见［韩］卢泰敦教授停年纪念文集刊行委员会编：《卢泰敦教授停年纪念论丛2：韩国古代史研究的资料和解释》，韩国四季出版社，2014年。
③ ［韩］金秀镇：《唐两京高句丽遗民研究》，韩国首尔大学国史学科博士论文，2017年。
④ 李鸿宾：《移民：事项背后的隐喻——苗威〈高句丽移民研究〉书后》，《中国边疆史地研究》2013年第2期；孙炜冉：《健笔破旧溪 鸿篇开新局：评苗威先生〈高句丽移民研究〉》，《通化师范学院学报》（人文社会科学版）2017年第3期；葛继勇：《古代中韩关系研究的新视角：拜根兴〈唐代高丽百济移民研究——以西安洛阳出土墓志为中心〉评介》，《史滴》2012年第34号；［韩］张维慎：《研究古代中韩关系的一部力作：拜根兴〈唐代高丽百济移民研究〉评介》，《当代韩国》2014年第1期；［韩］权悳永：《拜根兴〈唐代高丽百济移民研究〉评介》，《史学研究》2015年第139辑。

波书其实是其博士论文的修订稿，除进入中原的高句丽移民之外，也涉及朝鲜半岛古代新罗、百济进入中原的移民，引用文献史料比较多，而对出土的石刻墓志相对关注不够。苗威书中关注高句丽移民的纵向历史，触及高句丽建国之后各个时期进入中原王朝的移民，体系整整、论证流畅，与高句丽移民关联的诸多方面问题均已涉及，只是对入唐高句丽移民的爬梳还有待加强。笔者书中以西安洛阳出土墓志为中心，虽涉及百济移民事迹，但对高句丽移民关联的诸多问题亦多有论述，特别是参照韩、日学界动态，避免在探讨一些问题上的重复；同时，注重实地考察，探明一些悬而未解的问题，在学界有一定的影响；不足之处在于应更多地结合现存文献史料，对一些问题的发掘还应更深入些。无论如何，上述三部专著为学界贡献出高句丽移民研究的基本脉络，由此可清晰看出学界的研究轨迹。虽然对其中的一些问题的论述或许还有些许瑕疵，但是相信随着新资料的不断公布，学界会在已有研究的基础上奋发向上，取得更好的成绩。

韩国古代史学会编辑出版的《韩国古代史研究》第75辑，刊登6篇有关高句丽、百济移民墓志铭专论以及4篇与移民关联的论文，作者为韩国学界负有盛名的朴汉济、权惠永、尹龙九、李成制、李镕贤等学者，基本上反映了韩国学界对入唐高句丽百济移民的总体看法。

三、新公布入唐高句丽移民墓志的研究

（一）对已有石刻墓志史料的研究

1. 高慈、高性文（质）父子墓志

入唐高句丽移民高慈墓志1917年出土，此后内藤湖南、罗振玉、毛汉光等学者先后做过探讨。2006年出版的《全唐文补遗》"千唐志斋新藏专辑"收录了高慈父亲高性文（名质，字性文）墓志。至此，父子虽同时战死沙场，两方墓志出土却前后相距近百年，成为学界探讨入唐高句丽移民涉及问题的重要史料。2007年，王化昆刊出《〈武周高质墓志〉考略》一文[1]，解析墓志涉及问题，并附墓志拓片照片，其中对墓志撰者韦承庆的考述堪称完备；同年闵庚三发表《新出土高句丽遗民高质墓志》[2]论文，通过墓志介绍墓主生平，并将志文译为韩语，方便韩国研究者做进一

---

[1] 王化昆：《〈武周高质墓志〉考略》，《河洛春秋》2007年第3期。
[2] ［韩］闵庚三：《新出土高句丽遗民高质墓志》，《新罗史学报》2007年第9辑。

步研究。笔者《高句丽移民高性文、高慈父子墓志考释》[1]，则着重考析高氏父子先祖的入唐时间及入唐后的活动，两方墓志涉及的其他问题。此文后被译为韩语，题为《高句丽遗民高性文·高慈墓志的考证》，发表于2009年韩国忠北大学史学系编《忠北史学》第22辑。赵振华、闵庚三合作发表《唐高质、高慈父子墓志研究》[2]长文，全面探讨高氏父子墓志，内容涉及高质家族的祖源，家族繁衍变迁，高质归降唐朝东征西讨，参与平定营州之乱及所领军队构成，磨米城殉国与武周诏敕旌表，名流大家撰述墓志与归葬邙山等，全文论述有理有据，辨析得当，是一篇全面探讨高氏父子墓志及生平的上乘佳作。毋庸讳言，上文提及的总体探讨入唐高句丽移民的论作中，亦多提及高性文、高慈父子墓志，不再赘述。

2.入唐高句丽移民后裔高仙芝事迹，高钦德、高远望墓志

有关高句丽移民后裔高仙芝，此前李琪等学者已有论文发表。苗威亦有探讨高仙芝论文[3]刊出，探讨高仙芝的先世祖上作为蕃将在唐活动，以及从高仙芝生平看高句丽移民后裔等。该论文有别于纯粹唐史研究者，或者古代军事史研究者之论述，以高句丽移民后裔代表身份，即从移民史角度，探讨高仙芝在唐朝开放包容背景下成为唐人共同体一员的非凡经历。

权恩洙《高句丽遗民高钦德·高远望父子墓志铭的检讨和解释》[4]一文，注释高钦德、高远望父子志文，并将其翻译为韩文，通过志文分析墓主先祖世系、入唐时间、在唐活动等问题。作者提到现存入唐高句丽遗民墓志及其他史料中涉及的730年代分界线，即730年代之后志文记载墓主多以"渤海人"自称问题，力图将其与渤海国、唐交涉联系起来。究其原因，此可能与作者十余年来从事渤海史研究，而渤海史关联史料缺少，故将一些和"渤海"关联字样的资料统统和"渤海国"联系起来有关。当然，基于学术研究的任何尝试都值得称道，只要能够自圆其说。而事实上，入唐高句丽移民后裔志文中冒用"渤海人"郡望并不少见，其他非"高氏"者，亦称其郡望为"渤海脩人"等，显示出异民族人士入唐后心态的变化[5]，其与渤

---

[1] 拜根兴：《高句丽移民高性文、高慈父子墓志考释》，见侯甬坚、[日]江村治树编：《中日文化交流的历史记忆及其展望》，陕西师范大学出版社，2008年。
[2] 赵振华、[韩]闵庚三：《高质、高慈父子墓志研究》，《东北史地》2009年第2期。
[3] 苗威：《高句丽移民后裔高仙芝史事考》，《通化师范学院学报》2010年第11期。
[4] [韩]权恩洙：《高句丽遗民高钦德·高远望父子墓志铭的检讨和解读》，《大丘史学》2014年第116辑。
[5] 马一虹：《靺鞨、渤海与周边国家部族关系史研究》，中国社会科学出版社，2011年，第195页。

海国似并无关系。

3.高铙苗墓志铭，李他仁墓志铭

高铙苗墓志于2008年入藏西安碑林博物馆，因志文中有"恩诏葬城南原"字样，其应是非正规出土于西安城南某地。同时，高铙苗其人在唐罗联军进击平壤城之时，作为内应打开城门，导引唐军入城，其在《三国史记》卷二十二中有记载，墓志的出土无疑可验证史书的记载。任职碑林博物馆的张彦发表《唐高句丽遗民〈高铙苗墓志〉考略》①，通过墓志论述高铙苗生平，入唐时间及原因，诠释志文中的用典，是探讨高铙苗其人墓志事迹的首篇论文。

金荣官发表《高句丽遗民〈高铙苗墓志〉检讨》②，应是迄今看到有关探讨该墓志及高铙苗其人最全面深入的一篇。作者亲赴碑林博物馆考察志盖、志石形态和现状，判读志文用典，并将其译为韩文；对于志文中涉及的墓主官职，认为高铙苗担当"左领军员外将军"并非实授；利用现存文献和墓志史料，逐句考释志文，探讨高铙苗入唐背景和活动；考察高铙苗的姓氏和名称，指出高铙苗入唐数年后突然死亡，大胆推论其原因是早先的背叛行为促使高句丽灭亡，招致在唐高句丽移民暗杀。因志文只有短短的173字，高铙苗除过作为内应助唐攻破平壤城之外，其在高句丽的经历、家族婚配、入唐数年间的活动均无从知晓，故作者依据文献史料的大胆推论似可圈可点。期待有更多的史料出现，为探讨在唐高句丽移民涉及的诸多问题提供依据。

李他仁墓志是陕西考古研究所1989年清理西安东郊西北国棉五厂基建工地一座唐墓时出土，近十年之后清理发掘者孙铁山发表《唐李他仁墓志铭考释》一文。因该文并未公布墓志拓片照片，故虽有墓志录文，其仍有许多不可知存在。直到2010年，笔者在孙铁山研究的基础上发表论文，在中韩学界引起一定的反响。③该论文从李他仁的出生地栅州、族属，其入唐时间、墓志涉及的其他问题四个方面入手，利用墓志及现存其他史料，论证李他仁并非孙铁山所说的靺鞨人，而是不折不扣的高

---

① 张彦：《唐高丽遗民〈高铙苗墓志〉考略》，《文博》2010年第5期。
② ［韩］金荣官：《高句丽遗民〈高铙苗墓志〉检讨》，《韩国古代史研究》2009年第56辑。
③ 孙铁山：《唐李他仁墓志铭考释》，见陕西考古研究所编：《远望集》（下册），陕西人民美术出版社，1998年；［韩］尹龙九：《中国出土的一些韩国古代遗民的资料探讨》，《韩国古代史研究》2003年第32辑；拜根兴：《唐李他仁墓志研究中的几个问题》，《陕西师范大学学报》（哲学社会科学版）2010年第2期；拜根兴：《对唐李他仁墓志几个问题的考察》，《忠北史学》2010年第24辑。

句丽人；李他仁入唐时间为乾封元年（666）到总章元年间。对李他仁入唐后参与征伐高句丽移民叛乱，其死后两年才下葬等问题，笔者也有深入论述。可能正是因为该论文在中韩两国学术刊物上发表，引起其他学者的关注，后续的研究因此展开。到现在为止，韩国学界出现三篇专门探讨李他仁墓志的论文。韩国延世大学安定俊博士连续发表《李他仁墓志出版的李他仁的族源和生涯：高句丽栅城地域活动的靺鞨人事例》《李他仁墓志拓片照片的发现和新判读文》两篇论文[①]，重新探讨李他仁墓志铭涉及问题。前文对孙铁山录文划分段落，并有详细的注释和韩语译文，依据孙铁山、笔者论文中发端的诸多问题提出自己的看法。后文的撰写是基于安氏在孔夫子网上偶然发现的李他仁墓志拓片照片（不完整）。暂且不论安氏两篇论文学术论点的优劣，但作者锲而不舍追踪探讨，论文细致入微地剖析论证，值得称道。

余昊奎、李明合撰《高句丽遗民〈李他仁墓志铭〉的再判读及主要争点的检讨》[②]一文，将李他仁墓志研究推向新的高点。李明为陕西考古研究院研究员，李他仁墓志铭拓片原件由此面世，余昊奎教授专攻高句丽史，近年来关注高句丽移民研究，他们合作撰写论文，使得李他仁墓志研究更具信凭力。论文依据墓志铭原始拓片，确定志文为30行，行33字，共1031字；认为孙铁山录文中误读的文字很多，列出志文中一些异体字，提出自己的看法；推出墓志铭新的录文，并有详细的注释和韩语译文，注释多有参考近年来公布的入唐高句丽移民墓志；对于学界有关李他仁族属对立的两种看法（靺鞨人？高句丽人？），论文通过探讨高句丽灭亡前栅城地域地方统治现况，认为即使李他仁的先祖出身于其他异民族，在当时李他仁仍认定自身为高句丽人，具体推定李他仁降唐时间在667年9月到668年初；认为李他仁墓志不仅可明了高句丽灭亡之前栅城地域地方统治的实相，而且也提供了高句丽灭亡之后唐廷羁縻政策下高句丽移民的崭新的动向史料。总之，有关李他仁墓志铭的研究引出的高句丽灭亡前地方统治实相、地方乃至中央人心向背、高句丽灭亡之后唐廷的羁縻政策、入唐之后高句丽移民的生存状态等问题，这些均为进一步探讨入唐高句丽移民的重要因素，应该引起研究者注意。

---

① ［韩］安定俊：《李他仁墓志出版的李他仁的族源和生涯：高句丽栅城地域活动的靺鞨人事例》，《木简和文字》2013年第11辑；［韩］安定俊《李他仁墓志拓片照片的发现和新判读文》，《高句丽渤海研究》2015年第52辑。

② ［韩］余昊奎、李明：《高句丽遗民〈李他仁墓志铭〉的再判读及主要争点的检讨》，《韩国古代史研究》2017年第85辑。

（二）新发现的高句丽移民墓志研究

2012年前后[①]，新的入唐高句丽移民墓志仍不断出土，入藏西安、洛阳所在的博物馆，研究持续火热进行。依据中韩学界学术刊物公布高句丽移民墓志先后顺序等信息，计有高牟墓志、高提昔墓志、单南德墓志、高乙德墓志、高英淑墓志、刘元贞墓志、李隐之墓志7方。下文逐一解读中韩学界的研究现状。

1.高牟、李隐之墓志铭

高牟墓志铭此前无人知晓。据楼正豪《对高句丽遗民高牟的考察》[②]所述，该墓志出土地点、时间不详，原石已不知去向，仅存志文拓片，拓片流出有限。而高牟其人，清人编集《全唐文》收录唐人判文中曾有提到，再未见其他记载。楼氏依据所获墓志拓片做有录文，并探讨高牟出身及入唐背景，推定高牟入唐或许是在唐军大兵压境时作为内应，为唐罗联军最后攻陷平壤立下汗马功劳，时间为668年。同时，还参考上述和高牟关联判文，论证高牟入唐后的诸多事迹，以及唐廷对投诚的异民族上层人士采取的优待政策。楼氏本科中文出身，文稿中对志文及判文的诸多典故多有爬梳，增强了论述的说服力。笔者注意到志文中"三韩""十部""东海""外荒"等高牟入唐前故乡字样，结合高牟生前担当"冠军将军行左豹韬卫大将军"职务，及拱卫宫廷史实，并排比现存高句丽移民志文相类似表述，推测志文或许以此强调高牟"生前所领部伍可能有来自朝鲜半岛者"，并进一步推定唐乃至武周宫廷警卫部队，以及宫廷仪仗队中可能也有来自入唐高句丽移民兵士。除此之外，对高牟死后五年才入土葬埋原因提出疑问。[③]

[①] 一者因2012年之后入唐高句丽移民墓志频出，研究者也纷纷响应，发表论文阐述各自的见解；二者因2012年笔者在论著中做过统计，原有21方高句丽移民墓志，现在此基础上加上述7方墓志，这样，现存入唐高句丽移民墓志计有28方之多。参见拜根兴：《唐代高丽百济移民研究》，中国社会科学出版社，2012年；拜根兴：《石刻墓志与唐代东亚交流研究》，科学出版社，2015年。

[②] 楼正豪：《高句丽遗民高牟的考察》，《韩国史学报》2013年第53辑；楼正豪：《新见唐高句丽遗民〈高牟墓志铭〉考释》，见杜文玉主编：《唐史论丛》（第18辑），陕西师范大学出版总社，2014年。

[③] 拜根兴、宋丽：《新见高句丽移民墓志的新探索》，见《陕西历史博物馆馆刊》（第22辑），三秦出版社，2015年。

李隐之墓志铭①收藏于洛阳九朝刻石文字博物馆，出土地点时间不详。李隐之之子李怀墓志1928年出土，楼正豪认为这是现在知道的高句丽移民27方墓志中的一种。李隐之655年出生于高句丽，705年去世，一生未能出仕。作者对比李隐之、李怀父子志文，探讨李氏的籍贯，指出李怀志文与正史的矛盾记载，对李隐之志文中"枝类"一词，认为志文撰者假托李敏为李隐之先祖，暴露出墓主作为高句丽人的身份意识。与此同时，还探讨了李隐之家族入唐背景，把李氏父子捏造出身世系和李林甫编撰《天下郡望姓氏族谱》联系起来，有很好的说服力。总之，作者认为李隐之入唐并未出仕，其子李怀官运亨通，后世子孙为抹去高句丽出身印记，因此就假托出身辽东李氏。从论文整体看能够自圆其说，可作为一家之言。此后，笔者②与葛继勇③的论文中，对该墓志亦做过探讨。金荣官《高句丽遗民李隐之墓志再考》④，首先确定志石现收藏于洛阳龙门博物馆，鉴于唐人家族墓地的缘故，李隐之墓志出土地点应与其子李怀墓志一样，在河南洛阳孟津县朝阳镇南陈庄村。"墓志铭现状与判读"目下有金氏考察李隐之志石所得，弥足珍贵；依据拓片列表格录文，并有详细注释。认为墓志曾两次撰写，理由是李隐之及其夫人死亡时间不同，墓志记载两人的行迹，还探讨唐人墓志撰写程序、行文顺序要素。"先祖来历与墓主生平"目下指出李隐之、李怀墓志中的几处矛盾记载，认为李隐之入唐时间为唐高宗在位期间，并非李怀墓志所云在唐太宗时期；对"猒海壖之风，慕洛汭之化，重重译纳，随牒受官"有新解，认为和泉男产一样⑤，李隐之父子可能做过翻译，负责与高句丽移民沟通工作。总之，李隐之墓志，以及1928年发现的李怀墓志，虽然是父子墓志，撰写时间相差不远，但对其先祖等关联问题记载却相互矛盾，客观真实探讨其产生矛盾的原因，深刻认识高句丽移民入唐后复杂的心路历程，这是诠释高句丽移民墓志的关键所在。

---

① 楼正豪：《对高句丽遗民李隐之家族的出身意识的考察——以新发现的李隐之墓志铭为中心》，载韩国古代史探究学会：《韩国古代史探究》2015年第21辑；楼正豪：《新见高句丽移民李隐之墓志铭考释》，《延边大学学报》（社会科学版）2017年第2期。有关入唐高句丽移民墓志的数量，学者间因信息及统计时间先后等原因，具体数字存在差异。
② 拜根兴、宋丽：《新见高句丽百济移民墓志的新探索》，《陕西历史博物馆馆刊》（第22辑），三秦出版社，2015年；拜根兴：《石刻墓志与唐代东亚交流研究》，科学出版社，2015年，第116—119页。
③ 葛继勇：《入唐高句丽人的出自考察：兼释李隐之、李怀父子墓志》，见韩国东北亚历史财团编：《古代东亚石刻研究的新方向》，2016年。
④ ［韩］金荣官：《高句丽遗民李隐之墓志再考》，《韩国史研究》2018年第181辑。
⑤ ［韩］张秉珍：《泉男产墓志的译注和撰述典故》，《高句丽渤海研究》2016年第55辑，第51页；［韩］郑承慧：《古代的译人》，《木简和文字》2017年第19辑。

2.高提昔墓志铭

王其祎、周晓薇发表论文[①]，首先介绍考察2012年出土于西安东郊龙首原一带的高提昔墓志。论文首先论述高提昔的祖父高支于、父亲高文协入唐时间为贞观十九年唐太宗亲征高句丽之役，怀疑高惠真与高提昔祖父可能为同一人，即便两者并非一人，亦可"补苴国内城高氏支于、文协父子一支"。其次提及高提昔的婚姻及夫君泉氏，高提昔26岁出嫁，一个月后就离世。其为什么26岁老大不小年龄才出嫁？作者认为"高提昔在其父祖入唐近三十年和高句丽亡国六年之后，依然选择同族婚姻，正是早期移民在民族认同与归属意识层面的一例典型表征，同时也由此可以见证民族之间的真正融并，婚姻的融合乃是导引最终政治与社会乃至文化融入的基础和前提"。最后，论文除了考释《高提昔墓志》所见官职名、地名之外，还对出土墓志所见高氏一族关联事宜予以探讨，涉及学界普遍关注的入唐移民与其后裔的融入与认同问题。王氏任职西安碑林博物馆，对新出土墓志颇多敏感并及时发表看法，其探讨不仅切中要害，也显示出作者宽阔的视野和老道的考据功力。随后，金荣官《对高句丽遗民高提昔墓志铭的研究》[②]一文刊出，有录文和注释，也贴出志文、志盖拓片照片；有对现存入唐高句丽移民出生地的列表，以及高提昔丈夫家门的比定等。金氏还通过志文中"秦镜悲其鸾戢，孔匣咏其龙沉。遂使闾阎宿交，望素车而下泣；里闬亲好，辍朱弦以表哀"中的"秦镜""孔匣"等，得出"朝廷不知道高提昔的葬礼一事的惆怅之感，也有表达高提昔（家族）和婆家泉氏家族都是没有办法屈服于唐的意思"，以及"都包含着对皇帝暴政和昏聩的嘲弄以及对高句丽的思念和热爱"。无论是泉男生、泉献诚父子迫于时势向唐投诚，还是泉男产、泉男建兄弟投降或被俘到达唐朝，都是当时唐与高句丽关系发展的必然，泉氏兄弟被频繁遣派出征边疆，虽说无奈，但无疑也是心甘情愿的。至于生于唐、长于唐的高提昔，其祖、父投诚唐朝后担当唐朝地方中层官员，在开放包容的大背景下，同其他入唐民族一样，高提昔的童年生活状况理应不会太差，志文有高支于父子入唐后，"爱赏忠规，载班清级，因兹胤裔，族茂京都"就可说明问题。作为最早入唐的高句丽移民，高提昔和泉氏家族成员结婚，是否真有对唐朝的不满和愤慨，上引

---

① 王其祎、周晓薇：《国内城高氏：最早入唐的高句丽移民——新发现唐上元元年〈泉府君夫人高提昔墓志〉释读》，《陕西师范大学学报》（哲学社会科学版）2013年第3期。
② [韩]金荣官：《对高句丽遗民高提昔墓志铭的研究》，《白山学报》2013年第97号；[韩]金荣官：《高句丽遗民高提昔墓志铭研究》，见西安碑林博物馆编：《碑林集刊》（第19辑），三秦出版社，2013年。

志文似并不能说明。从志文"然而结聘泉门,才盈晦朔,未谐归展,俄事沦亡,惟其所生,悲摧玉掌。粤以咸亨五年六月四日卒于来庭里之私第,春秋廿有六"看,高提昔长到26岁才出嫁,和泉氏结婚月余后就不幸夭折,故上引史料只是表达高提昔不幸夭亡,亲友乡间的惋惜沉痛之情,并非金先生所说的不屈服唐朝,嘲弄皇帝暴政和昏聩等。当然,第一代入唐高句丽移民通婚对象多为同类的高句丽移民,只能说明入唐高句丽人融入唐人共同体还有待时日,等到第二、三代时,随着情况的改变,他们和唐人通婚就更为普遍。①

3.高乙德墓志铭

高乙德墓志最早见于王连龙《唐代高丽移民高乙德墓志及相关问题研究》②一文。该论文言及是在网络上看到高乙德墓志拓片照片,以文字和书法判断其为真品,附有录文。首先,考释志文中书墓主"卞国东部人"问题,高乙德族出世系,高乙德祖父高岑、高孚在高句丽任官经历,高乙德本人的官任等。其次,重点论证志文中出现此前不为人知的高句丽官职,涉及高句丽郡县制度、高句丽诸"城"、地方行政"府"问题。作者认为"墓志刊刻之大足元年(701),墓志撰写者追述旧事受其时都督府的影响而出现'辽府都督''海谷府都督'的提法。此外,翻译及地名变迁等因素亦应考虑在内。但无论如何,高乙德墓志中出现'府'的称谓及相关信息,对于六七世纪高句丽史相关问题的研究意义非凡。"

高乙德志文对高句丽官位及地方行政组织的记载,以及王连龙论文的触及,开启了学界研究高乙德墓志关联问题的热潮。先是同年洛阳师范学院官网上报道石刻碑志专家王素来访,提及出自西安但却在洛阳出现的高乙德墓志。11月,韩国《Korean Spirit》报纸刊出韩国东北亚历史研究财团李成制研究员撰写的《唐俘虏的高句丽武将墓志铭的发现》新闻报道,首次在韩国报道新发现的高乙德墓志铭;与此同时,他发表《高句丽武将的家系和传记:对新发现的〈高乙德墓志〉的译注和分析》③,在介绍该墓志的发现地点、拓片照片获得途径、墓主的身份认定等事项的同时,收入墓志铭录文和韩语翻译,以及详细的韩文注释,并阐述该墓志的史料价

---

① 拜根兴:《从新见入唐高丽移民墓志看唐代东亚人员流动》,《古代东亚欧研究年报》2017年第3号,第52—53页。
② 王连龙:《唐代高丽移民高乙德墓志及相关问题研究》,《吉林师范大学学报》(人文社会科学版)2015年第4期。
③ [韩]李成制:《高句丽武将的家系和传记:对新发现的〈高乙德墓志〉的译注和分析》,《中国古中世史研究》2015年第38辑。

值。同年末笔者出版的《石刻墓志与唐代东亚交流研究》①专著中，也附有高乙德墓志铭志文、志盖拓片照片。

葛继勇发表《新出高乙德墓志与高句丽末期的内政外交》②，涉及高乙德的出身，高句丽末期官僚体系、地方区划，高乙德家族活动与高句丽末期内政与外交。论文对志文中"执垧事""评台""司府大夫"官职提出自己的看法，解释高乙德家族在高句丽末期任职"辽府（辽东城）""海谷府""南苏城""贵端城"与唐丽战争关联事宜等。

次年，余昊奎《从新发现〈高乙德墓志铭〉看高句丽末期的中裏制和中央官职》③论文刊出，余氏陈述看到墓志拓片照片、与相关研究者的讨论，并对墓志原石缺无及洛阳一带伪造墓志铭现象深表忧虑；解释志文中的一些异体字，指出高乙德墓志历官记载方式；志文记载高乙德及其祖父高岑、高孚均曾历官"中里小兄"缘故。作者重点探讨高句丽中里制职官，"垧事"的性质和中里系列官等的运营。论文还涉及志文中墓主担当"评台""司府大夫"与高句丽中央官职的关系等。

拜根兴在上述论文中也提及高乙德龙朔元年力竭被俘后，选择归服唐朝，并在总章年间唐对高句丽战争中有所表现；提及圣历二年（699）高乙德82岁去世，两年后合葬于长安城南杜陵北，只是志文没有提及合葬夫人及其子女情况，进而推测高乙德夫人可能是唐人女子。④总之，高乙德墓志增加了入唐高句丽移民数目和类型，而对高句丽末期官等名号的记载，不仅可以引证现有文献，填补高句丽职官研究的空白，对高句丽末历史的研究也提供了可资利用的珍贵史料。

4.南单德墓志铭

关于南单德墓志，赵力光编集《西安碑林博物馆藏墓志续集》⑤首次收录。楼正豪发表《新见唐高句丽遗民〈南单德墓志铭〉考释》⑥，论述碑林博物馆收藏的这方

---

① 拜根兴：《石刻墓志与唐代东亚交流研究》，科学出版社，2015年。
② 葛继勇：《新出土入唐高句丽人〈高乙德墓志〉和高句丽末期的内政与外文》，《韩国古代史研究》2015年第75辑；葛继勇：《新出高乙德墓志与高句丽末期的内政外交》，《郑州大学学报》（哲学社会科学版）2016年第1期。
③ ［韩］余昊奎：《从新发现〈高乙德墓志铭〉看高句丽末期的中里制和中央官职》，《百济文化》2016年第54辑。
④ 拜根兴：《从新见入唐高丽移民墓志看唐代东亚人员流动》，《古代东亚欧研究年报》2017年第3号。
⑤ 赵力光编：《西安碑林博物馆藏墓志续集》（下），陕西师范大学出版总社，2014年。
⑥ 楼正豪：《新见唐高句丽遗民〈南单德墓志铭〉考释》，见西北大学文化遗产学院编：《西部考古》（第8辑），科学出版社，2015年。

入唐高句丽人后裔墓志。论文分南氏家族入唐、南单德与两蕃乱离、燕郊妖氛中的南单德、墓志撰述者薛夔四个部分，对志文涉及南单德家族繁衍、本人在唐活动等均有所论述，其首发之功不可磨灭。其后王菁、王其祎发表《平壤城南氏：入唐高句丽移民新史料——西安碑林新藏唐大历十一年〈南单德墓志〉》[①]，阐述2010年在西安市东郊灞桥区红旗乡浐河东岸出土，后收藏于碑林博物馆的南单德墓志。该墓志为"中大夫行秘书省著作佐郎薛夔撰"，无书者名。作者认为该墓志不仅为入唐高句丽移民增添了一族新姓氏，也为研讨中原南氏的迁变与流向提供了新素材。另外，还为研讨唐代以后开始较多出现的南氏人物世系与族属问题提供一个值得思考的案卷，并为进一步研讨入唐高句丽移民的归属意识与民族认同问题，以及渐趋融入唐人共同体的历程，为站在以中国为核心视域的角度来探索"朝贡体制"问题下的唐朝与朝鲜半岛的宗藩关系提供一典型个案。

笔者论文首先指出南单德归葬"万年县崇义乡胡村白鹿之西原"，为探讨唐长安、万年县基层行政组织提供了新的史料；其次重点论述志文中南单德家族入唐后作为城傍"子弟"首领，被安置于安东属下的城傍，而城傍作为安置入唐高句丽军民百姓的主要行政单元，和唐朝地方郡县有同样的职能，并在此后捍御唐、武周边疆安定中起到重要作用；最后谈及南单德祖父南狄任职磨米州、唐朝开放包容与民族融合等。[②]

除过上述论文之外，张秉珍发表《对新见高句丽遗民南单德墓志的探讨》[③]，金荣官也有《高句丽遗民南单德墓志铭的研究》论文发表。金荣官坚持特有的研究方式，探讨南单德墓志研究学术史，亲到西安碑林博物馆探查原石状况，给出墓志拓片照片及自己的判读录文，重点注释志文并翻译为韩文；考察志文撰者及撰作背景、墓主先祖的出身和活动、南单德本人的出身和活动等。[④] 王连龙、丛思飞《战争与命运：总章元年后高句丽人生存状态考察——基于高句丽移民南单德墓志的解读》[⑤]一文，以南单德一生经历为主线，即安东与配住、归州与射生、幽州与汾阴

---

① 王菁、王其祎：《平壤城南氏：入唐高句丽移民新史料——西安碑林新藏唐大历十一年〈南单德墓志〉》，《北方文物》2015年第1期。

② 拜根兴、宋丽：《新见高句丽百济移民墓志的新探索》，见陕西历史博物馆编：《陕西历史博物馆刊》（第22辑），三秦出版社，2015年。

③ ［韩］张秉珍：《对新见高句丽遗民南单德墓志的探讨》，《高句丽渤海研究》2015年第52辑。

④ ［韩］金荣官：《高句丽遗民南单德墓志铭的研究》，《百济文化》2017年第57辑。

⑤ 王连龙、丛思飞：《战争与命运：总章元年后高句丽人生存状态考察——基于高句丽移民南单德墓志的解读》，《社会科学战线》2017年第5期。

公、洛阳与封王等,以个案研究方法,反映高句丽移民在唐的生活轨迹,真实展示高句丽移民总章之后的生存状况。无论如何,南单德墓志的发现,为入唐高句丽人增加了一个新的姓氏;南氏复杂的人生经历,引证了唐廷这一时期边疆民族政策实施的曲折和艰难,昭示与入唐其他民族一样,高句丽移民后裔融入唐人共同体的艰难历程。

5.高英淑墓志铭、刘元贞墓志铭

《大周辽西府折冲故夫人高氏墓志之铭》首先见于王晶辰主编《辽宁墓志》,现收藏于辽宁省博物馆。对这方墓志墓主高英淑其人,田立坤依据志文和其他资料界定其为契丹人[①],宋卿认为其为入唐高句丽人[②],但未做进一步论述。权恩洙在已有研究的基础上,专文探讨高英淑墓志涉及问题。[③]权氏首先依据辽宁省博物馆所展示志石照片录文一字一句翻译为韩语,并有详细的注释;其次,对于此前认为高英淑出自契丹的说法,作者通过考察高英淑的出身和家系、社会地位,认为高淑英墓志中有"昌黎孤竹""高辛氏"的缘故,说明其与北朝高句丽系统高云后裔有关,进而界定其为营州所在的高句丽人。作者还对比高英淑墓葬与唐初皇陵墓主(公主)陪葬规格,认为作为女性的高氏在营州享有很高的地位。

李成制《世居辽西地域的高句丽遗民及其生存状况:〈高英淑墓志〉的译注和分析》[④],首先介绍高英淑墓志的形态等事宜,也有对墓志的录文和注释及韩文翻译,其中对志文中的用典多有追述,对正确理解志文提供了一定的帮助。作者认为"营州为面对高句丽、北方游牧民族的最前线。考虑到这一点,高句丽遗民集体编入为羁縻州,说明他们是营州都督所属蕃兵的一员。仅从贞观时期就可以得知羁縻州兵力,在营州都督指挥下多次驰骋于唐的蕃兵,其中包括高句丽遗民兵力的可能性极高";而高英淑墓志可资探讨者仍很多,墓志的史料价值应予以认定。总之,出自朝阳地区、此前不为学界关注的高英淑墓志,其蕴含的史料价值值得重视。至于其到底是出自契丹,还是高句丽,中韩学界有不同见解,但这种探讨的意义却是

---

① 辽宁省文物考古研究所、日本奈良文化财研究所合编:《朝阳隋唐墓葬的发现与研究》,科学出版社,2012年。
② 宋卿:《唐代营州军事设置探究》,《中国边疆史地研究》2015年第3期。
③ [韩]权恩洙:《唐代营州出身于高句丽系统的高英淑墓志铭检讨》,《韩国古代史研究》2016年第84辑。权氏认为高英淑墓志出土近四十年,由于当时中国考古学界界定其为契丹人,故韩国学界至今无人言及,故而撰文探讨。
④ [韩]李成制:《世居辽西地域的高句丽遗民及其生存状况:〈高英淑墓志〉的译注和分析》,《中国古中世史研究》2017年第46辑。

显而易见的。

刘元贞墓志收录于《全唐文补遗》（千唐志斋新藏专辑），全称《大唐故云麾将军守左龙武军大将军上柱国谷阳郡开国公食邑二千户赠使持节都督天水郡诸军事天水郡太守刘公墓志铭并序》，此前学界对其绝少关注，墓主出自高句丽或其他民族的问题更是无人触及。辛时代《唐高句丽移民〈刘元贞墓志〉考释》[①]首次考察这方墓志，道出刘元贞出自高句丽的事实。第一，该文先录出刘元贞及其夫人王氏两方墓志文字，然后据志文"其先出自东平宪王后，八代祖轩，仕冯燕为博士郎中，卒，子孙从燕迁于辽。祖娄，寄辽为耨萨，视中之将军也。轧封东平，得甫天室。父顺，赠北平郡太守"。并援引文献史料，考察刘元贞先祖刘苍、刘轩、刘娄事迹，认为"刘元贞的祖先也因此寄居于高句丽境内，成为高句丽化汉人。在高句丽化的问题上，我们可以套用陈寅恪先生的观点，即刘氏在血统上虽是汉人，因为五六代生活在高句丽，已经是高句丽化汉人了"。就是说，作者认为随着时间的推移，移居辽东的刘氏已经成为高句丽化汉人了。第二，作者论述刘元贞在唐中宗复辟及唐玄宗取得皇位过程中建有奇功，和其他高句丽移民王毛仲、李仁德、王景曜一样，刘元贞作为唐元功臣获得重任，但并未如王毛仲一样骄纵，在左龙武军大将军任上归养善终。第三，作者还论及志文中涉及的谷阳郡、天水郡、洛阳承义坊以及刘元贞夫妇葬地等，认为刘元贞墓志为现在了解的高句丽移民群体增加了一个姓氏，指出志文撰述者崔胐所作铭文歌体颇为少见。第四，作者对唐元功臣中的高句丽移民做有表格，使人一目了然。总之，通过检索现存唐人墓志，找出更多的入唐高句丽移民等异民族人士事迹，对深入探讨这一领域涉及问题，无疑是至关重要的事情。

四、入唐高句丽移民研究存在的问题

如上所述，随着新的入唐高句丽移民墓志史料的不断公布，近年来中韩学界对入唐高句丽移民的研究成果斐然，其研究的深度和广度也令人瞩目，不仅为这一时期唐代民族史和唐代东亚关系史研究添砖加瓦，也为进一步深化研究提供了很好的基础和契机。毋庸讳言，由于参与研究者学养、研究领域、研究方法，以及不同国家学者所持立场的不同，研究中依然存在一些此前曾经提及或者新出现的问题，有必要在此提出，并向学界师友请教。

第一，重复研究问题。显然，新的入唐高句丽移民墓志等史料持续公布，激起

---

① 辛时代：《唐高句丽移民〈刘元贞墓志〉考释》，见通化师范学院高句丽研究中心编：《高句丽与东北民族研究》（第7辑），吉林大学出版社，2015年。

众多研究者的注意，大家一哄而上，纷纷发表自己的看法，这些都是可以理解的事情。相信随着研究的深入，在以后的日子里这种情况会逐渐减少。

第二，学术规范问题。对已有的研究成果，依据大家共同遵守的学术规范，此后出现的论文、论著在展开讨论时应予以提及或批判。但检讨现有入唐高句丽移民研究成果现状，一些论文往往对此前已有研究视而不见，似是另起炉灶，却难逃"炒冷饭"的现实。笔者认为，无论如何，只有在对已有研究的深入理解和不断批判的基础上，遵循学术规范，才能使研究走向深入。当然，这其中可能有语言问题，如韩国学界发表的论文中国一般学者看不到，韩语也看不懂；中国学界发表的论文在韩国亦是如此。如何解决这一问题，遵守学术规范，应当引起中韩学界足够重视。

第三，加强学术交流，避免自说自话。和其他研究领域一样，对入唐高句丽移民的研究，加强中韩学者间、中国学者间、韩国学者间学术交流至为关键。虽然这种交流的频度和广度，随着信息传播的现代化，较以前有所改进，但交流的形式、实质仍需不同程度地扩展和加强。学者间通过各种形式的交流，了解各自方向的最新研究动态，不仅可避免上文提及的重复研究及学术规范的遵守等问题，学者间的友谊亦因此加深，在不断交流中增强对某些问题探讨的力度，促进研究更上一层楼。

鉴于上述问题，在探讨入唐高句丽移民关联问题过程中，中韩学界加强对对方语言的学习至关重要，故以各种途径提高语言能力，加深对对方语言的学习理解，不仅可为进一步交流创造条件，某种程度上也可避免上述问题的出现。总之，笔者认为，出现上述问题本是自然也并不可怕，只要认真对待，找出解决问题的办法。相信通过学界同仁的共同努力，入唐高句丽移民的研究一定会在现有研究的基础上再创佳绩，焕发出更加绚丽的光彩。

原载《社会科学战线》2019年第8期

（拜根兴，陕西师范大学历史文化学院教授）

唐代新罗人金日晟墓志及相关问题研究

王连龙　丛思飞

唐代新罗人金日晟墓志，近年出土于西安雁塔区三爻村一带，2010年入藏大唐西市博物馆，墓志拓片图版及释文见于胡戟、荣新江主编《大唐西市博物馆藏墓志》[①]。根据墓志记载，金日晟为新罗王从兄，归奉唐朝，官至从三品光禄卿，大历九年（774年）卒于长安，人生极具传奇色彩。目前稀见新罗人墓志出土，此志对于探讨唐、新关系史具有重要史料价值。拜根兴曾对金日晟墓志有所介绍[②]，首发之功，值得尊敬。今拟在拜文基础上，再对墓志及相关问题进行系统研究，希望对当下唐史研究有所裨益。为行文方便，先誊录志文如下：

志盖：大唐故金府君墓志铭

志文：有唐故银青光禄大夫光禄卿赠兖州都督金府君墓志铭并序

公姓金氏，讳日晟，字日用，新罗王之从兄也。壮烈内蕴，丹诚天纵。归奉中朝，率先万国。上嘉之，累授银青光禄大夫，光禄卿。位列天阶，名登国史。绍开遗绪，不悉前人。呜呼！宠禄方假，贞心未已。遘疾弥留，奄然徂谢。以大历九年夏四月廿八日，薨于长安崇贤里之私第，春秋六十有二。天子闻而悼焉，遣中使诏慰，礼加恒典，赗赠绢一百匹、衣十副。且有后命，追赠兖州都督。冥途增宠，嗣子摧心。以其年甲寅秋八月戊辰朔粤五日壬申，诏葬于长安永寿之古原。夫人张氏，天宝末先君云亡。今祔迁厝，哀事官给。礼逾常等，中贵归赗。命万年令监护，宠蕃酋也。卤簿哀送，箫笳并引。葬于王土，何异乡关。铭曰：

新罗慕义，万里朝谒。骏奔沧海，匍匐绛阙。惟公忠壮，位列九卿。陪奉轩墀，出入簪缨。义感君臣，礼沾荣悴。殁而不朽，衔恩永慰。

[①] 胡戟、荣新江主编：《大唐西市博物馆藏墓志》，北京大学出版社，2012年，第622—623页。

[②] 拜根兴：《新公布的在唐新罗人金日晟墓志考析》，见杜文玉主编：《唐史论丛》（第17辑），陕西师范大学出版总社，2014年，第173—185页。

一、王之从兄

墓志首言金日晟姓金氏，讳日晟，字日用，新罗王之从兄。按，日者，君也。《诗·邶风·柏舟》"日居月诸"，郑笺："日，君象也。"日以太阳之精，为至尊之物，故为人君之喻。"日晟"，即君之明，"日用"，为君所用，《周易·系辞上》有"百姓日用而不知"之句。金日晟名字深含寓意。遍稽唐史，无"金日晟"之名，《三国史记》等文献亦未见新罗王室子弟有名"金日某"者，疑此名为入唐后改名。有唐一代，帝王赐名习见，特以诸藩酋来唐者为众。如唐太宗以阿史那苏尼失子擒颉利有功，拜左屯卫将军，妻以宗女定襄县主，赐名为忠，单称史氏[①]。黑水靺鞨都督李献诚[②]、胡人安禄山子安庆绪[③]、突厥首领李献忠[④]、南诏蛮帅归义[⑤]等皆为玄宗赐名。金日晟属三韩人来唐，赐名亦有例可循。新罗圣德王本名隆基，与玄宗讳同，先天中敕改兴光[⑥]。高丽人李正己，本名怀玉，代宗赐今名[⑦]。又有百济佐平祢植归降唐廷后，名祢军，亦为改名之故[⑧]。值得注意的是，"金日晟"与"金日䃅"相近，改名亦有所本。今见高丽移民高铙苗[⑨]、王景曜[⑩]、李他仁[⑪]等墓志，及百济移民祢寔进[⑫]、祢军、扶余隆[⑬]、黑齿常之[⑭]等墓志均以志主之德行比拟金日䃅，以上诸墓志皆为唐廷官方所制，是证其时唐廷于来唐三韩人皆习惯性地冠以金日䃅之美誉。金日晟以新罗王室子弟身份入唐侍奉帝王左右，官至从三品之光禄卿，与金日䃅操行相似，赐改相类名字，亦在情理之中。墓志谓金日晟"姓金

---

① 《旧唐书》卷一九〇《阿史那社尔传附阿史那忠传》，中华书局，1975年，第3290页。
② 《旧唐书》卷一九九下《靺鞨传》，中华书局，1975年，第5359页。
③ 《旧唐书》卷二〇〇上《安禄山传附安庆绪传》，中华书局，1975年，第5372页。
④ 《旧唐书》卷一八七下《程千里传》，中华书局，1975年，第4903页。
⑤ 《旧唐书》卷一九七《南诏蛮传》，中华书局，1975年，第5280页。
⑥ ［高丽］金富轼：《三国史记》卷八《新罗本纪·圣德王》，杨军校勘，吉林大学出版社，2015年，第113页。
⑦ 《新唐书》卷二一三《李正己传》，中华书局，1975年，第5989页。
⑧ 王连龙：《新见唐代百济人〈祢军墓志〉及相关问题考论》，《社会科学战线》2011年第7期。
⑨ 张彦：《唐高丽遗民〈高铙苗墓志〉考略》，《文博》2010年第5期。
⑩ 周绍良主编：《唐代墓志汇编》，上海古籍出版社，1992年，第1441—1442页。
⑪ 孙铁山：《唐李他仁墓志铭考释》，见陕西省考古研究所编：《远望集》，陕西人民美术出版社，1998年，第736—739页。
⑫ 董延寿、赵振华：《洛阳、鲁山、西安出土的唐代百济人墓志探索》，《东北史地》2007年第2期。
⑬ 周绍良主编：《唐代墓志汇编》，上海古籍出版社，1992年，第702页。
⑭ 周绍良主编：《唐代墓志汇编》，上海古籍出版社，1992年，第941—943页。

氏"，与《汉书》金日䃅本传"姓金氏"若符契合，亦可佐证"金日晟"之名改自"金日䃅"。若为改名，则其本名失于史志所载，已不可详知。

从兄，谓父之兄弟之子大于己者，亦即从父兄，可细分为"从父兄""从祖兄""三从兄"等。《唐律疏议》卷一"名例"即规定："袒免者，据礼有五：高祖兄弟、曾祖从父兄弟、祖再从兄弟、父三从兄弟、身之四从兄弟是也。""从兄"这种亲缘关系在新罗也普遍存在。如金阳有"从父兄昕，字泰"①，曾于长庆二年（822）入唐宿卫，并诏授金紫光禄大夫试太常卿。又，《三国史记》卷四《新罗本纪·智证麻立干》载智证王为"照知王之再从弟"。再从弟，意为同曾祖而年少于己者。智证王、照知王同曾祖奈勿王，是二人为同曾祖从兄弟。相类的记载还有如神武王为"僖康王之从弟"②。按，神武王、僖康王均系元圣大王孙，前者为均贞上大等之子，后者为伊湌宪贞之子，故神武王乃僖康王之从弟。关于从兄身份，拜根兴认为金日晟是孝成王、景德王的从兄，在孝成王或景德王在位期间入唐。目前看，这个问题还可以进一步探讨。按，墓志载金日晟以大历"九年夏四月廿八日，薨于长安崇贤里之私第，春秋六十有二"。若以卒年逆推，可知金日晟生于唐玄宗先天二年（713），亦即新罗王圣德王十二年。稽查新罗王世系，从先天二年（713）至大历九年（774），共涉及圣德王（金兴光）、孝成王（金承庆）、景德王（金宪英）、惠恭王（金乾运）四王。关于从兄关系，首先可以排除圣德王，因为圣德王即位十二年（713），金日晟才出生，自然不能成为圣德王从兄。其次关于孝成王、景德王，金日晟与二王年龄相仿，最有可能是他们的从兄。最后是惠恭王，《三国史记》卷九《新罗本纪·惠恭王》载永泰元年（765）即位，时年八岁，是其当生于乾元元年（758）。比较之下，金日晟年长金乾运四十五岁。但结合新罗王室贵族多妻，子女年龄相差较大等情况来看③，还不能贸然排除金日晟系惠恭王从兄的可能。所以就可能性而言，金日晟最有可能是孝成王、景德王的从兄，其次是惠恭王。

综合分析史籍所载孝成王、景德王、惠恭王时期新罗王室子弟入唐情况，可以看到派出时间比较集中在圣德王在位期间，特别是执政后期。入唐理由以宿卫朝贡为主，同时兼配国子监习业。金日晟既为新罗王从兄，入唐自然属于王室子弟

---

① ［高丽］金富轼：《三国史记》卷四四《金阳传》，杨军校勘，吉林大学出版社，2015年，第632页。
② ［高丽］金富轼：《三国史记》卷一〇《新罗本纪·神武王》，第148页。
③ ［韩］李贤淑：《罗末丽初崔彦㧑的政治活动和位相》，《梨花史学研究》1995年总第22辑。

宿卫学习之列。按，新罗王室子弟入唐年龄，应该较小，文献中屡以"子弟"称之，即是明证。当然，这个问题还可以参证唐国子监生入学年龄规定。《新唐书》卷四十四《选举志上》载："凡生，限年十四以上，十九以下；律学十八以上，二十五以下。"即规定国子监生入学在十四岁至十九岁之间，律学生年龄要求宽一点。金日晟这般新罗王室子弟既入国学，自然也要遵守入学年龄等相关规定。统计以往新罗子弟入唐求学年龄记载，情况确实如此。如金仁问年二十三岁入唐宿卫[①]，崔致远十二岁入唐求学[②]，崔彦㧑年十八岁入唐游学[③]。如此，假设金日晟以国子监律学生入学年龄最上限之二十五岁入唐宿卫求学，那应该在唐玄宗开元二十五年（737），也就是圣德王三十六年。从这个角度来说，金日晟入唐事应该发生在圣德王在位期间。换言之，金日晟为圣德王派遣入唐宿卫朝贡。此外，这一点也可以得到墓志记载的佐证。如志文言金日晟"归奉中原，率先万国"，重在强调其带头表率之义，与后文的"新罗慕义，万里朝谒"相契合。"慕义"，即倾慕仁义，多用于溢美归附之事，如万岁通天二年（697）《大周故镇军大将军高（足酉）君墓志铭》即言高丽贵族子弟高足酉"慕义而来，妙曰通人"[④]。巧合的是，开元十九年（731），圣德王遣金志良入唐贺正，唐玄宗授以太仆少卿员外置，赐帛六十匹，并下诏赞谓"慕义克勤，述职愈谨。梯山航海，无倦于阻修"云云，与本墓志"新罗慕义，万里朝谒。骏奔沧海，匍匐绛阙"如出一辙，是为同时期常用语。墓志还载金日晟妻张氏于天宝末先卒。以天宝末年（756）计算，其时金日晟方四十岁左右，若再逆推婚配生子时间，也可佐证金日晟入唐时年纪较轻。

如果金日晟为圣德王派遣入唐宿卫学习，这一时期有两个人值得关注，第一位是金志廉，根据《唐会要》《册府元龟》《三国史记》的记载，金志廉为圣德王之侄，在开元二十一年（733）入唐宿卫，但两年后卒于唐。《全唐文》卷二八四《敕新罗王金兴光书》提到"一昨金志廉等到，缘事绪未及还期，忽婴瘵疾，遽令救疗而不幸殂逝"云云，可为证。第二位是金志满，《册府元龟》卷九七五《外臣部·褒异二》云："（开元十八年）二月甲戌，新罗国王金兴光遣侄志满献小马五匹、狗一头、金二千两、头发

---

① ［高丽］金富轼：《三国史记》卷四四《金仁问传》，杨军校勘，吉林大学出版社，2015年，第628页。
② ［高丽］金富轼：《三国史记》卷四六《崔致远传》，杨军校勘，吉林大学出版社，2015年，第654页。
③ ［高丽］金富轼：《三国史记》卷四六《薛聪传附崔彦㧑传》，杨军校勘，吉林大学出版社，2015年，第658页。
④ 周绍良、赵超主编：《唐代墓志汇编续集》，上海古籍出版社，2001年，第348—349页。

八十两、海豹皮十张,乃授志满太仆卿员外置同正员,绢一百匹,紫袍银钿带鱼袋,留宿卫。"《三国史记》卷八《新罗本纪·圣德王》载同。是金志满为新罗王圣德王的侄子,与孝成王、景德王可以构成从兄弟关系。重要的是,金志满在入唐后,也获得宿卫的资格,并久居唐廷,只是入唐后事迹,史籍载之不详。当然目前的史料还不足以证明金日晟就是金志满,但二人存在诸多重合的因素还是显而易见的。

二、久居长安

根据墓志所载,金日晟入唐后累授银青光禄大夫、光禄卿。前者为从三品文散官,后者为光禄寺正卿,秩从三品,掌邦国酒醴、膳羞之事,总太官、珍羞、良酝、掌醢四署之官属,修其储备,谨其出纳。[①]综合分析唐代新罗王室子弟入唐宿卫授官,多集中在九寺诸职,如金法敏曾授太府寺卿[②],金志满、金志良、金思兰等授太仆寺卿及少卿[③],金端竭丹、金忠相等授卫尉寺少卿及正卿[④],此外还有金志廉鸿胪少卿员外置[⑤]、金昕试太常寺卿[⑥]等职官除授。关于光禄卿的除授,除了开元二十三年(735)新罗副使金荣在唐身死[⑦]赠光禄少卿之外,目前文献记载仅见金日晟累授光禄寺卿之职。九寺诸卿掌礼乐祭享、民族外交等事务,与新罗王室子弟宿卫观礼所学大致相一致。

从上文可知,金日晟为圣德王派遣入唐,官至光禄寺卿,姻亲张氏,并卒于长安。综合分析唐、新交往史,金日晟这般长期滞留并卒于唐的情况并非个案。上文已言,金日晟以王室子弟身份宿卫留学。关于新罗王室子弟入唐宿卫留学的时限,学术界一般根据崔致远《遣宿卫学生首领等入朝状》等文献记载,推断为十年。[⑧]但

---

① 《旧唐书》卷四四《职官志》,中华书局,1975年,第1877页。
② [高丽]金富轼:《三国史记》卷五《新罗本纪·真德王》,杨军校勘,吉林大学出版社,2015年,第67页。
③ [高丽]金富轼:《三国史记》卷八《新罗本纪·圣德王》,杨军校勘,吉林大学出版社,2015年,第117页—118页。
④ [高丽]金富轼:《三国史记》卷八《新罗本纪·圣德王》,杨军校勘,吉林大学出版社,2015年,第119页—120页。
⑤ [高丽]金富轼:《三国史记》卷八《新罗本纪·圣德王》,杨军校勘,吉林大学出版社,2015年,第120页。
⑥ [高丽]金富轼:《三国史记》卷四四《金阳传》,杨军校勘,吉林大学出版社,2015年,第632页。
⑦ [高丽]金富轼:《三国史记》卷八《新罗本纪·圣德王》,杨军校勘,吉林大学出版社,2015年,第120页。
⑧ 严耕望:《新罗留唐学生与僧徒》,见《严耕望史学论文集》,上海古籍出版社,2009年,第936页。

事实上，超过这个年限的新罗宿卫生很多。如永徽二年（651年），金仁问二十三岁入唐宿卫，延载元年（694）卒于长安，先后七次入唐，在朝宿卫凡二十二年。[①]相类的还有金云卿，从长庆初登宾贡科，至会昌元年回国，在唐滞留二十余年。[②]崔彦㧑年十八岁入唐游学，四十二岁学成回国，留唐二十四年。[③]之外，金允夫也曾入唐充质二十六年。[④]这些人都与金日晟一样，久居唐廷，且有终老于唐者。也正是基于这种情况，开元十一年（723），唐玄宗以"今外蕃侍子，久在京国"，诏令"充质宿卫子弟等量放还国"[⑤]。在长期滞留唐廷之外，最终卒于唐的新罗人也很多，除了上举的金仁问外，还有良图[⑥]、金孝方[⑦]、金荣、金忠相[⑧]等都先后卒于唐地，史有所载，此不赘述。

金日晟为何久居唐廷，墓志并未有明确的解释，这里仅略做推测。前面所举诸多久居唐廷者，或因纳质宿卫，或为求学及第，但最终的决定因素在于国家政治需要和帝王好恶。政治需要指诸藩纳质以表忠款之外，宿卫生还要为维护国家利益而充当诸如使节、翻译等不同的角色[⑨]，甚至随着两国及其他国家政治形势的变化而发生命运的改变。如金仁问宿卫期间多次往返唐与新罗之间，即与当时政治形势有关。质子长期滞留的另外一个原因是帝王的个人好恶。藩酋子弟来唐，宿卫宫廷，赐宴观礼，才能殊异及功绩卓著者易为帝王所发现，故有机会长期侍奉禁中。史载金仁问以行艺纯熟，忠诚可尚，为唐高宗所喜爱，永徽五年（654）随高宗避暑万年

---

① ［高丽］金富轼：《三国史记》卷四四《金仁问传》，杨军校勘，吉林大学出版社，2015年，第628页。
② ［高丽］金富轼：《三国史记》卷一一《新罗本纪·文圣王》，杨军校勘，吉林大学出版社，2015年，第150页。
③ ［高丽］金富轼：《三国史记》卷四六《薛聪传附崔彦㧑传》，杨军校勘，吉林大学出版社，2015年，第658页。
④ 《册府元龟》卷九九六《外臣部·纳质》，中华书局，1960年，第4022页。
⑤ 《册府元龟》卷九九六《外臣部·纳质》，中华书局，1960年，第4022页。
⑥ ［高丽］金富轼：《三国史记》卷四四《金仁问传》，杨军校勘，吉林大学出版社，2015年，第630页。
⑦ ［高丽］金富轼：《三国史记》卷八《新罗本纪·圣德王》，杨军校勘，吉林大学出版社，2015年，第119页。
⑧ ［高丽］金富轼：《三国史记》卷八《新罗本纪·圣德王》，杨军校勘，吉林大学出版社，2015年，第120页。
⑨ 《册府元龟》卷九九六《外臣部·纳质》，中华书局，1960年，第4020页。

宫，名列御书《万年宫铭》碑阴①，乾封元年（666），"扈驾登封泰山"，加授右骁卫大将军，被高宗誉为"爪牙良将，文武英材"②，侍卫宫禁，多历年所。还有新罗宿卫学生梁悦，于建中三年（782）"泾原之变"时，以从难有功，授右赞善大夫。目前还没有发现金日晟出现在唐、新交往活动中，墓志文也未见这一方面的记载。相反，在金日晟居唐期间，唐廷屡有变发生，其中最著名者即安史之乱（755—763）。天宝十五载（756）六月，乱军攻长安，唐玄宗避乱入蜀。虽然不能确定以光禄卿之职，掌管酒醴、膳羞之事的银青光禄大夫金日晟是否追随玄宗入蜀，但这一期间有一个不能忽略的事件：新罗景德王闻玄宗在蜀，曾遣使入唐，溯江至成都朝贡，唐玄宗特御书赐诗"益重青青志，风霜恒不渝"③，以嘉其至诚。新罗王如此重视唐、新之谊，身为新罗王室子弟宿卫生出身的金日晟是否也应该在蜀地护驾呢？如果是这样，墓志所谓"陪奉轩墀，出入簪缨。义感君臣，礼沾荣悴"就显然不是溢美虚辞，而是有所实指。

按照墓志记载，金日晟以大历九年（774）四月廿八日薨于长安崇贤里之私第，唐代宗遣中使诏慰，以礼赗赠，赠官兖州都督，夫人张氏天宝末亡，迁厝合葬，哀事官给，并命万年令监护。按，金日晟秩从三品，依唐制，丧葬事皆有政府专门机构职官负责。如《新唐书》卷四六《百官制》载："礼部郎中、员外郎，掌礼乐、学校、衣冠、符印、表疏、图书、册命、祥瑞、铺设，及百官、官人丧葬赠赙之数，为尚书、侍郎之贰。……凡丧，三品以上称薨，五品以上称卒，自六品达于庶人称死。皇亲三等以上丧，举哀，有司帐具给食。诸蕃首领丧，则主客、鸿胪月奏。"又，《唐会要》卷三十八《服纪下》云："凡诏丧：大臣一品则鸿胪卿护其丧事，二品则少卿，三品丞，人往皆命司仪示以制。旧制：应给卤簿。职事四品以上，散官二品以上，及京官职事五品以上，本身婚葬皆给之。"以墓志所载金日晟丧葬事观之，皆合礼制。唯三事略需赘言。其一，中使吊丧。此虽不在典制，然中使为皇帝侍从，持帝命巡礼，亦在情理之中，且于中晚唐常见。其二，万年令监护迁葬。金日晟官三品光禄寺卿，其丧事应由从六品鸿胪丞一级官员护丧，唐廷能以正五品上万年令官为之，即墓志所谓"宠蕃酋"。

---

① 〔清〕王昶辑：《金石萃编》卷五〇《万年宫铭》，此碑阴文作"左领军将军□仁□"，毛凤枝《关中金石文字存逸考》卷一〇、岑仲勉《证史补遗·万年宫碑碑阴补证》、罗尔纲《文史稽考集·〈金石萃编〉唐碑补订偶记》、拜根兴《唐朝与新罗往来研究二题》等证此人即金仁问，可从。

② 〔高丽〕金富轼：《三国史记》卷四四《金仁问传》，杨军校勘，吉林大学出版社，2015年，第630页。

③ 〔高丽〕金富轼：《三国史记》卷九《新罗本纪·景德王》，杨军校勘，吉林大学出版社，2015年，第126页。

稽查史籍，这个万年令应该是崔汉衡。① 其三，墓志规格。该志文辞简略，尺寸较小，似与金日晟职官级别不符。然观志文所载，似为张氏迁葬后再撰之夫妻合葬志。此志非经科学考古发掘，是否还有他志，尚待时日验证。

三、葬于古原

最后探讨一下金日晟葬地问题。据墓志所载，金日晟以大历九年八月五日"葬于长安永寿之古原"。"长安永寿"即长安县永寿乡。永寿乡，传世文献不载，唯《新唐书》卷二〇五《列女传》记唐高祖曾诏封王兰英为永寿乡君，似与此无涉。武伯纶、史念海曾根据碑志所载，划定永寿乡大致在今西安城南杜城西北姜村附近。② 之外，程义也推测永寿乡位于今姜村附近的神禾原上。③ 拜根兴对此未有申论，于永寿乡设置、辖境及"古原"诸问题存疑。

按，永寿乡之始置可追溯至隋代。2009年出土于西安市长安区韦曲街道办事处东侧凤栖原的《长孙公妻周城郡君薛氏墓志》载志主以仁寿三年（603）"葬于大兴县永寿乡小陵原"④。又，大业四年（608）《高矞墓志》有"葬于大兴县永寿乡黄原里小陵原"之文。⑤ 由此可见，隋代大兴县下已置永寿乡。据《隋书》《旧唐书》之《地理志》所载：大兴，隋开皇三年（583）置，后周旧郡置县曰万年，隋文帝即位前封号大兴，故至是改称，时属雍州，大业三年（607）属京兆郡。唐武德元年（618）复改为万年县，天宝七载（748）改为咸宁，乾元复旧。此处细陈大兴县至万年县之沿革，要在考论永寿乡于唐县之所在。入唐后，永寿乡应改变辖属，置于长安县下。如龙朔三年（663）《雍州万年县故大明府校尉（世通）墓铭》⑥、开元二十年（732）《大唐故和上大善知识轮自在（慈和）志铭》⑦、天宝十四载（755）《唐故武部常选韦（琼）府君墓志铭》⑧、大和元年（827）《大唐故朝议大夫试沔州司马荥阳郡郑（溥）府君墓志铭》⑨、大和六年（832）《唐左金吾判官前

---

① 《旧唐书》卷一二二《崔汉衡传》，中华书局，1975年，第3502页。
② 武伯纶：《唐万年、长安县乡里考》，《考古学报》1963年第2期；史念海：《西安历史地图集》，西安地图出版社，1995年。
③ 程义：《隋唐长安辖县乡里考新补》，《中国历史地理论丛》2006年第4期。
④ 周晓薇、王其祎：《新见隋代〈尚衣奉御尹彦卿墓志〉研读——兼说"小陵原"与"少陵原"的名称沿革》，《考古与文物》2011年第4期。
⑤ 王连龙：《新见北朝墓志集释》，中国书籍出版社，2013年，第147页。
⑥ 周绍良、赵超主编：《唐代墓志汇编续集》，上海古籍所出版社，2001年，第132页。
⑦ 西安市长安博物馆编：《长安新出墓志》，文物出版社，2011年，第163页。
⑧ 周绍良主编：《唐代墓志汇编》，上海古籍出版社，1992年，第1719页。
⑨ 周绍良、赵超主编：《唐代墓志汇编续集》，上海古籍所出版社，2001年，第884页。

华州司户参军李公夫人新野庾氏墓志铭》[1]、大中四年（850）《唐故颍川陈氏（兰英）墓记》[2]、大中八年（854）《唐朝议郎汉州什邡县令京兆田行源亡室陇西李氏墓志铭》[3]等，均记载志主葬于长安县永寿乡。当然也有例外，如天宝五载（746）《故宣城郡司兵参军事杨（惠）府君墓志铭》载志主"葬于京兆府万年县永寿乡之原"[4]。对此，潘萍认为"天宝五载的时候，永寿乡属万年县，而到了天宝十四载的时候划归长安县了"[5]。此观点似乎不能成立，因为上举天宝五年后诸墓志仍记载永寿乡属长安县。《杨惠墓志》之误记当与前文所言隋代永寿乡属大兴县有关，且该墓志出土于永寿乡之长安区三爻村，地处长安、万年两县交界，划分不清、记载混淆应有可能。

关于永寿乡区划，今可根据墓志记载来推定。《金日晟墓志》所出之长安区三爻村是永寿乡一个重要地标，上举葬于"永寿乡"的《故宣城郡司兵参军事杨（惠）府君墓志铭》也出土于三爻村。与此相关，《唐故武部常选韦（琼）府君墓志铭》有谓"天宝十四载五月十三日卜葬于长安县永寿乡毕原，附先茔礼也。南临太乙，北带皇城，地势起于龙蛇，山形开于宅兆"。既言"北带皇城"，当可证永寿乡北界可以推至长安城郊。在南向方面，永寿乡又可推及至韦曲，上举隋《长孙公妻周城郡君薛氏墓志》即出土于长安区韦曲街道办事处东侧凤栖原。此外，开元二十年（732）《大唐故和上大善知识轮自在（慈和）志铭》载志主"以开元十九年十一月二日，寂灭于京兆府长安县永寿乡遵善寺净土院之北堂，……以明年二月十二日，葬于本寺之东园也"。由志文可知，慈和葬于长安县永寿乡遵善寺东园，其地在今长安区塔坡村。如此，由三爻村至凤栖原，即顺着天门街，可形成永寿乡之东界。向西方向，永寿乡可至姜村一带，上举《大唐故朝议大夫试沔州司马荥阳郡郑（溥）府君墓志铭并序》载志主以大和元年（827）"十二月九日归葬于长安县永寿乡姜尹村神禾原"。又《关中金石文字存逸考》卷四"长安县下"著录《佛顶尊胜陀罗尼经幢》"大中九年十二月陈鸿为亡妻武氏建于永寿乡姜村"。两石刻都应该出土于姜村附近。这样一来，永寿乡范围大致清晰，向北至长安城郊，东以天门街为界，南界可达韦曲，西面将姜村一带纳入辖属。

此外，拜根兴先生还提到《金日晟墓志》"长安永寿之古原"具体是辖内毕

---

[1] 周绍良、赵超主编：《唐代墓志汇编续集》，上海古籍所出版社，2001年，第908页。
[2] 周绍良主编：《唐代墓志汇编》，上海古籍出版社，1992年，第2285页。
[3] 周绍良、赵超主编：《唐代墓志汇编续集》，上海古籍所出版社，2001年，第1001页。
[4] 赵力光：《西安碑林博物馆新藏墓志汇编》，线装书局，2007年，第462页。
[5] 潘萍：《长安区出土唐杨惠墓志铭述略》，见西安碑林博物馆编：《碑林集刊》（第9辑），陕西人民美术出版社，2003年，第186—187页。

原、高阳原，抑或神禾原，因未见有确切记载，故难以确定。这里推测一下，此"古原"当指毕原。1966年，在西安南郊三爻村出土的《唐九华观道师铭》载志主葬于"永贞元年岁次乙酉八月廿四日窆于万年县之毕原"①。《金日晟墓志》既然与《唐九华观道师铭》同出三爻村，则应同葬毕原。此外，《唐朝议郎汉州什邡县令京兆田行源亡室陇西李氏墓志铭》谓墓主李夫人于"大中八年十一月二十五日窆于长安县永寿乡毕原"，及同出三爻村的《故宣城郡司兵参军事杨（惠）府君墓志铭并叙》"永寿乡之原"语例相同，皆可佐证金日晟所葬之"古原"即毕原。

原载《北方文物》2017年第3期
（王连龙，吉林大学考古学院古籍研究所教授；
丛思飞，历史学博士，吉林艺术学院讲师）

---

① 周绍良、赵超主编：《唐代墓志汇编续集》，上海古籍所出版社，2001年，第795页。

入居唐朝内地高句丽遗民的迁徙与安置

范恩实

  唐太宗、高宗两代征伐高句丽，到高宗总章元年（668），最后灭亡高句丽。在战争期间和战后，唐朝曾大举迁徙高句丽人进入唐朝内地。由于高句丽政权不复存在，因此本文称之为"高句丽遗民"；至于"入居唐朝内地"则是其与安东都护府所管"高句丽遗民"相区别。有关入居唐朝内地的高句丽遗民，以往学界也有很多探讨，特别是随着入唐高句丽人墓志的不断发现，相关领域的研究进展更加明显。其中中国学界的研究可以三部专著为代表，即苗威《高句丽移民研究》[1]、拜根兴《唐代高丽百济移民研究》[2]、姜清波《入唐三韩人研究》[3]等。此外，拜根兴新近出版的《石刻墓志与唐代东亚交流研究》一书，也集中收录了近年新发现的几方高句丽遗民墓志。[4]在国外学界，较多关注这一研究领域的是韩国学者，例如卢泰敦[5]、金文经[6]、金贤淑[7]、李成制[8]等。综观学界以往研究，尽管对相关基本信息进行了较为详细的梳理，但是仍然留下不少需要深入讨论的地方，特别是未能把相关讨论放在唐朝律令制国家的大背景下深化认识。有鉴于此，笔者拟对唐代高句丽遗民问题进行系统的再研究。由于相关问题较多，限于篇幅，这里首先讨论入居唐朝内地高句丽遗民的迁徙与安置问题。

---

[1] 苗威：《高句丽移民研究》，吉林大学出版社，2011年。
[2] 拜根兴：《唐代高丽百济移民研究》，中国社会科学出版社，2012年。
[3] 姜清波：《入唐三韩人研究》，暨南大学出版社，2010年。
[4] 拜根兴：《石刻墓志与唐代东亚交流研究》，科学出版社，2016年。
[5] ［韩］卢泰敦：《高句丽遗民史研究——以辽东、唐内地及突厥方面的集团为中心》，见韩佑劤博士停年纪念委员会编：《韩佑劤博士停年纪念史学论丛》，知识产业社，1981年。
[6] ［韩］金文经：《唐高句丽遗民和新罗侨民》，韩国日新社，1986年。
[7] ［韩］金贤淑：《中国境内高句丽遗民的动向》，《韩国古代史研究》2001年总第23辑。
[8] ［韩］李成制：《高句丽、百济遗民墓志的记述方式——家系、出生地的记载与其意义》，《韩国古代史研究》2014年总第75辑。

一、迁徙问题

唐朝大规模的内迁高句丽人，可分太宗、高宗两朝。其中太宗朝只有一次，是在太宗贞观十九年（645）亲征高句丽之后。《唐会要》卷九五《高句丽》载："凡徙辽、盖、岩三州户口入内地，前后七万余人。"关于唐太宗这一次所迁高句丽人口数量，学界也有所讨论，提出84000、93000等商榷数字，但是总的来看，相差并不大。①《旧唐书》卷七〇《房玄龄传》又载："未经旬月，即拔辽东，前后虏获，数十万计，分配诸州，无处不满。"若据房氏之言，则有数十万之多。或者正如拜根兴所言"这可能是上奏表文的缘故，有可能在行文中夸大事实"②。

有关唐太宗时期内迁高句丽人的墓志所见不多，目前能够明确的只有高支于家族。据《高提昔墓志》载："夫人讳提昔，本国内城人也。……曾祖伏仁，大相、水镜城道使、辽东城大首领。祖支于，唐易州刺史、长岑县开国伯、上柱国。父文协，宣威将军、右卫高陵府长上折冲都尉、上柱国。往以贞观年中，天临问罪，祖乃归诚款塞，率旅宾庭。爰赏忠规，载班清级，因兹胤裔，族茂京都。"③高提昔是高句丽国内城人，其曾祖在高句丽担任过"大相、水镜城道使、辽东城大首领"，说明其家族为高句丽的高级贵族，从姓氏看，很可能是王族支脉。从"贞观年中，天临问罪，祖乃归诚款塞，率旅宾庭"等语看，其家族是在祖父一代，因唐太宗伐高句丽而入唐。此外，拜根兴根据相关墓志材料，提出"唐太宗亲征高丽返回长安的同时，将原来居住于辽东或朝鲜半岛、在战争间隙投诚唐军的王景曜、高德两族人，李敬、豆夫卒等家族迁往长安"④。从相关墓志内容看，并没有入唐的具体时间，其中《王景曜墓志》有"泊乎唐初"⑤、《高德墓志》有"唐祚龙兴"⑥等语，因此笔者亦大体认同拜氏之说。有不同意见的是对"李敬家族""豆夫卒家族"的判断，笔者认为前者并非自高句丽归唐，后者归唐时间在总章元年（668）灭高句丽

---

① 马大正、杨保隆：《古代中国高句丽历史丛论》，黑龙江教育出版社，2011年，第51—53页。
② 拜根兴：《唐代高丽百济移民研究》，中国社会科学出版社，2012年，第33页。
③ 《大唐右骁卫永宁府果毅都尉泉府君故夫人高氏墓志》，参见王其祎、周晓薇：《国内城高氏：最早入唐的高句丽移民——新发现唐上元元年〈泉府君夫人高提昔墓志释读〉》，《陕西师范大学学报（哲学社会科学版）》2013年第3期。
④ 拜根兴：《唐代高丽百济移民研究》，中国社会科学出版社，2012年，第37页。
⑤ 《唐故右威卫将军上柱国王公墓志铭》，见周绍良主编：《唐代墓志汇编》（下册）"开元413"，上海古籍出版社，1992年。
⑥ 《唐右龙武军翊府中郎高府君（德）墓志铭并序》，见周绍良主编：《唐代墓志汇编》（下册）"天宝008"，上海古籍出版社，1992年。

以后。

据《李怀墓志》载："公讳怀，字初有，其先赵郡赞皇人也。昔晋氏乘乾，辽川尘起，帝欲亲伐，实要□□。公十二叶祖敏为河内太守，预其选也。克灭之后，遂留柘镇，俗赖其利，因为辽东人。至孙胤，举孝廉，仕至河南尹，加特进，迁尚书令，晋之崇也。曾祖敬，隋襄平郡从事。太宗东幸海关，访晋尚书令李公之后，佥曰末孙孜（当作敬——笔者）在。帝许大用，尽室公行，爰至长安，未贵而没，悲夫！其子曰直，直生隐之，赠清源郡司马。公则清源府君之冢子也。"①从墓志所载李氏家族的历史看，本为赵郡赞皇人，魏末，随司马懿伐辽东公孙氏政权，后留辽东镇守。其时高句丽尚未占有辽东。到李胤这一代，官至晋尚书令，其家当已迁回中原。一直到李敬，担任隋襄平郡从事。但是这个襄平郡属于隋朝，《东北历史地理》考证其设于大业八年（612），郡治在后燕以来侨置之辽东郡襄平县旧地，今朝阳东北，青山附近。②这说明即便李敬是李氏家族留在辽东的一支，也在高句丽占领辽东时侨居辽西了。《资治通鉴》载，武德元年（618）十二月，"丁酉，隋襄平太守邓暠以柳城、北平二郡来降，以暠为营州总管"③。则李敬家族当于此后归属唐营州。由此看来，李敬家族从未进入高句丽治下，所谓"太宗东幸海关"，当指唐太宗伐高句丽，军到渝关，"访晋尚书令李公之后"，实际上是对赵郡李氏的优待政策，与高句丽并无关系。据《豆善富墓志》载："□皇唐征有辽之不庭，兵戈次玄菟之野，君考夫卒慕远祖融河外纳款，遂斩九夷列城之将，稽颡旌门。扶邑落涂炭之人，归诚□魏阙，天书大降，荣宠一门，昆季五人，衣朱拖紫，□犁木二州□□诸军事，赐紫金鱼。君以岳牧子解□检校□□□军事……以开元廿九年八月七日，侍太夫人之疾，不堪其痛，遂暴殂于洛都皇城右卫率府之官舍，时年五十八。"④"□皇唐征有辽之不庭，兵戈次玄菟之野"，说明豆氏确实是从高句丽入唐。关于其家族入唐时间，有两条线索可供讨论：其一，初入唐者为墓志主人豆善富的父辈，"君考夫卒慕远祖融河外纳款"，"荣宠一门，昆季五人，衣朱拖紫，□犁木二州□□诸军事"，"犁木二州"并非唐朝内地州名，在高句丽辽东诸城中有木底、犁山二城⑤，因此"犁木二州"可能与此有关，而木底、犁山等为州，

---

① 《大唐故云麾将军行左龙武军翊府中郎将赵郡李公墓志铭》，见周绍良主编：《唐代墓志汇编》（下册）"天宝064"，上海古籍出版社，1992年。
② 孙进己（冯永谦主编）：《东北历史地理》，黑龙江人民出版社，1989年，第205页。
③ 《资治通鉴》卷一八六"唐高祖武德元年"条，中华书局，1956年，第5827页。
④ 《大唐故忠武将军摄右金吾卫郎将上柱国豆府君墓志》，见周绍良主编：《唐代墓志汇编》（下册）"开元534"，上海古籍出版社，1992年。
⑤ ［高丽］金富轼：《三国史记》卷三七《地理志四》"李勣奏稿"。

只能是在总章元年以后,然则豆夫卒入唐亦当在总章元年以后。其二,从墓主人豆善富本人看,开元二十九年(741)卒,年五十八,说明其出生于684年。这样一来,从时间上看其父亲也不可能是在贞观十九年(645)入唐,因为如果是在这一年入唐,且被授予官职,则其年龄应该在二十岁以上,那么到生豆善富时,就是六十岁左右,可能性极低。综合以上两点,笔者认为豆夫卒家族是总章元年入唐,且是安置于安东都护府的。

回到本文主题。到高宗朝,主要是攻灭高句丽王都以后,对高句丽人口的内迁。在这方面,以往学界存在一定争议。根据中国诸史书的记载,唐是在灭亡高句丽后第二年,即总章二年(669)大举内迁高句丽人。相关记载包括《旧唐书》卷五《高宗纪下》载:"(总章)二年……五月庚子,移高丽户二万八千二百,车一千八十乘,牛三千三百头,马二千九百匹,驼六十头,将入内地,莱、营二州般次发遣,量配于江、淮以南及山南、并、凉以西诸州空闲处安置。"《新唐书》卷二二〇《高丽传》载:"总章二年,徙高丽民三万于江淮、山南。"《通典》一八六《边防二·高句丽》载:"(总章)二年,移高丽户二万八千二百配江淮以南、山南、京西。"《唐会要》卷九五《高句丽》载:"移其户二万八千于内地。"《资治通鉴》载:"敕徙高丽户三万八千二百于江、淮之南,及山南、京西诸州空旷之地,留其贫弱者,使守安东。"①上述记载的主要差异在所迁户数,有关此点,前人已经加以分析,根据成书最早的《通典》和《唐会要》的记载,应以"二万"为是。②当然,做此结论的学者也犹豫于《资治通鉴》"三万八千二百"之数,其原因在于《三国史记》卷六《新罗本纪第六》所载,新罗文武王八年(唐高宗总章元年,668),"于是英公以王宝藏,王子福男、德男,大臣等二十余万口回唐",有学者希望将二者勘同,按每户五口计算,"三万八千二百"户与"二十余万口"较为接近。③

现在的问题是,总章元年与总章二年的两次迁徙是同一次迁徙而史书混淆了年代吗?从目前学界的相关研究看,分歧仍较为明显。其中主张为同一次的有秦升

---

① 《资治通鉴》卷二〇一"唐高宗总章二年"条,中华书局,1956年,第6359页。
② 马大正:《古代中国高句丽历史论丛》,黑龙江教育出版社,2011年,第54页。
③ 马大正:《古代中国高句丽历史论丛》,黑龙江教育出版社,2011年,第55页。

阳[1]、李德山[2]、金贤淑[3]等,主张为两次不同迁徙的有杨军[4]、苗威[5]等。就史料记载而言,总章元年这一次内迁高句丽遗民主要见于韩国古籍《三国史记》和《东国史略》,当以《三国史记》为其祖本。其文曰:"秋七月十六日,王行次汉城州,教诸总管往会大军,文颖等遇高句丽兵于蛇川之原,对战,大败之。九月二十一日,与大军合围平壤,高句丽王先遣泉男产等诣英公请降,于是英公以王宝藏,王子福男、德男,大臣等二十余万口回唐。"[6]从内容上看,该段记事很可能是来自新罗方面的记录。尽管中国古籍中没有与之相同的记载,但是仍有一些相关信息。例如《旧唐书·高丽传》载:"总章元年九月,勣又移营于平壤城南……十一月,拔平壤城,虏高藏、男建等。十二月,至京师,献俘于含元宫。"这说明,李勣于总章元年年底返回长安,同时将高句丽王、王子、大臣以及一部分高句丽人口一同带回。实际上,唐灭亡百济以后,在中国史料中也只见到"(苏)定方执义慈、隆及小王孝演、酋长五十八人送京师"的记载。[7]然而在《三国史记》卷五《新罗本纪第五》中却记载,百济灭亡后,"(苏)定方以百济王及王族,臣僚九十三人,百生一万二千人,自泗沘乘船回唐"。《三国史记》卷四二《金庾信传中》则记载:"(唐)虏百济王及臣僚九十三人,卒二万人,以九月三日自泗沘船而归。"《资治通鉴》载,仪凤元年(676)二月,"徙熊津都督府于建安故城;其百济户口先徙于徐、兖等州者,皆置于建安"[8]。上述记载都说明唐朝将一定数量的百济遗民迁入内地。尽管从百济带回的人数要比从高句丽带回的少,主要原因可能是前者仅有海路交通,运力有限,但是在大军还朝之时,一并内迁俘获人口却可以看作唐朝的一种惯例。

结合近年来发现的入唐高句丽人墓志,我们可以进一步分析总章元年随李勣还朝大军内迁的高句丽人的构成情况。

其一,上述史料明确记载的高句丽王高藏、王子以及以泉男建、泉男产为代表的抵抗势力,他们被李勣带入长安,举行献俘仪式。根据上述诸人的墓志,我们会

---

[1] 秦升阳、李乐莹、黄甲元:《高句丽人口问题研究》,《通化师范学院学报》2004年第4期。
[2] 李德山:《高句丽族人口去向考》,《社会科学辑刊》2006年第1期。
[3] [韩]金贤淑:《高句丽灭亡后遗民的去向问题》,见高句丽研究财团编:《中国的高句丽史歪曲对策研究学术发表会论文集》,首尔,2003年。
[4] 杨军:《高句丽人口问题研究》,《东北史地》2006年第5期。
[5] 苗威:《高句丽移民研究》,吉林大学出版社,2011年,第198页。
[6] [高丽]金富轼:《三国史记》卷六《新罗本纪第六》。
[7] 《新唐书》卷二二〇《百济传》。
[8] 《资治通鉴》卷二〇二"唐高宗仪凤元年"条,中华书局,1956年,第6379页。

发现一个值得注意的现象,即其中大部分人在总章元年获得唐朝的官职。根据《旧唐书·高丽传》的记载,献俘之后,高宗"诏以高藏政不由己,授司平太常伯,男产先降,授司宰少卿。男建配流黔州"。另据《泉男产墓志》载:"君以总章元年,袭我冠带,乃授司宰少卿,仍加金紫光禄大夫,员外置同正员。"①

其二,追随泉男生降唐的高句丽人。泉男生降唐以后,"(乾封)二年奉敕追公入朝。总章元年,授使持节辽东大都督上柱国玄菟郡开国公食邑二千户,余官如故……其年秋,奉敕共司空英国公李勣相知经略"。破平壤后,"其年与英公李勣等凯入京都,策勋饮至。其年蒙授右卫大将军,进封卞国公,食邑三千户,特进勋官如故,兼检校右羽林军,仍令杖内供奉"②。而随着高句丽最终覆亡,追随泉男生降唐的一部分高句丽人随泉男生入朝为官。这种情况我们在入唐高句丽遗民墓志中已经发现一例。《高玄墓志》载:"君讳玄,字贵主,辽东三韩人也……弃彼遗氓,从男生而仰化;慕斯圣教,自东徙而来王。因而家贯西京,编名赤县……有敕□其骁勇,讨以辽东。公诚旧人,实为谙忆,大破平壤,最以先锋。因之立功,授宜城府左果毅都尉。总管以公智勇,别奏将行。"③根据上述墓志之文,高玄是追随泉男生降唐,后参与了攻破平壤之役。"大破平壤,最以先锋。因之立功,授宜城府左果毅都尉。总管以公智勇,别奏将行",说明高玄亦在李勣所率回朝大军之中。

其三,其他助唐立功的高句丽人。除了泉男生率领下降唐的高句丽人以外,还有其他一些高句丽人在唐灭高句丽过程中转而助唐,其中部分立功者也在总章元年随李勣进入唐都。例如《李他仁墓志》载:"君讳他仁,本辽东栅州人也。后移贯雍州之万年县焉……于时授公栅州都督兼总兵马,管一十二州高丽,统三十七部靺鞨。大总管英公,三秦推毂,万里授柯,奉皇帝之新书,遵庙堂之上略。公辩亡有预,见梁水之一星,处须知归,识魏军之百日,遂率所部,效款辕门……英公遂遗(遣)公统其所属,鼓行同进……石城九拒,俄开却敌之扉,无寇于前,即屠平壤。炎灵四郡,即入堤封。哀成九夷,复归正朔。从英公入朝,特蒙劳勉,蒙授右

---

① 《大周故金紫光禄大夫行营缮大匠上护军辽阳郡开国公泉君墓志铭》,见周绍良主编:《唐代墓志汇编》(上册)"长安008",上海古籍出版社,1992年。
② 《大唐故特进行右卫大将军兼检校右羽林军仗内供奉上柱国卞国公赠并州大都督泉君墓志铭》,见周绍良主编:《唐代墓志汇编》(上册)"调露023",上海古籍出版社,1992年。
③ 《大周故冠军大将军行左豹韬卫翊府中郎将高府君墓志铭》,见吴钢主编:《全唐文补遗》(第2辑),三秦出版社,1995年,第318页。

戎卫将军。"①从上述墓志内容看，李他仁在唐高宗伐高句丽时，正担任栅州都督，当李勣进军栅州（高句丽栅城府，在今吉林珲春地区），李他仁临阵倒戈，不但投降唐军，还随唐军围攻平壤，因而立功。总章元年，李他仁"从英公入朝，特蒙劳勉，蒙授右戎卫将军"，同时"移贯雍州之万年县"。

其四，一般高句丽上层贵族。他们在大军压境时投降唐军，但是并未反戈一击，或者是被唐俘虏，只是墓志中有所隐晦。例如《高足酉墓志》载："公讳足酉，字足酉，辽东平壤人也。乃效款而往，遂家于洛州永昌县焉。族本殷家，因生代口，口居玄菟，独擅雄蕃，今罄大诚，特降殊宠。唐总章元年，授明威将军，守右威卫真化府折冲都尉，仍长上，寻授守左威卫孝义府折冲都尉，散官如故。"②根据上述墓志内容，高足酉入唐，只言"乃效款而往"，说明他并未像李他仁那样反身助唐。"唐总章元年，授明威将军，守右威卫真化府折冲都尉，仍长上"，总章元年得官，且为"明威将军，守右威卫真化府折冲都尉，仍长上"，充分说明高足酉也在总章元年随李勣入朝之列。

其五，将一般高句丽俘虏带回长安为奴为婢。唐军作战，存在将俘获人口赏赐立功将士为奴婢的惯例，例如《旧唐书·高丽传》记载，唐太宗征高句丽过程中，"初，攻陷辽东城，其中抗拒王师，应没为奴婢者一万四千人，并遣先集幽州，将分赏将士"。按此推断，总章元年李勣带回内地的二十余万高句丽人中，也应有大量没为奴婢者。《朝野佥载》卷五载："中书舍人郭正一，破平壤得一高丽婢名玉素，极姝艳，令专知财物库。"

结合上述讨论，笔者有一个推测，就是总章元年迁徙的高句丽人，其迁徙原则是以人为标准的，或者是贵族，或者是没为奴婢者。贵族的家族子弟虽然也可能被同时内迁，但是他们得以内迁的原因还是在于家族首领本身，甚至可能因贵族身份的不同、是否助唐立功等而导致随带家族人口数量有所差异，因此以口为计更为合适。至于没为奴婢者，自然更不会以"户"为计了。也许正因如此，在数量统计时单位就是"口"，而不是"户"。从这一认识回头看：唐太宗时"凡徙辽、盖、岩三州户口入内地，前后七万余人"，这"七万余人"构成，也很可能与总章元年内徙者相似，以各类贵族和没为奴婢者为主。贵族有前文所举"高支于"的例子，而没为奴婢者，则恰可举《旧唐书·高丽传》所载，"初，攻陷辽东城，其中

---

① 《大唐右领军赠右骁卫大将军李他仁墓志铭》，见陕西省考古研究所编：《远望集——陕西省考古研究所华诞四十周年纪念文集》（下），陕西人民美术出版社，1998年。
② 《大周故镇军大将军高君墓志铭并序》，见周绍良主编：《唐代墓志汇编续集》"万岁通天003"，上海古籍出版社，2001年。

抗拒王师、应没为奴婢者,一万四千人,并遣先集幽州,将分赏将士"。单就这一点而言,总章元年的迁徙与总章二年的迁徙并非一事,后者是以"户"为计进行的迁徙。

下面我们就来讨论总章二年对高句丽民户的迁徙。正如前文所述,这一次迁徙被多部史籍记载,可谓言之凿凿。至于所迁民户数量,笔者倾向于以《通典》所记,即"二万八千二百"为准,毕竟变"二万"为"三万"者是少数,且均为晚出史料,"二""三"又极易错讹。当然,这些都不是本文讨论的重点,本文从唐朝内迁高句丽遗民的角度,将重点回答这样一个问题:为什么在总章元年已经内迁二十余万口高句丽遗民的情况下,总章二年又再次大规模内迁高句丽遗民?笔者认为,其原因正是高句丽遗民的叛乱。唐高宗伐灭高句丽,"分高丽五部、百七十六城、六十九万余户,为九都督府、四十二州,百县,置安东都护府于平壤以统之,擢其酋帅有功者为都督、刺史、县令,与华人参理。以右威卫大将军薛仁贵检校安东都护,总兵二万人以镇抚之"[①],但是并没有形成稳固的统治,很快就发生了高句丽遗民的叛乱事件。《阳玄基墓志》载:"总章元年,授鹿陵府长上折冲,仍检校东栅州都督府长史。诛反首领高定问等,封定阳郡公,食邑二千户。群如瓠之胆,探虎穴而无惊;似铁之心,入骊渊而罕惧。"[②]阳玄基总章元年担任"检校东栅州都督府长史","东栅州都督府"应即以高句丽栅城都督府为基础设立的羁縻州,阳玄基担任长史,正符合"华人参理"的制度安排。至于"诛反首领高定问",高定问很可能就是担任东栅州都督的高句丽酋帅,或者至少是东栅州管辖下的高句丽酋帅,说明东栅州有高句丽遗民叛乱。现在的问题是,这次叛乱发生的时间。《阳玄基墓志》下文又载:"俄授左卫翊府右郎将,于鄯城镇守,频破吐蕃贼。"《旧唐书·薛仁贵传》载:"咸亨元年,吐蕃入寇,又以仁贵为逻娑道行军大总管。率将军阿史那道真、郭待封等以击之。待封尝为鄯城镇守,耻在仁贵之下,多违节度。"则阳玄基由安东都护府转往唐蕃对峙的前沿鄯城(今青海西宁),应该就是咸亨元年(670)随薛仁贵一同前往。也就是说,其"诛反首领高定问"是在咸亨元年薛仁贵西调以前,由此也证明薛仁贵担任安东都护的时候,治下的高句丽遗民已经发生叛乱。

《三国史记》卷二二《高句丽本纪第十》载:"(总章)二年己巳二月,王之庶子安胜率四千余户投新罗。夏四月,高宗移三万八千三百户于江淮之南及山南京

---

① 《资治通鉴》卷二〇一"唐高宗总章元年"条,中华书局,1956年,第6356—6357页。
② 《大周故左羽林卫将军上柱国定阳郡开国公右北平阳君(玄基)墓志铭》,见吴钢主编:《全唐文补遗》(第8辑),三秦出版社,2005年,第330页。

西诸州空旷之地。"安胜在总章二年二月率众投新罗,同样说明此时安东都护府的统治发生了动荡。为此,薛仁贵甚至被迫"移理新城"①。正是在这种情况下,唐朝决定将一部分高句丽民户内迁,以减轻安东都护府的统治压力。正是由于这次迁徙是从安东都护府所属各州抽取,其目标是大家富室,因此是以户为计。尽管根据《通典·高句丽》记载,"(总章)二年,移高丽户二万八千二百配江、淮以南,山南、京西",但是根据入唐高句丽人墓志材料,我们发现这次迁徙过程中同样有部分高句丽贵族被迁入内地并授予官职。当然,在做此判断之前,我们要先梳理一下总章二年迁徙高句丽民户的时间。根据上文的讨论,总章二年,安东都护府所管高句丽遗民发生叛乱,结合前引《三国史记》的记载,到总章二年二月,高句丽王之庶子安胜率四千余户投新罗。再到夏四月,唐朝遂决定内迁高句丽民户,以减轻安东都护府的统治压力。又据《资治通鉴》记载:总章二年,"四月……高丽之民多离叛者,敕徙高丽户三万八千二百于江、淮之南,及山南、京西诸州空旷之地,留其贫弱者,使守安东"②。《旧唐书·高丽传》则将迁徙时间定为总章二年五月。无论如何,唐朝是在总章二年二月安胜叛走新罗以后,于四五月间决定内迁高句丽遗民的。

据《高质墓志》记载,高质在唐军攻灭高句丽过程中,"矫然择木,望北林而有归……乃携率昆季,归款圣朝。并沐隆恩,俱沾美秩。总章二年四月六日,制授明威将军、行右卫翊府左郎将。其年,又加云麾将军、行左武威翊府中郎将。八屯兰锜,严鹓珥以司阶;五校钩陈,肃虎贲而侍阙"③。这说明高质虽然在总章元年已经降唐,但是并未随李勣入唐受封,因此他的家族很可能是留在安东都护府的。到总章二年,忽然又被授予禁军官职,以翊府郎将的身份入侍阙庭,这一变化的发生正是源自是年唐徙高句丽民于内地的行动。

《新唐书·高丽传》载:"仪凤二年,授藏辽东都督,封朝鲜郡王,还辽东以安余民,先编侨内州者皆原遣,徙安东都护府于新城。藏与靺鞨谋反,未及发,召还放邛州,厮其人于河南、陇右,弱蹇者留安东。"这条记载说明,仪凤二年(677),唐朝为了稳定安东都护府,将高句丽末代王高藏派回辽东,同时又将迁入内地的高句丽人一并派回。由于很快发生了高藏谋叛之事,于是唐朝在将高藏召还

---

① 《旧唐书》卷八三《薛仁贵传》。
② 《资治通鉴》卷二〇一"唐高宗总章二年"条,中华书局,1956年,第6359页。
③ 《大周故镇军大将军行左金吾卫大将军赠幽州都督上柱国柳城郡开国公高公(质)墓志铭并序》,见吴钢主编:《全唐文补遗(千唐志斋新藏专辑)》,三秦出版社,2006年,第80页。

流放的同时，再一次将高句丽人口迁回内地。在这一反复过程中，有一个问题十分模糊，即所谓"厮其人于河南、陇右"，是只针对"先编侨内州者"，还是包括安东都护府所管的高句丽民户呢？从相关信息看，所谓"其人"应该是追随高藏图谋叛乱者。因为就在高藏被派"还辽东以安余民"的同时，《新唐书》卷一一〇《泉男生传》记载："仪凤二年，诏（泉男生）安抚辽东，并置州县，招流冗，平敛赋，罢力役，民悦其宽。"由此看来，唐朝对长期处于动荡之中的安东都护府采取了双管齐下的治理方法：一是恢复其旧主高藏的王者身份，前往安抚，为了强化高藏的实力，尽快稳定辽东局势，又将"先编侨内州者皆原遣"。而之所以这样做，很可能与仪凤元年二月，"徙熊津都督府于建安故城；其百济户口先徙于徐、兖等州者，皆置于建安"①这一举措有关。由于熊津都督府侨置高句丽旧地，势力寡弱，因此将百济遗民"先徙于徐、兖等州者"迁去稳定局面。很可能效果不错，至少是较为稳定，没有发生动乱，因此到高藏回辽东的时候，唐朝也希望把原迁入内地的高句丽人一并遣回，利用这些一定程度上唐化的高句丽人稳固、同化安东都护府的高句丽遗民。二是派出泉男生掌管安东都护府，继续行使唐朝对安东都护府的统治权。尽管有关史料记载中只说泉男生"安抚辽东"，但是据《唐会要》卷七三《安东都护府》记载："仪凤二年二月二日，移安东都护府于新城安置。仍令特进充使镇府。"有学者指出其中"特进"正是指泉男生。②

在唐两手并用的情况下，尽管高藏谋叛事发，但是泉男生"安抚辽东，并置州县"的工作仍然得以顺利进行，直到"仪凤四年正月廿九日遘疾，薨于安东府之官舍"。也就是说，因高藏谋反而再次被内迁的高句丽遗民只是一部分，而经过泉男生并置以后，安东都护府仍有一部分州县得以保留。例如到万岁通天二年（697），高质父子抗击契丹战死于磨米城③；而高钦德、高远望父子在开元（713—741）、天宝（742—756）年间也仍然世袭建安州都督。④由此也说明，《资治通鉴》所载仪凤二年，"藏至辽东，谋叛，潜与靺鞨通；召还，徙邛州而死，散徙其人于河南、陇右诸州，贫者留安东城傍。高丽旧城没于新罗，余众散入靺鞨及突厥，隆亦竟不敢

---

① 《资治通鉴》卷二〇二"唐高宗仪凤元年"条，中华书局，1956年，第6383页。
② 辛时代：《唐代安东都护府研究》，博士学位论文，东北师范大学，2013年，第66页。
③ 《大周故镇军大将军行左金吾卫大将军赠幽州都督上柱国柳城郡开国公高公（质）墓志铭并序》，见吴钢主编：《全唐文补遗（千唐志斋新藏专辑）》，三秦出版社，2006年，第79页。
④ 《唐右武卫将军高府君（钦德）墓志铭并序》，见周绍良主编：《唐代墓志汇编》（下册）"开元376"，上海古籍出版社，1992年；《唐故安东副都护高府君（远望）墓志铭并序》，见吴钢主编：《全唐文补遗》（第8辑），三秦出版社，2006年，第47页。

还故地，高氏、扶余氏遂亡"①，应该是将安东都护府后续的发展情况，特别是后突厥、渤海兴起以后的情况一并叙述，所谓"终言之也"，并非仪凤年间已然如此。

回到本文主题，仪凤二年高藏到辽东，很快发生谋反未遂事件，有部分高句丽遗民又被大举迁回内地，笔者认为很可能主要是"先编侨内州者皆原遣"的同一批人。主要的推理证据有：（1）从前文讨论来看，总章元年内迁的高句丽遗民可能包括大量"抗拒王师"者，而总章二年内迁的高句丽遗民则可能包括大量叛乱者，且内迁安置之地在"江、淮以南及山南、并、凉以西诸州"的蛮荒之地，从这个意义上说，这些内迁的高句丽人并非稳定因素；（2）安东都护府的高句丽遗民经过总章元年、二年两次抽户迁徙，安胜的率户出走，后又经过近十年的战乱，人口凋零、元气大伤，相反，从中原遣回的高句丽遗民却是经过了十年的稳定生活，养精蓄锐，因此更具反叛实力；（3）从高藏与泉男生先后返回辽东看，回迁高句丽遗民是协助高藏安抚辽东高句丽余民的，泉男生的职责则是重新编制安东都护府下州县，也就是说主要管理安东都护府旧民，因此更可能协助高藏发动叛乱的是前者。（4）"弱窭者留安东"，从两部分高句丽遗民的比较情况看，所谓弱窭者也更可能出自安东都护府所管者。

以上重点讨论了唐太宗和高宗时期三次大规模内迁高句丽遗民的情况。当然，除此以外，还有一些小规模的内迁。其一，在唐高宗于总章元年灭亡高句丽以前，曾与高句丽发生过多次交锋，在这个过程中，也有部分高句丽人被内迁。《高乙德墓志》载："暨兮大唐龙朔元年，□□天皇大帝敕发义军，问罪辽左。公率兵敌战，遂被生擒。□□圣上舍其拒抗之愆，许以归降之礼。二年蒙授右卫蓝田府折冲、长上。"②揆诸史籍，所谓"大唐龙朔元年，□□天皇大帝敕发义军，问罪辽左"，当即《新唐书·高丽传》所载："龙朔元年，大募兵，拜置诸将……八月，定方破虏兵于浿江，夺马邑山，遂围平壤。"而高乙德正是在这次战役中被唐军俘虏并带回唐朝的。其二，开元三年（715），流入突厥的高句丽遗民脱离突厥降唐。《册府元龟》卷九七四《褒异一》记载了开元三年"八月丙辰……高丽王莫离支高文简、都督跌跌思太、吐浑大首领刺史慕容道奴、郁射施大首领鹘屈利斤、大首领刺史苾悉颉力、高丽大首领拱毅等"来降。根据前引《资治通鉴》的记载，仪凤二年高藏回辽东，因谋叛被召还流放，大量高句丽人再次被迁回内地，其后"高丽旧城没于新罗，余众散入靺鞨及突厥"，高文简所部高句丽人应该就是在这种情况

---

① 《资治通鉴》卷二〇二"唐高宗仪凤二年"条，中华书局，1956年，第6383页。
② 《周冠军大将军行左清道率府频阳折冲都尉高乙德墓志》，转引自葛继勇：《高乙德墓志与高句丽末期的内政外交》，《郑州大学学报》（哲学社会科学版）2016年第1期。

下，从安东都护府流入突厥的。到开元初，因后突厥汗国默啜政衰，于是高文简等又率部复降唐朝。关于这一支高句丽人的安置地，下文将有所讨论。

二、安置问题

唐朝内迁高句丽遗民的安置问题，由于迄今所见相关材料中并无这方面系统、全面的记载，因此本文也难以做出全面的考察；同时，本文亦不打算根据现有材料，对唐朝内地存在高句丽遗民的地域做面面俱到的罗列。本文的目标是尽可能地梳理出唐朝内迁高句丽遗民安置的规律性特征。

1. 担任唐朝中央官职而安置在长安地区的高句丽贵族

以往学界根据入唐高句丽遗民墓志记载长安、洛阳两地均有高句丽遗民上层人物的住所，因而判断唐将部分内迁高句丽人安置在京师长安和东都洛阳一带。① 但是在笔者看来，根据墓志所述的住所，只能说唐代两京地区住有高句丽遗民，但是如果说唐将高句丽遗民安置于两京则不准确，因为就目前所能见到的史料而言，所谓安置于两京之高句丽人最初都是安置在长安的。下面我们就分两类对上述高句丽人加以梳理。

第一类是有明确信息安置于长安地区的，包括以下诸人：（1）泉男生。据《新唐书·泉男生传》载：乾封二年，"召入朝……赐第京师"。《册府元龟》卷九七《帝王部·奖善》载："咸亨元年六月……乃赐男生兴宁坊之田第及美女宝货。"（2）高玄。据《高玄墓志》载："君讳玄，字贵主，辽东三韩人也。……从男生而仰化，慕斯圣教，自东徙而来王，因而家贯西京，编名赤县。"② （3）李他仁。据《李他仁墓志》载："君讳他仁，本辽东栅州人也。后移贯雍州之万年县焉。……从英公入朝，特蒙劳勉，蒙授右戎卫将军。……上元二年岁次丁巳二十三日，遇疾薨于长安之私第，春秋六十有七。"（4）王景曜。据《王景曜墓志》载："公讳景曜，字明远，其先太原人。昔当晋末，鹅出于地，公之远祖，避难海东，洎乎唐初，龙飞在天，公之父焉，投化归本。……圣主嘉之，赐第京兆，今为京兆人也。"（5）高支于，据《高提昔墓志》载："夫人讳提昔，本国内城人也。……贞观年中，天临问罪，祖（高支于——笔者）乃归诸款塞，率旅宾庭。爰赏忠规，载班清级，因兹胤裔，族茂京都。"

---

① 拜根兴：《唐代高丽百济移民研究》，中国社会科学出版社，2012年，第36—38页。
② 《大周故冠军大将军左豹韬卫翊府中郎将高府君墓志铭》，见吴钢主编：《全唐文补遗》（第2辑），三秦出版社，1995年，第318页。

第二类是虽无直接记载但同样是安置于长安地区的。要讨论他们的最初安置地，有两个问题需要辨明。

第一个问题是，这些人入唐之初都在京城长安任职，这也是笔者判断此类高句丽遗民最初安置于长安的重要证据，他们是：（1）高藏，总章元年，授司平太伯常。（2）泉男产，总章元年，授司宰少卿。（3）高德，据《高德墓志》载："府君祖宗，恋恩归本，属乎仗内，侍卫紫宸。"前文已经述及，拜根兴判断高德家族为唐太宗时期归唐，因此所谓"属乎仗内，侍卫紫宸"，当为担任京城（长安）的卫戍之官。（4）高质，据《高质墓志》载："总章二年四月六日，制授明威将军、行右卫翊府左郎将。其年，又加云麾将军、行左武威翊府中郎将。八屯兰锜，严鹖珥以司阶；五校钩陈，肃虎贲而侍阙。"（5）高木卢，《高木卢墓志》载："遂骧首云路，厕迹天庭。枢典六闲，职司三物。"[①]所谓"枢典六闲，职司三物"，应是供职于殿中省。（6）高铙苗，《高铙苗墓志》载："君讳字，辽东人也。……背沧海而来王，仰玄风而入仕。……以咸亨四年十一月十一日终于私第，恩诏葬于城南原，礼也。"[②]城南原，即长安城南原，因此高铙苗"背沧海而来王，仰玄风而入仕"应该是在长安为官。（7）高牟，《高牟墓志》载："君讳牟，字仇，安东人也。……候青律以输诚，依白囊而献款。授云麾将军，行左领军卫翊府中郎将。"[③]

第二个问题是，目前所见入唐高句丽遗民墓志材料表明，有相当一部分卒于洛阳、葬于洛阳，这也是以往学界判断有部分高句丽人可能被安置在洛阳的原因，因此需要予以辨明。现在看来，这部分卒、葬于洛阳的高句丽遗民大多担任中央官职，而其卒、葬于洛阳的原因正是唐朝都城的变化。唐朝建国初期，一度废止洛阳的陪都地位。到显庆二年（657），唐高宗恢复隋制，重设洛阳为东都，并开始在两京之间不断移动，但居住在东都的时间越来越多。到上元二年（675）三月，武则天知国政，由于武氏重视洛阳，因此唐的统治重心也正式转到东都洛阳。武则天代唐自立后，光宅元年（684），易名东都为"神都"。天授元年（690），武则天正式称帝后改"唐"为"周"，定洛阳为首都，长安反成了陪都。到神龙元年（705），唐中宗复位，又将都城迁回长安，但是东都中央衙署仍在一段时间内延续存在。前述入居唐朝内地的第一代高句丽人，作为唐朝的中央官员，最初定居于长安，但是

---

① 《唐故陪戎副尉直仆寺高府君墓志铭》，见周绍良主编：《唐代墓志汇编续集》"开元096"，上海古籍出版社，2001年。

② 《大唐故左领军员外将军高铙苗墓志》，参见张彦：《唐高丽遗民〈高铙苗墓志〉考略》，《文博》2010年第5期。

③ 《大周故左豹韬卫将军高君墓志铭》，参见楼正豪：《新见唐高句丽遗民〈高牟墓志铭〉考释》，《唐史论丛》2014年第1期。

随着唐（武周）都城的变化，其生活、居住地也随之发生变化。由此形成以下几种情况：

其一，去世较早，往往葬于长安，与东都洛阳没有关系，他们是：（1）高藏。永淳元年（682），卒于流所，"赠卫尉卿，葬颉利墓左，树碑其阡"[1]。据考证，高藏墓在长安灞河东。[2]（2）李他仁。据《李他仁墓志》载："上元二年岁次丁巳二十三日，遇疾薨于长安之私第……即以二年岁次丁丑二月癸巳朔十六日己酉，葬于长安城东之白鹿原，礼也！"（3）高铙苗。据《高铙苗墓志》载"以咸亨四年十一月十一日终于私第，恩诏葬于城南原，礼也"。

其二，因担任京兆府的地方官，未迁往东都的。如高乙德，据《高乙德墓志》载："咸亨五年，蒙授左清道率府频阳府折冲。至大周天授二年，加授冠军大将军，余并依旧。何期逝水不定，生涯有限。至圣历二年二月八日，遂于所任枕疾而终。春秋八十有二。权殡私弟。至大足元年九月廿八日，发坟于杜陵之北，合葬。礼也。"高乙德去世前担任的官职是"左清道率府频阳府折冲"，该折冲府属京兆府[3]，因此"于所任枕疾而终"，就是死于京兆府频阳折冲府，死后葬于长安"杜陵之北"。

其三，已随迁至洛阳，因而葬于洛阳。由于皇帝越来越多地选择在洛阳办公，所以诸大臣也逐步在洛阳安家置宅，死后亦葬于洛阳。主要有：（1）泉男生。《泉男生墓志》载："仪凤二年，奉敕存抚辽东……以仪凤四年正月廿九日遘疾，薨于安东府之官舍。"灵柩迁回洛阳安葬，"灵柩到日，仍令五品已上赴宅"[4]。说明这一时期，泉男生家族已经在洛阳有了宅第，死后也葬于洛阳地区的风水宝地——北邙山。（2）泉男产。《泉男产墓志》载："大足元年三月廿七日遇疾薨于私第，以其年四月廿三日葬于洛阳县平阴乡某所。"从卒、葬时间看，所称"私第"当在洛阳。（3）高质、高慈父子。高质于"天授元年，迁冠军大将军、行左鹰扬卫将军"；高慈，"公少以父勋回授二柱国，又授右武卫长上，寻授游击将军，依旧长上。又泛加宁远将军，依旧长上。又奉恩制，泛加定远将军，长上如故"。其后父子二人虽长期在边疆地区征战、戍守，最终战死于辽东磨米城，但是死后仍迁回洛

---

[1]《新唐书》卷二二〇《百济传》。
[2] 拜根兴：《唐代高丽百济移民研究》，中国社会科学出版社，2012年，第37页。
[3] 张沛：《唐折冲府汇考》，三秦出版社，2003年，第37页。
[4]《大唐故特进行右卫大将军兼检校右羽林军仗内供奉上柱国卞国公赠并州大都督泉君墓志铭》，见周绍良主编：《唐代墓志汇编》（上册）"调露023"，上海古籍出版社，1992年。

阳安葬。①（4）高牟。据《高牟墓志》记载：入唐之初，"授云麾将军，行左领军卫翊府中郎将……转冠军将军，行左豹韬卫大将军……延载元年腊月卅日薨于时邕之第……以圣历二年八月四日窆于洛州合宫县界北邙山，之礼也"。由此看来，高牟也是葬于洛阳，但是其最初入唐为官，应该是在长安。有关高牟生活在长安的情况，还可以从《全唐文》记载的一段判词中找到信息，即《对中郎率家僮出畋判》。其中记述"中郎高牟"出猎，返回时"言指灞陵之路"②，说明他任"左领军卫翊府中郎将"时是住在长安的。

实际上，入唐蕃人的籍贯往往根据其迁居地而变化，而其中担任中央官的诸蕃贵族，更因为都城的变迁而造成籍贯频繁变换的情况。例如契苾何力家族，据研究整理，入唐以后，太宗将契苾部落安置于甘、凉二州，契苾何力授将军，入居长安，这样契苾何力家族就拥有武威姑臧和京兆万年两个籍贯。到生活于高宗武周时期的契苾何力之子契苾明，据《契苾明墓志》载："君讳明，若水，本出武威姑臧人也。圣期爰始，赐贯神京，而香逐芝兰，辛随姜桂。今属洛州永昌县，以光盛业焉。"③籍贯改作洛州永昌县。契苾明之子契苾嵩，卒于开元十八年（730），据《契苾嵩墓志》载："祖何力……将部落入朝，姑臧安置，后徙京兆，望乃万年，授右领军卫将军。"④籍贯又恢复为京兆万年县。显然，契苾明、契苾嵩父子籍贯的变化，其原因正在唐朝都城的变化。⑤参照契苾何力家族籍贯的变化情况，再来看本文研究的入唐高句丽人，有些问题就更易于理解了。例如高足西，其入唐之初居于长安，但是在其墓志中，却说"乃效款而住，遂家于洛州永昌县焉"。永昌县，即洛州洛阳县，为洛阳城郭下县，参照《契苾明墓志》，则所谓"家于洛州永昌县"应该是迁居洛阳以后的情况。再如泉男生之孙泉隐，据泉隐为其子泉毖所撰墓志，尽管泉男生、泉献诚两代居于洛阳，但是到泉毖卒时，他们一家已经迁回长安，泉毖"终于京

---

① 《大周故镇军大将军行左金吾卫大将军赠幽州都督上柱国柳城郡开国公高公（质）墓志铭并序》《大周故壮武将军行左豹韬卫郎将赠左玉钤卫将军高公（慈）墓志铭并序》，见周绍良主编：《唐代墓志汇编》（上册）"圣历044"，上海古籍出版社，1992年。
② 《全唐文》卷九七六，中华书局，1983年，第10120页。
③ 《大周故镇军大将军行左鹰扬卫大将军兼贺兰州都督上柱国凉国公契苾府君之碑铭》，见岑仲勉：《突厥集史》，中华书局，1958年，第801页。
④ 《大唐故特进凉国公行道州别驾契苾公墓志铭》，见岑仲勉：《突厥集史》，中华书局，1958年，第825—826页。
⑤ 有关入唐契苾家族籍贯的变化，参见张文燕：《唐代契苾何力家族籍贯变迁》，硕士学位论文，中央民族大学，2013年。

兆府兴宁里之私第",其籍贯则记作"京兆万年人也"[①]。

在这方面,除了上述墓志材料外,传世文献也有一些记录,例如《旧唐书》卷一〇六《王毛仲传》载:"王毛仲,本高丽人也。父游击将军职事求娄,犯事没官,生毛仲,因隶于玄宗。"王毛仲是高句丽人,生活在唐中宗、玄宗时期,其父为游击将军职事求娄,从时间上看,很可能也是总章时期内迁长安地区的高句丽贵族。总的来看,由于总章元年、二年唐朝的政治中心仍在长安,进入唐朝内地并担任中央官职的高句丽贵族,包括他们的家族,也应该首先来到长安地区。当然,由于京城之内地域有限,这批高句丽人的居住地域可能扩大到整个京兆府。

2.长安地区的高句丽平民与高句丽奴婢

张鹫所著笔记小说《朝野佥载》中,也保留了一些有关入居长安的高句丽人的记载。如卷二载"京兆人高丽家贫,于御史台替勋官递送文牒,其时令史作伪帖,付高丽追人拟吓钱,事败,令史逃走,追讨不获,御史张孝嵩捉高丽拷",云云。御史张孝嵩为开元年间人,则这里的"京兆人高丽"应该也是入唐高句丽人的第二或第三代,但是却家贫无所营生,靠替勋官承担职役谋生。卷五又载:"中书舍人郭正一破平壤,得一高丽婢,名玉素,极姝艳,令专知财物库。正一夜须浆水粥,非玉素煮之不可。玉素乃毒之而进,正一急曰:'此婢药我!'索土浆、甘草服解之,良久乃止。觅婢不得,并失金银器物十余事。录奏,敕令长安、万年捉不良脊烂求贼,鼎沸三日不获。不良主帅魏昶有策略,取舍人家奴,选年少端正者三人,布衫笼头至卫。缚卫士四人,问十日内已来,何人觅舍人家。卫士云:'有投化高丽留书,遣付舍人捉马奴,书见在。'检云'金城坊中有一空宅',更无语。不良往金城坊空宅,并搜之。至一宅,封锁正密,打锁破开之,婢及高丽并在其中。拷问,乃是投化高丽共捉马奴藏之,奉敕斩于东市。"这里记载了"高丽婢"和"投化高丽"。

有关《朝野佥载》卷五所载"高丽婢"的来源,前文已经有所讨论,即为唐朝征伐高句丽过程中,立功人员获得的奖赏。那么所谓"高丽家贫""投化高丽"又是如何出现在长安的呢?首先看年代较早的"投化高丽"。从时间上看,其是第一代入居长安的高句丽遗民,按唐《户令》规定:"诸没落外蕃得还及化外人归朝

[①]《唐故宣德郎骁骑尉淄川县开国子泉君志铭》,见周绍良主编:《唐代墓志汇编》"开元378",上海古籍出版社,1992年。

者，所在州镇给衣食，具状送省奏闻，化外人于宽乡附贯安置。"①也就是说，对于一般的外蕃投化人，应该在宽乡，即地多人少之处安置，安置于都城长安与令式不和。因此笔者判断出现在长安地区的"投化高丽"人，应该是太宗、高宗两朝征伐高句丽过程中，在每次战争之后作为战利品带回长安的下层高句丽贵族，他们虽然并未获得封授官爵，但是却得以安置在长安地区。类似的情况也见于唐灭突厥的过程，据《新唐书》卷二二八《突厥传上》载，唐灭东突厥后，"擢酋豪为将军、郎将者五百人，奉朝请者且百员，入长安自籍者数千户"。"入长安自籍者数千户"就是非官员的普通"投化突厥人"。至于"高丽家贫"者，作为内迁高句丽人的第二或第三代，应该主要是因为家道衰落而沦入社会下层。前述王毛仲因为父亲犯事没官为奴是最极端的例子，一般而言，还是具有身份自由的。无论如何，正是因为在长安生活着大量高句丽人，特别是普通高句丽人，因此才会形成"高丽曲"这样的地名。②

3.折冲府武官

唐朝对内迁的高句丽贵族并非一律授予中央官职，也有授予地方折冲府武官者。从墓志材料中可见如下例证：高乙德，据《高乙德墓志》所载，他是龙朔元年（661）在与唐交战过程中被俘，随之被迁入唐朝内地，"二年蒙授右卫蓝田府折冲、长上……至咸亨五年，蒙授左清道率府频阳府折冲"。其中蓝田府、频阳府均属京兆府所管折冲府。③高足酉，据《高足酉墓志》载："唐总章元年，授明威将军，守右威卫真化府折冲都尉，仍长上，寻授守左威卫孝义府折冲都尉，散官如故。二年授云麾将军，行左武卫翊卫府中郎将。"真化府、孝义府均为京兆府所属折冲府。高玄，初入唐，"授宜城府左果毅都尉"④，宜城府同样为京兆府所属折冲府。⑤

当然，正如上文所讨论的，由于后期担任中央官的原因，高足酉、高玄均卒、葬于洛阳。高玄，根据《高玄墓志》记载："垂拱二年……俄而蒙授右玉钤卫中郎

---

① ［日］仁井田升：《唐令拾遗·户令第九》，东方文化学院东京研究所刊本，1933年，第238页。
② 张礼《游城南记》曰："亦犹长安县有高丽曲，因高丽人居之而名之也。"
③ 关于频阳府，参见张沛：《唐折冲府汇考》，三秦出版社，2003年，第37页；蓝田府未见于张书，但唐京兆府下有蓝田县，则蓝田府属京兆无疑。
④ 《大周故冠军大将军左豹韬卫翊府中郎将高府君墓志铭》，见吴钢主编：《全唐文补遗》（第2辑），三秦出版社，2006年。
⑤ 张沛：《唐折冲府汇考》，三秦出版社，2003年，第99页。

将……天授元年二月九日，恩制改授左豹韬卫行中郎将……以天授元年十月廿六日遘疾，终于神都合宫之私第，春秋四十有九。"高足酉，据《高足酉墓志》载，"仪凤四年，授右领军卫将军……永昌元年，制授右玉钤卫大将军……大周天授元年，拜公为镇军大将军，行左豹韬卫大将军"，至此当已随都城变化迁居洛阳。后虽然外出征镇，但是"大周天册万岁元年遘疾，卒于荆州之官舍"后，仍归"葬于洛州伊阙县新城之原"。

这里笔者想补充一点，尽管目前此类墓志材料发现的还很有限，但是笔者认为在内迁高句丽贵族，特别是中下级贵族中，这一类人应该数量较多。由于目前所发现的高句丽遗民墓志主要出土于曾为唐朝都城的西安和洛阳地区，因此担任中央官职者数量更多。至于任职折冲府者，也主要分布在京兆府，且大多又升任京官，因此这方面的材料还有很大的片面性，暂时难以对相关情况进行更为详细的讨论。

4.诸州高句丽人

除了都城长安地区以外，也有大量入唐高句丽民户被安置于诸州。例如《旧唐书·房玄龄传》记载房玄龄描述唐太宗时期内迁高句丽人的情况："未经旬月，即拔辽东，前后虏获，数十万计，分配诸州，无处不满。"说明这批高句丽人有被"分配诸州"的情况。当然，前文已经论及，房的叙述出于表章政论，目的是阻止唐太宗讨伐高句丽，言辞并非十分严谨。因此所谓"数十万计，分配诸州"等语皆需打些折扣理解。按照唐朝的一般制度规定，"化外人于宽乡附贯安置"，因此将高句丽人分配哪里肯定会有一些刻意安排。

有关高句丽遗民分置诸州的详细情况，出现在对总章二年的这一次内迁的记载中。《通典·高句丽》载："（总章）二年，移高丽户二万八千二百配江淮以南，山南、京西。"《旧唐书·高宗纪下》载："（总章）二年……五月庚子，移高丽户二万八千二百，车一千八十乘，牛三千三百头，马二千九百匹，驼六十头，将入内地，莱、营二州般次发遣，量配于江、淮以南及山南、并、凉以西诸州空闲处安置。"所谓江、淮以南诸州，应该是指唐朝的江南道、淮南道，至于山南、并、凉以西，则大致应在山南道西部唐蕃边境以及河西走廊，上述地区处在唐朝核心区的外围，向南是南蛮夷獠，向西是吐蕃和西域蕃胡，将高句丽民户安置在上述地区，一方面便于当地的开发，另一方面也承担军事防御的任务。

《新唐书·高丽传》载："仪凤二年，授藏辽东都督，封朝鲜郡王，还辽东以安余民，先编侨内州者皆原遣，徙安东都护府于新城。藏与靺鞨谋反，未及发，召还放邛州，厮其人于河南、陇右，弱婺者留安东。"这条记载尽管不长，但是却包含了丰富的信息：其一，它记述了总章二年内迁的高句丽遗民的管理方式——"先编侨内州者"。所谓"侨内州"，需分两部分理解：一是以高句丽人设州安置，而这类州应属羁縻州，"即其部落列置州县。其大者为都督府，以其首领为都督、刺史，皆得世袭"①。二是"侨内"，所谓"侨"，是移民异地安置，为其重建州郡县，仍用其旧名的行政管理制度。"侨内"则是指原本设于边地的羁縻州侨置内地，这种情况在唐代也并非罕见。《新唐书·地理志七下》载："李尽忠陷营州，乃迁玄州于徐、宋之境，威州于幽州之境，昌、师、带、鲜、信五州于青州之境，崇、慎二州于淄、青之境，夷宾州于徐州之境，黎州于宋州之境，在河南者十州，神龙初乃使北还，二年皆隶幽州都督府。"就字面而言，上述理解并无困难，只是目前尚无内迁高句丽羁縻州的任何线索，因此所谓"侨内州"的具体情况还无从讨论。无论如何，总章二年内迁的高句丽遗民是聚族而居应该是无疑议的，惟其如此，才能在派高藏回辽东安辑旧民的时候，很快将内迁高句丽人组织"原遣"。其二，"藏与靺鞨谋反，未及发，召还放邛州，斯其人于河南、陇右，弱窭者留安东"。高藏谋反事发以后，唐朝又将大量高句丽遗民迁回内地，所不同的是，这次安排的地点是河南、陇右诸州。河南道在淮河以北，比照原安置于江、淮以南是向北靠近核心区了。至于陇右道，也包括原高句丽人安置之地"并、凉以西"，那么这一部分人是否是原地返回呢？却又不是。据《唐六典》卷五"兵部郎中员外郎"条载："秦、成、岷、渭、河、兰六州有高丽、羌兵。"上述六州在凉州以东靠近关内道的地方，将高句丽人安置在这里，同样是向东靠近核心区了。

有学者指出，在凉州以西的河西地区也有高句丽遗民，然而从其所举例证看，均非坚实有力，因此其结论暂时还存疑。②那么，为什么没有将高句丽遗民再遣回原地呢？实际上与唐朝的军事实力以及外部环境变化有关。到高宗末年、武周时期，唐朝的军事实力已大不如前。陈寅恪指出："吐蕃炽盛，唐室为西北之强敌所牵制，不得已乃在东北方取消极退守之策略。"③将高句丽遗民安置在秦、成、岷、渭、河、兰六州正是为了防御吐蕃。将一部分高句丽遗民安置在河南道又是出于什么考虑呢？笔者认为是为了加强东都周边地区的军事力量。唐初基于关陇本位和拱卫京畿的考虑，府兵的军府三分之一设在关内道，到仪凤年间，唐朝的政治重心已经转到东都洛阳，因此加强河南道的军事力量为势所必然。实际上，我们也看到河南道高句丽军事力量的作用。《高玄墓志》载："又以永昌元年，奉敕差令诸州简

---

① 《新唐书》卷四三下《地理志七下》。
② 魏郭辉：《唐代河陇朝鲜人之研究》，《敦煌学辑刊》2005年第2期。
③ 陈寅恪：《唐代政治史述论稿》，上海古籍出版社，1997年，第136页。

高丽兵士;其年七月,又奉敕简洛州兵士,便充新平道左三军总管征行。"关于此次军事行动,《资治通鉴》有所记述,永昌元年五月"己巳,以僧怀义为新平军大总管,北讨突厥。行至紫河,不见虏,于单于台刻石纪功而还。……九月,壬子,以僧怀义为新平道行军大总管,将兵二十万讨突厥骨笃禄"[①]。从时间和行军的名称、规模看,高玄参加的应该是九月的新平道行军。而其所率领的军队主要是诸州高丽兵士和洛州兵士,问题是这里的诸州高丽兵士是否是前述秦、成、岷、渭、河、兰六州之高丽兵呢?笔者给出否定答案。原因有二:一是高玄奉敕差令诸州简高丽兵士准备新平道行军应该是在五月己巳(十八日),僧怀义为新平军大总管,北讨突厥还师之后,七月又"奉敕简洛州兵士"之前,那么时间也就不到两月,不可能完成前往陇右诸州,简点兵士,又带回东都与洛州兵士合军的任务。二是据《唐六典》卷五"兵部郎中员外郎"条载:"秦、成、岷、渭、河、兰六州有高丽、羌兵。"注云:"皆令当州上佐一人专知统押,每年两度教练,使知部伍。如有警急,即令赴援。"有关此六州高丽兵的性质学界有所争论。笔者认为,从《唐六典》卷五的记载看,这一段系统记述了开元年间唐朝的兵源问题。以三个"凡"字起笔。第一部分是讲府兵。《唐六典》撰著的开元年间,正是府兵制向募兵的节度使制转变的前期,因此府兵仍占据很重要的地位,是差、行、上番的主力。第二部分是职业兵种,包括左右金吾卫的角手,诸卫的弩手,左右羽林军的飞骑、左右万骑、旷骑,诸军的健儿,他们都是职业军人,与府兵"战时为兵,闲散为农"不同。第三部分是"团结兵"。包括关内团结兵,秦、成、岷、渭、河、兰六州高句丽、羌兵,黎、雅、邛、翼、茂五州镇防团结兵。团结兵的特点是介于府兵与职业兵之间,他们的日常身份也是农民,但是训练和管理较比府兵更为专业化,例如高丽、羌兵"皆令当州上佐一人专知统押,每年两度教练,使知部伍。如有警急,即令赴援"。实际上,三类"团结兵"都是基于镇戍、防御的特殊需要,关内地区的特殊性自不待言,陇右六州高句丽、羌兵是为了防御吐蕃,而剑南道五州"镇防团结兵"则是为了镇戍夷獠,防御吐蕃。

基于上述分析,如果认为高玄简点的是陇右六州的高句丽兵,那就存在两个问题:一是在五月,韦待价刚刚大败于吐蕃,"士卒冻馁,死亡甚重,乃引军还"[②]的当口,唐朝怎么会再削弱西北的防御力量呢?二是六州高句丽兵是有所组织的,"如有警急,即令赴援",又何必专门派人简点呢?因此笔者判断,高玄"奉敕差令诸州简高丽兵士"的诸州,正是河南道的诸州,安置在这里的高句丽人并无陇右

---

① 《资治通鉴》卷二〇"则天后永昌元年"条,中华书局,1956年,第6458、6460页。
② 《资治通鉴》卷二〇"四则天后永昌元年"条,中华书局,1956年,第6459页。

六州那样的类似团结兵的军事组织，因此在需要的时候，才会派一位高句丽出身的将领临时简点。实际上，此时高玄的身份是"右玉铃卫中郎将"，地位并不显赫，"奉敕简洛州兵士"，也即在东都所在地简点兵士，笔者颇疑所简兵士同样是来自洛州地区的高句丽人，根据前文的讨论，也就是内迁到唐朝都畿地区的高句丽贵族的家族子弟。

接下来的问题是，再次内迁的高句丽遗民是如何管理的呢？与"先编侨内州者"不同，这一次内迁，《新唐书·高句丽传》记作："厮其人于河南、陇右。"《资治通鉴》则记作："散徙其人于河南、陇右诸州。"这样的表述充分说明再次内迁的高句丽遗民是被分散安置在河南、陇右二道州县之下。正因为拆散了羁縻州组织，因此唐对高句丽遗民的赋役征发与军事差调都需要执行特殊政策。在赋役征发方面，《唐六典》卷三《户部郎中员外郎条》记载："轻税诸州、高丽、百济应差征镇者，并令免课、役。"从上文看，这里的"轻税诸州"，应该是"诸国蕃胡内附者"和"岭南诸州税米者"的组织形式，即羁縻州和有夷、獠户的岭南诸州。高丽、百济与之并列，一方面说明两者也是蕃户，另一方面则说明两者的管理形式非羁縻州。

也正是因为这种分散管理方式，在军事差调之时，需要专门遣使，"奉敕差令诸州简高丽兵士"。至于陇右六州的高句丽人，虽然组成"团结兵"之一种，但据《唐六典》卷五"兵部郎中员外郎"条载"秦、成、岷、渭、河、兰六州有高丽、羌兵"，注云"皆令当州上佐一人专知统押，每年两度教练，使知部伍。如有警急，即令赴援"。由"当州上佐一人专知统押"，同样说明其组织方式与羁縻州完全不同。据《全唐文》卷七载"命将征高丽诏"，其文曰："行军总管执失思力，行军总管契苾何力，率其种落，随机进讨。契丹蕃长于勾折、奚蕃长苏支、燕州刺史李元正等，各率其众，绝其走伏。"契丹、奚及靺鞨（燕州）等羁縻府州管理的内附蕃人都是由其首领率部众出征的。前人研究已经指出，迁居内地的高句丽遗民"基本上是以乡里社会的形式组织起来"[①]。当然，根据本文的讨论，乡里化应该是在高藏谋叛失败，遣返辽东的高句丽遗民二次被迁回内地之后发生的。

最后，还有一支内迁高句丽人，即前文所述随高文简、高拱毅从突厥降唐者。同一事件在《新唐书》卷二一五上《突厥传上》中记载为："其婿高丽莫离支高文简，与跌跌都督思太，吐谷浑大酋慕容道奴，郁射施大酋鹘屈颉斤、苾悉颉力，高丽大酋高拱毅，合万余帐相踵款边，诏内之河南。"从上述记载看，高文简、高拱

[①] 苏航：《唐代北方内附蕃部研究》，博士学位论文，北京大学，2006年，第11页。

毅率领的降唐的高句丽人是与跌跌、吐谷浑、郁射施等游牧部族一同南下，一同安置，因此这里的"河南"，应该不是河南道，而是鄂尔多斯高原所在的黄河以南地区，这里也是传统上唐朝安置突厥等草原降部的地区。有关这一支高句丽遗民的管理方式，据《新唐书·突厥传上》载："引拜文简左卫大将军、辽西郡王，思太特进、右卫大将军兼跌跌都督、楼烦郡公，道奴左武卫将军兼刺史、云中郡公，鹘屈颉斤左骁卫将军兼刺史、阴山郡公，苾悉颉力左武卫将军兼刺史、雁门郡公，拱毅左领军卫将军兼刺史、平城郡公，将军皆员外置，赐各有差。"从唐对诸归降首领的授官情况看，除高文简外，均为员外将军兼都督、刺史，这里的都督、刺史显然是羁縻府州的长官，由此可见，这支高句丽人是设置羁縻州管理的。至于羁縻州的名称目前尚无从考证。

原载《社会科学战线》2017年第5期

（范恩实，中国社会科学院中国边疆研究所副所长、研究员）

长安与青藏高原诸民族

吐谷浑晖华公主墓志与北朝北方民族关系

周伟洲

一、序言

2014年11月至2015年7月，陕西省考古研究院、陕西历史博物馆、长安旅游民族宗教文物局等机构的考古工作者发掘了位于西安市长安区大兆郭庄村南一座北朝时墓葬。此墓坐北朝南，有斜坡墓道，长约42.2米，有四个天井、四个过道，分前、后室。前室彩绘壁画因垮塌严重，仅余顶部星象图；后室仅发现两具人骨。随葬品主要分布于前室，共165件（组），有铜器、石器、陶镇墓兽、武士俑、骑马俑等。另出墓志两方：一方为《吐谷浑晖华公主墓志》，另一方为公主夫《乞伏孝达墓志》。因《乞伏孝达墓志》系用朱砂书写，且字迹脱落，故已难辨识。《吐谷浑晖华公主墓志》为青石质，长49厘米，宽43厘米，厚13厘米，字迹完好。志共21行，满行20字。[①]

现据《吐谷浑晖华公主墓志》（本文简称《墓志》，见图1），将墓志铭文重录如下[②]：

茹茹骠骑大将军、俟利、莫何、度支尚书、金城王乞伏孝达妻晖华公主吐谷浑氏墓志铭

公主讳库罗伏，字尉芮文，吐谷浑主明元之第四女也。乃祖乃考，世君西域。既鹊起而辟土，亦虎视以称雄。斯乃备之于简素，可得而略也。主茹茹可敦之妹，即悼皇后之姨也。公主之称，始自本国。金城初仕于吐谷浑，为车骑大将军、中书监。浑主重其器望，遂以妻之。若夫窈窕之

[①] 陕西省考古研究院、陕西历史博物馆、长安旅游民族宗教文物局：《陕西西安西魏吐谷浑公主与茹茹大将军合葬墓发掘简报》，《考古与文物》2019年第4期；陕西省考古研究院编：《陕西省考古研究院新入藏墓志》，上海古籍出版社，2019年，第4页。

[②] 陕西省考古研究院、陕西历史博物馆、长安旅游民族宗教文物局：《陕西西安西魏吐谷浑公主与茹茹大将军合葬墓发掘简报》，《考古与文物》2019年第4期。

誉，藉甚于椒芳，烦辱之功，有闻于权木。四教既闲，百雨云萃，妇德内融，母仪外肃。又从夫至于茹茹，亲傲礼遇，莫之与先。悼皇后来归也，金城以姨婿之重，作上宾于魏。时主及三子亦从此行。婉若春风，皦如秋月，光仪容止，式谐典度。方调琴瑟，永训闺庭，而偕老之愿未申，朝露之危奄及。春秋卅有九，以大统七年正月甲午卒于苌安。皇帝悼之，葬以公主之礼。生远其乡，死异其地，德音虽在，形颜已歇，嗟行之人，惜而泪下。粤二月乙酉窆于山北县小陵原。乃作铭曰：

昭昭列星，乃降斯灵。诞兹闲淑，既素且贞。来仪君子，作宾上京。规矩其度，兰菊其馨。方申介祉，式范宫庭（廷）。岂期舟壑，奄望佳城。银海虽湛，玉桂不荣。伤哉玄夜，已矣泉扃。

图1 《吐谷浑晖华公主墓志》拓片

二、吐谷浑晖华公主家世考

《墓志》开首云："公主讳库罗伏，字尉芮文，吐谷浑主明元之第四女也。"可知公主父为"吐谷浑主明元"，此"明元"又是何人？据墓志记，公主卒于西魏大统七年（542），年三十九岁，故其生于北魏正始四年（504），时为吐谷浑十四世主伏连筹（490-529）在位[①]，则公主父当为时吐谷浑主伏连筹。按，《魏书》卷

---

① 周伟洲：《吐谷浑史》，广西师范大学出版社，2006年，第41—45页，附《吐谷浑世系表》。又《周书》卷五〇《吐谷浑传》记"自吐谷浑至伏连筹一十四世"，即吐谷浑、吐延、叶延、碎奚、视连、视罴、乌纥堤、树洛干、阿豺、慕璝、慕利延、拾寅、度易侯、伏连筹。

一〇一《吐谷浑传》记："伏连筹内修职贡，外并戎狄，塞表之中，号为强富。准拟天朝，树置官司，称制诸国，以自夸大。"①

内记伏连筹在位时，"准拟天朝，树置百官，称制诸国"，即其政治制度系仿照承袭了汉魏官制的北魏（天朝）的制度。同书还记载了北魏宣武帝下诏切责伏连筹，"准拟天朝""称制诸国"（对其所属宕昌国"称书为表，名报为旨"）。②过去研究吐谷浑史的学者对此注意不够，且史籍记载不多，伏连筹第二子镇西域鄯善（今新疆若羌）、且末，号"宁西将军"③。但是，《墓志》却提供了更多的信息。伏连筹拟照北魏政治制度，称皇帝、天子，故其女称"公主"，号"晖华公主"；《墓志》还专门强调"公主之称，始自本国"。又公主下嫁的乞伏孝达，《墓志》亦云其"初仕于吐谷浑，为车骑大将军、中书监"。车骑大将军、中书监为汉魏以来的职官，也是北魏太和改制后的职官，前者为一品下武职，后者为从二品中书省官员。④甚至伏连筹卒后，也仿照北魏制度，对之有"谥号"之制，称"明元皇帝"；正如北魏皇帝拓跋嗣卒后，"上谥曰明元皇帝"⑤同例。这就是《墓志》云晖华公主父伏连筹为"明元"帝的由来。

至于《墓志》所云"乃祖乃考，世君西域"，据史籍载，公主祖应为拾寅，父为度易侯（又作"易度侯"）⑥；云其"世君西域"则有误。众所周知，吐谷浑原为东北辽东慕容部鲜卑慕容廆之庶兄名，公元4世纪初，慕容吐谷浑率部由阴山，过陇山，迁徙至陇右枹罕（今甘肃临夏），不久即征服甘南、青海及四川西北的众羌族。自吐谷浑孙叶延时（329—417在位）正式建国，以祖父吐谷浑名为姓氏、国号和族名。其地不在西域之地。然而，考虑到吐谷浑在伏连筹时，向西据有西域的鄯善、且末之地⑦，故在西魏、北周时，又往往将吐谷浑视为西域诸国之一。如《周书》卷五〇《异域传下》，就将吐谷浑与高昌、鄯善、龟兹等西域诸国列为一传。《隋书》径直将吐谷浑传列在卷八三《西域传》之首。从这一角度看，西魏撰《墓志》者称当时吐谷浑"世君西域"也有一定的依据。

《墓志》记晖华公主下嫁吐谷浑车骑大将军、中书监乞伏孝达。由于出土的

---

① 《魏史》卷一〇一《吐谷浑传》内容与《北史》卷九六《吐谷浑传》记载同。
② 《魏史》卷一〇一《吐谷浑传》。
③ 〔后魏〕杨衒之：《洛阳伽蓝记校注》卷五引《宋云行记》，〔后魏〕范祥雍校注，古典文学出版社，1958年，第252页。
④ 《魏书》卷一一三《官氏志》。
⑤ 《魏书》卷三《太宗纪》。
⑥ 《魏书》卷一〇一《吐谷浑传》。
⑦ 周伟洲：《吐谷浑史》，广西师范大学出版社，2006年，第41—42页。

乞伏孝达墓志上用朱砂书写的字迹脱落，故对其族属、事迹、生卒年等信息不得而知。但其绝非如《墓志》首题的"茹茹（柔然）"人，而是源于十六国时曾在陇西建立西秦的"陇西鲜卑"乞伏氏。十六国时，吐谷浑与西秦有密切的关系，双方时有争战，且两者王族有和亲，吐谷浑曾一度向西秦纳贡称臣。乞伏暮末即位后，西秦衰弱，吐谷浑主慕璝多进占原西秦陇西之地。[1]后西秦为夏国赫连定所灭，赫连定又为吐谷浑慕璝所灭，夏国所俘西秦人口及夏国赫连氏等皆为吐谷浑所俘获，成为吐谷浑属下臣民，后渐融入吐谷浑。[2]其中就包括原陇西鲜卑族的乞伏氏，如《魏书·吐谷浑传》记慕璝上北魏表内，要求遣还西秦使者乞伏曰（日）连等三人，并说此三人家口在吐谷浑。又，乞伏炽磐子成龙后也入吐谷浑。[3]这些事实都说明吐谷浑据西秦地后，乞伏氏有一部分归其统治。以后，乞伏氏在吐谷浑政权内还有任显职者，如《周书·吐谷浑传》所记吐谷浑"仆射乞伏触扳"[4]。晖华公主下嫁的乞伏孝达，也当原为陇西鲜卑西秦乞伏氏贵族，如《墓志》所云，因"浑主重其器望，遂以妻之"。

据《墓志》记，公主还有一姊，下嫁到北方游牧民族柔然（茹茹），为其可汗之"可敦"。关于此，下面将详论之。

三、从墓志看吐谷浑与柔然之关系

《墓志》记："主（公主）茹茹可敦之妹，即悼皇后之姨也。"吐谷浑晖华公主之姊，即伏连筹第一至第三女中的一个，嫁与柔然（茹茹）可汗，为其可敦，可汗与可敦的长女与西魏文帝和亲，即魏悼后，则晖华公主为悼后之姨。《北史》卷一三《后妃传上·魏悼皇后传》云："文帝悼皇后郁久闾氏，蠕蠕主阿那瓌之长女也。"由此可知《墓志》所记之"茹茹"可汗即柔然复兴时之"阿那瓌可汗"。

关于柔然的历史，《魏书》《北史》的《蠕蠕传》记载颇详。蠕蠕，又作茹茹、芮芮（南朝史籍），自号"柔然"。据《魏书》卷一〇三《蠕蠕传》（此传系宋人据《北史》卷九八《蠕蠕传》补）记："蠕蠕（柔然），东胡之苗裔也，姓郁久闾氏"。据学者考证，柔然族源系"一个主要由鲜卑、敕勒、匈奴和突厥等组成

---

[1]《宋书》卷九六《吐谷浑》传记："慕璝前后屡遣军击，茂虔（暮末）率部落东奔陇右，慕璝尽据有其地。"
[2] 周伟洲：《吐谷浑史》，广西师范大学出版社，2006年，第18—31页。
[3]《魏书》卷四《世祖纪下》。
[4]《周书》卷五十校勘记云："宋本'扳'作'拔'，南本作'扳'。《北史》本传、《通鉴》卷一六五作'状'。"

的多氏族、多部落的部族"。①正如《南齐书》卷五九《芮芮虏（柔然）传》所云，其为"塞外杂胡"。北魏天兴五年（402）柔然首领社仑统一漠北，建立政权，自称丘豆伐可汗，与北魏长期争战。到北魏正光元年（520）柔然内乱，新立可汗阿那瓌投归北魏，入朝洛阳，后要求返回漠北，朝议许之。后阿那瓌叛回漠北，众推其为可汗。北魏末年，阿那瓌曾助北魏镇压六镇起义，后北魏则分裂为东、西魏及后之北齐、北周，故东、西魏对漠北复兴的柔然则力图拉拢，"竞结阿那瓌为婚好"②，这就是柔然阿那瓌可汗长女郁久闾氏与西魏文帝和亲的由来。③

《北史·蠕蠕传》称"柔然"系其自号，"后太武（太武帝拓跋焘）以其无知，状类于虫，故改其号为蠕蠕"。后来柔然贵族投北魏甚多，耻用"蠕蠕"这一带有侮辱性的族称，而改为"茹茹"。这一族称的改变，大致在北魏后期。④

至于柔然"可汗""可敦"之号，"可汗"一词，最早原为鲜卑语"可寒""可汗"，意为"官家"，自柔然建国，此号即变成皇帝的专称，后为北方和中亚民族对最高首领（相当于皇帝）的称呼。"可敦"又译作"可贺敦""恪尊""可孙""母尊"等，即可汗之妻，相当于内地王朝的皇后。⑤

关于北朝时吐谷浑与柔然的关系，现存的历史文献记载不多，见于《北史》卷九八《高车传》内引北魏宣武帝于永平元年（508）与高车国诏书中有："蠕蠕、嚈哒、吐谷浑所以交通者，皆路由高昌（今新疆吐鲁番），掎角相接……"此仅说明漠北柔然与吐谷浑有过交往，路皆经高昌。又《南齐书》卷五九《河南（吐谷浑）传》记南齐建元元年（479）吐谷浑拾寅来贡献，齐高帝诏书中云："又仍使王世武等往芮芮（柔然），想即资遣，使得时达。"同书又记，永明三年（491），南齐"遣给事中丘冠先使河南（吐谷浑）道，并送芮芮使"。故《南齐书》卷五九《芮芮虏传》记："芮芮常由河南道而抵益州。"此外，《北史》卷九六《吐谷浑传》也记，兴和（539—542）中，"齐神武作相，招怀荒远，夸吕（吐谷浑可汗）遣使致敬……夸吕乃遣使人赵吐骨真，假道蠕蠕，频来东魏"。上述史籍的记载，仅能说明，吐谷浑与漠北的柔然可能有互通使臣及资送南朝或假道柔然使臣的关系。

---

① 周伟洲：《敕勒与柔然》，上海人民出版社，1983年，第83—84页；广西师范大学出版社本，2006年，第65—68页。

② 《北史》卷九八《蠕蠕传》。

③ 以上关于柔然的历史，可参见周伟洲：《敕勒与柔然》，上海人民出版社，1983年，第76—130页。

④ 详细考证，见周伟洲：《杨文思墓志与北朝民族及民族关系》，《西北民族论丛》2016年第2期。

⑤ 参见周伟洲：《敕勒与柔然》，上海人民出版社，1983年，第96、157页。

然而，新出土的《墓志》却明确记载了吐谷浑伏连筹将其一女嫁与柔然阿那瓌可汗为可敦，双方和亲，关系更为密切的事实。这是与当时的形势密切相关的。因自伏连筹祖拾寅、父度易侯以来，北魏曾多次派军征讨吐谷浑；伏连筹即立后，北魏边将又攻取吐谷浑洮阳、泥和（在今甘肃临潭）二戍，迫使吐谷浑称臣纳贡。①而漠北柔然阿那瓌可汗自叛逃回漠北后，柔然复兴，与北魏及后东、西魏分庭抗礼，并不时寇扰东、魏北边。②因此，立国于今青海、甘南及新疆东部的吐谷浑自然欲与漠北的柔然结盟、联合，与北魏抗衡。因而，吐谷浑伏连筹嫁女于柔然阿那瓌可汗，结和亲联盟，共抗北魏，则为形势之所致。

不仅如此，《墓志》还记公主"又从夫至于茹茹，亲儗礼遇，莫之与先"。晖华公主与其夫乞伏孝达何时、因何原因又离开吐谷浑，投归柔然的呢？伏连筹卒于北魏永安二年（529）③，《北史·吐谷浑传》记："伏连筹死，夸吕立……"而据《梁书》卷五四《诸夷·河南（吐谷浑）传》记："筹死，子呵罗真立。大通三年（529，此年十月改元中大通元年）诏以为宁西将军、护羌校尉，西秦、河二州刺史。"又同书卷三《武帝纪下》也记：中大通元年（529）三月，梁"以河南王阿罗真（呵罗真之异译）为宁西将军，西秦、河、沙三州刺史"。次年四月，又"以河南王佛辅为宁西将军，西秦、河二州刺史"。即是说，呵罗真在位仅一年，其子佛辅即立。至六年（534），梁"以行河南王可沓振为西秦、河二州刺史、河南王"。《梁书》《南史》记伏连筹卒后，吐谷浑王位变动频繁，其内部可能发生动乱，与《北史》记伏连筹子夸吕一直在位百年异。据《北史·吐谷浑传》云，北魏末年，"自尔以后，关徼不通，贡献遂绝"，故《梁书》记载较《北史》为确。又《北史》《周书》记夸吕于大统初（535左右），始遣使到西魏，兴和中（540左右）始遣使至东魏，均在可沓振之后。故疑夸吕之立，当在可沓振之后。如此，则伏连筹死后，吐谷浑王位变动频繁，可能发生内乱，故推测乞伏孝达夫妇因内乱，经由西域高昌，投归漠北柔然，是在伏连筹卒后到夸吕继立之间（529—534）。而公主夫妇之投归柔然，也是因公主之姊为柔然阿那瓌可汗可敦也。

正因如此，乞伏孝达夫妇投柔然后，受到重用，"亲儗礼遇，莫之与先"。《墓志》首题之"茹茹骠骑大将军、俟利、莫何、度支尚书、金城王乞伏孝达妻晖

---

① 《魏书》卷一〇一《吐谷浑传》。
② 《北史》卷九八《蠕蠕传》。
③ 《资治通鉴》卷一五八系伏连筹卒于梁武帝大同六年（540），同年夸吕继立。然而，《梁书·河南传》云："筹死，子呵罗真立。大通三年诏以为宁西将军、护羌校尉，西秦、河二州刺史。"是知伏连筹死于大通三年。

华公主吐谷浑氏墓志铭",内孝达前官爵名,当为孝达在柔然之官爵名。内"骠骑大将军"(从一品)、度支尚书(为中央尚书省官职,实职,三品)、金城王(爵号,一品)为原汉魏职官名,沿袭吐谷浑伏连筹拟北魏官制而来。"俟利、莫何"为柔然官号,莫何有勇健者之意,后转为酋长之称。[1]而其妻似仍有原"晖华公主"之号,而姓"吐谷浑氏"。《魏书》卷一一三《官氏志》云"吐谷浑氏,依旧吐谷浑氏"。出土北朝时入魏之吐谷浑贵族墓志,如《魏故直寝奉车都尉汶山郡侯吐谷浑玑墓志》《魏故武昌王妃吐谷浑氏志铭》《故骠骑大将军、开府仪同三司、征羌县开国侯尧公妻吐谷浑氏墓志铭》等,也证实北朝时,吐谷浑王族仍姓"吐谷浑氏"。[2]至夸吕可汗死后,吐谷浑才"还以慕容为姓"[3]。

四、从墓志看柔然与西魏的关系

柔然阿那瓌返漠北后,柔然复兴,而北魏却因六镇及各地的反抗斗争而衰弱,继而在永熙三年(534)分裂为东、西魏两个政权,形成"东、西魏竞结阿那瓌为婚好"的局面。西魏初建立,势力较东魏弱,文帝元宝炬系丞相宇文泰所立。西魏大统初,漠北柔然也屡犯北边。为了通好及获得漠北柔然的支持,文帝以原舍人元翌女称化政公主,下嫁于柔然阿那瓌兄弟塔寒。又娶阿那瓌长女,即阿那瓌与可敦(吐谷浑伏连筹另一女)所生女子为皇后(魏悼后)。

西魏对柔然阿那瓌长女郁久闾氏和亲十分重视,大统三年(537)派遣原与柔然阿那瓌可汗相识的扶风王元孚,以及曾因被六镇起义军击败而一度逃至柔然的车骑大将军、太子太傅杨宽出使柔然,奉迎阿那瓌长女。[4]柔然可汗及臣下见元孚,"莫不欢悦,奉皇后来归"。[5]据《北史·后妃传上·魏悼皇后传》记:阿那瓌长女随行有"车七百乘,马万匹,驼千头",可见阿那瓌可汗资送甚厚,和亲队伍之庞大。"蠕蠕俗以东为贵,后之来,营幕户席,一皆东向……到黑盐池(大致在今陕西定边北盐池),魏朝卤簿文物始至。孚奏靖正南面,后曰:'我未见魏主,故蠕蠕女也。魏仗向南,我自东面。'孚无以辞。"

又据《墓志》记:"悼皇后来归也,金城(指金城王乞伏孝达妻)以姨智之重,作上宾于魏。时主及三子亦从此行。"即是说,《墓志》补证了柔然阿那瓌可

---

[1] 周伟洲《敕勒与柔然》,上海人民出版社,1983年,第168—169页。
[2] 周伟洲编:《吐谷浑资料辑录》,青海人民出版社,1992年,第87—90页。
[3] 〔唐〕杜佑:《通典》卷一九〇《边防六·吐谷浑传》。
[4] 《北史》卷一六《元孚传》;《周书》卷二二《杨宽传》。
[5] 《北史》卷一六《元孚传》。

汗长女和亲,随行的还有柔然可敦妹、长女之姨吐谷浑晖华公主夫妇及其三个儿子。阿那瓌可汗夫妇显然是想以长女之姨夫妇的智慧,来护佑出嫁的、年仅十四岁的长女。西魏朝廷自然也视晖华公主夫妇为"上宾"。

大统四年(538)正月,柔然阿那瓌长女至西魏都城长安,"立为皇后,时年十四"。①西魏文帝则废大统元年所立皇后乙弗氏(原为居青海湖一带吐谷浑属鲜卑乙弗部人),令其"逊居别宫,出家为尼"。大统六年(540),因柔然举国过黄河至夏州(治今陕西靖边北白城子),文帝又被迫使乙弗氏自缢,时乙弗后年仅三十一,后葬于麦积崖(今甘肃天水麦积山石窟),号"寂陵"。②

也就在大统六年,柔然郁久闾皇后因难产而卒,"年十六,葬于少陵原。十七年(551),合葬永陵"。③"魏悼后",当为其卒后之谥号。魏悼后卒后,东魏大丞相高欢(后之齐神武帝)遣张徽纂出使柔然,以离间西魏与柔然的关系,其中即有说西魏宇文泰"杀害"柔然阿那瓌可汗长女魏悼后一事。后阿那瓌又归诚于东魏,与之和亲。阿那瓌即为其子庵罗辰请婚,东魏以常山王妹乐安公主许婚,改称兰陵长公主嫁与庵罗辰。东魏兴和四年(542),阿那瓌又以孙女邻和公主嫁于高欢第九子长广公高湛。武定四年(546),阿那瓌又将其爱女,即魏悼后之妹嫁与高欢。于是高欢娶阿那瓌爱女,号"蠕蠕公主",为正室,其妻娄氏避正室为妾。④

随柔然魏悼后至西魏长安的原吐谷浑晖华公主夫妇,如《墓志》所云:初公主"婉若春风,暾如秋月,光仪容止,式谐典度",即其仪态端庄,处事合于典制。然而,在魏悼后去世不到一年,公主也因疾而逝。《墓志》记:公主"方调琴瑟,永训闺庭。而偕老之愿未申,朝露之危奄及。春秋卅有九,以大统七年正月甲午卒于苌安(长安)。皇帝悼之,葬以公主之礼,生远其乡,死异其地,德音虽在,形颜已歇。嗟行之人,惜而泪下。"即是说,晖华公主因病不幸于大统七年(541)正月卒于长安,年仅三十九岁。西魏文帝仍以"公主之礼"葬之。这就是墓志首题将公主夫妇视为"茹茹"之上宾,仍称公主为"晖华公主吐谷浑氏"的缘故,且墓葬形制及丰富的陪葬器物均按西魏公主丧葬制度办理。

《墓志》又记:"粤二月乙酉窆于山北县小陵原。"此即晖华公主于大统七年

---

① 《北史》卷一三《文帝悼皇后郁久闾氏传》。
② 《北史》卷一三《文帝文皇后乙弗氏传》。1957年,洪毅然在甘肃天水麦积山石窟发现了乙弗后所葬之"寂陵",其文稿(刻印稿),现藏甘肃省图书馆。
③ 《北史》卷一三《文帝悼皇后郁久闾氏传》。永陵为西魏文帝陵,在今陕西富平县留古乡何家村北,为1996年国务院公布的全国第四批重点文物保护单位。
④ 《北史》卷九八《蠕蠕传》;《北史》卷一四《齐武明皇后娄氏传、蠕蠕公主郁久闾氏传》。

二月归葬于"山北县小陵原",即发掘墓葬之今西安长安区大兆郭新庄村。内"山北县",最早为后秦姚兴置,北魏、西魏因之,北周天和三年(568)废省。[1]地在今西安长安区南。西魏山北县所辖的少陵原(小陵原),在今西安长安区大兆一带,此地是北朝至隋唐时期许多王公贵族的墓葬区,见于记载和发掘的墓葬甚多。据宋代宋敏求《长安志》卷一一《少陵原》记:"少陵原。在县南四十里。南接终南,北至铲水,西屈由六十里,入长安县界,即汉鸿固原也。宣帝许后葬于此,俗号少陵原。"唐颜师古注《外戚传》称"即今之所谓小陵者,去杜陵十八里"。[2]晖华公主之所以葬于少陵原,也与魏悼后原葬于此地有关。

五、结语

出土的《吐谷浑晖华公主墓志》虽然只有短短的460字,但其补证北朝吐谷浑政权制度及吐谷浑、柔然、西魏相互关系史实甚多,主要有:

(1)关于吐谷浑的政治制度,早在20世纪80年代周伟洲著《吐谷浑史》一书对吐谷浑政治制度及其演变的历史做了探索,认为"吐谷浑自叶延起正式建立政权,以后就由部落联盟进入国家的阶段,设置了一套国家机器,并逐渐趋于完善。《晋书·吐谷浑传》记其初期官制时说"其官置长史、司马、将军"。"但其统治下的各部首领仍以部大、酋豪、别帅等一般称呼。叶延以后,吐谷浑与内地的前秦、西秦、南凉、北魏等政权先后发生关系,且受其政治制度之影响。至树洛干时,始自称为'大都督、车骑大将军、大单于、吐谷浑王','号为戊寅可汗'。这些称号表明,树洛干不仅仿内地政权称'大都督、车骑大将军、吐谷浑王',而且又采用漠北原匈奴最高首领'大单于'的称号,还保留了本民族'戊寅可汗'的称号。这三种类型的称号中,以'吐谷浑王'为主,而与内地政权封树洛干以后诸吐谷浑王为'河南王''陇西王''西平王'等号一致。"又说:"吐谷浑政治制度的重大改革,大致开始于慕利延,最后完成于夸吕之时。"[3]

因《墓志》的出土,上述结论应有所修正,即吐谷浑至伏连筹即立后,其政治制度有一个大的变革,如《魏书》《北史》所记,"准拟天朝,树置官司,称制诸国"。原杂有匈奴、内地政权及本民族称号的政治制度,一改为仿汉魏及北魏时的

---

[1] 王仲荦:《北周地理志》卷一"关中"条,中华书局,1980年,第6页。
[2] 〔宋〕宋敏求、〔元〕李好文:《长安志 长安图志》,辛德勇、郎洁点校,三秦出版社,2013年,第361页。
[3] 周伟洲:《吐谷浑史》,宁夏人民出版社,1985年,第120页;广西师范大学出版社,2006年,第123页。

制度，最高首领称"皇帝"，卒后有谥号，其女称"公主"，有"车骑大将军、中书监"等职官。

伏连筹卒后，吐谷浑王位变动频繁，似有动乱。至夸吕即立后，史称其"始自号可汗"，这一"可汗"的意义与前期的可汗不同。它是吐谷浑接受了漠北柔然政权"可汗"称号的结果，意思已变为皇帝、君主。吐谷浑可汗的妻称"恪尊"[①]，即"可敦"。可汗以下，则又多沿袭内地汉魏以来官制，如设丞相，总揽国内外大事。此外，还有王、公、仆射、尚书、侍郎、郎中、别驾等官。诸王一般由王室子弟充任，也有其他民族部落的首领。即是说，从夸吕始，吐谷浑政治制度又发生了一次重大变革，并基本定型，其制一直延续到唐龙朔三年（663）吐谷浑政权为吐蕃所灭为止。

（2）《吐谷浑晖华公主墓志》揭示和补充了北魏末至东、西魏分立时期，西北的吐谷浑和漠北的柔然的关系。现存史籍只记载吐谷浑与柔然有通使的关系，《墓志》则明确记载双方有更为密切的"和亲"关系，即吐谷浑主伏连筹曾嫁女于柔然阿那瓌可汗，为其可敦；双方结盟，以抗北魏。伏连筹卒后，吐谷浑晖华公主夫妇又投归柔然。这些史实揭示出北朝北方各族及其所建政权之间更为复杂的关系。

（3）《吐谷浑晖华公主墓志》还补证了史籍阙载的柔然与西魏关系的若干史实：柔然阿那瓌长女（魏悼后）嫁与西魏文帝时，随行的还有阿那瓌长女之姨吐谷浑晖华公主夫妇，公主夫妇在长安被待为"上宾"，公主卒后，葬于长安少陵原。这些史实更深一层地揭示了柔然与西魏在和亲过程中，西魏为结好柔然以对付东魏，故对柔然妥协、忍让，两者之间有着微妙的关系。

吐谷浑晖华公主虽然三十九岁即卒于长安，但其短短的一生中，先后定居及活动于当时北方三个大的民族及所建政权（吐谷浑、柔然和西魏）之中；其《墓志》记述北朝时三个北方民族之间的关系，补证史籍之处甚多，且更为翔实和具体，弥足珍贵也。

原载《民族研究》2020年第2期

（周伟洲，西北大学中华民族史研究中心教授）

---

① 《魏书·吐谷浑传》《北史·吐谷浑传》作"母尊"，均为"可敦"之异译。

乞伏令和夫妇墓志铭证补

周伟洲

2006年8月至10月，四川大学考古学系及河南新乡县文物局、卫辉市文物局等发掘了位于卫辉市唐庄镇大司马村北的隋代乞伏（也作"乞扶"）令和夫妻墓。2015年，由四川大学考古系及河南省文物局南水北调文物保护办公室署名的发掘简报《河南卫辉市大司马村隋唐乞伏令和夫妇墓》（以下简称《简报》），正式在《考古》杂志2015年第2期上发表。其间，已见有多篇关于乞伏令和墓出土墓志及文物的研究论文发表，如2009年付兵兵撰《唐乞伏令和墓志铭考释》（以下简称《付文》）及党志豪撰《唐乞伏令和夫妇合葬墓出土小五铢考》等。[①]以上《简报》及《付文》对出土的乞伏令和夫妇墓出土墓志均做了较为详细的考释，多有新见，但仍然有一些问题值得进一步探讨，故撰此文，以期引起学界对墓志兴趣及研究的深入。

一、乞伏令和的族属及家世再探

关于乞伏令和夫妇合葬墓发掘情况、墓室结构、出土文物及墓志等，上引《简报》记述甚详。为讨论方便，对《简报》所记两志基本情况，兹引如下："郁久闾氏墓志出土时盖、石分离，志盖出自墓室中部偏北处，志石出自墓室南部……志石保存较完整。青石质……边长69、厚11厘米。志文阴刻楷书29行，满行28字，共804字。"乞伏令和墓志（图1）出自甬道西北端，已断为两截。青石质，打磨较平整。方形，边缘素面无纹。"边长57、厚14厘米。志文楷书，共20行，每行25字，共470字。"[②]可见，此墓已经盗扰。

如上述诸文所指出，墓主乞伏令和在《隋书》卷五五、《北史》卷七三有专传（《乞伏慧传》），另有《北齐书》卷一九《张保洛传》、同书卷一一《广宁王孝珩传》中也提到乞伏令和。乞伏令和志文中，虽仅提及"其先出自夏后"，但《隋书》《北史》两专传中均云："乞伏慧，字令和，马邑鲜卑人也。"事实上，关于

---

① 两文均刊于中国历史博物馆主办《中国历史文物》2009年第4期。
② 付兵兵：《唐乞伏令和墓志铭考释》，《中国历史文物》2009年第4期。

乞伏令和及鲜卑乞伏氏的族属及迁徙诸问题，前辈学者如姚薇元、马长寿、唐长孺等，早有论述。

诸前辈学者及《付文》，在探究鲜卑乞伏氏（包括乞伏令和）的来源时，均引证《晋书》卷一二五《乞伏国仁载记》开首一段：

> 乞伏国仁，陇西鲜卑人也。在昔有如弗（与）斯（引）、出连、叱卢三（四）部，自漠北南出大阴山，遇一巨虫于路……俄而不见，乃有一小儿在焉。时又有乞伏部有老父无子者，请养为子，众咸许之……年十岁，骁勇善骑射，弯弓五百斤。四部服其雄武，推为统主，号之曰乞伏可汗讬铎莫何。讬铎者，言非神非人之称也。

图1 乞伏令和墓志拓片

这是乞伏鲜卑来源最详细的记载，虽然带有一些传说的色彩，但从中仍可窥其来源。值得注意的是，上引括号内的"与""引"二字，原书无，此据1974年中华书局出版的标点本《晋书》卷一二五校勘记（一）改补。校勘记考述精确，原《晋书》脱二字。据上引文可知，原漠北有四个部落：如弗（乞伏）、斯引、出连、叱卢，从漠北南出大阴山（今内蒙古阴山山脉），乞伏部一老人收留一个小儿，后为乞伏鲜卑部之首领。

马长寿引《北史》卷八四《乞伏保传》记"乞伏保，高车部人也"等史籍，以为乞伏部原为高车部，在迁徙过程中，将一鲜卑小儿收养，此子遂以乞伏为氏。

"此鲜卑中的乞伏氏，论其原始当是高车和鲜卑二族在养父养子关系中的产物"[①]。《付文》引《晋书》上文后，对马长寿的论点提出疑问。他引用姚薇元《北朝胡姓考》所论，乞伏保，非姓乞伏，而姓乞，为高车乞袁氏[②]，认为马长寿所论难以成立。此说可信。但是，马长寿所论后之乞伏部杂有或融入了部分高车部（如迁徙过程中四部中的"叱卢"部即高车部）则应是正确的。[③]

《付文》还引姚薇元《北朝胡姓考》认为，"'乞扶'之名称则可能是源于河套地区保静县的乞伏山（今甘肃银川一带）"[④]。此说不妥，云乞伏等四部迁徙中，在此山居留过，故名"乞伏山"可，说以乞伏部名源于此山则欠妥，此早为学者所指出。[⑤] 又乞伏山系在今宁夏银川西，而云在"今甘肃银川一带"则有误，可能系笔误也。

唐长孺对鲜卑乞伏部的来源，还有一种推测，认为乞伏鲜卑，"这样一个包含高车或丁零及鲜卑、羌族的部落（或部族），我以为可能是赀虏"。[⑥]此说问题很多：第一，《十六国春秋·西秦录》（《太平御览》卷一二七引）、《晋书》等有关乞伏部鲜卑来源，均未有一字提及其源于匈奴的奴婢"赀"。第二，赀虏的组成首先是"大胡"。大胡，有学者认为是指匈奴[⑦]，有学者认为是"西域胡"（羯胡）。据《晋书》卷一〇三《刘曜载记》记，曜指石勒为大胡；勒为羯胡，故后一说较确切。此外，还有丁零（高车）与羌。而乞伏部鲜卑内主要有鲜卑和高车，无大胡，羌也是乞伏氏迁到陇西之后，统治该地羌族始有。因此，赀虏与乞伏氏内族的构成并不相同。第三，赀虏是东汉建武时（25—56）匈奴衰弱，漠北一部分匈奴奴婢（赀）逃到今甘肃兰州、武威、酒泉北，河套以西之地，内有大胡、丁零还杂有羌，当时人称这部分人为"赀虏"。而由漠北南出大阴山的乞伏氏等四部迁徙及活动地域，与赀虏并不完全相同。因为乞伏等四部由阴山南下，一直活动在陇西，并未达凉州、酒泉以北地区。同时，"赀虏"一名，到了西晋十六国时，又变成了对河西地区杂夷部落的贱称，如吐谷浑，《晋书》等就称之为"阿赀虏"或"赀

---

① 马长寿：《乌桓与鲜卑》，广西师范大学出版社，2006年，第29页。
② 姚薇元：《北朝胡姓考》（修订本），中华书局，2007年，第327—328页。
③ 周伟洲：《南凉与西秦》，广西师范大学出版社，2006年，第95页。
④ 姚薇元：《北朝胡姓考》（修订本），中华书局，2007年，第116页。
⑤ 王俊杰：《西秦史钩沉》，《西北师大学报》（社会科学版）1981年，第3期；周伟洲：《南凉与西秦》，广西师范大学出版社，2006年，第97—98页。
⑥ 唐长孺：《魏晋南北朝史论丛》（第4版），生活·读书·新知三联书店，1978年，第438—439页。
⑦ ［日］松田寿男著，周伟洲译：《吐谷浑遣使考上》，《西北史地》1981年，第3期。

房"。①第四，不能因《魏略·西戎传》云赀房"不与东部鲜卑同也"一句，就判定赀房为鲜卑。赀房成分里，可能杂有鲜卑，但文中并没有一言提及，何况迁入河陇的鲜卑部落众多，见于记载的不少②，但文献均未提及他们原是赀房，或与赀房有什么关系。总之，说乞伏氏所建西秦统治下有原来匈奴奴婢赀房则可，云乞伏氏就是赀房，是难以成立的。③

作为西迁至陇西、十六国时曾建西秦政权的"陇西鲜卑"乞伏部，又如何到北魏时做官为吏？如乞伏令和祖、父等。《付文》引马长寿《乌桓与鲜卑》关于马邑鲜卑来历的论述，"按《十六国春秋·西秦录》永弘四年（431），夏国赫连定遣将'攻南安（治今甘肃陇西），城内大饥，人相食。传待中乞伏延祚、吏部尚书乞伏跋跋逾城奔代（北魏），（暮）末乃衔壁出降'……此为西秦乞伏氏入魏之始。《魏书·高宗纪》并州刺史有乞佛成龙。马邑之乞伏慧当系其后裔"④。马长寿首先注意到较早投北魏的原西秦乞伏氏，证明他们与马邑鲜卑的乞伏令和的关系。

事实上，西秦永弘四年夏赫连定灭西秦后，乞伏氏流散的情况十分复杂。⑤但过了八年，即北魏太延五年（439），北魏灭河西北凉，统治了陇西、河西之后，又有一批乞伏氏贵族入魏，在北朝做官为吏，文献及墓志记载颇多。⑥其中有魏《乞伏宝墓志》，内云其为"金城郡榆中县（今甘肃兰州榆中，有苑川西秦勇士城遗址）人也"；北齐《乞伏保达墓志》，内云其为"金城（今甘肃兰州西固）人也"；又云其"祖风，耻居关外，率众来王，魏朝嘉之，授金城伯"。⑦为何同为乞伏氏，入魏后籍贯有所不同？金城及金城榆中均为西秦都城苑川所在地；而马邑（今山西朔州）鲜卑则是北魏统辖郡县。这种差别只能用作为马邑鲜卑的乞伏令和祖、父系较早投归北魏的陇西鲜卑乞伏氏，是在西秦灭亡时，或在此之前，因居马邑，故名；而乞伏宝、乞伏保达系在西秦亡后投魏，故籍贯作金城。

据乞伏令和传、志记，其祖周、父纂均曾为北魏第一领民首长⑧，父曾任"魏

---

① 周伟洲：《关于吐谷浑的来源、迁徙和名称诸问题》，《西北史地》1983年第3期。
② 周伟洲：《魏晋十六国时期鲜卑族向西北地区的迁徙与分布》，《民族研究》1983年第5期。
③ 周伟洲：《南凉与西秦》，广西师范大学出版社，2006年，第95页。
④ 马长寿：《乌桓与鲜卑》，广西师范大学出版社，2006年，第30页。
⑤ 周伟洲：《南凉与西秦》，广西师范大学出版社，2006年，第154—155页。
⑥ 姚薇元：《北朝胡姓考》（修订本），中华书局，2007年，第117页；周伟洲：《南凉与西秦》，广西师范大学出版社，2006年，第115—116页。
⑦ 此两志过去著录甚多，此据赵超：《汉魏南北朝墓志汇编》，天津古籍出版社，1992年，第304—305、450页。
⑧ 传、志记载稍异。关于北魏领民酋长，《付文》有考释，不赘述。

金紫光禄大夫、瀛州刺史、尚书左仆射",即其祖、父均曾任职于北魏。然而,《简报》却云"其祖父乞伏周在西魏时曾为银青光禄大夫,其父乞伏纂曾任金紫光禄大夫,并为第一领民酋长"。显然"西魏"为"北魏"之笔误。令和卒于隋大业六年（610）,年八十七,则其生于北魏正光五年（524）,其父必任职于北魏;但过了十年（534）,北魏分裂为东魏和西魏。因此,需要补充的是,其父纂后还任职于东魏,后北齐取代东魏,令和才能"世袭衣缨,冠冕蝉联","生此高门,长兹庆绪",任北齐武卫大将军,"别封瀛州永宁县开国公"（志文）,此爵名之"瀛州"（治今河北河间）,显然与其父曾任瀛州刺史有关。

二、乞伏令和墓志与传的相互证补

关于乞伏令和志、传的相互证补及令和生平、任职官名的考释等,《简报》及《付文》均有精到之论述。但是,仍有一些问题值得进一步探讨。

首先,《简报》引乞伏令和传与志相比较,发现志漏记或错记之处甚多,如乞伏令和在隋初的任职漏记"齐州刺史"等四个官名及一些具体的事迹,且志记其任寿州总管年代有误等。这说明传所记大致可信,而志所记则多有阙误。此中原因,除《付文》所论志与传"行文特色"及体例不同之外,最主要的原因还是乞伏令和墓志系其卒后十三年,于唐贞观元年（627）时祔葬时所镌刻,且令和在隋大业五年（609）征吐谷浑,因过"除名为民",于次年"卒于家"（传文）。因此志文之规格及志文之疏漏、错讹在所难免,甚至按一般墓志的程式,漏记其籍贯"马邑鲜卑人"。

其次,除《简报》《付文》所论传文记令和籍贯、官职的补证,对志文云其"受三洞法,持菩萨戒;常饵玄霜,恒歺绛雪"的考释而外,志、传相互证补之处尚多。如传文记令和有兄贵和,且云北齐时,"其兄贵和,又以军功为王,一门二王,称为贵显"。《北齐书》卷一九《张保洛传》记有"贵和及令和兄弟,武平末,并开府仪同三司……";又《北史》卷五三《綦连猛传》《独孤永业传》均提到乞伏贵和。传文较为具体地记载了令和在北周杨坚为丞相时,先后征尉迟惇、尉迟迥的事迹,遂进爵西河公。传文还记述了令和任荆州刺史,又领潭、桂二州总管三十一州诸军事时,"其俗轻剽,慧躬特朴素以矫之,风化大洽。曾见人以篊捕鱼者,出绢买而放之,其仁心如此。百姓美之,号其处曰西河公篊"。而志文仅用"德闻（润）生民,道迈伦伍"而概括之。此外,传文记述了大业五年令和随炀帝西巡,征吐谷浑,"坐为道不整,献食疏薄,帝大怒,命左右斩之。见其无发,乃释,除名为民。卒于家"。这在志中,是为死者讳的内容,故不记。

志文则补述了令和卒于隋大业六年（610）九月廿四日，"在雍州大兴县宣阳坊薨于露寝（寝室之外），春秋八十有七"，以及在唐贞观元年八月五日祔葬夫人墓的史实。关于令和卒地"雍州大兴县宣阳坊"，据《隋书》卷二九《地理志上》记，隋开皇三年（583）置雍州，始置大兴等二十二县，大业三年（607）改雍州为京兆郡，令和卒于大业六年，不应出现雍州之名，考虑到此志撰于唐贞观元年，时又改隋京兆郡为雍州，大兴县改万年县，故志仍用雍州。隋大兴县（今西安市区东）理所即宣阳坊，在隋唐长安城东市之西南，今西安市兴庆公园西南。已除名为民的令和即卒于此。

至于令和为何卒后十三年才远祔葬于夫人墓地的问题，笔者认为，并非与其及夫人原为鲜卑、柔然的北方的游牧民族的习俗有关，而是属于个别的特殊情况所致。笔者发现，无论是令和及夫人墓志及传文，均未记其有子嗣，且令和卒时，已获罪为民；其卒时已八十七岁，其兄贵和应已早卒。在这种情况下，其卒后十三年，才为人（不是朝廷官方，可能是不愿透露姓名之亲朋好友）祔葬于唯一亲人，即早逝的夫人墓地。当然，这也是一种推测。

三、乞伏令和夫人郁久闾氏墓志释证

《简报》及《付文》涉及令和夫人郁久闾氏墓志不多，据《魏书》卷一〇三《蠕蠕传》记："蠕蠕（柔然），东胡之苗裔也，姓郁久闾氏。"可知令和夫人郁久闾氏族属是漠北游牧民族柔然。柔然自北魏天兴五年（402）正式建国，至西魏恭帝二年（555）为突厥所灭，一百多年间与北魏及东魏、西魏、北齐诸政权关系密切，有战争，也有和平交往及和亲。其间，柔然王族郁久闾氏投归北朝的人也甚多，见于史传及出土墓志。[①] 正如北魏时崔浩所说："蠕蠕子弟来降，贵者尚公主，贱者将军大夫，居满朝列。"[②] 总之，柔然郁久闾氏在北朝可算是名门著姓，乞伏令和能娶郁久闾氏，有高攀之意味。

《魏书》卷一一三《官氏志》记太和改姓中无"郁久闾氏"，但确已有改为"闾氏"者，如《魏书》卷八三《闾毗传》所记；但也有未改单姓或东、西魏时复旧姓的情况，令和夫人志即一例。郁久闾夫人墓志（图2）的规格，显然比其夫令和祔葬墓志要高，且整个墓葬及出土文物也皆为郁久闾氏葬时所设置，故志撰写时间大致在其卒后安葬的隋开皇九年（626），时乞伏令和任隋齐州（治今山东济南）刺史。志文多为对墓主人高贵品格、严守妇德、相助夫君之溢美、华丽辞藻，但也有一些具体的内

---

① 周伟洲：《敕勒与柔然》，上海人民出版社，1983年，第148—155页。
② 《魏书》卷三五《崔浩传》。

容，如记墓主郁久闾氏"讳募满，字思盈，其先夏后之苗裔"，记其祖远、父伏真之名（无考），而未记他们具体任职官名，也未记其何时下嫁于乞伏令和。

图2 郁久闾氏墓志拓片

志文还记，北齐后主高纬"天统五年（569），授幽州范阳郡君。武平七年（577），又授宜民王妃"。郡君、王妃，均为命妇封号，一般随夫或子封爵而定。天统五年乞伏令和时封"瀛州永宁县开国公"，正二品[①]，按魏晋时惯例（时未有定制），其夫人封"郡君"；武平七年，令和已封"宜民王"，正一品，按例封"王妃"。由此也可补传、志记令和封上述两职官的时间。志文后又记，隋"开皇元年……授柱国、西河国夫人"，时其夫令和爵为柱国、西河郡开国公。隋柱国，正二品；西河国公，从一品，依相近之唐制，"武官一品及国公母妻为国夫人"之例[②]，封郁久闾氏为"西河国夫人"。此为夫人最后之名号，故其墓志盖上阳刻篆书"大隋西河国夫人墓铭"九字。

志文后还记其卒葬时间及地点："以开皇八年（588）二月薨于卫州汲县兴让里，时年五十二……以开皇九年岁次己酉十月辛酉朔十三日癸酉窆于汲县西北廿里开村北壹伯（百）步。"据此，知夫人生于东魏天平四年（537），而其夫生于北魏正光五年（524），年龄相差十三岁。夫人卒于"卫州汲县兴让里"，据唐《元和郡县图志》卷一六《卫州》条记，"周武帝改义州为卫州，隋大业三年改为汲郡"，

---

① 〔唐〕杜佑：《通典》卷三八《职官二十》。
② 〔唐〕杜佑：《通典》卷三四《职官十六》。

"隋开皇六年改伍城县为汲县，大业三年改属汲郡"。[①]志云夫人卒于开皇八年，此时伍城县已改汲县，故志记正确。此地应即在今河南卫辉市。夫人葬地"汲县西北廿里開村北"，当即发掘墓地之处，也即令和祔葬之处，此地在太行山余脉谷驼岭南麓，故令和志云"厝于山之伤（阴）"也。

最后，正如《简报》及《付文》所提及，从墓葬形制、出土文物，特别是出土的两方墓志看，原为乞伏鲜卑、柔然的乞伏令和夫妇，经过北朝数百年与内地汉族的杂居、交往已逐渐汉化。两志开始记其先世出自"夏后"，即华夏族祖黄帝之苗裔，说明到北朝、隋初入居内地的鲜卑、柔然等族已基本完成了汉化的过程，认同于汉族了。

原载《西北民族论丛》（第13辑），社科文献出版社，2016年
（周伟洲，西北大学中华民族史研究中心教授）

[①] 参见《隋书》卷三〇《地理志中》"汲县"条。

祖居之地与华夏认同

——以唐代吐谷浑慕容氏家族墓志为中心

濮仲远

隋唐之初，周边少数民族部族逐渐向中原靠拢，与其原"祖宗根本之地"渐行渐远。因为父祖的关系，这些部族成员自认为某地人死后应归葬某地。这种祖居地意识直接反映在唐代墓志铭书写传主籍贯和归葬地中。祖居地皆有所凭依，或是累世居于某地，或是家族累世坟墓所在，成为他们体现地域归属观念的重要组成部分。墓志作为一种书写方式，是社会各阶层各族裔人士寻求自我塑造的过程。[①]王明珂认为"生活在不同层次的族群环境中，我们对于过去有许多集体记忆，它们以族谱、传说、历史记载、古墓、祠堂、手札、碑刻等种种面貌存在着"。"这些集体记忆由社会精英提供，并借由种种媒体（如报纸书刊、历史文物馆、纪念碑、历史教育等）传播，以强化人群间的根本感情。"[②]因而唐代大量边疆民族墓志所反映的家族世系、地望、婚宦、名号等信息为我们考察个人、家族、群体历史文化认同提供了绝佳的材料。

自20世纪初，西北等地已陆续出土唐代吐谷浑慕容氏家族墓志16方，其中13方为周伟洲《吐谷浑资料辑录》（增订本）收录；1方《大唐兴圣寺尼成月公主氏墓志》为李浩先生补[③]；另2方《唐代慕容曦轮墓志》和《左武卫司戈广平宋君故夫人慕容氏墓志》为笔者所补[④]。此16方墓志，就志主来看，既有男性，也有女性；就时间分布而言，事涉唐贞观到元和年间。以上材料保留了吐谷浑慕容氏家族祖居地变迁的丰富信息，不仅可以深入细致地研究慕容氏家族在不同时期华夏认同具体而微的变化，而且有助于我们从历史层面理解中华民族共同体意识的演进。

[①] 陆扬：《从墓志的史料分析走向墓志的史学分析——以〈新出魏晋南北朝墓志疏证〉为中心》，《中华文史论丛》2006年第4期。
[②] 王明珂：《华夏边缘：历史记忆与族群认同》，上海人民出版社，2020年，第97页。
[③] 李浩：《新见唐代吐谷浑公主墓志的初步整理研究》，《中华文史论丛》2018年第3期。
[④] 濮仲远：《唐代慕容曦轮墓志考释》，《青海师范大学学报》（哲学社会科学版）2019年第1期。

一、墓志铭中祖居之地整理

为便于讨论,下表分别列出慕容氏男性和女性成员相关信息,嫁与慕容氏男性成员的外姓女性不在此列。

表1 慕容氏墓志铭中祖居之地整理表

姓名	身份	籍贯(族望)	生卒年	葬地	资料来源
诺曷钵	慕容顺子		?—688	卒于安乐州,迁葬凉州南阳晖谷	《旧唐书·吐谷浑传》《大周故西平公主墓志》
慕容忠	诺曷钵子	阴山人	648—698	卒于灵州城南浑牙私第,归葬凉州城南山岗	《大周故青海王墓志铭》
慕容若				归葬凉州先茔	《大唐故夫人李氏墓志》
慕容宣昌	慕容忠子	阴山人	681—706	权殡于京三辅,葬于凉州神鸟县天梯山野城里阳晖谷之原	《大唐故政乐王墓志铭》
慕容宣昌彻	慕容忠子		?—709	奉于凉州神鸟县界	《大唐故辅国王慕容志》
慕容明		昌黎鲜卑人	680—738	薨于本衙(灵州南衙),归葬于凉州先茔	《大唐故代乐王上柱国慕容明墓志铭》
慕容威	慕容宣彻子	其先昌黎人也,即前燕高祖武宣皇帝廆之后	695—756	终于长乐州私馆,窆于州(长乐州)南之原	《大唐故左领军卫大将军慕容威墓志》
慕容曦光	慕容宣超子	昌黎鲜卑人也	689—738	薨于本衙,归葬凉州先茔	《大唐慕容府君墓志铭》
慕容曦轮	慕容宣超子	昌黎棘城人也。燕文明皇帝煌之后	706—749	卒于房陵郡宾馆,葬于长安县高原阳	《唐故中郎将开国伯慕容府君墓志铭》
慕容曦皓	慕容宣超子	京兆长安人	707—762	卒于大同军使任上(太原),葬于长安县高原阳	《唐故大同军使云麾将军左武卫大将军宁朔县开国伯慕容公墓志铭》
慕容相	慕容宣超子		?广德年(763—764)	卒原州,葬于长安义阳乡南姜里	《故朔方副元帅防秋兵马使金紫光禄大夫张掖郡王慕容府君墓志》
慕容环	慕容相子	其先紫蒙之裔,昌黎棘城人	753—801	终池阳墅第,启殡迁于卿之阙里庚穴,……九尺之坟,终南之北,其原曰高阳原	《故朔方副元帅防秋兵马使金紫光禄大夫张掖郡王慕容府君墓志》

292 | 华夷会同——多元文化与民族融合

续表

姓名	身份	籍贯（族望）	生卒年	葬地	资料来源
成月公主	诺曷钵女		646—668	卒于兴圣寺（长安），葬于明堂县少陵原	《大唐兴圣寺尼成月公主氏墓志》
慕容仪	慕容宣超女	昌黎人		薨于金城郡私第，葬于金城郡（兰州）东南90里薄寒山之北原也	《故交河郡夫人慕容氏墓志》

祖居之地不仅是时空上凝聚个人与群体的纽带，还是对祖先与血缘关系和本土、迁徙以及原始家园的叙述。通过对14位慕容氏家族成员籍贯（族望）和归葬地等内容的整理，我们发现慕容氏家族籍贯从阴山变为昌黎，继而变为长安，而归葬地则从凉州变为长安，凡此种种都表达了不同时间阶段的家族重心或者地域认同，因而我们重点考察它们变化的过程、原因以及背后的意义。

二、祖居之地的变迁及华夏认同

吐谷浑本为辽东鲜卑慕容部的一支，西晋末，首领吐谷浑率部西迁到枹罕。不久，又向南、向西发展，统治了今青海、甘南和四川西北地区的羌、氐部落，至其孙叶延始以祖名为族名、国号，建立国家。元嘉二十一年（444），吐谷浑发生内争，慕利延杀侄子纬代，纬代弟弟叱力延等8人"逃归京师，请兵讨慕利延"，北魏封叱力延为"归义王"。[①]河南洛阳和河北曾出土过2方北朝吐谷浑氏墓志，即《吐谷浑玑墓志》和《吐谷浑静媚墓志》，经研究认为，志主吐谷浑玑的祖父头颓即吐谷浑静媚的曾祖，此人乃叱力延8人之一。[②]两志主籍贯均为"河南洛阳"，由于吐谷浑玑和静媚之父均入仕北魏王朝，依魏孝文帝"迁洛之民，死葬河南，不得还北"的政策[③]，此两人像其他南迁者一样，成了"河南洛阳人"。

唐初，吐谷浑累为边患。贞观八年（634），唐太宗派李靖为西海道行军大总管，进军吐谷浑。次年，吐谷浑王伏允兵败而亡，其子慕容顺被拥立为主，由于国人不附，慕容顺被部下所杀，其子诺曷钵继位。高宗初期，吐谷浑与吐蕃交恶，互相攻伐。《新唐书·吐谷浑传》云："吐谷浑大臣素和贵奔吐蕃，言其情，吐蕃

---

① 《魏书》卷一〇一《吐谷浑传》，中华书局，1974年，第2237页。
② 周伟洲：《河北磁县出土的有关柔然、吐谷浑等族文物考释》，《文物》1985年第5期。
③ 《魏书》卷七《高祖孝文帝纪》，中华书局，1974年，第178页。

出兵捣虚，破其众黄河上。诺曷钵不支，与公主引数千帐走凉州……吐蕃遂有其地。"①高宗咸亨元年（670），薛仁贵等率师五万讨吐蕃，但兵败大非川，诺曷钵复国计划失败。唐王朝将他们"徙浩亹水（今大通河）南。诺曷钵以吐蕃盛，势不抗，而鄯州（今青海乐都）地狭，又徙灵州，帝为置安乐州，即拜刺史，欲其安且乐云"②。自此之后吐谷浑王室慕容氏家族基本在灵州一带活动，继而通过子弟入侍、和唐联姻来维持双方的友好关系。

（一）祖居之地与族群的民族认同

1.籍贯（族望）

据《晋书·吐谷浑传》记载，叶延曰："《礼》云公孙之子得以王父字为氏，吾祖始自昌黎光宅于此，今以吐谷浑为氏，尊祖之义也。"③既然叶延之后尊吐谷浑祖，可能就不再以昌黎为故里，之后变化不得而知，但是在7世纪左右，慕容忠墓志铭称"王讳忠，阴山人也"。④慕容忠之子慕容宣昌墓志云："王讳煞鬼，字宣昌，阴山人也。"⑤由此可见，阴山成为这一时期吐谷浑慕容氏新的故里，之所以有此说，乃吐谷浑率所部西迁"乃西附阴山"的缘故，时当在晋太康四年至十年间。⑥

阴山为中国内蒙古自治区中部山脉，特殊的地势使其成为农耕区和畜牧区的分界线，山脉间宽谷多为南北交往的通途，游牧文化与农耕文化在这里相互碰撞融合，唐及之前，活跃着匈奴、鲜卑、柔然、高车、突厥、铁勒、回鹘等民族。阴山不仅是地理的边界，而且在唐代文献中常用来表达族群的边界。如唐代刘商《观猎三首》诗云："传道单于闻校猎，相期不敢过阴山。"⑦《旧唐书·突厥传》称，隋末"值天下大乱，中国人奔之者众，其族强盛。东自契丹、室韦，西尽吐谷浑、高昌，皆臣属焉。控弦百余万，北狄之盛，未之有也。高视阴山，有轻中夏之志"⑧。《旧唐书·突厥传》又言："太宗贞观元年（627），阴山以北薛延陀、回纥、拔也

---

① 《新唐书》卷二二一《西域传》，中华书局，1975年，第6224页。
② 《新唐书》卷二二一《西域传》，中华书局，1975年，第6224页。
③ 《晋书》卷九七《吐谷浑传》，中华书局，1974年，第2539页。
④ 张维：《陇右金石录》，甘肃省文献征集委员会校印，1942年，第7—8页。
⑤ 夏鼐：《武威唐代吐谷浑慕容氏墓志》，见《考古学论文集》，科学出版社，1961年，第115—116页。
⑥ 周伟洲：《吐谷浑史》，广西师范大学出版社，2006年，第4页。
⑦ 《全唐诗》，中华书局，1999年，第3463页。
⑧ 《旧唐书》卷一九四《突厥传》，中华书局，1975年，第5153页。

古等部，皆相率背叛。"[1]阴山在唐诗中还被用来表达族属，如高适诗云"控弦尽用阴山儿，登阵常骑大宛马"[2]，"阴山儿"泛指北方游牧民族中擅长射箭的青年；刘禹锡诗云："阴山贵公子，来葬五陵西。"[3]"阴山贵公子"则代指少数民族的贵族。

墓志中称慕容忠为阴山人，显然属非汉人的族属特征。吐谷浑与慕容廆二部马斗最终导致吐谷浑率部西迁，在阴山一带游牧了二十多年后，"始度陇而西"[4]。虽然游牧活动时间短，但它是吐谷浑部落西迁后的第一站，标志着其与辽东慕容鲜卑历史分野的开始，《慕容忠墓志》中"天启斗马，率众西迁""龙兴北盛，马斗西奔"的内容反复出现[5]，表明这段历史在吐谷浑部族发展中意义重大，成为他们"共同起源"的集体记忆，表达的是对祖先吐谷浑的认同。

2.归葬

据史籍记载，乌桓鲜卑北方少数民族存在归葬风俗。《后汉书·乌桓鲜卑传》记载乌桓葬俗："至葬则歌舞相送。肥养一犬，以彩绳缨牵，并取死者所乘马衣物，皆烧而送之，言以属累犬，使护死者神灵归赤山。"[6]赤山在"辽东西北数千里"，为乌桓祖先的根据地，由此可见，死后回归先祖发祥地的思想在我国早期的北方少数民族当中已产生。

慕容氏最初立国于昌黎，故早期君主死后葬于徒河或青山。李海叶研究认为在中原建立政权的慕容氏诸主死后仍归葬于龙城。[7]据慕容三藏支房的14篇唐代墓志铭记载，"除嫁与李唐王室的慕容真如海随夫葬在京兆同人原外，其余都无一例外地埋葬在洛阳邙（芒）山周围"，可见"洛阳已成为慕容氏新的籍贯"[8]。

迁入青海的慕容氏是否也有类似的归葬习俗呢？《魏书·吐谷浑传》记："死者亦皆埋殡。其制服，葬讫则除之。"[9]依据以上简略的记载还无从得出结论。另外，1982年以来，考古工作者在青海海西蒙古族藏族自治州的都兰县及德令哈等地

---

① 《旧唐书》卷一九四《突厥传》，中华书局，1975年，第5158页。
② 《全唐诗》，中华书局，1999年，第2219页。
③ 《全唐诗》，中华书局，1999年，第4032页。
④ 《晋书》卷九七《吐谷浑传》，中华书局，1974年，第2537页。
⑤ 张维：《陇右金石录》，甘肃省文献征集委员会校印，1942年，第8页。
⑥ 《后汉书》卷九〇《乌桓鲜卑列传》，中华书局，1965年，第2980页。
⑦ 李海叶：《慕容氏龙城归葬习俗与民族融合》，《内蒙古师范大学学报》（哲学社会科学版）2011年第3期，第90页。
⑧ 余静：《唐代慕容氏家族研究》，见袁行霈主编：《国学研究》（第15卷），北京大学出版社，2005年，第110页。
⑨ 《魏书》卷一〇一《吐谷浑传》，中华书局，1974年，第2240页。

调查和发掘了一批古代墓葬群，由于学界对这批墓葬群的族属认定不明确①，所以亦无法做出是否为归葬的推论。但是，我们可以从甘肃武威市凉州区南营乡青嘴喇嘛湾陆续出土的慕容氏家族墓葬中窥见端倪。1980年，武威文管会清理了7座墓，有2座（编号M1、M2）破损严重，只发现陶片和砖砌的痕迹，其他5座均有极大的考古价值，其中具有明确墓主人身份及纪年的有3座，分别为弘化公主墓（编号M5）、武氏夫人墓（编号M6）和李氏夫人墓（编号M7），编号为M3、M4的墓葬不知墓主人身份，也无纪年。②综上，除弘化公主、武氏夫人、李氏夫人外，根据上表所列还有5位男性慕容氏家族成员从灵州归葬凉州。

根据表中慕容忠卒于"南衙"私第，慕容明卒于"东衙"等信息，可推知慕容氏在灵州有住宅，并在当地有一定的社会根基。陈寅恪指出："吾国中古士人其祖坟住宅及田产皆有连带关系……故其家非万不得已，决无舍弃其祖茔旧宅并与茔宅有关之田产，而他徙之理。此又可不待详论者也。"③根据以上观点，慕容氏家族应归葬灵州才合情理，却为何归葬于只居住了短短九年（663—672）的凉州呢？已有研究认为吐谷浑故地青海已为吐蕃所据，而凉州南山离青海最近，所以他们迁葬于离青海最近的青嘴喇嘛湾旁的各山岗之上，而且墓门一律向南，有"望乡"的意味。④虽然慕容氏王室已于670年迁居灵州，但此时的慕容氏家族汉化程度不深，仍对青海有一定的认同，此乃他们归葬凉州的重要原因，如慕容忠和慕容宣昌墓志铭中分别有"青海纂业"与"派流青海"，均为其明证。

综上，从诺曷钵开始，第二、三代家族成员的籍贯和归葬地都反映了吐谷浑族群的民族认同。虽然他们远离青海，但是还保留有自己祖先的记忆，"记忆，是族性、本根得以保持的最后壁垒"⑤。

（二）祖居之地与华夏认同

1. 籍贯（族望）

从慕容忠孙辈开始，即慕容曦光和慕容曦轮等成为"昌黎人"。从"阴山"到

---

① 周毛先、宗喀·漾正冈布：《都兰吐蕃古墓考古研究综述》，《西藏研究》2016年第4期。
② 黎大祥：《武威青嘴喇嘛湾唐代吐谷浑王族墓葬》，见《武威文物研究文集》，甘肃文化出版社，2002年，第185—198页。
③ 陈寅恪：《论李栖筠自赵徙卫事》，《中山大学学报》（社会哲学科学版）1956年第4期，第1—4页。
④ 周伟洲：《吐谷浑史》，广西师范大学出版社，2006年，第164页。
⑤ 李鸿宾：《唐朝的北方边地与民族》，宁夏人民出版社，2010年，第203页。

"昌黎"的变化，或许可以从慕容神威的籍贯变化中见到端倪。据《大唐故辅国王慕容志》记载，709年慕容神威侍奉其父慕容宣彻灵柩迁葬，该志文首行称慕容神威"河东阴山郡安乐王"，可见其故里为河东阴山郡，与慕容忠和慕容宣昌为阴山人的说法一致，但又据《大唐故左领军卫大将军慕容威墓志》记载，756年慕容神威卒后，志文却称其为昌黎人。由此可见，在709年至756年间慕容家族的籍贯发生了改变，而在目前所有慕容氏志文中，最早被称为"昌黎"人的是卒于738年的慕容明，故而慕容氏家族籍贯改变的时间可以推断为709—738年，这种变化缘何而起呢？

昌黎棘城是早期辽东慕容部发展的根基，三国时期，鲜卑慕容部的首领莫护跋率领族人迁居辽西地区，建国于昌黎郡棘城（辽宁锦州）之北。莫护跋之孙慕容涉归时，又"迁邑于辽东北"①。太康十年（289），涉归之子慕容廆又率部由辽东北迁往辽西徒河县（今辽宁义县）境的青山；元康四年（294），慕容廆又从徒河迁至棘城，开始了定居的农业生活，"教以农桑，法制同于上国"②。慕容鲜卑基本完成了由畜牧经济向农业经济的根本性转变。另外，慕容廆时期开始了历史上的人口大扩张，部族逐渐发展壮大，如西晋永嘉五年（311），慕容氏击辽东附塞鲜卑素喜连、木丸津，"二部悉降，徙之棘城"③。在慕容廆领导慕容部的四十九年间，有三十九年是以棘城为统治中心，即从元康四年（294）至慕容廆去世的东晋咸和八年（333），后人对慕容廆评价较高，称其"劝农桑，敦地利，任贤士，该时杰，故能恢一方之业，创累叶之基焉"④。在此期间，慕容部在昌黎棘城建立了封建性质的地方割据政权，因此，昌黎棘城对于辽东慕容鲜卑意义非凡。《晋书·慕容廆载记》称慕容廆"昌黎棘城鲜卑人也"⑤。后燕亡后，慕容鲜卑的主体进入北魏，在北魏初年遭到了严酷的镇压，致使慕容鲜卑避难改姓。但是他们被纳入北魏的代人集团后，以代北武人的文化面貌在六镇起义后崛起，显达于东西魏、北周、北齐，由此步入隋唐成为高门大族。⑥所以唐代时，慕容氏家族还能和一些高门士族，如京兆韦氏、陇西李氏、南阳张氏和博陵崔氏等通婚，表明他们仍具有一定的社会地位。⑦

---

① 《晋书》卷一〇八《慕容廆载记》，中华书局，1974年，第2803页。
② 《晋书》卷一〇八《慕容廆载记》，中华书局，1974年，第2803页。
③ 《晋书》卷一〇八《慕容廆载记》，中华书局，1974年，第2805页。
④ 《晋书》卷一一一《慕容廆载记》，中华书局，1974年，第2862页。
⑤ 《晋书》卷一〇八《慕容廆载记》，中华书局，1974年，第2803页。
⑥ 李海叶：《北魏时期的慕容鲜卑》，《宁夏大学学报》（人文社会科学版）2009年第3期。
⑦ 余静：《唐代慕容氏家族研究》，见袁行霈主编：《国学研究》（第15卷），北京大学出版社，2005年，第102页。

相关统计显示，属于北齐慕容邵宗和隋代慕容三藏支房的14人中，有8人的籍贯为昌黎。①总之，魏晋南北朝至隋唐，昌黎棘城成为内迁中原的鲜卑慕容氏的主要籍贯故里，也是这一家族的郡望称号。②

昌黎棘城和吐谷浑慕容氏又有什么关系？由于吐谷浑和慕容廆二部马斗，吐谷浑于太康四年至十年（283—289）之间率部西迁，而慕容廆于元康四年（294）从徒河迁至棘城，因此慕容鲜卑在昌黎棘城的发展历史基本与吐谷浑慕容氏无涉，但是，为什么吐谷浑慕容氏会改变原有阴山人的说法，来攀附昌黎棘城？入唐之后，郡望便已失去甄别士庶的意义，变成了人人皆可自称的虚号。《新集天下姓望氏族谱一卷并序》称："夫人立身在世，姓望为先，若不知之，岂为人子？"③为了显示渊源有自，时人多行攀附伪冒之举，冒为汉人郡望的事例比比皆是。④许多民族志也证明，忘记或者虚构祖先以重新整合族群范围在人类社会中是相当普遍的现象。⑤"攀附郡望，恐怕更多的不是关注于这一郡望形成的历史过程与现今的政治地位，而是希望透过对历史记忆的编织来强化自己的社会身份。"⑥失去家园的吐谷浑慕容氏自内附唐王朝后，就面临着如何定位自己社会身份的问题，这正是他们所处历史文化环境的折射。

自高宗龙朔三年（663）吐谷浑被吐蕃灭后，吐谷浑可汗诺曷钵与弘化公主率数千帐迁入凉州，后被徙于灵州，置安乐州。对吐谷浑诺易钵部而言，返回青海故地无望，需要紧紧依附于唐王朝才能自保，故他们一方面与唐宗室、外戚或门第较高的汉族官僚通婚。正如《慕容环墓志》所言："自后魏至梁、隋、唐，每代尚主，婚连贵戚，侈贵崇极。"⑦另一方面又令其王族子弟频繁入侍唐朝。但是，研究表明，唐王室为质子婚配的女性地位逐渐降低，同时，所授质子的官职品位也在下降，反映出吐谷浑投附朝廷后地位下降之事实。⑧故而吐谷浑慕容氏引以为傲的王室

---

① 余静：《唐代慕容氏家族研究》，见袁行霈主编：《国学研究》（第15卷），北京大学出版社，2005年，第109页。
② 余静：《唐代慕容氏家族研究》，见袁行霈主编：《国学研究》（第15卷），北京大学出版社，2005年，第96页。郡望一般以郡名+县名+族名构成，郡名、县名多寻两汉之旧，昌黎郡始于三国魏时。"昌黎棘城"是慕容廆、慕容皝父子称雄东北的中心，十六国时期诸燕皇帝皆出于此支系，不失为"辽东大姓"麇集之地。
③ 郑炳林：《敦煌地理文书汇辑校注》，甘肃教育出版社，1989年，第323页。
④ 仇鹿鸣：《制作郡望：中古南阳张氏的形成》，《历史研究》2016年第3期。
⑤ 王明珂：《华夏边缘：历史记忆与族群认同》，上海人民出版社，2020年，第45页。
⑥ 仇鹿鸣：《制作郡望：中古南阳张氏的形成》，《历史研究》2016年第3期。
⑦ 西安市长安博物馆：《长安新出墓志》，文物出版社，2011年，第239页。
⑧ 杜林渊：《从出土墓志谈唐与吐谷浑的和亲关系》，《考古》2002年第8期。

身份，不再是他们在唐廷任职升迁的资本，能力和军功才是保障他们政治前途的唯一依靠，例如慕容曦光依靠军功充朔方军节度副使，慕容曦皓任大同军使，慕容环长子慕容汤凭深厚汉文化修养，参与科举，获进士及第出身。[1]所以，如何寻求一个家族郡望，进而更好地融入唐王朝的政治生活，是他们必须面对的现实问题。

与其他胡族攀附汉人郡望不同的是，吐谷浑慕容氏攀附的是同为慕容鲜卑的另一支慕容氏的郡望。昌黎棘城除了给吐谷浑慕容氏提供一个立足于社会的身份外，还代表了一种华夷共祖的历史记忆。《晋书·慕容廆载记》记载："慕容廆，字弈洛瑰，昌黎棘城鲜卑人也。其先有熊氏之苗裔，世居北夷，邑于紫蒙之野，号曰东胡。"[2]所载称慕容氏为有熊氏的后裔。对此，《十六国春秋》卷二三《前燕录·慕容廆》的记载更详细，"慕容廆……昔高辛氏游于海滨，留少子厌越以君北夷"[3]。无论有熊氏还是高辛氏（帝喾），均为黄帝的后裔，即慕容廆家族在血缘上构建鲜卑和黄帝的联系。不仅如此，在地望方面也试图构建如此关联，如《晋书·慕容廆载记》载："以大棘城即帝颛顼之墟也，元康四年乃移居之。"[4]慕容廆徙至大棘城的原因与"颛顼之墟"有关。以华夏始祖为族源，这是十六国北朝少数民族政权的统治者为获得中原人心普遍采用的办法。[5]

对于吐谷浑慕容氏家族来说，慕容廆家族构建祖源真实性已然不再重要，重要的是他们已构建出"华夷共祖"历史脉络，成为吐谷浑王室可资利用的现实资源。吐谷浑慕容氏家族攀附郡望，就要对祖源进行修改或者重新诠释，将自己家族谱系联系在慕容廆之下，来完成其身份与华夏的对接，这不仅有利于家族的存续和壮大，也是走向民族融合的关键一步。如志文中称慕容威"前燕高祖武宣皇帝廆之后"[6]，称慕容曦轮"燕文明皇帝煌之后"[7]，通过对祖源的修改，完成与华夏历史记忆的链接，所以志文中记载慕容曦皓是"步摇之族，基于帝轩"[8]，慕容环"伊昔

---

[1] 陈玮：《新出唐吐谷浑王族慕容环墓志研究》，《中国边疆史地研究》2014年第4期。
[2] 《晋书》卷一〇八《慕容廆载记》，中华书局，1974年，第2803页。
[3] 《前燕录》转引自《十六国春秋辑补》，中华书局，1985年，第175页。
[4] 《晋书》卷一〇八《慕容廆载记》，中华书局，1974年，第2804页。
[5] 何德章：《伪托望族与冒袭先祖：以北族人墓志为中心——读北朝碑志札记之二》，见武汉大学中国三至九世纪研究所编：《魏晋南北朝隋唐史资料》（第17辑），上海古籍出版社，2000年，第141页。
[6] 钟侃：《唐代慕容威墓志浅释》，《考古与文物》1983年第21期。
[7] 濮仲远：《唐代慕容曦轮墓志考释》，《青海师范大学学报》（哲学社会科学版）2019年第1期。
[8] 周绍良、赵超主编：《唐代墓志汇编续集》，上海古籍出版社，2001年，第697页。

祖先，系于轩黄"①，与《晋书》称慕容廆为有熊氏之苗裔的说法如出一辙。

为更进一步融入华夏，部分慕容氏家族成员不再满足于昌黎的籍贯，直接把长安作为新贯。《慕容曦皓墓志》称志主"京兆长安人……地望显赫，冠冒当时"，撰志者为了突出此点，强调"玄宗朝特发音诰，隶于神州"②。关于慕容氏改贯长安，于史无证，但却反映了慕容氏家族对长安强烈的归属感，关于唐代胡族改贯，多有其例，如李抱玉（安重璋）"贯属凉州"，"今请割贯属京兆府长安县"，肃宗"许之，因是举宗并赐国姓"③。李抱玉从此脱离凉州，徙籍京兆；又如《陇西李府君墓志铭》记载志主李良僅家族本"属国之大族也"，由于其祖父李义"献覆捷于玄宗。由是器念加等，赐籍宗正，而为陇西人也焉"④，李良僅家族为吐谷浑人⑤，改籍后成为陇西人。关于慕容氏入籍长安，我们在归葬部分再进一步论述。

2.归葬

虽然在所有志文中，吐谷浑慕容氏中籍贯称长安人者只有1例，但是归葬长安占到7例，长安高阳原已然成为慕容家族新的祖茔，唐代"高阳原"在今西安市长安区郭杜街道一带，是长安城南的主要居民墓葬区之一。

研究认为，天宝十四年（755）安史之乱爆发后，唐朝河陇精兵前往关中平叛，凉州被吐蕃占据，吐谷浑慕容氏家族成员被迫归葬长安。⑥我们认为归葬地变化的主要原因是长安成为慕容氏新的祖居之地。早在安史之乱之前慕容氏家族在长安就置有宅地，如开元廿三年（735）慕容曦光妻武氏卒于长安延福里。宋敏求《长安志》"次南延福坊"条云："西北隅，琼山县主宅。县主开元中适慕容氏，即吐谷浑之苗裔，富于财产，宅内有山池院，溪磴自然，林木葱郁，京城称之。"⑦又开元三年（715），玄宗在京城给吐谷浑大首领慕容道奴等"赐宅一区"⑧，由此可见，慕容氏家族在长安的宅地不仅规模大，而且数量不止一座，按照陈寅恪提出的祖坟和住宅有连带关系的观点，安史之乱之前长安已成为慕容家族新的祖居之地，所以才有

---

① 西安市长安博物馆：《长安新出墓志》，文物出版社，2011年，第239页。
② 周绍良、赵超主编：《唐代墓志汇编续集》，上海古籍出版社，2001年，第697页。
③ 《旧唐书》卷一三二《李抱玉传》，中华书局，1975年，第3646页。
④ 吴钢：《全唐文补遗》（第5辑），三秦出版社，1998年，第36—38页。
⑤ 韩香：《唐代吐谷浑的迁徙及其在陕北地区的活动——延安市出土〈李良僅墓志〉研究》，《中国边疆史地研究》，2011年第1期。
⑥ 陈玮：《新出唐吐谷浑王族慕容环墓志研究》，《中国边疆史地研究》2014年第4期。
⑦ 〔宋〕宋敏求：《长安志》，中华书局，1990年，第126页。
⑧ 《册府元龟》卷九七四《外臣部》，凤凰出版社，2006年，第11444页。

天宝十年慕容曦轮葬于长安的史事。

长安成为慕容家族新的祖居之地，具有一定的象征意义。长安、洛阳是帝都，是中原王朝的核心区，也是华夏儒家文化的发扬光大之地，不仅被传统儒家知识分子和官僚阶层视为圣地[1]，也是传统天下帝国体系的中心。褚遂良的奏章中说："国家者譬诸身，两京等于心腹，四境方乎手足。"[2]因而两京对周边民族具有很大的影响力[3]，一些少数民族贵族不仅到此发展，而且以此地作为身后长眠之地，这种对王朝中心地域的回归，意味着对华夏政治、文化及心理上的接近和认同。马驰认为："从蕃将居处、新籍贯以及坟茔所在的内地化（主要是京师化），说明来自少数民族或域外的蕃将及其后裔，由于与汉族共处于同一地域……受人数上居绝对多数的汉族的影响，蕃将只有在入汉人之乡后随汉人之俗，归化于汉族共同体之中。"[4]

另外，归葬不仅反映家族地域和族群认同，而且其所承载的礼仪起到了对儒家礼仪复习的作用，如《慕容宣彻墓志》"吉辰择兆，丧礼具仪"[5]，《慕容威墓志》"孝感天地，义通神明。爰征古礼，是托茔域"[6]。由于卒地离归葬地十分遥远，负柩归葬过程也是礼仪展演的过程[7]，如"灵车告行，睦挽将发……邑人以之罢市，过客由其膊骖"[8]。慕容氏家族成员分别卒于太原、原州（宁夏固原）、房陵郡（湖北房县）等地，但是不管路途有多远，最后都归葬于长安，归葬的过程是对儒家文化实践的过程，也是对华夏文化认同的过程。

三、结语

墓志铭不仅是记录志主姓名与家世、歌颂其生平事迹的文辞，也是凝聚家族祖源的历史记忆，用以想象和建构我群与他者的界限，实现群体内部资源配置与族群内部的整合。墓志中的籍贯与归葬地都是地理空间方面对祖居地的一种表达，祖居地不仅是家族活动的重心，而且作为一种家族的集体记忆来凝聚家族。家族内每一次对籍贯和归葬地的书写，都在加强家族或族群的认同，为适应现实环境变迁，集

---

[1] 毛汉光：《从士族籍贯迁徙看唐代士族之中央化》，见《中国中古社会史论》，上海书店出版社，2002年，第333页。
[2] 《旧唐书》卷八〇《褚遂良传》，中华书局，1975年，第2734页。
[3] 马驰：《唐代蕃将》，三秦出版社，1990年，第212页。
[4] 马驰：《唐代蕃将》，三秦出版社，1990年，第216页。
[5] 夏鼐：《武威唐代吐谷浑墓志》，见《考古学论文集》，科学出版社，1961年，第115页。
[6] 钟侃：《唐代慕容威墓志浅释》，《考古与文物》1983年第2期。
[7] 裴恒涛：《唐代的家族、地域与国家认同——唐代"归葬"现象考察》，《河南科技大学学报》（社会科学版）2011年第6期。
[8] 钟侃：《唐代慕容威墓志浅释》，《考古与文物》1983年第2期，第32页。

体记忆会被人们建构、修改，地域认同和族群认同也会发生变化。

吐谷浑慕容氏内附唐王朝后，籍贯经历了阴山、昌黎、长安的变迁，归葬地也从凉州变为长安，二者从分离到最终统一，不仅反映了吐谷浑慕容氏家族活动重心从边疆转移到内地，更反映了族群从自我认同到华夏认同的变化。把阴山和凉州当作祖居之地，这种地域认同保留着他们对祖先吐谷浑的记忆，代表的是对吐谷浑族群的认同。但是久居内地之后，吐谷浑慕容氏以昌黎棘城人自居，通过世系构建，完成与华夏历史记忆的联结，淡化自身种族身份。当长安成为吐谷浑慕容氏新的祖居之地之后，吐谷浑族群记忆被逐渐遗忘。

关于籍贯与归葬地，以下几点还需说明：第一，虽均为祖居之地，籍贯和归葬地有一定区别。籍贯和志主在空间上不一定发生真正的联系，出于现实考虑，可以虚拟和修改。但是归葬地是志主身后归宿所在，不会出现以上情况。第二，二者作为祖居之地反映地域和族群认同时，会表现出不同步的现象，如《慕容明墓志》称他为昌黎人，但是死后归葬凉州，这正反映了认同过程不是一蹴而就的。这种认同的渐进性还表现在志文对与汉联姻和华夏后裔的夸耀，以及对华夏礼俗的向往，如"常与华夏联姻通好，故其王闾户之内讨典则，礼类乎华邦。若临彼部，异服殊音，以亲俗也"[①]。当以上内容不再被撰志者津津乐道时，或者以上语境在墓志历史叙述中逐渐消失后，慕容氏家族对华夏文化的认同才真正完成。

原载《西北民族大学学报》（哲学社会科学版）2020年第3期

（濮仲远，河西学院历史文化与旅游学院教授）

[①] 西安市长安博物馆：《长安新出墓志》，文物出版社，2011年，第239页。

从遣子入侍看唐对吐蕃吸纳中原文明的争议

黄辛建

公元7世纪初期，兴起于西藏雅隆河谷一带的悉补野部，历经郎日伦赞等数代赞普的不断经营，至松赞干布①时期开始崛起。吐蕃建国以后，采取走出去、请进来等方式积极学习、借鉴、吸纳唐朝、大食、尼婆罗、天竺等周边国家的先进文化养分，创造吐蕃文字、厘定法律、引进佛教，不断走向强盛，形成了吐蕃文明，并最终发展演化为今天的藏族文化。其中，吐蕃对唐文化，即中原文明的吸取、借鉴尤为突出。公元634年，吐蕃赞普松赞干布遣使入唐，唐太宗随之遣行人冯德遐赴藏抚慰。公元641年，松赞干布迎娶文成公主入藏，吐蕃开始大规模、官方地吸取中原文明养分。目前，学术界对吐蕃文明和中原文明的互动关系的研究有一些成果问世，但对唐王朝在吐蕃吸纳中原文明过程中的态度的梳理则有所忽略。②本文试以遣子入侍为切入点，尝试对这一问题作一探讨。

一、吐蕃遣子侍唐的缘起

遣子入侍是少数民族政权将贵胄子弟，甚至王子，遣为质，奉唐为正朔，是臣属并取信于对方的一种方式。陈金生认为，遣子入侍的起源与原始宗教、部落争端有着十分紧密的渊源关系。从其思想根源来看，质子作为人质的一种，与人类"与天为质"的原始宗教观念和宗教祭祀活动密切相关。从实际行为来说，部落争

---

① 汉文史料关于"松赞干布"的译名多有不同，有器宗弄赞、弃宗弄赞、器宋弄赞、不弗弄赞、弃苏农等。

② 关于吐蕃文明与中原文明之间关系的相关研究主要有，石硕：《论地缘因素在吐蕃文明东向发展过程中的作用》，《西藏研究》1992年第1期；石硕：《从文明的相融性因素看吐蕃文明东向发展的必然性》，《西北民族研究》1994年第2期；洛加才让：《吐蕃王国和勃律古国的政治及其文化关系研究》，《青海师范大学民族师范学院学报》2003年第1期；霍巍：《吐蕃考古与吐蕃文明》，《西藏大学学报》（社会科学版）2009年第1期；任新建：《藏族文化构建中对汉文化的吸收与整合》，《中华文化论坛》1994年第2期。

斗具有掠夺俘虏、掠夺人质的属性。①殷商时期，商纣王将周文王长子伯邑考"质于殷，为纣御，纣烹为羹，赐文王"。②春秋战国时期，群雄逐鹿，周王朝权力旁落，诸侯争霸，以子纳质在诸侯国之间频繁发生。遣子入侍作为古代中原王朝与周边民族之间政治博弈的一种手段滥觞于汉代。《册府元龟》载："夫四夷称臣，纳子为质，其来久矣。自汉氏建元之后，穷兵黩武，开拓提封，北逐匈奴，南诛闽粤，由是百蛮慑伏。厥角稽颡，或内向而请吏，或遣子于宿卫。武力之盛，振古莫俦"。③唐代，遣子入侍是一个较为普遍的现象，唐王朝周边藩篱邻国纷纷遣子入侍。景龙元年（707），渤海王国向唐朝"遣子入侍"，"请备宿卫"。④唐玄宗开元二年（714），新罗王子金守忠来朝留宿卫，赐宅及帛以宠之。⑤突厥是唐朝的一大劲敌，也长时间遣子入侍唐朝。其朝中重臣阿史德元珍曾作为入唐侍子，习中国风俗，知边塞虚实，对于骨咄禄推动复国运动，有着重要的影响，给唐朝造成了极大威胁。⑥据《册府元龟》载，唐时遣子入侍的有新罗、契丹、渤海、高丽、吐蕃等国。⑦除此之外，方铁认为还有南诏、高昌、波斯等国。⑧

吐蕃遣子入侍唐朝，始于文成公主进藏。贞观八年（634），吐蕃赞普松赞干布遣使入唐，唐太宗随之遣行人冯德遐赴藏抚慰，由此开启了唐吐之间200多年的通好、和亲、会盟、战争的交往。贞观十五年（641），太宗以文成公主妻吐蕃赞普松赞干布，由礼部尚书、江夏郡王道宗送婚。松赞干布前往河源迎接，见道宗执子婿之礼，⑨渐慕华风，遣酋豪子弟，入唐王朝国学习《诗》《书》。⑩自此，吐蕃开始遣子入侍唐朝，习中原文明和礼仪。景龙元年（707），金城公主入藏，竭力促进唐蕃和好，吐蕃也派遣贵族子弟入长安附国子学读儒术。⑪吐蕃侍子入唐后多至太学修读。在唐王朝都城长安，形成了规模较大的吐蕃侍子聚居点。⑫"是时，上大征天下

---

① 陈金生：《试论原始宗教与质子产生的渊源关系——从周公"自以为质"发起》，《通化师范学院学报》2010年第3期。
② 《史记》卷三《殷本纪第三》。
③ 《册府元龟》卷九九六《外臣部·纳质》。
④ 魏国忠：《大祚荣遣子侍唐时间考》，《北方文物》1985第4期。
⑤ 《册府元龟》卷九九六《外臣部·纳质》。
⑥ 朱振宏：《古代突厥民族历史意识兴起原因探析》，《史学史研究》2010年第4期。
⑦ 《册府元龟》卷九九六《外臣部·纳质》。
⑧ 方铁：《汉唐王朝的纳质制度》，《思想战线》1991年第2期。
⑨ 《新唐书》卷一四一《吐蕃传》。
⑩ 《旧唐书》卷一四六《吐蕃传》。
⑪ 王森：《西藏佛教发展史略》，中国社会科学出版社，1986年，第7页。
⑫ 任新建：《藏族文化构建中对汉文化的吸收与整合》，《中华文化论坛》1994年第2期。

名儒为学官，使之讲论。"当时，唐周边民族学者云集长安，高丽、百济、新罗、高昌、吐蕃等遣子弟请入国学，升讲筵者至八千余人。[①]

二、吐蕃对中原文明的吸纳

一直以来，人们习惯于把藏族文化，尤其是藏族古代文化看成是单一文化，把藏族当作一个单源的民族。然而，考古发现证明：新石器时代，青藏高原上的原始文化就已是一个具有多重性特征的多元一体文化。黄河流域的古老文明，及其以北的草原游牧文化，以及东南亚热带河谷农业文化，都曾从不同的方向汇集于雄伟壮丽的青藏高原，使藏族地区的原始文化在本身固有的土著文化基础上，呈现出一种甚为复杂的多重性特征。[②]构成藏族早期族源的氏族人群至少应有三个基本来源，即西藏腹心地区的土著氏族人群，来自西藏东部横断山脉地区属于夷人族系的氏族人群和来自西藏东北方向黄河上游地区古羌族系的氏族人群。[③]

虽然藏族古代文化具有多重性的特征，但由于地处高原，早期吐蕃社会文化较为落后。据《旧唐书》记载：吐蕃初"无文字，刻木结绳为约。虽有官，不常厥职，临时统领。……用刑严峻，小罪剟眼鼻，或皮鞭鞭之，但随喜怒而无常科。……宴异国宾客，必驱牦牛，令客自射牲以供馔。……贵人处于大毡帐，名为拂庐。寝处污秽，绝不栉沐。接手饮酒，以毡为盘，捻䅫为椀，实以羹酪，并而食之"[④]。公元7世纪初期，兴起于西藏雅隆河谷一带的"雅隆悉补野"部，历经郎日伦赞等数代赞普的精心经营，至松赞干布时期开始崛起。松赞干布继赞普位后，在尚囊的辅佐下，成功平息部落叛离，稳定内部局势，于633年迁都逻些，这也是其内部政治稳定和向外拓展的信号。吐蕃赞普松赞干布是一个有野心、有胆识和开拓精神的人，继位后深感这一切不能适应其建立强盛的吐蕃王朝政权的需要。[⑤]松赞干布很快即采取了两项基本的政治方略：一是向外开拓和发展；二是在内部进行大规模制度建设，开始大力吸收、借鉴大唐、大食等周边先进文化以构建吐蕃文明。藏籍称，松赞干布时期，自东方汉土得工艺历算之术，自南方天竺译出佛经，自西方尼

---

① 《资治通鉴》卷一九五。
② 格勒：《论藏族文化的起源形成与周围民族的关系》，中山大学出版社，1988年，第149页。
③ 石硕：《藏族族源与藏东古文明》，四川人民出版社，2001年，第318页。
④ 《旧唐书》卷一四六《吐蕃传》。
⑤ 石硕：《吐蕃政教关系史》，四川人民出版社，2000年，第119页。

婆罗等处启食用宝藏，自北方突厥等处取得法治条规。①

由于唐朝实行开放、开明的民族政策，加之唐王朝经济、文化空前发展，中原文明空前繁荣，唐朝成为当时首屈一指的泱泱大国，唐长安城成为当时世界的政治、经济、文化中心，深深吸引着吐蕃等周边甚至更远地区的民族。因此，吐蕃王朝始终将和唐王朝交往作为基本国策，与唐保持着或战或和的异常频仍的联系。从贞观八年（634）吐蕃遣使入唐到吐蕃赞普达玛被杀，即从公元634年到公元842年的209年间，唐吐遣使互访就达290余次。其中，吐蕃王朝使者出使唐朝190余次，唐王朝使者入藏100余次。②吐蕃遣使入唐次数远远多于唐遣使入蕃的次数。从赞普芒松芒赞到达玛时期，即从公元650年到公元842年，双方有史可查的战争达到192次。③吐蕃正是在与唐王朝或和或战的历程中，通过请进来和走出去两种方式积极吸纳中原文明元素。一方面，吐蕃通过战争、派遣使者等方式走出去，到唐王朝主动学习中原文明。遣子入侍正是吐蕃主动走出去学习中原文明的重要手段之一。另一方面，吐蕃利用与唐和亲等方式主动引进中原文明。文成公主带入西藏的养蚕、造酒、碾磨、造纸的工匠，金城公主入藏携带的绣花锦缎、工技书籍、各种器物及工匠、乐师、杂技等，均是吐蕃走出去主动引进的中原文明元素。

三、唐对吐蕃吸纳中原文明的争议

由于唐蕃之间，战与和一直是一个永恒的话题，虽然双方是"甥舅之国"，但吐蕃"既自恃兵强，每通表疏，求敌国之礼，言词悖慢"，"虽每遣行人，来修旧好，玉帛才至于上国，烽燧已及于近郊，背惠食言，不顾礼义"。④检视吐蕃时期的藏文文献史料可以发现，吐蕃始终是将双方的交往定位为国与国之间的交往。如在敦煌本吐蕃历史文书记载中，吐蕃将唐遣使者来访称为前来"致礼"，甚至将唐王朝入吐蕃之物品称为岁贡。如"及至虎年，多思麻之冬季会盟于则地，由论绮力思扎悉诺则布召集之，以唐人岁输之绢缯分赐各地千户长以上官吏。冬末，唐廷皇帝崩，新君立，不愿再输帛绢，割土地"。⑤而唐朝也始终将吐蕃视为自己的主要劲敌加以防范。

---

① 巴卧·祖拉陈哇著，黄颢译注：《〈贤者喜宴〉摘译》，《西藏民族学院学报》（哲学社会科学版）1980年第4期。
② 谭立人、周原孙：《唐蕃交聘表》，《中国藏学》1990年第2期。
③ 杨永红：《使者往来与唐蕃军事》，《西藏大学学报》（社会科学版）2009年第2期。
④ 《旧唐书》卷一九六《吐蕃下》。
⑤ 王尧、陈践译注：《敦煌本吐蕃历史文书》（增订本），民族出版社，1992年，第145—156页。

在如此不和谐的双方总体关系发展趋势中，唐王朝对于吐蕃摄取中原文明存在较大争议，这种争议随着吐蕃王朝的不断强大及对唐王朝构成越来越大的威胁而甚嚣尘上。自公元7世纪初吐蕃自雅隆河谷崛起后，先后统一青藏高原，征服川西高原和河湟陇右诸部落，唐蕃之间缓冲地带尽失，于是开启了长达两个多世纪的战争。贞观八年（634），吐蕃遣使入唐，唐行人冯德遐随之入藏抚慰，双方开启了正式的官方往来。贞观十二年（638）松州之役双方首次交锋，公元641年文成公主入藏，唐蕃因此处于双方关系的蜜月期，唐应吐蕃请求，派去造酒、碾磨的工匠，并给予蚕种，于是各种先进生产技术大量传入吐蕃[①]，吐蕃开始大规模、官方地广泛吸取中原文明因素。

龙朔三年（663），吐蕃与吐谷浑不和，兵临吐谷浑，唐将薛仁贵等奉命率众十余万讨伐，在大非川为蕃军所败，吐谷浑被灭。咸亨元年（670），薛仁贵再次兵败大非川，吐谷浑皆没于吐蕃。至永隆元年（680），吐蕃已"尽收羊同、党项及诸羌之地，东与凉、松、茂、巂等州相接"[②]。伴随着日益紧张的唐吐关系，唐王朝内出现了是否允许吐蕃摄取中原文明的质疑声，遣子入侍首当其冲。通天二年（697），四夷多遣子入侍，吐蕃大论噶尔钦陵，突厥的阿史德元珍等，皆曾充任唐朝侍子，知悉中原文明礼仪，其后竟为边害。囿于史料缺乏，我们目前已经无法对吐蕃遣子入侍唐朝的具体情况和效果进行全面阐释。不过，吐蕃史上却有三个异常重要的人物均曾侍唐，并在回蕃后对唐构成了极大威胁。其一为仲琮。"仲琮为吐蕃大臣，咸亨三，吐蕃遣仲琮来朝。先是，仲琮年少时，尝充质入朝，诣太学生例，读书颇晓文字。"[③]其二为论钦陵。其父曾赴长安为松赞干布求亲，即"性明毅严重，讲兵训师，雅有节制，吐蕃之并诸羌，雄霸本土，多其谋也"的禄东赞。[④]掌持吐蕃朝政多年的论钦陵，曾入侍唐朝，其"皆因充侍子遂得遍观中国兵威、礼乐"[⑤]，长时期成为吐蕃对唐侵略的主导者。吐蕃三大贤王之一的赤松德赞（唐代汉文译作娑悉笼猎赞）手下有名的重臣恩兰·达扎路恭，即《新唐书·吐蕃传》所记吐蕃大将马重英，以领兵打入唐朝京师而闻名，今天耸立在拉萨布达拉宫前面的最高石碑就是1200年前为他树立的红功碑。达扎路恭之远祖悉腊被称为饱学之士，《唐诗记事》

---

① 藏族简史编写组：《藏族简史》，西藏人民出版社，1985年，第27页。
② 《旧唐书》卷一九六《吐蕃上》。
③ 《册府元龟》卷九六二《外臣部·才智》。
④ 《旧唐书》卷一九六《吐蕃上》。
⑤ 《册府元龟》卷五四四《谏诤部·直谏第十一》。

中还记载有他用汉文作诗的故事。① 他早年曾侍唐，任"吐蕃舍人"，以能言善辩著称，后被派入长安迎聘金城公主。②

正因入唐侍子回蕃后对唐构成的极大威胁，故朝官薛谦光上《止四夷遣子入侍疏》，他认为："突厥、吐蕃、契丹等，往因入侍，并叨殊奖。或执戟丹墀，策名戎秩；或曳裾庠序，高步黉门。服改毡裘，语兼中夏。明习汉法，睹衣冠之仪；目击朝章，知经国之要。窥成败于国史，察安危于古今，识边塞之盈虚，知山川之险易。或委以经略之功，令其展效；或矜其首丘之志，放使归蕃。于国家虽有冠带之名，在夷狄广其纵横之智。虽则慕化之美，苟悦于当时；而狼子孤恩，旋生于过后。及归部落，口不称兵，边鄙罹灾，实由于此。"他认为侍子入侍应"一皆禁绝，必若在中国，亦可使归蕃，则夷人保疆，边邑无事矣"③，但未被采纳。

神龙元年（705），唐遣宰相卢钦望等22人与吐蕃和盟，双方关系暂趋缓和，中宗李显专门颁布《准蕃人读书国子学敕》，明令"吐蕃王及可汗子孙，欲学习经业，亦附国子学读书"④。与文成公主入藏，吐蕃"遣酋豪子弟，请入国学以习《诗》《书》"相对照，李显颁布该敕令，当是针对反对吐蕃等周边政权遣子入侍的人在建议禁绝侍子之议未准后建议将侍子遣往国学以外的其他地方习读的回应。唐玄宗李隆基《放还诸蕃宿卫子弟诏》将包括吐蕃侍子在内的所有侍子均"放还国"，彻底终止了遣子入侍问题的争议。"我国家统一寰宇，历年滋多，九夷同文，四隩来暨。夫其袭冠带，奉正朔，禺禺然向风而慕化，列于天朝，编于属国者，盖亦众矣。我则润之以时雨，照之以春阳，淳德以柔之，中孚以信，元风既同，群物兹遂，莫不自天壤，穷海域，厥角以请吏，执贽以来庭，皇唐之德，于此为盛，今外蕃侍子，久在京国，虽威畏之及，自远毕归，而羁旅之志，重迁斯在。宜命所司，堪会诸蕃充质宿卫子弟等，量放还国。契丹及奚延通质子，并即停追，前令还蕃首领等，至幽州且住，交替者即旋去。朕欲以鸟兽咸若，华戎俱泰，来则纳其朝谒之礼，去则随其生育之心，推我至诚，崇彼大顺，含宏之施，德莫厚焉。"⑤

景龙元年，金城公主携带绣花锦缎数万匹、工技书籍多种和一应器物入吐蕃，

---

① 格勒：《论藏族文化的起源形成与周围民族的关系》，中山大学出版社，1988年，第39页。
② 任新建：《藏族文化构建中对汉文化的吸收与整合》，《中华文化论坛》1994年第2期，第25页。
③ 《册府元龟》卷五三二《谏诤部·规谏第九》。
④ 〔宋〕王溥：《唐会要》卷三十六《附学读书》。
⑤ 《全唐文》卷二六《放还诸蕃宿卫子弟诏》。

随行有大批的工匠和乐师、杂技等,再一次掀起了吐蕃吸纳中原文明的浪潮。利用金城公主进藏之机,吐蕃以请公主的汤沐地为名得河西九曲,随之连年袭扰陇右,西山不稳。公元714年,唐朝和吐蕃和盟,定国界于河源。公元727年到公元728年间,吐蕃占领河西瓜州。面对日益紧张的唐吐形势,唐王朝再度哗然。开元十八年(730),曾经作为侍子侍唐并迎聘金城公主之吐蕃悉腊等人至京,以金城公主名义求《毛诗》《礼记》《左传》《文选》各一部,更是引起争议一片。秘书省正字于休烈上疏对求书事宜强烈反对并陈述了其中的利害关系,具有一定的代表性。疏中道:"戎狄,国之寇也;经籍,国之典也。戎之生心,不可以无备;典有恒制,不可以假人。传曰:裔不谋夏,夷不乱华。所以革其非心,在于有备无患。昔者东平王入朝,求史记、诸子,汉帝不与,盖以史记多兵谋,诸子杂诡术。夫以东平汉之懿戚,尚不欲示征战之书,今西戎,国之寇仇岂可贻经典之事!且臣闻吐蕃之性,剽悍果决,敏情特锐,喜学不回。若达于书,必能知战。深于诗,则知武夫有师干之试;深于礼,则知月令有废兴之兵;深于传,则知用师多诡诈之计;深于文,则知往来有书檄之制。何异借寇兵而资盗粮也!臣闻鲁秉周礼,齐不加兵;吴获乘车,楚屡奔命。一以守典存国,一以丧法危邦,可取鉴也。"同时,于休烈认为,求书并非金城公主意愿,"虑有奔北之类,劝教于中。若陛下虑失蕃情,以备国信,必不得已,请去春秋,当周道既衰,诸侯强盛,礼乐自出,战伐交兴,情伪于是乎生,变诈于是乎起,则有以臣召君之事,取威定霸之名。若与此书,国之患也"。在疏中,于休烈提出了应对的办法,即"狄固贪婪,贵货易土,正可锡之绵绮,厚以玉帛,何不率从其求,以资其智"。①"又请五经,敕秘书写赐,并遣工部尚书李暠往聘,赐物万计。"②公元734年6月,双方和盟,规定以赤岭为两国边界,但并未停止双方的征战。公元755年,安史之乱爆发,吐蕃乘机夺取了唐与吐蕃、南诏之间的川西一带,并入据长安15天,唐朝开始走向没落。此后,唐吐之间的接触主要体现在军事冲突、使者往来和物品互赠上,和亲、遣子入侍等已无生存的土壤,关于中原文明是否应当输入到吐蕃等国的争议也随之销声匿迹。

四、余论

唐代实行开明的民族政策,继承并发展了秦汉以来历代王朝的羁縻制度,并广泛运用于边疆地区,取得了"实资辅佐之功,广我怀柔之道"③的效果。和亲、遣子

---

① 《全唐文》卷三六五《请不赐吐蕃书籍疏》。
② 《新唐书》卷二一六《吐蕃上》。
③ 《唐大诏令集》卷四二《册和回纥公主文》。

入侍及各类书籍、工匠技艺、谷物种子等的输出作为中原文明输出的方式，是唐朝羁縻政策的有机组成部分，唐王朝正是要通过中原文明的输出达到羁縻的目的。这一点可以从唐王朝准许吐蕃遣子入侍的目的中一窥究竟："夫国学者，立教之本，故观文之道，可以成化。庠序爰作，皆分泽于神灵；车书是同，乃范围于天下，近戎狄纳款，日归夕朝，慕我华风，孰先儒礼？由是执于干羽，常不讨而来宾；事于俎豆，庶几知而往学。彼蓬麻之自直，在桑葚之怀音，则仁其远哉，习相近也。自今以后，蕃客入朝，并引向国子监，令观礼教。"①通过输出中原文明，使吐蕃等懂国学，知礼教，慕华风，均"服改毡裘，语兼中夏，明习汉法，睹衣冠之仪，目击朝章，知经国之要"②是唐王朝羁縻政策的重要举措。

实际上，唐朝对中原文化输入吐蕃的争论并不是全盘肯定或者全面否定。通过对新旧《唐书》《册府元龟》《唐会要》《资治通鉴》等汉文史料及相关藏文文献查阅后发现，唐朝输入吐蕃的中原文明因素异常广泛，主要包含了以下几大类：一为物品，主要包括丝绸、茶叶、瓷器、造纸、棉帛、佛像、蚕种、谷物种子等；二为匠人，主要有造酒、碾、硙、纸、墨之匠，杂技诸公；三为书籍，包括五经、佛经、历算、医药等书籍。而对上述几大类物品，除五经等书籍外，唐王朝对其他事物的输出并无多少反对的言论，反而异常慷慨。而反对的声音主要集中在是否应当准许侍子入国子学习读国学、是否应当输出文史经籍等问题上，实质是对事关朝纲精要、经国之术、汉法礼仪等中原文化精粹，对国学是否应当开放的争论，是对"借寇兵而资盗粮"的担忧。

对于包括国学等中原文明的输出，唐王朝的态度始终是积极的、开放的。即使在与吐蕃等政权关系极为紧张的时候，仍是如此。准许吐蕃以金城公主名义的求书，中宗李显颁布的《准蕃人读书国子学敕》，玄宗李隆基的《放还诸蕃宿卫子弟诏》等均是唐王朝力排异议，坚持向周边各民族政权输出中原文明的具体措施，是其羁縻政策的具体实行。约成书于唐开元年间的《龙筋凤髓判》卷二载一案："鸿胪寺中吐蕃使人素知物情慕此处绫锦及弓箭等物请市，未知可否？"被判定为："听其市取，实可威于远夷，任以私收，不足损于中国，宜其顺性，勿阻蕃情。"③该案例也从一个侧面反映了当时唐朝对中原文明输出的积极态度。

汉藏之间的社会文化交流具有悠久的历史。据藏文文献记载，郎日之世，即松

---

① 《全唐文》卷三四《令蕃客国子监观礼教敕》。
② 《册府元龟》卷五三二《谏诤部·规谏第九》。
③ 《全唐文》卷一七二《鸿胪寺中土蕃使人素知物情慕此处绫锦及弓箭等物请市未知可否》。

赞干布之父郎日伦赞在位时，从汉地引入星算之术及医药[1]，因当时吐蕃还无文字，仅靠口口相传，因此影响不大。此后，汉藏交往日益深入。在敦煌藏文文献中，就存有《战国策》《尚书》等译自汉文的古代文史作品。[2]唐朝时期，吐蕃通过走出去和请进来的方式，采取遣子入侍、和亲、战争、引入书籍等方式，源源不断地吸纳中原先进生产技术和文化，唐王朝则对中原文明的输出采取了积极、开放的政策，敞开大门，积极推出中原文明因素，促进了汉蕃文化的良性互动和吐蕃文明的形成，为今天的藏族文化最终形成做出了贡献。

原载《西南民族大学学报》（人文社会科学版）2012年第8期
（黄辛建，西南民族大学旅游与历史文化学院教授）

---

[1] 五世达赖喇嘛：《西藏王臣记》，刘立千译注，西藏人民出版社，1992年，第13页。
[2] 王尧、陈践译注：《敦煌古藏文文献探索集》，上海古籍出版社，2008年，第416—433页。

入唐吐蕃论氏家族新探
——以《论惟贞墓志》为中心

沈 琛

关于入唐的吐蕃论氏家族，除去史传记载以外，论弓仁、论惟贤、论博言等人的神道碑或墓志铭皆有保存，经过前辈学者的钩沉①，入唐吐蕃家族的脉络大致清晰，几无剩义可拾。然而，洛阳新出的《论惟贞墓志》为入唐吐蕃家族在唐中后期的发展情况提供了宝贵的数据，为进一步探讨提供了可能。

墓志名为《唐故英武军使开府仪同三司试太常卿上柱国萧国公赠灵州大都督论公墓志铭》，志、盖并存，建中二年（781）写成，墓志高68厘米，宽58厘米，铭文35行、行36字，楷书，由当时最负盛名的书法家徐浩撰文并书丹。墓志、盖图版已刊于洛阳九朝刻石文字博物馆编印的《洛阳九朝刻石文字博物馆》一书当中，并由陈尚君作了简短的跋文。②陈文篇幅虽然不长，但是在节录墓志的基础上，指出该墓志为目前所见最晚的徐浩书迹，而墓志内容可以补充传世文献对安史之乱的记载，颇具慧眼。承齐运通惠赐墓志拓片（图1、图2），现将墓志全文录文如下：

志盖：唐赠灵州大都督论公墓志铭

唐故英武军使开府仪同三司试太常卿上柱国萧国公赠灵州大都督论公
墓志铭并序
银青光禄大夫彭王傅上柱国会稽郡开国公徐浩撰并书
公讳惟贞，字瑀，本名仙芝，至德元年特敕改名，今讳是也。其先

---

① 陈国灿：《唐代的论氏家族及其源流》，《中国史研究》1987年第2期，第119—127页；苏晋仁：《蕃唐噶尔（论氏）世家》（上），《中国藏学》1991年第1期，第82—94页；苏晋仁：《蕃唐噶尔（论氏）世家》（下），《中国藏学》1991年第4期，第90—110页；Emanuela Garatti, "Shifting Memoriesand Changing Allegiances: Tracing the Descendants of the Tibetan Ministerm Garthrough Chinese Funerary Inscriptions", *Revued'Etudes Tibétaines*, No.33, 2015, pp.157-185。

② 陈尚君：《跋徐浩撰并书〈论惟贞墓志〉》，见洛阳九朝刻石文字博物馆编：《洛阳九朝刻石文字博物馆》，2016年，第132—133页。

西戎君赞普之密族，曾祖陵以上皆世作蕃相，国俗称宰为论，遂以氏焉。大父弓仁，异气炳灵，全才拯义，庆祥初发于中土，正道自越于殊方。天后圣历中，乃以所部七千帐归于我，特授左玉钤卫大将军，封酒泉郡公，回戈外御，朝绝塞忧。由是论氏之门，始大于中华矣。开元十二年薨，赠拨川王，谥曰忠烈。考诚节，皇朝开府仪同三司、右金吾卫大将军、武威郡王，赠太傅。光膺宠册，继体为王。公诞袭纯英，显凝茂业，器艺综玄机之致，动静权物命之时，廓乎宏姿，应彩而生者矣。开元中，始以一子荫为左执戟。天宝八载破蕃中、鱼海等五城，特加上柱国，寻授左武卫西河郡贾胡府左果毅。肃宗之巡右地也，劲自朔方持先将军表，于丰安迎觐至灵武，参佐命勋，因兹赐名。迁中大夫、卫尉少卿，充绥银等州召募使，浃辰之内，得一千余人。有诏同关内节度副使，扈跸至凤翔府，授光禄卿、充元帅先锋讨击使，屯于歧阳。与郭英义、王思礼等分压东寇，破青渠阵，迁正议大夫、鸿胪卿。自是渥赉日融，累斩大敌。收西京，力战于涝水；复东夏决命于陕虢。再清函洛，迁金紫光禄大夫、殿中监，充朔方节度左卅将。太尉李光弼旋军之守河阳也，逆贼周贽，以铁骑十万，掩迹来攻，疲军未宁，强寇四合，乃命公以五千劲甲，出定众心。于是执律受旗，结诚叶气，出入交命，前无正锋，乘势纵师，大溃凶逆，戮尸获丑，全虏不遗，再坚河阳，由此一战，特授开府仪同三司，封寿昌县开国伯。又下河内，授太常卿，进封县侯，食邑一千户。寻充副元帅都虞候，理兵夏县，军令如一。肃宗闻之，召至京师，亲加赏谕，将拜异姓王，以武威先封，让不敢齿，迁副元帅马军兵马使、同幽州节度副使、晋昌郡开国公，食邑二千户。时史朝义久围宋州，公以五百骑驰救，突报城下，以坚守心，败其枝军，断彼粮路，余孽披散，危城用安，特赐一子五品官。寻摄颍州刺史，兼知陈州行营兵马，又以精卒破逆贼谢钦让、史忠勇等，数万众之围，因而瓦解，既斩钦让，又召忠勇等，以降获其家口士马万计已上，迁副元帅都知兵马使，加实封一百廿户，封萧国公，食邑三千户。永泰元年入朝，代宗以凤彰勋望，擢留禁列，拜右领军卫大将军、英武军使。方期转膺大寄，授钺中坛，而六气潜灾，十全周验，以建中二年十月九日薨于上都永宁里之私第，春秋五十一。圣恩轸悼，军士恸哭，赗绢百匹，布五十端，赠灵州大都督。即以其年十一月三十日葬于京兆府长安县永寿乡高阳原，礼也。有司备物，仪光前典，惟公之道也。托分输国，生不为私。齐军以心，励人以己，故能绍复前绪，光宣始终者焉。夫人凉国夫人李氏，分庆国系，叶雍壸风，楚心俟亡，理奉遗业。长子曰僔，正议大夫、光禄寺丞；次曰位，京兆府参军；次曰伾，同州白水县尉。并附学进经，业精迁秩。小曰侁，左司御率府胄曹参军。皆宿资儒敬，衔荒过毁。以浩尝典旧史，备承懿勋，见托哀铭，永篆幽石，其铭曰：

拨川之雄，天纵奇聪。拔彼异壤，归于正风。衣冠礼乐，由是毕同。首于中原，光此论宗。武威崇崇，继业而融。灵赞其忠，载诞萧公。标清骨秀，气略玄授。庭宇边陲，衣裳甲胄。河阳之斗，宛若神佑。陈蔡之围，前无强寇。夏县全律，宋城突救。齐父封王，让而不就。幼子趋庭，训之以经。家道温穆，公方辑宁。微灾入气，暗疾收形。命之不淑，药乃无灵。南出郊坰，下归窈冥。终始令德，列于此铭。

一、吐蕃噶尔家族之兴亡

论惟贞（731—781），《旧唐书》无传，而《新唐书》有传，欧阳修将其列入《诸夷蕃将传》附在其祖父论弓仁之下，与阿史那社尔、黑齿常之等名将同传，然全传不足200字，墓志全文1200余字，叙事更为翔实。

"论"是论氏家族为吐蕃人入唐之后所采用的汉姓，因吐蕃尊称赞普舅氏为"尚"（zhang），尊称官员为"论"（blon），常不称其姓而尊称"尚""论"，论惟贞出自世为蕃相的噶尔（Mgar）家族[1]，故其入唐之后以"论"为姓。论惟贞墓志所称"国俗称宰为论，遂以氏焉"，《拨川郡王碑》云"戎言谓宰曰论，因而氏焉"，唐人此说不确，吐蕃的各级官员均称为"论"，并非宰执专称。[2]关于论氏家族在唐代的源流，《元和姓纂》和《古今姓氏书辩证》有比较详细的记载，但对于论赞婆与论弓仁之前的噶尔家族史则语焉不详，今略述其事。

根据藏文P.t.1286《小邦邦伯家臣名表》的记载，噶尔氏出身于岩波查松（ngas po'I khra sum）之地，为国王古止森波杰（dgug gri'i zing po rje）的家臣。[3]噶尔东赞域松（Mgar Stong-rtsan Yul-zung）是噶尔家族载于史册的第一位成员，因为曾受命入唐求和亲而知名汉地，其故事被阎立本以画笔描绘于《步辇图》之上，《步辇图》左起第二人即其人，汉文史料称其为禄东赞，"禄"为"blon"之别译。根据《吐蕃

---

[1] 汉文史料对Mgar的转译多有错讹，参见李方桂：《吐蕃大相禄东赞考》，《西藏研究》1985年第2期，第73—74页。

[2] 陈楠：《吐蕃的"尚"与"论"》，《藏史丛考》，第162—166页；林冠群：《吐蕃的"尚"、"论"与"尚论"考释——吐蕃的社会身份分类与官僚集团的衔称》，《中央民族大学学报》（哲学社会科学版）2012年第6期，第68—81页。

[3] 王尧、陈践：《敦煌古藏文文献探索集》，上海古籍出版社，2008年，第60、124页。

图1 论惟贞墓志盖

图2 论惟贞墓志

入唐吐蕃论氏家族新探 | 315

王朝编年史》，禄东赞在松赞干布末期和芒伦芒赞（Khri mang slon mang rtsan）初期曾两度为相（大论，blon chen），直至667年去世。① 松赞干布之孙芒伦芒赞赞普年幼，禄东赞在第二次任相期间，大力实行改革，654年将吐蕃百姓分为军户和民户（rgod g.yung dbye），次年制定《法典》（bka'grims gyi yi ge）。自659年起，禄东赞开始亲征吐谷浑并常驻于彼，663年迫使吐谷浑可汗慕容诺曷钵及弘化公主脱身走投凉州，666年禄东赞才返回朝中，次年去世于Ris bu。② 自禄东赞开始，噶尔家族通过系列战事征服吐谷浑，其后噶尔家族将领长期监临吐谷浑，与唐朝为敌，经过数十年的经营，噶尔家族在吐谷浑积累了巨大的势力。③

据《旧唐书·吐蕃传》："禄东赞有子五人：长曰赞悉若，早死；次钦陵，次赞婆，次悉多于④，次勃论。及东赞死，钦陵兄弟复专其国。"赞悉若即Btsan-snya ldom-bu，《旧唐书》谓其早死，不确，赞悉若在禄东赞死后继任大相。⑤ 自668—679年，虽然《吐蕃王朝编年史》都没有提到有任何人出任大相，但这一时期的吐蕃朝政一直是由赞悉若与钦陵兄弟主持，680年《吐蕃王朝编年史》才称赞悉若为大论，直至他685年去世。赞悉若历任两朝大相⑥，676年芒伦芒赞赞普去世，据《吐蕃王朝编年史》，其遗腹子称器弩悉弄（Khri 'Dus-srong）并未立刻即位⑦，赞普之位空悬至686年，国政由噶尔家族把持⑧。

---

① Brandon Dotson, *The Old Tibetan Annals, An Annotated Translation of Tibet's First History*, Wien：ÖAW, 2009, pp.150-152.

② H.Richardson, "The Mgar Family in Seventh-Century Tibet", in *High Peaks, Pure Earth, Collected Writingson Tibetan History and Culture*, London：SerindiaPublications, 1998, pp.114-118.

③ 旗手瞳最近对噶尔氏覆灭以前的吐谷浑经营史进行了最新的研究，参见［日］旗手瞳：《吐蕃による吐谷渾支配とル氏》，《史学雑誌》2014年123编第1号，第38—63页。

④ 原作"悉多干"，为"悉多于"之误，参见［日］佐藤长：《古代チベット史研究》，同朋舍，1958年，355页；李方桂：《吐蕃大相禄东赞考》，《西藏研究》1985年，第2期，第77页。

⑤ 王小甫认为Btsan-snyaldom-bu应为汉文史料中的悉多于，在对音上难以勘同，参见王小甫：《唐、吐蕃、大食政治关系史》，中国人民大学出版社，2009年，第72页。

⑥ ［日］佐藤长：《古代チベット史研究》，同朋舍，1985年，第315-344页；李方桂：《吐蕃大相禄东赞考》，《西藏研究》1985年，第2期，第76页。

⑦ 《旧唐书·吐蕃上》则称芒伦芒赞仪凤四年（679）卒，其子器弩悉弄复号可汗，其年八岁，参见《旧唐书》卷一九六，中华书局，1975年，第5224页。

⑧ ［日］佐藤长：《古代チベット研究》，同朋舍，1985年，第314—344页；李方桂：《吐蕃大相禄东赞考》，《西藏研究》1985年，第2期，第76页；H.Richardson, "The Mgar Family in Seventh-Century Tibet", in *High Peaks, Pure Earth, Collected Writingson Tibetan History and Culture*, London：SerindiaPublications, 1998, pp.117-118。

这一时期最重要的事件是吞并吐谷浑和进军西域。670年，噶尔钦陵率兵在大非川（Ji ma khol）之战中击败了薛仁贵的逻娑道行军，唐朝支持的吐谷浑可汗慕容诺曷钵率亲信数千帐内附于灵州一带，吐谷浑彻底为吐蕃所兼并。吐蕃兼并吐谷浑之后，仍在吐谷浑设可汗，以重兵监领之，噶尔家族的论赞婆常驻吐谷浑，而论钦陵本人亦时常巡边。678年，论钦陵又击败李敬玄率领的十八万唐军于青海，唐朝遂放弃进攻策略，转而实行严守政策。在西域方面，赞悉若执政时期吐蕃在670年、676—677年两次联合西突厥余部攻陷四镇，第二次更是由赞悉若本人亲征，赞悉若死后的687年，论钦陵又率兵攻陷四镇。① 虽然在汉文史料中赞悉若的名声远不如论钦陵响亮，但是正是在赞悉若执政的十七年间，吐蕃才首次在与唐朝的对垒中处于优势地位，史载：

> 时吐蕃尽收羊同、党项及诸羌之地，东与凉、松、茂、嶲等州相接，南至婆罗门，西又攻陷龟兹、疏勒等四镇，北抵突厥，地方万余里，自汉、魏已来，西戎之盛，未之有也。②

685年，在一次政治斗争中，赞悉若为噶尔家族的另外一名成员噶尔芒碾达扎布（mang nyen stag tsab）所杀，论钦陵被任命为大论，器弩悉弄正式即位为赞普。③ 论钦陵为禄东赞次子，藏文名为Mgar Khri-'bring Btsab-brod，钦陵在相位十三年，至698年举兵反叛、兵败自杀，这一时期是噶尔家族由盛而衰的时期。钦陵任相后，在687—689年亲征安西，唐朝再罢四镇，《于阗国授记》还记载了这一时期钦陵的五弟勃论赞刃（Btsan nyen gung ston）作为镇守官驻节于于阗的葩伽蓝（Bha ba nya）之事④，吐蕃全面控制了西域⑤。好景不长，长寿元年（692）王孝杰复四镇、驻兵三万，吐蕃势力再次被赶出塔里木盆地，此后这一局面维持了六十余年。694年，

---

① ［日］森安孝夫：《吐蕃の中央アジア進出》，《金沢大学文学部論集・史学科編》1984年第4号，第12—15页；王小甫：《唐、吐蕃、大食政治关系史》，中国人民大学出版社，2009年，第77—84页。

② 《旧唐书》卷一九六《吐蕃上》，中华书局，1975年，第5224页。

③ B.Dotson, The Old Tibetan Annals, p.95；［日］佐藤長：《古代チベット史研究》，同朋舎，1985年，第343页；Ch.I.Beckwith, *The Tibetan Empirein Central Asia: A History of the Struggle for Great Poweramong Tibetan, Turks, Arabs, and Chinese during the Early Middls Ages*, Princeton, 1987, p.50；噶尔Mangnyenstagtsab也出现在《吐蕃王朝编年史》681年、682年的记事当中，与Gnubs Mangnyenbzhibrtsan两次主持会盟，地位甚高，在685年的内斗中被处死。关于他在噶尔家族中的地位，藏文史料中没有明确记载。

④ ［日］森安孝夫：《吐蕃の中央アジア進出》，《金沢大学文学部論集・史学科編》1984年第4号，第21页；朱丽双：《有关于阗的藏文文献：翻译与研究》，北京大学博士后出站报告，2011年12月，第16页。

⑤ 王小甫：《唐、吐蕃、大食政治关系史》，中国人民大学出版社，2009年，第84页。

王孝杰在冷泉大岭谷击破噶尔勃论赞刃[1]，同年，《编年史》记载钦陵的四弟悉多于（Mgar Sta-gu ri-zung）被粟特人俘虏[2]，吐蕃在对唐战争中处于不利地位，在此情况下，论钦陵自694—698年驻守吐谷浑组织东部防御。军事上的失败导致了噶尔家族地位的下降，日渐成人的赞普器弩悉弄趁论钦陵不在朝中之际展开了对其家族的清洗，695年冬，器弩悉弄以不忠之名处死了噶尔勃论赞刃，噶尔家族五兄弟中仅余驻守吐谷浑的钦陵、赞婆二人。论钦陵并未因此与朝廷决裂，696年初，钦陵、赞婆兄弟在素罗汗山大败王孝杰，巩固了东部边境。

器弩悉弄最终在圣历二年（699）年诛杀钦陵党羽，钦陵发兵拒捕，师溃自杀，赞婆率所部千余人及兄子莽布支降唐，其事具载于《旧唐书·吐蕃传》：

> 吐蕃自论钦陵兄弟专统兵马，钦陵每居中用事，诸弟分据方面，赞婆则专在东境，与中国为邻，三十余年，常为边患。……圣历二年，其赞普器弩悉弄年渐长，乃与其大臣论岩等密图之。时钦陵在外，赞普乃佯言将猎，召兵执钦陵亲党二千余人，杀之。发使召钦陵、赞婆等，钦陵举兵不受召，赞普自帅众讨之，钦陵未战而溃，遂自杀，其亲信左右同日自杀者百余人。赞婆率所部千余人及其兄子莽布支等来降，则天遣羽林飞骑郊外迎之，授赞婆辅国大将军、行右卫大将军，封归德郡王，优赐甚厚，仍令领其部兵于洪源谷讨击。寻卒，赠特进、安西大都护。[3]

噶尔家族除赞婆与钦陵之子莽布支外悉数被诛，自此之后，噶尔家族再也没有出现在其后的藏文历史记载中。

逃至唐朝的赞婆可能是由于专在东境的原因，并未出现在藏文史料中。[4]678年，李敬玄兵败之时，娄师德出使吐蕃，"其首领论赞婆等，自赤岭操牛酒迎劳，师德喻国威信，开陈利害，虏为畏悦"。[5]至少在678年以前，赞婆已经在东境驻防。681年，黑齿常之又击破论赞婆于良非川，杀获两千余级。由于与唐朝边将往来密切，因此在族灭之时，赞婆率所部降唐，唐朝封其为归德郡王，命其于洪源谷讨击吐蕃，寻卒，

---

[1]《资治通鉴》卷二〇五，中华书局，1975年，第6503页；[日]佐藤长：《古代チベット史研究》，同朋舍，1985年，第354页。

[2] B.Dotson, The Old Tibetan Annals, p.98。关于悉多于被粟特人所俘的地点，白桂思认为是在葱岭以西的西域地区，参见Ch.I.Beckwith, The Tibetan Empire in Central Asia, p.56；黎吉生认为是在罗布淖尔一带，参见H.Richardson, "The Mgar Family in Seventh-Century Tibet", p.119。

[3]《旧唐书》卷一九六《吐蕃上》，中华书局，1975年，第5225—5226页。

[4] 李方桂将其藏文名拟作btsan ba，参见李方桂：《吐蕃大相禄东赞考》，《西藏研究》1985年第2期，第77页。

[5]《新唐书》卷一〇八《娄师德传》，中华书局，1975年，第4092页。

无子嗣传世,乾陵蕃臣像中右二碑第十一人即"吐蕃大酋长赞婆"[①]。

二、噶尔家族及吐谷浑部落之内迁

噶尔家族唯一保留下来的一支乃是钦陵一脉,钦陵之子莽布支(Mgar Mang po rje stag rtsan,664—723)即汉文史料中的论弓仁。论弓仁为噶尔家族转为论氏家族的第一代,《新唐书》有传,其死后张说为其作《拨川郡王碑》,记事颇详。论弓仁与赞婆同年降唐,然莽布支在后,赞婆降唐时仅率所部千余人,而论弓仁则"以所统吐浑七千帐自归,授左玉钤卫将军,封酒泉郡公"[②],P.t.1287《吐蕃赞普传记》第十节则载其偕妻子属庐氏('Bro)一同降唐[③]。论弓仁降唐之后又在吐蕃边境招降吐谷浑部落一千四百帐七千余人。《拨川郡王碑》记载:"是岁吐蕃大下,公勒兵境上,纵谍招之,其吐浑以论家世恩,又曰仁人东矣,从之者七千。朝嘉大勋,授左玉钤卫将军,封酒泉郡开国公,食邑二千户。"

此次归降的八千余帐吐谷浑部落迁到何处,史无明文,有学者认为迁于灵州一带[④],有的认为处于凉州[⑤],笔者以为不然。首先,吐谷浑灭国时可汗慕容诺曷钵率亲信数千帐居于灵州,慕容诺曷钵与噶尔家族为世仇,不见得能容忍噶尔家族及背叛自己的吐谷浑部落共处一地。其次,论氏家族入唐后仍旧统领吐谷浑部落,论弓仁率军立功河朔很大程度上应该依靠的就是自己带来的吐蕃、吐谷浑军队。据《论惟贤神道碑》,安史之乱初期,唐肃宗至灵武,论弓仁之子论诚节"帅子弟及家僮,以牧马千驷,罄其财用,以奉禁旅"。论诚节之子论惟贤则"领部落数千人镇岐阳县"[⑥]。吐谷浑以牧马擅长,论诚节献牧马千驷,可见吐谷浑部落仍然维持了原来的生活方式。论惟贤领"部落数千人"则说明吐谷浑部落仍受噶尔家族的统领,噶尔家族的落脚之地一定有吐谷浑部落的存在。

论氏家族被安置在银州。《论惟贤神道碑》云:"(论弓仁)子孙因家,自银州至于京兆。"论诚节之子论惟清在其父死后继任银夏绥麟等四州兵马使、行银州刺史、兼归德州都督。《论惟贞墓志》云论惟贞在安史之乱时"充绥银等州召募

---

① 陈国灿:《唐乾陵石人像及其衔名的研究》,见《陈国灿吐鲁番敦煌出土文献史事论集》,上海古籍出版社,2012年,第180页。
② 《新唐书》卷一一〇《论弓仁传》,中华书局,1975年,第4126页。
③ 王尧、陈践译注:《敦煌古藏文文献探索集》,上海古籍出版社,2008年,第43、123页。
④ 吴松弟:《唐代吐谷浑和吐蕃的民族迁徙》,《河北学刊》1996年第2期,第70页。
⑤ 章群:《唐代蕃将研究》,联经出版事业公司,1986年,第267页。
⑥ 吕元膺:《骠骑大将军论公神道碑》,见《文苑英华》卷九〇九,中华书局,1966年,第4873页。

使，浃辰之内，得一千余人"，其招募兵士的地区正是其家族所在的银州一带。毫无疑问，噶尔家族入唐之后被安置于银州。那么，噶尔家族统领的吐谷浑部落也很有可能被安置在银州，这一点可以得到以下史料的佐证。《旧唐书·武宗纪》载："（会昌三年）敕新授银州刺史、本州押蕃落、银川监牧使何清朝可检校太子宾客、左龙武大将军，令分领沙陀、吐浑、党项之众赴振武，取刘沔处分。"①会昌年间银州的吐浑军队极有可能是噶尔家族统领的吐谷浑部落的后代，其时论氏家族早已落籍长安，脱离了银州的部族聚居地，吐谷浑部落遂由唐朝地方官管辖。

另外，关于归德州，也应该给予注意。归德州是党项羁縻州，据《旧唐书·地理志》："归德州，寄治银州界，处降党项羌。"②归德州最早隶属于松州都督府，迫于吐蕃的压力，遂与其他的党项羁縻州陆续迁至关内道。关于其内徙的时间，《新唐书·地理志》载"肃宗时懿、盖、嵯、诺、嶂、祐、台、桥、浮、宝、玉、位、儒、归、恤及西戎、西沧、乐容、归德等州皆内徙，余皆没于吐蕃"③。但是郭声波在梳理了诸羁縻州的内迁时间后指出，早在肃宗之前其中的很多羁縻州已经内迁，《新唐书·地理志》的此处记载应该理解为"到肃宗时为止，懿、盖等州都已内迁"④。这一点也可以从《拨川郡王碑》中得到印证，开元五年（717）论弓仁任归德州都督，则至迟在开元初归德州已经侨治银州。另外，《拓跋守寂墓志》记载了党项迁到银州的时间：

> 迨仪凤年，公之高祖立伽府君，委质为臣，率众内属。国家纳其即叙，待以殊荣。却魏绛之协和，美由余之入侍。拜大将军、兼十八州部落使。徙居圁阴之地，则今静边府也。曾祖罗胄府君，不殒其名，昭乎前烈，亢宗守业，保族勤邦。拜右监门卫将军、押十八州部落使、仍充防河军大使。祖后那府君，信以出言，功高由志。莫非嘉绩，褒德备洽于朝恩；抚有余人，建牧以崇其都府。拜静边州都督，押淳恤等一十八州部落使、兼防河军大使、赠银州刺史。⑤

静边府即在银州，可见在仪凤年间，部分党项部落已经迁移至包括银州在内的关内道北部⑥，归德州也应该在此后不久设立。在698年论弓仁率领的八千余帐

---

① 《旧唐书》卷一八《武宗纪》，中华书局，1975年，第593页。
② 《旧唐书》卷三八《地理志一》，中华书局，1975年，第1413页。
③ 《新唐书》卷四三《地理志七》，中华书局，1975年，第1134页。
④ 郭声波：《唐代河西九曲羁縻府州及相关问题》，《历史地理》2005年第21辑，第62页。
⑤ 康兰英主编：《榆林碑石》，三秦出版社，2003年，第224页。
⑥ 周伟洲：《陕北出土三方唐五代党项拓跋氏墓志考释——兼论党项拓跋氏之族源问题》，《民族研究》2004年第6期，第71—72页。

吐谷浑部落迁到银州之后，当地出现了吐谷浑与党项杂居的局面，唐朝为了笼络吐谷浑部落、奖励论弓仁守边之功，便授予论弓仁归德州都督一职，这一职位至少由论氏家族把持了三代，安史之乱后论惟清由银州刺史改任隰州刺史之时，仍兼归德州都督。

将论氏家族及吐谷浑部落安置在银州有地理和战略上的考量。首先，银州有上好牧场，太和七年（833）于其地设银川监，《唐会要》详载其事：

> 太和七年十一月，度支盐铁等使奏："以银州是牧放之地，水草甚丰。……今于银州置银州监使，委刘源充使勾当，冀得三数年外，蕃息必多。"敕旨："刘源宜兼充银州监牧，余委度支使条流讫闻奏。"开成二年七月，夏绥银宥等州节度使刘源奏："伏准太和七年十一月敕，委臣于银州监置监城一所，收管群牧，自立务以后，今计蕃息孳生马，约七千余匹。"[1]

吐谷浑部落以畜牧业为生，无论在青海、凉州或是敦煌都是如此[2]，将其安置于牧场丰美的银州是最自然不过的了。贞元二年（786）吐蕃曾寇银州，史载："银州素无城壁，居者奔散，蕃亦弃之。"[3]可见银州并无城郭，吐谷浑部落仍然保持其游牧生活方式。其次，银州地处关内道北部的朔方之地，西临六胡州，北接单于都护府，既可以外御突厥，内镇朔方，而又没有与吐蕃接境交通之虞，将吐谷浑部落及论氏家族安置于银州可谓一举多得。

论弓仁招降吐谷浑之后一直在朔方一带统兵，"神龙三年，以为朔方军前锋游奕使。景龙二年，换左骁骑将军[4]。开元五年，兼归德州都督，使皆如故。八年，迁本卫大将军，改朔方节度副大使。……十一年四月五日，薨于位，享年六十。"[5]论弓仁降唐之时，正值东突厥默啜强盛，频岁寇边，景龙二年（708）初，朔方道大总管张仁愿趁默啜西击突骑施之时，在河套一线筑三受降城，论弓仁作为朔方军前锋游奕使，戍诺真水为逻卫，功成之后，自左玉钤卫将军擢为左骁骑将军。开元初，东突厥"自恃兵威，虐用其众。默啜既老，部落渐多逃散"[6]，铁勒九姓及突厥降户

---

[1] 〔宋〕王溥：《唐会要》卷六六"群牧使"条，中华书局，1960年，第1146—1147页。
[2] 周伟洲：《吐谷浑史》，宁夏人民出版社，1985年，117页；G.Taenzer, *The Dunhuang Regionduring Tibetan Rule*（787—848）: *A Study of the Secular Manuscripts Discovered in the Mogao Caves*, Harrassowitz Verlag, 2012, pp.175–193。
[3] 〔宋〕王溥：《唐会要》卷九七，中华书局，1960年，第1735页。
[4] 景龙，《文苑英华》作"景云"。左，《文苑英华》作"右"。皆以《张说集》为是。
[5] 〔唐〕张说著，熊飞校注：《张说集校注》卷一七，中华书局，2013年，第850—852页。
[6] 《旧唐书》卷一四四《突厥传上》，中华书局，1975年，第5172页。

相继内迁河曲之地，关内呈现出部族杂居的局面①。开元四年（716），默啜为拔野古所杀，降户益多，其后毗伽可汗即位，河曲降户大举叛归突厥，论弓仁率军大破诸部，立功甚多。《拨川郡王碑》又载："布思之背也，（论弓仁）追至红桃帐，掩其辎重。"这应是开元八年（720）之事，《旧唐书·张说传》载："八年秋，朔方大使王晙诛河曲降虏阿布思等千余人。"②所指应是一事，惜未见于他书。同年，论弓仁迁左卫大将军，改任朔方节度副大使。次年，兰池州胡康待宾反，攻陷六胡州，有众七万，论弓仁与朔方大总管王晙、陇右节度使郭知运、天兵军节度大使张说等讨平之，开元十年（722），"康待宾余党庆州方渠降胡康愿子自立为可汗举兵反，谋掠监牧马，西涉河出塞"，论弓仁与朔方军节度大使张说"进兵讨擒之，并获其家属于木盘山"③，次年卒于任上。论弓仁仕唐二十余年，镇守朔方，功勋卓著，"凡前后大战数十，小战数百，算无遗策，兵有全胜"。死后，"制赠为拨川王，称故国，志其本也"④。谥号忠烈，诏葬京城以南，"长安令总徒以护事，鸿胪卿序宾以观礼"，诏中书令张说为其立碑表墓，极哀荣之道。

论弓仁成功地从对唐作战的吐蕃大相世家转变为唐朝捍卫朔方的论氏蕃将⑤，《论惟贞墓志》谓其"回戈外御，朝绝塞忧，由是论氏之门，始大于中华矣"，诚为确论。

三、论氏家族在安史之乱中的作用

据《拨川郡王碑》，论弓仁有二子："长子卢，袭官封，继事业；次子旧久，特拜郎将。"卢与旧久皆为吐蕃名，其汉文名为论诚节、论诚信。⑥相对于论弓仁、论惟贞，作为入唐论氏家族的第二代，论诚节、论诚信的事迹较为平庸，无闻于正史。

---

① 岑仲勉：《通鉴隋唐纪比事质疑》"开元初突厥内附"条，中华书局，1964年，第163页；薛宗正：《突厥史》，中国社会科学出版社，1992年，第513—521页。
② 〔唐〕张说著，熊正校注：《张说集校注》卷一七，中华书局，1960年，第851页。
③ 《旧唐书》卷九七《张说传》，中华书局，1975年，第3053页；张广达：《唐代六胡州等地的昭武九姓》，见《文本、图像与文化流传》，广西师范大学出版社，2008年，第86页。
④ 〔唐〕张说著，熊正校注：《张说集校注》卷一七，中华书局，1960年，第851页。关于"拨川"，陈国灿认为"拨川"即《册府元龟》卷九六一《外臣部》所记载的赤岭至逻些川之间的"钵川三十里"，参见陈国灿：《唐代的论氏家族及其源流》，《中国史研究》1987年第2期，第122页；王尧认为"拨"对应于吐蕃国名"bod"，参见王尧：《吐蕃大相嫡孙唐拨川郡王事迹考》，见金雅声、束锡红主编：《敦煌古藏文文献论文集》，上海古籍出版社，2007年，第218页。
⑤ 马驰：《唐代蕃将》，三秦出版社，1990年，第127页。
⑥ 陈国灿：《唐代的论氏家族及其源流》，《中国史研究》1987年第2期，第123页。

论诚节，《元和姓纂》误作"论成节"[1]。论诚节为论弓仁长子，袭官封，《册府元龟·帝王部》记载至德三年（758）为奖励论诚节率子弟扈从灵武之功，肃宗始下诏令论诚节袭拨川郡王："是月（至德三年正月）又以朔方节度副使、开府仪同三司、鸿胪卿论诚节可袭拨川郡王，食实封一百户，仍与一子三品官。"[2]可见在此之前，论诚节并未袭拨川郡王之爵位，但承袭了朔方节度副使一职，论诚节之子论惟清在其死后也继承了这一职位。除此之外，从论惟清的承袭情况来看，论诚节很有可能也承袭了归德州都督一职。根据《论惟贤墓志》"宝应中，丁艰茹荼"，其卒年应是在宝应年间（762—763）[3]。《论惟贞墓志》载其父论诚节的最后职衔为"开府仪同三司、右金吾卫大将军、武威郡王，赠太傅"，《论惟贤墓志》记载稍详："朔方节度副大使、开府仪同三司、右金吾卫大将军、知阶州事、武威郡王，赐太子太傅。"[4]

关于论诚信的记载，仅有《文苑英华》中保存的常衮所撰的《授论诚信等开府仪同三司制》：

敕大将军论诚信等，咸有将才，早彰臣节，或往参缔构，业著总干；或近历艰难，勋高负鞮。录功行庆，启号覃恩，宜疏五等之封，更宠三司之任，诚信可开府仪同三司。[5]

陈国灿认为这一制书应是撰成于广德元年（763）常衮选为翰林学士之后，论诚信起家郎将，官至大将军、开府仪同三司，其他事迹则无从得知。

论诚节有子数人，《元和姓纂》云："成节生惟贞、惟明、惟贤。"[6]《古今姓氏书辩证》则云："诚节生河东节度副使惟清，袭爵；其弟惟良，鄜州防御使；惟贞，河南节度副使；惟贤，剑南节度使，西平郡王；惟明，鄜坊节度使，建安郡王。"[7]惟清、惟贞、惟贤、惟明皆见于史传，唯有论惟良仅见于《古今姓氏书辩

---

[1] 〔唐〕林宝：《元和姓纂》卷九，中华书局，1994年，第1280页。
[2] 《册府元龟》卷一三一《帝王部》，凤凰出版社，2006年，第1573页。
[3] 陈国灿：《唐代的论氏家族及其源流》，《中国史研究》1987年第2期，第123页。
[4] 《文苑英华》卷九〇九，中华书局，1966年，第4873页。论诚节由拨川郡王改封武威郡王，论惟清亦袭此爵，《古今姓氏书辩证》误认为论氏"家武威郡"，应是由此致误，参见〔宋〕邓名世：《古今姓氏书辩证》卷三二，王力平点校，江西人民出版社，2006年，第490页。
[5] 《文苑英华》卷四一七，中华书局，1966年，第2112页。
[6] 〔唐〕林宝：《元和姓纂》卷九，岑仲勉校记，中华书局，1994年，第1280页。
[7] 〔宋〕邓名世：《古今姓氏书辩证》卷三二，王力平点校，江西人民出版社，2006年，第490页。

证》。陈国灿认为其"当有所据"[1]，《唐刺史考全编》虽然将其任鄜州防御使拟在建中二年至四年（781—783?），但对是否有其人存有疑虑[2]。

论弓仁死后的开元天宝年间，虽然吐蕃与突厥偶尔犯边，但边境总体上较为安定。墓志主人论惟贞开始显露头角，《论惟贞墓志》载"公讳惟贞，字瑀，本名仙芝，至德元年（756）特敕改名，今讳是也"，《新唐书·论惟贞传》谓"惟贞名瑀，以字行"，误。论惟贞是以恩荫起家正九品下的左执戟，其后从军作战，"天宝八载，破蕃中鱼海五城"，此役虽不见于正史，然《文苑英华》卷九二七《岭南节度判官宗义仲神道碑》云："（宗义仲）遂从安思顺破鱼海，败五城，授上柱国。"[3]所指应是一事，安思顺天宝六载到九载以朔方节度使"判武威郡事，充河西节度使"[4]，论惟贞与宗义仲应同属安思顺麾下的朔方军，参与五城之役，故皆授上柱国、西河郡贾胡府左果毅[5]，此后论惟贞一直在朔方军中，直至安史之乱爆发。

天宝十四载（755），安史之乱爆发，论氏家族论诚节父子两代都参与了安史之乱的平定，《论惟贞墓志》《论惟贤墓志》记载最详，两者记载可资参照。《论惟贤墓志》云：

> 天宝季年，安禄山作逆，尘起山东。上皇省方于巴蜀，肃宗巡狩于朔陲。危乱之时，见其臣节，帅子弟及家僮，以牧马千驷，罄其财用，以奉禁旅。公少有志尚，奋身辕门，随先父统其士马，与元帅哥舒翰犄角扞寇，锋刃既接，大小数十战，摧陷坚阵。洎王师失御，以智信保全所领之军，驰于灵武，扈从肃宗，与先父洎乎昆弟，立勋成效，不可备述。至德中授寿府典军，次授左卫郎将，赐紫金鱼袋。俄转左监门率，又迁左领军卫将军，又特进领军卫大将军西平郡开国公，食邑三千户。元勋之允，受兹光宠，先时代宗皇帝为天下元帅，求武勇之士，公与兄怀义惟真同为先锋讨击使，又领部落数千人镇岐阳县，披坚执锐，一月三捷。洎除凶清乱，至上元二年，授特进行大光禄兼右领军卫大将军，充凤翔节度副使马军兵马使。宝应中，丁艰茹荼，朝廷以金革从权，由斯夺礼。广德二年，

---

[1] 陈国灿：《唐代的论氏家族及其源流》，《中国史研究》1987年第2期。第123页。
[2] 郁贤皓：《唐刺史考全编》卷七，安徽大学出版社，2000年，第212页。
[3] 《文苑英华》卷九二七，中华书局，1966年，第4882页。
[4] 《资治通鉴》卷二一五，中华书局，1956年，6879页；郁贤皓：《唐刺史考全编》卷三九，安徽大学出版社，2000年，第478页。
[5] 西河郡贾胡府，参见《新唐书》卷三九《地理志》，中华书局，1975年，第1004页。

授开府仪同三司殿中监,充剑南节度副使。①

对比论惟贞、论惟贤之墓志可知,安史之乱爆发之时,论诚节"帅子弟及家僮,以牧马千驷,罄其财用,以奉禁旅",与其子论惟贤等"统其士马,与元帅哥舒翰犄角捍寇",参与潼关之战,此事可与《安禄山事迹》之记载相印证:"以河西、陇右节度使、西平王哥舒翰为副元帅,领河、陇诸蕃部落奴刺、颉、跌、朱耶、契苾、浑、蹛林、奚结、沙陁、蓬子、处蜜、吐谷浑、恩结等一十三部落,督蕃汉兵二十一万八千人镇于潼关。"②此处所说的吐谷浑应该就包括了论诚节率领的吐谷浑部落。而此时论惟贞年二十五岁,身在朔方军留后,既没有随郭子仪进军河北,也没有参加潼关之战。

次年六月,潼关失守,唐玄宗西逃巴蜀,肃宗北幸朔方,朔方留后遣使迎肃宗于平凉,而肃宗北至黄河岸边的丰宁之后,曾动念北渡黄河,会大风不得渡,乃回灵武:

> 上在平凉,数日之间未知所适,会朔方留后杜鸿渐、魏少游、崔漪等遣判官李涵奉笺迎上,备陈兵马招集之势,仓储库甲之数,上大悦。鸿渐又发朔方步骑数千人于白草顿奉迎。时河西行军司马裴冕新授御史中丞赴阙,遇上于平凉,亦劝上治兵于灵武以图进取,上然之。上初发平凉,有彩云浮空,白鹤前引,出军之后,有黄龙自上所憩屋腾空而去。上行至丰宁南,见黄河天堑之固,欲整军北渡,以保丰宁,忽大风飞沙,跬步之间,不辨人物,及回军趋灵武,风沙顿止,天地廓清。③

此事亦记载于《新唐书·肃宗纪》:

> 庚戌,次丰宁,见大河之险,将保之,会天大风,回趋灵武。④

据《新唐书·地理志》:"黄河外有丰安、定远、新昌等军,丰宁、保宁等城。"⑤丰安军与丰宁城俱在黄河北岸,丰宁城应在丰安军辖区之内,即今宁夏中宁黄河北岸。⑥《论惟贞墓志》提到的"肃宗之巡右地也,(惟贞)劲自朔方持先将军

---

① 《全唐文》卷四七九《骠骑大将军论公神道碑铭》,中华书局,1983年,第4891—4892页。
② 〔唐〕姚汝能:《安禄山事迹》,曾贻芬点校,中华书局,2006年,第97页。
③ 《旧唐书》卷一〇《肃宗纪》,中华书局,1975年,第241页。其事又见于《旧唐书》卷一〇八《杜鸿渐传》,中华书局,1975年,第3282页。
④ 《新唐书》卷六《肃宗纪》,中华书局,1975年,第156页。
⑤ 《新唐书》卷三七《地理志一》,中华书局,1975年,第972页。
⑥ 罗丰:《丝绸之路与汉唐驿道——以甘肃、宁夏为中心》,见周伟洲主编:《丝绸之路交通线路(中国段)历史地理研究》,江苏人民出版社,2012年,第132页。

表,于丰安迎觐至灵武",应该就是发生在肃宗徘徊于丰宁之时,先将军是指其父亲论诚节,论诚节率部先于肃宗到达灵武,肃宗欲北保丰宁,灵武群臣听说之后派论惟贞至丰安将肃宗迎至灵武。

论诚节父子率领自潼关败退的部族军赶赴灵武,"以智信保全所领之军,驰于灵武,扈从肃宗,与先父泊乎昆弟立勋成效,不可备述"。潼关之战败后,"(哥舒)翰自变量百骑绝河还营,赢兵裁八千,至潼津,收散卒复守关"①。其后哥舒翰为火拔归仁所执降于安禄山,这八千赢兵不知去向②,笔者以为有相当一部分如论诚节父子一般逃至灵武。但是如论诚节父子一般保全所领之军的蕃将应该不多,所以论氏父子得以"参佐命勋",肃宗"因兹赐名",论诚节父子应该是同时改作今名的。论惟贞进而"迁中大夫、卫尉少卿,充绥银等州召募使,浃辰之内,得一千余人,有诏同关内节度副使"。论惟贤"至德中授寿府典军,次授左卫郎将,赐紫金鱼袋。俄转左监门率,又迁左领军卫将军,又特进右领军卫大将军西平郡开国公,食邑三千户"。

至德二载(757)初,安庆绪杀安禄山,唐肃宗至凤翔,大集西北援兵,谋复两京。论惟贞、论惟贤兄弟皆扈从至凤翔,充元帅先锋讨击使,率领部落军队镇于岐阳。《论惟贤墓志》云:"公与兄怀义惟真同为先锋讨击使,又领部落数千人镇岐阳县",惟真即惟贞,怀义应为论诚节之长子论惟清。《论惟贞墓志》云:"授光禄卿、充元帅先锋讨击使,屯于岐阳,与郭英义、王思礼等分压东寇。"其时郭英义任关西节度兵马使、凤翔太守,王思礼任关内节度使③,论惟贞等人受其节制。此后,论惟贞随朔方军参与平叛,而论惟贤似乎仍然率领部落军队镇于凤翔,直至上元二年(761),"充凤翔节度副使马军兵马使"。

至德二载五月,郭子仪与叛军战于长安以西之清渠,官军大败。④此战败后,府库空虚,"复以官爵收散卒,恐其溃散,畏罪而归贼,复以官爵收之。由是官爵轻而货重,大将军告身一通,才易一醉。凡应募入军者,一切衣金紫,至有朝士僮仆衣金紫,称大官,而执贱役者"。⑤论惟贞也参加了此役,《墓志》载其"破青渠阵,迁正议大夫、鸿胪卿",正是当时"以官爵收散卒"的体现。

九月,论惟贞参与了收复长安之役,"收西京,力战于涝水",十月参与陕州

---

① 《新唐书》卷一三五《哥舒翰传》,中华书局,1975年,第4573页。
② 章群:《唐代蕃将研究》,联经出版事业公司,1986年,第271页。
③ 《旧唐书》卷一〇《肃宗纪》,中华书局,1975年,第244页;《新唐书》卷六《肃宗纪》,中华书局,1975年,第157页;《资治通鉴》卷二一九,中华书局,1956年,第7018页。
④ 《旧唐书》卷一二〇《郭子仪传》,中华书局,1975年,第3451页。
⑤ 《资治通鉴》卷二一九,中华书局,1975年,第7023—7024页。

之役,"复东夏决命于陕虢,再清函洛,迁金紫光禄大夫、殿中监,充朔方节度左厢将"。

乾元二年(759),论惟贞在河阳之役中立功,此事亦载于正史。九节度之败后,郭子仪退守河阳,李光弼还军太原,朝廷以李光弼代郭子仪为朔方节度使守河阳,叛军将领周挚攻其北城,李光弼命部将郝玉、论惟贞作为前锋冲击敌阵,"(李光弼)问:'何处最坚?'曰:'东南隅。'即命论惟贞以所部往击之。对曰:'贞,蕃将也,不知步战,请铁骑三百。'与之百,光弼又出赐马四十匹分给。……光弼连麾,三军望旗俱进,声动天地,一鼓而贼大溃。"①而《墓志》云:"乃命公以五千劲甲,出定众心。于是执律受旗,结诚叶气,出入交命,前无正锋,乘势纵师,大溃凶逆,戮尸获丑,全房不遗,再坚河阳,由此一战,特授开府仪同三司,封寿昌县开国伯。"虽然有夸大其词的成分,但是论惟贞确以此战在朔方军中扬名。

次年三月,怀州之役,"又下河内,授太常卿,进封县侯,食邑一千户"。其后充副元帅都虞候,统兵于夏县,受到肃宗召见,"迁副元帅马军兵马使、同幽州节度副使、晋昌郡开国公,食邑二千户"。

宝应元年(762)五月经邙山之败后的李光弼复任河南、淮南、山南东道、荆南等副元帅出镇临淮,"史朝义乘邙山之胜,寇申、光等十三州,自领精骑围李岑于宋州。将士皆惧,请南保扬州,光弼径赴徐州以镇之,遣田神功击败之"。②《新唐书·论惟贞传》提到论惟贞参与了宋州之战,"光弼讨史朝义,以惟贞守徐州"③,而《墓志》还记载了论惟贞驰援宋州之事:"时史朝义久围宋州,公以五百骑驰救,突报城下,以坚守心,败其枝军,断彼粮路,余孽披散,危城用安,特赐一子五品官。"论惟贞守徐州应在此事之后。

此后不久,史朝义部将谢钦让、史忠勇等占领陈州,"(论惟贞)寻摄颍州刺史,兼知陈州行营兵马","既斩钦让,又召忠勇等,以降获其家口士马万计已上"。此次战役应在762—763年史朝义败死、安史之乱平定之际④,故能招降万计。安史之乱平定后,论惟贞"迁副元帅、都知兵马使,加实封一百廿户⑤,封萧国公,食邑三千户",在朔方军中地位如日中天。

在安史之乱中,论惟贞作为朔方军的将领为唐朝作战,后期一直在李光弼麾

---

① 《旧唐书》卷一一〇《李光弼传》,中华书局,1975年,第3308—3309页。
② 《旧唐书》卷一一〇《李光弼传》,中华书局,1975年,第3310页。
③ 《新唐书》卷一一〇《论惟贞传》,中华书局,1975年,第4127页。
④ 郁贤皓:《唐刺史考全编》,安徽大学出版社,2000年,第892页。
⑤ 《新唐书·论惟贞传》中华书局,1975年,第4127页,谓"实封百户",不确。

下，安史之乱结束后，论惟贞已经是李光弼麾下第一蕃将，身居副元帅、都知兵马使之职。论惟贞以外的其他论氏家族成员则依靠吐谷浑部落各自立功，论诚节率子弟及部落军扈从灵武之后似乎并未参与后来的平叛，而是回到银州活动，于安史之乱结束之际去世。长子论惟清曾与其弟论惟贞、论惟贤一道任先锋讨击使镇于岐阳，安史乱后承袭其父之官爵，任银夏绥麟等四州兵马使、同朔方节度副使、开府仪同三司、行银州刺史兼御史中丞、归德州都督、武威郡王。[1]而论惟贤则率领部分吐谷浑部落军驻扎在凤翔一带，任凤翔节度副使、马军兵马使。论惟明此时并无事迹流传，应是年龄较小、未当大任之故。

四、代德之际论氏家族与朝廷的关系

762年，唐代宗即位，对手握重兵的地方节度使心存忌惮，重用宦官及神策军，对以朔方军将领为代表的平叛功臣采取了抑制政策[2]，统兵河南的李光弼集团成为朝廷重点防范的对象。

李光弼鉴于郭子仪被罢、来瑱被诛、仆固怀恩反叛之事，不敢入朝，广德元年（763）十月，"吐蕃入寇京畿，代宗诏征天下兵，（李）光弼与程元振不协，迁延不至"。李光弼与朝廷遂成嫌隙，"吐蕃退，乃除光弼东都留守，以察其去就。光弼伺知之，辞以久待敕不至，且归徐州，欲收江淮租赋以自给"。[3]李光弼拒不入朝，其部将田神功等离心，光弼因此愧耻成疾，次年七月薨于徐州。据《新唐书·论惟贞传》，"光弼病，表以（论惟贞）自代"[4]，这至少说明两点：论惟贞在李光弼军中地位甚高，且此时仍忠于光弼。

虽然李光弼死后依旧得到朝廷优恤，但是朝廷对其心腹部将并不放心，李光弼死前表荐论惟贞自代的举动引起了朝廷的高度戒备。永泰元年（765），仆固怀恩之乱甫经平定，论惟贞便被征入朝中，《论惟贞墓志》云"代宗以凤彰勋望，擢留禁列，拜右领军卫大将军、英武军使"，实际上是褫夺了论惟贞的兵权。建中二年（781）十月，论惟贞薨于上都永宁里之私第[5]，死后赠灵州大都督。

---

[1] 《文苑英华》卷四一二《授论惟清朔方节度副使制》，中华书局，1966年，第2087页。
[2] 李鸿宾：《唐代朔方军研究》，吉林人民出版社，2005年，第177—178页。
[3] 《旧唐书》卷一一〇《李光弼传》，中华书局，1975年，第3310—3311页。
[4] 《新唐书》卷一一〇《论惟贞传》，中华书局，1975年，第4127页。
[5] 徐浩也住在永宁里，曾与论惟贞一同扈从灵武，两人应有不少交谊，故而徐浩以七十九岁高龄仍愿意为论惟贞撰写墓志铭。关于徐浩事迹，参见王楠：《〈徐浩神道碑〉史事人物笺注》，见《文津学志》编委会编：《文津学志》（第8辑），国家图书馆出版社，2015年，第283—298页。

关于论惟贞之子嗣，之前仅见于《古今姓氏书辩证》："惟贞生僔、偕、伾，伾生唐侍御史晃。"《墓志》的记载则更为详细："夫人凉国夫人李氏……长子曰僔，正议大夫、光禄寺丞；次曰位，京兆府参军，次曰伾，同州白水县尉。……小曰佹，左司御率府胄曹参军。"两处记载唯次子之名稍有不同，一曰偕，一曰位，未知孰是。《古今姓氏书辩证》所提到的侍御史论晃则不见于史传。

论惟贞之妻为凉国夫人李氏（734—785），北京大学图书馆藏《大唐故凉国夫人陇西李氏墓志铭》拓片，志主正是论惟贞之妻、论僔之母，可与《论惟贞墓志》相印证[①]：

> 夫人贞元元年（785）十一月十五日薨于永宁私第，享年五十有二，以贞元三年八月廿三日于京兆府万年县洪固乡附于曾门大茔东北卅步少陵原。合附，礼也。嗣子云麾将军、行右威卫将军、袭萧国公僔，恐谷变陵迁，刊于志石。
>
> 贞元三年岁次丁卯八月辛巳朔廿三日癸卯之记

据此可知，凉国夫人李氏在论惟贞之后四年去世，葬于万年县洪固乡的论弓仁大茔东北少陵原，不同于论惟贞所葬之长安县永寿乡高阳原。而论僔在贞元三年已官至云麾将军、行右威卫将军。论僔有子名博言，其墓志于1995年出土于石景山地区，根据《论博言墓志》，论僔最后的职衔为"宁州防御使、银青光禄大夫、检校国子祭酒、守宁州刺史兼御史中丞、上柱国"[②]。

《隋唐五代墓志汇编·陕西卷》收有论惟贞的小妾李夫人墓志，题为《大唐英武军使开府仪同三司兼太常卿上柱国萧国公论［惟贞］第八女所生（李）夫人墓志》[③]，李夫人之父为朝请大夫、试少府少监、兼濮州长史，未知何人，李夫人大历四年（769）终于万年县宣平里之私第，亦葬于洪固乡。

广德以后，论惟贞虽然失势，但其兄弟则未受其牵连。根据《授论惟清朔方节度副使制》，论惟清在广德之后由银夏绥麟等四州兵马使、行银州刺史迁为使持节䥽州刺史、充本州岛团练守捉使，其他事迹则失载。

---

① 此承史睿先生教示，谨致谢忱！
② 吴钢主编：《全唐文补遗》（第7辑），三秦出版社，2000年，第141页；中共石景山区委宣传部等编：《北京市石景山区历代碑志选》，同心出版社，2003年，第36页。
③ 王仁波主编：《隋唐五代墓志汇编·陕西卷》（第4册），天津古籍出版社，2009年，第38页；周绍良、赵超主编：《唐代墓志汇编续集》，上海古籍出版社，2001年，第698页。《隋唐五代墓志汇编》根据撰者定名作《赵君妻李氏墓志》，不确。气贺泽保规编《新版唐代墓志所在总合目录》（增订版）将其定名为《论惟贞妻李氏墓志》（明治大学东亚石刻文物研究所，2009年，第173页），亦误。墓志原文"萧国公论"后空两字格，应是讳惟贞之名。

论惟贤仍受朝廷重用，历任剑南节度副使、渭州节度都知兵马使，其后因病还京，朱泚之乱中论惟贤虽病留京师，然不屈服于朱泚，贞元十五年（799）病愈任骠骑大将军、行左武卫将军，俄以本官致仕，元和四年（809）七月十日寝疾终于靖恭里私第，其事具载于《论惟贤墓志》：

> 广德二年授开府仪同三司殿中监，充剑南节度副使。大历中受开府仪同三司太常卿上柱国，进封成国，食邑三千户。旋受渭川节度都知兵马使。公以从戎岁久，虽齿发未衰，而疾疢屡作。代宗宠其勋旧，诏许还京，仍全禄赐同大将军，俾其优闲。建中末，德宗迁幸巴梁，公以所疾沉绵，不获扈跸。逆臣朱泚，迫以凶威，不变其志，虽积年之疾，累日而瘳。贞元十五年授骠骑大将军行左武威卫将军上柱国公，斯实朝廷奖旧勋矣，止足求退，俄以本官致仕。……元和四年七月十日，寝疾终于靖恭里之私第。以某年十月一日葬于万年县洪固乡之古原，故夫人太原王氏祔焉。①

论惟贤居于靖恭里，与其兄论惟贞仅一坊之隔，死后葬于万年县洪固乡之古原，与其祖论弓仁同葬一处。有三子，"嗣子辅鼎②，同州白水县丞；次曰偑，常州江阴县尉；次曰俶，右领军卫骑曹参军"。

论惟明因在奉天之难中率兵勤王而扬名，在此之前并无事迹流传。根据传世史料记载，建中四年（783）十月，泾原兵变，唐德宗出逃至奉天，担任庆州刺史的论惟明与邠宁节度韩游瑰率军三千赴难勤王，协助浑瑊击退朱泚叛军，保卫奉天：

> 德宗出幸奉天，卫兵未集，（韩）游瑰与庆州刺史论惟明合兵三千人赴难，自乾陵北过赴醴泉以拒泚。会有人自京城来，言贼信宿当至，上遽令追游瑰等军伍。才入壁，泚党果至，乃出斗城下，小不利，乃退入城。贼急夺门，游瑰与贼隔门血战，会暝方解。自是贼日攻城，游瑰、惟明乘城拒守，躬当矢石，不暇寝息，赴难之功，游瑰首焉。③

次年二月，率军至奉天勤王的朔方节度使李怀光反叛，德宗复自奉天逃至梁州，论惟明则扈从南下，"越自郊甸，再踰巴、梁，险阻艰难，靡不陪扈"。作为奉天定难功臣，论惟明迁为开府仪同三司、检校工部尚书、兼左金吾卫大将军、充右街使、上柱国、建康郡王。贞元二年（786），为了进一步表彰论惟明的勤王之

---

① 《全唐文》卷第七九《骠骑大将军论公神道碑》，中华书局，1983年，第4892页。
② 另，元稹曾于长庆元年（821）作《授论倚忻州刺史制》，有学者认为论倚即论辅鼎，参见谭立人：《禄东赞后裔仕唐事迹拾补》，《西藏研究》1988年第1期，第106页。
③ 《旧唐书》卷一四四《韩游瑰传》，中华书局，1975年，第3918页；《旧唐书》卷一三四《浑瑊传》，中华书局，1975年，第3704页；《资治通鉴》卷二二八，中华书局，1956年，第7363页。

功,复制授为鄜坊、丹延等都防御、观察、处置等使。这件《唐朝臣振武节度论惟明鄜坊观察使制》收录于《陆贽集》中,表彰论惟明之功绩云:

> 奉天定难功臣、开府仪同三司、检校工部尚书、兼左金吾卫大将军、充右街使、上柱国、建康郡王论惟明:释位勤王,有赴难之节;扞城御寇,有持危之功。奉主忘身,弃家从国,越自郊甸,再逾巴、梁,险阻艰难,靡不陪扈,忠义所在,生死以之。……惟明可依前检校工部尚书,兼鄜州刺史,御史大夫,充鄜坊、丹延等都防御、观察、处置等使,余并如故。①

贞元三年(787)十二月,论惟明卒于任上,虽然在任时间较短,但是论惟明延请吕元膺、柳缜等名士为参佐②,为时人所称。与其兄长不同的是,论惟明的汉化程度明显较深,《奉天录》还保存了他献给德宗的诗篇:

> 时太极殿前紫荆树直下数仞,偃盖盘旋,枝叶蔓延,傍荫百驷。群凶窃据,磨牙喷毒,物由人感,其树劲死。皇帝归复,荣茂如初,则知圣泽滂流,恩沾草木。时金吾将军论惟明上诗曰:"豺狼暴宫阙,拔涂凌丹墀。花木久不芳,群凶亦自疑。既为皇帝枯,亦为皇帝滋。草木尚多感,报恩须及时。"皇帝披习久之,龙颜大悦,令中官马钦淑宣旨劳慰,赐绢一百匹,杂彩二百段,金盘一。③

关于论惟明的妻室子嗣,我们没有找到任何记载。

论惟明之后,论氏家族基本淡出了史传记载,论惟贞、论惟贤之子虽然有名可查,但是并无事迹流传,从目前所见的记载来看,论惟贞之子论偘一辈人已经完全脱离了银州吐谷浑部落,多从县尉、县丞等基层官员做起,论偘官至宁州刺史应该算是官位较高的了。

五、唐末论氏家族的没落

幸运的是,论惟贞之孙、论偘之子论博言(805—865)的墓志在1995年出土于北京

---

① 〔唐〕陆贽:《陆贽集》卷九,王素点校,中华书局,2006年,第273—274页。
② 《旧唐书》卷一五四《吕元膺传》,中华书局,1975年,第4103页;〔唐〕柳宗元撰,尹占华、韩文奇点校:《柳宗元集校注》卷一二《故叔父殿中侍御史府君(柳缜)墓版文》,三晋出版社,2015年,第808页。
③ 〔唐〕赵元一:《奉天录》卷四,夏婧点校,中华书局,2014年,第76—77页。

石景山区老古城,详述论博言之生平,加深了我们对论氏家族的认识,今节录如下[①]:

> 有唐幽州卢龙节度左都衙银青光禄大夫检校国子祭酒摄檀州刺史充武威军使兼御史中丞上柱国晋昌论公墓志铭并序
>
> ……宁州防御使、银青光禄大夫、检校国子祭酒、守宁州刺史兼御史中丞、上柱国讳俭之令子。公讳博言,字知远,时艺逸伦,识略冠萃。大和初,由咸镐抵关东,太保李公一见欣然,署幽州节度散兵马使,奏银青光禄大夫、检校太子宾客、兼监察御史。善驰诸侯之恳,能达万乘之听。陟衙前兵马使,奏兼殿中侍御史。交四邻之好,出群宾之首。自卢龙节度押衙迁幽州节度押衙,以兼侍御史,加检校国子祭酒。畅军令,即出于众辈;主戎容,则肃于万旅,从右都衙超左都衙。咸通初,蛮陷交趾,兵凑海岭,蓟府相国清河公递绢伍万,委公部进,与堂弟宥州刺史锷,连授兼御史中丞于辇下,时人荣之。惜委麾纲,添摄檀州刺史,优其俸也。咸通乙酉重五,聘东垣回,暍疾于路。迄秋分,永逝于蓟城南郭析津坊,寿六十一。夫人防御军使、检校太府卿、兼御史中丞中山刘翯长女,先于公殁十余年,墓于幽都之西三十里新安原。至是嗣子幽州节度牙门将从礼,卜以其年孟冬廿五日合祔故室茔。

关于论博言的墓志,陈康、鲁晓帆等人先后进行了研究[②],但是在墓志的录文和解读上都存在问题,使得论博言的主要功绩晦暗不明。

鲁晓帆已经指出,论博言大和初至幽州,受到当时的幽州节度使李载义重用[③],论博言的仕途由此开始。论博言家居长安,或是因为在朝廷仕进无门,故而"仗剑出关,握刀仕燕"(《墓志铭》语)。论氏家族入唐后即以战功起家,论弓仁、论惟贞、论惟贤、论惟明皆是如此,但是自论惟贞、论惟贤等人定居长安,脱离部落军队,其子孙便逐渐汉化,从蕃将的身份中剥离出来。若以科举而言,论氏家族的子孙又无法与中原的汉族知识分子相竞争。因此,若论氏家族成员因嫡庶长幼之别或是父

---

① 吴钢主编:《全唐文补遗》(第7辑),三秦出版社,2000年,第141页;中共石景山区委宣传部等编:《北京市石景山区历代碑志选》,同心出版社,2003年,第36页。按:《论博言墓志》记载论惟贞以上官封多有谬误,如记载论惟贞为奉天定难功臣,783年朱泚之变时论惟贞已经去世两年。又如论弓仁封临洮王、论惟明封交川王、论惟贞封榆溪王亦皆与史事不符。

② 陈康:《从论博言墓志谈吐蕃噶尔氏家族的兴衰》,《北京文博》1999年第4期,第304—308页;陈康:《唐论博言墓志考释》,见齐欣主编:《北京文物与考古》,北京燕山出版社,2002年,第202—209页;鲁晓帆:《唐〈论博言墓志〉续考》,《首都博物馆论丛》2013年第27期,第40—49页。

③ 李载义,又名李再义,宝历二年(826)至大和五年(831)任幽州节度使(《唐刺史考全编》,1610页),大和四年(830)册封太保,因此论博言至幽州应在大和五年以前。

祖品级所限，无法以资荫入仕，便只能北投河朔，论博言便是如此。

根据墓志记载，论博言以后一直任职于幽州，咸通以前官至幽州节度押衙、兼侍御史、检校国子祭酒。"咸通初，蛮陷交趾，兵凑海岭"，前人都正确地指出此事系指咸通元年至七年（860—866）发生的安南战役，在此期间，南诏率安南土蛮两陷交趾，第一次在咸通元年（860）十二月，次年六月即被当地守官收复。咸通三年（862）十一月，南诏复引兵围交趾，次年正月城陷，安南经略使蔡袭战死，震动朝野，朝廷一度废安南都护府。为了应对岭南战事，朝廷在咸通四年发荆、湘、洪、鄂四道兵赴援，命江西、湖南沿湘江运送给养，又于福建造千斛大船至泛海运粮往广州，咸通五年三月又发许、滑、青、汴、兖、郓、宣、润八道兵至岭南。幽州节度使张允伸进纳军资，应该是在此之后不久。

墓志云："蓟府相国清河公递绢伍万，委公部进，与堂弟宥州刺史锷，连授兼御史中丞于辇下，时人荣之。"对于这一记载，陈康认为是说论博言率部至安南参战，鲁晓帆认为论博言受幽州节度使张允伸委派到安南劳军。鲁晓帆将蓟府相国清河公考定为大中四年（850）到咸通十三年（872）在位的幽州节度使张允伸，这无疑是正确的，但是论博言并不是将张允伸的五万匹绢送到前线，而是将其作为军资进纳至长安，因此才得授御史中丞于辇下，辇下即京师。而当时其堂弟论锷亦因他事在长安得授御史中丞，兄弟二人连授一官，故时人荣之。前人将"论锷"误作"论锷连"，皆误。其后论博言又加檀州刺史，"优其俸也"。

墓志又云咸通六年（865）五月初五，论博言"聘东垣回，暍疾于路。迄秋分，永逝于蓟城南郭析津坊"。"东垣"一词，陈康认为真定秦时称东垣县，故此东垣指真定，即今之正定，鲁晓帆从之。东垣未必指真定，唐初曾于河南设东垣县，贞元四年（788）省入新安县，以东垣指代真定在唐代非常罕见。实际上，东垣在唐代更多指代门下省，门下省与中书省分处东西，故中书省俗称西掖，门下省则称东垣，如"不向东垣修直疏，即须西掖草妍词"[①]，即是其类。此处说的似乎是论博言自朝廷返回幽州的路上得病，回到幽州后不久即病逝。虽然论博言授檀州刺史，实际上并未来得及上任。

墓志还提到了另外两位论氏家族成员，即论博言之堂弟宥州刺史论锷和儿子幽州节度牙门将论从礼。论锷其时官至上州刺史，仕途似较论博言为优[②]，论博言之子

[①] 《同年前虞部李郎中自长沙赴行在余以紫石砚赠之赋诗代书》，见《全唐诗》卷六八二，中华书局，1975年，第7815页。

[②] 马建红《〈唐刺史考全编〉拾补》袭陈康之误，补宥州刺史论锷连，误。文载杜文玉主编：《唐史论丛》（第12辑），三秦出版社，2010年，第215页。

则仍然就职于幽州。论博言的夫人为"防御军使、检校太府卿、兼御史中丞中山刘騊长女",刘騊夫妇的墓志与论博言墓志同时发现于北京石景山区老古城,两墓比邻而葬。①

根据《古今姓氏书辩证》,入宋之后,论氏后代仍然在朝做官者,但已无昔日蕃将之光辉:"宋论氏,唐御史晁三世孙勋,生衡。衡生蕴,蕴生叡,叡生程,侍御史。程二子,翊,驾部员外郎;翱,长安簿。"②

结论

论氏家族的前身为吐蕃的噶尔家族,唐高宗、武后时期,噶尔家族的禄东赞、赞悉若、钦陵父子两代先后主政吐蕃,吞并吐谷浑,统一青藏高原,进而与唐朝争夺西域,三度攻陷四镇。699年,吐蕃赞普器弩悉弄不满噶尔家族掌权对其展开清洗,噶尔家族的赞婆、弓仁叔侄二人先后率八千余帐吐谷浑部落降唐。

赞婆入唐不久即去世,论弓仁家族及其所率领的吐谷浑部落应该被安置于银州一带。入唐之后的二十多年间,论弓仁镇守朔方,外御突厥,内安降胡,战功显赫,成为开元时期著名蕃将,论氏家族"始大于中华"。

安史之乱爆发后,论氏家族及其所率领的吐谷浑部落军在平叛过程中起到了重要作用,新发现的《论惟贞墓志》加深了我们对这一问题的认识。论弓仁之子论诚节率子弟及吐谷浑部落参与潼关之战,潼关之战后又率余部至灵武扈从肃宗。论诚节之次子论惟贞则身在朔方军中,受朔方节度留后杜鸿渐之命,将肃宗自丰安迎至灵武。其后论惟清、论惟贞、论惟贤又率部落军队扈从至凤翔,任先锋讨击使驻扎岐阳。论惟贞随后赴朔方军收复两京,参与河阳之役、怀州之役,安史之乱后期跟随李光弼收复河南。李光弼死后,表论惟贞以自代,然李光弼受代宗疑忌已久,受其牵连,论惟贞被征入朝中,褫夺兵权,"擢留禁列"。而论惟清、论惟贤兄弟仕途则未受影响,继续为唐朝效命。

---

① 吴钢主编:《全唐文补遗》(第7辑),三秦出版社,2000年,第102—104,410—411页;中共石景山区委宣传部等编:《北京市石景山区历代碑志选》,同心出版社,2003年,第35页。关于两座墓葬的发现过程,参见关续文:《石景山区出土唐代墓志》《石景山出土唐代墓志之我见》,《北京文物报》1996年第10期;苏天钧主编:《北京考古集成》(第4册),北京出版社,2000年,第1478—1479页;国家文物局主编:《中国文物地图集·北京分册》(上),科学出版社,2008年,第181、191。此承谭凯(Nicolas Tackett)教授教示,谨致谢忱!

② 〔宋〕邓名世:《古今姓氏书辩证》卷三二,王力平点校,江西人民出版社,2006年,第490页。

奉天之难中，论家的另一位成员庆州刺史论惟明率军勤王，先后扈从德宗至奉天、汉中，成为奉天定难功臣，再一次为唐王朝做出贡献。虽然论惟明不久之后即卒于任上，但他深厚的文化素养深为时人所称道。论惟贞、论惟贤、论惟明最后都定居在长安，与唐人婚姻，逐步脱离了银州的吐谷浑部落，汉化程度逐渐加深。

论惟明之后的论氏家族逐渐没落，论氏后人再未见诸史传，仅能从出土墓志中钩稽其事迹。根据《论博言墓志》可知，论惟贞之子论傪官至宁州刺史，其子论博言在大和年间走投河北藩镇幽州，但一直未得大用，咸通初年南诏陷交趾，论博言受幽州节度使张允伸之命献绢五万匹于朝廷，返回幽州后即病逝。

论氏家族依托部落军队立功唐朝，因为定居长安而汉化，在剥离了蕃将身份之后，便不可避免地走向衰微。论氏家族的历史命运是唐代众多蕃将家族的典型代表，也是唐朝政治与社会变迁的历史缩影。

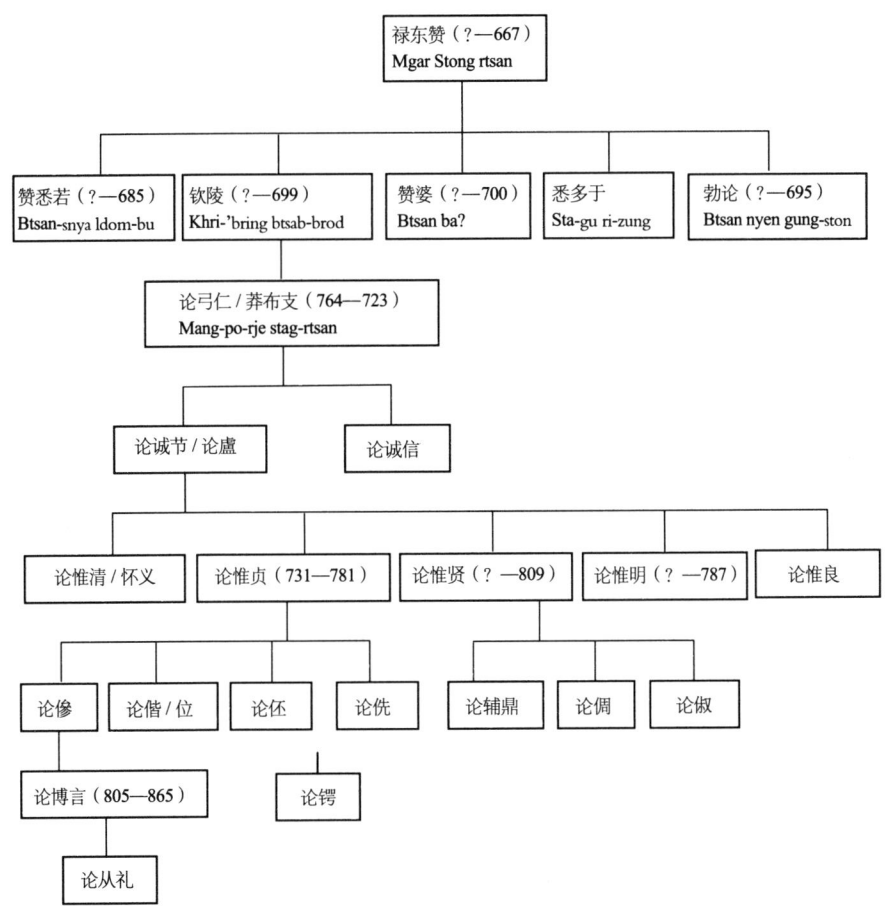

附表1　吐蕃论氏家族谱系表

```
                        禄东赞（？—667）
                        Mgar Stong rtsan
    ┌───────────┬───────────┬───────────┬───────────┐
赞悉若(?—685)  钦陵(?—699)  赞婆(?—700)  悉多于      勃论(?—695)
Btsan-snya    Khri-'bring   Btsan ba?   Sta-gu      Btsan nyen
ldom-bu       btsab-brod                ri-zung     gung-ston
              │
          论弓仁/莽布支（764—723）
          Mang-po-rje stag-rtsan
    ┌─────────┴─────────┐
  论诚节/论虚         论诚信
    │
  ┌─────┬─────────┬─────────┬─────────┬─────┐
论惟清/怀义 论惟贞(731—781) 论惟贤(?—809) 论惟明(?—787) 论惟良
    ┌─────┬─────┬─────┐   ┌─────┬─────┬─────┐
   论傪 论借/位 论伾 论伓   论辅鼎 论偶 论俶
    │
  论博言(805—865)
    │
  论从礼
```

原载《文史》2017年第3辑

（沈琛，南开大学历史学院副教授）

长安与南方诸民族

西汉长安与南海诸国的交通及往来

周伟洲

一、西汉长安与南海诸国的交通

1.由蜀经缅甸的"身毒道"

在秦和西汉王朝积极向岭南开拓的同时，还向西南扩展，从而逐渐开拓了长安与南海诸国交往的另一条通道。

秦统一六国之前，先后在西南设置蜀郡、巴郡（治今重庆）和黔中郡。此三郡南或西南之地，是"西南夷"聚居的地区。据《史记》卷一一六《西南夷列传》的记载，西南夷君长（部落首领）很多，其中主要的有夜郎（今贵州西部）、滇（今云南昆明滇池一带）、邛都（今四川西南部）、巂昆明（今云南昆明以西大理、保山一带）、冉駹（今四川茂汶一带）、白马（今甘肃武都一带）。秦统一六国后，势力逐渐伸入西南夷地区，开凿了从今四川宜宾南下至云南曲靖的"五尺道"，即指途中栈道广五尺（约合今1.4米）[①]，十分险峻。然后，秦朝通过此道，于"诸此国（指西南夷）颇置吏焉"[②]。

西汉建立初，与西南夷关系断绝，但巴蜀民多与西南夷商贾往来，以此殷富。到汉武帝建元六年（前135），汉王恢领军击东越，令番阳令唐蒙晓喻南越出兵，南越人请唐蒙食蜀地所产的枸酱。蒙问此酱由何处来，回答是由蜀南下，经夜郎，沿牂牁江（《汉书》作"牂牁江"，今北盘江），可达南越番禺（今广东广州）。于是，唐蒙遂上书，建议于夜郎征兵，沿牂牁江攻南越，并在夜郎置官设守。武帝遂以唐蒙为郎中将，将兵至夜郎。夜郎诸君长贪汉缯帛，以为道险，汉终不能有其地，因而相继归降。汉朝遂于夜郎地设置犍为郡，治僰道（今四川宜宾），并发

[①] 司马贞《史记索隐》载"栈道广五尺"。
[②] 《史记》卷一一六《西南夷列传》。

巴、蜀卒治道，自僰道指牁牂江，史称此道为"牁牂道"或"南夷道"。

汉元光五年（前130），汉武帝又从蜀人司马相如的建议，于西夷邛、筰之地置郡，命相如为郎中将往喻，遂于邛、筰等两夷之地设置一都尉、十余县，属蜀郡①。司马相如还"通零关道，桥孙水，以通邛都"②。零关道（又作"灵关道"），即灵关县，地在今四川汉源与甘洛交界处；在孙水作桥的孙水，即今四川西昌西安宁河。则此道系由蜀郡成都，经临邛（今四川邛崃）、雅安、荥经，到汉源（即筰都），再过西昌（即邛都），南入云南。

可是，由于当时汉开西南夷，转输困难，士卒多死亡，而西南诸夷又多反叛，汉武帝时筑朔方以备北方的匈奴，故暂罢经营西南夷之事。

至汉元狩元年（前122），出使西域的张骞返回长安后，说他在大夏（今中亚阿姆河以南地区）时，见到蜀布、邛竹杖，问当地人方知，这些只有蜀地才有的特产是从身毒国（印度）来。而身毒系从蜀贾人购得。又说，闻邛西二千里即身毒国。他向武帝建议：开通由蜀至身毒的通道。于是，这就重新激起了汉武帝开拓西南夷，以通身毒的决心，遣使四道并出。此四道是"出駹，出冉，出徙，出邛、僰"。前两道在今四川茂汶，由此南下；第三道即经徙县（今四川天全）南下；第四道即上述之灵关道。但是，四道使臣均为氐、筰、嶲、昆明诸族所阻塞。而滇王尝羌更是截留汉使十余辈，闭昆明，皆未能通身毒。③

可是，汉武帝开西南夷的决心未变，终于机会到来了。汉元鼎五至六年（前112—前111），武帝征南越国时，所遣驰义侯一军即准备发夜郎兵，下牁牂江而抵番禺。但是，南夷且兰君不愿远征，起兵攻杀汉使者及犍为太守。汉朝发巴蜀罪人及击南越者八校尉击破且兰。此时，南越已平，汉军遂先击杀常阻隔至滇通道的头兰等。于是，汉朝在南夷之地置牁牂郡（治今贵州贵定西）。夜郎王惧而入朝，汉封之为夜郎王。此事在西南夷中引起极大的震动，汉朝又诛杀邛君、筰侯，各地君长纷纷请求内属。汉朝顺势"以邛都为越嶲郡，筰都为沈犁郡，冉駹为汶山郡，广汉西白马为武都郡"④。

汉武帝还借平南越、南夷之威，派遣王然于使滇国，劝谕其王入朝归服。时滇王有众数万，其东北同姓劳浸、靡莫等与汉为敌。元封二年（前109），汉武帝发兵

---

① 《史记》卷一一六《西南夷列传》；《史记》卷一一七《司马相如传》"郎中将"为"中郎将"。
② 《史记》卷一一七《司马相如传》；《汉书》卷五七下《司马相如传》"零关道"作"灵山道"。
③ 《史记》卷一一六《西南夷列传》；《史记》卷一二三《大宛列传》。
④ 《史记》卷一一六《西南夷列传》。

击灭劳浸、靡莫，兵临滇池，滇王降，请置吏入朝。汉遂于滇国置益州郡（治今云南晋宁），"赐滇王王印"[①]。在今云南晋宁石寨山6号墓曾出土了一枚汉代金质的"滇王之印"[②]。

汉武帝先后在西南夷地区设置犍为、牁牂、越嶲、沈犁、汶山、武都、益州七郡，封敕西南夷大小君长为王侯。这自然是加强了内地汉族与西南夷的关系，汉朝的政令通行于该地区，汉族文化也逐渐深入，使该地区得到了进一步的开发。但是，却未见史籍有关通过西南夷与南海诸国和印度正式交往的记载。事实上，通过西南夷与南海诸国（主要是今缅甸）、印度的交通道路，即所谓的"身毒道"，早在西汉之前就已存在。据有的学者研究，早在公元前4世纪，印度与中国通过这条道路就有了以丝绸为主的贸易交往；西汉初张骞在大夏的见闻也证实了这一事实。到汉武帝开西南夷，进一步开拓了这条通路，加强了往来于这条道路的民间贸易。据《史记》卷一二三《大宛列传》记，汉武帝听信张骞之言，遣使身毒受挫，"然闻其（昆明、滇之属）西可千余里有乘象国，名曰滇越，而蜀贾奸出物者或至焉"。滇越，有的学者考证为今云南之腾冲[③]；也有认为在今印度的阿萨姆邦等多种说法[④]。无论怎样，上述事实均证明：从西南夷经缅甸入印度的这条古老的交通道路上，民间的贸易一直在进行着。通过西南夷或蜀郡将今缅甸或印度的特产，如象牙、犀角之类的商品，运到京师长安，是完全可能的。

南海诸国正式遣使经身毒道至中国的记载，始见于东汉时期。东汉永平十二年（69），益州郡（滇国）之西的哀牢夷归附，设置永昌郡（治今云南保山），使由西南夷经缅甸到印度的身毒道更加畅通。于是，在今缅甸东北立国的掸国王雍由调先后于永元九年（97）、永宁元年（120）遣使到京师洛阳，献其国珍宝及乐与幻人。其幻人自言系"海西人"，"海西即大秦（罗马帝国）也，掸国西南通大秦"[⑤]。即是说，东汉通过永昌郡、掸国，已可与南亚、欧洲间接交往。除掸国外，永元六年（94），还有永昌郡"徼外敦忍乙王慕延慕义，遣译使献犀牛、大象"。"永初元年（107），徼外僬侥种夷陆类等三千余口举种内附，献象牙、水牛、封牛"[⑥]。据学者考证，敦忍王，即夫甘都卢国，为缅族部落，地在今缅甸之卑缪；而

---

① 参见《史记》《汉书》的《西南夷列传》。
② 云南省博物馆编：《云南晋宁石寨山古墓群发掘报告》，文物出版社，1959年。
③ 蓝勇：《南方丝绸之路》，重庆大学出版社，1992年，第28页。
④ 汶江：《历史上的南方丝路》，见伍加伦、江玉祥主编：《古代西南丝绸之路研究》，四川大学出版社，1990年。
⑤ 《后汉书》卷八六《南蛮西南夷列传》。
⑥ 《后汉书》卷八六《南蛮西南夷列传》。

僬侥种，应即今缅甸黑人，即前述之利格利陀种人①。

2.由南越经海上的"南海道"

西汉时，除由京师长安经蜀、西南夷至今缅甸、印度的陆路交通——身毒道外，还有一条经南越而至南海诸国、印度等地的海上交通——南海道。西汉武帝时平定南越，重新设置郡县，其中三郡（交趾、九真、日南）在越南的北部与中部。于是，临海的诸郡县就成为西汉与南海诸国海上交通的重要口岸。关于西汉时南海海路的走向及南海诸国名称，《汉书》卷二八下《地理志》有一段十分重要的记载：

> 自日南障塞徐闻、合浦，船行可五月，有都元国；又船行可四月，有邑卢没国；又船行可二十余日，有谌离国；步行可十余日，有夫甘都卢国。自夫甘都卢国船行可二月余，有黄支国，民俗略与珠厓相类……自黄支船行可八月，到皮宗；船行可二月，到日南，象林界云。黄支之南，有已程不国，汉之译使自此还矣。

中外学者对上引一段海程及国名考证甚多，意见极为分歧。现只有综合各种说法，择善从之，以稍试作阐释。

西汉时，南海郡治所番禺（广州），"其一都会也"②。此云"自日南障塞徐闻、合浦"出发，而不提番禺，可能是因当时番禺还未成为远航南海诸国的起点，或因为计算里程，而以船航出南海地为起点。③日南障塞，是专指日南郡沿海障塞，抑或泛指沿南海诸郡障塞不明；如指后者，则徐闻、合浦均可谓"日南障塞"。徐闻，属西汉合浦郡，地在今广东雷州半岛南端，琼州海峡中部偏西的海边。④合浦，此处与徐闻并列，知其非指合浦郡，而指郡属下之合浦县，地在今广西合浦附近。

从徐闻或合浦出发，沿途所经诸国，中外学者意见分歧，莫衷一是。下面对诸家结论做简要说明和分析。

"船可行五月，有都元国"中的"都元国"，有学者说在今苏门答腊岛北岸或

---

① 蓝勇：《南方丝绸之路》，重庆大学出版社，1992年，第31页，引方国瑜说。上述东汉时经身毒道与南海诸国的交往，因不在本文研究范围之内，故简述之。
② 《汉书》卷二八《地理志下》。
③ 后一种说法见张荣芳：《汉代我国与东南亚国家的海上交通和贸易关系》，见《秦汉史论集（外三篇）》，中山大学出版社，1995年。
④ 广东省博物馆：《广东徐闻东汉墓——兼论汉代徐闻的地理位置和海上交通》，《考古》1977年4期。

西北岸[①]，有谓在今马来半岛克拉（Kla）地峡北之Htayan[②]，或今加里曼丹岛上[③]，今马来半岛中南部的北大年[④]，以及越南南圻滨海等地[⑤]。以上诸说大多以都元与今东南亚诸地或汉代以后南海地之地名对音为依据。古今地名不同，变化很大，特别是东南亚地区，故不完全可靠。另外，以航行时间推测里程，也必然考虑到西汉时南海航行的船只和技术。而这条史料，也仅提供了船行时间和国名，故以上诸说推测的成分占了很大的比重。比较诸说，上述将都元国比定于今越南南圻地较为妥当。

从都元国，"又船行可四月，有邑卢没国"。有学者认为此国在今缅甸直通或勃古地区（上引藤田丰八、章巽文），或是今印度麻锣（Malabor）沿岸的一个商港[⑥]，泰国东南滨海地区（上引许云樵文）、暹罗湾（泰国湾）湄南河入海处（上引韩振华文），以及认为"邑卢没"为"吉蔑"（Khmer）的对音，地在暹罗湾。[⑦]此外，还有在爪哇雅加达（上引张荣芳文），或加里曼丹岛等。[⑧]参照诸家之说，似将邑卢没国比定于今暹罗湾沿海地区较胜。

从邑卢没国，"又船行可二十余日，有谌离国"。此国的位置，因前两国位置已定，故似以朱杰勤、许云樵、程爱勤等所论[⑨]，比定为今克拉地峡北丹拉沙林（Tenasserin）地区较为妥当。此地在魏晋时名"顿逊国"，是当时一重要通商贸易口岸[⑩]。

由谌离国，"步行可十余日，有夫甘都卢国"。此系陆路，诸家有比定于印度

[①] 章巽：《我国古代的海上交通》，商务印书馆，1986年，第19页；[日]藤田丰八：《中国南海古代交通丛考》，何建民译，商务印书馆，1936年。

[②] 岑仲勉：《南海昆仑与昆仑山之最初译名及其附近诸国》，《圣心》1933年第2期。

[③] 许云樵：《古代南海航程中的地峡与地极》，《南洋学报》1984年第2辑。

[④] 周连宽、张荣芳：《汉代我国与东南亚国家的海上交通和贸易关系》，《文史》1980年第9辑。

[⑤] 韩振华：《公元前二世纪至公元一世纪间中国与印度东南亚的海上交通——汉书地理志粤地条末段考释》，《厦门大学学报》（社会科学版）1957年第2期；程爱勤：《叶调国研究》，中州古籍出版社，1993年版，第320—323页。

[⑥] 张星烺：《中西交通史料汇编》（第6册），辅仁大学图书馆，1930年，第39页。

[⑦] 温雄飞：《南洋华侨通史》，上海东方印书馆，1929年，第17页。程爱勤《叶调国研究》一书亦同意此说。

[⑧] 劳榦：《论汉代之陆运与水运》，见《"中央研究院"历史语言研究所集刊》（第16册），江苏古籍出版社，1999页。

[⑨] 朱杰勤：《汉代中国东南亚和南亚海上交通路线初探》，见《中外关系史论文集》，河南人民出版社，1984年。

[⑩] 《梁书》卷五四《诸夷·扶南国传》。

（藤田丰八）、加里曼丹（劳榦）、缅甸蒲甘（韩振华、章巽）或卑谬（朱杰勤）等说法。考虑到从谌离沿北行十余日，最多能到卑谬，而难达对音相似之蒲甘，故卑谬说稍胜。

"自夫甘都卢国，船行可二月余，有黄支国"。此国名在《后汉书》卷八六《南蛮西南夷列传》有记载："逮王莽辅政，元始二年（2）日南之南黄支国来献犀牛。"中外学者有谓此国在今苏门答腊或爪哇（上引劳榦文）、马来半岛①、印度康契普拉姆（Conjevaram），即佛教典籍中的建志补罗（Kanchipora）等②。中外学者大多同意后一种意见，由夫甘都卢国（今卑谬）再船行二月多抵印度之康契普拉姆，亦正相合，故此说允当。

"黄支之南，有已程不国"。主张黄支国在今印度康契普拉姆的中外学者，对其南的已程不国的考释，基本一致，认为在今锡兰岛上。

上述西汉时由徐闻、合浦出发的南海海上交通，因史籍记载过于简略，中外学者考释意见分歧是正常的。通过对各种意见的分析，我们认为，西汉时南海道的交通路线，大致是由徐闻、合浦（也不排除由日南郡象林等地）出发，向西南至中南半岛越南南圻地区（都元国）。又向南绕中南半岛航行约四月，到暹罗湾某地（邑卢没国）。再沿海岸航行二十余日达克拉地峡北的丹拉沙林（谌离国）。由此步行十余日到今缅甸的卑谬（夫甘都卢国）。从此或乘船沿伊洛瓦底江而下，入海西行，或直接越孟加拉湾航行二月余，到印度康契普拉姆（黄支国），还可由此向南航行至已程不国（今锡兰岛）。这就是西汉朝廷译使到达的终点，译使由此返国。

汉译使返程路线，《汉书·地理志》仅记为："自黄支船行可八月，到皮宗；船行可二月，到日南象林界云。"我们同意一些学者认为西汉译使依来时海上交通路线返回的看法③，因为当时穿越马六甲海峡的捷路还未正式开辟。自黄支船行八月到皮宗，其地大致在今越南的平山④，再船行二月即回到汉日南郡象林县。总计返程十个月，比去程少两个多月，盖因返程少了由合浦或徐闻至象林的航行时间，以及减少了沿途杂务或停泊时间。

在当时，航海船只和技术较差，风险很大，又有土著各族的抢掠，很难直接航行到较远的地方。这正如《汉书·地理志》所说，汉译使是由"蛮夷贾船，转送

---

① 韩槐准：《旧柔佛之研究》，《南洋学报》1948年第5卷第2期。
② 最早提出此说者为费琅（G. Ferrand），见费琅：《昆仑及南海古代航行考》，冯承钧译，中华书局，1957年版。
③ 见上引岑仲勉、程爱勤论著。
④ 朱杰勤：《汉代中国东南亚和南亚海上交通路线初探》，见《中外关系史论文集》，河南人民出版社，1984年。

致之。亦利交易，剽杀人。又苦逢风波溺死"。尽管如此，南海道的交通仍然通行无阻，商贾、译使相互往来，使西汉长安与南海诸国的海上交通进入一个崭新的时代。

二、西汉长安与南海诸国的交往

1.西汉译使出使南海诸国

在西汉武帝灭南越国、开西南夷之前，南海一些地区的特产就早为内地所认识和了解。比如，战国时，《荀子》一书就明确记载："南海则有羽翮、齿、革、曾青、丹干焉。然而中国得而财之。"羽翮、齿、革，应即《尚书·禹贡》所记荆州之"厥贡"物品。羽翮为翠鸟之羽毛；齿，指象牙；革，当为犀牛皮革也。成书于西汉的《淮南子·人间训》亦提到，秦始皇"利越之犀角、象齿、翡翠（绿宝石）、珠玑"，而攻南越，设置郡县，通过南越诸郡也有南海特产贡至京师咸阳。西汉初，通过南越国入贡，南海特产也有运至京师长安者。尽管如此，京师长安与南海诸国并没有建立直接的交往。

汉元鼎六年（前111）武帝灭南越国，设置郡县，南海有部分地区（今越南北部和中部）直接为汉朝所管辖。而通过南海海上交通，西汉朝廷也派遣译使出使南海诸国。上引《汉书·地理志》记：

> 有译长，属黄门，与应募者俱入海市明珠、璧流离、奇石异物，赍黄金杂缯而往。所至国皆禀食为耦①。蛮夷贾船，转送致之。亦利交易……不者数年来还。大珠至围二寸以下。

按此记载，知武帝平南越后，汉朝廷黄门所属之译长及招募者也出使南海诸国。黄门，应为西汉中央所设置的官署名。《汉书》卷六八《霍光传》颜师古注："黄门之署，职任亲近，以供天子，百物在焉。"其长官为黄门令，属少府，由宦者充任。又汉武帝时，改大行令为大鸿胪，主掌"归义蛮夷'，"属官有行人、译官、别火三令丞及郡邸长丞"②。黄门所属之译长与大鸿胪所属之译官当有别。由此知武帝时，与南海诸国通使及搜求南海异宝，由黄门负责，派出译长。同时，还招募愿出使者结伴而行，故总称"译使"。武帝时，张骞之应募出使西域，亦同此"招募者"。

---

① 〔清〕王先谦：《汉书补注》引师古曰："禀，给也。耦，媲也。给其食而侣媲之，相随行也。"
② 《汉书》卷一九上《百官公卿表》。

西汉之译长与应募者俱入海（南海），主要是"市明珠、璧流离、奇石异物"。明珠，指南海所产珍珠之类的珠宝。《初学记》卷二七引徐衷《南方草物状》曰："凡采珠常三月，用五牲祈祷；若祠祭有失，则风搅海水，或有大鱼在蚌左右。白蚌珠长三寸半，在涨海（南海）中。"璧流离，非琉璃所制之璧，而系译自梵文Vaidurya，又汉译为吠琉璃或琉璃，一般是指天然的宝石。《汉书》卷九六上《西域传》记"宾国"出"璧流离"即是此。它是一种天然的矿石，即今所谓的青金石（Lapis Lazuli）或碧玺（绿宝石，garyl）[①]。隋唐后，璧琉璃一名也往往与人工烧制之琉璃相混，后者即今之玻璃制品也。南海之自然璧琉璃或其自产，或从西域海运贩至，故西汉译使多市之。

除此之外，上引《汉书·地理志》还记，南海"处近海，多犀、象、毒冒、珠玑、银、铜、果布之凑，中国往商贾者多取富焉"。其中，瑇冒，又作毒瑁、玳瑁等，系属海龟科之海生动物，其甲角质板可为装饰，甲片可入药。果布，过去史家释为果（龙眼、荔枝）和葛布（《史记集解》）。其实，果布应为一种名为"果布婆律"（Kapur Barus）的香料，又称"龙脑香"（冰片），由龙脑树（冰片树）提炼而成，主要产于今东南亚的苏门答腊、马来半岛、婆罗洲（加里曼丹）等地。[②]其他如琥珀、玛瑙、肉红石髓、翡翠等物，均为南海诸国与西汉译使和商贾交易之物产。近几十年来，在广东、广西两地发现的一批西汉时期墓葬中，就出土了很多上述南海诸国的特产，如琉璃器、焚烧果布之博山炉、陶制犀角、琥珀、玛瑙、肉红石髓器等[③]，也证明了当时南海一带贸易交往的情况。

西汉译使用以交易之物主要是"黄金、杂缯"。缯是汉代对丝织品的总称。长沙马王堆西汉一号墓出土盛有各种丝织品的竹箱，简牍上就名之为"缯笥"。汉译使就是用黄金和各种丝织品交换南海诸国的特产，故近代以来，学者称南海的海上交通道路为"海上丝绸之路"。

2.南海诸国的朝贡及长安的南海珍物

关于南海诸国（今越南北部和中部汉置三郡除外）遣使至西汉长安贡献的情况，上引《汉书·地理志》说，南海诸国"自武帝以来，皆献见"。又《梁书》卷五四《诸夷传》亦记："汉元鼎中，遣伏波将军路博德开百越，置日南郡。其徼外诸国，自武帝以来皆朝贡。"可惜史籍未详细记载武帝以来至西汉灭亡，南海诸国

---

① 参见〔清〕王先谦：《汉书补注》引徐松注。
② 韩槐准：《龙脑香考》，《南海学报》1941年第1辑。
③ 因与本书主题关系不大，从略。

朝贡献见的具体情况。

南海诸国至长安朝献的记载，仅见有两次：一是西汉平帝元始元年（1）正月，"越裳氏重译献白雉一、黑雉二，诏使三公以荐宗庙"[①]。二是元始二年春，"黄支国献犀牛"[②]。越裳氏，在先秦典籍中已出现过，如前所述，其地大致在今越南中部。黄支国，在今印度康契普拉姆，其遣使当经过南海道，再由岭南至京师长安。为什么汉代史籍中，仅记有上述两次南海诸国朝贡情况？推其原因，平帝之前，南海诸国朝贡较多，故史官及史籍不载或漏记。平帝时，王莽擅政，南海诸国朝贡作为对王莽功德的颂扬而特别记撰。正如《汉书》卷九九上《王莽传》所记：太后封王莽为安汉公诏书说，"大司马新都侯莽……化流海内，远人慕义，越裳氏重译献白雉"。同书还记："莽既致太平，北伐匈奴，东致海外，南怀黄支。"

特别是黄支国献犀牛一事，不仅是当时政治上的一件大事，而且体积庞大的犀牛，经过海路和陆路千里迢迢转运到长安，确非易事。因此，此事在史籍及以后的文学作品中多有所述。如扬雄撰《交州箴》内说："南海之宇，圣武是恢，稍稍受羁，遂臻黄支；杭海三万，来牵其犀。……泉竭中虚，池竭濒干，牧臣司交。敢告执宪。"东汉班固《西都赋》也有"黄支之犀，条支之鸟"句。

除上述南海诸国正式贡使外，西汉译使及沿海商贾所市南海特产，仍然源源不断地运达京师长安。所以，实际上长安的南海的特产和贡物，在皇帝宫中及上层贵族住宅中时有所见。

《汉书》撰者班固在《西域传》赞中说："遭值文、景玄默，养民五世，天下殷富，财力有余，士马强盛。故能睹犀布、瑇瑁则建珠崖七郡，感枸酱、竹杖则开牂柯、越巂，闻天马、蒲陶则通大宛、安息。自是之后，明珠、文甲、通犀、翠羽之珍盈于后宫，蒲梢、龙文、鱼目、汗血之马充于黄门，巨象、师子、猛犬、大雀之群食于外囿。殊方异物，四面而至。"此段所记汉武帝时，西汉国力强盛，平南越，开西南夷，通西域，于是各方的异物、特产，四面而至长安。内犀布（象）、瑇瑁（文甲）、明珠、翠羽等，皆为南越及南海诸国之特产，且广泛用于天子、贵戚的日常生活之中。

如汉天子所用之笔匣，"厕以玉璧、翠羽"；其玉几（长条形小桌），"以象牙为火笼，笼上皆散华文"。翠羽、象牙，皆南海等地所有。汉武帝还有身毒国献连环羁（马之络头），"皆以白玉作之，马瑙石为勒，白光琉璃为鞍"[③]。又其赐李

---

① 《汉书》卷一二《平帝纪》。
② 《汉书》卷一二《平帝纪》。
③ 〔晋〕葛洪：《西京杂记》卷一、卷二。

夫人以象牙制之簟（席之类用品）。①前者可能产于身毒，象牙则可能来自南海诸国。汉成帝宠妃赵飞燕妹所居之昭阳殿，"壁带往往为黄金釭，函蓝田壁，明珠、翠羽饰之"。②飞燕妹在昭阳殿，送其姊礼物单中，有琥珀枕、龟文枕、珊瑚啓、马瑙驱（指环）、翠羽扇、琉璃屏风、青木香、香螺卮（原注：出南海，一名丹螺）、九真雄麝香等③，应为南海之物。

西汉京师长安的宫廷苑囿中，也有一些南海物产。如建章宫旁，有奇华殿，"四海夷狄器服珍宝，火烷布、切玉刀、巨象、大雀、师子、宫（宛）马，充塞其中"。内巨象，当为南海等地所献。另有武帝平南越后所建之"扶荔宫"，内除种交趾进贡之荔枝外，还有南海诸国所产之龙眼、槟榔、橄榄、蜜香等树。据《南方草木状》卷中记："交趾有蜜香树，干似柜柳，其花白而繁，其叶如橘。"其内荔枝，由交趾每岁贡来，移植百株，但无一成活，连年犹植不已。后几年有一株活下来，枝叶稍茂盛，然终不结果。因荔枝连年枯萎而死，看守官吏为此遭诛杀者数十人。④扶荔宫，据考古工作者在陕西韩城芝川镇发掘出土有"夏阳扶荔宫令辟，与天无极"方砖，知此宫在今韩城芝川镇，而不在长安上林苑。⑤又班固《西都赋》中说："西郊则有上囿禁苑……四百余里。离宫别馆，三十六所，神池灵沼，往往而在。其中乃有九真之麟，大宛之马，黄支之犀，条支之鸟，逾昆仑，越巨海，殊方异类，至三万里。"九真指九真郡；麟，《尔雅》释为"麋身牛尾，一角"。麟、犀皆为南海诸国所贡异物。除了宫廷、苑囿有南海的特产之外，上层贵戚也多有这些物品。《西京杂记》第六曾记，汉武帝宠臣韩嫣，以玳瑁为床。玳瑁（瑇瑁）系南海特产，当时在长安是十分珍贵的。

到东汉时，经南海道的海上交通更为发展，南海诸国的朝贡增多，甚至远在南亚的身毒、欧洲的大秦（罗马帝国）也遣使由此海路向东汉朝贡。见于记载的主要有：肃宗元和元年（84），"日南徼外蛮夷究不事人邑豪献生犀、白雉"⑥；安帝延光三年（124），"日南徼外蛮复来内属"；顺帝永建六年（131），"日南徼

---

① 〔晋〕葛洪：《西京杂记》卷五。
② 陈直：《三辅黄图校注》，陕西人民出版社，1982年，第58页。
③ 〔晋〕葛洪：《西京杂记》卷一、卷二。
④ 陈直：《三辅黄图校注》，陕西人民出版社，1982年，第75—76页。
⑤ 陕西省文管会：《陕西韩城芝川镇汉扶荔宫遗址的发现》，《考古》1961年第3期。
⑥ 参见《后汉书》卷八六《南蛮传》。"究不事"应为吉蔑、柬埔寨、甘孛、澉浦、甘不等之异译，地在今中南半岛的柬埔寨。详细考证见程爱勤：《再考"究不事"》，《印度支那》1988年第4期；程爱菊：《三考"究不事"》，《印度支那》1989年第4期。

外叶调王便遣使贡献,帝赐调便金印紫绶"[1];灵帝熹平二年(173),"日南徼外国重译贡献";熹平六年(177),"日南徼外国复来贡献"[2]。大秦则在东汉桓帝延熹九年(166),其王安敦(121—180年在位之罗马王安多尼(Marcus Aurelius Antonius)"遣使自日南徼外献象牙、犀角、瑇瑁,始乃一通焉"[3]。身毒国则在延熹二年(159)、四年(161),"频从日南徼外来献"[4]。

原载《中国历史地理论丛》2003年第4期

(周伟洲,西北大学中华民族史研究中心教授)

---

[1] 《后汉书》卷八六《南蛮传》。"叶调国",中外学者考证颇多,有爪哇(伯希和)、苏门答腊(费)、锡兰岛(藤田丰八)等说法。我们赞同程爱勤所说,叶调国在今柬埔寨地,即后建扶南者。参见程爱勤:《叶调国研究》,中州古籍出版社,1993年。
[2] 《后汉书》卷八六《南蛮传》。
[3] 《后汉书》卷八八《西域传》。
[4] 《后汉书》卷八八《西域传》。

唐朝与南海诸国通贡关系研究

周伟洲

中国古代所谓的"朝贡""朝献",源于先秦时期的政治制度,即"服事制",也就是在王畿、诸侯国等华夏族之外,众多的周边民族或国家被名之为"要服""荒服",他们要向华夏天子每岁朝贡,承认天子的统治地位。[①]此后,历代中国封建王朝对除自己直接管辖的地区外的周边民族地区及国外一些民族或国家派遣来的使臣,一律称为"朝贡"或"朝献",视之为其羁縻的"荒服"之地,在政治上是附属于自己的。因此,回赐的物品,称之为"赏赐",有时对来"贡"的使臣或其国主、首领赐以官爵名号。事实上,朝贡的民族或国家或小的割据势力,其中大部分的确在政治上是附属于当时的中国封建王朝的,他们的朝贡有政治依附关系的性质。但是,也有一部分是距中国遥远的外国遣使,他们与当时的中国封建王朝并没有政治上的臣属关系,故其朝贡实质上属于一种贸易和交流的性质。

在中国历史上,有周边民族及外国的朝贡,相应也有历代中国封建王朝派遣使臣到这些朝贡的周边民族和外国,以宣慰、封敕、赏赐为名,进行交往。我们所谓的通贡,则主要指周边民族及外国的朝贡,也包含历史上中国封建王朝遣使到这些地区和国家的活动。它既是一种政治交往,也含有经济(贸易)和文化交往的性质。

中国古代通贡的情况很普遍,可以说历朝历代均有,特别是在中国统一、强盛的时期,通贡的地区更广,国家更多,次数更多。扎实、深入地研究中国古代某一时期与某一地区或国家的通贡关系,就成为中国民族关系史和中外关系史中一个重要的课题,具有重要的学术价值和现实意义。本文即选取了过去学界研究不多的唐朝与南海诸国的通贡关系,作一较为深入地探讨,不妥之处望指正。

一、南海诸国至唐朝的朝贡

唐朝统一全国后,历太宗之"贞观之治"和玄宗的"开元之治",国力强盛、

---

① 关于服事制的论述,参见周伟洲:《儒家思想与中国传统民族观》,《民族研究》1995年第6期。

周边民族及亚洲、欧洲等国与唐朝建立了友好的关系。特别是亚洲各国更是纷纷遣使至唐，与之在政治、经济和文化等方面展开了广泛的交流。唐代京师长安成了各国交流之中心、国际大都会。这种局面在中国历史上也是罕见的。在亚洲诸国中，也包括属今东南亚的南海诸国。下面先将南海诸国向唐朝贡的情况列表如下。

表1 林邑国（一作环王国）朝贡表

朝贡时间	贡品	回赐物品	备注
武德六年（623）二月	遣使朝贡		《册府元龟》卷九七〇、《新唐书》卷二二二《南蛮传》
武德八年四月	遣使朝贡	高祖设九部乐以宴之，赐王锦彩	《新唐书》卷二二二《南蛮传》；《册府元龟》卷九七四
贞观二年（628）十月	遣使朝贡，贡驯犀		《册府元龟》卷九七〇
贞观四年五月	王头黎献驯象、镂锁、五色带、朝霞布、火珠	林邑使出言不恭，群臣请治罪，太宗赦不问	《册府元龟》卷九七〇记作贞观五年，误，应为四年五月。见《唐会要》卷九八
贞观五年	献五色鹦鹉、白鹦鹉		《册府元龟》卷九七〇
贞观十四年	献通天犀十枚，诸宝称是		《唐会要》卷九八
贞观十六年五月	遣使献方物		《册府元龟》卷九七〇
永徽四年（653）四月	诸葛地自立为王，遣使贡方物、驯象		《册府元龟》卷九七〇
永徽五年	献驯象		《册府元龟》卷九七〇
显庆二年（657）二月	遣使朝贡		《册府元龟》卷九七〇
总章二年（669）八月	王钵伽舍跋摩遣使朝贡		《册府元龟》卷九七〇
总章三年	遣使朝贡		《册府元龟》卷九七〇
武周垂拱二年（686）三月	献驯象		《册府元龟》卷九七〇
天授二年（691）十月	献驯象		《册府元龟》卷九七〇
证圣元年（694）正月、四月两次	贡战象		《册府元龟》卷九七〇
圣历二年（699）六月	献驯象		《册府元龟》卷九七〇
长安二年（702）十二月	遣使朝献		《册府元龟》卷九七〇。原文"三年"为二年之误，因后又有三年正月朝贡事

续表

朝贡时间	贡品	回赐物品	备注
长安三年正月、十月两次	遣使朝贡		《册府元龟》卷九七〇
唐神龙二年（706）七月	遣使朝贡		《册府元龟》卷九七〇
神龙三年八月	遣使献驯象		《册府元龟》卷九七〇
景龙三年（709）十一月	献白象及方物	授其使右领军卫员外将军，放还蕃	《册府元龟》卷九七〇；《册府元龟》卷九七四
景云二年（711）十一月	遣使献方物		《册府元龟》卷九七〇
太极元年（712）四月	遣使献方物		《册府元龟》卷九七〇
开元元年（713）十二月	王建多达摩遣使献象五头	玄宗降书慰之，赐其王马两匹	《册府元龟》卷九七一
开元二年六月	遣使来朝		《册府元龟》卷九七一
开元十九年十月	献象四		《册府元龟》卷九七一
开元二十二年六月	献沉香		《册府元龟》卷九七一
开元二十三年八月、十二月两次	献驯象、白象		《册府元龟》卷九七一
天宝七载（748）六月	献象牙、花氍		《册府元龟》卷九七一
天宝八载九月	林邑国城主卢陁遣使献珍珠一百条，黑沉香三十斤、白氍二十双		《册府元龟》卷九七一
天宝九载三月	献象牙、真珠、白花氍		《册府元龟》卷九七一。原文作"北邑国"，当为"林邑国"之误
贞元七年（793）十月	环王国献犀牛	帝令见于太庙	《册府元龟》卷九七二

注：林邑国，在今越南中部，北与唐安南都护府接界（大致在今越南广治北至越南潘朗、古笪南一带）。东汉永和二年（137）时汉象林县功曹子区怜（又作区连）据象林（治今越南广南），至永初（190—193）之乱，区怜乃自号为王，建林邑国。其国自称为"占婆"（Champa）[①]。唐以前中国史籍称其国为"林邑"；唐中期后又称为"环王"国，或曰占不劳、占婆、摩诃瞻波、占波[②]，宋代又称为"占城"等[③]。

[①] ［法］马司帛洛（Georges Maspero）：《占婆史》，冯承钧译，中华书局，1956年，第2—4页。

[②] 《新唐书》卷二二二《环王传》。

[③] 关于林邑国在唐以前的情况，参见周伟洲：《公元三至六世纪的南海诸国及其与中国南方诸政权之关系》，见燕京研究院编：《燕京学报》（第10期），北京大学出版社，2001年，第115—118页。

表2　真腊国（包括水、陆真腊及其属国）朝贡表

朝贡时间	贡品	回赐物品	备注
武德六年（623）十月	真腊国遣使贡方物		《唐会要》卷九八；《册府元龟》卷九七〇
武德八年九月	真腊国、参朱（半）国遣使朝贡		《册府元龟》卷九七〇
贞观二年（628）十月	真腊、参半并遣使朝贡		《册府元龟》卷九七〇
贞观九年四月	真腊贡方物		《册府元龟》卷九七〇
贞观十六年正月	参半国遣使献方物		《册府元龟》卷九七〇
永徽二年（651）十月	真腊献驯象		《册府元龟》卷九七〇；《唐会要》卷九八
永淳元年（682）五月	真腊遣使献方物		《册府元龟》卷九七〇
圣历元年（698）正月	真腊遣使朝贡		《册府元龟》卷九七〇
神龙三年（709）正月	真腊遣使献方物		《册府元龟》卷九七〇
景龙四年（710）正月	真腊遣使来朝		《册府元龟》卷九七〇
开元五年（717）五月	真腊、文单（陆真腊）并遣使献方物	六月，使者还蕃，降玺书及帛五百匹赐国王	《册府元龟》卷九七一、卷九七四
天宝九载（750）六月	真腊献犀牛		《册府元龟》卷九七一
天宝十二载九月	文单国王子率其属二十六人来朝	拜王子为果毅都尉	《册府元龟》卷九七一；《新唐书》卷二二二《南蛮传》
贞元十四年（798）	文单国使李头及来朝贡	封李头及为中郎将，放还蕃	《册府元龟》卷九七六
元和八年（813）十二月	真腊遣使李摩那来朝		《册府元龟》书卷九七二
元和九年九月	真腊遣使朝贡		《册府元龟》书卷九七二

注：真腊，原为扶南国（今柬埔寨、老挝等地）北部属国，大约在6世纪下半叶，兼并扶南而有之，成为南海的大国之一。其又称吉蔑，国人自称为甘孛智、澉浦只，应即柬埔寨语Kamboja之音译。据中国史籍载，真腊国在唐朝神龙（705—707）后分为两部分，即水真腊（在南部）和陆真腊（在北部）。陆真腊又号文单国，其地大致相当于今老挝领地，国都文单城，即今老挝之万象。①大约到9世纪，水、陆真腊再次统一。其属国有参半国和道明国，在文单之西北。

表3　骠国及其所属国朝贡表

朝贡时间	贡品	回赐物品	备注
景龙三年（709）三月	昆仑国遣使朝贡		《册府元龟》卷九七〇
贞元十八年（802）正月	骠国王遣其子悉地移、城主舒难陀来朝，献其国乐凡十曲，乐工三十五人	封王子太仆卿，遣还	《册府元龟》卷九七二；《新唐书》卷二二二《南蛮传》

---

① 黄盛璋：《文单国考——老挝历史地理新探》，《历史研究》1962年第5期。

续表

朝贡时间	贡品	回赐物品	备注
贞元二十年十二月	弥臣国遣使朝贡	二十一年四月封弥臣国嗣王乐道勿礼为弥臣国王	《册府元龟》卷九七二；《唐会要》卷一〇〇
元和元年（806）十二月	骠国使朝贡		《册府元龟》卷九七一
咸通三年（862）二月	骠国遣使贡方物		《唐会要》卷一〇〇

注：骠国，系公元7世纪中国史籍明确记载在今缅甸建立的国家。其中心在卑谬，故有学者认为，骠，应Pyu之译音，指卑谬（Prome）城。① 其实，早在唐以前中国史籍就有了"僄越""剽国"的记载。② 其国属国众多，《新唐书》卷二二二《骠国传》就记其"凡属国十八"，其中就包括表中之"昆仑国"（大小昆仑国），地在今缅甸毛淡棉一带③；"弥臣国"，在今缅甸勃固地区④。

表4 堕和罗国（报和、独和罗）及其属国朝贡表

朝贡时间	贡品	回赐物品	备注
贞观十二年（638）六月	独和罗国遣使贡方物		《册府元龟》卷九七〇
贞观十四年五月	独和罗遣使贡方物		《册府元龟》卷九七〇
贞观十六年正月	昙陵遣使献方物		《册府元龟》卷九七〇
贞观十七年六月	堕和罗国遣使献方物		《册府元龟》卷九七〇
贞观十七年	陁洹国遣使来朝		《册府元龟》卷九七〇
贞观二十一年（647）二月	陁洹国献白鹦鹉、五色鹦鹉各一，及婆律膏	请马及铜钟，诏并给之	《册府元龟》卷九七〇
贞观二十三年二月	堕和罗献象牙、火珠	请赐好马，诏许之	《册府元龟》卷九七〇；《旧唐书》卷一四七《南蛮传》
永徽二年（651）十月	陁洹国遣使来献		《册府元龟》卷九七〇

注：堕和罗国，又名堕罗钵底（《大唐西域记》卷一〇）、杜和钵底（《南海寄归内法传》卷一）、迦罗婆提、独和罗、投和（《新唐书》卷二二二）等。中外学者大都以为，此国在今缅甸丹那沙林至泰国湄南河入海处，其前身为海上枢纽的顿逊国。"有二属国：曰昙陵（在今苏门答腊或爪哇岛上）、陁洹（在今马来半岛北部）。"⑤

---

① [法]伯希和：《交广印度两道考》，冯承钧译，中华书局，1955年，第35页。
② 《华阳国志》卷四"永昌郡"条；《太平御览》卷九五六引晋代郭义恭《广志》。
③ 周伟洲：《唐"都管七个国"六瓣银盒考》，见荣新江主编：《唐研究》（第3卷），北京大学出版社，1997年。
④ 周伟洲：《唐"都管七个国"六瓣银盒考》，见《周伟洲学术经典文集》，山西人民出版社，2013年。
⑤ 《新唐书》卷二二二《堕和罗国传》。

表5　盘盘国、丹丹（单单）国朝贡表

朝贡时间	贡品	回赐物品	备注
贞观七年（633）九月	盘盘国遣使朝贡		《册府元龟》卷九七〇
贞观九年九月	盘盘国遣使贡方物		《册府元龟》卷九七〇
贞观十五年二月	盘盘国遣使朝贡		《册府元龟》卷九七〇
贞观二十二年六月	盘盘国遣使朝贡		《册府元龟》卷九七〇
乾封元年（666）七月	单单国遣使献方物		《册府元龟》卷九七〇；《新唐书》卷二二二《南蛮传》
总章三年（670）	单单国遣使朝献		《册府元龟》卷九七〇

注：盘盘国，一作槃槃国，是唐以前早已立国的南海诸国之一。其地理位置，中外学者说法不一，有谓在今泰国万伦（Ban Don）湾一带，或说在马来半岛克拉地峡、泰国巴蜀省攀武里、柬埔寨洞里萨湖南、加里曼丹岛等。①以上诸说，以泰国万伦湾一带较妥。丹丹国，也系唐以前早已建国的南海国家，唐代文献称为"单单"国。此国位置，中外学者一般认为在今马来半岛马来西亚吉兰丹（Kelantan）一带，另有说在今新加坡或印度尼西亚纳土纳（Natuna）或马都拉（Madura）岛等。以前说较胜。

表6　室利佛逝国及其属国朝贡表

朝贡时间	贡品	回赐物品	备注
贞观十八年（644）十二月	摩罗游（末罗游）国遣使献方物		《册府元龟》卷九七〇
武周长安元年（701）	佛逝国遣使贡方物		《册府元龟》卷九七〇
唐开元四年（716）六月	佛逝国遣使朝贡		《册府元龟》卷九七一
开元十二年七月	尸利佛逝遣使俱摩罗献侏儒二人、价（僧）者女二人，杂乐人一部及五色鹦鹉	授俱摩罗"折冲"（折冲都尉），赐帛一百匹，放还蕃。又封敕其王尸利陀罗跋摩左威卫大将军，赐紫袍、金钿带	《册府元龟》卷九七一、卷九十五
开元十五年十一月	佛逝遣使献五色鹦鹉	同年二月令波斯使阿拔还时，宣慰佛逝国，赐锦袍、钿带及薄寒马一匹	《册府元龟》卷九七一
开元二十九年十二月	佛逝王遣其子来朝，献方物	诏宴于曲江，册封宾义王，授右金吾大将军，遣还	《册府元龟》卷九七一；《新唐书》卷二二二《南蛮传》
天佑元年（904）六月	佛齐（三佛齐，室利佛逝在10世纪后之称呼）遣使朝贡	封入朝使蒲诃粟可宁远将军	《册府元龟》卷九七六

注：室利佛逝国，又译作尸利佛逝等，为7世纪后南海中的大国，在今印度尼西亚苏门答腊岛东部，以巨港（巴邻旁）为中心，由于其处海上交通的要冲，故日益强大，逐渐兼并周围诸小国，如其西边的摩罗游国（一作末罗游，在今苏门答腊占碑一带）、西北的羯荼国（今马来西亚吉打地区）②。

---

① 刘佳荣等编：《古代南海地名汇编》，中华书局，1986年，第703页。
② 〔唐〕义净：《大唐西域求法高僧传》卷下，湖州思溪法宝资福禅寺。

表7　诃陵国（阇婆）朝贡表

朝贡时间	贡品	回赐物品	备注
贞观十四年（640）五月	遣使贡方物		《册府元龟》九七〇
贞观二十二年	遣使朝贡		《唐会要》卷一〇〇
乾封元年（666）七月	遣使献方物		《唐会要》卷一〇〇
大历三年（768）十一月	遣使朝贡		《册府元龟》卷九七二
大历四年正月、十二月两次	遣使朝贡		《册府元龟》卷九七二
元和十年（815）八月	献僧祇童及五色鹦鹉、频伽鸟并异香名宝		《旧唐书》卷一五《宪宗纪》；《册府元龟》卷九七二。又《唐会要》卷一〇〇记为"元和八年"，误
元和十三年十一月	献僧祇女二人及玳瑁、生犀等		《册府元龟》卷九七；《唐会要》卷一〇〇
元和十五年十月	阇婆（诃陵）遣使朝献		《册府元龟》九七二
大和中（847—859）	遣使朝贡，献女乐		《新唐书》卷二二二《南蛮传》
大和五年（831）二月	阇婆国遣朝贡使李南呼禄等十七人入朝		《册府元龟》卷九七二
咸通中（860—847）	诃陵遣使朝贡，献女乐		《新唐书》卷二二二《南蛮传》
开成四年（839）正月	阇黎（婆）国遣使李南呼禄来朝		

注：诃陵国，《新唐书》卷二二二《诃陵国传》记"亦曰社婆，曰阇婆，在南海中"。其地中外学者考证颇多，众说纷纭，其中以在今印度尼西亚爪哇岛中部说较胜。

表8　其他朝贡的南海国家

国名	地理位置	朝贡时间	朝贡情况	备注
殊奈国	一说在斯里兰卡，或说在马亚半岛、菲律宾群岛等	贞观二年（628）十月	随真腊使入贡	《册府元龟》卷九七〇
婆利国	在今加里曼丹	贞观五年	随林邑遣使献方物	《册府元龟》卷九七〇
甘棠国（甘堂、骨堂）	一说在今苏门答腊，或说在今南印度	贞观十年十二月	遣使朝献	《册府元龟》卷九七〇
僧高、武令、迦乍、鸠密四国	在今泰国满文卡（Sang kha）一带	贞观十二年正月	遣使朝献	《册府元龟》卷九七〇

续表

国名	地理位置	朝贡时间	朝贡情况	备注
婆登国（堕婆登国）	在今苏门答腊或爪哇	贞观二十一年六月	遣使朝献	《唐会要》卷一〇〇；《册府元龟》卷九七〇作"堕婆登"
多摩长国	在马来半岛或泰国西南	显庆四年（659）二月	朝贡使至	《唐会要》卷一〇〇；《新唐书》卷二二二《南蛮传》
多蔑国（名蔑国）、失利多福国、说耽罗国	今越南南边海小国	龙朔元年（661）八月	遣使贡方物	《册府元龟》卷九七〇；《唐会要》卷一〇〇
哥罗舍分修罗分	今泰国加丕一带今泰国东南	龙朔元年五月	遣使朝贡	《册府元龟》卷九七〇
罗婆国（罗婆斯国）	在今尼科巴群岛上	总章二年（669）八月	遣使献方物	《册府元龟》卷九七〇
拘蒌密国	今缅甸勃固一带	永徽六年（655）八月、显庆元年（656）闰月	献五色鹦鹉	《新唐书》卷二二二《南蛮传》；《唐会要》卷一〇〇
罗越国	在今新加坡、柔佛一带	岁乘舶至广州	州必以闻	《新唐书》卷二二二《南蛮传》

以上八表基本上将有唐一代南海诸国至唐朝朝贡的情况反映出来了，当然，史籍所记朝贡情况可能有遗漏或错讹之处。现仅就八表所提供的情况，对南海诸国的朝贡作一剖析：

其一，向唐朝朝贡的南海诸国中，邻近唐安南都护府的林邑国（环王国）朝贡次数最多，达35次（一年两次遣使统计在内）；其次是真腊国共16次（包括文单国，属国不计），诃陵国（阇婆）共约13次，室利佛逝国共6次（不包括其属国），堕和罗国4次（不包括其属国），盘盘国4次，骠国3次，陁洹国3次，丹丹国、参半国、拘蒌密国各2次，其余诸国则仅见1次。另有未直接遣使至京师长安，但几乎每年均到广州贸易的罗越国。

唐代南海诸国的朝贡的性质，除邻近唐朝的林邑国，沿东汉、魏晋南朝的惯例，政治上具有一定的从属特征以外，其余南海诸国的朝贡均应属贸易交往的性质。不过，由于当时唐朝是世界帝国，经济、文化高度发展，在当时的历史条件下，南海诸国的朝贡仍有一些政治因素，如他们欲借唐朝大国的声威和力量壮大自己，或从朝贡中取得贸易的好处等。上述八表有唐朝赐使臣或其国王官爵名号，即是证明。当然，今天我们分析唐朝与南海诸国的关系（包括通贡关系），主要还是从经济、文化交流的角度着眼,这也是符合当时的历史事实的。

其二,从南海诸国向唐朝朝贡的次数来看,除了邻近的林邑国、真腊国朝贡次数较多外,其余诸国的朝贡远不如同期的西域(包括中亚)、北方游牧民族及朝鲜半岛诸国、日本等地的朝贡次数多。且南海诸国(除室利佛逝国外)朝贡时期主要集中在初唐至玄宗开元年前及安史之乱后,颇令人费解。考其原因,主要是盛唐时京师长安为"胡化"最深之时,玄宗对胡人(主要是今新疆及中亚等地各族)及其文化特别感兴趣,故长安日常生活中的衣食住行及乐舞、宗教无不深染"胡风"[1]。而朝鲜半岛与日本则为盛唐文化所吸引,遣唐使及留学生甚多。因而,南海诸国的朝贡受到了"冷落",其朝贡相对减少。另外,南海诸国海上或西南交通道路艰险,路途遥远,费时颇多。而长安至西域的陆上丝绸之路在安史之乱后,吐蕃占据河陇,阻断了这条畅通的丝路后,经过南海诸国的海上交通则日趋重要,远在南亚、西亚、欧洲的一些国家也多改道海路至中国,故南海诸国的朝贡相对又多了起来。

其三,唐朝沿先秦、汉魏,在京师长安设置接待和管理周边民族和外国来朝贡的机构和官员,主要是"鸿胪寺","掌宾客及凶仪之事",规定海外诸蕃朝贺进贡有下从,留其半于境;繇海路朝者,广州择首领一人、左右二人入朝;所献之物,先上其数于鸿胪。凡客还,鸿胪籍衣赍赐物多少以报主客(主客郎中),给过所(今之通行证)。[2]鸿胪寺官员,设鸿胪卿一人,从三品;少卿二人,从四品上;丞二人,从六品上;领典客、司仪二署。[3]诸朝贡使或蕃主来京后,居"鸿胪客馆"(在今西安含光门遗址东,唐鸿胪寺西)。《通典》卷一三一引《开元礼纂》二十六详细记载了重要国使、蕃主住鸿胪客馆后,怎样迎劳、宴请、接受表彰等礼仪。

又唐中央尚书省礼部下属之"主客郎中",也掌"诸蕃朝见之事";规定"殊俗入朝者,始至之州给牒,覆其人数,谓之边牒……供客食料,从四时输鸿胪(寺),季终句会之。客初至及辞设会,第一等视三品,第二等视四品,第三等视五品,蕃望非高者,视散官而减半,参日设食[4]。路由大海者,给祈豕皆一。西南蕃使还给入海程粮;西北诸蕃,则给度碛程粮"[5]。武周证圣元年(695)九月五日,还专门规定:"蕃国使入朝,其粮料分等第给。南天竺、北天竺、波斯(今伊

---

[1] 向达:《唐代长安与西域文明》,生活·读书·新知三联书店,1987年。
[2] 《新唐书》卷四八《百官志》。
[3] 《新唐书》卷四八《百官志》。
[4] 关于"蕃望",参见[日]石见清裕:《关于唐朝的"蕃望"制度》,见中国唐史学会编:《中国唐史学会论文集》,三秦出版社,1991年。
[5] 《新唐书》卷四六《百官志》。

朝）、大食（阿拉伯）等国使，宜给六个月粮；尸利佛逝、真腊、诃陵等国使，给五个月粮；林邑国使，给三个月粮。"①

二、南海诸国朝贡贡品分析

上述八表中，南海诸国至唐朝贡贡品多为本地的特产方物，主要有，林邑贡品：驯象、镠锁、五色带、朝霞布、火珠、五色鹦鹉、通天犀、战象、白象、象牙、花氎、珍珠、黑沉香、白氎、白花氎、犀牛等；真腊贡品：驯象、犀牛。骠国贡品：骠国乐；堕和罗国及属国贡品：白鹦鹉、五色鹦鹉、婆律膏、象牙、火珠；室利佛逝国贡品：侏儒、僧耆女、杂乐人、五色鹦鹉；诃陵国贡品：僧祇童、僧祇女、五色鹦鹉、频伽鸟、玳瑁、生犀、女乐、异香奇宝等。

以上贡品中，各种象（驯象、白象、战象）、犀牛及犀角、通天犀、玳瑁、真珠（珍珠、明珠）、火珠（水晶球）等，均为南海诸国特产，系自汉以来南海诸国朝贡或贸易的物品，不赘述。

骠国乐、杂乐、女乐等，为南海诸国乐舞，以朝贡方式传入中国唐朝长安。早在唐以前，南海的扶南乐已传入长安，贞元十八年（802）骠国也进"骠国乐"，还有室利佛逝献杂乐人，诃陵国所献女乐等，唐朝统称为"四方之乐"中的"南蛮乐"。②这些乐舞对唐代的乐舞有一定的影响，是唐朝与南海诸国文化交流的一种形式。③

僧耆女、僧祇童、僧祇女，僧耆或僧祇，即层期，其原意为波斯语Zanj，义为黑人。僧祇女或僧祇童，也就是唐宋笔记小说中常提到的"昆仑奴"。非洲及南海诸国中，有短小拳发之黑人，统称为昆仑奴。唐人将僧祇作为昆仑奴之一种。正如唐慧琳《一切经音义》卷八一释"昆仑语"说："上音昆，下音仑。时俗语便，亦曰骨论。南海州岛中夷人也。甚黑，裸形，能驯伏猛兽犀象。种类数般，即有僧祇、突弥、骨堂、阁蔑（吉蔑）等。……言语不正，异于诸蕃，善入水，竟日不死。"上述南海诸国所献的僧祇女（童）有可能是大食掠买至南海的非洲黑人，也可能是南海当地的昆仑奴。④南海诸国贡品多有鹦鹉，据唐慧琳《一切经音义》卷四释"鹦鹉"说："上乌耕反，下音武，或作鹉，二体同。《山海经》云：黄山

---

① 〔宋〕王溥：《唐会要》卷一〇〇《杂录》。
② 《旧唐书》卷二九《音乐志》。
③ 周伟洲：《扶南乐与骠国乐》，见林超民主编：《民族学通报》（第1辑），云南大学出版社，2001年，第284—292页。
④ 周伟洲：《再论"昆仑奴"与"僧祇奴"》，见《敦煌学与中国史研究论集》编委会编：《敦煌学与中国史研究论集——纪念孙修身先生逝世一周年》，甘肃人民出版社版，2001年，第275—279页。

有鸟，青羽赤喙，人舌能作人语，名曰鹦鹉。《曲礼》曰：鹦鹉能言不离飞，鸟是也。"此鸟梵语名"叔伽"，也即今之鹦鹉，产于岭南及南海诸国。所谓"白鹦鹉""五色鹦鹉"，即其羽毛非一般之青色，而是白或彩色。《新唐书》卷二二二《南蛮传》记：唐贞观时，林邑献白鹦鹉、五色鹦鹉，"数诉寒，有诏还之"。在唐代文献、笔记小说中，多有长安宫廷、富人家中养鹦鹉的记载。

又诃陵国所献之"频伽鸟"，唐释元应撰《一切经音义》卷一释"迦陵频伽"说："经中或作歌罗频伽，或云加兰迦，或言羯罗频迦，或言毗伽，皆梵音讹转也。迦陵者，好；毗伽者，声；名好声鸟也。"则频伽鸟，即声音好听之鸟。

朝霞布、鲜白氎、花氎、白花氎、五色带，此皆南海诸国所产之木棉或棉花织成。《新唐书》卷二二二《南蛮传》婆利国条记"古贝，草也，缉其花为布，粗曰贝，精曰氎"。上述诸种氎，皆精制之棉织品，色或白，或织染有花纹。而唐代内地对棉花、棉布尚不熟悉，故上引《一切经音义》释"氎"皆以为系毛织品。朝霞布、五色带，也系用木棉或棉花织成，色似朝霞，或有五色。

镠锁，镠指上品黄金，也曰紫磨金；则镠锁，即用上等黄金所制之锁。

沉香、黑沉香，据《梁书》卷五四《诸夷·林邑传》记："沉木者，土人斫断之，积以岁年，朽烂而心节独在，置水中则沉，故名沉香。次不沉不浮者，曰筏香也。"其实，沉香是一种瑞香科常绿乔木，植物学名为Aquilaria agallochn，亦称"奇南香""伽南香"，心柱为著名的熏香料，其树枝、根也可入药，治喘息、呕吐等。主要产于印度及南海诸国，黑色为佳。

婆律膏，即西汉时南海诸国产"果布"①，这是一种名为"果布婆律"的香料，又名龙脑香（冰片）。唐段成式《酉阳杂俎》卷一八木篇记："龙脑香树，出婆利国，婆利呼为固不婆律。亦出波斯国。树高八九丈，大可六七围，叶圆而背白，无花实。其树有肥有瘦，瘦者有婆律膏香。一曰瘦者出龙脑香，肥者出婆律膏也。在木心中，断其树，劈取之，膏于树端流出，斫树作坎而承之。入药用，别有法。"可见，婆律膏也系龙脑香之一种。

表中还记诃陵国在元和十年贡"异香名宝"，据唐苏鹗撰《杜阳杂编》卷下记：咸通十四年（873），唐懿宗从凤翔法门寺迎佛骨入长安，所设"道场，即设金花帐，温清床，龙麟之席，凤毛之褥，梵玉髓之香，荐琼膏之乳，皆九年（应为元和十年）诃陵国所贡献也"。以上所指或即其所贡"异香名宝"。

在分析南海诸国朝贡的贡品后，不禁使人产生了一个疑问，即这些贡品主要是

---

① 《汉书》卷二八《地理志下》。

南海诸国的特产方物，数量很少，朝贡作为双方经济贸易的性质和特点如何体现和理解？其实，中国历史上的朝贡，只是经济贸易的一种政治表现形式。它主要不在于朝贡使臣在京师向皇帝献贡品，以及皇帝回赐比贡品价值更高的物品（主要是锦彩等丝织品）的变相贸易，而主要是周边民族或外国以朝贡为名，携带大批商人、商团，在中国沿途进行贸易。[①]南海诸国也不例外，其由海道来的使臣也带有大批商人（包括印度和大食等地商人）乘舶来唐朝贸易。正因为如此，所以唐朝不得不明确规定"繇海路朝者，广州择首领一人、左右二人入朝"。其余的商人、商团则留在广州及沿海口岸进行贸易。这就是当时中国沿海地区，特别是广州、交州（治今越南河内）等地经济贸易得以发展的原因之一。当时广州聚居有外国商人（蕃客）约十二万[②]。唐朝也于广州、安南（治交州）设有市舶使，广州有外国商人聚居之"蕃坊"。其中至少有一部分是以朝贡为名而留居该地进行贸易的外国商人（包括南海诸国商人）。如果将上述情况也纳入"朝贡"的范围内，则对朝贡的经济贸易性质就不会产生任何疑问了。

三、唐朝派遣至南海诸国的使团

以上八表所列皆南海诸国至唐长安朝贡情况，有唐一代约三百年，是否也派遣使臣出使南海诸国，如隋代常骏之出使赤土国（今马来半岛宋卡）？目前我们还未见正史中有关这方面的记载。不过，在曾经长期居住于南海室利佛逝国的唐代求法高僧义净所撰《大唐西域求法高僧传》中，可发现唐朝曾多次遣使至南海诸国。

一是该书卷上大乘灯禅师条记：其"幼随父母泛舶往杜和罗钵国（堕和罗国），方始出家。后随唐使剡（郯）绪相逐入京，于大慈恩寺三藏法师玄奘处进受具戒"。据国内学者推测，因堕和罗国贞观十二年（638）遣使贡方物，二十三年（649）又朝献，故郯绪或为贞观二十三年堕和罗国遣使后回聘之唐使。[③]此说可信。

二是该书卷上彼岸、智岸条记：两僧均为高昌（今新疆吐鲁番）人，"少长京师，传灯在念。既而归心胜理，遂乃观化中天，与使人王玄廓相随。泛舶海中，遇疾俱卒"。过去有学者认为，"使人王玄廓"，即王玄策之讹[④]；也有学者认为王玄

---

① 这种实例，如西魏废帝二年（553），吐谷浑向北齐朝贡使团返回时，在凉州（治今甘肃武威）西赤泉为西魏凉州刺史史宁截获，其使团内就有"商胡二百四十人，驼骡六百头，杂绵丝绢（北齐回赐或贸易所得）以万计"（见《周书》卷二八《史宁传》）。又如日本遣唐使每次人数多至数百人，内也有从事贸易者。

② 穆根来、汶江、黄倬汉译：《中国印度见闻录》，中华书局出版，1983年，第96页。

③ 王邦维：《大唐西域求法高僧传校注》，中华书局，1988年，第90页注释（三）。

④ 冯承钧：《历代求法翻经录》，中华书局，1934年，第121页。

策不可能由海路返唐，存疑①。因以上所记过于简约，按文意也可释为彼岸、智岸在印度与使人王玄策（或王玄廓）相随，后仅其两人乘舶由海路，途中遇难。因此，唐使王玄廓有可能即王玄策，但其绝非使南海而"遇疾俱卒"者。

三是同书卷下大津法师条，内记其以永淳二年（683）"振锡南海，……乃赍经像，与唐使相遂，泛舶月余，达尸利佛逝洲"。王邦维《大唐西域求法高僧传校注》卷下注云："此唐使未详为谁。《新唐书》卷二二二下《南蛮传》：'（室利佛逝）国王号曷密多。咸亨至开元间，数遣使者朝，表为边吏侵掠，有诏广州慰抚'。唐使或与此有关。"②此可备一说。

以上记载说明，唐朝确多次遣使至南海诸国，或由海路遣使经南海国至天竺等地，可惜再未见有详细记录。

此外，1984年4月考古工作者在陕西泾阳县扫宋乡大小杨户村附近发现一通题为《唐故杨府君神道之碑》，碑首高85.5厘米，身高189.5厘米，上宽93.5厘米，下宽102.5厘米，正面镌刻行书碑文，首为篆书。碑主人杨府君即"唐右三军僻仗、大中大夫、行内侍省内给事、赐紫金鱼袋、上柱国、弘农县开国男、食邑三百户"之杨良瑶。据碑文知，杨良瑶，字良瑶，京兆云阳（今陕西泾阳）人，至德（756—758）中入为内养，为宦官。代宗大历六年（771），迁朝仪郎、宫闱局丞，先后奉诏宣慰安南（安南都护府，治今越南河内），震慑广府（广州），不辱使命。碑文还记：

> 贞元初，既清寇难（指平朱泚之乱），天下怡安，四海无波，九泽入觐。昔使绝域，西汉难其选；今通区外，皇上思其人；比才类能，非公莫可。以贞元元年（785）四月，赐绯鱼袋，充聘使于黑衣大食，备判官内傔，受国信诏书，奉命遂行，不畏乎远。届于南海，舍陆登舟，遐尔无惮险之容，禀然有必济之色。义激左右，忠感鬼神，公于是剪发祭波，指日誓众，遂得阳侯敛浪，屏翳调风，挂帆凌汗漫之空，举棹乘浩淼之气。黑夜则神灯表路，白昼乃仙兽前驱，星霜再周，经过万国，播皇风于异俗，被声教于无垠。德返如期，成命不坠，斯又我公仗忠信之明效也。③

据此，知在贞元元年四月，杨良瑶奉诏为国使，出使黑衣大食。黑衣大食即阿拔斯人（先知穆罕默德叔父阿拔斯后代）于公元750年灭亡了伍麦叶王朝后，在今

---

① 王邦维：《大唐西域求法高僧传校注》，中华书局，1988年，第96—97页。
② 王邦维：《大唐西域求法高僧传校注》，中华书局，1988年，第209页注释（四）。
③ 碑及碑文原件未见，此处引自张世民：《中国古代最早下西洋的外交使节杨良瑶》，见史念海主编：《唐史论丛》（第7辑），陕西师范大学出版社，1998年。

西亚的伊朗、伊拉克、叙利亚（后又征服中亚）等地建立的阿拉伯伊斯兰国家，史称"阿拔斯（Abbasid）王朝"。因其在反对伍麦叶王朝时，打出的是伊斯兰教先知穆罕默德使用过的黑旗，与伍麦叶王朝的白旗相对立，故中国文献称伍麦叶王朝为"白衣大食"，阿拔斯王朝为"黑衣大食"。阿拔斯王朝建立后，与中国唐朝关系密切，多次遣使中国，曾出兵助唐平定安史之乱。由于安史之乱后，唐朝与中亚、西亚的陆路交通受到吐蕃的阻隔，故大食与唐朝均积极发展海上交通，大批大食商人出现在广州、扬州等沿海口岸。

贞元元年唐德宗之遣杨良瑶出使黑衣大食，一方面是为了加强与黑衣大食的关系；另一方面也有联其抗吐蕃的用意在内。[①]碑文说，杨良瑶是"届于南海，舍陆登舟"，即由广州或安南乘舶，经海上，过南海诸国，达黑衣大食都城缚达（今巴格达，黑衣大食于766年始迁都于此）。碑文所述，"星霜再周，经过万国"，即途经一年有余，很可能途中访问了不少的南海国家，可惜碑文未记述其路程及在南海国家的情况。但是，我们推测其航程应即唐贾耽所记广州至大食的航程。[②]贾耽（730—850），唐代著名的地理学家，且在贞元九年（793）任宰相（右仆射、同中书门下平章事），居相位十三年，封魏国公。其所记广州至缚达一段海上路程十分详细，所取资料很可能来自杨良瑶出使黑衣大食之亲历。[③]

杨良瑶，两《唐书》无载，得此神道碑，当可补唐代经南海诸国正式出使黑衣大食的一段主要资料，弥足珍贵。

总之，唐朝遣使至南海诸国的次数比南海诸国向唐朝的朝贡次数为少，且唐朝从传统对四夷（周边民族和外国）的态度和政策出发，总是居高临下，以天朝自居。其所遣使臣多以宣慰、封敕为名，政治目的往往是主要的，但也包含经济和文化交往的内容。[④]无论是南海诸国的朝贡，或是唐朝之遣使南海诸国，均在政治、经济、文化等方面加强了双方的联系，对双方社会各方面均产生了一定的影响。

原载《中国史研究》2002年第3期

（周伟洲，西北大学中华民族史研究中心教授）

[①] 张世民：《中国古代最早下西洋的外交使节杨良瑶》，见史念海主编：《唐史论丛》（第7辑），陕西师范大学出版社，1998年。
[②] 《新唐书》卷四三下《地理志》附贾耽"从边州入四夷道"之"广州通海夷道"。
[③] 上引张世民文也有此论述。
[④] 如文中所论唐朝至印求法之高僧则往往与使臣相伴，泛舶于南海诸国，这也是一种文化交流的形式。

唐长安黑人来源寻踪

葛承雍

唐长安的黑人来源问题，一直是困扰海内外学者的难题。自从20世纪40年代西安地区出土了唐代黑人俑后，引起了学术界的广泛注目。20世纪50年代以后又出土了多尊黑人俑，更使人们排比推测，寻踪觅源，已做了不少探索研究。[①]但在历史文献缺乏详细记载的情况下，尽管可以猜想演绎，却无法最终定论。特别是唐代黑人俑被推断来自古代非洲，还存在一些不尽合理之处，有待进一步发掘考证与深入研究。

一、昆仑与昆仑奴

我们所称呼的唐代黑人，往往以肤色为判别标志，并不清楚黑种人的国别、种姓或民族。严格地说，唐代黑人俑绝大部分并不属于人类学上的黑种人（Negro race）。由于地理的疏远和语言的隔阂，唐人无法细分清楚黑人的来源，只是笼统地称为"昆仑"或"昆仑奴"。

中国古籍记载的"昆仑"错综复杂、莫衷一是，如《尚书·禹贡》谓昆仑为西戎一个国名，《尚书正义疏》引郑玄注释则认为昆仑乃一个山名，《尔雅》又说昆仑为一河水名，《山海经》海内西经第十一也说"海内昆仑之墟在西北，帝之下都"；《庄子·天地篇》和《穆天子传》则都记有"昆仑之丘"，即为西部一座大山。此外，《逸周书》《竹书纪年》《吕氏春秋》等所记昆仑之名层出不穷，兹不赘引。秦汉以后袭用昆仑之名者更多，时而为山脉名，时而为海岛名，又为地名，又为人名，真是变幻莫测，南辕北辙，使后人茫然难以辨明。

唐代各类史书和笔记小说中，大量提及昆仑之名，或用昆仑二字作地名，或用昆仑二字作名词专指黑人，甚至以昆仑二字作形容词来描述脸面乌黑者。可谓形形

[①] 关于唐代黑人最近的研究论文，参见孙机：《唐俑中的昆仑和僧祇》，见《中国圣火——中国古文物与东西方文化交流中的若干问题》，辽宁教育出版社，1996年，第251—259页；崔大庸：《唐代黑人形象初探》，《中国文物世界》1994年第108期；蔡鸿生：《唐宋佛书中的昆仑奴》，《中外关系史论丛》2000年第7辑。

色色，难辨难明。但从唐宋史书上考察，"昆仑"有几种表述：

第一，古地区名。唐书中泛称今中南半岛南部及南洋诸岛为昆仑。义净《南海寄归内法传》卷一记载南海诸洲有十余国，"从西数之，有婆鲁师洲；末罗游洲，即今尸利佛逝国是；莫诃信洲；诃陵洲；呾呾洲；盆盆洲；婆里洲；掘伦洲；佛逝补罗洲；阿善洲；末迦漫洲；又有小洲，不能具录也。斯乃咸尊佛法，多是小乘，唯末罗游少有大乘耳。诸国周围，或可百里，或数百里，或可百驿。大海虽难计里，商舶惯者准知。良为掘伦初至交广，遂使揔唤昆仑焉。唯此昆仑，头卷体黑，自余诸国，与神州不殊。赤脚敢曼，揔是其式，广如《南海录》中具述"①。据考证，这些南海诸洲国家故地在今印度尼西亚苏门答腊岛、爪哇岛、马来西亚、新加坡以及越南南端的昆仑岛等。②

第二，古王号及官名。唐代印度支那半岛南部的古代国家有以昆仑为王号者，《太平御览》卷七八八引竺芝《扶南记》曰："顿逊国属扶南国，主名昆仑。"也有以昆仑为大臣称号者，《太平御览》卷七八六引三国时万震《南州异物志》："扶南国在林邑西三千余里，自立为王。诸属皆有官长，及王之左右大臣皆号为昆仑。"扶南领土包括今柬埔寨、越南南部、泰国东南部以及马来半岛南端一带，曾领属多个小国。

第三，古国名。唐宋专以昆仑为名的国家，比较著名的有《南海寄归内法传》卷一的"掘伦"（昆仑），日本学者高楠顺次郎认为是越南南部昆仑岛（Pulo Condore）③。《宋史》卷四八九《外国列传·阇婆国传》载"其国东至海一月，泛海半月至昆仑国"。其地在今印度尼西亚马鲁古群岛。《宋高僧传》卷廿九慧日传所记的昆仑国，推测为唐代诃陵国的异译，位于今印尼爪哇岛。樊绰《蛮书》卷十"昆仑国正北去蛮界西洱河八十一日程，出象及青木香、旃檀香、紫檀香、槟榔、琉璃、水精、蠡杯等诸香药、珍宝、犀牛等。蛮贼曾将军马攻之，被昆仑国开路放进军后，凿其路通江，决水淹浸。进退无计，饿死者万余，不死者，昆仑去其右腕放回"。《新唐书·南蛮列传》骠国条所载大昆仑和小昆仑，故地当在今缅甸南部萨尔温江口附近。慧超《往五天竺国传》建驮罗国条"乃至五天昆仑等国"；又波

---

① 〔唐〕义净著，王邦维校注：《南海寄归内法传校注》，中华书局，1995年，第13—18页。
② 〔唐〕义净著，王邦维校注：《大唐西域求法高僧传校注》（卷上），中华书局，1988年。这些考证，因缺乏更多资料，多属推测，有人还认为是泰国南部，尚需进一步研究。
③ 高楠顺次郎英译本《义净南海寄归内法传》见 *A Record of the Buddhist Religion as Practised in India and the Malay Archipelago*, By I-Tsing, trans. by Takakusu, Oxford, 1896。日译本见《国沢一切经》"和汉撰述部"通卷第八十四，译者小野玄妙，日本昭和三十四年（1959）出版。

斯国条"常于西海泛舶入南海,向狮子国取诸宝物,所以彼国云出宝物。亦向昆仑国取金,亦泛泊汉地直至广州,取绫绢丝绵之类"①。

此外,昆仑还用作海洋名,如周达观《真腊风土记》"又自占城顺风可半月到真浦乃其境也。又自真浦行坤申针,过昆仑洋入港"。

由唐宋史书的记载可知,"昆仑"一词在唐代被广泛地用于地名、国名、官名、种族名等,已脱离了古书中"昆仑"山名的含义,常常泛指东南亚各国,与西北地域的昆仑山名大相径庭、相差甚远。这种词源所指的变化,为我们理解唐代黑人"昆仑"的来源奠定了地域方向,即昆仑是泛指印支半岛及马来半岛以南的南海诸地,与西部的昆仑山没有关系。

张星烺曾认为:"就唐宋各书所记,昆仑国当即暹罗国也。唯各书皆仅言其人卷发黑身,无有言其人貌之丑陋者,亦无一书称其人为即昆仑奴者"②。暹罗是泰国的古国名,但昆仑国就是暹罗国的结论,还不能令人信服。岑仲勉先生凭对音认为,昆仑即金邻。③巴人(王任叔)认为,昆仑一词为国王或大臣的称号,应与扶南有关。④还有人认为,昆仑为西域喀喇转音,义原训黑,但西域昆仑与南海昆仑不一定有词源上的联系。据刘义棠先生考证,"昆仑"一词,来自突厥语Qurum的音译,Qurum或kurum义为"黑烟灰",用于人则形容其黑,故"昆仑奴"即"黑奴"⑤。需要注意的是,昆仑国的说法虽常见于唐宋史书记载,如天宝十二载(753)鉴真和尚东渡日本的相随弟子就有"昆仑国人军法力"⑥,但新、旧《唐书》以及《宋史》中都没有为昆仑国立传,可见所谓的"昆仑国"只是一种俗称,并非正式的国号。昆仑作为南海诸国的泛称,大抵相类于明清时代,当时中国人把西方欧洲人统称为泰西人或洋人一样,没有明确专指一国或一族。

至于"昆仑奴",更是中外学者长期讨论的一个热点问题。我认为,昆仑奴与昆仑一样,是唐宋时代对黑色皮肤人种的通称,当时对凡是经贩卖或进贡到中国来的黑色人种,只要从事奴仆、马夫、水手、艺人诸类低贱工作,都可称为"昆仑奴"。自然,中国人皮肤黝黑者也被称为昆仑,如《晋书》卷三二《后妃传下》记

---

① 〔唐〕慧超著,张毅笺释:《往五天竺国传笺释》,中华书局,1994年,第76、101页。
② 张星烺编注:《中西交通史料汇编》(第2册),中华书局,1977年,第18页。
③ 岑仲勉:《南海昆仑与昆仑山最初译名及其附近诸国》,见《中外史地考证》(上册),中华书局,1962年,第115—117页。
④ 巴人:《昆仑及昆仑民族考》,见季羡林主编:《南亚东南亚论丛》,中国社会科学出版社,1989年,第289页。
⑤ 刘义棠:《中国西域研究》,正中书局,1997年,第259—269页。
⑥ 〔日〕真人元开:《唐大和上东征传》,汪向荣校注,中华书局,1979年,第85页。

载孝武文李太后说:"时为宫人,在织坊中,长形而黑,宫人皆谓之昆仑。"可知昆仑的俗称由来已久。

《旧唐书》卷一九七《林邑国传》说:"自林邑以南,皆卷发黑身,通号为昆仑。"同卷《真腊国传》云:"真腊在林邑西北,本扶南之属国,昆仑之类。"慧琳《一切经音义》卷八一考述:"昆仑语,上音昆,下音论,时俗语便亦作骨论,南海洲岛中夷人也。甚黑,裸形,能驯伏猛兽犀象等。种种数般,即有僧祇、突弥、骨堂、阁篾等,皆鄙贱人也。国无礼义,抄劫为活,爱啖食人,如罗刹恶鬼之类也。言语不正,异于诸蕃,善入水,竟日不死。"这里所说的几种昆仑人,"僧祇"在今马来西亚马来亚吉打附近,据《隋书·南蛮列传》所记,其地是赤土国的都城。[1]"骨堂"似为古笪,Kauthara的对音,为今越南芽庄的梵名古称。"阁篾"即吉蔑,为Khmer的对音,指柬埔寨高棉人。除突弥不详外,其余均为东南亚地区棕黑色民族。张星烺也承认"昆仑国或与交趾,或与交、爱诸州并列,或与大秦并列,究为马来半岛抑非洲,不敢臆断,姑置之于此"[2]。其实,昆仑及昆仑奴按照唐宋人的地理知识,都很清楚是指南海诸国,或泛指恒河以东地域,只是张星烺力主唐代中国的昆仑奴是由大食人从非洲带来的黑人,故显得前后矛盾,不能自圆其说。

另一个重要的证据是,《晋书·扶南传》记载南海扶南国人"皆丑黑,拳发,裸身,跣行"。《梁书·扶南传》也说"今其国人皆丑黑,拳发"。《新唐书·扶南传》"其人黑身,卷发,裸行"。中国与扶南国的交往从3世纪开始已经较多,伯希和考证扶南为今柬埔寨西境。[3]《三国志·吴志》记孙吴时安南将军、番禺侯吕岱以及朱应、康泰等皆从事过对扶南诸国的宣化,扶南进献过乐人和方物。初唐时扶南进献过白头人,盛唐以后,扶南被兴起的真腊吞并了。而扶南王及左右大臣皆号为昆仑。这种扶南国的昆仑人曾多次入华,南朝宋武帝就"宠一昆仑奴,令以杖击群臣,尚书令柳元景以下皆不能免"[4]。需要注意的是,《梁书·诸夷传》所载狼牙修国(今泰国南部)在天监年间遣使臣阿撒多"奉表"于梁朝,并为梁元帝画《职

---

[1] "僧祇",有人认为是波斯文zangir的音译,泛指南海各地的种族;也有人认为僧祇与僧耆均为古代阿拉伯语Zinj的音译,专指非洲东岸的黑种人,东非黑人居住的沿海地区称Zinjibar;还有人认为僧祇即宋朝人所称的层期。但对照慧琳《一切经音义》中昆仑为"南海洲岛中夷人也",我认为将僧祇硬扯到东非黑人,似乎过于牵强附会。

[2] 张星烺编注:《中西交通史料汇编》(第2册),中华书局,1977年,第24页。

[3] 伯希和:《扶南考》,见冯承钧译:《西域南海史地考证译丛》(第2卷第7编),商务印书馆,1962年,第75页。

[4] 《资治通鉴》卷一二九"孝武帝大明七年五月"条,中华书局,1956年,第4064页。

贡图》①。图中狼牙修使臣形象通身涂染黑色，头发卷曲，上身袒露，肩披横幅，下着短裤，跣足而行，清晰地描绘了南海昆仑人样。以此线索追寻，南海昆仑人似乎包括了今东南亚诸国，他们与中国的交往是非常频繁的，其传播、影响的联系在史书中也是时断时续地存在着。

二、非洲黑人与南海昆仑人

自从张星烺于1929年提出唐代黑人来源于非洲之后②，史学界响应者甚多，并试图找出新证据进行补充说明。张星烺的主要依据有以下几条：

一是杜佑《通典·西戎传》引用的杜环《经行记》。天宝十载（751）杜环在怛罗斯之战中被俘至巴格达，他记述了东非摩邻国"其人黑，其俗犷"的状况。③摩邻即今摩洛哥。

二是《酉阳杂俎》卷四和《新唐书·西域传》下记载的"拨拔力国"人"无衣服，唯腰下用羊皮掩之，其妇人洁白端正。国人自掠卖与外国商人，其价数倍。土地惟有象牙及阿末香。波斯商人欲入此国，团集数千人，赍彩布，没老幼共刺血立誓，乃市其物"。而拨拔力即今索马里。

三是唐代史书中记载的孝亿国为埃及南部之古国名，仍建国为北非突尼斯海边之古城，悉怛国为苏丹，怛干国为撒哈拉沙漠中达开尔沙岛，勿斯离国为埃及，甘棠国必为非洲东海岸之国。

四是1178年周去非著《岭外代答》卷三昆仑层期国说"海岛多野人，身如黑漆，拳发，诱以食而擒之，动以千万，卖为蕃奴"。1225年，赵汝适著《诸蕃志》卷上记昆仑层期国"多野人，身如黑漆，虬发。诱以食而擒之，转卖与大食国为奴，获价甚厚"。昆仑层期据推测即今桑给巴尔，1299年《马可波罗游记》卷三说桑给巴尔岛"其人全体皆黑，出则裸体，仅下身围一小布，俾不失礼。头发黑如胡椒，卷缩异常，虽用水湿之，亦不能伸长。口大唇厚，鼻卷向天。眼大而充血，貌丑与鬼无异"。

---

① 《职贡图》现藏于南京博物院，相传为唐代阎立本或阎立德所画。金维诺考定为北宋熙宁间摹本，见金维诺《"职贡图"的时代与作者——读画札记》（《文物》1960年第7期）。岑仲勉认为是隋至唐初摹本，见岑仲勉《现存的职贡图是梁元帝原本吗？》[《中山大学学报》（社会科学版）1961年第3期]。

② 张星烺：《唐时非洲黑奴输入中国考》，《辅仁学志》1928年第1期，第93—112页。

③ 关于摩邻国，有人认为在肯尼亚的马林迪或曼迪，有人认为是北非的马格里布（Maghrib）的译音，参见张俊彦：《古代中国与西亚非洲的海上往来》，海洋出版社，1986年，第84页。

所以，张星烺认为昆仑国毫无疑义在非洲，昆仑奴也肯定是非洲黑人。唐代的昆仑奴即非洲黑奴皆由阿拉伯人输入中国。①张星烺筚路蓝缕，开启学林，确实功不可没，但他将昆仑一概视为非洲，把昆仑奴全部视为非洲黑奴，难免有牵强附会、张冠李戴之缺陷。我们无需用现代的学术眼光去批评张星烺70多年前的治学研究，否则有失厚道、胶柱鼓瑟，可是不加质疑、人云亦云，甚至继续主观臆测，我以为也不是博学慎断的严谨科学的研究学风。如有人断言"索马里在唐初已和中国正式建交"②，恐有些离奇。还有人判定"昆仑奴当以从非洲贩运来的黑人居多"③，不知根据何在。1978年在海地召开的非洲奴隶贸易专家会议上，马赫塔尔·姆博认为有一条从东非海岸到中国的贩奴路线，并说"确有证据表明7世纪时有人献黑奴给中国皇帝"。肯尼亚学者贝恩韦尔·奥戈特也认为非洲同中国的奴隶贸易似乎控制在印度尼西亚的中间人手里。④但我们均不知史料依据出自何处，疑团并没有真正破解。

美国学者谢弗在他的著作《撒马尔罕的金桃》中，反驳了张星烺提出的昆仑奴是由大食人从非洲带来的黑人观点。⑤谢弗指出：

> 张星烺的主要依据是那些用"黑"这个字眼来形容昆仑奴的汉文文献。但在中世纪时，汉文文献中的"黑"字可以用来形容任何一个肤色比汉人更黑的民族。例如林邑人就是如此。甚至连波斯人在当时也被用"黑"来形容。这就正如同现在许多殖民地民族对于赤道地区的所有居民的称呼一样。张星烺的另一个根据是关于昆仑奴卷曲的或是波浪式的头发的记载，可是卷发是印度、印度支那以及印度尼西亚各民族的共同特征。正如我们现在所见到的，东印度群岛诸民族与非洲黑人是有明显的区别的。

谢弗的分析是有道理的，仅以皮肤黝黑和头发卷曲很难判别非洲黑人与南海昆仑人的种族差别，并不容易说清理顺。唐宋史书中称黑人为乌鬼、鬼奴、乌蛮鬼，也称昆仑或昆仑奴。如杜甫戏作俳谐体遣闷诗中"家家养乌鬼，顿顿食黄鱼"。有人考证是四川三峡地区宋代蓄养的渔民或奴仆，因临江居住顿顿吃黄鱼⑥；有人则认

---

① 张星烺编注：《中西交通史料汇编》（第2册），中华书局，1977年，第22页。
② 沈福伟：《中国与西亚非洲文化交流志》，上海人民出版社，1998年，第418页。
③ 张俊彦：《古代中国与西亚非洲的海上往来》，海洋出版社，1986年，第92页。
④ 黎念、王西瑞、李活等译：《十五至十九世纪非洲的奴隶贸易》，中国对外翻译出版公司，1984年，第4、194页。
⑤ [美]谢弗：《唐代的外来文明》，吴玉贵译，中国社会科学出版社，1995年，第123页。
⑥ 沈括：《梦溪笔谈》卷十六记载："士人刘克博观异书，杜甫诗有'家家养乌鬼，顿顿食黄鱼'，世之说者，皆谓夔峡间，至今有鬼户，乃夷人也，其主谓之鬼主。"惠洪：《冷斋夜话》卷四曰："川峡路民，多供事（祀）乌蛮鬼，以临江，故顿顿食黄鱼耳。"

为是昆仑奴①，但乌鬼就是昆仑奴颇令人怀疑。如前所述，唐宋人对面黝体黑者常常用"昆仑"二字形容，甚至连动物也如此。俞越《茶香室丛书》卷四载："后唐王花台琼有二猫，一白而口衔花朵，一乌而白尾，主呼为衔蝉奴、昆仑妲己。"就昆仑本意而言，应为纯黑或混黑之义。

宋人朱彧《萍洲可谈》卷二说："广州富人多畜鬼奴，绝有力，可负数百斤。言语嗜欲不通，性淳不逃徙，亦谓之野人，色黑如墨，唇红齿白，发卷而黄，有牝牡，生海外诸山中。……有一种近海野人，入水眼不眨，谓之昆仑奴。"这条12世纪初的文献记载，被许多学者引申为"广州也曾有过非洲黑奴"之说，但这些"色黑如墨"却又"发卷而黄"的鬼奴，与"昆仑奴"有着很大的差别。谢弗曾认为"那些生性勇敢，擅长游泳的昆仑奴或许是来自巴布亚和美拉尼西亚的某些类似黑人的种族，比如现代生活在这一地区的那些长着波浪形头发的部落。可以相信，他们中也有一些非洲黑人"②。

如果我们将《萍洲可谈》和《广东新语》联系起来考察，就可知道唐代富人所占有的昆仑奴并不是来自非洲，而是"近海"包括海南岛及南海诸岛。屈大均《广东新语》卷七云："一种能入水者，曰昆仑奴。记称龙户，在儋耳。其人目睛青碧，入水能伏一二日，即昆仑奴也。唐时贵家大族多畜之。"文中的"记"是指《林邑记》，儋耳即海南岛。这些昆仑奴虽然也体黑卷发，但头发略呈黄色，在外形上与尼格罗人种（Negroid）似有差异。唐宋史书中所记的东南亚和我国近海的昆仑人，恐怕是尼格里托人（Negrito），又译矮黑人，散居在马来半岛北部山区和沿海岛屿，以及菲律宾、印度尼西亚等地。因此，早在1911年就有人认为，"昆仑奴"多半是马来人或者马来半岛以及南海诸岛中的黑人。③我认为这种看法可能是正确的。

唐代昆仑奴来源于南海诸群岛，一种是作为年贡送往京城长安，一种是作为土著"蛮鬼"被掠卖沿海或内地，还有一种是随使节入华被遗留者。例如"殊奈，昆仑人也。在林邑南，去交趾海行三月余日，习俗文字与婆罗门同。绝远未尝朝中国。贞观二年十月，使至朝贡"④。"甘棠，在大海之南，昆仑人也。贞观十年，与

---

① 方豪：《中西交通史》（上册），岳麓书社，1987年，第299页。
② ［美］谢弗：《唐代的外来文明》，吴玉贵译，陕西师范大学出版社，2005年，第124页。
③ Hirth, F., and Rockhill, W.W.（夏德和柔克义），*Chao Ju-Kau: His work on the Chinese and Arab Trade in the Twelfth and Thirteenth Centuries, Entitled Chu-fan-chi*（《赵汝括〈诸蕃志〉所记载的十二、三世纪中国与阿拉伯之间的贸易关系》），St.Petersburg, Russia, p.32, 1911。
④ ［宋］王溥：《唐会要》卷九八"殊奈国"条。

朱俱波国朝贡同日至。"①《册府元龟》卷九七〇也记载："景龙三年三月，昆仑国遣使贡方物。"当时唐人虽不能判明南海诸国的具体差别，但却不会完全指错"昆仑人"的居住方向。如高宗显庆元年，那提三藏"敕往昆仑诸国，采取异药。既至南海，诸王归敬为别立寺，度人授法"②。龙朔三年（663）返还长安，他不会将昆仑诸国方位搞错。至于南海诸国之间从事海上贸易的昆仑语、昆仑书、昆仑舶等，一度成为海外商业活动的流行风，特别是室利佛逝国、诃陵国等非常著名。例如"则天临朝，（王方庆）拜广州都督。广州地际南海，每岁有昆仑乘舶，以珍物与中国交市。旧都督路元叡冒求其货，昆仑怀刃杀之。方庆在任数载，秋毫不犯"③。每年都有大批的昆仑舶到广州贩卖货物，只能是南海昆仑而不会是非洲黑人。

前面我曾提到"僧祇"是今马来西亚吉打附近的古地名，"僧祇"也译作僧耆、层期等。《新唐书·南蛮传》记载咸亨至开元年间，室利佛逝国（今印尼苏门答腊岛）向唐朝"献侏儒、僧祇女各二"。《册府元龟》卷九七一《外臣部·朝贡》条记载开元十二年七月"尸利佛誓国王遣使俱摩罗，献侏儒二人，价（僧）耆女一人"。《新唐书》卷二二二下诃陵国（今爪哇）条云"元和八年献僧祇奴四"。《旧唐书》卷一九七也记元和十年"遣使献僧祇僮五人"。十三年又"遣使进僧祇女二人"。从进贡地来看，"僧祇"也应该是泛指南海诸国的种族。但一些人认为僧祇与僧耆均为Zinj的译音，是古代阿拉伯人对东非黑人的称呼，他们居住的东非沿海地区称Zinjibar。还有人认为僧祇是波斯文zangi的音译，专指非洲东海岸的黑种人，或指埃塞俄比亚（Ethiopia），后来又转指阿拉伯人在东非沿岸建立的桑给巴尔（Zanzibar，bar是海岸之意）殖民国家。因此，中国古文献里的僧祇就是非洲黑人的代称④，并由此推测东南亚的马来人驾舟到达东非沿海，带回非洲黑人进献于唐朝。我认为关于唐宋史书中的"僧祇"名称还需进一步探讨，唐人义净所著《南海寄归内法传》中说"然东夏大纲，多行法护。关中诸处，僧祇旧兼。江南岭表，有部先盛"。其中"僧祇"是梵文Mahāsāmghika的省略译法，即流行大众部律，汉译称《摩诃僧祇律》。《续高僧传》卷二十一《洪遵传》和卷二十二《智首传》也都讲"关中专尚，素奉僧祇"。可资对比的是，南海诸洲十余国在唐代时也流行佛教，大致在今印度尼西亚一带，8世纪中叶以前爪哇、苏门答腊等地一直使用

---

① 〔宋〕王溥：《唐会要》卷九九"甘棠国"条。《资治通鉴》卷一九四胡三省注云朱俱波和甘"二国皆在西域"，显然是错误的判断，张星烺据胡三省注推论甘棠在西海之南，是非洲东岸，更是以讹传讹、牵强硬拉。
② 《高僧传》二集卷五《那提三藏传》。
③ 《旧唐书》卷八九《王方庆传》，中华书局，1975年，第2897页。
④ 艾周昌、沐涛：《中非关系史》，华东师范大学出版社，1996年，第46—47页。

梵语，文字为钵罗婆字母，爪哇发现的那加字母刻石《卡拉珊碑文》和《克卢拉克碑文》，前者刻于778年，内容是对佛教度母（又译多罗）神的赞颂，以及修建一座度母神寺和一座接纳托钵僧禅房的事。后者为782年所刻，记述佛学大师鸠摩罗哥沙从孟加拉来到中爪哇，宣讲经义和奉献文殊师利佛像。所以完全有可能用佛教梵文称南海诸国为"僧祇"。孙机也认为："僧祇"归于广义的昆仑所属，但作为佛教用语的僧祇是梵文Samghika的对音，其意为"众"，指僧尼大众，与东非的Zanqi无关。①我们从这个角度来考虑唐宋时期"僧祇"与南海诸国的关系，也许才能比较合乎历史的实际。

总之，唐宋史料和唐代黑人服饰使我们只能得到一个印象：昆仑奴或昆仑的称呼，是指南海诸国与南亚分布的黑色或棕褐色人种，似乎与非洲人没有多少联系。

三、长安黑人俑分析

目前考古发现最早的昆仑人形象大概是湖南博物馆收藏的"人形铜吊灯"②，铜人卷发裸体，腰围梢布，属于3世纪时三国时代的作品。我所见到的最早昆仑人样，是洛阳北魏常山王元邵墓中的两件昆仑俑，一为站立垂手，旋发卷须；另一为蹲坐掩面，上身赤裸。③但隋唐时期洛阳黑人俑发现的似乎极少，最多的还是京城长安地区。

长安出土的黑人俑，头型发式、身材高低、服装佩饰、面部表情、动作神态等均不相同，特别是"黑"的程度有所不同，这种肤色的个体差异，表明他们的种族、国别以及来源可能也不同。让我们进行具体的分析：

其一，1948年长安县嘉里村裴氏小娘子墓出土两个黑人俑，现藏陕西历史博物馆。④一个高15厘米，螺纹卷发，黑脸直鼻，双目白眼突出，双唇厚大，上身裸露，下着短裤。另一个高14.5厘米，也是螺旋曲发，黑脸大眼，身穿长袍，袍襟打结于腰带之下。这对黑人俑被文博界学者判断为无可辩驳的非洲黑人形象⑤，其依据如下。

---

① 孙机：《中国圣火——中国古文物与东西方文化交流中的若干问题》，辽宁教育出版社，1996年，第257页。
② 周业荣：《人形铜吊灯》，《文物》1968年第6期。
③ 黄明兰：《洛阳北魏元邵墓》，《考古》1973年第4期。
④ 陕西省博物馆编：《隋唐文化》，学林出版社，1990年，第302页；张廷皓、尹盛平主编：《陕西珍贵文物》，陕西人民出版社，1992年，第55页。
⑤ 杜葆仁：《从西安唐墓出土的非洲黑人陶俑谈起》，《文物》1979年第6期。该文将裴氏小娘子墓黑人俑介绍为1954年出土，实为1948年出土，承蒙陕西历史博物馆保管部韩建武提供底帐卡片确认。

一是非洲黑人特征为眼大突出、鼻翼较宽、嘴唇较厚、细螺发髻；二是唐代段成式《酉阳杂俎》载拨拔力国（巴巴拉音译）为今索马里一带，"无衣服，唯腰用革皮掩之"。但南海诸国的马来人种也有卷发黑身、唇厚鼻宽，包括今印度洋一些岛国上的人种也是如此特点，而且由于位处赤道，至今有些部落民族不穿衣服。在长安出土的一些"胡俑"，也是袒胸露肚，翻穿皮革[①]。孙机判断这对黑人俑应为东南亚的僧祇而不是东非黑人[②]。因此，裴氏小娘子墓出土的黑人俑是非洲人还是马来种黑人，还需考证。至于裴氏小娘子的先人裴行俭从事唐朝外交活动，那是仪凤二年（677）之事，而她卒于大中四年（850），中间隔了180多年，不可能有什么联系，倒是她的祖父裴均任将相十余年，累封郁国公，有可能使用过黑人奴仆。

其二，1955年西安西郊插秧村出土一黑人俑，现藏陕西历史博物馆。[③]俑高11.5厘米，大眼宽鼻，大耳下垂，波状发，身着长袍，腰际束有巾带，双腿弯曲，握拳捂肚，似为戏弄表演形象。唐代有扶南、骠国等献昆仑乐人的记载，此黑人俑有可能为昆仑艺人。《隋书·真腊传》记载真腊人（今柬埔寨）"人形小而色黑，妇人亦有白者，悉拳发垂耳，性气捷劲"。而"真腊国，在林邑西北，本扶南之属国，昆仑之类"[④]。因而这个俑也有可能就是真腊人。唐人苏颋《咏昆仑奴诗》说"指头十挺墨，耳朵两张匙"。中山大学蔡鸿生提命笔者，昆仑奴作为南海岛民，耳朵呈汤匙状，与从小戴耳环拉久下垂有关，故有上大下小的耳朵形状。这又为解决此黑人俑来源提供了一条思考线索。

其三，1954年咸阳底张湾薛从简墓（开元十四年）出土一黑人俑，现藏陕西历史博物馆。[⑤]高16.5厘米。圆脸大眼，肤色黝黑，螺旋卷发覆盖头顶。身穿朱红色番衣，衣纹贴身自然下垂，颈上挂项圈，左手抚胯，右臂残缺，似作前伸状。整个身体呈曲线稍侧立状，似为一个男童立俑。张籍《昆仑儿》诗云："昆仑家住海中州，蛮客将来汉地游。言语解教秦吉了，波涛初过郁林洲。金环欲落曾穿耳，螺髻长卷不裹头。自爱肌肤黑如漆，行时半脱木绵裘。"而这件黑人俑的衣纹也是半脱

---

① 陕西省文物事业管理局编：《陕西陶俑精华》图版45、48、64，均为彩绘袒身立俑、骑马俑，陕西人民美术出版社，1987年。
② 孙机：《中国圣火——中国古文物与东西方文化交流中的若干问题》，辽宁教育出版社，1996年，第257页。
③ 见《シルクロードの都——長安の秘宝》加彩里黑人俑，セゾソ美术馆、日本经济新闻社1992年编集出版，第81页。
④ 《旧唐书》卷九一七《真腊传》，中华书局，1975年，第5271页。
⑤ 陕西历史博物馆馆刊编辑部编：《陕西历史博物馆馆刊》（第3辑），西北大学出版社，1996年，第150页贺达炘《唐黑人俑》及彩版Ⅰ。但笔者不同意此俑更接近于非洲黑人形象的说法。

斜露形状,与唐诗所描写的"昆仑儿"更为接近。

其四,1956年西安东郊十里铺出土一俑,高16.1厘米,现藏陕西历史博物馆。[①]这个俑螺髻卷发,鼻翼宽,嘴唇厚,眼睛突大,体形肥硕,右手放置胸下,左手下曲腰际,穿圆领长袍,袍襟正束腰带上。此俑因无彩绘,不知肤色黝黑深浅,只能从发型、脸型上判定为"昆仑人"形象。

其五,1972年陕西礼泉县郑仁泰墓出土卷发俑一个[②],现藏陕西历史博物馆。这个俑高30厘米,浓眉大眼,黑发浓密并曲卷,颈戴项圈,赤裸上身,斜披一条红带巾,下身穿红色条纹紧口短裤,赤脚。由于此俑全身皮肤为棕黄色,南海昆仑人特点极为明显,与非洲黑人根本无关。而且这个卷发俑两臂(已断)似作前伸挥舞行动,可能也属牵马俑或艺人之类。义净《南海寄归内法传》记载昆仑人"赤脚敢曼"模式,与此俑非常符合。"敢曼"是梵语,指"遮形丑之下裳,如此方之裈袴"[③]。

其六,1985年长安县大兆工地出土一俑,现藏西安市文物园林局文物库房。[④]俑高15厘米,全身黑色,螺旋卷发,圆脸直鼻,右手摆腰前,似佩项圈,身着斜披大口番衣,身材不高,似为一少年形象。这个俑与郑仁泰墓出土的卷发俑相比,虽然肤色深浅不同,但都有未脱稚气的样子,也许就是牵引牲口或洗刷马匹的牧童姿态。同时证明,当时来到长安的黑人可能年龄都较小。

其七,1985年长武县枣元乡郭村出土黑人俑,高25厘米,现藏长武县博物馆[⑤]。这个陶俑长卷发,淡黑皮肤,鼻翼较宽,双目圆睁,大嘴微笑,头颅偏斜,脸长颈短,脖下饰有璎珞,手足俱戴舞环,全身大部分裸露并赤足。橘红丝帛绕双肩缠至下腹及膝上,左臂举至头际,右手五指并拢放至腰部,左腿脚后呈扭胯姿式,舞蹈动感明显。从整体形象上看,无疑为南海昆仑人,而且是一个善舞的艺人。

其八,传西安出土的黑人杂技陶俑,现藏中国历史博物馆。[⑥]俑高27.7厘米,立于长方形板座上,体态匀称,身微向左倾。螺髻卷发,面颊丰圆,双目前视,口微

---

① 陕西省文管会编《陕西省出土唐俑选集》第157图陶男立俑,原测为16.5厘米(文物出版社,1958年)。

② 陕西省博物馆、礼泉县文教局:《唐郑仁泰墓发掘简报》,《文物》1972年第7期。

③ 慧琳《一切经音义》卷八一解释"敢曼"为"梵语也。遮形丑之下裳,如此方之裈袴。一幅物,亦不裁缝,横缠于腰下,名曰合曼也"。梵文Kambala。今东南亚一带称为莎笼(sarong)。

④ 陕西省博物馆编:《隋唐文化》,学林出版社,1990年,第118页。

⑤ 《陕西省志》第六十六卷《文物志》,三秦出版社,1995年,第339页。

⑥ 中国美术全集编辑委员会编:《中国美术全集·雕塑编四·隋唐雕塑》,人民美术出版社,1988年,第170页,图168。原说明有错误,不是身着圆领窄袖衣,而应是赤裸上身。

启，表情专注。上身赤裸露肚脐，颈佩项圈，左肩斜佩丝帛带，下着束腿裤，赤足。双手戴手镯，右手上扬屈肘似握器物，左臂弯曲握拳，作表演状。这个俑也与郑仁泰出土的俑极为相似，而且人物造型完整无缺，南海昆仑人特点异常清晰。

其九，1956年，西安红庆村独孤君夫人元氏墓出土一陶彩釉牵马俑①，高84厘米，满头卷发遮盖耳下，抬头圆脸，双目直瞪，鼻孔宽大，厚唇紧抿，脖间似系丝带，身着大翻领胡袍，足蹬胡靴，右手高举头际似牵缰绳，左手抬至胸前，造型栩栩如生。这个俑证明久居长安的昆仑奴不仅着唐装，也穿胡服，墓主独孤君本身就是带"胡味"的鲜卑贵族后代。

西安地区唐墓还出土了一些头发中分、发侧扎髻、低鼻梁宽鼻孔的牵马俑，有的腰挂洗马工具，有的足穿高勒靴，有的作拉马状，形态不一，服装不同②。有研究者将这些俑也定为昆仑俑或黑人俑③，我觉得很值得怀疑，有可能是其他民族或种族的人，需要继续追溯其准确出处，不敢贸然定性或硬扯挂钩。

此外，1960年，新疆吐鲁番县阿斯塔那336号唐墓出土了高11.2厘米的黑人戏弄泥俑，黑卷发，大耳朵，厚嘴唇，大眼突出，上身赤裸，肚脐外露，下着紧口短裤，赤脚，全身漆黑，据研究此俑作"昆仑象"，可能就是狮子舞中的驯狮者。④1996年，陕西岐山县博物馆收藏唐墓出土的黑人俑一个，短卷发，黑肤色，上身裸体，下身贴衣，俑作牵马状或拿器物状，可惜还未公布发表。秦廷棫编著的《中国古代陶塑艺术》中也收有一件传说是1949年前洛阳唐墓出土的昆仑人俑。总之，各地发现的黑人俑以西安地区出土的最具代表性。

需要注意的是，1994年陕西富平县唐献陵陪葬墓新发现的壁画上，也有黑人牵牛图。⑤这个牵牛人颈戴小铃铛项圈，卷发厚唇，上身赤裸斜披帛带，下着束口轻薄短裤，全身肤色黝黑，并戴有手钏和脚镯，相貌、装束皆与已出土的昆仑黑人俑

---

① 陕西省文管会编《陕西省出土唐俑选集》第31图，郑振铎在"序言"中断定此陶彩釉牵马俑是一个昆仑奴。

② 1954年，西安东郊郭家滩严君妻任氏墓（神龙三年）陶牵马俑；1955年，西安郭家滩骞思哲墓（景云元年）出土陶牵马俑；1953年，咸阳底张湾张去逸墓（天宝七年）出土陶男立俑；1955年，西安东十里铺出土牵骆驼俑；1959年，西安西郊中堡村出土牵马俑；等等。见《陕西省出土唐俑选集》图册。

③ 韩建武：《陕西出土的唐代黑人俑》，见陕西历史博物馆馆刊编辑部编：《陕西历史博物馆馆刊》（第6辑），陕西人民教育出版社，1999年，第212页。

④ 《中国博物馆丛书·新疆维吾尔自治区博物馆》，文物出版社，1991年，图138唐黑人戏弄泥俑。

⑤ 井增利、王小蒙编《富平县新发现的唐墓壁画》（《考古与文物》1997年第4期）中载该墓北壁《牵牛图》，图中黑人一手扬鞭，一手紧拽缰绳，耕牛正在竭力挣脱。

相似。

从以上出土文物的黑人形象可以看到,其特征大都是赤裸上身,卷发厚唇,肤色深褐,跣足而行。在装束上则衣着有别,有的斜披橘红色布帛,横幅绕腰或腰着短裤,有的入乡随俗或穿唐服或着胡服,这不仅与唐代史料记载接近[①],也说明唐人对昆仑奴黑人形象耳濡目染,塑造出更为特征夸张的陶俑。尤其是那些肤色不特别黑的昆仑人,也被涂黑列入黑人之列。

唐代寺院也塑有昆仑人形象,唐张彦远《历代名画记》卷三记东都敬爱寺东禅院大门有武后时窦弘果塑"狮子、昆仑各二,并迎送金刚神王及四大狮子"。昆仑人驯狮的题材,在甘肃敦煌榆林窟第25窟佛教经变壁画《文殊变》中也有出现,昆仑人为文殊、普贤骑坐的狮、象牵缰持鞭,绘画时间约为唐大历年间。《旧唐书·音乐志》记载太平乐(五方狮子舞)"出于西南夷、天竺、狮子等国,缀毛为之。人居其中,像其俯仰,驯狎之客,二人持绳秉拂,为习弄之状"。其中"持绳者,服饰作昆仑像"。《太平广记》卷三四〇描写"夜梦一老人骑大狮,狮子如文殊所乘。毛彩奋迅不可视,旁有昆仑奴操辔"。可见唐代昆仑人驯狮形象也不少。

唐长安地区出土的黑人俑数量多、造型好,而且出土时间从初唐到晚唐都有,证明黑人已融进当时的民间社会,也说明黑人的异俗色彩为唐人所注目。但仅从看得见的外表形态就判断黑人俑来自非洲,恐有失慎重。长安出土的黑人俑形态不一,肤色深浅有别,本身就为其种族内涵提供了解析的可能性,同时也为我们追溯黑人来源提供了珍贵的对照坐标,结合文献记载,仍可发现它的主体是典型的南海昆仑人。按照唐代陪葬风俗的一般常识,当时长安人感兴趣的莫过于外域的音乐、舞蹈、杂技之类,所以陶俑造型中渲染身怀绝技的艺人形象较普遍,因而我认为,唐长安昆仑黑人俑中表演艺术的造型较多,而且应该是能歌善舞的南海昆仑人,一般劳作的奴仆反而不甚突出。

四、黑人身份与地位

在敦煌壁画中,初唐220、335、332、431等窟和盛唐103窟的"各国王子图"中都有昆仑人形象。与梁元帝萧绎《职贡图》中"狼牙修国"(今泰国西南部)使

---

① 《旧唐书·婆利国传》云:"其人皆黑色,……男子皆卷发,披古贝布,横幅以绕腰。"婆利国即今印尼巴厘岛。《旧唐书·骠国传》记"其衣服悉以白氎为朝霞,绕腰而已"。朝霞即橘红色的棉布。德宗贞元十八年,骠国进乐工皆"衣绛氎,朝霞以蔽膝","两肩加朝霞,络腋足臂有金宝环钏"。《隋书·真腊传》也记其"王着朝霞古贝,瞒络腰腹,下垂至胫……被真珠璎珞"。

者相对照，形象服饰基本相同。如"各国王子图"中最前面的两组人物，面貌紫黑，有的椎髻，有的拳发，个子不高，裸体跣脚，斜披巾，着短裤，绫锦缠腰，项饰珠宝璎珞，有的耳悬金珰，手脚均佩环钏，并有小侍者服侍左右，一望便知为南海昆仑人中的上层人物。《册府元龟》卷九七〇《外臣部》记载婆利国（今印尼巴厘岛）"其国人披古贝帕及缦，王乃用斑丝布以璎珞缠身"；"人皆黑色，穿耳附珰"。与敦煌壁画中昆仑上层人物相比，唐长安地区所塑的黑人或昆仑人形象，绝大多数是被奴役的形象。有人以为昆仑奴俑多被塑造为牵马或牵驼俑[①]，实际上，无论是墓葬中的陪葬俑，还是墓道壁画上刻画的人像，分别以饲养牲畜、驯狮驭象、乐伎艺人、家庭奴仆等来表现，生活劳动范围很广，这与史书中的记载基本吻合。

众所周知，古代周边国家对华朝贡的特殊贡品就是贡人。尤其是唐代疆域辽阔，岭南和滇缅以南一些国家社会发展水平还很落后，从南海诸岛进贡昆仑奴就非常普遍。贡人往往随着方物一同献入长安，其中奴婢有昆仑奴、僧祇女，艺人有幻人、乐人、舞人，此外还有侏儒、阉人等，唐开元十二年（724）室利佛逝就曾献侏儒[②]。而"是时，诸道岁贡阉儿，号私白，闽岭最多"[③]。《旧唐书》卷一五四《孔戣传也说》："先是帅南海者，京师权要多托买南人以为奴婢"。贡人风气唐以后继续盛行，宋代史籍记载三佛齐（室利佛逝）"居真腊、阇婆之间，所管十五州……乐有小琴、小鼓，昆仑奴踏曲为乐"[④]。

唐代达官富人之家以蓄养昆仑奴作为一种地位和财富的标志，上海藏敦煌文书《唐定兴等户残卷》录有王子进家中的"奴昆仑"[⑤]，但敦煌的"昆仑"有可能是粟特语的转写，如《乐府杂录》中"弹琵琶第一手"的康昆仑，粟特语Krnw'n解作"技艺"，它的形容词是Krnw'nch，康国艺人到中国后，取其发音近似而曰康昆仑。笔记小说也有将昆仑奴"武侠化"的反映。《太平广记》卷一九四"昆仑奴"条引《传奇》："唐大历中（766—779），有崔生者，其父为显僚，与盖代之勋臣一品者（郭子仪）熟。生是时为千牛，……时家中有昆仑奴磨勒。"这个昆仑奴是

[①] 秦浩：《唐墓昆仑奴俑考释》，《南京大学学报》（哲学·人文科学·社会科学版）1983年第2期。
[②] 《新唐书》卷二二二《南蛮下》，中华书局，1975年，第6035页。
[③] 《新唐书》卷二〇七《吐突承璀传》，中华书局，1975年，第5870页。
[④] 《宋史》卷四八九《外国五》，中华书局，1985年，第14088页。
[⑤] 中国科学院历史研究所资料室编：《敦煌资料》（第1辑），中华书局，1961年，第115页。这个"奴昆仑"可能是河西富户蓄养的西域奴。

飞檐走壁、负人逾垣的豪侠，离开长安后在洛阳蕃市上卖药。①同书卷三三九"阎敬立"条引《博异记》云兴元元年（784），"刘俶乃云此馆所用并散逃，因指二皂衫人曰：此皆某家昆仑奴，一名道奴，一名知远，权且应奉耳。敬立因于烛下细目其奴，皂衫下皆衣紫白布，面皆昆仑，兼以白字印面分明，信是俶家人也"。同书卷十六"张老"条引《续玄怪录》"……后数年，（韦）恕念其女，……令其男义方访之，到天坛南，适遇一昆仑奴，驾黄牛耕田"。这与陕西富平县发现唐墓壁画中的昆仑黑人牵牛图完全吻合。看来笔记小说记载的昆仑奴也是有根据的。

除了长安地区的昆仑奴外，《太平广记》还收录岭南地区的昆仑奴。如卷四二〇"陶岘"条说"陶岘者，彭泽令孙也。开元中，家于昆山，富有田业。……曾有亲戚为南海守，因访韶友遂往省焉。郡守喜其远来，赠钱百万，遗古剑长二尺许，玉环径四寸。海舶昆仑奴名摩诃，善游水而勇捷，遂悉以钱而买之，曰：吾家至宝也。……每遇水色可爱，则遗环剑于水，命摩诃下取，以为戏笑也"。这个昆仑奴"摩诃"是否是"穆罕默德"简译暂且不论，他善于潜水的特殊技能是其他史料也记有的。卷四六四"鳄鱼"条引《岭表异录》"……故太尉相国李德裕贬官潮州，经鳄鱼滩，损坏舟船。平生宝玩、古书、图画，一时沉失。遂召舶上昆仑取之。见鳄鱼极多，不敢辄近"。这个"舶上昆仑"也应是深识水性的昆仑奴。当时南海充当水手的昆仑奴应该不少，正如唐慧琳《一切经音义》卷六一《音根本说一切有部毗奈耶律》记载："海中大船曰舶。广雅：舶，海舟也，入水六尺，驱使运，载千余人，除货物，亦曰昆仑舶。运动此船多骨伦，为水匠。""骨伦"即"昆仑"异译，说明昆仑水手在唐时的船舶上曾被普遍役使。唐长安出土的昆仑俑，有些穿着便于泅水的"敢曼"（裈），正突出了他们长于水性的特长。

在唐人的心目中，从异域进口的昆仑黑奴不仅是新奇之物令人惊异，而且买卖远国绝域的奴隶不用担心法律的制裁与良心的谴责。所以高官权贵之家不仅蓄养黑奴，而且将昆仑奴形象的陶俑放在坟墓中陪葬。虽然昆仑人形式多样，风格不同，但刻画得神情逼真，生动反映了昆仑人的面貌、服饰、习俗，以及当时所处的社会地位。蔡鸿生提醒笔者注意"昆仑奴"与"昆仑儿"有身份区别，家中奴仆为"昆仑奴"，昆仑儿就不一定是奴仆，涉及自由人的界限。这是很有道理的。

不过令人疑惑的是，唐长安已发现的出土昆仑人陶俑或壁画人物中，均只有男性而无女性，唐代诗人张籍曾描写南海女奴："铜柱南边毒草春，行人几时到金

---

① 有学者认为"磨勒"似为moladah的简略译音，是阿拉伯人通用的"摩勒达"名字，并将之作为大食国人转输昆仑奴于中国的旁证，姑且存疑。参见李季平：《唐代昆仑奴考》，《文史》（第16辑），中华书局，1982年，第292页。

麟？玉环穿耳谁家女，自抱琵琶迎海神。"但名为"僧祇女"或昆仑女的形象始终未见。有人推测广东高州良德唐墓青铜头像为昆仑女形象[①]，暂且存疑。

现在研究的难点在于这些昆仑黑人究竟来自何方？是不是非洲黑人？如前所说，唐代似乎凡是卷发黑肤的人都称为昆仑，中国对非洲的认识在文献中是模糊不清的，史料佚失缺考的太多。杜环《经行记》的"摩邻国"今属何方，国内外学者有各种理解。[②]段成式《酉阳杂俎》中的"拨拔力国"的位置，也见解各异[③]，"其妇人洁白端正"显然与非洲黑色人种不符。贾耽《古今郡国县道四夷述》中所录的广州经波斯湾至大食国的海道航程也叙述不清，致使学者们有的认为"三兰国"是"锡兰"的对音，有的认为是"亚丁"，还有的认为是东非海岸某地。[④]此外，一些学者还将在非洲发现的若干唐代瓷片和数枚唐钱作为唐朝与非洲交往的直接证据[⑤]，但这些零星的证据均语焉不详，难以确认，只能存疑。

从唐代文献和出土文物分析，我们还得不出唐人或中国商船抵达非洲交往的结论，即使在非洲或埃及发现有唐朝瓷片，也是间接贸易的商品，否则压舱物中应有其他的生活用具、艺术品和耐用品，不会仅有几片孤证。推论、猜想是允许的，但论证、破译一定要是科学的。

宋代海上交通比唐代更加发达，对外贸易也十分频繁。周去非《岭外代答》卷三昆仑层期国和赵汝适《诸蕃志》卷上昆仑层次国都记载了当时黑人被大食国（阿拉伯）人掠卖为奴的情况，但是否转输中国则无明确指出。宋代这两本著作的资料也来自间接传闻，其价值自然很高，然而若将此记载类推于唐代昆仑黑人亦来

---

① 湛江地区博物馆：《广东高州良德唐墓》，见文物编辑委员会编：《文物资料丛刊》（第6辑），文物出版社，1982年；崔大庸：《唐代黑人形象初探》，《中国文物世界》1994年第108期。

② 摩邻国除个别学者认为其属印度西北外，其余皆推测在非洲毛里塔尼亚、利比亚、北非摩洛哥、马格里布一带或埃及海岸，还有人认为在肯尼亚的马林迪、曼迪，苏丹的麦罗埃，埃塞俄比亚的阿克苏姆等等。参见〔唐〕杜环著，张一纯笺注：《经行记笺注》，中华书局，1963年；丁谦：《唐杜环经行记地理考证》，见吴剑雄主编：《中国海洋发展史论文集》（第4辑），"中央研究院"人文社会科学研究中心，1991年，第131页；［荷］戴闻达：《中国人对非洲的发现》，胡国强、覃锦显译，商务印书馆，1983年，第15页。

③ 关于"拨拔力国"，也有索马里之柏培拉、肯尼亚和坦桑尼亚的马赛族等观点。沈福伟甚至推测是盖拉人在索马里北部所建的国家，参见沈福伟：《中国与非洲：中非关系两千年》，中华书局，1990年，第233页。

④ 陈公元：《从贾耽的'通海夷道'看唐代中非关系》，《西亚非洲》1983年第3期；许永璋：《三兰国考》，《西亚非洲》1992年第1期。

⑤ 夏鼐：《作为古代中非交通关系证据的瓷器》，《文物》1963年第1期；马文宽、孟凡人：《中国古瓷在非洲的发现》，紫禁城出版社，1987年，第4页。

自非洲，则不能算是确凿证据。即使宋人记载昆仑奴仍是含混不清，如《宋史》卷四九〇《大食传》"太平兴国二年（977），遣使蒲思那、副使摩诃末、判官蒲罗等贡方物。其从者目深体黑，谓之昆仑奴"。随从贡使的昆仑奴虽然"体黑"，可是"目深"又与非洲黑人"眼凸"不符。由此可见，号称"昆仑奴"的人种也是大不相同，分类有别的。

总而言之，通过唐代文献和各类旁证来辨识唐长安地区出土的黑人俑种族成分，应该是一个极具深度和疑虑的历史课题。尽管目前有不少研究者认同黑人俑或昆仑人来源于非洲说，但中国史籍关于昆仑人一脉相承的记载，有助于我们更多考虑从南海或印度洋群岛毗邻的东南亚和南亚诸种族去追踪寻迹，也许这才是解开黑人来源真相的通道。

原载《中华文史论丛》2001年第1期

（葛承雍，陕西师范大学人文科学高等研究院学术委员会主任、特聘教授，中国文化遗产研究院教授）

西安新出交趾人李克恭墓志及其所涉中晚唐政局

杨富学　赵海燕

一、墓志概况与录文

1988年，陕西省考古研究院在西安灞桥向阳公司建筑工地发掘晚唐时期宦官墓志一合（图1、图2），方形，青石质，志盖76.5×75厘米，厚10.5厘米，篆刻"唐故幽州监军陇西李公志铭"，盖顶线刻牡丹，四隅各刻牡丹一朵；志石77×77厘米，厚12厘米，志文行楷，有文字31行，满行33字，四刹线刻四神，衬以如意云纹。

志主李克恭，乃唐代宦官，出自交趾（今越南北部）。唐宪宗时期进入长安，卒于唐武宗时期幽州监军任上。李克恭先后历经唐德宗、唐顺宗、唐宪宗、唐穆宗、唐敬宗、唐文宗、唐武宗七朝，史书无传。自玄宗起重用宦者，以后诸帝更有甚之。该墓志的出土，见证了唐朝中后期宦官集团军事专权、影响朝政、与朝臣之间权利倾轧的历史事实。墓志自发现至今一直不曾公刊，为方便起见，特移录其文如下：

唐故幽州监军赠掖庭局令赐紫金鱼袋陇西李公墓志铭并序

朝请大夫使持节晋州诸军事守晋州刺史上柱国赐紫金鱼袋徐翁谅撰

自古禀长材、怀利用者必处贵仕、享重名于当代，所以有外监戎师，内署密近，二者荣美，见之于公矣。公讳克恭，其先交趾人也。祖、父为南方大族。公元和九年始至京师，翔步官掖，出入禁闼，奉主一心，身全六艺。穆宗皇帝嘉其材器，因用哀（褒）升赐绿，仍充宣徽承旨。公内受纶言，外持章奏，衔命宣抚，人知雨露之恩；具位敷陈，不失对飏之美。咸谓称职，时论多之。宝历二年，敬皇修周穆、汉武故事，游心至道，以访真仙，乃授公上轻车都尉、赐绯鱼袋，充诸道采访道流使。公知道本无为，法非有着，以力求者，必无所遂，乃自陈不可，上固遣之。公终不买恩徇利，张空言以附上。回无所得，具以实告。大和四年，改授承务郎、内府局丞、上柱国。六年，改充飞龙沙苑监牧使。公葺廨宇、筑墙垣，属吏有避风雨之所，腾驹无烦奔逸之虞。莥粟栈皂，前后罕俦。八年，赐殿前高班，密迩龙颜，光扬帝绩，俯仰进退，动得其宜。寻除西内留后。会幽燕天下，地雄兵劲之所，凡选护军，必关圣虑。此时有阙，重难其人。乃录其前后忠勤、雅谐人望者为之。遂除公幽州监军使。公至所部，谕元戎以忠恪，示三军以恩信，接邻境以惠和，待宾客以礼让。人既知道，政亦大行。謌（歌）咏讴谣，洋溢道路。三年之后，连帅乞留，优诏哀（褒）之，许留一岁。未几而节将云亡，师徒扰攘，人怀恟耸，莫得自安。公挺然不顾患难，止暴遏乱，众无不从，选将上闻，三军底定，皆公之力也。向非全材雄略，知其远者大者，则孰能臻于此欤？俄而以疾辞职，诏许寻医。既奉诏命，乘传而归。天不慭遗，竟至殂谢。会昌二年五月十四日终于华州莲峰馆，春秋卌有八。上闻而叹惜，赠掖庭局令，锡金印紫绶，所以追宠事功也。呜呼！虽生荣死哀，古今常典，能得之者，犹平昔践履之所致焉。夫人富春孙氏，事夫训子，皆合礼经。有子三人，长曰正初，次曰正礼，少曰正雅，泣血椎心，茕茕在疚。以其年十月卅日窆于灞水北原，礼也。正初等衔哀茹痛，终天莫追。所冀斯文，可慰壤泉，遂来见请，以纪终始。铭曰：

　　事主尽忠，居官克正。出入禁闼，宣阳成命。宝历之岁，上慕真仙。思之不已，命公求焉。公知其事，于政无益。强为搜择，岂是陈力。不敢面从，不敢取容。受命复命，允执厥中。既受恩遇，累迁剧务。所至必理，宣我王度。幽燕重镇，寄托冣（最）深。选其才识，实在帝心。帝知公材，帝命公临。遏乱靖难，事冠古今。以疾辞罢，来归京国。命不我与，竟丧仁德。日月有时，将归厚地。刊石纪文，以昭明懿。故吏凄怆，嗣子哀号。惟功惟绩，仰之弥高。京邑之东，灞水之阳。荒阡马鬣兮，地久天长。

二、李克恭由交趾入长安之源始及其早期活动

从志文中可以看出，志主李克恭，其先为交趾人。交趾，又名"交阯"，范围大体为今越南北部红河流域一带。秦朝以后，设交趾郡，辖今越南北部地区。嗣后，历汉朝、东吴、晋朝、南朝、隋朝以至于唐（再后又有南汉和明），这里长期都受到中原王朝的直接管辖。

值得注意的是，志文载李克恭出自陇西李氏。唐代宦官多来自四川、福建、广东诸省，即当时的蛮夷区域。《唐律疏议·名例·工乐杂户及妇人犯流决杖》云："诸州有阉人，并送官，配内侍省及东宫内坊，名为给……以其宫闱驱使。"[1]李

---

[1] 《唐律疏议》卷六，中华书局，1983年，第75页。

克恭"多本良人",祖、父为大族望门,原出自极南之地,志主与高力士同列当属于南口进献。[1]高力士原本姓冯,后改为高氏。李克恭之姓,有可能如陈寅恪所言,"不类汉姓"[2]。易言之,志文既然写郡望为陇西,有可能是李克恭自身入宫,后改姓"李"。除此之外,还有另外一种可能。古往今来,汉族移居越南者不在少数,而且力量甚盛。据考,安南王朝的创建者,大多都为华裔。[3]如萧梁大同七年(541),交州(交趾)爆发李贲起义。544年,李贲称帝(李南帝),建万春国政权,其兄李天宝称桃郎王,族人李佛子称后李南帝。仁寿二年(602),隋文帝派遣大将刘方平定了前李朝李佛子的势力,将今越南北部直接置于隋朝的统治之下。武德元年(618),唐朝取代隋朝并继续统治安南。武则天万岁通天二年(697),唐于其地设安南都护府,治宋平县(今越南河内)。[4]志文言李克恭"祖、父为南方大族"。那么他们会不会就是交州李贲家族之后呢?这种可能也是存在的。果若是,则可以认为,李克恭在入长安之后,为攀附李家王朝,遂将郡望改为陇西。

志文载,李克恭"会昌二年(842)五月十四日,终于华州莲峰馆,春秋卌有八"。克恭于842年卒于华州(今渭南市),享年48岁,则当生于唐德宗贞元十一年(795)。志文另载"公元和九年(814)始至京师",以虚龄计算,李克恭初至长安时当20岁,依照唐玄宗二十二年二月敕所规定的婚龄"男年十五,女年十三以上,听婚嫁"[5],以理度之,志主可能已成婚。如是,李克恭又是以何种身份入于长安的?按唐令推测,其父祖既然是交趾大族,则其极有可能因战争祸难充当内侍。

由于出身大族,李克恭未入宫前受过良好的贵族教育,"翔步宫掖,出入禁闱,奉主一心,身全六艺"。进入宫掖后,侍奉当时在位皇帝唐宪宗。虽身全六艺,才华出众,但一直沉寂在宦官底层,迟迟没有职位。至穆宗(821)即位,李克恭年满27岁,才真正步入宦官仕途,获取职位。"穆宗皇帝嘉其材器,因用哀(襃)升赐绿,仍充宣徽承旨。"关于"赐绿",《唐会要》载"著绿供奉官及衔

---

[1] 唐长孺:《唐代宦官籍贯与南口进献》,见《唐长孺社会文化史论丛》,武汉大学出版社,2001年,第125—131页。
[2] 陈寅恪:《唐代政治史述论稿》,上海古籍出版社,1997年,第23—25页。
[3] 张秀民:《安南王朝多为华裔创建考》,见《中越关系史论文集》,台湾文史哲出版社,1992年,第11—22页。
[4] 戴可来:《略论古代中国和越南之间的宗藩关系》,见北京大学亚太研究院编:《陈炎先生九十华诞庆贺文集》,香港社会科学出版社有限公司,2006年,第222—223页。
[5] 〔宋〕王溥:《唐会要》卷八三《嫁娶》,中华书局,1960年,第1529页。

图1 李克恭墓志盖

图2 李克恭墓志铭

内有赐绿官，叙阶不得过朝议郎"①，赐绿为基层官吏。"宣徽使"是中晚唐时重要的宦官使职，机构庞大，设置于唐代宗（762）时期，分南北两院，由宦官充使，主要掌其迁补，郊祀、朝会等内外进奉的名物等。②李克恭担任宣徽承旨，不仅掌管进贡的物品，还"兼职"传达皇帝旨意。可以说，当时志主已受到了皇帝的信任，地位相当重要。③与李克恭同期充任宣徽使的宦官还有王公素④，唐后期在宣徽院就职的宦官见于记载的还有多人。⑤嗣后，李克恭"内受纶言，外持章奏，衔命宣抚，人知雨露之恩；具位敷陈，不失对扬之美。咸谓称职，时论多之"。可知，唐穆宗时期宣徽院已经有了传达皇帝旨意的职能，权力明显增大。

三、志文所涉中晚唐政局

《唐李克恭墓志》内容虽然不是很多，不到千字，但对中晚唐之政局多有涉及，对于这一时期唐政治的研究具有较高史料价值。

志文载："宝历二年（826），敬皇修周穆、汉武故事，游心至道，以访真仙，乃授公上轻车都尉、赐绯鱼袋，充诸道采访道流使。"彼时，唐敬宗李湛一心效仿周穆王、汉武帝，好神仙，迷信长生。志主彼时32岁，仍就职于宣徽院，于是敬宗授李克恭为上轻车都尉寻访真仙。当时，宦官王守澄把持朝政，败坏纲纪，导致宫府工匠暴动，宦官苏佐明等人谋杀敬宗，立李涵为帝，是为文宗。文宗继位后，欲铲除宦官，而李克恭此时正在为敬宗寻仙的路上，侥幸躲过了内府的暴乱。上轻车都尉，勋官，在勋官十二转中位于第八转，比正四品。《旧唐书》载："勋官者，出于周、齐交战之际，本以酬战士，其后渐及朝流"⑥，"凡有功效之人，合授勋官者，皆委之覆定，然后奏拟"⑦。志主担任诸道采访道流使，查询宦官诸使，未见文献记载该使。揆诸永贞元年（805）西门珍墓志，知当时有会仙院使⑧之设，虽职责不明，由官号观之，两使职责很有可能与求仙问道有关。唐代重视道教，历任皇帝

---

① 〔宋〕王溥：《唐会要》卷八三《阶》，中华书局，1960年，第1498页。
② 王永平：《论唐代宣徽使》，《中国史研究》1995年第1期。
③ 王永平：《论唐代宣徽使》，《中国史研究》1995年第1期。
④ 《唐故湖南监军使正议大夫行内侍省内侍伯太原县开国男食邑三百户赐绯鱼袋太原郡王府君（公素）墓志铭》，见吴钢主编：《全唐文补遗》（第3辑），三秦出版社，1996年，第239页。
⑤ 尚民杰：《长安绎古——汉唐历史考古集》，文物出版社，2016年，第261—262页。
⑥ 《旧唐书》卷四二《职官志一》，中华书局，1975年，第1807页。
⑦ 《旧唐书》卷四三《职官志二》，中华书局，1975年，第1822页。
⑧ 〔清〕陆心源：《唐文拾遗》卷二五《大唐故朝议郎行宫闱令充威远军建军上柱国赐紫金鱼袋西门大夫墓志铭》，上海古籍出版社，1990年，第123页。

追求长生，都有访仙求道的事迹。唐敬宗更以李克恭为诸道采访道流使，又赐比四品勋官，赐授绯鱼袋，足见唐敬宗为求长生不老的虔诚态度。志主这一使职，或可补《隋唐使职制度研究》之一缺。

唐文宗大和四年（830），李克恭年36岁，离宣徽院，"改授承务郎、内府局丞、上柱国"。从此正式步入政坛。

承务郎为从八品下的文散官。[1]内府局丞为正九品下，其职务主要是协助内府局令，掌管中宫藏宝货给纳名数。[2]文宗时，李克恭担任了正九品下的官职以及从八品下的文散官，负责掌管财物之类。揆诸史料，中晚唐以后，宦者不仅受宠于宫中，而且放肆于宫外，以其充任诸使的名目甚多。使职的盛行，宦官机构的庞大，迫使之前的内侍省已经不能承担其职责，不断出现的使职逐渐成为当时朝堂的主流。

大和六年（832），38岁的李克恭从宣徽院调任掌管财政，后又担任飞龙使下的监牧使。志文载："六年，改充飞龙沙苑监牧使。"飞龙使乃唐代重要的宦官使职，主要掌管马匹等。安史之乱后，陇右地区被吐蕃占领，唐朝丧失了重要的养马基地。长安附近的沙苑是仅有的几个能够养马的地方，并且中晚唐时期马匹的来源主要靠从回鹘进贡，而回鹘马匹价格极高，而且经常以羸马充良马，对唐朝极尽压榨，完全失去了贸易的特质。[3]此后，宦官逐渐掌控了神策军，并且成为唐朝中央政府手下唯一一支较强的部队，唐朝的兴亡可以说与神策军相始终，因而飞龙使职位相当重要，掌管御马，侵占了闲厩使的职责。监牧使是唐朝主管牲畜生产的使职。[4]主要职能有掌管牲畜饲养、繁殖等事务，考核监牧官吏，向朝廷进献牲畜。[5]根据志文来看："公葺廨宇、筑墙垣，属吏有避风雨之所，腾驹无烦奔逸之虞。蒭粟栈皂，前后罕俦。"监牧使的职责，就是保证牲畜能够正常生产，手下属吏能够尽到职责。

"八年，赐殿前高班，密迩龙颜，光扬帝绩，俯仰进退，动得其宜。寻除西内留后。"大和八年（834），李克恭回到长安内府，此时志主已满40岁，担任殿前高班，后又担任西内留后。自安史之乱后，宦官势力坐大，德宗委任宦官掌管禁军成为定制。敬宗被宦官杀害后，王守澄立文宗为帝。朝堂诸事把持在宦官手中，与外朝士大夫集团之间的矛盾更加激化，大臣李训等人欲诛除宦官。太和九年（835）十一月，李勋与同党舒元舆、郭行余等人密谋，以甘露祥瑞为由诱劝文宗等前往观

---

[1] 《新唐书》卷四六《百官志一》，中华书局，1975年，第1187页。
[2] 《唐六典》卷一二《内官宫官内侍省》，中华书局，1992年，第361页。
[3] 杨富学、安语梵：《唐回鹘绢马互市实质解诂》，《石河子大学学报》2020年第4期。
[4] 宁志新：《隋唐使职制度研究（农牧工商编）》，中华书局，2005年，第167—169页。
[5] 宁志新：《隋唐使职制度研究（农牧工商编）》，中华书局，2005年，第171—173页。

看。在含元殿，仇士良发现有异，挟持文宗。虽金吾军诛杀了不少宦官，但仇士良派神策军500人屠杀众大臣，死伤无数。《旧唐书·文宗》载："十一月已末，李训、郑注谋诛内官，诈言金吾仗舍石榴树有甘露，请上观之。内官先至金吾仗，见幕下伏甲，遂扶帝搏入内，故训等败，流血涂地。京师大骇，旬日稍安。"[1]唐文宗在甘露之变失败后，被宦官仇士良软禁挟持，国家政事皆由宦官集团操控。李克恭作为宦官中的一员，能在甘露之变后受到重用，并且担任西内留后，可见，在甘露事件上志主是忠于文宗，一心为主的。甘露之变可以说是唐代政局由中唐转入晚唐的关键性标志之一。

之后李克恭前往地方担任监军使，根据志文记载："会幽燕天下，地雄兵劲之所，凡选护军，必关圣虑。此时有阙，重难其人。乃录其前后忠勤、雅谐人望者为之。遂除公幽州监军使。公至所部，谕元戎以忠恪，示三军以恩信，接邻境以惠和，待宾客以礼让。人既知道，政亦大行。謌（歌）咏讴谣，洋溢道路。三年之后，连帅乞留，优诏哀（褒）之，许留一岁。未几而节将云亡，师徒扰攘，人怀恟耸，莫得自安。公挺然不顾患难，止暴遏乱，众无不从，选将上闻，三军底定，皆公之力也。"以宦官为监军使始于玄宗[2]，志文以数十字描述了李克恭派驻幽州，委任监军，权过节度使。志主治军严明，恪尽职守，声名显赫。幽州是河朔三镇之一，是唐代典型的割据型藩镇。唐玄宗设立幽州节度使始，广德元年（763）至乾符元年（874）发生暴动171起，河朔地区动乱达65起。幽燕地区的胡汉错居及幽州部将的野心是叛乱发生的根本原因。唐宪宗时对河朔用兵，收到显著成果，但是唐穆宗时期河朔再叛，朝廷失去了驾驭河朔藩镇的能力。揆诸史料记载，大和二年（828）幽州节度使朱延嗣被杀，直至会昌元年（841）陈行泰杀节度使元忠。短短十几年，幽州节度使更迭数人，而河朔节度使也多为内部产生。据统计，在幽州镇存在的150余年间节度使达29位，易嬗不可谓不繁。李克恭在唐文宗大和后期担任幽州监军，行使节度使的权利，直到唐武宗即位初期。李克恭作为监军对稳定当地局势起到了一定的成效。

会昌元年，陈行泰杀元忠自立后，派监军傔入京，请求节钺。[3]根据文献推知，元忠死后，李克恭以疾病辞职，监军傔被武宗扣留长安。后，幽州军将杀陈行泰，另立张绛。志文记载："俄而以疾辞职，诏许寻医。既奉诏命，乘传而归。天不慭遗，竟至殂谢。会昌二年五月十四日终于华州莲峰馆。"武宗诏回李克恭，最终在

---

[1]《旧唐书》卷十七《文宗纪下》，中华书局，1975年，第562页。
[2] 尚民杰：《长安绎古——汉唐历史考古集》，文物出版社，2016年，第279页。
[3]《资治通鉴》卷二四六"会昌元年九月癸巳"条，中华书局，1956年，第7954页。

回长安的途中，卒于华州。同年葬于灞水北原。志主去世后，"上（武宗）闻而叹惜，赠掖庭局令，锡金印紫绶，所以追宠事功也"。赠官掖庭局令，李克恭当属于高层宦官系列。

四、李克恭之婚姻及葬地

根据上文，我们已得知李克恭入宫前，可能有婚配。志文记载："夫人富春孙氏，事夫训子，皆合礼经。有子三人，长曰正初，次曰正礼，少曰正雅，泣血椎心，荣荣在疚。"其妻孙氏，极有可能并非李克恭的原配夫人；其子三人，分别是李正初、李正礼、李正雅，为李克恭收养的养子。唐代宦官的婚姻相对开放，结婚者普遍，宦官不仅能够结婚，还有养子。宦官有内部联姻的，也有与平民通婚者，一般与平民通婚者多为中下层宦官。[①]李克恭担任宦官初始属于底层宦官，后来作为养子改姓李氏，而在唐朝宦官中确有李氏高层宦官。因而，我们不排除李克恭有可能是高层宦官之间的联姻，从其担任宣徽承旨来看，志主仕途还是相当显赫的。

李克恭卒后葬于今西安东郊的灞桥附近，"以其年十月卅日窆于灞水北原，礼也"。目前已刊布宦官墓葬54座，其中除高力士作为盛宠的高等级宦官陪葬玄宗泰帝陵外，其他85%的宦官与夫人归葬于先茔；10%的与夫人合葬在其居地不远处；仅5%的宦官卒后单独埋葬，这无疑印证了唐代宦官娶妻养子乃是普遍社会现象。经统计，宦官卒后葬地一般集中在长安城万年县的白鹿原、浐川乡的长乐原、凤栖原，长安县的龙首原以及泾阳县，即分布在今天西安城的南郊、东郊和北郊，这些方位应与其先祖的茔地有关。此外，杜文玉认为宦官的葬地与其居住地有一定的关系，并且宦官葬地多选择高冈之上。[②]这些宦官白身之前，其先祖多数为望族或高官，即使一般出身的宦官，入宫后也被有权势的内府宦官收为养子。因而，笔者以为志主卒后埋葬在当时长安城几大高冈之地，即唐代贵族、权臣、世家的茔地[③]是合乎情理的。

李克恭墓志是由徐翁谅撰写，根据志文"朝请大夫使持节晋州诸军事守晋州刺史上柱国赐紫金鱼袋徐翁谅撰"，可知唐武宗会昌二年徐翁谅担任晋州刺史，徐翁谅不见于史书记载，可补《唐刺史考全编》。同时，李克恭的墓志由时任晋州刺史撰写，从侧面印证了志主地位较高，当属于内府高层宦官。然李克恭从20岁进入长

---

① 杜文玉：《唐代宦官婚姻及其内部结构》，见《唐宋史研究论集》，学苑出版社，2015年，第159—160页。

② 杜文玉：《唐代长安的宦官住宅与坟茔分布》，见《唐宋史研究论集》，学苑出版社，2015年，第137—138页。

③ 刘呆运：《长安城南郊唐代葬地研究》，见《韩、中文化交流论文集》，首尔，2020年，第56—66页。

安，至48岁去世，其仕宦生涯20余年，能从基层宦官跻身高层，足见其较强的处事能力和应变能力，另一方面也可以推测出其养父应该是唐代的宦官世家。

结论

唐代中后期宦官逐步掌握中央行政权，又掌控军权。这些宦官不仅担任禁军统领，而且担任地方军事首脑。他们在朝堂能左右皇帝对地方军事首脑的指派，皇帝往往将宦官视为亲信，担任监军，监督地方节度使。唐后期，宦官行使军事权力成为普遍现象。皇帝对此完全采取放纵态度，尤其对整个宦官的体系缺乏深刻的认知，致使其对宦官的信任远远超过了对朝外藩镇节度使。当然，正是由于藩镇割据的局面，为达到控制地方的目的，宦官势力才趁势得到了发展。宦官的专权对中晚唐的政治产生深远的影响，激化了社会阶级之间的矛盾。

李克恭由交趾入长安，历仕七朝，从默默无闻的底层宦官跻身宦官高层。中晚唐时期，宦官把持朝政，朝堂政云跌宕变幻，皇位频繁更迭；各地节度使为争夺权力，随意诛杀更换；朝外士大夫集团与宦官集团之间的勾结与利益角逐成为唐后期政坛的主题。通过对《唐李克恭墓志》的简单考释，借由李克恭一生的仕宦生涯，大体可明了中晚唐时期之政局。宦官李克恭参政这一案例，也为唐代中越关系的研究增添了一全新而重要的文献资料。

原载《河北师范大学学报》（哲学社会科学版）2020年第5期
（杨富学，敦煌研究院人文研究部部长、研究员；
赵海燕，西安市文物保护考古研究院副研究馆员）